W0265625

Speth
Boller
Kaier
Mayländer
Hartmann
Waltermann
Hug

Betriebs- und Volkswirtschaft

Berufliches Gymnasium Gesundheit und Soziales
Berufliches Gymnasium Technik

Qualifikationsphase – Jahrgang 13

Speth
Boller
Kaier
Mayländer
Hartmann
Waltermann
Hug

Betriebs- und Volkswirtschaft

Berufliches Gymnasium Gesundheit und Soziales
Berufliches Gymnasium Technik

Qualifikationsphase – Jahrgang 13

Merkur
Verlag Rinteln

Wirtschaftswissenschaftliche Bücherei für Schule und Praxis
Begründet von Handelsschul-Direktor Dipl.-Hdl. Friedrich Hutkap †

Verfasser:

Dr. Hermann Speth, Dipl.-Handelslehrer

Dr. Eberhard Boller, Dipl.-Handelslehrer

Alfons Kaier, Dipl.-Handelslehrer

Etta Mayländer, Studienrätin

Gernot B. Hartmann, Dipl.-Handelslehrer

Aloys Waltermann, Dipl.-Kaufmann Dipl.-Handelslehrer

Hartmut Hug, Dipl.-Handelslehrer

* * * * *

5. Auflage 2019

Gesamtherstellung:
MERKUR VERLAG RINTELN Hutkap GmbH & Co. KG, 31735 Rinteln

E-Mail: info@merkur-verlag.de
lehrer-service@merkur-verlag.de
Internet: www.merkur-verlag.de

ISBN 978-3-8120-**0593-7**

Vorwort

Das vorliegende Schulbuch richtet sich an Schülerinnen und Schüler der beruflichen Gymnasien Technik sowie Gesundheit und Soziales (mit den Schwerpunkten Agrarwirtschaft, Ökotrophologie, Gesundheit/Pflege und Sozialpädagogik). Es orientiert sich dabei an den Eckwerten und Vorgaben der Rahmenrichtlinien für das Unterrichtsfach **Betriebs- und Volkswirtschaft** des Landes Niedersachsen und umfasst alle dort geforderten Lerngebiete und Lerninhalte der **Qualifikationsphase – Jahrgang 13**.

Für die Arbeit mit dem vorliegenden Schulbuch möchten wir Sie auf Folgendes hinweisen:

- Zweck dieses Buches ist es, das komplizierte und abstrakte Stoffgebiet allen Schülerinnen und Schülern zu erschließen. Aus diesem Grund haben wir darauf geachtet, komplexe Themengebiete in kleinere Lerneinheiten mit anschließender zielgerichteter Übungsphase zu gliedern.
- Das Schulbuch soll helfen, die Lerninhalte in Allein-, Partner- oder Teamarbeit zu erarbeiten, Entscheidungen zu treffen, diese zu begründen und die Ergebnisse verbal oder schriftlich zu präsentieren.
- Zur Vertiefung dienen neben zahlreichen Aufgabenstellungen besonders hervorgehobene Merksätze zu Begrifflichkeiten und Zusammenfassungen. Die Merksätze und Zusammenfassungen sind auch dazu geeignet, die Lerninhalte im Schnelldurchlauf zu wiederholen.
- Zahlreiche Abbildungen, Schaubilder, Beispiele, Begriffsschemata und Gegenüberstellungen erhöhen die Anschaulichkeit und Einprägsamkeit der Informationen.
- Fachbegriffe und Fremdwörter werden grundsätzlich im Text oder in Fußnoten erklärt.
- Ein ausführliches Stichwortverzeichnis hilft, Begriffe und Erläuterungen schnell aufzufinden.

Wir hoffen, mit der Vorlage dieses Buches die erforderlichen Unterrichtshilfen für die praktische Umsetzung der Lerninhalte geben zu können.

Wir wünschen uns eine gute Zusammenarbeit mit allen Benutzern dieses Buches und sind für jede Art von Anregungen und Verbesserungsvorschlägen im Voraus dankbar.

Die Verfasser

Inhaltsverzeichnis

Lerngebiet 6: Finanzierungsprozesse planen und kontrollieren

A. Finanzierung

B. Controlling

C. Kosten- und Leistungsrechnung

D. Qualitätsmanagement (Qualitätssicherung)

Lerngebiet 5: Wirtschaftspolitik untersuchen und bewerten

1 Wirtschaftspolitische Zielsetzungen und ihre Interdependenzen

1.1 Begriff der Wirtschaftspolitik

Die Wirtschaftspolitik versucht Antworten auf die Fragen zu finden:

- **Welche** Ziele sind realisierbar und
- **wie** lassen sich die festgelegten Ziele erreichen?

Am Anfang der Wirtschaftspolitik steht somit ein **Ziel,** das realisiert werden soll. Die Festlegung solcher Ziele und Normen, also dessen, was sein sollte, lässt sich wissenschaftlich allgemeingültig nicht vornehmen. Es handelt sich immer um **Werturteile,** die – im Gegensatz zu wertfreien Aussagen – weder dem Kriterium der **Wertfreiheit** noch der **Allgemeingültigkeit** genügen.

Beispiele:

- **Wertfreie Aussage**: „Die Einkommen in der Bundesrepublik Deutschland sind ungleich verteilt".
- **Werturteil (normative Aussage)**: „Es gibt zu viele Reiche in der Bundesrepublik Deutschland".

Da man folglich über die Ziele der Wirtschaftspolitik **unterschiedlicher Meinung** sein kann, sollte deren Festlegung bzw. Formulierung letztlich über politisch legitimierte Organe im Sinne eines gesamtgesellschaftlichen Konsenses[1] erfolgen. Die anzustrebenden Ziele sind im Wesentlichen politisch durch die **Träger der Wirtschaftspolitik,** etwa durch das Parlament, zu bestimmen.

Wesentliches **ordnungspolitisches Ziel** in marktwirtschaftlich orientierten Volkswirtschaften ist ein funktionsfähiger Wettbewerb. Zu den **stabilitätspolitischen Zielen** gehören vor allem angemessenes und stetiges Wirtschaftswachstum, hohes Beschäftigungsniveau, Preisniveaustabilität sowie außenwirtschaftliches Gleichgewicht **(magisches Viereck);** bedeutsam sind darüber hinaus Ziele wie eine sozial verträgliche Vermögensverteilung oder die Erhaltung der natürlichen Lebensgrundlagen **(magisches Sechseck).**[2]

Unter **Wirtschaftspolitik** versteht man die Beeinflussung der Wirtschaft durch politische Maßnahmen, mit denen der **Staat regelnd** und **gestaltend** in die Wirtschaft eingreift.

Wirtschaftspolitik umfasst letztlich alle Maßnahmen staatlicher Instanzen

- zur Gestaltung der Wirtschaftsordnung (**Ordnungspolitik**: z. B. Wettbewerbsordnung, Gewerbeordnung, Eigentumsordnung),

1 **Konsens**: Zustimmung, Einwilligung, Übereinstimmungen der Meinungen.

2 Vgl. hierzu Kapitel 1.3.1, S. 15 ff.

- zur Beeinflussung der Struktur **(Strukturpolitik)** und
- zum Ablauf des arbeitsteiligen Wirtschaftsprozesses **(Prozesspolitik).** Zur Prozesspolitik gehören u. a. die Arbeitsmarktpolitik,[1] Konjunkturpolitik (Fiskalpolitik)[2] und Geldpolitik.[3]

Die Wirtschaftspolitik kann sich auf die gesamte Volkswirtschaft **(allgemeine Wirtschaftspolitik)** oder auf Teilbereiche **(spezielle Wirtschaftspolitik)** erstrecken.

1.2 Träger der Wirtschaftspolitik

(1) Parlament und Regierung

Wichtigster Träger der Wirtschaftspolitik ist der „Staat". In demokratischen Wirtschafts- und Gesellschaftsordnungen ist seine politische Entscheidungsbefugnis auf die staatlichen Organe **Parlament** (Legislative), **Regierung** mit nachgeordneter Verwaltung (Exekutive) und **Rechtsprechung** (Judikative) verteilt. Die Regierung wird von der Regierungsfraktion getragen und von der Opposition kontrolliert.

In einem **Bundesstaat** (einem föderalistischen Staat) tritt der Zentralstaat (der „Bund") Teile seiner Entscheidungsbefugnis an die Bundesländer ab, die einen Teil ihrer politischen Macht wiederum an Gemeinden, Gemeindeverbände und Kreise delegieren (weitergeben). In der Bundesrepublik Deutschland werden die Länder über eine eigene Kammer, den **Bundesrat,** an der Willensbildung des Bundes beteiligt.

(2) Regierungsunabhängige Institutionen

Außerdem wird in der Bundesrepublik Deutschland politische Macht an mehr oder weniger regierungsunabhängige (autonome) staatliche Institutionen abgetreten. Solche zur sogenannten mittelbaren Staatsverwaltung zählenden sind z. B. die Deutsche Bundesbank, die Bundesagentur für Arbeit, die Rentenversicherungsträger, die gesetzlichen Krankenkassen, die Industrie- und Handelskammern und die Handwerkskammern.

Eine besondere Stellung nimmt die **Europäische Zentralbank (EZB)**[4] ein, weil sie als Zentralbank der Europäischen Wirtschafts- und Währungsunion (WWU) das **alleinige** Recht zur Schaffung von **Notengeld** besitzt. Sie ist in ihren geldpolitischen Entscheidungen weitgehend autonom (unabhängig). Ihre wichtigste Aufgabe ist die Erhaltung der **Geldwertstabilität.**

(3) Verbände

Des Weiteren gehören in der Bundesrepublik Deutschland auch die Verbände – also organisierte Zusammenschlüsse von Personen[5] – zu den Trägern der Wirtschaftspolitik. Verbände bündeln die Interessen der einzelnen Mitglieder zur Erreichung **gemeinsamer Ziel- oder Wertvorstellungen.**

---

1 Vgl. hierzu Kapitel 2.1.

2 Vgl. hierzu Kapitel 2.2.

3 Vgl. hierzu Kapitel 2.3.

4 Näheres zur Europäischen Zentralbank siehe S. 105 ff.

5 Die rechtliche Definition des Begriffs **„Verbände"** geht weiter. Hier wird unter einem Verband eine Personenvereinigung zu einem bestimmten Zweck verstanden, die durch eine Verfassung (Satzung) zur Bildung eines gemeinschaftlichen Willens begründet wird und, falls eine juristische Person vorliegt, rechtsfähig, d. h. selbst Träger von Rechten und Pflichten ist. Die Verbände sind danach teils privatrechtliche Vereinigungen (z. B. eingetragene und auch nicht eingetragene Vereine, Formkaufleute), teils öffentlich-rechtliche juristische Personen (z. B. Gemeinden, Gemeindeverbände, Rundfunkanstalten, Sozialversicherungsträger).

Wie geschieht nun die Einflussnahme der Verbände auf staatliche Entscheidungen? Der klassische Adressat der Verbandstätigkeit ist das Parlament.[1] In der Bundesrepublik Deutschland haben die Verbandsvertreter die Möglichkeit, ihre Vorstellungen (Ziele, Interessen) in dem Bundestagsausschuss einzubringen, in dem gemäß § 73 III der Geschäftsordnung des Deutschen Bundestags in sogenannten **„Hearings"** neben Sachverständigen auch Interessenvertreter (z. B. der deutschen Wirtschaft) gehört werden können. Daneben werden natürlich zahlreiche informelle Kontakte zwischen den Verbandsvertretern und Abgeordneten gepflegt.

Darüber hinaus lassen die Verbände ihre Vertreter (z. B. Vertreter des Mittelstands, der Heimatvertriebenen, der Landwirtschaft, der Unternehmer) von den politischen Parteien aufstellen und in die Parlamente (den Deutschen Bundestag und die Länderparlamente) wählen.

Schließlich nehmen die Verbände Einfluss auf die Ministerialverwaltungen, indem sie Informationen liefern, die der Staat benötigt, um sinnvolle Entscheidungen treffen zu können.

(4) Ausland

Wirtschaftspolitische Entscheidungen reichen über die Landesgrenzen hinaus, man denke z. B. an die Erhöhung oder Senkung von Zöllen, die Einführung oder Aufhebung der Devisenzwangswirtschaft, die Inflations- oder Deflationspolitik, die Erhöhung oder Senkung von Rüstungsausgaben usw. In jedem Fall wirken sich derartige wirtschaftspolitische Eingriffe des Auslands auf die Binnenwirtschaft aus. Gegenmaßnahmen werden dann erforderlich, wenn die Eingriffe des Auslands den eigenen wirtschaftspolitischen Zielen entgegenstehen.

Unmittelbar an der Entscheidungsbildung der Regierung und der übrigen Träger der Wirtschaftspolitik sind **internationale Organisationen** beteiligt, wie z. B. die World Trade Organization (WTO) und der Internationale Währungsfonds (IWF).

1.3 Wirtschaftspolitische Ziele und ihre Zielbeziehungen

1.3.1 Ziele des Stabilitätsgesetzes

(1) Überblick

Politik ist zielgerichtetes Handeln. Der Staat muss sich also Ziele setzen, nach denen er seine Wirtschaftspolitik ausrichtet. Bestimmte „Eckpfeiler" setzt das Grundgesetz mit seinen Forderungen nach größtmöglicher Freiheit einerseits und sozialer Gerechtigkeit andererseits. In diesem weit gespannten Rahmen ist der Staat in seinen Zielsetzungen und Maßnahmen frei.

Nach § 1 des Gesetzes zur Förderung der Stabilität und des Wachstums der Wirtschaft vom 8. Juni 1967 („Stabilitätsgesetz") haben Bund und Länder bei ihren wirtschafts- und finanzpolitischen Maßnahmen die Erfordernisse des gesamtwirtschaftlichen Gleichgewichts zu beachten.

1 Die Verbandsvertreter werden als **Lobbyisten** bezeichnet. Der Ausdruck stammt aus den USA und bezeichnet diejenigen Interessenvertreter, die im 19. Jahrhundert in der Wandelhalle des Parlaments (in der „Lobby") die Abgeordneten in ihrem Sinne zu beeinflussen suchten.

Gesamtwirtschaftliches Gleichgewicht liegt vor, wenn **alle** Produktionsfaktoren vollbeschäftigt sind und sich **alle** Märkte (z. B. Arbeits-, Kredit-, Gütermärkte) ausgleichen.

Aus diesem **Oberziel** leitet das Stabilitätsgesetz [§ 1 S. 2 StabG] folgende **Unterziele (magisches Viereck)** ab:

- Stabilität des Preisniveaus,
- hoher Beschäftigungsstand,
- außenwirtschaftliches Gleichgewicht und
- stetiges und angemessenes Wirtschaftswachstum.

Die vier genannten Ziele sind **quantitative Ziele,** weil sie sich in Zahlen erfassen lassen.

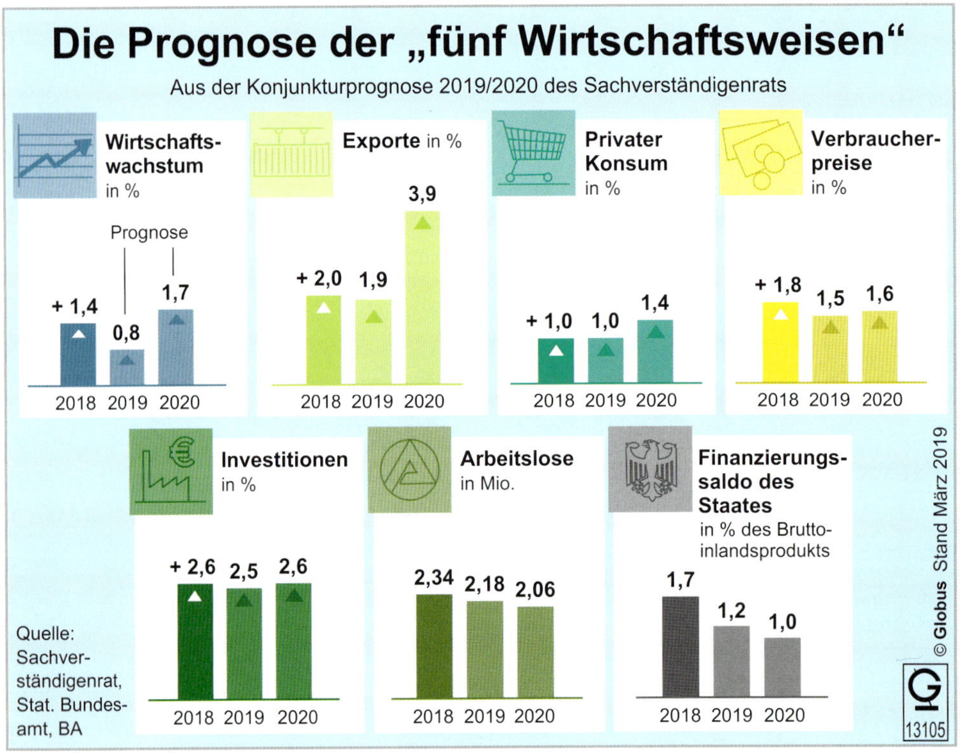

Zwei weitere wichtige, nicht ausdrücklich im Stabilitätsgesetz erwähnte **qualitative Ziele** sind:

- sozial verträgliche Einkommens- und Vermögensverteilung und
- Erhaltung der natürlichen Lebensgrundlagen (Umweltschutz).

Werden die quantitativen und qualitativen Ziele gleichzeitig verfolgt, so spricht man von einem **magischen Sechseck.**

(2) Hoher Beschäftigungsstand

Unter **Beschäftigung** verstehen wir im Folgenden den Grad der **Kapazitätsausnutzung** einer Volkswirtschaft.

Die Beschäftigungslage in einer Volkswirtschaft beurteilt man meist an den Arbeitslosenzahlen und den offenen Stellen.

Vollbeschäftigung	Sie ist gegeben, wenn die **Arbeitslosenquote** (Anteil der Arbeitslosen an den beschäftigten Erwerbspersonen) **nicht mehr als rund 2 %** beträgt.
Überbeschäftigung	Sie liegt vor, wenn die Zahl der offenen Stellen erheblich über der Zahl der Arbeitslosen liegt.
Unterbeschäftigung	Sie ist gegeben, wenn die Arbeitslosenquote höher als rund 2 % ist **und** die Zahl der offenen Stellen niedriger als die Arbeitslosenzahl ist.

Unter-, Über- und Vollbeschäftigung

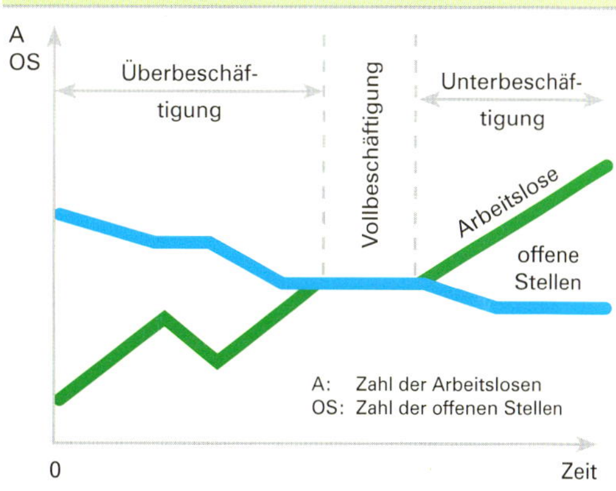

Eine einheitliche Berechnungsformel für die Arbeitslosenquote gibt es nicht. Die Bundesagentur für Arbeit verwendet in Anlehnung an die Berechnung der EU-Arbeitslosenquote folgende Berechnungsmethode:

$$\text{Arbeitslosenquote} = \frac{\text{Arbeitslosenzahl} \cdot 100}{\text{Anzahl der Erwerbspersonen}}$$

2 Speth u.a. - ISBN 978-3-8120-0593-7

Unter **Erwerbspersonen** sind die selbstständigen und die unselbstständigen Erwerbspersonen **zuzüglich der Arbeitslosen** zu verstehen. Demnach besteht die Zahl der abhängigen Erwerbspersonen aus den abhängig Beschäftigten **und** den Arbeitslosen.

Zu den wichtigsten **Problemen der Unterbeschäftigung** innerhalb einer Volkswirtschaft zählen:

- Arbeitslosigkeit bewirkt einen **Rückgang der Nachfrage**.
- Die **Steuereinnahmen** des Staates **gehen zurück,** sodass dieser seine Aufgaben nicht mehr in vollem Umfang erfüllen kann.
- Die **Familien** der Arbeitslosen kommen in finanzielle Schwierigkeiten, sodass die sozialen Probleme zunehmen.
- Sinkende Beitragseinnahmen der **Sozialversicherungsträger** und zugleich steigende Ausgaben (z.B. der Arbeitslosenversicherung), steigende Lohnnebenkosten der Unternehmen durch Erhöhung der Beitragssätze, dadurch Gefährdung der internationalen Wettbewerbsfähigkeit, Verschärfung einer bestehenden Arbeitslosigkeit.
- **Soziale Konflikte** können sich verstärken (z.B. Radikalisierung).

Somit ergibt sich, dass eine der wichtigsten Aufgaben der Wirtschaftspolitik die Sicherung eines hohen Beschäftigungsstands ist.

(3) Stabilität des Preisniveaus

Eine (absolute) **Stabilität des Preisniveaus** (Geldwertstabilität) liegt vor, wenn sich das Preisniveau[1] überhaupt nicht verändert.

Auch bei absoluter Preisniveaustabilität (kurz: Preisstabilität) können sich die Preise der einzelnen Güter verändern. Bedingung ist jedoch, dass Preissteigerungen einzelner Wirtschaftsgüter durch die Preissenkungen anderer Wirtschaftsgüter ausgeglichen werden.

Die Wirtschaftspolitik konnte oder wollte bisher nur in seltenen Fällen eine absolute Preisstabilität erreichen. Aus diesem Grund wird heute eine relative Preisstabilität gefordert. Nach der **Definition der Europäischen Zentralbank (EZB)** ist Preisstabilität gegeben, wenn die jährliche Preissteigerungsrate auf **mittlere Sicht nahe** bzw. knapp **unter 2 %** liegt.

Inflationsraten,[2] die über der genannten Zielvorstellung liegen, bringen erhebliche Nachteile mit sich. Die **Sparer** werden dann **geschädigt,** wenn die Inflationsraten (Preissteigerungsraten) höher als die Sparzinsen sind. Hingegen werden die **Schuldner** und die Besitzer von Realvermögen (z.B. von Grundstücken, Betriebsvermögen und Anteilsrechten wie z.B. Aktien) **bevorzugt.** Steigt das inländische Preisniveau schneller als das ausländische, wird der Export beeinträchtigt, sodass die Arbeitsplätze in Gefahr geraten.

(4) Außenwirtschaftliches Gleichgewicht

Unter **außenwirtschaftlichem Gleichgewicht** versteht man den mittelfristigen Ausgleich der Zahlungsbilanz.

Die Zahlungsbilanz ist die Gegenüberstellung aller in Geld messbaren Transaktionen (Bewegungen, Übertragungen) zwischen In- und Ausland. Sind die Zahlungsströme ins

1 **Preisniveau:** gewogener Durchschnitt aller Güterpreise.

2 **Inflationsraten:** Preissteigerungsraten (prozentuale durchschnittliche Preissteigerungen in Bezug auf das Vorjahr). Unter Inflation (lat. Aufblähung) versteht man eine lang anhaltende Steigerung des Preisniveaus.

Inland größer als die Zahlungsströme ins Ausland, spricht man von Zahlungsbilanzüberschuss. Sind die Zahlungsströme vom Inland ins Ausland größer als die Zahlungsströme vom Ausland ins Inland, handelt es sich um ein Zahlungsbilanzdefizit. Im ersten Fall liegt eine **aktive Zahlungsbilanz,** im zweiten eine **passive Zahlungsbilanz** vor.

Da die Hauptursachen von **Zahlungsbilanzungleichgewichten** meistens in einem anhaltenden **Missverhältnis von Importen und Exporten** liegen, wollen wir uns auf die Wirkungen von Export- bzw. Importüberschüssen beschränken.

Exportüberschüsse  	■ Exportüberschüsse führen zu **Devisenüberschüssen,**[1] weil die Exporteure die eingenommenen Devisen in der Regel bei den Banken in Binnenwährung umtauschen. Die Banken wiederum refinanzieren sich bei der Zentralbank. ■ Somit steigt der Geldumlauf in der Binnenwirtschaft. Bei bestehender Vollbeschäftigung steigt das Preisniveau („importierte Inflation").[2]
Importüberschüsse  	■ Importüberschüsse haben die gegenteilige Wirkung. Die Importeure zahlen die Importe entweder in Binnen- oder in Fremdwährung. Wird in Binnenwährung gezahlt, tauschen die im Devisenausland ansässigen Exporteure ihre Erlöse in ihre eigene Währung um. Wird in Fremdwährung gezahlt, müssen die Importeure die benötigten Devisen im eigenen Währungsgebiet kaufen. ■ In beiden Fällen **schrumpft der Devisenvorrat** der Binnenwirtschaft: Die Zahlungsbilanz wird passiv. Die abnehmende Geldmenge bremst zwar den Preisauftrieb, gefährdet aber die Arbeitsplätze.

(5) Stetiges und angemessenes Wirtschaftswachstum

■ Begriff Wirtschaftswachstum

Ein **stetiges Wirtschaftswachstum** liegt vor, wenn das Wachstum des **realen** Bruttoinlandsprodukts keine oder nur geringe Konjunkturschwankungen[3] aufweist.

Das Wirtschaftswachstum ist in allen Wirtschaftsordnungen ein wesentliches Ziel der Wirtschaftspolitik, denn nur dann, wenn die Produktion wirtschaftlicher Güter schneller als die Bevölkerung wächst, kann der **materielle Lebensstandard** pro Kopf der Bevölkerung erhöht werden. Wirtschaftliches Wachstum ist umso wichtiger, je geringer der Entwicklungsstand und damit der Lebensstandard einer Volkswirtschaft ist.

Schwieriger als der Begriff des stetigen Wirtschaftswachstums ist der Begriff des **angemessenen Wirtschaftswachstums** zu bestimmen, denn was unter „angemessen" zu verstehen ist, kann nur politisch entschieden werden. Derzeit würde ein jährliches Wirtschaftswachstum von 3 % im Bundesdurchschnitt als großer wirtschaftspolitischer Erfolg gewertet werden.

1 **Devisen:** Zahlungsmittel (z. B. Schecks und Überweisungen) in Fremdwährung.

2 Weil bei Exportüberschüssen gegenüber Fremdwährungsländern der Geldumlauf im eigenen Währungsgebiet steigt und dort zugleich das Güterangebot sinkt, spricht man auch vom **doppelt inflationären Effekt** der **Exportüberschüsse.**

3 **Konjunktur:** Schwankungen der wirtschaftlichen Aktivitäten, vor allem der Beschäftigung (Näheres siehe Kapitel 2.2.1, S. 50 ff.).

Bedingungen des quantitativen Wirtschaftswachstums

Das Wachstum der Wirtschaft – gemessen an der Höhe des **realen Bruttoinlandsprodukts**[1] – ist vor allem auf folgende Faktoren zurückzuführen:

- ausreichend zur Verfügung stehende Rohstoff- und Energiequellen (Ressourcen);
- hohe Sparrate, die hohe Investitionen ermöglicht;
- gute Ausbildung der arbeitenden Bevölkerung („Know-how");
- ausgebaute Infrastruktur;
- optimistische Zukunftserwartungen der Wirtschaftssubjekte;
- sicherer (steigender) Absatz mit angemessenen Unternehmensgewinnen.

Grenzen des Wirtschaftswachstums

Die Bedingungen des Wirtschaftswachstums machen zugleich seine möglichen Grenzen sichtbar: Die **Rohstoff- und Energievorräte** der Erde sind begrenzt, die **Bevölkerungszahl** der hoch industrialisierten Länder stagniert oder schrumpft und die **Umweltbelastung** durch Schadstoffe nimmt zu. Hinzu kommt, dass in den industriellen „Wohlstandsgesellschaften" die materiellen Grundbedürfnisse weitgehend befriedigt sind.

(6) Mögliche Zielkonflikte[2] (magisches Viereck)

Die Forderung, dass die Wirtschaftspolitik gleichzeitig einen hohen Beschäftigungsstand, Preisniveaustabilität (Geldwertstabilität), außenwirtschaftliches Gleichgewicht sowie stetiges und angemessenes Wirtschaftswachstum anzustreben habe, ist leicht zu erheben, aber schwierig zu erfüllen. Je nach Ausgangslage besteht Zielharmonie[3] oder ein Zielkonflikt.

- Von **Zielharmonie** spricht man, wenn bestimmte wirtschaftspolitische Maßnahmen der Erreichung mehrerer Ziele dienlich sind.
- Ein **Zielkonflikt** liegt vor, wenn die Ergreifung einer bestimmten Maßnahme die Wirtschaft zwar einem Ziel näher bringt, sie dafür aber von anderen Zielen entfernt.
- **Zielindifferenz**[4] ist gegeben, wenn durch die Verfolgung eines wirtschaftspolitischen Ziels die Verfolgung anderer wirtschaftspolitischer Ziele weder gefährdet noch gefördert wird.

1 Das **Bruttoinlandsprodukt (BIP)** ist ein **Maß** für die **wirtschaftliche Leistung** und somit für den **Wohlstand** einer Volkswirtschaft in einem bestimmten Zeitraum. Es misst den Wert aller **im Inland** hergestellten Waren und Dienstleistungen (Wertschöpfung), soweit diese nicht als Vorleistungen für die Produktion anderer Waren und Dienstleistungen verwendet werden. Während bei der Berechnung des **nominalen** Bruttoinlandsproduktes die Waren und Dienstleistungen mit den Preisen des jeweiligen Jahres bewertet werden, ist das **reale** Bruttoinlandsprodukt „preisbereinigt". Die auf die Inflationsrate zurückzuführenden Steigerungen sind also bei dieser Berechnung neutralisiert.

2 **Konflikt** (lat.): Zusammenstoß, Widerstreit, Zwiespalt.

3 **Harmonie** (griech.-lat.): Übereinstimmung, Einklang.

4 **Indifferenz** (lat.): „Keinen Unterschied haben"; indifferent: unbestimmt, unentschieden, gleichgültig, teilnahmslos.

Es ist ersichtlich, dass in der Regel die gleichzeitige Verfolgung der genannten Ziele nicht möglich ist. Man spricht daher vom **„magischen Viereck"**. Nur ein Magier, also ein Zauberer, könnte gleichzeitig Vollbeschäftigung, Preisstabilität, außenwirtschaftliches Gleichgewicht sowie stetiges und angemessenes Wirtschaftswachstum erreichen.

Magisches Viereck der Wirtschaftspolitik

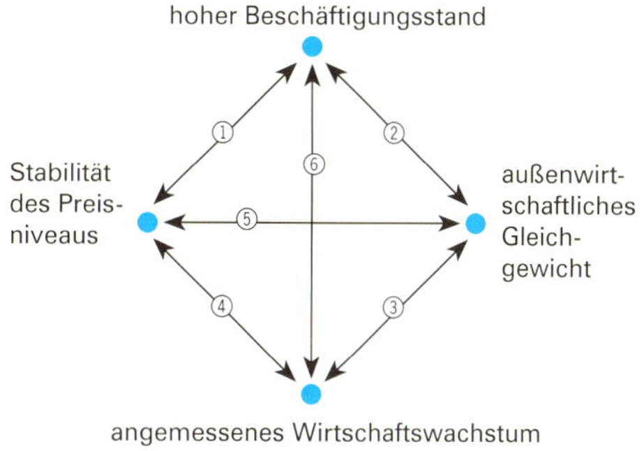

(die Pfeile bedeuten mögliche Zielkonflikte)

Beispiel für eine mögliche Konfliktsituation:

Ist eine Wirtschaft **unterbeschäftigt,** liegt in der Regel folgende Situation vor: Die Zahl der Arbeitslosen übersteigt die Anzahl der offenen Stellen; der Preisauftrieb ist gedämpft, sofern die Gewerkschaften trotz Unterbeschäftigung keine überhöhten Lohnforderungen durchsetzen. Die Investitionsneigung der Unternehmen ist gering, weil der entsprechende Absatz fehlt. Die Steuereinnahmen des Staates reichen nicht aus, um die Staatsausgaben zu finanzieren. Angenommen nun, die Wirtschaft soll mithilfe von Exportförderungsmaßnahmen (z.B. Exportsubventionen, Abwertung) belebt werden. War die Zahlungsbilanz bisher ausgeglichen, kann somit das Ziel des außenwirtschaftlichen Gleichgewichts *nicht* angestrebt werden. Das Ziel der Preisstabilität hingegen ist in dieser Situation nicht gefährdet, weil die unterbeschäftigte Wirtschaft zunächst zu konstanten Preisen anbieten kann.

1.3.2 Sozial verträgliche Einkommens- und Vermögensverteilung

Das wirtschafts- und sozialpolitische Ziel einer sozial verträglichen Einkommens- und Vermögensverteilung läuft darauf hinaus, die Einkommen und Vermögen in Zukunft **gleichmäßiger** unter die großen sozialen Gruppen der Arbeitnehmer einerseits und der Selbstständigen („Unternehmer") einschließlich der sonstigen Vermögensbesitzer andererseits zu verteilen. Bezüglich der Einkommenspolitik des Staates bedeutet das, die **Lohnquote** (Anteil der Arbeitnehmer am Gesamteinkommen) zu erhöhen.

Das Ziel einer sozial verträglichen Einkommens- und Vermögensverteilung wird deswegen als Einheit gesehen, weil Einkommens- und Vermögensverteilung eng zusammenhängen. Dies ist einmal deswegen der Fall, weil die Bezieher hoher Einkommen leichter Vermögen bilden können als die Bezieher niedrigerer Einkommen, zum anderen aber auch deshalb, weil die Eigentümer der Produktionsfaktoren Boden und Kapital auch die Bodenrente und den Kapitalzins beziehen. Sind diese Vermögensbestandteile in den Händen weniger Haushalte konzentriert, fließen diesen auch entsprechend hohe Einkommen zu.

Die Verfolgung des Ziels einer sozial verträglichen Einkommensverteilung ist für die Regierung der Bundesrepublik Deutschland deswegen schwierig, weil Tarifautonomie besteht, d.h., weil die Sozialpartner (Tarifpartner) das Recht haben, die Arbeitsentgelte selbstständig und ohne staatliche Einmischung zu vereinbaren. Dennoch verbleiben dem Staat eine

Reihe von wirtschafts- und sozialpolitischen Maßnahmen vor allem vermögenspolitischer Art. Hierzu gehören:

- die Einführung eines Investivlohns (Gewinnausschüttungen an Arbeitnehmer, die im eigenen oder in fremden Unternehmen investiert werden),
- die Einführung eines gesetzlichen Mindestlohns,
- der Kombilohn (bei niedrigen Löhnen stockt der Staat den Lohn auf),
- Sparförderungsmaßnahmen und
- die Steuerpolitik, mit deren Hilfe die **Einkommen umverteilt** werden: Hohe Einkommen werden überproportional hoch, niedrigere Einkommen nur gering oder überhaupt nicht direkt besteuert **(Steuerprogression)**.

1.3.3 Erhaltung der natürlichen Lebensgrundlagen

Das wirtschafts- und sozialpolitische Ziel, die Umwelt lebenswert zu erhalten und/oder zu verbessern, ist ein **qualitatives Ziel**.

Wird in den Zielkatalog einer **sozialen Marktwirtschaft** das Ziel des Umweltschutzes aufgenommen, müssen – ebenso wie dies zur Erreichung sozialer Ziele erforderlich ist – **staatliche Eingriffe** erfolgen, die die Marktbedingungen so verändern, dass **Nachfrage** und **Angebot** in der gewünschten Weise gelenkt werden. **Marktkonforme Maßnahmen** müssen hierbei die Regel, **marktkonträre Maßnahmen** die Ausnahme bilden.

Art der Maßnahmen	Erläuterungen	Beispiele
Marktkonforme Maßnahmen Ziel: **Anreize** zu umweltschonendem Verhalten geben, **ohne den Preismechanismus** des Marktes **außer Kraft zu setzen.**	Hier versucht der Staat umweltschädliche Maßnahmen und Produkte mithilfe von Steuern, Abgaben und Zöllen (**„Ökosteuern“**) so stark zu belasten, dass in absehbarer Zeit sowohl Nachfrage als auch Angebot reagieren werden. Umgekehrt sollen alle als umweltschonend erkannten Maßnahmen und Produkte so stark entlastet (erforderlichenfalls auch subventioniert) werden, sodass sich Nachfrage und Produktion in die gewünschte Richtung bewegen.	■ Mögliche Einführung von „Öko-Produktsteuern“, z. B. für Batterien, tropisches Holz, Waschmittel und Streusalz. ■ Erhebung von Müllvermeidungssteuern für Einwegflaschen, Getränkedosen, Kunststoffbehälter und -flaschen, Aluminiumfolien und für Werbezwecke verwendetes Papier. ■ Rücknahmeverpflichtung für umweltbelastende Produkte, nachdem ihre Nutzungsdauer abgelaufen ist (z. B. Kühlschränke, Autos, Batterien).
Marktkonträre Maßnahmen Ziel: Zu umweltschonendem Verhalten **zwingen, indem der Preismechanismus** des Marktes **aufgehoben wird.**	Marktkonträre Maßnahmen sind **Verbote**[1] und die Vorgabe von **Grenzwerten.** Das Problem der Vorgabe von Grenzwerten ist, dass sie auch noch unterboten werden können, die Wirtschaftssubjekte aber nicht einsehen, dass sie die Kosten für eine weitere Verringerung von Schadstoffen tragen sollen, wenn dies nicht gesetzlich vorgeschrieben ist.	■ Umweltschädliche Produkte, auf die vollständig verzichtet werden kann, müssen verboten werden (z. B. umweltschädliche Treibgase in Sprühdosen, Glühbirnen). ■ Einzelschadstoffe, die mit technischen Mitteln auf einen bestimmten Stand reduziert werden können, sind mithilfe von Grenzwerten zu verringern (z. B. Schadstoffe in Autoabgasen).

1 Dies gilt jedoch **nicht** für den Fall, dass **alternative Möglichkeiten** (z. B. Technologien) zur Verfügung stehen.

1.4 Wirtschaftspolitische Kompromisse

Da es häufig nicht möglich ist, alle wirtschaftspolitischen Ziele **gleichzeitig** zu erreichen, müssen sich die politischen Instanzen (z. B. Bundesregierung, Länderregierungen und die Europäische Zentralbank) in erster Linie mit demjenigen wirtschaftspolitischen Ziel auseinandersetzen, das am meisten gefährdet erscheint. Anders ausgedrückt: Die politischen Instanzen müssen **Prioritäten**[1] setzen.

Beispiel:

- Herrscht Arbeitslosigkeit, wird man versuchen, den Beschäftigungsstand zu erhöhen, selbst wenn dadurch die Preisstabilität und das außenwirtschaftliche Gleichgewicht gefährdet werden.
- Herrscht hingegen Inflation bei Vollbeschäftigung, wird die Wirtschaftspolitik versuchen müssen, die Preissteigerungsrate herabzudrücken, auch auf die Gefahr hin, dass Arbeitslosigkeit entsteht.

Zusammenfassung

- Unter **Wirtschaftspolitik** versteht man die Gesamtheit der Maßnahmen, mit denen der Staat regelnd und gestaltend in die Wirtschaft eingreift.
- Die **Träger der Wirtschaftspolitik** sind die Parlamente und Regierungen, regierungsunabhängige Institutionen (vor allem die Zentralbanken), Verbände (z. B. Gewerkschaften, Arbeitgeberverbände) sowie internationale Organisationen.
- Die wirtschaftspolitischen **Ziele des Stabilitätsgesetzes** sind:
  (1) Stabilität des Preisniveaus,
  (2) hoher Beschäftigungsstand,
  (3) außenwirtschaftliches Gleichgewicht und
  (4) stetiges und angemessenes Wirtschaftswachstum.
- Die Ziele (1) bis (3) sind kurzfristig zu erreichen. Das Ziel (4) ist ein nur langfristig zu erreichendes Ziel.
- Weitere, nicht im Stabilitätsgesetz genannten langfristigen Ziele sind
  (5) eine sozial verträgliche Einkommens- und Vermögensverteilung und
  (6) die Erhaltung der natürlichen Lebensgrundlagen.
- Die Ziele (1) bis (4) bilden das sogenannte **„magische Viereck“** und die Ziele (1) bis (6) das **„magische Sechseck“,** denn man müsste ein Zauberer (Magier) sein, wenn man alle Ziele gleichzeitig erreichen könnte.
- Es gibt folgende Zielbeziehungen: Zielharmonie, Zielkonflikt und Zielindifferenz.
  - **Zielharmonie** liegt vor, wenn zwei oder mehrere Ziele mit ein und denselben wirtschaftspolitischen Maßnahmen erreicht werden können.
  - Von einem **Zielkonflikt** spricht man, wenn mit einer wirtschaftspolitischen Maßnahme ein Ziel (oder ein Zielbündel) nur zulasten eines anderen Ziels (oder Zielbündels) erreicht werden kann.
  - Eine **Zielindifferenz** ist gegeben, wenn durch die Verfolgung eines wirtschaftspolitischen Ziels die Erreichung anderer wirtschaftspolitischer Ziele weder negativ noch positiv beeinflusst wird.
- Da bei der Verfolgung wirtschaftspolitischer Ziele häufig Zielkonflikte bestehen, müssen die politischen Instanzen (z. B. die Regierung, die Länderregierungen, die Europäische Zentralbank) **Kompromisse** eingehen.

1 **Priorität:** Vorrangigkeit.

Übungsaufgaben

1 Bearbeiten Sie folgende Aufgaben:

1. Das Oberziel der Wirtschaftspolitik der Bundesrepublik Deutschland ist nach § 1 StabG das „gesamtwirtschaftliche Gleichgewicht". Erläutern Sie, was hierunter zu verstehen ist!
2. Nennen Sie die quantitativen Ziele des § 1 StabG!
3. Beurteilen Sie, warum die Vollbeschäftigung ein wichtiges Ziel der Wirtschaftspolitik ist!
4. Beschreiben Sie, unter welchen Bedingungen Vollbeschäftigung vorliegt!
5. Erklären Sie das wirtschaftspolitische Ziel „Preisniveaustabilität"!
6. Begründen Sie, warum der Staat für außenwirtschaftliches Gleichgewicht sorgen sollte!
7. Beschreiben Sie, welche möglichen Zielkonflikte zwischen den Zielen „hoher Beschäftigungsstand", „Stabilität des Preisniveaus" und „außenwirtschaftliches Gleichgewicht" bestehen können!
8. Erklären Sie, was unter stetigem Wirtschaftswachstum zu verstehen ist!
9. Nennen Sie neben dem Ziel des stetigen Wirtschaftswachstums noch weitere langfristige Ziele der Wirtschaftspolitik!
10. Erläutern Sie, welche Zielkonflikte sich zwischen dem Ziel des stetigen Wirtschaftswachstums einerseits und den kurzfristigen Zielen der Stabilität des Preisniveaus, des hohen Beschäftigungsstands und des außenwirtschaftlichen Gleichgewichts andererseits ergeben können!
11. Die möglichen Zielkonflikte erfordern, dass der Staat wirtschaftspolitische Kompromisse schließen muss. Nehmen Sie zu dieser Aussage Stellung!
12. Begründen Sie, warum in der Bundesrepublik Deutschland trotz Wirtschaftswachstums das Ziel eines möglichst hohen Beschäftigungsstands seit Jahren unerreichbar scheint!

2 Beurteilen Sie, ob in den nachstehenden Fällen Zielharmonie, Zielindifferenz oder Zielkonflikt besteht!

1. In einer Volkswirtschaft wirkt das „Gesetz der Massenproduktion". Die Wirtschaft ist unterbeschäftigt. Die Regierung beschließt, die Staatsausgaben (bei gleichbleibenden Einnahmen) zu erhöhen. Ihre vorrangigen wirtschaftspolitischen Ziele sind zurzeit der Abbau der Arbeitslosigkeit und die Preisniveaustabilität.
2. In einer mit dem Ausland stark verflochtenen Volkswirtschaft übersteigen die Exporte seit längerer Zeit die Importe. Die Wirtschaft ist unterbeschäftigt. Die Regierung beschließt die Senkung der Importzölle und die Aufhebung bisheriger Exportförderungsmaßnahmen. Ihre vorrangigen wirtschaftspolitischen Ziele sind zurzeit außenwirtschaftliches Gleichgewicht, Preisniveaustabilität und Vollbeschäftigung.
3. In einer vollbeschäftigten Volkswirtschaft steigen die Preise jährlich um ca. 10 %. Es bestehen laufende Exportüberschüsse. Das Wirtschaftswachstum beträgt im kommenden Jahr voraussichtlich 3 %. Der Grad der Umweltverschmutzung ist sehr hoch, sodass die Lebenserwartung der Bevölkerung zu sinken beginnt. Die derzeitige Einkommens- und Vermögensverteilung wird als „gerecht" empfunden.

   Die Regierung beschließt, die Grenzen weiter zu öffnen, um die Importe zu steigern. Die sechs magischen Ziele der Wirtschaftspolitik werden von der Regierung als gleichrangig betrachtet.

3

Aufgaben:

Betrachten Sie die obige Abbildung und lösen Sie folgende Aufgaben:

1. Erläutern Sie, was unter einer Ökosteuer zu verstehen ist!
2. Beurteilen Sie, wie sich die Erhebung einer Ökosteuer auf die Angebotskurve eines Produkts auswirkt!
3. Erläutern Sie, welche Wirkungen sich auf einem polypolistischen Markt im Hinblick auf den Preis sowie die absetzbare Menge des mit einer Ökosteuer belasteten Produkts ergeben!
4. Unterbreiten Sie Vorschläge, wie der Staat selbst durch sein Nachfrageverhalten Einfluss auf die Produktion umweltfreundlicher Produkte nehmen kann! Nennen Sie ein Beispiel!

4 Ökosteuern und -abgaben, Verbote und die Vorgabe von Grenzwerten sollen zu einem umweltverträglichen Wirtschaften beitragen.

Beispiele:

a) Erhebung einer Abwasserabgabe, die mit zunehmendem Reinheitsgrad der Abwässer sinkt.
b) Abschaffung der Kraftfahrzeugsteuer und Erhöhung der Mineralölsteuer.
c) Verbot umweltschädlicher Produkte (z. B. umweltschädlicher Treibgase in Sprühdosen).
d) Begrenzung der zulässigen Rußzahlen bei Ölfeuerungsanlagen.
e) Fahrverbot für Kraftfahrzeuge mit Dieselmotoren.
f) Stromsteuer auf Strom aus Verbrennungskraftwerken.
g) Vorgabe von Abgasgrenzwerten (z. B. für Kraftwerke, Autos).

h) Subventionen zur Gewinnung von Erdwärme.
i) Steuererleichterung für Elektrofahrzeuge.
j) Herstellungsverbot asbesthaltiger Werkstoffe.
k) Einführung des Dosenpfands.
l) Importverbot für genmanipulierte Lebensmittel.
m) Verbot von Plastiktüten.

Aufgaben:

1. Begründen Sie, welche der genannten Maßnahmen als marktkonform und welche als marktkonträr zu bezeichnen sind!
2. Angebot und Nachfrage nach einem umweltschädlichen Gut A verhalten sich normal. Das Gut A wird mit einer Ökosteuer belegt. Stellen Sie mithilfe der Angebots- und Nachfragekurve dar, wie sich Preis und Absatzmenge des Gutes A verändern!
3. Entscheiden und begründen Sie, wie sich die Ökosteuer auf das Produkt A auf die Nachfrage nach dem Substitutionsgut (Ersatzgut) B auswirken könnte!
4. Bilden Sie zwei eigene Beispiele für den unter 3. beschriebenen Substitutionseffekt!

5 Erläutern Sie, welche Zusammenhänge die nachfolgenden Abbildungen ausdrücken!

Zielbeziehungen

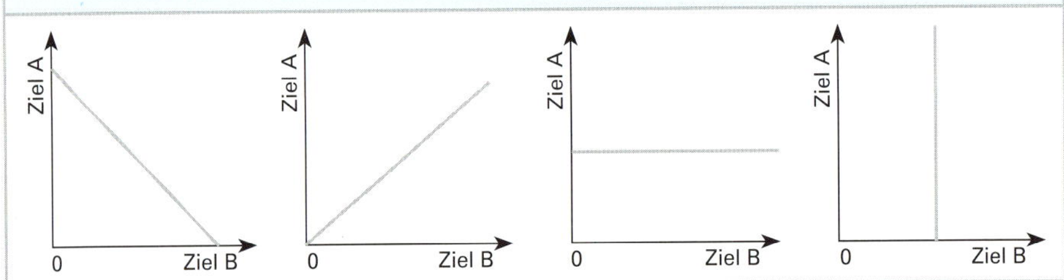

6 **Textauszug:**

Zukunftsstudie: OECD warnt die Welt vor ökologischem Kollaps

Die Weltbevölkerung wächst rasant, Energie- und Wasserverbrauch steigen. Weltweit drohen unumkehrbare Schäden für Umwelt und Gesellschaft. Von Tobias Kaiser

Es ist ein eindringlicher Appell: In einer Studie warnt die Organisation für Wirtschaftliche Zusammenarbeit und Entwicklung (OECD) vor zunehmender Umweltzerstörung: „Wir riskieren unumkehrbare Umweltschäden, die die in den vergangenen zweihundert Jahren erzielten Verbesserungen des Lebensstandards gefährden", schreiben die Forscher in ihrem Bericht.

In den kommenden 40 Jahren werde die Weltbevölkerung um zwei Milliarden Menschen auf dann neun Milliarden Menschen anwachsen. Fast zwei Drittel aller Menschen weltweit werden 2050 in Städten leben und die globale Wirtschaftsleistung werde sich bis dahin vervierfachen.

Dieses Wachstum bleibe nicht ohne Folgen für die Umwelt. Eine viermal größere Weltwirtschaft wird trotz Energiesparmaßnahmen rund 80 % mehr Energie verbrauchen als heute. Weil vor allem die großen Schwellenländer weiter auf fossile Energieträger wie Öl und Gas setzen, wird der Ausstoß klimaschädlicher Treibhausgase trotz internationaler Vereinbarungen zunehmen – die Experten rechnen mit einem Plus von 50 % bis 2050. [. . .]

Die Pariser Forscher rechnen mit enormen ökonomischen und menschlichen Kosten, wenn die internationale Politik die Umweltzerstörung nicht energischer bekämpft. „Die Folgen für die Lebensqualität der Menschen weltweit wären desaströs", warnen die Forscher. Allein die Zahl der Menschen, die jedes Jahr durch Abgase und Chemikalien sterben, könnte sich bis zur Mitte des Jahrhunderts auf 3,6 Millionen Menschen verdoppeln.

Rodungen und Monokulturen werden nach den Berechnungen der OECD dafür sorgen, dass bis 2050 die Artenvielfalt an Land um zehn Prozent abnimmt. Betroffen seien besonders Europa, Asien und das südliche Afrika. In Flüssen und Seen seien bereits ein Drittel der Arten ausgerottet und dieser Prozess werde sich weiter fortsetzen.

Angesichts dieser Prognosen fordert die OECD rasches und ambitioniertes Handeln. Ein Politikwechsel sei nötig: „Die bisherige Politik der schrittweisen Fortschritte wird in den kommenden Jahrzehnten nicht mehr genügen."

Die Wissenschaftler machen dabei konkrete Vorschläge für Maßnahmen, die dabei helfen könnten, die Umweltbelastung in den kommenden Jahrzehnten zu reduzieren und die Entwicklung sogar umzukehren.

Dazu müsse es vor allem teurer werden, die Umwelt zu belasten, etwa durch einen Emissionshandel wie in der Europäischen Union oder durch Steuern auf Energieträger oder schädliche Emissionen wie Kohlendioxid. Als Beispiel dafür gilt die deutsche Ökosteuer.

Außerdem plädieren die Forscher dafür, umweltschädliche Subventionen abzuschaffen, etwa für die Landwirtschaft und die Fischerei. Dadurch könnten umweltschädliche Anreize vermieden werden. Nötig sei auch, dass Bauern, Unternehmen und Haushalte künftig stärker dafür zahlen, wenn sie natürliche Ressourcen wie Wasser verbrauchen – das sei bisher in vielen Regionen der Welt nicht der Fall und führe zu Verschwendung.

Quelle: WELT Online vom 15. 03. 2012.

Aufgaben:

1. Formulieren Sie klare umweltpolitische Ziele zur Vermeidung eines ökologischen Kollapses!
2. Unterbreiten Sie Vorschläge, wie eine Steuerpolitik aussehen müsste, die dazu beitragen kann, die angesprochenen Probleme lösen zu helfen!

2 Wirtschaftspolitische Aktionsfelder

Wirtschaftspolitische Aktionsfelder dienen in erster Linie der Erreichung der wirtschaftspolitischen Zielsetzungen. Im Verlauf dieses Kapitels werden die in den Rahmenrichtlinien aufgeführten wirtschaftspolitischen Aktionsfelder vorgestellt. Im Zuge der Ausführungen zu diesen **einzelnen Handlungsfeldern**, werden zugleich sowohl die jeweils erhofften **positiven Auswirkungen** als auch die **Grenzen** des politischen Handlungsspielraums verdeutlicht. Hierzu zählen selbstverständlich ebenfalls Hinweise auf mögliche **ökonomische, gesellschaftliche** und – sofern vorhanden – **ökologische Folgen,** die aus dem Einsatz des jeweiligen wirtschaftspolitischen Instrumentariums resultieren. Die Darlegung dieser Sachverhalte erfolgt jedoch – **abweichend von den Rahmenrichtlinien** – im Rahmen der Erläuterung des jeweiligen Aktionsfeldes und nicht in Form einer separaten Darstellung.

2.1 Arbeitsmarktpolitik

2.1.1 Begriffe Arbeitsmarktpolitik und Arbeitslosigkeit

(1) Arbeitsmarktpolitik

Die **Arbeitsmarktpolitik** umfasst alle Maßnahmen, die dazu dienen, die strukturelle Arbeitslosigkeit zu beseitigen, neue Arbeitsplätze zu schaffen und vorhandene Arbeitsplätze besser zu verteilen.

(2) Arbeitslosigkeit

- **Arbeitslos** sind Personen, die – obwohl sie **arbeitsfähig** und **arbeitswillig** sind – keine Beschäftigung finden.
- Der Beschäftigungsstand einer Volkswirtschaft wird durch die **Arbeitslosenquote** gemessen. Statistisch erfasst werden dabei nur die bei den Arbeitsagenturen **registrierten** Arbeitsuchenden.

Die **registrierte Arbeitslosenquote** wird nach zwei verschiedenen Verfahren berechnet:

- der Anteil der registrierten Arbeitslosen an der Gesamtzahl der unselbstständigen Erwerbspersonen in Prozent oder
- der Anteil der registrierten Arbeitslosen an der Gesamtzahl aller Erwerbspersonen in Prozent.

Beträgt die Arbeitslosenquote 1 bis 2 %, so wird in der Bundesrepublik Deutschland von **Vollbeschäftigung** gesprochen.

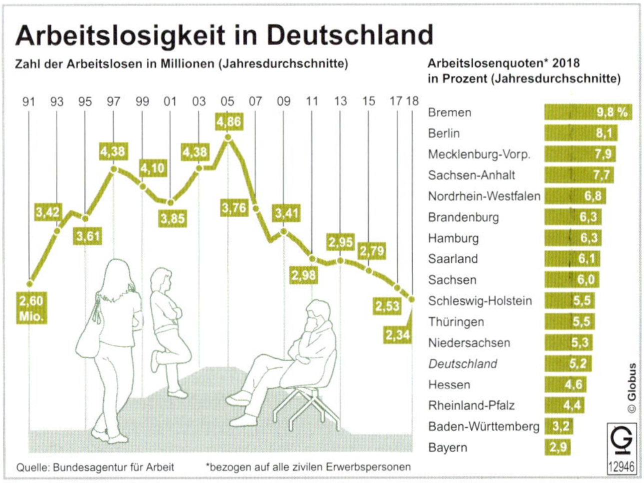

Die Arbeitslosigkeit in Deutschland ist im vergangenen Jahr weiter gesunken. Waren im Jahresdurchschnitt 2017 noch rund 2,53 Mio. Männer und Frauen arbeitslos gemeldet, so waren es im vergangenen Jahr mit 2,34 Mio. rund 200 000 weniger. Die Quote sank von 5,7 (2017) auf 5,2 % (2018). In Westdeutschland waren im Jahresdurchschnitt 1,76 Mio. Menschen arbeitslos gemeldet, dies entsprach einer Quote von 4,8 %. Im Osten waren es rund 581 000; damit lag die ostdeutsche Jahresquote bei 6,9 % (2017: 7,6 %). Die höchsten Arbeitslosenquoten hatten Bremen und Berlin mit 9,8 bzw. 8,1 %. Die geringste Arbeitslosigkeit gab es in Baden-Württemberg und Bayern mit Quoten von 3,2 und 2,9 %. Für 2019 erwartet der Sachverständigenrat einen weiteren Rückgang der Arbeitslosenquote in Deutschland auf unter 5 %. Die Beschäftigung könnte 2019 um 400 000 auf 45,3 Mio. Erwerbstätige zunehmen.

Neben der registrierten Arbeitslosigkeit gibt es auch noch eine **nicht registrierte Arbeitslosigkeit.** Hierbei handelt es sich um das Arbeitskräftepotenzial, das nicht in der **Arbeitslosenstatistik** erfasst ist.

2.1.2 Arten der Arbeitslosigkeit

Zur **wirksamen Bekämpfung** der Arbeitslosigkeit ist es unbedingt erforderlich, die verschiedenen **Ursachen** dieses Phänomens zu untersuchen, die dazu führen, dass das Ziel der Vollbeschäftigung nicht erreicht wird. Denn nur wenn es gelingt, die Ursachen für die bestehende Unterbeschäftigung zu beseitigen, lässt sich auch das Problem der Arbeitslosigkeit dauerhaft lösen. Die Ursachen der Arbeitslosigkeit eignen sich zudem als Unterscheidungskriterium für die verschiedenen **Arten** der Arbeitslosigkeit.

(1) Friktionelle[1] Arbeitslosigkeit

Durch Wechsel des Arbeitsplatzes, Umstrukturierungen in den Unternehmen und durch die oft zeitaufwendige Suche nach einer angemessenen Beschäftigung bleibt auch in Zeiten der Vollbeschäftigung eine niedrige Arbeitslosenquote erhalten. Die Tatsache, dass Leute eine Arbeit aufgegeben und eine andere noch nicht aufgenommen haben, führt sozusagen zu „Reibungsverlusten" auf dem Arbeitsmarkt. Somit handelt es sich hierbei um eine kurzfristige Form der Arbeitslosigkeit (auch Sucharbeitslosigkeit genannt).

(2) Nachfragebedingte Arbeitslosigkeit (keynesianische Arbeitslosigkeit)[2]

Kurz- und mittelfristige Nachfrageschwankungen können die Zahl der Arbeitslosen erhöhen oder verringern. Kurzfristige Nachfrageschwankungen sind i. d. R. saisonal,[3] mittelfristige i. d. R. konjunkturell bedingt. Man unterscheidet deshalb auch zwischen saisonaler (saisoneller) und konjunktureller Arbeitslosigkeit.

Saisonale Arbeitslosigkeit	Als saisonale Arbeitslosigkeit werden die durch den Wechsel der Jahreszeiten hervorgerufenen Beschäftigungsrückgänge bezeichnet. Wirtschaftszweige, die unter saisonaler Arbeitslosigkeit leiden, sind z. B. das Baugewerbe, die Landwirtschaft und die Gewerbe, die vom Tourismus abhängig sind (z. B. das Hotel- und Gaststättengewerbe). Um die wahre Entwicklung auf dem Arbeitsmarkt beurteilen zu können, müssen die Arbeitslosenzahlen um die saisonal bedingten Einflüsse bereinigt werden.
Konjunkturelle Arbeitslosigkeit	Die konjunkturelle Arbeitslosigkeit ist, soweit sie auf „normale" konjunkturelle Ausschläge zurückzuführen ist, wirtschaftspolitisch verhältnismäßig unproblematisch, weil sie im Laufe eines Konjunkturaufschwungs mehr oder weniger „automatisch" abgebaut wird.
Sättigungstendenzen	In den sechziger und siebziger Jahren des vorigen Jahrhunderts konnte man noch davon ausgehen, dass Hochkonjunktur zugleich Vollbeschäftigung bedeutete. Aber schon in der Hochkonjunktur 1979 sank die Arbeitslosenquote nicht mehr unter 5,4 %. Selbst beim Wiedervereinigungsboom von 1990 betrug die Arbeitslosenquote 8,3 %. Die Ursache der hohen Wachstumsraten in den sechziger und siebziger Jahren ist – unter vielen anderen – auch in den Entwicklungen zu suchen, die vom kräftigen Wirtschaftswachstum nach dem Ende des zweiten Weltkriegs ausgingen. Europa war weitgehend zerstört und musste wieder aufgebaut werden. Die Masseneinkommen nahmen schnell zu und damit auch der Massenkonsum. Immer mehr private Haushalte waren in der Lage, sich mit langlebigen Konsumgütern wie Waschmaschinen, Kühlschränken, Spülmaschinen, Elektrogeräten aller Art, Fernsehgeräten und Autos auszustatten. Die Industrie wuchs entsprechend der Nachfrage. Seit den achtziger Jahren machten sich zunehmend Sättigungstendenzen bemerkbar, sodass die Nachfrage nicht mehr im gleichen Maße wuchs und wächst.

1 **Friktio** (lat.): Reibung.

2 Näheres siehe Kapitel 2.2.1.

3 **Saison** (frz.): Hauptbetriebszeit.

(3) Angebotsbedingte Arbeitslosigkeit (klassische Arbeitslosigkeit)

Die angebotsbedingte Arbeitslosigkeit hat viele Ursachen, von denen hier nur einige genannt werden können. Letztlich handelt es sich um Einflussfaktoren, die unmittelbar oder mittelbar die Kosten der Unternehmen negativ beeinflussen.

Lohnkosten-bedingte Arbeitslosigkeit	Die Löhne und Gehälter sowie die Lohnzusatzkosten sind auf vielen Teilmärkten des Arbeitsmarkts (z. B. für gering qualifizierte Arbeit) so hoch, dass sie von Unternehmen und Behörden nicht mehr bezahlt werden können **(lohnkostenbedingte Arbeitslosigkeit)**. Andererseits wird einfache Arbeit von manchen Arbeitsuchenden nicht angenommen, weil sie als nicht lohnend und als unattraktiv angesehen wird **(„freiwillige Arbeitslosigkeit")**. Die lohnkostenbedingte Arbeitslosigkeit ist umso größer, je höher der Mindestlohn über dem Marktlohn liegt. (Der Marktlohn ist der Lohn, der sich auf einem freien Arbeitsmarkt bilden würde.)
Gesetzliche und administrative Hemmnisse	Staatliche Regulierungen wie z. B. strenge **Kündigungsvorschriften** halten zahlreiche Unternehmen von Neueinstellungen ab. Bei Nachfragebelebungen werden vielmehr Überstunden geleistet. Viele Unternehmen würden mehr Arbeitskräfte einstellen, wenn die gesetzlichen Kündigungsfristen weniger rigide[1] wären. Die **bürokratische Regelungsdichte** ist vor allem in Deutschland und in Frankreich so hoch, dass viele unternehmerische Vorhaben nur langsam, gar nicht oder in einem fremden Land mit weniger Bürokratie durchgeführt werden.
Geringe Flexibilität	Die Arbeit ist in Deutschland im Gegensatz zu beispielsweise den USA oder den Niederlanden wenig flexibel (beweglich) organisiert. Es fehlt z. B. an Teilzeitarbeitsplätzen, an Möglichkeiten, unbezahlten Urlaub zu nehmen oder in auftragsstarken Zeiten mehr und in auftragsarmen weniger zu arbeiten usw.
Managementfehler	Managementfehler führen und führten zu Arbeitsplatzverlusten, weil versäumt wurde, die Fertigungsverfahren und die Produkte rechtzeitig an die sich ändernden Marktbedingungen anzupassen.
Mangelnde Risikobereitschaft	Die Schaffung neuer zukunftsträchtiger Arbeitsplätze wird beeinträchtigt, weil große Teile der Gesellschaft zu Recht oder zu Unrecht Angst vor den Auswirkungen der technologischen Entwicklung haben. So wird z. B. der Bau von Straßen, Brücken, Kanälen, Hochgeschwindigkeitszügen, Fabriken und Flugplätzen aus politischen und/oder aus Umweltschutzgründen behindert, verhindert oder verzögert.
Außenwirtschaftliche Bedingungen	Die Wechselkursentwicklung beeinflusst die Beschäftigung nachhaltig. Je niedriger der Kurs ist, desto billiger sind die Exporterzeugnisse für in Fremdwährungsgebieten ansässige Käufer. Je höher der Kurs, desto teurer sind die Exporterzeugnisse für die Importeure in den Fremdwährungsländern. Steigt also der Kurs, nehmen die Exportchancen ab und damit die Beschäftigung in der Exportwirtschaft. Sinkt der Kurs, nimmt die Beschäftigung zu.

1 **Rigid,** rigide (lat.): streng, starr, unnachgiebig.

Wirtschaftspolitische Entscheidungen

Staatsverschuldung

Die Schuldenpolitik vieler Staaten führt und führte zu einer so hohen Belastung der Staatshaushalte mit Zins- und Tilgungszahlungen, dass für beschäftigungsfördernde Staatsausgaben keine Mittel mehr übrig bleiben. Im Gegenteil: Um den Staatshaushalt auszugleichen, müssen die Staatsausgaben weiter gesenkt und die Abgaben weiter erhöht werden.

Schlanker Staat

Die staatlichen Sparmaßnahmen beeinflussen nicht nur die Gesamtnachfrage negativ, sondern unmittelbar auch die Beschäftigung. Die Beschäftigtenzahl in Deutschland ist bei Bund, Ländern und Gemeinden in den letzten Jahren sukzessive zurückgegangen.

Zinspolitik der Zentralbank

Hält die Zentralbank eines Wirtschaftsgebiets die Zinssätze hoch (um z. B. das Preisniveau stabiler zu halten), sind die Finanzierungskosten für Investitionen hoch. Die Unternehmen halten sich mit ihren Investitionen zurück, sodass weniger Arbeitsplätze ersetzt werden bzw. neu entstehen, als dies bei einem niedrigen Zinsniveau der Fall wäre.

Unzureichende Ausbildung

Der Mangel an qualifizierten Mitarbeitern ist ein Hinderungsgrund für Neueinstellungen. Knapp die Hälfte aller Langzeitarbeitslosen in Deutschland haben **keine abgeschlossene Berufsausbildung**. Die Arbeitsplätze für einfache Arbeiten wurden (und werden) vor allem in der Industrie weitgehend wegrationalisiert. Anders ausgedrückt: Der **Produktivitätsfortschritt** kostete (und kostet) vor allem weniger anspruchsvolle Arbeitsplätze.

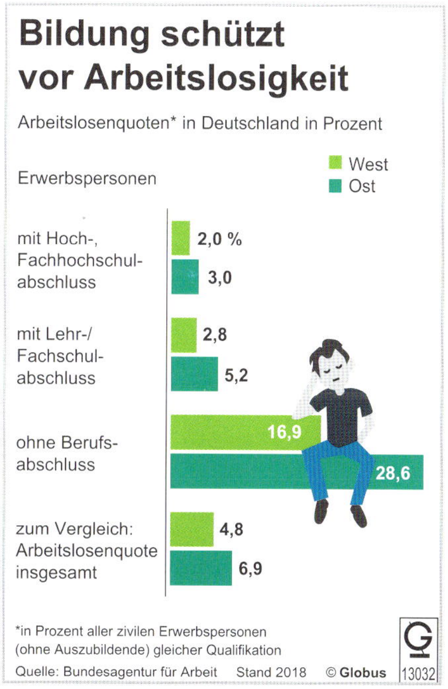

Steigende Arbeitsproduktivität

Der Produktivitätsanstieg ist vor allem auf den **technischen Fortschritt** zurückzuführen, der sich in der Substitution von menschlicher Arbeit durch Maschinenarbeit äußert, also den Verlust von Arbeitsplätzen bewirkt **(technologische Arbeitslosigkeit)**.

	Der technische Fortschritt als „Jobkiller" sollte indessen nicht überschätzt werden. Empirische Untersuchungen zeigen, dass gerade innovationsfreudige Unternehmen und Branchen eine günstige Beschäftigung aufweisen. Technologischer Wandel und Rationalisierungsinvestitionen erhöhen die Produktivität und ermöglichen somit Kostensenkungen. Sie erhöhen die Flexibilität der Unternehmen, führen zur Verbesserung vorhandener Produkte sowie zu neuen Produkten. Die neuen Maschinen, Automaten und Produktionsanlagen ihrerseits müssen erst einmal produziert werden; dadurch werden Arbeitsplätze geschaffen oder erhalten.
Berufliche und räumliche Immobilität	Im Grenzfall kann es sein, dass in einer Periode das gesamte Arbeitsangebot der gesamten Arbeitsnachfrage entspricht und dennoch Arbeitslosigkeit besteht. Dies kann darauf zurückzuführen sein, dass in einer Region die Arbeitsnachfrage das Arbeitsangebot übersteigt, während in einer anderen die umgekehrte Situation vorliegt. Das Beschäftigungsproblem muss auch unter dem Blickwinkel der **qualitativen (beruflichen) Mobilität** gesehen werden, denn es gibt im Grunde ebenso viele Arbeitsmärkte, wie es Berufe gibt. Klaffen qualitative Arbeitsnachfrage und qualitatives Arbeitsangebot auseinander, ist „der" Arbeitsmarkt im Ungleichgewicht.
Schattenwirtschaft	Zur Schattenwirtschaft (Untergrundwirtschaft, Hidden Economy) rechnen alle wirtschaftlichen Betätigungen, für die legal oder illegal keine Steuern entrichtet und keine Sozialversicherungsabgaben abgeführt werden. Die Bereiche der Schattenwirtschaft werden statistisch nur als Schätzgröße erfasst (z. B. Hausarbeit, Lieferungen und Leistungen durch Gewerbetreibende ohne Rechnung).

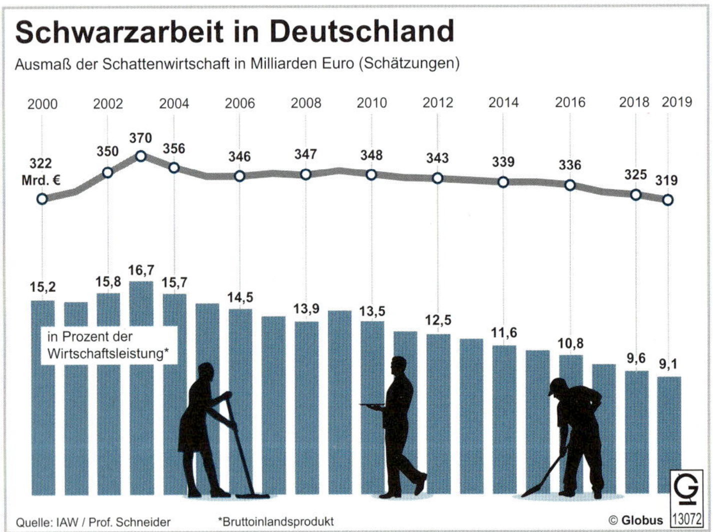

Beispiele:

- Zum **legalen** Bereich der Schattenwirtschaft gehören die Tätigkeiten der Hobbygärtner, die Selbstversorgung, die Nachbarschaftshilfe sowie die ehrenamtlichen Tätigkeiten in Hilfsorganisationen und nicht wirtschaftlichen Vereinen.
- **Illegale** Bereiche der Schattenwirtschaft sind Schwarzarbeit, die illegale Beschäftigung von Ausländern oder kriminelle Aktivitäten wie z.B. Drogenhandel.

Die **Schwarzarbeit** ist nicht zuletzt die **Folge** einer von der Bevölkerung als **zu hoch** empfundenen **Belastung** mit direkten Steuern (Einkommen- bzw. Lohnsteuer, Kirchensteuer, Solidaritätszuschlag) und Sozialversicherungsabgaben. Sie ist aber zugleich auch eine **Ursache** steigender Arbeitslosigkeit, weil sie an die Stelle der legalen Arbeit tritt. In der Folge sinken die Staatseinnahmen aus direkten Steuern und die Einnahmen der Sozialversicherungsträger. Der Staat muss die Steuersätze anheben (meist werden die indirekten Steuern wie z.B. Umsatzsteuer und/oder Mineralölsteuer erhöht), um die Einnahmeausfälle auszugleichen. Ein **sich selbst verstärkender Prozess** ist in Gang gesetzt: Die steigenden Abgaben erhöhen den Anreiz zur Schwarzarbeit, sodass diese weiter zunimmt.

(4) Strukturelle Arbeitslosigkeit

Die auf den wirtschaftlichen und technischen Wandel zurückzuführende Arbeitslosigkeit bezeichnet man als **strukturelle Arbeitslosigkeit.** Betroffen sind vor allem die Beschäftigten solcher Branchen (Wirtschaftszweige), die

- an wirtschaftlicher Bedeutung verlieren,
- die neue und arbeitssparende Techniken einführen und
- die langfristige Anpassungsschwierigkeiten erleiden.

Zukunft der Arbeitswelt

Vor allem die Entwicklung neuer Technologien wird in Zukunft das Arbeitsleben und den Arbeitsmarkt gravierend verändern. Die sogenannte **vierte industrielle Revolution** bringt eine große Vielfalt an Neuerungen. Intelligente Roboter, **innovative Fertigungsmethoden** und **neue Job-Profile** sind das Markenzeichen dieser einschneidenden Entwicklung. Die zunehmend **vernetzte, digitale Produktion** eröffnet neue Möglichkeiten und riesige Chancen für die deutsche Wirtschaft.

Bildquelle: Audi AG: https://www.audi-mediacenter.com/de/fotos/album/techday-smart-factory-721.

So erobert eine neue Generation der **Roboter** die Fabrikhallen: Intelligente Maschinen, die Hand in Hand mit dem Menschen arbeiten und stetig dazulernen. Zudem sind **neue intelligente Produktionstechniken** auf dem Vormarsch in die Fabrikhallen, wie beispielsweise der 3D-Druck, der neue Produkte mit neuen Eigenschaften ermöglicht und somit den Kreislauf von Konzeption, Prototypentwicklung und Produktion beschleunigt. Bei der weltweit größten Industrieschau, der Hannover Messe, stehen diese Entwicklungen seit mehreren Jahren im Mittelpunkt des Interesses.

3 Speth u.a. - ISBN 978-3-8120-0593-7

In der Frage, ob Roboter und Maschinen bald dem Menschen die Arbeit wegnehmen, sind sich viele Experten in der Verneinung dieser Frage einig. Allerdings werden sich die **Berufsbilder** und Anforderungen an die Mitarbeiter von Morgen sehr stark **verändern.** Denn die Grenzen zwischen real und digital verschwimmen zunehmend, sodass in der Arbeitswelt von morgen Maschinen mitdenken und Berufsbilder sich als Folge hieraus wandeln.

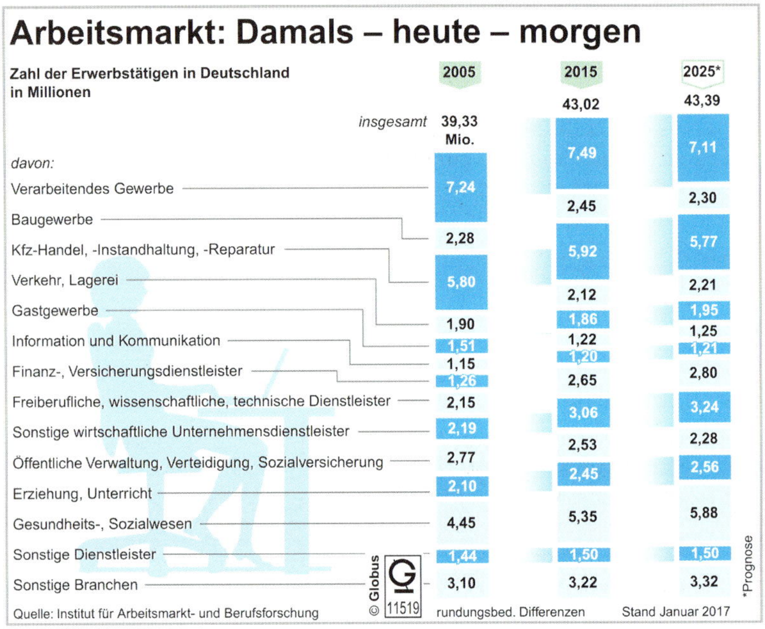

Nachdem Deutschland jahrelang als klassisches Industrieland galt, gewinnt inzwischen der Dienstleistungsbereich immer mehr an Bedeutung. Arbeiteten im Jahr 2005 28,53 Mio. Erwerbstätige in Dienstleistungsberufen, waren es 2015 bereits 31,85 Mio. Nach einer Prognose des Instituts für Arbeitsmarkt- und Berufsforschung wird ihr Anteil bis zum Jahr 2025 auf rund 76 % steigen. Den höchsten Zuwachs wird es nach dieser Prognose im Vergleich zum Jahr 2005 im Bereich „sonstige wirtschaftliche Unternehmensdienstleister" geben, hinter dem sich unter anderem die Vermittler von Arbeitskräften, Reiseveranstalter, Wach- und Sicherheitsdienste sowie Gebäudebetreuer verbergen. Ebenfalls hohe Wachstumsraten verzeichnen die Bereiche „freiberufliche, wissenschaftliche und technische Dienstleister" und „Gesundheits- und Sozialwesen".

Sockelarbeitslosigkeit

Die strukturelle Arbeitslosigkeit ist im Gegensatz zur saisonalen oder konjunkturellen Arbeitslosigkeit langfristiger Natur und wird auch im wirtschaftlichen Aufschwung überhaupt nicht oder nur geringfügig abgebaut **(Sockelarbeitslosigkeit).** Der Arbeitsmarkt befindet sich dauerhaft im Ungleichgewicht. Das Arbeitsangebot ist größer als die Arbeitsnachfrage. Die strukturelle Arbeitslosigkeit wird deswegen auch als **Mismatch-Arbeitslosigkeit**[1] bezeichnet.

Die Sockelarbeitslosigkeit ist dadurch gekennzeichnet, dass sie sich von Konjunkturrückgang zu Konjunkturrückgang – so jedenfalls die bisherige Entwicklung – verstärkt. Dies ist u. a. damit zu erklären, dass bei hoher Arbeitslosigkeit die Arbeitgeber bei der Einstellung neuer Arbeitskräfte immer anspruchsvoller werden. Die **Wiederbeschäftigungschancen** für **weniger qualifizierte** Personen werden entsprechend geringer. Die Folge ist, dass sich bei diesen Personen die Zeit der Arbeitslosigkeit verlängert **(Langzeitarbeitslosigkeit).**

1 **Mismatch-Arbeitslosigkeit** (engl. mis...: falsch; match: Gleiches, Ebenbürtiges). Ein deutsches Wort für Mismatch-Arbeitslosigkeit gibt es nicht. Ein englisches Wörterbuch liefert folgende Erklärung: Mismatch: a failure to correspond or match a discrepancy: a huge mismatch between supply and demand.

2.1.3 Folgen der Arbeitslosigkeit

(1) Auswirkungen der Arbeitslosigkeit auf die Arbeitslosen

Normalerweise ist eine Entlassung einer Arbeitskraft eine **Einzelentlassung.** Sie wird von den entlassenen Personen als mit- oder gar selbstverschuldet erlebt, „weil – im Vergleich zu jenen, die nicht entlassen werden – Leistungsfähigkeit, Qualifikation usw. scheinbar nicht ausreichen."[1] Die der Entlassung folgende Arbeitslosigkeit geht häufig mit einer **Stigmatisierung**[2] einher: Die Arbeitslosen werden von vornherein als weniger qualifiziert eingeschätzt. Bei der Suche nach einem neuen Arbeitsplatz müssen sie begründen, warum sie entlassen worden sind. „Dauert die Arbeitslosigkeit länger, setzt außerdem eine zunehmende **Isolierung** ein. Die Öffentlichkeit nimmt vom Einzelfall kaum Notiz. Parallel vollzieht sich damit zugleich ein Entsolidarisierungsprozess, der nicht selten auf eine **gesellschaftliche Ausgrenzung** der Arbeitslosen hinausläuft. Neben mangelnder Leistungsfähigkeit und unzureichender Qualifikation unterstellt man ihnen nun auch noch Missbrauch der Sozialleistungen, Arbeitsunwilligkeit und dergleichen mehr."[3]

Eine andere Wirkung als Einzelentlassungen haben **Massenentlassungen** infolge von Insolvenzen und Rationalisierungsmaßnahmen (z. B. Betriebsstilllegungen, Betriebsverlagerungen). Da der Verlust der Arbeitsplätze gemeinsam erlebt wird, muss die Arbeitslosigkeit nicht vom Einzelnen gerechtfertigt werden, weil allgemein bekannt ist, dass man „schuldlos" entlassen worden ist.

Wenngleich die auf Massenentlassungen zurückzuführende Arbeitslosigkeit für den Einzelnen scheinbar oder tatsächlich leichter als eine Einzelentlassung zu ertragen ist: Wer arbeitslos wird, fällt zunächst in eine tiefe Leere. Ein Gefühl der Verzweiflung tritt ein. **Einkommenseinbußen** führen – je nach Vermögensverhältnissen – zu existenziellen Sorgen. Sofern der oder die Entlassene eine oder mehrere Personen zu versorgen hat, können Konflikte entstehen. Wird z. B. ein Familienvater arbeitslos, geraten zunächst eingespielte Abläufe durcheinander. „Plötzlich mischt sich der Vater in die Erziehung ein, in die Hausaufgaben der Kinder, in den Haushalt. Die Verunsicherung kann sich in einer gespannten, oft aggressiven Atmosphäre äußern. Kleinigkeiten können sich zu großen Konflikten entzünden, bis zur Gewalt in der Familie."[4]

Die menschliche Erfahrung mit der Arbeitslosigkeit

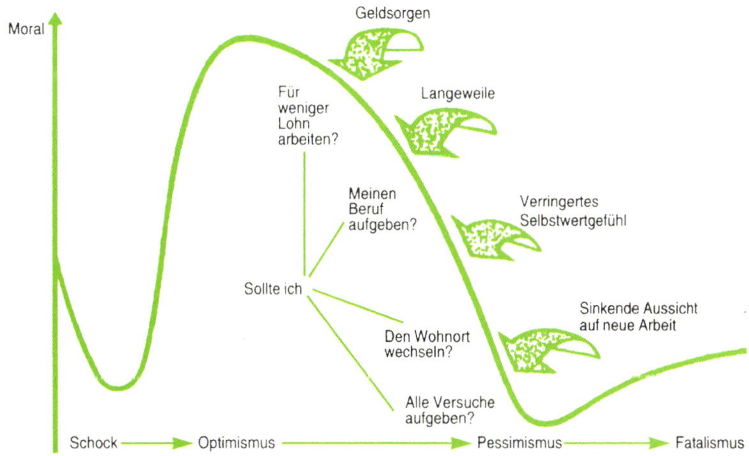

Quelle: Bundesanstalt für Arbeit (Hrsg.): Überlegungen II zu einer vorausschauenden Arbeitsmarktpolitik, 1978, S. 209.

---

1 Osterland, M.: Einzelentlassung und Massenentlassung als kollektive Erfahrung, in: Dressel, W. u. a. (Hrsg.): Lebenslauf, Arbeitsmarkt und Sozialpolitik, Nürnberg 1990, S. 139 f., zitiert in Kontrovers, Arbeitsmarktpolitik, a. a. O., S. 54.

2 **Stigmatisierung** (gr.): Brandmarkung, Kennzeichnung.

3 Vgl. Osterland, M., a. a. O., S. 54.

4 Vgl. Kachler, R.: Der Arbeitslose fällt in eine tiefe Leere, in: Esslinger Zeitung vom 5./6. Februar 1994, S. 5, zitiert in: Kontrovers, Arbeitsmarktpolitik, a. a. O., S. 55.

(2) Folgen der Arbeitslosigkeit für die Transferzahlungen[1]

Die Arbeitslosigkeit hat zahlreiche unmittelbare und mittelbare finanzielle (wirtschaftliche) Folgen, von denen hier nur die wichtigsten genannt werden können. Zunächst muss das **Arbeitslosengeld** von der Arbeitslosenversicherung (der Bundesagentur für Arbeit) aufgebracht werden. Je höher die Arbeitslosigkeit ist, desto höher müssen die Beiträge der Arbeitenden sein. Die Folge ist, dass – unter sonst gleichen Bedingungen – die Massenkaufkraft der Arbeitenden sinkt, sodass deren Konsum abnimmt. Dies wiederum hat sinkende Steuereinnahmen zur Folge, weil die Gewinne der Unternehmen sinken. Die Konkurrenz verschärft sich, **weitere Entlassungen** finden statt.

Arbeitslosengeld wird nur für eine bestimmte Zeitdauer bezahlt. Die Bezugsdauer für Arbeitslosengeld beträgt 12 Monate. Für ältere Arbeitslose gelten längere Bezugszeiträume; so erhalten 50-Jährige bis zu 15 Monate, 55-Jährige bis zu 18 Monaten, 58-Jährige bis zu 24 Monate lang Arbeitslosengeld. Im Anschluss an das Arbeitslosengeld I wird im Rahmen der **Grundsicherung für Arbeitsuchende** an erwerbsfähige Leistungsberechtigte das Arbeitslosengeld II gezahlt.[2]

Eine weitere Säule im System der sozialen Sicherung in der Bundesrepublik Deutschland ist das **Sozialgeld.** Es wird in den Fällen gewährt, in denen trotz Selbsthilfe und vorrangiger anderer Leistungen (z. B. Wohngeld, Kindergeld, Arbeitslosengeld) ein Einzelner oder eine Familie in existenzielle Not geraten. Die Hauptaufgabe des Sozialgeldes liegt in der **Sicherung des Lebensunterhalts** und in der **Hilfe in besonderen Lebenslagen,** vor allem bei Krankheit, Behinderung und besonderen sozialen Schwierigkeiten.

Mit der Arbeitslosigkeit steigen aufgrund der gesunkenen Einkommen auch andere Sozialleistungen des Staates wie z. B. das **Wohngeld.**

Der aufgrund der Arbeitslosigkeit zurückgehende Konsum bedeutet **geringere Steuereinnahmen.** Einmal zahlen die Arbeitslosen i. d. R. keine direkten Steuern (z. B. Lohn- und Einkommensteuer). Zum anderen bewirkt der insgesamt gebremste Konsum, dass die Verbrauchsteuern (z. B. Mineralölsteuer, Biersteuer) und die Verkehrsteuern (z. B. Umsatzsteuer) nicht in dem Maße eingehen, wie sie bei geringerer Arbeitslosigkeit zu erwarten sind.

Schließlich führt die zunehmende Arbeitslosigkeit nicht nur bei der Arbeitslosenversicherung, sondern auch bei den übrigen Sozialversicherungsträgern zu **sinkenden Beitragseinnahmen.** Rentenversicherung, Krankenkassen und Unfallversicherungen müssen ihre Beiträge erhöhen. Die Folge: Unter sonst gleichen Bedingungen geht die Konsumgüternachfrage weiter zurück.

Um Beitragserhöhungen zu vermeiden, können die Sozialversicherungsträger durch **Bundeszuschüsse** subventioniert werden. Ist der Staat bereits verschuldet, muss er entweder weitere Kredite mit den bereits bekannten Folgen aufnehmen oder zum Mittel der **Steuererhöhung** (z. B. auf Erhöhung der Umsatz- oder der Mineralölsteuer) greifen.

Durch zusätzliche Kreditaufnahmen wird das Problem nur zeitlich verschoben: Wird die Verschuldungsgrenze des Staates erreicht, müssen **zukünftig** Steuern erhöht und/oder Staatsausgaben gekürzt werden. Werden die Steuern sofort erhöht, geht die Nachfrage

1 **Transfer** (lat.): Übertragung. **Transferleistungen** des Staates sind Zahlungen, die von einem Teil der Bevölkerung aufgebracht werden müssen (vor allem direkte Steuern und Sozialversicherungsabgaben) und auf einen anderen Teil der Bevölkerung „übertragen" werden (z. B. Renten, Krankengeld, Arbeitslosengeld). Die **Transfereinkommen** werden auch als **Sozialeinkommen** oder **abgeleitete Einkommen** bezeichnet.

2 Vgl. hierzu S. 155 ff.

gegenwärtig zurück, weil weniger Geld in den Portemonnaies der privaten Haushalte verbleibt.

Mit der Arbeitslosigkeit nimmt auch die Bedeutung der **Schattenwirtschaft** mit den damit verbundenen Negativfolgen (z. B. Steuerausfälle) zu.

(3) Folgen der Arbeitslosigkeit für das Arbeitspotenzial der Volkswirtschaft

Die erste Konsequenz der Arbeitslosigkeit ist, dass ein Teil des Arbeitspotenzials[1] ungenutzt bleibt. Das bedeutet, dass das reale Inlandsprodukt niedriger ist, als es bei Vollbeschäftigung wäre. Hinzu kommt die Belastung der öffentlichen Kassen. Sie beträgt – einfach gerechnet – rund 20 000,00 EUR jährlich je arbeitslose Person. Bei einer Arbeitslosenzahl von rund 2,25 Mio. (Stand Ende 2018) sind das rund 45 Mrd. EUR jährlich.

Die zweite Konsequenz ist die, dass das ungenutzte Arbeitspotenzial veraltet. Wissenschaftlich ausgedrückt: Das **Humankapital**[2] verringert sich. Der Grund: Im Verlauf der Arbeitslosigkeit veralten das vorhandene Fachwissen und die von der Arbeitswelt verlangten Fertigkeiten und Fähigkeiten. Dazu kommt, dass ein Teil des Fachwissens verloren geht und Fertigkeiten und Fähigkeiten abnehmen.

2.1.4 Staatliche und nicht staatliche Maßnahmen zur Bekämpfung der Arbeitslosigkeit

(1) Kurzfristige nachfrageorientierte Maßnahmen

Kurzfristige nachfrageorientierte Maßnahmen des Staates zur Bekämpfung der Arbeitslosigkeit sind z. B. die Erhöhung der Staatsausgaben und die Senkung der Staatseinnahmen im Rahmen der antizyklischen Finanzpolitik.

Besonders in der Wirtschafts- und Währungsunion (WWU) sind Konflikte zwischen den Regierungen einzelner WWU-Länder und der Europäischen Zentralbank nicht auszuschließen, weil es nur einen **einheitlichen** Leitzinssatz für **alle** Mitgliedsländer geben kann. Länder mit hoher Arbeitslosigkeit benötigen jedoch ein niedriges Zinsniveau, während in Ländern mit inflationären Tendenzen ein hohes Zinsniveau angebracht ist.

Eine nicht staatliche nachfrageorientierte Maßnahme zum Abbau der Arbeitslosigkeit ist die Durchsetzung von Lohnerhöhungen durch die Gewerkschaften, denn Löhne sind nicht nur Kosten, sondern Einkommen. Zusätzliches Einkommen führt zu zusätzlichem Konsum und damit zu steigender Produktion, sodass zusätzliche Arbeitsplätze entstehen können.

Die Beschäftigungsförderung durch Lohnerhöhungen funktioniert nur dann, wenn die zusätzlichen Arbeitsentgelte zur Nachfrage werden, d. h. nicht teilweise gespart und nicht teilweise in Form von direkten Steuern und/oder Sozialabgaben in den Staatshaushalt fließen. Außerdem müssen die gestiegenen Löhne von den Unternehmen zumindest zum Teil durch Produktivitätssteigerungen aufgefangen werden können, sodass der Nachfrageeffekt den Kosteneffekt der Lohnerhöhungen überkompensieren kann.

1 **Potenzial** (lat.: Potential): mögliche Leistungsfähigkeit.

2 Unter **Humankapital** (Human capital, Arbeitskapital) versteht man den Wert aller für den Produktionsprozess und damit zur Erzielung von Einkommen einsetzbaren menschlichen Fähigkeiten eines Einzelnen, einer Personengruppe oder aller Erwerbspersonen einer Volkswirtschaft.

(2) Langfristige angebotsorientierte Maßnahmen (Beispiele)

Senkung der Arbeitskosten

<table>
<tr><th>Kostensenkungen durch</th><th>Erläuterungen</th></tr>
<tr><td>Öffnung der Tarifverträge</td><td>Zur Bekämpfung der lohnkostenbedingten Arbeitslosigkeit wird vorgeschlagen, die starren Flächentarifverträge noch weiter zu flexibilisieren. Sogenannte Tariföffnungsklauseln sollen es Betrieben, denen es wirtschaftlich nicht besonders gut geht, ermöglichen, ihre Belegschaft für eine bestimmte Zeit (z. B. für ein Jahr) bis zu einem vereinbarten Prozentsatz unter Tarif zu bezahlen (Entgeltkorridor). Die konkreten Vereinbarungen werden dann zwischen Betriebsrat und Arbeitgeber ausgehandelt.

Tariföffnungsklauseln können auch eine Flexibilisierung der Arbeitszeit zum Ziel haben, weil dadurch längere Betriebszeiten ermöglicht werden. So wird z. B. über Arbeitszeitkorridore von 35 bis 40 Wochenstunden diskutiert.</td></tr>
<tr><td>Senkung der Lohnnebenkosten (Lohnzusatzkosten)</td><td>Neben den Tarifparteien (Arbeitgeberverbände und Gewerkschaften) kann auch der Staat dazu beitragen, die Arbeitskosten zu senken, indem er dafür sorgt, dass die gesetzlichen Lohnnebenkosten (z.B. die Sozialversicherungsbeiträge der Arbeitgeber) gesenkt werden. Dies kann nur durch eine mutige Reformierung der Sozialversicherungen geschehen.

Die durchschnittlichen Arbeitskosten pro Stunde in der Gesamtwirtschaft der EU lagen im Jahr 2018 bei 27,40 EUR. Das geht aus einer Schätzung der Statistikbehörde Eurostat hervor. Die jeweilige Höhe der Arbeitskosten war in den einzelnen Mitgliedstaaten sehr unterschiedlich: So zahlten Arbeitgeber in Dänemark für eine Arbeitsstunde im Durchschnitt 43,50 EUR und Arbeitgeber in Bulgarien dagegen nur 5,40 EUR. In der überwiegend nicht-gewerblichen Wirtschaft, wozu zum Beispiel die Bereiche Erziehung und Unterricht sowie Gesundheits- und Sozialwesen gehören, waren die durchschnittlichen Arbeitskosten in der EU mit 28,50 EUR höher als in der gewerblichen Wirtschaft (Industrie, Bau und Dienstleistungen), wo sie bei 27,00 EUR lagen. Von den durchschnittlichen Arbeitskosten entfielen im Jahr 2018 76,3 % auf die Löhne und Gehälter und 23,7 % auf die Lohnnebenkosten wie beispielsweise die von den Arbeitgebern getragenen Sozialbeiträge.

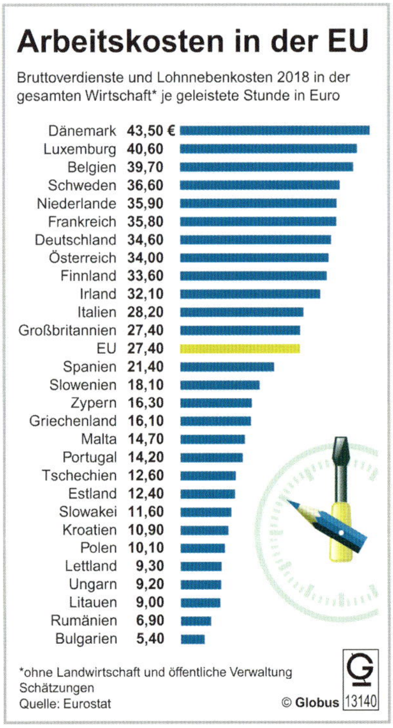
</td></tr>
</table>

Kostensenkungen durch	Erläuterungen
Kombilöhne[1]	Arbeitslose mit niedriger Qualifikation haben es besonders schwer, auf dem Arbeitsmarkt eine Arbeitsstelle zu bekommen, und wenn, dann zu einem Lohnsatz, der unter dem Niveau der sozialen Grundsicherung liegt. Zu einem solchen Lohn wird jedoch kein Arbeitsuchender eine Stelle antreten. Um das Problem in den Griff zu bekommen, wurden in den letzten Jahren zahlreiche **Kombilohnmodelle** vorgeschlagen und teilweise auch in verschiedenen Bundesländern versuchsweise verwirklicht. Ziel ist, es einerseits den Arbeitgebern zu ermöglichen, Arbeitslose zu einem Niedriglohn **in ungefährer Höhe der Grundsicherungsleistungen** einzustellen, und andererseits den Arbeitnehmern die Chance zu eröffnen, in gewissen Grenzen hinzuzuverdienen, ohne dass dies zu entsprechenden Minderungen ihrer Ansprüche führt. Liegen die Marktlöhne **unter dem Niveau der sozialen Grundsicherung,** können an die Arbeitgeber Lohnkostenzuschüsse aus den staatlichen Kassen bezahlt werden. Man erwartet aufgrund der sinkenden Lohnkosten eine Zunahme der Nachfrage nach Arbeitskräften. Die bis jetzt nicht befriedigend beantwortete Frage ist, wie die erforderlichen Mittel aufgebracht werden sollen. Eine besondere Form des Kombilohns ist die vor allem in den USA verwirklichte negative **Einkommensteuer,** die auch als Negativsteuer oder als **Bürgergeld** bezeichnet wird. **Beispiel:** Ein Steuertarif setzt sich aus einem proportionalen Satz, zum Beispiel 30 %, und einem festen Anspruchsbetrag von 8 000 Geldeinheiten (GE) zusammen. Bei einem Einkommen von 60 000 GE ergibt sich somit eine Steuerpflicht von 18 000 GE abzüglich 8 000 GE Bürgergeld = 10 000 GE. Verdient eine steuerpflichtige Person nur 20 000 GE, ergibt sich eine Negativsteuer von 6 000 GE – 8 000 GE = –2 000 GE, die vom Finanzamt ausbezahlt wird. Die Gefahr der Kombilöhne besteht darin, dass die Arbeitgeber bereits bestehende Arbeitsplätze beim Ausscheiden der bisherigen Stelleninhaber in Kombilohn-Arbeitsplätze umwandeln und/oder zusätzliche neu geplante Beschäftigungsverhältnisse möglichst in Form von Kombilohn-Arbeitsplätzen anbieten.
Flexibilisierung der Arbeit	Dazu rechnet die Zeitarbeit (Arbeitnehmerüberlassung/Personalleasing/Leiharbeit/Personalleihe). Die Leiharbeit gibt Arbeitslosen eine Chance, wieder in die Berufstätigkeit zurückkehren zu können. Bei der Teilzeitarbeit arbeitet die Arbeitskraft weniger als die betriebliche bzw. tarifliche Arbeitszeit bei entsprechender Kürzung des Arbeitsentgelts (z. B. Halbtagsarbeit, Arbeit an bestimmten Tagen in der Woche, Festlegung einer Gesamtjahresarbeitszeit mit variabler Verteilung auf Tage, Wochen und Monate).

1 **Kombilöhne:** Abkürzung von Kombinationslohn. Kombination (lat.): Zusammenstellung.

Deregulierung

Unter Deregulierung versteht man den weitgehenden Rückzug des Staates aus bisher von ihm wesentlich bestimmten Bereichen sowie eine Lockerung des engmaschigen Regelwerks von Schutzmaßnahmen für die Arbeitnehmer (z. B. Lockerung des Kündigungsschutzes). Von der Deregulierung (zu der auch die Entbürokratisierung gehört) verspricht man sich eine Freisetzung unternehmerischer Kräfte, weil sie die Unternehmen in die Lage versetzt, beweglicher auf die Herausforderungen des Marktes zu reagieren und so die Beschäftigung zu stabilisieren oder sogar neue Arbeitsplätze zu schaffen.

Zur Deregulierung gehört auch die Privatisierung von bisherigen Staatsunternehmen mit der Begründung, dass weniger staatliche Aufgaben auch weniger Ausgaben und damit weniger Steuern bedeuten. Die Befürworter der Deregulierung sind der Ansicht, dass es viele Bereiche gibt, in denen private Unternehmen wirtschaftlicher arbeiten als der Staat.

Verbesserung der Rahmenbedingungen für privatwirtschaftliche Investoren

Die Rahmenbedingungen der Volkswirtschaft müssen für Unternehmer und Existenzgründer berechenbar sein. Die Planungssicherheit muss erhöht werden.

(3) Strukturpolitische Maßnahmen

Hierbei handelt es sich um langfristige Maßnahmen zur Sicherung des Wachstums und der Beschäftigung.

Sektorale[1] Strukturpolitik

Die sektorale Strukturpolitik fördert (oder bremst) gezielt bestimmte **Wirtschaftszweige.** Zu den Bereichen der sektoralen Strukturpolitik gehören u. a. die Landwirtschaftspolitik, die Fischereiwirtschaftspolitik, die Energiepolitik, die Verkehrspolitik, die Bergbaupolitik und die Außenwirtschaftspolitik.

Strukturpolitik darf keine Strukturerhaltungspolitik sein. Unter der letzteren versteht man eine Subventionspolitik, die veraltete Wirtschaftszweige zu erhalten versucht. Dennoch wurde (und wird) in vielen Industrieländern Strukturerhaltungspolitik betrieben, obwohl nachweisbar ist, wie kostspielig diese Strukturkonservierung langfristig für die Gesellschaft insgesamt ist und auf welches Wirtschaftswachstum (und damit Arbeitsplätze) verzichtet werden muss.

Eine Strukturpolitik, die der Erhaltung und Schaffung von Arbeitsplätzen dient, muss vielmehr hochtechnologie-intensive Wirtschaftszweige fördern (z. B. Mikroelektronik, Informations- und Kommunikationstechnik, Multimedia, Bio- und Gentechnik).

Regionale[2] Strukturpolitik

Regionale Strukturpolitik liegt vor, wenn die wirtschaftliche Entwicklung einzelner Landesteile gezielt gefördert wird, z. B. durch Maßnahmen, die die Ansiedlung neuer Betriebe zum Ziel haben.

1 **Sektor** (lat.): wörtl. Ausschnitt; hier: Wirtschaftszweig, Wirtschaftsbereich.

2 **Region** (lat.): Gebiet, Landschaft. Regional: auf ein Gebiet bezogen.

Eine der wichtigsten Voraussetzungen für die Gründung neuer Betriebe ist eine ausgebaute **Infrastruktur.** Darunter versteht man die Gesamtheit aller privaten und öffentlichen Einrichtungen eines Wirtschaftsraums, die der Allgemeinheit (also auch den Wirtschaftsbetrieben) zur Verfügung stehen.

Beispiele:

- Öffentliche und private Straßen,
- Eisenbahnlinien,
- Schulen.

In das Wachstum des Dienstleistungsbereichs (des tertiären Sektors) werden von vielen Wirtschaftlern und Politikern große Hoffnungen gesetzt. Man glaubt, dass die Tertiarisierung künftig mehr Arbeitsplätze schaffen wird, als im sekundären Sektor verloren gehen.

(4) Sonstige Maßnahmen

Beseitigung des Fachkräftemangels zur Besetzung offener Stellen

Eine aktive **Förderung der kulturellen Vielfalt** unterstützt nach Überzeugung vieler Unternehmen die Fachkräftesicherung und fördert die betriebliche Innovationskraft. So sehen viele Unternehmen in der Förderung der kulturellen Vielfalt in ihrem Haus eine Chance, die **Kreativität** und **Bildungsvielfalt** zu erhöhen und damit **Innovationen** zu unterstützen. Knapp jedes zweite Unternehmen möchte darüber hinaus seine **Chancen zur Fachkräftesicherung** verbessern. Bei größeren Unternehmen sind es sogar über 70 %.

Beispiel:

Während sich der Fachkräftemangel im Aus- und Trockenbau regional zum Teil sehr unterschiedlich zeigt, ist der Mangel an Fachkräften mit Gesundheitsberufen in nahezu allen Ländern sichtbar.

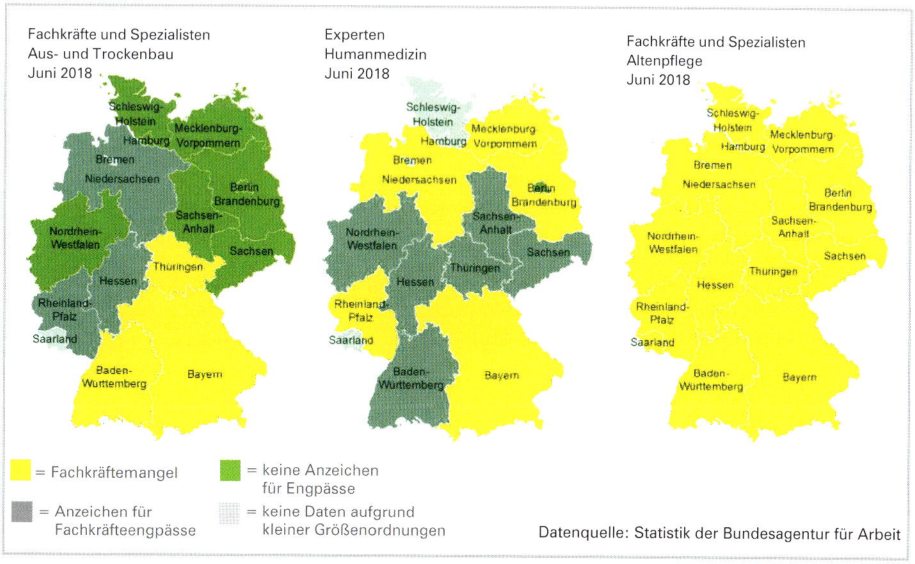

Quelle: Bundesagentur für Arbeit, Fachkräfteengpassanalyse, Juni 2018.

Als ein möglicher Lösungsansatz zur Beseitigung des auf unzureichender Qualifikation basierenden Fachkräftemangels in Deutschland wird immer wieder eine **Erhöhung der Einwanderung** angeführt, also die **Zunahme von Migration.**

Unter **Migration** versteht man Wanderungsbewegungen von Menschen zwischen Staaten bzw. Regionen. Die Wanderungsbewegungen führen zu einem längerfristigen oder dauernden Wechsel des ständigen Aufenthaltsortes.

Für das Jahr 2019 plant die Bundesregierung die Verabschiedung eines **Fachkräfteeinwanderungsgesetzes,** durch das die Einwanderung von Fachkräften aus Nicht-EU-Staaten erleichtert werden soll.

Migration wird häufig durch politische, soziale oder wirtschaftliche Not der sogenannten Migranten hervorgerufen.

Das Statistische Bundesamt hat im Jahr 2005 den Themenkomplex **Migration und Integration** neu in das Erhebungsprogramm des Mikrozensus aufgenommen. Diese Kategorien ersetzen die bisherige Unterscheidung nach Deutschen und Ausländern, die wegen der inzwischen großen Zahl von (Spät-)Aussiedlern und Eingebürgerten als immer weniger aussagekräftig angesehen wurde. Die hier verwendete Abgrenzung der Bevölkerung mit Migrationshintergrund berücksichtigt den Wunsch, den Blick bei Migration und Integration nicht nur auf die Zuwanderer selbst – das heißt die eigentlichen Migranten – zu richten, sondern auch bestimmte ihrer **in Deutschland geborenen** Nachkommen einzuschließen.

Zur Bevölkerung mit Migrationshintergrund zählen alle, die nach 1949 auf das heutige Gebiet der Bundesrepublik Deutschland zugezogen sind, alle in Deutschland geborenen Ausländer/-innen und alle in Deutschland mit deutscher Staatsangehörigkeit Geborene mit zumindest einem zugezogenen oder als Ausländer in Deutschland geborenen Elternteil. Der Migrationsstatus einer Person wird somit sowohl aus ihren persönlichen Merkmalen zu Zuzug, Einbürgerung und Staatsangehörigkeit wie auch aus den entsprechenden Merkmalen der Eltern abgeleitet.

Dies bedeutet, dass in Deutschland geborene Deutsche einen Migrationshintergrund haben können, sei es als Kinder von Spätaussiedlern, als Kinder ausländischer Elternpaare oder als Deutsche mit einseitigem Migrationshintergrund. Nach den heutigen ausländerrechtlichen Vorschriften in Deutschland umfasst diese Definition üblicherweise Angehörige der 1. bis 3. Migrantengeneration (das heißt Zuwanderer, Kinder von Zuwanderern und Enkel von Zuwanderern). Zur besseren Vergleichbarkeit im Zeitablauf wird zwischen der Bevölkerung mit Migrationshintergrund im engeren und im weiteren Sinn unterschieden.

Zur Bevölkerung mit **Migrationshintergrund im engeren Sinne** gehören alle Zugewanderte und alle in Deutschland geborene Ausländer/-innen. Von den Deutschen mit Migrationshintergrund, die ihre deutsche Staatsangehörigkeit seit Geburt besitzen, haben nur jene einen Migrationshintergrund im engeren Sinne, die mit ihren Eltern oder einem Elternteil im selben Haushalt leben, weil nur dann die für die Zuordnung entscheidende Elterninformation vorliegt.

Zur Bevölkerung mit **Migrationshintergrund im weiteren Sinne** zählen zusätzlich jene Deutsche mit Migrationshintergrund, die ihre deutsche Staatsangehörigkeit seit Geburt besitzen und nicht (mehr) mit den Eltern im selben Haushalt leben. Für Vergleiche im Zeitablauf eignet sich nur die Bevölkerung mit Migrationshintergrund im engeren Sinne.

Quelle: https://www.destatis.de/DE/ZahlenFakten/GesellschaftStaat/Bevoelkerung/MigrationIntegration/Migrationshintergrund/Aktuell.html [Zugriff vom 24.04.2015].

Allerdings zeigen Studien und Statistiken auch, dass Zuwanderer und ihre Nachkommen insgesamt in **geringerem** Maße am deutschen Arbeitsmarkt teilnehmen als die Bevölkerung ohne Migrationshintergrund. Dies verdeutlicht ein Blick auf die Erwerbs- bzw. auf die Erwerbstätigenquote dieser Bevölkerungsgruppe. Besonders Frauen sind hier betroffen. Daneben gibt es auch Besonderheiten einzelner Herkunftsgruppen.

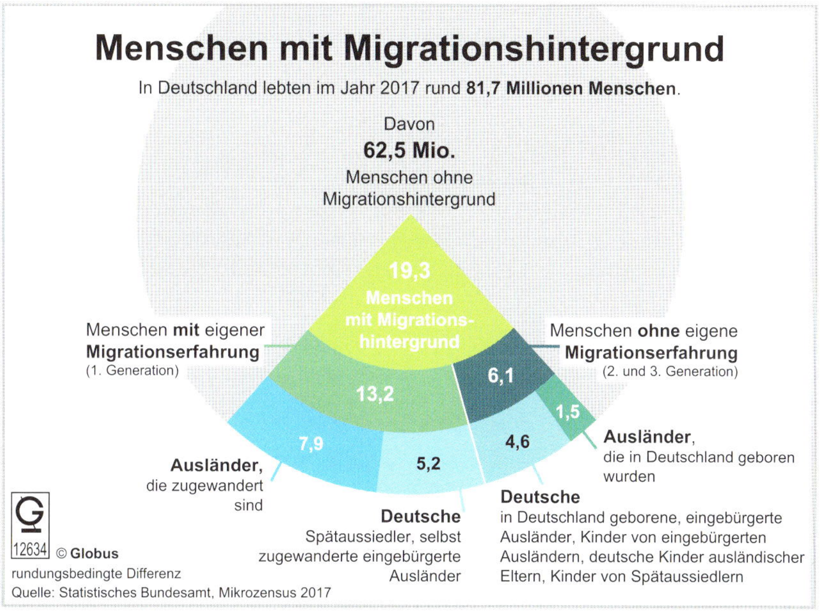

Förderung von Bildung und Forschung

Um die Wettbewerbsfähigkeit der deutschen Wirtschaft (und damit auch die Arbeitsplätze) erhalten zu können, müssen die staatlichen und privaten Investitionen in Bildung, Forschung und Entwicklung verstärkt (und nicht gekürzt) werden.

Aktive Arbeitsmarktpolitik

Die Bundesagentur für Arbeit hat den Auftrag, nicht nur die einmal eingetretene Arbeitslosigkeit (z. B. durch Arbeitsplatzvermittlung) und deren Folgen (z. B. durch Arbeitslosengeld, Kurzarbeitergeld, Insolvenzgeld) zu beseitigen, sondern vor allem Arbeitslosigkeit zu **verhindern.**

Wichtige Maßnahmen sind: berufliche Fortbildung, Umschulung, Rehabilitation u. a. Des Weiteren kann die Agentur für Arbeit Leistungen aus ihrem **Vermittlungsbudget** gewähren, wodurch Arbeitslose und von Arbeitslosigkeit bedrohte Arbeitsuchende, die eine versicherungspflichtige Beschäftigung aufnehmen, gefördert werden können, soweit dies zur Aufnahme der Beschäftigung notwendig ist.

Arbeitszeitverkürzung

Lange Zeit galt die Arbeitszeitverkürzung als ein mögliches Instrument zur Bekämpfung der Arbeitslosigkeit. Die Verkürzung der Arbeitszeit kann jedoch nur unter bestimmten Bedingungen Erfolg bringen.

- Eine Bedingung ist, dass die Arbeitszeitverkürzung **kostenneutral** erfolgt, d. h., dass die Arbeitsentgelte in gleichem Maße wie die Arbeitszeit verkürzt werden müssen.
- Die zweite Bedingung ist, dass auf dem Arbeitsmarkt für den Bereich, in dem die Arbeitszeit verkürzt wird (in dem rechnerisch freie Stellen entstehen), genügend arbeitslose **geeignete Bewerber** zur Verfügung stehen.

Sind diese Bedingungen nicht erfüllt, führt die Arbeitszeitverkürzung zu steigenden Arbeitskosten, abnehmender Konkurrenzfähigkeit der Unternehmen und möglicherweise sogar zur Erhöhung der bestehenden Arbeitslosigkeit.

Förderung öffentlicher Beschäftigung

Mit der Förderung öffentlicher Beschäftigung finanziert die Allgemeinheit (durch den Staat) die Einstellung von Arbeitskräften, die ohne diese Hilfe keinen Arbeitsplatz erhalten können. Dazu gehören z.B. die Arbeitsgelegenheiten mit Mehraufwandsentschädigung und Arbeitsverhältnisse, die durch Zuschüsse zum Arbeitsentgelt gefördert werden.

Arbeitsgelegenheiten mit Mehraufwandsentschädigung [§ 16d SGB II]	**Erwerbsfähige Leistungsberechtigte** können zur Erhaltung oder Wiedererlangung ihrer Beschäftigungsfähigkeit, die für eine Eingliederung in Arbeit erforderlich ist, in **Arbeitsgelegenheiten zugewiesen** werden, wenn die darin verrichteten Arbeiten zusätzlich sind, im öffentlichen Interesse liegen und wettbewerbsneutral sind. Arbeiten sind **zusätzlich,** wenn sie ohne Förderung nicht, nicht in dem vorgesehenen Umfang oder erst zu einem späteren Zeitpunkt durchgeführt würden. Arbeiten liegen im **öffentlichen Interesse,** wenn das Arbeitsergebnis der Allgemeinheit dient. Arbeiten sind **wettbewerbsneutral,** wenn durch sie eine Beeinträchtigung der Wirtschaft infolge der Förderung nicht zu befürchten ist. Den erwerbsfähigen Leistungsberechtigten ist während einer solchen Arbeitsgelegenheit zuzüglich zum Arbeitslosengeld II von der Agentur für Arbeit eine **angemessene Entschädigung für Mehraufwendungen** zu zahlen.
Arbeitsverhältnisse durch Zuschüsse zum Arbeitsentgelt [§ 16e SGB II]	**Arbeitgeber** können für die Beschäftigung von zugewiesenen erwerbsfähigen Leistungsberechtigten **durch Zuschüsse zum Arbeitsentgelt gefördert** werden, wenn zwischen dem Arbeitgeber und der erwerbsfähigen leistungsberechtigten Person ein **Arbeitsverhältnis begründet** wird. Der Zuschuss richtet sich nach der Leistungsfähigkeit des erwerbsfähigen Leistungsberechtigten und beträgt **bis zu 75 % des berücksichtigungsfähigen Arbeitsentgelts.** Eine Förderung ist u.a. ausgeschlossen, wenn zu vermuten ist, dass der Arbeitgeber die Beendigung eines anderen Beschäftigungsverhältnisses veranlasst, um eine Förderung im o.g. Sinne zu erhalten.

Verhinderung des Sozialmissbrauchs

Zur Bekämpfung der Arbeitslosigkeit gehört auch die Verhinderung des Sozialmissbrauchs (z.B. die überhöhte Abrechnung von ärztlichen Leistungen, der ungerechtfertigte Bezug von Arbeitslosengeld und Sozialgeld sowie die Bekämpfung der Schwarzarbeit).

Übersteigerte oder ungerechtfertigte Abrechnungen durch Ärzte erhöhen die Krankenkassenbeiträge der Arbeitnehmer und Arbeitgeber. Der ungerechtfertigte Bezug von Transferleistungen belastet ebenfalls die Arbeitnehmer und Arbeitgeber, weil letztlich z.B. die Arbeitslosenversicherungsbeiträge und/oder die Steuern erhöht werden müssen. Schwarzarbeit schließlich entzieht dem Staat Steuern, den Sozialversicherungen Beiträge und steht in Konkurrenz zu regulären Arbeitsplätzen.

Zusammenfassung

- Die **Arbeitsmarktpolitik** umfasst alle Maßnahmen, die dazu dienen, die strukturelle Arbeitslosigkeit zu beseitigen, neue Arbeitsplätze zu schaffen und vorhandene Arbeitsplätze besser zu verteilen.
- Die **Arbeitslosenquote** gibt an, wie viel Prozent der Erwerbspersonen als arbeitslos registriert sind.
- Wichtige Arten der Arbeitslosigkeit sind die
  - **friktionelle Arbeitslosigkeit.**
  - **nachfragebedingte Arbeitslosigkeit** (z. B. durch saisonale Schwankungen, Konjunktur).
  - **angebotsbedingte Arbeitslosigkeit** (z. B. durch hohe Lohnkosten, hohe Produktionskosten, unzureichende Ausbildung, „Mismatch"-Arbeitslosigkeit).
  - **strukturelle Arbeitslosigkeit.**
  - durch **sonstige Ursachen** bedingte Arbeitslosigkeit (z. B. gesetzliche Hemmnisse, wirtschaftspolitische Entscheidungen, Managementfehler, Schattenwirtschaft).
- Die Arbeitslosigkeit hat **Folgen** für die **Arbeitslosen,** für die **Transferzahlungen,** für das **Arbeitspotenzial der Volkswirtschaft.**
- Maßnahmen zur **Bekämpfung der Arbeitslosigkeit** sind z. B. Senkung der Arbeitskosten, Öffnung der Tarifverträge, Kombilöhne, Strukturpolitik, Fachkräftesicherung durch Migrationspolitik, Förderung von Bildung und Forschung, Flexibilisierung der Arbeit.

Übungsaufgabe

7 1. Betrachten Sie nebenstehende Abbildung und erläutern Sie kurz mögliche Gründe für diese Entwicklungen!

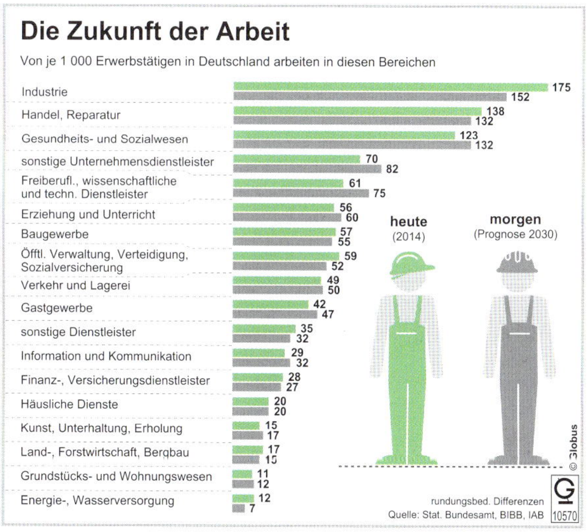

2. Über die aktuelle Situation am Arbeitsmarkt wird die Bevölkerung in der Bundesrepublik Deutschland jeden Monat nachrichtlich informiert.

Aufgaben:

2.1 Erläutern Sie, welche Angaben in den Veröffentlichungen zur Arbeitslosenstatistik von der Bundesagentur für Arbeit in Nürnberg jeden Monat gemeldet werden!

2.2 Beurteilen Sie dieses Konzept zur Messung von Arbeitslosigkeit!

3. Die Bundesagentur für Arbeit veröffentlicht nachfolgende Daten der Arbeitsmarktstatistik:

	1. Jahr	2. Jahr	3. Jahr
Erwerbspersonen in Tsd.	39587	39704	39645
Arbeitnehmer in Tsd.	32251	31883	31937
Arbeitslose in Tsd.	3498	3907	3710
Offene Stellen in Tsd.	327	337	422

Aufgaben:

3.1 Ermitteln Sie die Arbeitslosenquoten für das 2. und 3. Jahr!

3.2 Stellen Sie fest, um wie viel Prozentpunkte die Arbeitslosenquote vom 3. Jahr gegenüber dem 1. Jahr gestiegen ist!

3.3 Begründen Sie, warum sich trotz der gestiegenen Zahl der Arbeitslosen die Anzahl der offenen Stellen erhöht hat und diese nicht durch Neueinstellungen von Arbeitslosen besetzt werden konnten!

4. Lesen Sie zunächst nachfolgenden Artikel!

Über regionale und berufliche Mobilität von Arbeitslosen

[...]

1. Begriffsbestimmungen und Erläuterungen

- **Mobilität** (gemäß soziologischem Begriffsverständnis):

Mobilität ist die Bewegung von Personen zwischen verschiedenen Positionen einer Gesellschaftsgliederung; wobei die Position den „Platz“ eines Menschen im sozialen Gefüge bezeichnet . . .

2. Mobilität

- **Allgemeines**

Die Mobilität von Personen auf dem Arbeitsmarkt ist der zentrale Mechanismus, über den eine Veränderung in der Beschäftigungsstruktur hergestellt werden kann. Sie ist daher ein notwendiger Begleitprozess rascher wirtschaftsstruktureller Veränderungen (Nachfrageveränderungen). Diese können den Zwang oder die Anreize für berufliche Mobilität erhöhen. Dabei sichert sie häufig Einkommen, Status und Erwartungen an die Arbeitsinhalte. Mobilität gilt mittlerweile als wichtige Anforderung an moderne Arbeitnehmer. Häufig wird sie jedoch durch Arbeitslosigkeit erzwungen, da struktureller Wandel und Konjunkturschwankungen zur unfreiwilligen Freisetzung von Arbeitnehmern führen. Dabei haben Arbeitslose mit Arbeitslosigkeit von mehr als sieben Monaten ein deutlich höheres Abstiegs- und Berufswechselrisiko als andere Arbeitslose. Mobilität in Form von Auf- und Abstiegen, sowie Berufswechsel sind vor allem die Konsequenz von Arbeitslosigkeit und weniger von inner- oder zwischenbetrieblichen Wechseln.

- **Berufliche Mobilität**

Berufliche Mobilität ist der Wechsel von Positionen innerhalb der Arbeits- und Berufswelt und die damit verbundene Anpassung der Erwerbspersonen an veränderte berufliche Aufgaben und Verantwortungsbereiche.

Berufliche Mobilität unterteilt sich in:

- **Arbeitsplatzbezogene Mobilität:** Wechsel innerhalb des gleichen oder zwischen verschiedenen Funktionsbereichen innerhalb eines Betriebes oder zwischen Betrieben gleicher oder verschiedener Wirtschaftszweige.
- **Tätigkeitsbezogene Mobilität:** Wechsel innerhalb der üblichen Spezialisierungsformen oder der üblichen Aufstiegsformen des gleichen Ausübungsberufes oder in einen artverwandten oder fremden Ausübungsberuf.
- **Qualifikationsbezogene Mobilität:** Wechsel innerhalb der Qualifikationsschwerpunkte oder der Qualifikationsstufen des gleichen oder eines artverwandten Ausbildungsberufes oder in einen fremden Ausbildungsberuf mit stark abweichendem Qualifikationsprofil.

Berufliche Mobilität findet im Gegensatz zur regionalen Mobilität auf dem deutschen Arbeitsmarkt in durchaus beträchtlichem Ausmaß statt. Der Großteil hiervon ist aber unfreiwillig. Die berufliche Mobilität wird als Möglichkeit eines Arbeitnehmers einer gegebenen Ausbildung gesehen, zwischen Arbeitsplätzen unterschiedlicher Berufsklassen zu wählen.

Mangelnde berufliche Mobilität führt zu struktureller Arbeitslosigkeit, wenn durch technisch bedingte Qualifikationsänderungen die entlassenen Arbeitnehmer nicht von neu entstehenden Arbeitsplätzen aufgenommen werden.

- **Regionale Mobilität**

Regionale Mobilität ist der räumliche Wechsel zwischen klar voneinander trennbaren Regionen. Dabei müssen die regionstypischen Unterschiede deutlich werden.

Regionale Mobilität geht seit den 60er-Jahren ständig zurück. Sie wird von der konjunkturellen Entwicklung stark beeinflusst [...]

Ist die regionale Mobilität zu gering, so kann der wirtschaftliche Strukturwandel nicht bewältigt werden. Ist sie zu groß, verlieren Krisenregionen zunehmend Potenzial, da vor allem jüngere und qualifiziertere Arbeitnehmer abwandern. Die Attraktivität der Arbeitsplätze steigert dabei die Mobilitätsbereitschaft. Höhere Löhne, bessere Arbeitsbedingungen und der Status durch einen neuen Beruf sind auch hier die treibenden Kräfte. Regionale Mobilitätsquoten über dem Bundesdurchschnitt findet man vor allem in südlichen Regionen und dort vor allem in den Ballungszentren. Nach Schätzungen könnte mehr Umzugsbereitschaft direkt oder indirekt etwa 1,5 Mio. weniger Arbeitslose in Deutschland bedeuten. Diese Einschätzung wird jedoch nicht einstimmig vertreten. Als Mittel zur Reduzierung der Arbeitslosigkeit wird Mobilität nämlich widersprüchlich beurteilt. Es gibt sehr wohl auch Stimmen gegen die Meinung, dass erhöhte Mobilität die Arbeitslosigkeit reduziert. So lässt sich die verbreitete These, dass vor allem die weniger qualifizierten Arbeitnehmer durch Mobilität ihre Arbeitslosigkeit beenden können, nicht bestätigen. Die Wiedereingliederungschancen besonders für gering qualifizierte ältere Arbeitslose sind auch auf dem überregionalen Arbeitsmarkt sehr gering. Nach Erhebung empirischer Daten ist das Fehlen der entsprechenden Qualifikationen bei Arbeitslosen der Hauptgrund dafür, dass offene Stellen nicht besetzt werden können. Der größte Teil des Arbeitsmarkt-Ungleichgewichts könnte demnach ausgeglichen werden, wenn Defizite in der Qualifikation beseitigt würden. Als weitere Gründe werden starre Arbeitszeitregelungen, übertriebene Behördenauflagen und hohe Lohnnebenkosten angeführt [...]

Aber auch die Arbeitslosen selbst haben gute Gründe, nicht mobil sein zu wollen oder zu können:

- **Dauerhafte soziale Beziehungen:**
  - Verbundenheit mit der Familie
  - Verbundenheit mit Freundes- und Bekanntenkreis
  - gesellschaftliche Beziehungen (Vereine etc.)
  - Heimatverbundenheit
  - Eigentum (Haus- und Grundbesitz)
  - soziale Sicherheit (ALG I, ALG II etc.)
  - fehlende Qualifikationen
  - mangelnde Transparenz auf dem Arbeitsmarkt
  - großer Arbeitsplatzmangel
- **Wirtschaftliche Kriterien:**
  - Löhne
  - Grundstücks- und Mietpreise
  - regionales Preisniveau der Lebenshaltung
  - Mobilitätskosten (Umzug/Auto etc.)
  - Einrichten in der Arbeitslosigkeit
  - lange Betriebszugehörigkeit

Quelle: Klaus Breuning, Über berufliche und regionale Mobilität von Arbeitslosen, 2001.

Aufgabe:

Neben der Qualifikation wird die Mobilität von Erwerbspersonen zukünftig noch bedeutender dafür sein, ob und wo ein Beschäftigungsverhältnis begründet werden kann. Bereits heute stellt die berufliche und räumliche Mobilität für bestimmte Gruppen des Arbeitsmarktes eine wesentliche Zugangsvoraussetzung für eine Beschäftigung dar.

Diskutieren Sie mögliche ökonomische, ökologische und gesellschaftliche Konsequenzen, die sich aus der vonseiten des Arbeitsmarktes geforderten Mobilität der Arbeitskräfte ergeben! Gehen Sie dabei auch auf den Aspekt ein, dass neben den Arbeitskräften auch die übrigen Ressourcen für Produktionszwecke möglichst zeitnah standortunabhängig verfügbar sein müssen![1]

5. **Unterrichtsvorschlag: Projekt**

   Sammeln Sie aktuelle Zeitungsartikel zum Thema Arbeitslosigkeit!

   Werten Sie diese aus, indem Sie einerseits die aktuelle Situation am Arbeitsmarkt darstellen und andererseits die zurzeit diskutierten Maßnahmen zur Bekämpfung des Problems der Arbeitslosigkeit vorstellen! Gehen Sie dabei insbesondere auf die mit den diskutierten Maßnahmen verbundenen Vor- und Nachteile ein!

6. **Unterrichtsvorschlag: Brainstorming mit anschließender Diskussion und Referat**

   Lesen Sie zunächst nachfolgenden Auszug!

Migranten am Arbeitsmarkt in Deutschland

Beschäftigungssituation im Wandel

Zuwanderer und ihre Nachkommen nehmen insgesamt in geringerem Maße am deutschen Arbeitsmarkt als die Bevölkerung ohne Migrationshintergrund teil. Dies zeigt ein Blick auf die Erwerbs- bzw. auf die Erwerbstätigenquote. Besonders Frauen sind hier betroffen. Daneben gibt es auch Besonderheiten einzelner Herkunftsgruppen. So ist beispielsweise bei polnischstämmigen Migranten festzustellen, dass sie relativ häufig erwerbstätig, nicht aber sozialversicherungspflichtig beschäftigt sind, was u. a. auf Werkvertrags- und Saisonarbeit zurückgeführt werden kann.

Bestimmte Indikatoren der Arbeitsmarktsituation zeigen zudem, dass Unterschiede vor allem zwischen den Geschlechtern und weniger zwischen Personen mit und ohne Migrationshintergrund (bzw. Ausländern und Deutschen) bestehen. Dies betrifft beispielsweise das Ausmaß der Teilzeitarbeit, die Verteilung der Arbeitskräfte auf Wirtschaftszweige oder besondere Beschäftigungssituationen, wie das regelmäßige Arbeiten an Wochenenden und Feiertagen. Bei der beruflichen Stellung zeigt sich allgemein ein Wandel hin zu Angestelltentätigkeiten im Dienstleistungssektor, der besonders stark bei jüngeren (weiblichen) Beschäftigten mit Migrationshintergrund zu beobachten ist. Die Stellung als Arbeiter oder Arbeiterin im verarbeitenden oder im Baugewerbe verliert demgegenüber an Bedeutung.

Nach wie vor höhere Erwerbslosigkeit

Die Bevölkerung mit Migrationshintergrund ist nach wie vor in deutlich höherem Maße (etwa doppelt so hohe Quoten) von Erwerbs- bzw. Arbeitslosigkeit betroffen als die Bevölkerung ohne Migrationshintergrund. Auch der Anteil der Langzeitarbeitslosen ist bei den ausländischen Beschäftigten höher. Die positive Entwicklung des deutschen Arbeitsmarktes ab dem Jahr 2010 konnte hierbei allerdings noch nicht berücksichtigt werden. [...]

Quelle: Bundesamt für Migration und Flüchtlinge, Zugriff am 18.11.2016.

Aufgabe:

Sammeln Sie zunächst mittels Brainstorming mögliche Argumente, inwiefern Migration die Probleme auf dem deutschen Arbeitsmarkt, insbesondere den Fachkräftemangel, beheben kann!

Recherchieren Sie im Anschluss daran zu den Argumenten entsprechendes Datenmaterial, wodurch die einzelnen Aspekte gestützt bzw. entkräftet werden können!

Fertigen Sie anschließend – in Kleingruppen – zu einzelnen Teilaspekten Ihrer Wahl ein Referat an und stellen Sie Ihre Rechercheergebnisse – möglichst in Form einer PowerPoint-Präsentation – der Klasse vor!

1 Diese Aufgabenstellung bezieht sich u. a. auf den in den Rahmenrichtlinien aufgeführten Lerninhalt „Ökonomische, ökologische und gesellschaftliche Konsequenzen im Hinblick auf Mobilität und Ressourceneinsatz".

7. Beurteilen Sie aufgrund der nachfolgenden Sachdarstellungen, welche Form der Arbeitslosigkeit vorliegt und tragen Sie die entsprechende Ziffer in das Lösungsfeld ein:
   (1) freiwillige Arbeitslosigkeit
   (2) friktionelle Arbeitslosigkeit
   (3) saisonale Arbeitslosigkeit
   (4) konjunkturelle Arbeitslosigkeit
   (5) „Mismatch"- Arbeitslosigkeit
   (6) strukturelle Arbeitslosigkeit
   (7) lohnbedingte Arbeitslosigkeit
   (8) gesetzlich bedingte Arbeitslosigkeit!

   Sollte keine eindeutige Zuordnung möglich sein, tragen Sie bitte eine (9) ein!

   7.1 Aufgrund der schlechten Wirtschaftslage werden in vielen Urlaubsgebieten Deutschlands Hotelmitarbeiter entlassen. ☐

   7.2 Im Berufsfeld der Informationstechnologie sind trotz der hohen Arbeitslosigkeit in Deutschland nach wie vor viele Stellen unbesetzt. ☐

   7.3 Durch Kürzungen bei dem Arbeitslosengeld II soll diese Form der Arbeitslosigkeit bekämpft werden. ☐

   7.4 Viele Eisdielenbesitzer in Deutschland entlassen zum Winter hin ihre Angestellten. ☐

   7.5 Gegen den geplanten Abbau der Kohlesubventionen wird seitens der Gewerkschaften mit dem Hinweis auf einen weiteren Anstieg der Arbeitslosigkeit protestiert. ☐

   7.6 Durch die Schließung eines Unternehmens, das sich auf die Herstellung von Schreibmaschinen spezialisiert hatte, fallen 150 Arbeitsplätze weg. ☐

   7.7 Durch die Verschärfung von Kündigungsschutzgesetzen stellen Unternehmen ihre geplanten Neueinstellungen vorerst zurück. ☐

   7.8 Die mittels Streik erkämpften deutlichen Lohnerhöhungen veranlassen die Arbeitgeber zum Abbau von Arbeitsplätzen. ☐

   7.9 Trotz ausreichender Anzahl von Lehrstellen steigt die Quote der Jugendlichen ohne Ausbildungsplatz. ☐

8. Im Rahmen der politischen Diskussion zur Bekämpfung der Arbeitslosigkeit werden unterschiedliche Maßnahmen vorgeschlagen, wobei die jeweiligen Wirkungen dieser Instrumente im Mittelpunkt des Interesses stehen. Entscheiden Sie, welche der nachfolgenden Standpunkte Sie für fragwürdig halten!

   8.1 Die Ausweitung der Staatsnachfrage im Falle einer Rezession kann den weiteren Abbau von Arbeitsplätzen verhindern.

   8.2 Durch Investitionszuschüsse können für Unternehmen Anreize zur Expansion und somit zu Neueinstellungen geschaffen werden.

   8.3 Durch ein gesetzlich vorgeschriebenes Überstundenverbot können in gleichem Umfang Arbeitsplätze geschaffen werden, wie Überstunden abgebaut werden.

   8.4 Durch zusätzliche Umschulungsmaßnahmen wird es Arbeitslosen ermöglicht, sich für den Arbeitsmarkt zu qualifizieren.

   8.5 Moderate Tarifabschlüsse können dazu beitragen, dass der Substitutionsprozess zwischen Arbeit und Kapital langsamer verläuft.

4 Speth u.a. - ISBN 978-3-8120-0593-7

9. Die Regierung diskutiert mögliche Änderungen in der Rentengesetzgebung. Entscheiden Sie, welches der nachfolgenden Argumente Sie für falsch halten!
   9.1 Durch die Senkung des Renteneintrittsalters können Arbeitslose eingestellt werden.
   9.2 Die Finanzierung dieser neuen Arbeitsplätze wird von der Arbeitslosenversicherung auf die Rentenversicherung verlagert.
   9.3 Durch die gesetzliche Möglichkeit der Altersteilzeit können zusätzliche Arbeitsplätze geschaffen werden.
   9.4 Eine Erhöhung des Rentenbeitrages führt zu einer Erhöhung der Kosten für den Produktionsfaktor Arbeit und kann somit das Problem der Arbeitslosigkeit zusätzlich verschärfen.
   9.5 Die Einführung der Altersteilzeit dient der Bekämpfung der strukturellen Arbeitslosigkeit.

2.2 Konjunkturpolitik (Fiskalpolitik)

Hinweis:

Die in den Rahmenrichtlinien unter Lerngebiet 5 aufgeführten **wirtschaftspolitischen Grundkonzeptionen** (Angebotsorientierung, Nachfrageorientierung) werden im Zuge der Konjunktur- bzw. Fiskalpolitik in diesem Kapitel unter dem Punkt 2.2.4 behandelt.

2.2.1 Konjunkturzyklus[1]

2.2.1.1 Abgrenzung des Konjunkturbegriffs

(1) Konjunkturschwankungen und Konjunkturverlauf

■ Begriff Konjunkturschwankungen

Das Phänomen[2] ist den Menschen seit jeher bekannt: Die wirtschaftliche Entwicklung vollzieht sich nicht regelmäßig, sondern in „Schwankungen". Schon die Bibel berichtet von den „sieben fetten und den sieben mageren Jahren".

- Als **Konjunktur** bezeichnet man den Sachverhalt, dass die wirtschaftliche Entwicklung einer Volkswirtschaft in gewisser Regelmäßigkeit in **mehrjährigen** Auf- und Abwärtsbewegungen verläuft.
- Mittelfristige Wirtschaftsschwankungen werden als **Konjunkturschwankungen** bezeichnet. Man rechnet heute mit einer Zyklendauer von rund 4 Jahren.

1 **Zyklus:** regelmäßig wiederkehrender Ablauf.

2 **Phänomen:** Erscheinung.

Begriff und Formen des Konjunkturverlaufs

Der **Konjunkturverlauf** wird im Allgemeinen an den Schwankungen des realen Bruttoinlandsprodukts gemessen. Dabei werden **Konjunkturschwankungen** als **Abweichungen vom Trend**[1] angesehen. Der Trend stellt die **langfristige** Entwicklung der Kapazität (Leistungsfähigkeit) einer Volkswirtschaft, gemessen am realen Bruttoinlandsprodukt,[2] dar.

In **wachsenden** Volkswirtschaften ist der Trend „nach oben" gerichtet. In **stagnierenden** (stationären) Volkswirtschaften verändert sich die gesamtwirtschaftliche Kapazität im Zeitablauf nicht („Nullwachstum"). **Schrumpfende** Volkswirtschaften weisen einen „nach unten" gerichteten Trend auf.

Beispiel:

Betrug das reale Bruttoinlandsprodukt (BIP_r) eines Landes im Jahr 01 800 Mrd. Geldeinheiten (GE) und beläuft sich die Wachstumsrate (jährliche prozentuale Zunahme des realen Bruttoinlandsprodukts) auf 4,5 %, so ergibt sich folgender Wachstumspfad, wie der Trend auch genannt wird:[3]

Jahr	BIP_r in Mrd. GE
01	800
02	836
03	874
04	913
05	954
06	997
07	1 042

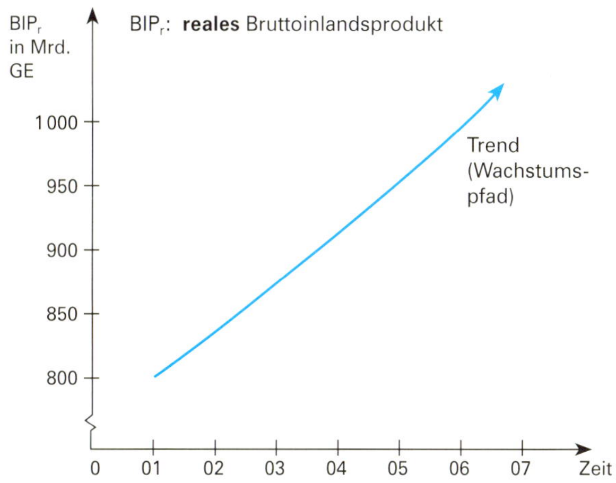

Ist die tatsächliche Leistung der Wirtschaft höher als die durch den Trend gekennzeichnete Normalleistung, herrscht **Überbeschäftigung.** Es werden z. B. Überstunden geleistet, Eltern für Halbtags- oder Homeofficejobs geworben, Schüler und Studenten mit „Ferienjobs" beschäftigt und ausländische Arbeitskräfte eingestellt. Liegt hingegen die tatsächliche Kapazitätsausnutzung unter der Normalbeschäftigung, liegt **Unterbeschäftigung** vor (sogenannte **konjunkturelle Arbeitslosigkeit**).

Auch der **Trend selbst** unterliegt **langfristigen Schwankungen,** die als „lange Wellen" bezeichnet werden. Der Begriff ist auf den Russen N. D. Kondratieff zurückzuführen, der 1926 die Theorie aufstellte, dass sich die Wirtschaft in Form „langer Wellen" fortentwickle, wobei die Dauer dieser Wellen rund 50 bis 60 Jahre beträgt. Die Ursachen dieser sogenannten **„Kondratieff-Wellen"** liegen in tief greifenden strukturellen[4] Wandlungen der

1 **Trend**: Entwicklungsrichtung.

2 Zum Begriff Bruttoinlandsprodukt lesen Sie bitte nochmals die Fußnote 1 auf S. 20.

3 In diesem Beispiel handelt es sich um ein exponentielles Wachstum, eine spezielle Art des stetigen Wachstums, weil das Bruttoinlandsprodukt von Jahr zu Jahr um den gleichen Prozentsatz zunimmt.

4 **Struktur**: Aufbau.

Wirtschaft, die durch technische Neuerungen hervorgerufen wurden und werden (z. B. Dampfmaschinen, Eisenbahnen, Flugzeuge, Raumfahrt, Mikroelektronik).

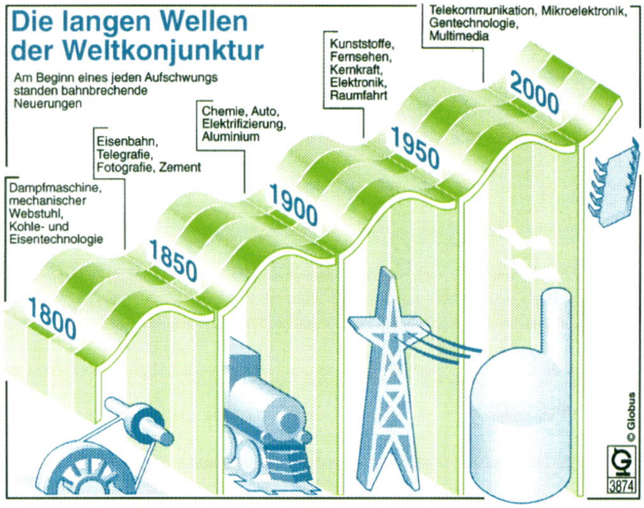

Neben den langfristigen strukturellen und den mittelfristigen konjunkturellen Schwankungen der wirtschaftlichen Aktivitäten gibt es die jahreszeitlich wiederkehrenden **saisonalen Schwankungen.** Sie haben ihre Ursachen in erster Linie im Klimawechsel der Jahreszeiten. So sind beispielsweise die Bau-, Land-, Forst- und Transportwirtschaft im Winter mehr oder weniger stark betroffen. Die Jahreszeiten beeinflussen ferner die Bekleidungs- und Getränkeindustrie sowie den Brennstoffhandel. Auch die Lage besonderer Festtage (Ostern, Weihnachten) sowie die traditionellen Ferienzeiten beeinflussen den Umsatz (die Beschäftigung) vieler Wirtschaftsbereiche (z. B. Einzelhandel, Reiseveranstalter).

Schließlich sind die konjunkturellen Schwankungen einer Volkswirtschaft auch auf die **Einflüsse der Weltkonjunktur** zurückzuführen. Dies gilt vor allem für Länder mit hohem Export- bzw. Importanteil, also für Volkswirtschaften mit starkem Außenhandel. Länder mit Außenhandel betreiben internationale Arbeitsteilung. Im Idealfall heißt das, dass die Güter auf den Weltmärkten von den Ländern angeboten werden, die sie am kostengünstigsten bereitstellen bzw. erzeugen können.

(2) Einfluss der Globalisierung auf Konjunkturschwankungen

Die moderne Ausprägung der internationalen Arbeitsteilung wird als **Globalisierung** bezeichnet. Erfolgte der Austausch von Waren, Dienstleistungen und Rechten (z. B. Lizenzen) früher in der Weise, dass der Exporteur die im Inland hergestellten Güter an den ausländischen Importeur lieferte, so lassen die Hersteller heute nicht nur im Inland, sondern auch im Ausland – also in Kundennähe – fertigen. Dies hat einen **Wettbewerb der Standorte** zur Folge. Die präzise weltweite Steuerung wird durch die hoch entwickelte Informationstechnik ermöglicht. Ein weiteres Merkmal der Globalisierung ist, dass die Übertragung von Kapital für Investitions- oder reine Anlagezwecke schneller gewachsen ist als die Weltproduktion. Nur etwa 5 % aller Devisengeschäfte – so wird geschätzt – stehen in einem unmittelbaren Zusammenhang mit Zahlungsvorgängen im internationalen Waren- und Dienstleistungsverkehr.

Globalisierung ist ein **Prozess,** durch den **Märkte und Produktion** in verschiedenen Ländern immer mehr voneinander **abhängig** werden – dank der Dynamik des Handels mit Gütern und Dienstleistungen und durch die Bewegung von Kapital und Technologie.

Dies führt nicht nur zu einer sehr ausgeprägten **internationalen Spezialisierung** der einzelnen beteiligten Länder und zu gegenseitigen **politischen Abhängigkeiten**. Vielmehr entwickelt sich auch eine **wirtschaftliche Abhängigkeit**, die sich z. B. in der konjunkturellen Verbundenheit der am Welthandel beteiligten Staaten zeigt.

Konjunkturelle Einbrüche bei den führenden **Industrieländern** bewirken aufgrund des Nachfragerückgangs zwangsläufig auch **Beschäftigungsrückgänge** bei deren **Handelspartnern** und umgekehrt.

(3) Wichtige Theorien zur Erklärung von Konjunkturschwankungen

Generationen von Wirtschaftswissenschaftlern haben sich bereits den Kopf darüber zerbrochen, woher eigentlich das wirtschaftliche Auf und Ab kommt. Rund **200 Konjunkturtheorien** (einschließlich Krisentheorien) wurden aufgestellt!

Überproduktions-theorie	Die Überproduktionstheorie sieht die Ursache des Konjunkturabschwungs in der ungleichen Einkommensverteilung. Steigende Investitionen (Kapitalakkumulation)[1] führen zu steigender Produktion, die indessen nicht von den Arbeitnehmern vollständig gekauft werden kann, weil deren Einkommen nicht oder nicht in gleichem Maße wie die Produktion steigen. Die Unternehmen bleiben auf einem Teil ihrer Waren „sitzen", sodass sie gezwungen sind, die Produktion zu drosseln: Die Absatzkrise ist da und der Abschwung wird eingeleitet. (Der untere Wendepunkt des Konjunkturzyklus wird durch die Überproduktionstheorie nicht erklärt.)
Unterspartheorie	Die Unterspartheorie (auch Überinvestitionstheorie) behauptet, dass im Laufe der konjunkturellen Aufwärtsbewegung der Verbrauch zu hoch wird, sodass die gesparten finanziellen Mittel schließlich nicht mehr ausreichen, die von den Unternehmen in zu optimistischer Vorausplanung begonnenen Investitionen zu finanzieren. Der Mangel an Finanzierungsmitteln führt schließlich zum Abbruch der Investitionen, d.h. zum Konjunkturumschwung. (Auch die Unterspartheorie erklärt zwar den oberen, nicht aber den unteren Wendepunkt des „typischen" Konjunkturverlaufs.)
Monetäre Konjunkturtheorien	Die monetären Konjunkturtheorien stellen in der Regel eine Weiterentwicklung der Unterspartheorie dar. Da die Kreditinstitute in der Lage sind, Giralgeld zu schöpfen, ist das Kreditangebot in der konjunkturellen Aufschwungphase höher als die Ersparnis. In dem Maße aber, wie sich die Überschussreserven der Kreditinstitute verringern, erhöht sich das Zinsniveau. Ursprünglich als günstig erscheinende Investitionen werden unrentabel und abgebrochen, sodass es zu Entlassungen, also zu steigender Arbeitslosigkeit kommt.
Psychologische Konjunkturtheorien	Die psychologischen Konjunkturtheorien sehen den Grund der mehr oder weniger rhythmischen Wiederkehr des wirtschaftlichen Auf- und Abschwungs im irrtümlichen Optimismus bzw. Pessimismus der Wirtschaftssubjekte (z. B. der privaten Verbraucher, der Unternehmer, der Gewerkschaften, der Regierungen). Woher die Stimmungen der Mehrzahl der Wirtschaftssubjekte herrühren, vermag diese Theorie nicht zu erklären. In Verbindung mit den Aussagen anderer Konjunkturtheorien gibt sie jedoch wichtige Aufschlüsse über das sozialpsychologische Verhalten der Wirtschaftssubjekte in konkreten wirtschaftlichen Situationen.

1 **Akkumulation**: Aufhäufung, Ansammlung.

Die heutige Volkswirtschaftslehre weiß, dass die wirtschaftlichen Wellenbewegungen **nicht** auf **eine Ursache allein** zurückgeführt werden können. Es gibt zahlreiche „Auslöser" für den Konjunkturauf- bzw. -abschwung, zu denen unter anderen auch die in den traditionellen Konjunkturtheorien genannten gehören.

Einen Überblick über die **wichtigsten Ursachen für Konjunkturschwankungen** gibt nachfolgende Übersicht.

Determinanten[1] des Konjunkturverlaufs	
Faktoren, die den **Konjunkturaufschwung** auslösen können:	Faktoren, die den **Konjunkturabschwung** auslösen können:
■ Ausweitung des Geldangebots (Kreditangebots) durch die Zentralbank: sinkende Zinssätze – steigende Kreditnachfrage. ■ Steigende private und staatliche Investitionsgüternachfrage. ■ Steigende private und staatliche Konsumgüternachfrage. ■ Steigender Außenbeitrag (Export > Import). ■ Zahlungsbilanzüberschüsse. ■ Optimistische Zukunftserwartungen der Wirtschaftssubjekte. ■ Positive politische Ereignisse (z.B. Beendigung von Kriegen, Abschluss wichtiger Friedensverträge).	■ Verknappung des Geldangebots (Kreditangebots) durch die Notenbank: steigende Zinssätze – sinkende Kreditnachfrage. ■ Sinkende private und staatliche Investitionsgüternachfrage. ■ Sinkende private und staatliche Konsumgüternachfrage. ■ Sinkender Außenbeitrag (Export < Import). ■ Zahlungsbilanzdefizite. ■ Pessimistische Zukunftserwartungen der Wirtschaftssubjekte. ■ Negative politische Ereignisse (z.B. Kriegsausbrüche, Aufstände, Generalstreiks, Terroranschläge).

2.2.1.2 Merkmale des Konjunkturverlaufs

(1) Überblick

Kein Konjunkturzyklus ist dem anderen gleich, denn die sozialen, technischen und wirtschaftlichen Bedingungen sind laufenden Änderungen unterworfen. Dennoch gibt es besonders hervorstechende Gemeinsamkeiten (typische Merkmale), die im Folgenden kurz erläutert werden.

Darstellung eines Konjunkturzyklus von vierjähriger Dauer

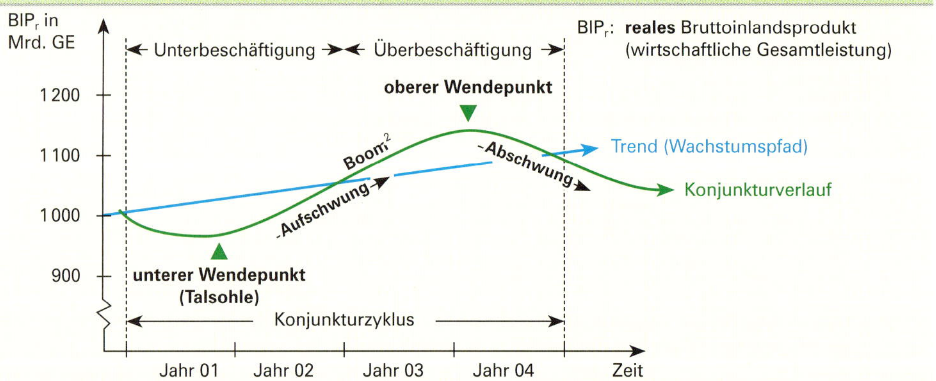

1 **Determinanten**: Ursachen, (Bestimmungs-)Gründe.
2 **Boom** (engl.): kräftiger Aufschwung.

(2) Aufschwung

Der konjunkturelle Aufschwung ist durch zunehmende Kapazitätsauslastung und abnehmende Arbeitslosigkeit, sofern diese nicht strukturell bedingt ist, gekennzeichnet. Da die Unternehmen jetzt mit sinkenden Stückkosten arbeiten, bleibt trotz steigender Nachfrage nach Konsum- und Investitionsgütern das Preisniveau weitgehend stabil, sofern nicht Materialpreise und/oder Löhne unverhältnismäßig steigen. Da die Käufer von Aktien steigende Unternehmensgewinne erwarten, klettern auch die Aktienkurse in die Höhe (Effektenhausse). Zu Beginn des Aufschwungs ist der Kreditmarkt noch flüssig, d.h., die Banken besitzen genügend finanzielle Mittel zur Kreditgewährung. Somit bleiben die Zinsen noch verhältnismäßig niedrig, sieht man von möglichen Eingriffen der Zentralbank[1] ab.

(3) Oberer Wendepunkt

Bevor die Konjunktur „umkippt“, tritt die Situation der **Konjunkturüberhitzung** ein, die als **Boom** oder **Hochkonjunktur** bezeichnet wird. Auf den Kreditmärkten werden die Mittel knapp. Die Zinsen steigen. Damit beginnen die Wertpapierkurse zu sinken. Die Preissteigerungsraten erhöhen sich. Ebenso steigen die Löhne verhältnismäßig schnell, weil die Arbeitskräfte knapp sind: Die Gewerkschaften haben eine starke Stellung. Infolge der erhöhten Kosten nehmen die Unternehmergewinne ab. Die Investitionsgüternachfrage geht zurück, während die Nachfrage nach Konsumgütern noch steigt. Im Investitionsgüterbereich finden die ersten Betriebsstilllegungen und Entlassungen statt. Die **Krise** (**oberer Wendepunkt** des Konjunkturverlaufs) tritt ein, der Abschwung wird eingeleitet.

(4) Abschwung

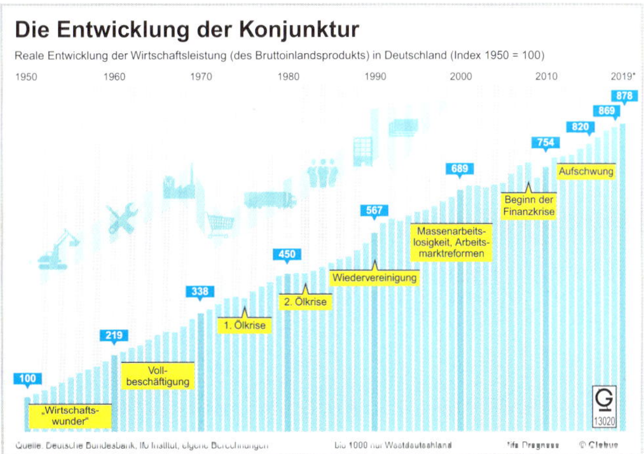

Die allgemeine Grundhaltung der Verbraucher und Unternehmer ist pessimistisch. Die allseits zu beobachtende Kaufzurückhaltung führt zu Umsatzeinbußen, zu weiteren Betriebsstilllegungen, Vergleichen und Insolvenzen. Die Arbeitslosenzahl steigt. Die abnehmende Kreditnachfrage führt zu sinkenden Zinssätzen. Der früher zu beobachtende Rückgang des Preisniveaus während der **Rezession,** wie heute der Abschwung auch bezeichnet wird, ist nicht mehr gegeben, weil zu viele Faktoren einen generellen Preisrückgang verhindern.[2] So steigen z.B. die Stückkosten, die Rohstoffpreise und die Löhne. (Auch in Zeiten der Unterbeschäftigung pflegen die Gewerkschaften Lohnerhöhungen durchzusetzen, wenngleich die Steigerungsraten i.d.R. niedriger als in Zeiten der Vollbeschäftigung sind.)

---

1 Näheres siehe Kapitel 2.3.7, S. 110ff.

2 Gründe sind z.B. gewinnunabhängige Steuern, Starrheit der Löhne, langfristige Lieferverträge mit festen Preisen, hoher Fixkostenanteil an den Produktionskosten.

(5) Unterer Wendepunkt

Kommt der Abschwung zum Stillstand und beginnt sich die Konjunktur wieder zu erholen, nimmt die Nachfrage also wieder zu, ist der untere Wendepunkt – die sogenannte **Talsohle** – überschritten.

Zusammenfassender Überblick über die Konjunkturphasen								
Konjunktur-phasen	**Auftrags-bestände/ Produktion**	**Konjunktu-relle Arbeits-losigkeit**	**Lohn-entwicklung**	**Zinsen**	**Wert-papier-kurse**	**Preis-entwicklung**	**Spar-neigung**	**Zukunfts-erwartungen**
unterer Wendepunkt (Talsohle)[1]	auf niedrigem Niveau verharrend	hoch	mäßige Lohnerhöhungen; geringe übertarifliche Leistungen	niedrig	hoch	geringere Preissteigerungsraten; Kosteninflation (Stagflation) jedoch möglich	hoch	abwartend oder vorsichtiger Optimismus
Aufschwung	steigend	noch hoch	mäßige Lohnerhöhungen	noch niedrig	hoch	geringe Preissteigerungsraten	sinkend	optimistisch
Boom (Hochkonjunktur, Überkonjunktur, Überbeschäftigung)	bei Konsumgütern noch steigend; bei Investitionsgütern stagnierend oder sinkend	sinkend	kräftige Lohnerhöhungen	steigend	sinkend	hohe Preissteigerungsraten	niedrig	optimistisch
oberer Wendepunkt (Konjunkturgipfel)	bei Konsumgütern stagnierend; bei Investitionsgütern sinkend	gleichbleibend	kräftige Lohnerhöhungen („Lohnlag“[2])	hoch	niedrig	hohe Preissteigerungsraten	niedrig	abwartend bis pessimistisch
Abschwung (Rezession, Niedergang)	sinkend	steigend	mäßige Lohnerhöhungen (Inflationsausgleich); u. U. Abbau übertariflicher Leistungen	langsam sinkend	langsam steigend	abnehmende Preissteigerungsraten (auf polypolistischen Märkten u. U. sinkende, auf oligopolistischen und monopolistischen Märkten weiter steigende Preise)	steigend	pessimistisch

1 Ein lang anhaltender wirtschaftlicher Tiefstand wird als Depression (wörtl. Niedergeschlagenheit, traurige Stimmung) bezeichnet. Die Depression ist keine konjunkturelle Erscheinung, sondern Ausdruck einer tief greifenden strukturellen Krise.

2 **Lag** (engl.): Verschiebung, Verzögerung.

(6) Depression[1]

Ein lang anhaltender Tiefstand wirtschaftlicher Aktivitäten wird als Depression oder auch als **Stagnation**[2] bezeichnet.

2.2.2 Konjunkturindikatoren

Im vorigen Kapitel haben wir das reale Bruttoinlandsprodukt als Maßstab verwendet, um Konjunkturschwankungen zu erfassen. Das wirtschaftliche Auf und Ab lässt sich jedoch mithilfe weiterer Größen messen. Bestimmte wirtschaftliche Erscheinungen lassen sogar Rückschlüsse auf die künftige Entwicklung zu, dienen also der Konjunkturprognose.[3]

Daten, die den Konjunkturverlauf messen und/oder Voraussagen (Prognosen) für **künftige** Entwicklungen zulassen, werden als **Konjunkturindikatoren**[4] bezeichnet.

(1) Realwirtschaftliche Konjunkturindikatoren

Realwirtschaftliche Konjunkturindikatoren beziehen sich vor allem auf die Entwicklung der volkswirtschaftlichen Gesamtnachfrage (Inlandsnachfrage nach Konsum- und Investitionsgütern, Exportgüternachfrage) sowie auf den Arbeitsmarkt:

Entwicklung der Arbeitslosenzahlen und offenen Stellen	Steigende Arbeitslosenzahlen und sinkende offene Stellen zeigen an, dass die Wirtschaft unterbeschäftigt ist. Die Unternehmen werden sich bei den Investitionen zurückhalten, weil sie eine stagnierende oder gar zurückgehende Konsumgüternachfrage erwarten. Die umgekehrte Reaktion tritt ein, wenn die Bundesagentur für Arbeit eine steigende Zahl offener Stellen meldet und wenn die Arbeitslosenzahlen zurückgehen.
Entwicklung der Konsumgüternachfrage	Steigt der private Konsum (angezeigt durch steigende Einzelhandelsumsätze), ist eine positive Entwicklung des wirtschaftlichen Geschehens zu erwarten, weil in der Folge die Großhandelsumsätze und schließlich die Umsätze der Herstellerbetriebe steigen werden. Ist die Wirtschaft vollbeschäftigt, werden Preissteigerungen eintreten. Stagnierende oder sinkende Einzelhandelsumsätze bewirken das Gegenteil.
Entwicklung der Investitionsgüternachfrage	Steigt die Investitionsgüternachfrage (angezeigt durch steigende Umsätze und/oder Auftragsbestände in der Investitionsgüterindustrie), kann eine Erhöhung der Beschäftigung erwartet werden, die auch nicht ohne Einfluss auf die Arbeitsnachfrage bleiben wird. Bei Vollbeschäftigung können steigende Preise (zunächst in der Investitionsgüterindustrie) und steigende Löhne vorausgesagt werden. Sinkende Investitionsgüternachfrage lässt den gegenteiligen Schluss zu.
Entwicklung des Außenhandels	Nimmt der Export schneller als der Import zu, ist auf eine Belebung der Konjunktur zu schließen. Eine vollbeschäftigte Wirtschaft muss mit Preissteigerungen rechnen, weil die Gesamtnachfrage (Auslands- und Inlandsnachfrage) das Gesamtangebot der Volkswirtschaft übersteigt. Steigen die Importe indessen schneller als die Exporte, ist der gegenteilige Effekt wahrscheinlich.

1 **Depression** (lat.): gedrückte Stimmung.

2 **Stagnation** (lat.): Stillstand.

3 **Prognose**: Voraussage, Vorausschau.

4 **Indikator**: Anzeiger.

Entwicklung der Staatsausgaben und -einnahmen	Aus dem Staatshaushaltsplan kann entnommen werden, in welchem Verhältnis die Staatsausgaben zu den Staatseinnahmen stehen werden. Strebt der Staat große zusätzliche Konsum- oder Investitionsvorhaben an, ohne die Steuern zu erhöhen, ist eine Belebung der Wirtschaftstätigkeit wahrscheinlich. Auch in diesem Fall sind Preiserhöhungen zu erwarten, wenn die Wirtschaft vollbeschäftigt ist. Voraussichtliche Steuererhöhungen indessen können die Investitionstätigkeit der Unternehmen vermindern.
Entwicklung der Lagerbestände	Steigen die Lagerbestände der Unternehmen über das saisonal übliche Maß, so liegt offenbar Überproduktion vor. Es kann der Schluss gezogen werden, dass die Unternehmen ihre Produktion drosseln werden, was einen Konjunkturabschwung bewirken kann. Nehmen die Lagerbestände ab, ist das Gegenteil der Fall. Diese Aussage gilt jedoch nicht uneingeschränkt. Es mag nämlich sein, dass die Unternehmen ihre Lagerbestände bewusst abbauen, weil sie sinkende Umsatzzahlen erwarten, und ihre Lagerbestände aufstocken, weil ein Konjunkturanstieg eingesetzt hat.
Kapazitätsauslastung und Auftragsbestände	Steigende Auftragsbestände kündigen einen Konjunkturaufschwung an. Die Auslastung der Kapazität folgt der Entwicklung der Auftragsbestände.
Vertrauensindikatoren	Für die Beurteilung zukünftiger Entwicklungen spielen die Erwartungen der Unternehmen und der Verbraucher eine große Rolle. Nimmt das Vertrauen in eine (positive) wirtschaftliche Entwicklung zu, ist mit einer steigenden Konsum- und Investitionsgüternachfrage zu rechnen.

(2) Finanzwirtschaftliche Konjunkturindikatoren

Geldpolitik	Als Konjunkturindikator zählt auch die (vermutete) künftige Geldpolitik einer Zentralbank. Aufgrund von Zinssenkungen kann die Konjunktur belebt, aufgrund von Zinserhöhungen ein „Überschäumen" der Konjunktur verhindert werden.
Wechselkurse	Steigende Wechselkurse (Mengennotierung) verteuern die Binnenwährung. Der Export in Fremdwährungsländer wird gebremst, die Konjunktur wird negativ beeinflusst. Sinken die Wechselkurse, wird die Binnenwährung für die Devisenausländer billiger. Es ist zu erwarten, dass die Exporte steigen und die Konjunktur angekurbelt wird.

(3) Früh-, Präsenz- und Spätindikatoren

Die Indikatoren lassen sich auch hinsichtlich der zeitlichen Erkennbarkeit der jeweiligen Konjunkturphase unterscheiden.

Indikatoren	Erläuterungen	Beispiele
Frühindikatoren	Sie sollen anzeigen, wie sich die Konjunktur in den **kommenden Monaten** entwickeln wird.	■ Entwicklung der Aktienmärkte, ■ Auftragseingänge der verarbeitenden Industrie, ■ Baugenehmigungen im Hochbau, ■ Investitionsabsichten, ■ Geschäftsklimaindex, ■ Konsumklimaindex

Indikatoren	Erläuterungen	Beispiele
Präsenzindikatoren	Sie beschreiben den **augenblicklichen** Stand der Konjunktur.	■ Kapazitätsauslastung, ■ aktuelle Konsumdaten, ■ Bruttoinlandsprodukt, ■ Kurzarbeit, ■ Lagerbestände, ■ Zinsen
Spätindikatoren	Sie hinken dem eigentlichen Konjunkturverlauf **hinterher**.	■ Steuereinnahmen des Staates, ■ Insolvenzen, ■ Arbeitslosenquote, ■ Preisindizes, ■ Zinsniveauentwicklung

(4) Bedeutung

Voraussagen über die mutmaßliche Konjunkturentwicklung liefern Unterlagen für die Wirtschaftspolitik. So kann die Regierung ihre konjunkturpolitischen Entscheidungen – vorausgesetzt, die Prognosen stimmen – rechtzeitig treffen.

Die führenden Wirtschaftsforschungsinstitute haben ihre Prognose für das Wirtschaftswachstum 2019 deutlich nach unten korrigiert. Gingen sie im vergangenen Herbst noch von einem Plus von 1,9 % aus, erwarten sie nun nur noch ein Wachstum von 0,8 %. Hauptgrund für die Wachstumsdelle ist nach Angaben der Wirtschaftsforscher die Abkühlung der Weltwirtschaft. Die schwelenden Handelskonflikte zwischen den USA und China bzw. den USA und der EU sowie ein schwächeres Wachstum in China beeinflussen die wirtschaftliche Entwicklung ebenso negativ wie die Unsicherheiten mit dem Brexit, also dem geplanten Austritt Großbritanniens aus der Europäischen Union. Das belastet vor allem die exportorientierten Industrieunternehmen. Für 2020 sind die führenden Wirtschaftsforschungsinstitute wieder optimistischer, sie erwarten dann eine Beschleunigung des Wachstumstempos auf 1,8 %.

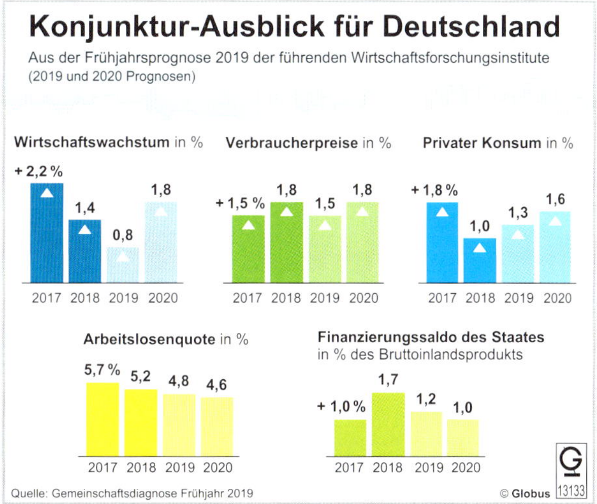

In bestimmten Situationen kann eine Prognose auch dazu führen, dass die vorausgesagte Entwicklung durch die Prognose selbst verstärkt wird.

Beispiel:

Prophezeit ein Institut steigende Preise, wird die Inflation geradezu herbeigeredet, weil die Wirtschaftssubjekte veranlasst werden, jetzt zu relativ niedrigen Preisen mehr nachzufragen, wodurch die Preise erst zu steigen beginnen.

Pessimistische Voraussagen können sich deshalb bewahrheiten, weil durch die Voraussage der allgemeine Pessimismus erst hervorgerufen wird.

Beispiel:

Sagt ein Institut zunehmende Arbeitslosigkeit voraus, werden die Arbeitnehmer mehr sparen, um sich einen Notgroschen zurückzulegen: Die Konsumgüternachfrage stagniert oder geht zurück. Die Unternehmen investieren nur zögernd – ein Verhalten, das als „Attentismus"[1] bezeichnet wird –, weil sie ihre Absatzmöglichkeiten pessimistisch beurteilen.

Nicht selten werden Prognosen durch unvorhersehbare Ereignisse hinfällig. Dazu gehören z. B. überhöhte Tarifabschlüsse, eine starke Aufwertung der eigenen Währung (der Binnenwährung), Tierseuchen, Unwetter, Terroranschläge, Kriege und Epidemien.[2]

Zusammenfassung

- Mittelfristige Schwankungen der wirtschaftlichen Aktivitäten heißen **Konjunkturschwankungen.**
- Ein **Konjunkturzyklus** dauert rund vier bis fünf Jahre.
- Vom Auf und Ab der Konjunktur sind die kurzfristigen **saisonalen Schwankungen** und die langfristigen **Kondratieff-Wellen** zu unterscheiden.
- Im Allgemeinen wird der **Konjunkturverlauf** an den Schwankungen des **realen Bruttoinlandsprodukts** gemessen.
- Der Konjunkturverlauf wird in folgende Phasen (Zeitabschnitte) eingeteilt:
  - **Aufschwung,**
  - **Boom (Hochkonjunktur)** und
  - **Abschwung.**
- Die **Konjunkturprognose** stützt sich auf die Beobachtung der Konjunkturindikatoren.
- Man unterscheidet zwischen **realwirtschaftlichen** und **finanzwirtschaftlichen Konjunkturindikatoren.**

Übungsaufgaben

8 1. In nebenstehender Abbildung sind die wesentlichen Phasen (Abschnitte) des typischen Konjunkturverlaufs mit den Ziffern I bis V versehen.

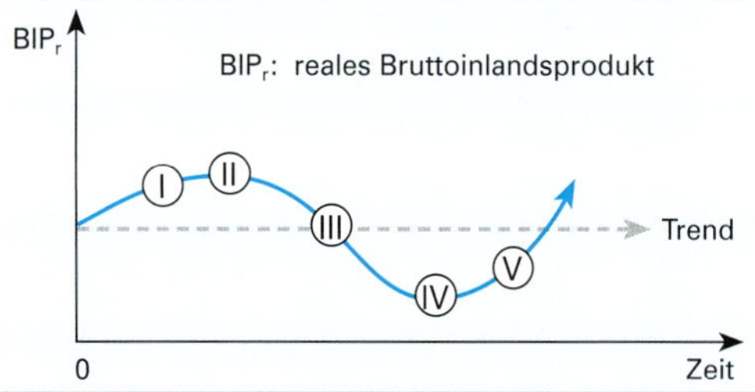

Aufgaben:

1.1 Erklären Sie den Begriff Konjunktur!

1.2 Benennen Sie die einzelnen Konjunkturphasen!

1.3 Beschreiben Sie kurz die einzelnen Konjunkturphasen!

1 **Attentismus**: abwartende Haltung (frz. attendre: warten, abwarten).

2 **Epidemie** (griech.): Massenerkrankung, Seuche.

1.4 Entscheiden Sie, welche Faktoren den Konjunkturaufschwung auslösen können! Begründen Sie Ihre Antworten!

1.5 Führen Sie an, welche Faktoren den Konjunkturabschwung auslösen können! Begründen Sie Ihre Antworten!

2. Ende 20.. verhießen verschiedene Konjunkturindikatoren wenig Gutes. Auch die Verbraucher sahen wenig optimistisch in die Zukunft.

Aufgaben:

2.1 Definieren Sie den Begriff Konjunkturindikatoren!

2.2 Nennen und beschreiben Sie mindestens fünf wichtige Konjunkturindikatoren!

9 **Textauszug:**

Aktienkurse und Konjunktur

Viele machen sich große Sorgen über den Preissturz an den Börsen. Wird das Ende des Booms an den Aktienmärkten Folgen für die Weltwirtschaft haben? Tatsächlich haben geplatzte Finanzblasen oft den Zusammenbruch von Produktion und Beschäftigung zur Folge.

Während eines Börsenbooms, wenn die Aktienpreise durch das starke Vertrauen der Investoren hoch getrieben werden, hilft die Börse mit, einen wirtschaftlichen **Boom** zu erzeugen. Verbraucher, die Aktien besitzen, fühlen sich reicher und kaufen mehr. Auch nehmen sie Kredite auf, um neue Wohnungen, Autos, und andere teure Güter zu kaufen.

Zudem ist es für Unternehmen einfach, Anleihen aufzunehmen oder neue Aktien auszugeben. Sie lösen damit einen Investitionsboom in der Wirtschaft aus. Die Banken gewähren Haushalten und Unternehmen zu günstigen Bedingungen Kredite, wenn sie hoch bewertete Aktien besitzen. Sie halten den Wertpapier-Reichtum für ausreichende Sicherheiten. Und ausländische Investoren bringen Geld ins Land, um sich ihren Anteil am Geschehen zu sichern.

Wenn ein Börsenboom zu Ende geht und die Preise einbrechen, kehren sich diese Verhaltensmuster um. Konsum und Investitionen sinken, ausländische Investoren ziehen sich zurück. Bankdarlehen werden knapper. Diese Faktoren bremsen die Wirtschaft ab.

Allerdings kann eine wirtschaftliche Beruhigung auch zu einer **Rezession** oder gar **Depression** werden: Zum einen kann der Einbruch der Aktienpreise wie in Japan, Mexiko und in Argentinien zu einer Bankenkrise führen. Zum anderen können Banken merken, dass sie während eines Börsensturzes ihre Forderungen nicht realisieren können. Sie dürften dann vor Zahlungsschwierigkeiten stehen und daher neue Kredite stark einschränken. In extremen Fällen bangen die Kontoinhaber um ihre Einlagen und ziehen ihr Geld ab. Dadurch wird eine Bankenkrise verschärft. Auch ausländische Investoren können sich zurückziehen. Das Land kann in eine Zahlungsbilanzkrise geraten, in der es ausländische Schulden nicht bedienen kann. Handel und Produktion werden unterbrochen ...

Quelle: Sachs, J.: Der Einbruch an den Börsen führt zu keiner Depression, in: Die Welt vom 1. August 2002.

Aufgaben:

1. Erklären Sie die unterstrichenen Begriffe!
2. Stellen Sie dar, welchen Einfluss die Aktienkurse auf die Konjunktur haben können!
3. Erklären Sie, welchen Einfluss die Konjunkturentwicklung auf die Aktienkurse haben kann!
4. Beschreiben Sie mögliche Zusammenhänge zwischen einer von Ihnen genannten Rezessionsursache und den Folgen, die die Rezession weiter verstärken!
5. Nennen Sie Beispiele für „konjunkturelle Rahmenbedingungen"!
6. Begründen Sie, warum die Kfz-Zulassungszahlen ein Indikator für Konjunkturbewegungen sein können!

2.2.3 Begriff der Konjunkturpolitik (Fiskalpolitik)

Wie die vorangestellten Ausführungen zum Konjunkturzyklus verdeutlicht haben, sind Volkswirtschaften im Zeitablauf durch ein **fortwährendes Auf und Ab** gekennzeichnet. Mal haben wir Zeiten starker Konjunktur mit der Folge von inflationären Preisschüben, mal haben wir zu wenig Konjunktur mit einem Anschnellen der Zahl der Arbeitslosen. Dabei weisen die Schwankungen der volkswirtschaftlichen Größen wie Preisniveau, Beschäftigung oder Höhe des Wirtschaftswachstums erstaunliche Regelmäßigkeiten auf.

Wenn wir vereinfacht von einem Gesamtmarkt für alle Güter und Dienstleistungen in einer Volkswirtschaft ausgehen, erklären sich die Konjunkturschwankungen dadurch, dass die gesamtwirtschaftliche Nachfrage im Vergleich zum – sich im Zeitablauf eventuell ebenfalls ändernden – gesamtwirtschaftlichen Angebot mal zu gering (Talsohle) und mal zu hoch (Boom) ist. Die konjunkturpolitischen Maßnahmen sollen dem entgegenwirken, indem sie auf die wichtigsten Bestimmungsgrößen des gesamtwirtschaftlichen Angebots und der gesamtwirtschaftlichen Nachfrage so einwirken, dass die zyklischen Schwankungen möglichst verschwinden.

Unter **Konjunkturpolitik** versteht man die Summe **wirtschaftspolitischer Maßnahmen,** die darauf ausgerichtet sind, die Konjunktur zu glätten und ein möglichst gleichmäßiges, positives Wirtschaftswachstum zu erreichen.

2.2.4 Konjunkturpolitische Instrumente – untergliedert nach den wirtschaftspolitischen Grundkonzeptionen

Nach wie vor streiten sich Wirtschaftswissenschaftler und Wirtschaftspolitiker darüber, wie eine „richtige" Wirtschaftspolitik auszusehen hat. Zwei gegensätzlich scheinende Lehrmeinungen – sogenannte „Schulen" – stehen einander gegenüber. Die eine hängt der nachfrageorientierten, die andere der angebotsorientierten Konjunkturpolitik an.

2.2.4.1 Nachfrageorientierte Konjunkturpolitik

Die ideale Grundlage der nachfrageorientierten Konjunkturpolitik ist, wenn der Staat (genauer z. B. die Bundesregierung, die Länder und die Gemeinden) eine **antizyklische**[1] **Finanzpolitik** betreibt.

(1) Begriff antizyklische Fiskalpolitik[2]

Erhöhung der Staatseinnahmen → ← Senkung der Staatsausgaben	Besteht Inflationsgefahr, kann der Staat die Steuern erhöhen und die zusätzlichen Einnahmen bei der Zentralbank oder bei den Kreditinstituten stilllegen **(Konjunkturausgleichsrücklage)**. Dem Wirtschaftskreislauf wird Geld entzogen, die Inflation wird gebremst. Die Kürzung von Staatsausgaben (z. B. Einstellungs- und Beförderungsstopp im öffentlichen Dienst, Verringerung der Staatsausgaben für öffentliche Investitionen) wirkt in die gleiche Richtung: Die nachfragewirksame Geldmenge wird geringer, der Preisauftrieb wird gedämpft.

1 **Antizyklisch:** dem Konjunkturzyklus entgegengesetzt.

2 Unter **„Fiskus"** versteht man heute den Staat schlechthin, insoweit er es mit Staatseinnahmen (vor allem Steuern), Staatsausgaben oder Staatsvermögen zu tun hat („Einheit von Fiskus und Staat"). Das Wort Fiskus kommt aus dem Lateinischen und bedeutet Korb, Geldkorb, Kasse. Fiskalpolitik ist somit Wirtschaftspolitik mit Geldmitteln aus der „Staatskasse".

Ist die Wirtschaft unterbeschäftigt, kann der Staat die Steuern senken und den Einnahmeausfall durch **Auflösung der Konjunkturausgleichsrücklage** oder durch Kreditaufnahme decken. Dem Wirtschaftskreislauf wird zusätzliches Geld zugeführt. Der Staat erwartet, dass aufgrund dieser Maßnahmen die Nachfrage nach Konsum- und Investitionsgütern steigt und so die Arbeitslosigkeit abgebaut wird.

Beispiel:

Fragt der Staat z.B. mehr Bauleistungen nach, erhöht sich die Beschäftigung in der Bauindustrie. Diese wiederum kann mehr Baumaterialien, mehr Maschinen, mehr Kraftfahrzeuge und mehr Arbeitskräfte nachfragen (Multiplikatorwirkung zusätzlicher Staatsausgaben).

Die echte **antizyklische Fiskalpolitik** sorgt also für einen ausgeglichenen Staatshaushalt, weil sie Mindereinnahmen und Mehrausgaben aus den Rücklagen decken kann, die in Zeiten guter Konjunktur gebildet wurden. Man spricht auch von einem **„atmenden Haushalt"**. Die antizyklische Fiskalpolitik ist im wahrsten Sinne des Wortes **Konjunkturpolitik.**

Antizyklische Finanzpolitik im Modell (Idealfall)

BIP_r = reales Bruttoinlandsprodukt; A = Staatsausgaben;
E = Staatseinnahmen
------- (gedachte) Linie eines ausgeglichenen Staatshaushalts

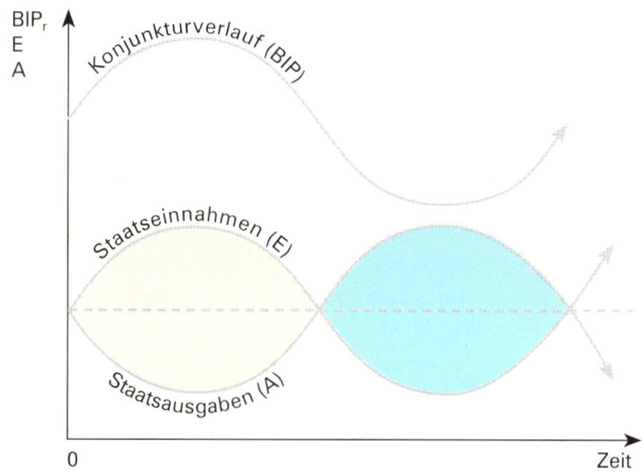

Bildung von Konjunkturausgleichsrücklagen; Schuldentilgung; Haushaltsüberschuss.	Auflösung von Konjunkturausgleichsrücklagen; Kreditaufnahmen; Haushaltsdefizit.

(2) Begriff nachfrageorientierte Konjunkturpolitik

Die dargestellte „antizyklische Finanzpolitik" ist die konsequente Anwendung des von John Maynard Keynes[1] verbreiteten Gedankenguts. Nach Keynes und seinen Anhängern ist die **Einnahmen- und Ausgabenpolitik** der Regierung (d.h. die Politik des Fiskus [Fiskalpolitik]) das **Hauptmittel,** mit dem man erfolgreich lenkend in den Konjunkturverlauf eingreifen kann **(Fiskalis-**

1 John Maynard Keynes, britischer Volkswirtschaftler (1883–1946), legte in seinem Hauptwerk „Die allgemeine Theorie der Beschäftigung, des Zinses und des Geldes" die Grundlagen der nachfrageorientierten Wirtschaftspolitik.

mus). Durch die Steigerung der Staatsausgaben und/oder durch Steuersenkungen ist der Staat in der Lage, die Wirtschaft aus einem konjunkturellen Tal herauszuführen und die Arbeitslosigkeit zu bekämpfen. Auf der anderen Seite sehen die Fiskalisten in einer Verringerung der Staatsausgaben und/oder in Steuererhöhungen Möglichkeiten, inflationäre Tendenzen zurückzudrängen.

Da sich die so angewandte Fiskalpolitik hauptsächlich auf die gesamtwirtschaftliche Nachfrage auswirkt, spricht man auch von einer **nachfrageorientierten Konjunkturpolitik.**

Im einfachsten Fall[1] lässt sich die nachfrageorientierte Wirtschaftspolitik wie in der nebenstehenden Abbildung darstellen. Wird die gesamtwirtschaftliche Nachfrage (Konsumgüternachfrage der privaten Haushalte, Staatsnachfrage, Investitionsgüternachfrage) erhöht, nimmt die Beschäftigung (gemessen am realen Bruttoinlandsprodukt) zu. Die konjunkturelle Arbeitslosigkeit nimmt ab. Verhält sich das gesamtwirtschaftliche Angebot normal, besteht Inflationsgefahr, wenn die Produktionskapazitäten voll ausgelastet sind.

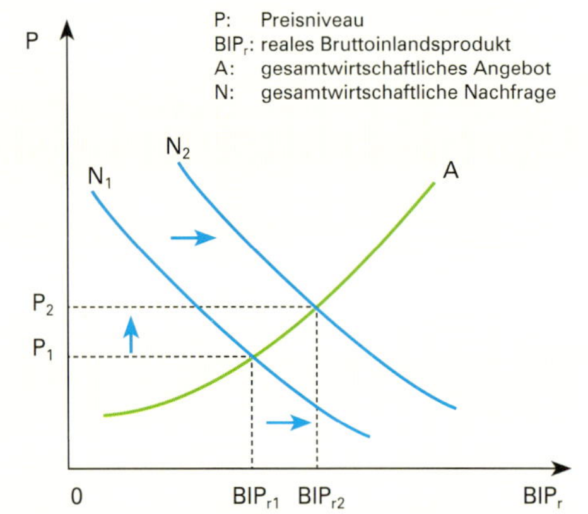

(3) Grenzen der antizyklischen Fiskalpolitik

Problematisch ist die antizyklische Fiskalpolitik (Finanzpolitik), wenn sich die Wirtschaft im Zustand der Stagflation befindet. Wird die nachfragewirksame Geldmenge erhöht, steigen die Preise noch stärker, ohne dass eine Garantie dafür besteht, dass auch die Beschäftigung zunimmt. Wird auf eine Erhöhung der nachfragewirksamen Geldmenge verzichtet, ist zwar die Inflationsgefahr geringer; dafür ist aber auch kein Abbau der Arbeitslosigkeit zu erreichen **(Zielkonflikt).**

Eine wirkungsvolle staatliche Konjunkturpolitik setzt auch die Bewältigung einer Reihe von **Abstimmungsproblemen** (Koordinierungsproblemen) voraus. So müssen z.B. der Bund, die Länder und – wenn möglich – die Gemeinden „am gleichen Strang" ziehen, d.h. die der jeweiligen konjunkturellen Situation entsprechenden Maßnahmen ergreifen. Die konjunkturpolitischen Maßnahmen dürfen auch nicht zu spät erfolgen. Häufig ist es in der Praxis jedoch so, dass von der Beschlussfassung bis zur Realisierung geraume Zeit verstreicht, sodass konjunkturfördernde Maßnahmen erst dann wirksam werden, wenn man sie eigentlich nicht mehr bräuchte, konjunkturdämpfende Maßnahmen erst dann greifen, wenn sich die Konjunktur bereits im Abschwung befindet. In diesem Fall wirken die wirtschaftspolitischen Maßnahmen eher prozyklisch.[2]

1 Die gesamtwirtschaftliche Nachfrage (N) und das gesamtwirtschaftliche Angebot (A) verhalten sich normal.

2 **Prozyklisch:** den Konjunkturprozess verstärkend.

(4) Deficit-Spending[1]

Die Regierungen (und die Parlamente) neigen dazu, in konjunkturell guten Zeiten die Mehreinnahmen auszugeben anstatt sie zu sparen, also in die Konjunkturausgleichsrücklage einzustellen. In konjunkturell schlechten Zeiten muss folglich der Staat Kredite aufnehmen, um die Konjunktur zu stützen. Man spricht von **Deficit-Spending.**

Werden in Zeiten der Hochkonjunktur bereits bestehende Schulden nicht ausreichend abgebaut und keine Konjunkturausgleichsrücklagen gebildet, nehmen die Staatsschulden von Konjunkturrückgang zu Konjunkturrückgang zu. Die staatliche Konjunkturpolitik besteht dann nur noch aus einem immer umfangreicher werdenden Deficit-Spending. Der wachsende Schuldendienst (Zins- und Tilgungszahlungen) verkleinert zunehmend die finanzielle Manövriermasse, die zur Konjunkturförderung eingesetzt werden kann. (Es wurde also gewissermaßen nach dem Leitsatz verfahren: „Spare in der Not, dann hast du Zeit dazu".)

Eine derartige Haushaltspolitik hat in den letzten Jahrzehnten zu einem massiven Anstieg der öffentlichen Verschuldung in Deutschland geführt. Aktuell beträgt der Schuldenstand des Bundes **1,9 Billionen EUR.** Die **Verschuldung** des Bundes reduziert sich nach den Berechnungen des Bundes der Steuerzahler aktuell (Stand Mai 2019) um **94,00 EUR pro Sekunde.**

Wegen der hohen Staatsverschuldung waren die Regierungen in der jüngeren Vergangenheit politisch und wirtschaftlich gezwungen, die Staatseinnahmen (z. B. durch Steuererhöhungen) zu steigern und die Staatsausgaben zu kürzen (z. B. durch den Abbau von Subventionen und Sozialausgaben), und dies auch dann, wenn sich die Wirtschaft in einer Rezession und/oder Strukturkrise befindet. Eine übermäßige Staatsverschuldung ist das Ende staatlicher Konjunkturpolitik. Im Gegenteil: Weil gerade im Konjunkturrückgang gespart werden muss, verstärken die staatlichen Sparmaßnahmen die Rezession.

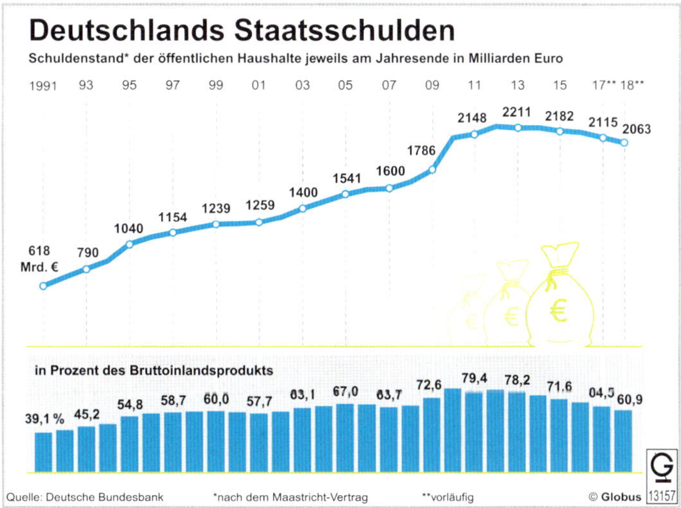

Der deutsche Staat konnte seine Schulden 2018 weiter reduzieren: Gegenüber Ende 2017 sank die Verschuldung um 52 Mrd. EUR auf 2063 Mrd. EUR. Das entsprach einer Höhe von 60,9 % des Bruttoinlandsprodukts (der sogenannten Maastricht-Quote). Ende 2017 hatte die Quote noch 64,5 % betragen. Das geht aus Berechnungen der Deutschen Bundesbank hervor. Der größte Teil des Rückgangs der Staatsschulden entfiel nach Angaben der Bundesbank auf die Gebietskörperschaften (Bund, Länder und Gemeinden), die Schulden in Höhe von 36 Mrd. EUR abbauen konnten. Die staatlichen „Bad Banks" trugen mit 16 Mrd. EUR zum Schuldenabbau bei. Die Bundesregierung geht davon aus, dass Ende 2019 die Staatsschuldenquote auf unter 60 % sinken wird. Damit hätte Deutschland das Maastricht-Ziel (Staatsverschuldung von höchsten 60 % des Bruttoinlandsprodukts) erreicht.

1 **Deficit** (engl.): Fehlbestand, Defizit. To spend (engl.): (Geld) ausgeben.

5 Speth u.a. - ISBN 978-3-8120-0593-7

Zahlreiche Vorgaben des Stabilitätsgesetzes wurden in der Bundesrepublik Deutschland seit Jahren praktisch nicht mehr angewendet. Der Hauptgrund: Regierungen und Parlamente haben es versäumt, in „guten Zeiten" (in der Hochkonjunktur) vorhandene Schulden zu tilgen und Konjunkturausgleichsrücklagen zu bilden. Wahltaktisch zahlt es sich kurzfristig besser aus, Steuersenkungen zu beschließen, Subventionen zu gewähren und überhaupt Ausgaben zu erhöhen, also „Wahlgeschenke" zu machen. Die in der Hochkonjunktur erforderliche Sparpolitik ist hingegen unpopulär (d. h. bei der Bevölkerung und bei den Verbänden unbeliebt) und daher schwer durchsetzbar.

2.2.4.2 Angebotsorientierte Konjunkturpolitik

(1) Begriffe angebotsorientierte Konjunkturpolitik und Monetarismus

Die **angebotsorientierte Konjunkturpolitik** beruht auf dem **Monetarismus.**[1] Angebotsorientierte Maßnahmen können kurzfristiger Natur sein (z. B. erhöhte Abschreibungsmöglichkeiten für einen begrenzten Zeitraum). Es handelt sich dann um konjunkturpolitische Maßnahmen. Die angebotsorientierte Wirtschaftspolitik kann auch mittel- und langfristig angelegt sein (z. B. eine Reform des Steuerrechts zugunsten der Unternehmen). Auf eine Langzeitwirkung angelegte politische Entscheidungen gehören zum Bereich der Struktur- und Wachstumspolitik.

Die These der **Monetaristen** ist, dass die Arbeitslosigkeit durch den Staat (genauer: durch die Regierungen) selbst verschuldet wird. Der Staat muss sich deshalb bei Eingriffen in den Wirtschaftsablauf zurückhalten, für bessere wirtschaftliche Rahmenbedingungen sorgen und den Abbau der Arbeitslosigkeit den Selbstheilungskräften des Marktes überlassen.

Die **monetaristische Theorie** geht davon aus, dass eine enge Beziehung zwischen der Beschäftigung (der Entwicklung des realen Bruttoinlandsprodukts) einerseits und der Geldmenge andererseits besteht:

- Steigt die Geldmenge, wird über die zusätzlich finanzierte Nachfrage die Wirtschaft angekurbelt; das Inlandsprodukt steigt, die Arbeitslosigkeit nimmt längerfristig ab.
- Wird das Geldmengenwachstum gestoppt, kann die mögliche zusätzliche Nachfrage nicht finanziert werden; die Preissteigerungsraten werden geringer; die Güterproduktion stagniert oder geht zurück. Die Arbeitslosigkeit nimmt zu.

Aus den beiden Thesen folgt:

- Eine **Verstetigung des Geldmengenwachstums** muss auch zu einer **Verstetigung des Wirtschaftswachstums** führen.
- Die führende Rolle in der Wirtschaftspolitik muss die **Zentralbank** (Notenbank) eines Landes bzw. einer Währungsunion haben.

1 **Monetär** (lat.): geldlich, das Geld betreffend. Der Monetarismus ist eine Theorie, die sich mit der Wirkung von Geldmengenänderungen befasst. Hauptvertreter des Monetarismus ist der amerikanische Nobelpreisträger Milton Friedman.

Die **Geldpolitik der Zentralbank** (Kapitel 2.3.7, S. 110ff.) wird ergänzt durch eine **angebotsorientierte Wirtschaftspolitik** der Regierung: Um die Beschäftigung zu erhöhen, müssen die Kosten der Unternehmen (der Anbieter) gesenkt werden.

Einzelmaßnahmen bzw. -forderungen einer angebotsorientierten Wirtschaftspolitik sind z. B.:

- Die Löhne und die Lohnnebenkosten (vor allem Sozialversicherungsbeiträge) dürfen nicht im selben Maße wie die Produktivität steigen.
- Die Kostensteuern müssen gesenkt und die Abschreibungsmöglichkeiten verbessert werden.
- Gesetze, die die wirtschaftlichen Tätigkeiten der Unternehmen einschränken, sollen vereinfacht oder außer Kraft gesetzt werden (Deregulierung, „Entstaatlichung").
- Bislang öffentliche Betriebe sind zu privatisieren und in den freien Wettbewerb zu entlassen.
- Die Ansprüche auf Sozialleistungen sollen reduziert (gekürzt) werden. An ihre Stelle sollen Eigeninitiative und Selbstverantwortung treten.

Die **Wirkungen der angebotsorientierten Wirtschaftspolitik** lassen sich ebenso wie die der nachfrageorientierten Wirtschaftspolitik mithilfe der gesamtwirtschaftlichen Angebotskurve und der gesamtwirtschaftlichen Nachfragekurve darstellen. Im einfachsten Fall verhalten sich Angebot und Nachfrage normal. Eine Senkung der Kosten führt zu einer Zunahme des Angebots. Bei unverändertem Nachfrageverhalten nimmt die Beschäftigung zu. Außerdem wird ein Druck auf die Preise ausgeübt.

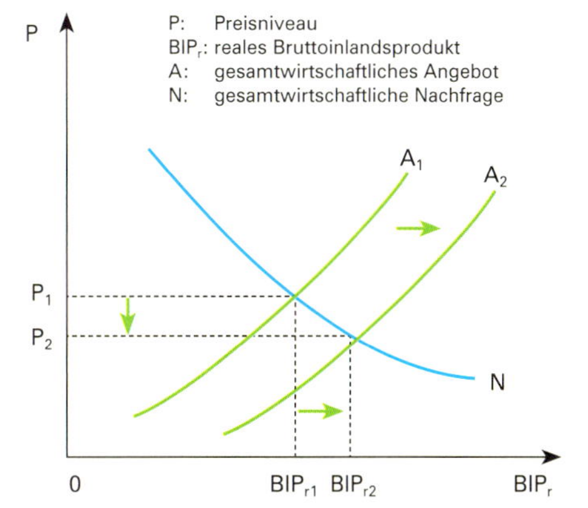

(2) Grenzen der angebotsorientierten Konjunkturpolitik

Der Monetarismus in Verbindung mit der angebotsorientierten Konjunkturpolitik zeigt erst auf mittlere Sicht Auswirkungen. Die Begrenzung des Geldmengenwachstums durch die **Zentralbank** zum Zweck der Inflationsbekämpfung führt dazu, dass unrentable Unternehmen aus dem Markt ausscheiden müssen und dadurch die Arbeitslosigkeit erhöht wird. Der **Staat** seinerseits versucht dem entgegenzuwirken, indem er die Angebotsbedingungen zu verbessern sucht. Dies bedeutet z. B. Senkung der Unternehmensteuern, Senkung der Beitragssätze zu den Sozialversicherungen, Lockerung des Kündigungsschutzes und/oder Verlängerung der Arbeitszeiten ohne Lohnausgleich (also Senkung der Arbeitsentgelte). Die Herabsetzung der Unternehmensteuern kann sich der Staat jedoch nur dann „leisten", wenn er nicht verschuldet ist. Verschuldete Staaten müssen dann weitere Kredite aufnehmen und/oder die Einnahmen erhöhen, was wiederum wachstums- und damit beschäftigungsschädlich ist. Genauso wie bei der Nachfragepolitik stößt die Angebotspolitik umso schneller an ihre Grenzen, je höher die Staatsverschuldung zum Ausgangszeitpunkt ist.

Angebotsbedingungen verbessern heißt häufig auch, bisherige „Sozialstandards" (z. B. Kündigungsschutz, umfassender Kostenersatz im Fall von Krankheit, frühes Renteneintrittsalter) zum Nachteil der Betroffenen zu verändern. Dies führt zu heftigen Protesten innerhalb der Parteien und der Interessenverbände (z. B. der Gewerkschaften). Es wundert daher nicht, wenn die Angebotspolitik oft schon in ihren Ansätzen scheitert, weil sie politisch nur schwer oder überhaupt nicht durchsetzbar ist.

2.2.4.3 Nachfrage- und angebotsorientierte Wirtschaftspolitik im Vergleich

Einen Überblick zu den wesentlichen Unterschieden zwischen dem Konzept der Nachfragepolitik und dem Konzept der Angebotspolitik zeigt die nebenstehende Übersicht.

Wirtschaftspolitische Konzepte

Nachfragepolitik: Keynesianische Nachfragesteuerung		Angebotspolitik: Angebotsorientierung mit Geldmengensteuerung
kurzfristige Beseitigung von Gleichgewichtsstörungen (= Symptombekämpfung)	**Ziele**	mittel- bis längerfristige Beseitigung gleichgewichtsstörender Auslösefaktoren (= Ursachenbekämpfung)
Stärkung der gesamtwirtschaftlichen Nachfrage durch Konsumsteigerung	**Ansatzpunkte**	• Stärkung des gesamtwirtschaftlichen Angebots durch Verbesserung der Produktionsbedingungen • Verstetigung des gesamtwirtschaftlichen Spielraums durch Geldmengensteuerung
• Stärkung der Massenkaufkraft durch Lohnerhöhung und/oder höhere staatliche Zuschüsse für bzw. geringere Abgaben der Privathaushalte • Erhöhung des Staatskonsums durch öffentliche Ausgabenprogramme • Ausweitung des öffentlichen Sektors • stärkere Regulierung • Schaffung verbrauchsfördernder Rahmenbedingungen	**Maßnahmen**	• Erhöhung der Unternehmensrentabilität durch Kostendämpfung (Lohnmäßigung und/oder Verringerung der Unternehmensteuerbelastung) • Verringerung des effizienzschwachen Staatskonsums • Ausweitung des privaten Sektors • Investitionsförderung • Deregulierung • Abbau von Subventionen • Schaffung leistungsanreizender, innovationsfördernder Rahmenbedingungen

Quelle: Bundesverband deutscher Banken,
Achim Pollert, u. a.: Das Lexikon der Wirtschaft, Bonn 2004, S. 158

Quelle: Informationen zur politischen Bildung, H. 294, S. 44.

Die **nachfrageorientierte Wirtschaftspolitik** geht davon aus, dass das privatwirtschaftliche Marktsystem von seinem Wesen her kurz- und langfristig zur Instabilität neigt. Diese Instabilität des Marktsystems ist nur durch Eingriffe des Staates auszugleichen. Die Hauptaufgabe einer diesem Konzept folgenden Wirtschaftspolitik wird darin gesehen, der gesamtwirtschaftlichen Entwicklung durch eine „Initialzündung" auf der Nachfrageseite wieder auf die Sprünge zu helfen.

Die **angebotsorientierte Wirtschaftspolitik** geht davon aus, dass eine auf Privateigentum basierende Marktwirtschaft zumindest mittel- und langfristig in sich stabil ist, d. h. zum Gleichgewicht tendiert. Augenblickliche Störungen des Gleichgewichts sind auf zu starke Eingriffe des Staates zurückzuführen. Daher muss der Staat dafür sorgen, dass der freie Entscheidungsspielraum der Wirtschaftssubjekte erhöht wird. Dem wirtschaftlichen Wachstum wird unter den wirtschaftspolitischen Zielen ein sehr hoher Stellenwert beigemessen. Die angebotsorientierte Strategie sieht den Aufgabenschwerpunkt in erster Linie in der Notwendigkeit, die Bedingungen auf der Angebotsseite zu verbessern.

Beide Grundkonzeptionen verstehen sich als **wirtschaftspolitische Programme,** die auf volkswirtschaftlichen Erkenntnissen beruhen und mit ihren Schlussfolgerungen eine rationale Wirtschaftspolitik und eine bestmögliche Erreichung der wirtschaftspolitischen Ziele gewährleisten wollen.

Obwohl in der Bundesrepublik Deutschland seit 1983 – wie vom **Sachverständigenrat** immer wieder gefordert – der wirtschaftspolitische Schwerpunkt verstärkt auf die angebotsorientierte Strategie gelegt wurde, kann aufgrund der mit beiden Strategien bisher gemachten Erfahrungen **keiner** der beiden unterschiedlichen Politikansätze eindeutig als die bessere Strategie eingestuft werden.

Zusammenfassung

- Eine staatliche Konjunkturpolitik, die ihre Ziele durch Beeinflussung der Gesamtnachfrage zu erreichen sucht, bezeichnet man als **nachfrageorientierte Konjunkturpolitik.**
- Die nachfrageorientierte Konjunkturpolitik basiert auf der **antizyklischen Fiskalpolitik.**
- Die antizyklische Fiskalpolitik ist darauf gerichtet, in wirtschaftlich guten Zeiten (im Aufschwung und in der Hochkonjunktur) finanzielle Reserven **(Konjunkturausgleichsrücklagen)** anzulegen, um in der Rezession die erforderlichen Mittel zur Nachfragebelebung bereitstellen zu können.
- Die Überzeugung, dass der Staat in der Lage ist, durch seine Einnahmen- und Ausgabenpolitik die Wirtschaft in seinem Sinne steuern zu können, bezeichnet man als **Fiskalismus.**
- Der Fiskalismus fand in der Bundesrepublik Deutschland z. B. seinen Niederschlag im sogenannten **Stabilitätsgesetz.**
- Das Stabilitätsgesetz wird nicht mehr angewendet, weil aufgrund der hohen **Staatsverschuldung** die Regierungen nicht mehr in der Lage sind, in Zeiten des Konjunkturrückgangs die Steuern zu senken und die Ausgaben zu erhöhen.
- Eine Nachfragepolitik, die auf einen langfristig ausgeglichenen Staatshaushalt verzichtet (die in der Rezession nicht auf finanzielle Reserven zugreifen kann), nennt man **Deficit-Spending.**
- Die nachfrageorientierte Wirtschaftspolitik findet ihre **Grenzen,** wenn ein Staat stark verschuldet ist. Der Grund: Die Ausweitung der Staatsausgaben in wirtschaftlich schwierigen Zeiten führt zu immer höherer Staatsverschuldung.
- Die **angebotsorientierte Konjunkturpolitik** basiert auf dem **Monetarismus.**
- Der Monetarismus ist davon überzeugt, dass sich der Staat wirtschaftspolitisch zurückhalten sollte. Nach Meinung der **Monetaristen** hat vor allem die **Zentralbank** die Aufgabe, die Wirtschaft mithilfe der Geldpolitik auf Wachstumskurs zu halten.
- Nach Auffassung der Monetaristen ist es **Aufgabe des Staates,** die Angebotsbedingungen (vor allem die Kostensituation der Unternehmen) langfristig konstant (unverändert) zu lassen oder zu verbessern. Die angebotsorientierte Wirtschaftspolitik ist mittel- und langfristig angelegt. Ihre Maßnahmen gehören deswegen zur Wachstums- und Strukturpolitik.
- Auch die Angebotspolitik findet ihre **Grenzen** in einer möglicherweise bestehenden Staatsverschuldung sowie in ihrer politischen Durchsetzbarkeit.

Übungsaufgaben

10 1. Die in untenstehender Abbildung dargestellte Fiskalpolitik sollte der Staat verfolgen.

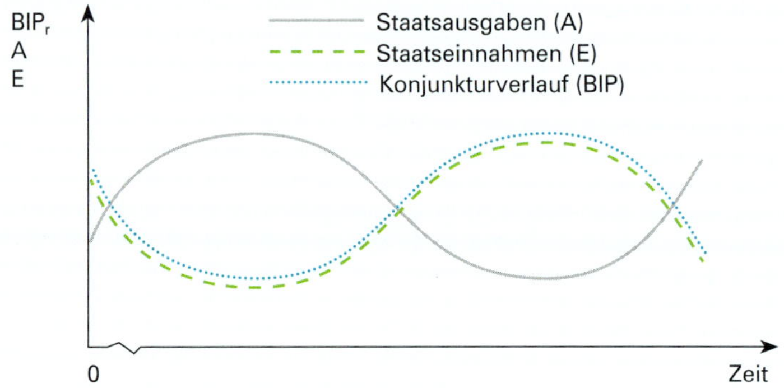

Aufgaben:

1.1 Begründen Sie die Forderung nach einer derart gestalteten Fiskalpolitik!

1.2 Während der Hochkonjunktur soll der Staat Konjunkturausgleichsrücklagen bilden oder Staatsschulden vorzeitig tilgen (zurückzahlen). Erläutern Sie, welche Auswirkungen auf den Konjunkturverlauf diese Rücklagenpolitik haben kann! Begründen Sie Ihre Feststellungen!

1.3 Das Stabilitätsgesetz räumt dem Staat die Möglichkeit ein, zur Konjunkturförderung die Einkommen- und Körperschaftsteuer bis zu 10 % für ein Jahr zu senken. Umgekehrt kann der Staat bei akuter Inflationsgefahr die genannten Steuern um bis zu 10 % erhöhen (unmittelbare Steuersenkung bzw. -erhöhung). Des Weiteren sieht das Stabilitätsgesetz vor, dass der Staat die Abschreibungsmöglichkeiten erweitern bzw. einschränken kann (mittelbare Steuersenkung bzw. -erhöhung).

Erläutern Sie, wie über die Variation der Abschreibungsmöglichkeiten Konjunkturpolitik betrieben werden kann!

1.4 Die antizyklische Finanzpolitik ist eine nachfrageorientierte Konjunkturpolitik. Begründen Sie diese Feststellung!

1.5 Erläutern Sie Wirkung, Vor- und Nachteil der nachfrageorientierten Konjunkturpolitik!

1.6 Erklären Sie, was unter „Deficit-Spending" zu verstehen ist!

1.7 Begründen Sie, warum in Staaten mit hohen Haushaltsdefiziten eine antizyklische Finanzpolitik nicht möglich ist!

2. Die angebotsorientierte Finanzpolitik beruht auf dem Monetarismus.

Aufgaben:

2.1 Erläutern Sie den Begriff Monetarismus!

2.2 Nennen Sie drei angebotsorientierte Maßnahmen des Staates!

2.3 Erläutern Sie Wirkung, Vor- und Nachteile der angebotsorientierten Konjunkturpolitik!

3. In konjunkturell schwierigen Zeiten wurde in der Vergangenheit von Politikern unterschiedlicher Parteien immer wieder mal der Vorschlag unterbreitet, Konsumgutscheine an die Bevölkerung auszugeben, um die Konjunktur wieder anzuheizen.

Quelle: iwd Nr. 50/2008.

Aufgabe:

Diskutieren Sie mögliche Vor- und Nachteile von Konsumgutscheinen zur Überwindung einer Rezession in der Bundesrepublik Deutschland!

11 Setzen Sie sich mit nachfolgenden Texten auseinander!

Textauszug 1:

„Sicher ist, dass sich die nachfrageorientierte Wirtschaftspolitik auch auf das Angebot auswirkt und dass umgekehrt eine angebotsorientierte Wirtschaftspolitik nicht ohne Wirkung auf die Nachfrage bleibt."

Textauszug 2:

„Manche Fragen der Volkswirtschaftstheorie hören sich für den Praktiker so an, wie wenn jemand wissen will, ob der linke oder aber der rechte Schuh wichtiger ist. Für einen Menschen mit zwei Beinen sind selbstverständlich beide Schuhe gleich wichtig. Keine der beiden Möglichkeiten ist von vornherein völlig unwichtig, wenn man **Angebotspolitik** und **Nachfragepolitik** vergleicht und dabei die sachlogische innere Verknüpfung bedenkt. Wie es überhaupt dazu kommen konnte, die Alternativen als unvereinbar wie Feuer und Wasser zu sehen, ist unter zwei Blickrichtungen verständlich. Zum Ersten tendieren Theoretiker von Berufs wegen dazu, alles auf ein Entweder-oder hin zu analysieren. Im Entweder-oder lässt sich trefflich streiten; man kann Kontroversen austragen und dadurch in die Literatur eingehen. Zum Zweiten bringt jede Vereinfachung, die bei den ökonomisch Oberflächlichen zur einseitigen Übertreibung gerät, notwendigerweise nach einer gewissen Zeit einen überbetonten Gegenstandpunkt zum Vorschein.

Die Interdependenz nachfrageseitiger und angebotsseitiger Störungen oder Schwächen des Wachstumsprozesses ist nur sehr schwer exakt zu modellieren. Man macht also mit starken Worten und eingängigen Schlagworten auf Sachverhalte aufmerksam, die dabei zu wenig bedacht werden. Um das Jahr 1980 herum geschah dies, um einer verbreiteten Verengung des Blickes auf die aus Keynesschen Kreislaufüberlegungen oberflächlich abgeleiteten Politikempfehlungen entgegenzuwirken. Obwohl eigentlich stets Nachfrage und Angebot bei wirtschaftspolitischen Konzeptionen der Wachstumspolitik berücksichtigt werden wollen, mussten die „Fünf Weisen" 1981 mit den folgenden Ausführungen für eine stärkere Hinwendung zur sogenannten **„Angebotspolitik"** werben: ‚Am meisten Skepsis begegnet die Angebotspolitik in Zeiten sehr schwacher Gesamtnachfrage. Warum sollte aufgrund verbesserter Angebotsbedingungen Produktion und Investition zunehmen, wenn es allgemein an Nachfrage mangelt? Die Nachfrage ist freilich keine Größe, die gegeben ist oder unabhängig vom Angebot entsteht. Es wird leicht aus den Augen verloren, dass in entwickelten Marktwirtschaften die Nachfrage keineswegs auch nur normalerweise einen Vorlauf gegenüber dem Angebot hat. Im Gegenteil, zu großen Teilen entwickeln sich Angebot und Nachfrage im Gleichschritt und in wichtigen Teilen des Marktgeschehens hat das Angebotshandeln einen Vorlauf. Das Angebot, das Produzieren, schafft über das Einkommen, das dabei erzielt wird, kaufkräftige Nachfrage.

Im Vorlauf ist Angebotshandeln überall dort, wo investiert, also künftige Produktion vorbereitet wird, oder wo für künftigen Bedarf Lager gehalten werden. Hier ist erwartete Nachfrage, nicht die aktuelle, in der Führungsrolle. Und es ist nicht die erwartete Nachfrageexpansion als Teil künftiger allgemeiner Nachfrageexpansion, die zählt. Es genügt, dass das einzelne Unternehmen darauf setzt, sich im Produkt- und Preiswettbewerb zusätzliche Nachfrage sichern zu können' (Sachverständigenrat 1981, S. 143)."

Quelle: Wagner, A.: Volkswirtschaft für jedermann. Die marktwirtschaftliche Demokratie, dtv, o. Jg., S. 127f.

Aufgaben:

1. Beschreiben Sie, welche Wirkungen das Angebot auf die Nachfrage, welche Wirkungen die Nachfrage auf das Angebot ausüben kann!
2. Erläutern Sie, wie der Verfasser bzw. der Sachverständigenrat im Text 2 den Gegensatz zwischen der Angebots- und der Nachfragepolitik begründet!
3. Im Text 2 wird gefragt, warum aufgrund verbesserter Angebotsbedingungen Produktion und Investition zunehmen sollen, wenn es allgemein an Nachfrage mangelt. Geben Sie eine Antwort auf diese Frage!

12 **Textauszug:**

Ist Deficit-Spending die Lösung?

Alle beschwichtigenden Rufe sind verstummt – die Lage der deutschen Wirtschaft ist unbestritten dramatisch. Landauf, landab vermelden die Unternehmen immer schlechtere Geschäftsdaten und trübere Perspektiven.

Um den Wirtschaftsmotor endlich wieder auf Touren zu bringen, sind durchgreifende Reformen besser heute als morgen erforderlich. Doch so mancher Vorschlag ist eher kontraproduktiv.[1]

Einen Fehlschuss gab jüngst auch der DGB mit seinem Plan ab, der Fiskus solle durch zusätzliches Geld aus dem Staatssäckel Investitionen und Konsum ankurbeln – und so die Wirtschaft aus dem Tal stemmen. Finanziert werde sollen die vermeintlichen Wohltaten vor allem über eine höhere Neuverschuldung.

So lieblich die gewerkschaftlichen Worte zunächst auch klingen mögen – bei näherem Hinhören bleiben doch immer mehr Misstöne

1 **Produktiv** (lat.): wirksam; kontra (lat.): entgegengesetzt, dagegen; kontraproduktiv: der Wirksamkeit entgegenlaufend, sich von der Zielerreichung entfernend.

im Ohr hängen. Denn in der Realität kann eine solche nachfrageorientierte Strategie nicht funktionieren – aus mehreren Gründen:

1. Staat verdrängt private Nachfrage. Nach den Ideen der Gewerkschafter soll die öffentliche Hand zusätzliche Kaufkraft aus dem Hut zaubern. Die Gefahr ist aber groß, dass sie an anderer Stelle Nachfrage verschwinden lässt. Denn die Extra-Ausgaben müssen nun einmal irgendwie finanziert werden.

Geschieht dies über Steuererhöhungen, werden die Einkommen der Verbraucher oder die Gewinne der Unternehmen verringert – Konsum und Investitionen können dann noch weniger zur Wirtschaftsleistung beitragen. Macht der Staat dagegen gemäß dem Wunsch des DGB zusätzliche Schulden, kann dies zu steigenden Zinsen führen – ebenfalls mehr Wachstumskiller denn -knüller.

Zudem sind die Schulden von heute die Steuern von morgen. Entsprechend könnten sich manche Konsumenten und Investoren schon jetzt bei Anschaffungen für den Haushalt oder den Betrieb zurückhalten, um für den späteren Zugriff des Fiskus finanziell vorzusorgen.

2. Finanzpolitik ist wenig glaubwürdig. Wenn überhaupt, darf der Staat in Krisenphasen nur dann höhere Defizite zulassen, wenn er sie in besseren Zeiten wieder abbaut. Doch die Erfahrungen mit dem EU-Stabilitätspakt haben gezeigt, dass Politiker diese Regel allzu gerne missachten. Wird der Schuldenberg ständig aufgehäuft, droht er sämtliche Wachstumskräfte zu ersticken – nicht zuletzt, weil am Kapitalmarkt immer höhere Risikoprämien verlangt, also die Zinsen nach oben getrieben werden.

3. Politische Vertrauenskrise wird verschärft. Der konjunkturpolitische Aktionismus à la DGB lässt schließlich die Hoffnung der Bürger weiter schwinden, die Politik würde die wahren Wachstums- und Beschäftigungshürden endlich aus dem Weg räumen. Denn das Gewerkschaftsrezept widerspricht den Forderungen fast aller Wirtschaftsexperten, das öffentliche Auf- und Ausgabenpaket handlicher zu machen. Folgten die Politiker dem Ruf der Gewerkschaften, würden sie ihre Unfähigkeit signalisieren, diesen steinigen, aber unausweichlichen Reformweg tatsächlich zu gehen. Die ohnehin verunsicherten Verbraucher und Investoren würden dann ihre derzeitige Zurückhaltung, die die Inlandsnachfrage lähmt, wohl kaum wie gewünscht aufgeben.

Daher kann Deutschland nicht mit einer kurzfristigen Nachfragestimulierung, sondern nur mit einer nachhaltigen Stärkung der Angebotskräfte auf die Erfolgsspur zurückfinden. Dazu muss vor allem das Steuersystem effizienter gestaltet und die Belastung für Haushalte und Unternehmen gesenkt werden – was allerdings nur mit mutigen Einschnitten in den öffentlichen Etats und den Sozialversicherungen solide zu finanzieren ist. Zwar braucht eine angebotsorientierte Wirtschaftspolitik eine gewisse Zeit, um ihre Wirkungen zu entfalten. Doch auch Nachfrageprogramme wären nicht von jetzt auf gleich umzusetzen. Entscheidend ist vielmehr, dass die Politik so schnell wie möglich die Bereitschaft zeigt, die staatlichen Fesseln zu lockern und damit Wachstums- und Beschäftigungspotenziale freizusetzen.

Quelle: iwd vom 15. Mai 2003.

Aufgaben:

1. Erläutern Sie, welche Vorschläge zur Überwindung der Unterbeschäftigung der DGB macht!
2. Entscheiden Sie, welches wirtschaftspolitische Konzept der Gedankenwelt des DGB zugrunde liegt!
3. Beschreiben Sie, welche Folgen eine weitere Schuldenpolitik des Staates haben kann!
4. Begründen Sie, von welcher Art Fiskalpolitik im Punkt 2 des Artikels gesprochen wird!

2.3 Geldpolitik

2.3.1 Geldmengenbegriffe

Es sind folgende **Geldmengenbegriffe (Geldarten)** zu unterscheiden:

Bargeld	Hierunter fallen Münzen und Banknoten. ▪ **Münzen.** Die in der Bundesrepublik Deutschland umlaufenden Euro-Münzen sind durchweg **Scheidemünzen,** weil ihr Materialwert **niedriger** als ihr Nennwert ist (unterwertig ausgeprägte Münzen). Die deutschen Euromünzen werden im Auftrag der Bundesregierung von den staatlichen Prägeanstalten geprägt und von der Deutschen Bundesbank in Umlauf gebracht. (Das Gleiche gilt für die Münzen der übrigen WWU-Länder, die von den Regierungen geprägt und von den nationalen Zentralbanken in Umlauf gebracht werden.) ▪ **Banknoten.** Das alleinige Recht zur Ausgabe von Banknoten besitzt die Europäische Zentralbank.
Sichteinlagen	Hierunter versteht man die Summe aller täglich fälligen Einlagen der privaten Haushalte, der Unternehmen (Nichtbankenunternehmen) und des Staates auf den Girokonten bei den Geldinstituten. Dieses Geld auf den Girokonten der Kreditinstitute bezeichnet man auch als **Buch- oder Giralgeld.**[1]

Die Summe aus **Bargeldumlauf** und **täglich fälligen Einlagen** bezeichnet die EZB mit dem Symbol **M1.**[2] Die Geldmenge M1 ist das am engsten gefasste monetäre Aggregat.[3]

M1 = Bargeldumlauf + täglich fällige Einlagen

Indem man zur Geldmenge M1 die **kurzfristigen Einlagen,** d. h. die Einlagen mit vereinbarter Laufzeit von bis zu zwei Jahren und die Einlagen mit vereinbarter Kündigungsfrist von bis zu drei Monaten hinzuzählt, erhält man die Geldmenge M2.

M2 = M1 + kurzfristige Einlagen

Die weitgefasste Geldmenge M3 ergibt sich, indem man zu M2 bestimmte **marktfähige Verbindlichkeiten des Bankensektors**[4] (z. B. Schuldverschreibungen mit einer Laufzeit von weniger als zwei Jahren, Geldmarktpapiere wie z. B. Bankakzepte und Repogeschäfte)[5] hinzurechnet.

M3 = M2 + sonstige marktfähige Verbindlichkeiten des Bankensektors

1 Eine Weiterentwicklung des Buchgeldes stellt das **„elektronische Geld"** dar. Es handelt sich dabei um Werteinheiten in Form einer Forderung gegen die ausgebende Stelle, die 1. auf elektronischen Datenträgern geladen sind, 2. gegen Entgegennahme eines Geldbetrages ausgegeben werden und 3. von Dritten als Zahlungsmittel angenommen werden, ohne gesetzliches Zahlungsmittel zu sein. Als Beispiel lässt sich hier das Guthaben auf einer Geldkarte anführen.

2 M ist das Symbol für **money** (engl.: Geld). **Monetär** (lat.): geldlich, geldmäßig.

3 **Aggregieren** (lat.): zusammenfassen, zusammenzählen. Aggregat: Zusammenfassung.

4 Der Fachausdruck für Bankensektor heißt Sektor der **m**onetären **F**inanz**i**nstitute **(MFI-Sektor)**. Er umfasst vor allem die nationalen Zentralbanken, die EZB, Kreditinstitute und andere Finanzinstitute. Der MFI-Sektor wird auch als „Geldschöpfungssektor" bezeichnet. Das Gegenstück des MFI-Sektors ist der Nichtbankensektor (Nicht-MFI-Sektor). Er ist der „Geldhaltungssektor". Zu ihm gehören z. B. die privaten Haushalte, alle Unternehmen, die keine Bankgeschäfte betreiben und – mit gewissen Ausnahmen – der Staat.

5 Die Kreditinstitute können sich beim ESZB finanzielle Mittel beschaffen, indem sie beleihungsfähige Wertpapiere an das ESZB für eine bestimmte Zeit verkaufen. Diese Geschäfte bezeichnet man als Pensions- oder Repogeschäfte. Repo ist die Abkürzung für Repurchase (engl. Rückkauf). Das „o" am Ende hat sich wegen der Aussprache durchgesetzt. (Näheres zu den Pensionsgeschäften des ESZB siehe S. 114f.)

2.3.2 Funktionen (Aufgaben) des Geldes

Geld ist alles, was die Funktionen des Geldes erfüllt. Die wesentlichen Funktionen des Geldes sind in nachfolgender Abbildung wiedergegeben:

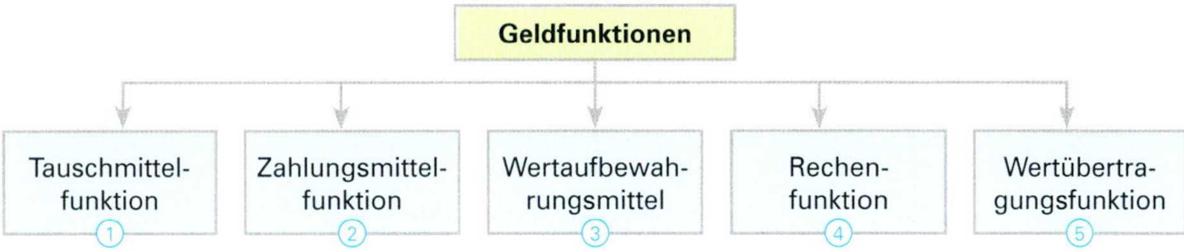

Funktionen des Geldes	Erläuterungen
① **Tauschmittel**	Als allgemein anerkanntes Tauschmittel ermöglicht es, den **indirekten** Tausch vorzunehmen, also Güter zu kaufen und zu verkaufen.
② **Zahlungsmittel**	Auch andere Vorgänge als Tauschgeschäfte können mit Geld bewerkstelligt werden. So kann man mit Geld einen Kredit gewähren, Schulden tilgen, Steuern zahlen oder einen Strafzettel begleichen.
③ **Wertaufbewahrungsmittel**	Geld muss man nicht sofort ausgeben, sondern man kann es „aufbewahren", also sparen. Diese Funktion hat das Geld natürlich nur dann, wenn sein Wert nicht durch Inflation aufgezehrt wird.[1]
④ **Recheneinheit**	Das Geld ist der Maßstab (der Wertmesser) für die verschiedenartigsten Güter. Mithilfe der in Geld ausgedrückten Preise können diese addiert werden. Nur so ist es beispielsweise möglich, Bilanzen und Gewinn- und Verlustrechnungen zu erstellen, die Wirtschaftlichkeit und Rentabilität eines Betriebs zu errechnen.
⑤ **Wertübertragungsmittel**	Das Geld macht es möglich, Vermögenswerte zu übertragen, ohne dass körperliche Gegenstände übereignet werden müssen. So kann man Geld verschenken oder vererben.

Das Geld kann seine Funktionen (Aufgaben) nur wahrnehmen, wenn die Wirtschaftssubjekte **Vertrauen** in das Geld besitzen.[2] Gestützt wird dieses Vertrauen durch die gesetzliche Bestimmung, dass jeder Schuldner, der mit Banknoten zahlt, dies mit befreiender Wirkung tut, und dass jeder Gläubiger das Notengeld in Zahlung nehmen muss.

In den modernen Volkswirtschaften ist das Geld **gesetzliches Zahlungsmittel.**

1 **Inflation,** wörtl. Aufblähung, dem Sinne nach Geldentwertung durch dauernd steigende Preise (Näheres siehe S. 93 ff.).

2 Das Vertrauen in die Funktionen des Geldes, insbesondere in seine Wertaufbewahrungsfunktion, bezeichnet man als Geldillusion. Sie ist der „Glaube", dass Geld = Geld ist, dass z. B. 100,00 EUR heute gleich 100,00 EUR morgen sind.

2.3.3 Währung

Der Begriff Währung stammt aus dem Mittelhochdeutschen „werunge" und bedeutet „Gewährleistung". Gewährleistet (garantiert) werden soll der Wert des Geldes eines Staates.

Das gesetzliche Zahlungsmittel eines Staates oder einer Wirtschafts- und Währungsunion heißt **Währung.** Die Gesamtheit aller gesetzlichen Regelungen, die das Geldwesen eines Währungsgebiets betreffen, bezeichnet man als **Geldordnung.**

Die Geldordnung des Euro-Währungsgebiets hat z. B. folgende **Merkmale:**

Währungseinheit	Die Währungseinheit der Mitgliedstaaten des Euro-Währungsgebiets ist der Euro, der in 100 Cents (genau: Euro-Cents) unterteilt wird.
Münzregal	Das Recht, Münzen prägen zu lassen, steht den einzelnen Mitgliedstaaten des Euro-Währungsgebiets, vertreten durch die jeweiligen Regierungen, zu.[1]
Notenmonopol	Das Recht, Banknoten auszugeben, obliegt der Europäischen Zentralbank.
Gesetzliches Zahlungsmittel	Die Euro-Banknoten sind in der WWU gesetzliches Zahlungsmittel. Dies bedeutet für die Bundesrepublik Deutschland, dass jeder Schuldner, der mit Euro-Banknoten zahlt, dies mit befreiender Wirkung tut, und dass jeder Gläubiger die Euro-Banknoten in Zahlung nehmen muss. Obwohl die Euromünzen von den nationalen Regierungen geprägt und von den nationalen Zentralbanken in Umlauf gebracht werden, sind sie in allen EWU-Ländern gesetzliches Zahlungsmittel. Allerdings ist außer den ausgebenden Behörden niemand verpflichtet, mehr als fünfzig Münzen im Gesamtbetrag von 100,00 EUR bei einer einzelnen Zahlung anzunehmen.
Geldpolitik	Hauptaufgabe der Währungspolitik ist, die Wirtschaft ausreichend mit Geld zu versorgen und den Wert des Geldes zu erhalten. Diese Aufgabe obliegt der Europäischen Zentralbank.[2]

Zusammenfassung

- Das **Bargeld** setzt sich aus Banknoten und Münzen zusammen.
- Die **EZB** unterscheidet die Geldmengen **M1, M2** und **M3.**
- Das Geld übernimmt folgende **Funktionen:** Tauschmittel-, Zahlungsmittel-, Wertaufbewahrungsmittel-, Rechen- und Wertübertragungsfunktion.
- Das **gesetzliche Zahlungsmittel** eines Landes oder einer Währungsunion heißt **Währung.**

1 Siehe Kapitel 2.3.4.1, S. 78ff.

2 Siehe Kapitel 2.3.6.2, S. 105ff.

Übungsaufgabe

13 1. Unterscheiden Sie die Begriffe Bargeld und Sichteinlagen!

2. Erklären Sie die Geldmengenbegriffe M1, M2 und M3!

3. **Komponenten der Geldmengenaggregate und längerfristiger finanziellen Verbindlichkeiten**

	Bargeldumlauf	Täglich fällige Einlagen	Einlagen mit vereinbarter Laufzeit von bis zu 2 Jahren	Einlagen mit vereinbarter Kündigungsfrist von bis zu 3 Monaten	Repogeschäfte	Geldmarktfondsanteile	Schuldverschreibungen mit einer Laufzeit von bis zu 2 Jahren
	1	2	3	4	5	6	7
					Bestände		
Jahr 01	793,6	3 904,9	1 781,3	1 914,9	433,8	570,2	121,2
Jahr 02 Q3	832,3	3 951,2	1 862,7	1 958,6	508,8	552,6	169,1
Q4	842,2	3 939,9	1 830,4	1 960,3	402,2	540,4	209,0
Jahr 02 Sept.	832,3	3 951,2	1 862,7	1 958,6	508,8	552,6	169,1
Okt.	843,3	3 926,2	1 846,3	1 963,5	486,8	543,1	170,2
Nov.	847,3	3 941,7	1 828,7	1 971,9	464,3	549,3	172,1
Dez.	842,2	3 939,9	1 830,4	1 960,3	402,2	540,4	209,0

Quelle: Europäische Zentralbank.

Aufgabe:

Berechnen Sie die Geldmengen M1, M2 und M3 für das Jahr 01 und das 4. Quartal für das Jahr 02!

4. Erläutern Sie die Funktionen des Geldes anhand von Beispielen!

5. Prüfen Sie, ob und gegebenenfalls welche Geldfunktionen durch laufende Preissteigerungen gefährdet sein können!

6. 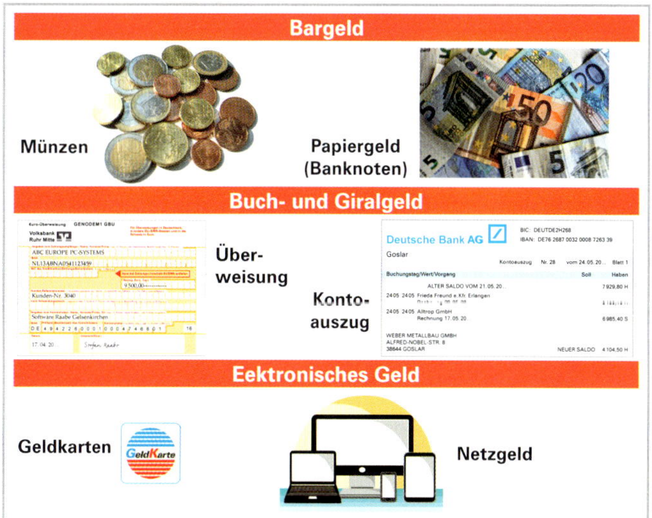

Zur Verwendung anstelle von Bargeld oder Buchgeld

Aufgabe:

Erklären Sie die Begriffe Bargeld, Buch- oder Giralgeld sowie elektronisches Geld!

2.3.4 Geldschöpfung und -vernichtung

2.3.4.1 Geldproduzenten

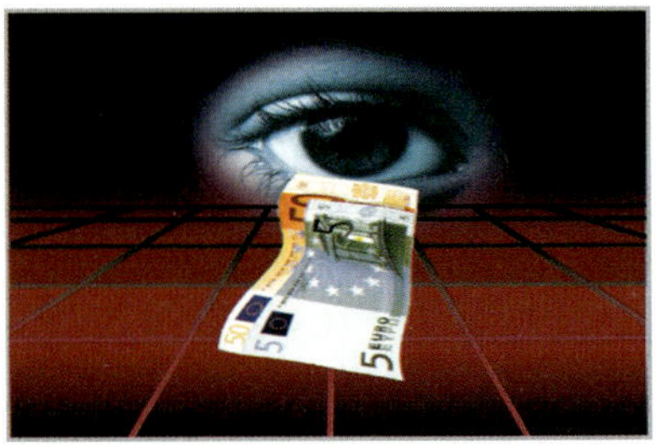

Wenn wir in den kommenden Kapiteln von „Geld" sprechen und nichts anderes gesagt wird, sind unter Geld die in der Geldmenge M1 zusammengefassten Erscheinungsformen des Geldes (Münz-, Noten- und Giralgeld) zu verstehen. Mit „Zentralbank" bezeichnen wir eine Bank, die das alleinige Recht zur Ausgabe von Banknoten besitzt.

Geld schöpfen (produzieren) können in der Europäischen Wirtschafts- und Währungsunion die **Mitgliedstaaten** (vertreten durch die Regierungen), die **Europäische Zentralbank** (EZB) und die **Geschäftsbanken.**

- Ein **Staat** ist Geldproduzent, weil die Regierung Münzen prägen lassen kann, die von der jeweiligen nationalen Zentralbank in Umlauf gebracht werden. Der **Münzgewinn** (der Unterschied zwischen Prägekosten und Nominalwert) fließt dem Staat zu.
- Die **Europäische Zentralbank** schafft („produziert") Notengeld (und Giralgeld), indem sie Aktiva (vor allem in Form von Forderungsrechten) erwirbt.
- Die **Kreditinstitute**[1] schöpfen Geld, weil sie in der Lage sind, mehr Kredite zu gewähren, als sie an Einlagen besitzen.

Überblick über die Geldproduzenten in der WWU

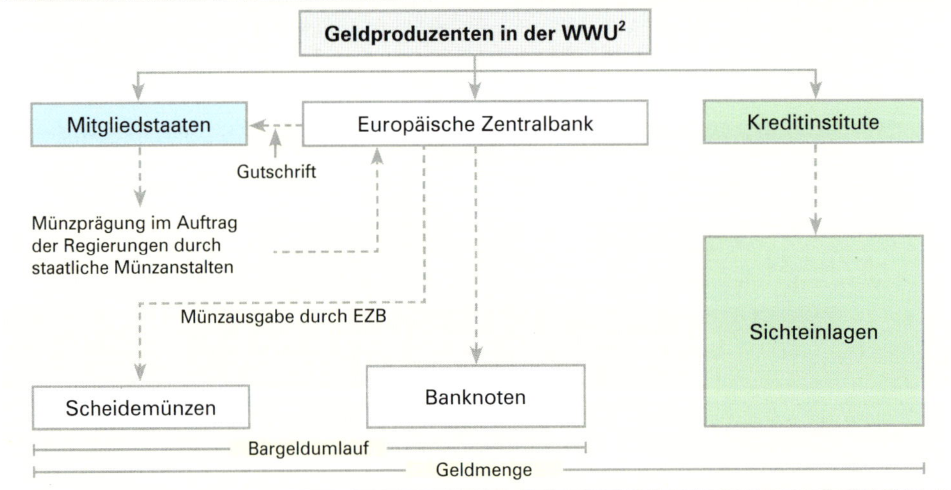

1 Kreditinstitute sind Unternehmen, die Bankgeschäfte betreiben, wenn der Umfang dieser Geschäfte einen in kaufmännischer Weise eingerichteten Geschäftsbetrieb erfordert. Zu den Kreditinstituten gehören z. B. die Genossenschaftsbanken, die Sparkassen, die Geschäftsbanken (z. B. Deutsche Bank AG, Commerzbank AG) und die Deutsche Postbank AG (Näheres siehe § 1 KWG und § 2 PTNeuOG).

2 Zur WWU siehe S. 103ff.

2.3.4.2 Geldschöpfung und -vernichtung am Beispiel der Zentralbank[1]

- Eine Zentralbank **schöpft** (produziert) Noten- bzw. Buchgeld, indem sie **Aktiva** (z.B. Gold, Devisen, Wertpapiere) **erwirbt** oder **beleiht.**
- Umgekehrt **vernichtet** die Zentralbank Geld, wenn sie **Aktiva verkauft.** Geld wird auch vernichtet, wenn **Schuldner der Zentralbank** (i.d.R. Kreditinstitute) ihre **Verbindlichkeiten tilgen.**

(1) Möglichkeiten der Geldschöpfung und -vernichtung

Möglichkeiten	Erläuterungen
An- und Verkauf von Wertpapieren	Durch den Ankauf von Wertpapieren (z.B. Schuldverschreibungen von Kreditinstituten, Industrie- und Handelsunternehmen sowie der öffentlichen Hand) schöpft eine Zentralbank Geld, durch den Verkauf vernichtet sie Geld. Der Kauf bzw. Verkauf von Wertpapieren wird von einer Zentralbank im Rahmen der sogenannten Offenmarktpolitik[2] eingesetzt.
Ausgabe von Wertpapieren	Verkauft (emittiert)[3] eine Zentralbank eigene Schuldverschreibungen, verringert sie die umlaufende Geldmenge; sie schöpft – wie man sagt – Liquidität[4] ab. Tilgt sie die Schuldverschreibungen oder kauft sie diese vor Fälligkeit zurück, nimmt die umlaufende Geldmenge zu. Mit anderen Worten: Die Zentralbank stellt mehr Liquidität bereit.
Beleihung von Wertpapieren	Eine Zentralbank kann ihren Geschäftspartnern (i.d.R. Kreditinstitute) verschiedene Kreditmöglichkeiten (Fazilitäten)[5] gegen refinanzierungsfähige Sicherheiten anbieten. Sicherheiten sind vor allem Schuldverschreibungen, Aktien und Bankkredite, die an die Zentralbank verpfändet (übergeben) werden. Eigentümer des Pfands bleibt die Bank (der Schuldner), Besitzer wird die Zentralbank (der Gläubiger).[6] Durch die Inanspruchnahme von Kreditmöglichkeiten bei der Zentralbank wird die Geldmenge vermehrt, durch die Tilgung wird sie vermindert.

1 Zur Wiederholung: Zentralbanken sind Banken, die das alleinige Recht zur Banknotenausgabe besitzen. Sie werden deshalb auch als Notenbanken bezeichnet. Beispiele für Zentralbanken sind das Federal Reserve Board (die „Fed") in den USA, die Bank of England in Großbritannien oder die Europäische Zentralbank (EZB) in der WWU. Die nationalen Zentralbanken der WWU Länder sind keine Zentralbanken (Notenbanken) in diesem Sinne. Sie sind lediglich ein Bestandteil des Europäischen Systems der Zentralbanken (ESZB).

2 Der Begriff **Offenmarktpolitik** ist geschichtlich zu verstehen. Er stammt aus England, wo es den offenen Markt für Staatsanleihen gab, auf dem die englische Zentralbank im Rahmen der „open market policy" mit jedermann handelte.

3 **Emittieren**: herausgeben.

4 **Liquidität** (lat.): wörtl. Flüssigkeit, hier: Zahlungsmittel, Kaufkraft.

5 **Fazilität** (lat.): Möglichkeit. Fazilität (eigentlich „Kreditfazilität") bedeutet die Möglichkeit, einen Kredit aufnehmen zu können. Einlagenfazilität ist die Möglichkeit, Geld bei einer Zentralbank anlegen zu können (Näheres siehe S. 119f.).

6 Ein Kredit, der gegen Hinterlegung von Pfändern gewährt wird, heißt **Lombardkredit.** Das Wort Lombard stammt aus Italien, weil in der Lombardei bereits im Mittelalter derartige Geschäfte getätigt wurden. (Oberitalien war im Mittelalter Zentrum des europäischen Handels.)

Möglichkeiten	Erläuterungen
An- und Verkauf von Gold und Devisen[1]	Durch den Ankauf von Gold oder Devisen schöpft eine Zentralbank Geld, durch den Verkauf vernichtet sie Geld. Eine Zentralbank muss Devisen in Binnenwährung umtauschen, weil die Exporteure des Währungsgebiets die aus den Ausfuhren erlösten Devisen bei den Geschäftsbanken in Binnenwährung (z. B. Euro) eintauschen, um ihre Verpflichtungen (z. B. Lohnzahlungen, Steuerzahlungen, Liefererrechnungen) in der Binnenwährung erfüllen zu können. Die Geschäftsbanken refinanzieren sich bei der Zentralbank. Wird in Binnenwährung fakturiert,[2] ergibt sich letztlich der gleiche Effekt: Die gebietsfremden Importeure tauschen ihre Devisen (z. B. US-$) in Binnenwährung um (z. B. Euro), um ihre Rechnungen begleichen zu können. Der umgekehrte Vorgang ergibt sich, wenn Waren in das eigene Währungsgebiet eingeführt (importiert) werden. In diesem Fall brauchen die Importeure Devisen, die sie sich bei den Kreditinstituten beschaffen. Diese wiederum kaufen die erforderlichen Devisen bei der Zentralbank. Wird in Binnenwährung (z. B. Euro) fakturiert, tauschen die ausländischen Exporteure ihre Erlöse in die ausländische Währung (z. B. US-$) um, um ihren Verpflichtungen nachkommen zu können.

Beispiel:

Die Bilanz einer Zentralbank weist auf der Aktivseite ihr Vermögen und auf der Passivseite den Banknotenumlauf, ihr Eigenkapital (Grundkapital und Rücklagen) sowie ihre Schulden (Verbindlichkeiten) aus.

Aktiva — Vereinfachte Bilanz einer Zentralbank (in Mrd. GE) — Passiva

Aktiva		Passiva	
Gold	14	Banknotenumlauf	235
Devisen und sonstige Währungsreserven	115	Einlagenfazilitäten	56
Fazilitäten	62	Grundkapital und Rücklagen	12
Wertpapiere	150	Sonstige Passiva	47
Sonstige Aktiva	9		
	350		350

(2) Vorgang der Geldschöpfung und -vernichtung durch eine Zentralbank

Der Vorgang der Geldschöpfung einer Zentralbank wird im Folgenden anhand stark vereinfachter Geschäftsfälle und Buchungen dargestellt. Die Vereinfachung besteht vor allem darin, dass die Gutschriften der Zentralbank unmittelbar in Banknoten abgerufen werden.

1 **Devisen** sind Zahlungsmittel eines fremden Währungsgebiets. Für den Euroraum sind z. B. auf US-$ oder Yen lautende Zahlungsmittel (z. B. Schecks, Wechsel, Zahlungsanweisungen) Devisen.

2 **Fakturieren** (lat.): in Rechnung stellen. Faktura: Rechnung.

Beispiel:

① Eine neu gegründete Zentralbank kauft Gold im Wert von 2,8 Mrd. GE. (Damit beträgt der Notenumlauf 2,8 Mrd. GE.)

Aktiva	Zentralbankbilanz		Passiva
Gold	2,8	Banknoten-umlauf	2,8

② Die Zentralbank kauft Devisen im Wert von 3,0 Mrd. GE, die aus Exporterlösen der Unternehmen stammen. (Der Bestand an Devisen beträgt 3,0 Mrd. GE, der Notenumlauf steigt auf 5,8 Mrd. GE.)

Aktiva	Zentralbankbilanz		Passiva
Gold	2,8	Banknoten-umlauf	5,8
Devisen	3,0		

③ Die Zentralbank kauft Wertpapiere im Wert von 4,0 Mrd. GE. (Der Bestand an Wertpapieren beträgt 4,0 Mrd. GE, der Notenumlauf steigt auf 9,8 Mrd. GE.)

Aktiva	Zentralbankbilanz		Passiva
Gold	2,8	Banknoten-umlauf	9,8
Devisen	3,0		
Wertpapiere	4,0		

④ Die Zentralbank verkauft Wertpapiere im Wert von 0,7 Mrd. GE. (Der Bestand an Wertpapieren sinkt auf 3,3 Mrd. GE, der Notenumlauf nimmt um 0,7 Mrd. GE ab und beträgt noch 9,1 Mrd. GE.)

Aktiva	Zentralbankbilanz		Passiva
Gold	2,8	Banknoten-umlauf	9,1
Devisen	3,0		
Wertpapiere	3,3		

⑤ Die Zentralbank beleiht Wertpapiere im Wert von 1,5 Mrd. GE. (Die Forderungen der Zentralbank betragen 1,5 Mrd. GE. Der Notenumlauf steigt auf 10,6 Mrd. GE an.)

Aktiva	Zentralbankbilanz		Passiva
Gold	2,8	Banknoten-umlauf	10,6
Devisen	3,0		
Wertpapiere	3,3		
Forderungen	1,5		

Zusammenfassung

- **Geldproduzenten** sind der **Staat** (Münzen), die **Europäische Zentralbank** (Noten- und Giralgeld) und die **Kreditinstitute.**
- Die Europäische Zentralbank **schöpft Geld,** indem sie **Aktiva erwirbt;** sie **vernichtet Geld,** indem sie **Aktiva verkauft.**

6 Speth u.a. - ISBN 978-3-8120-0593-7

Übungsaufgabe

14 1. Nennen Sie die Geldproduzenten in der WWU! Welche Geldformen können von diesen geschöpft (produziert) werden?

2. Die vereinfachte Zentralbankbilanz eines Währungsgebiets hat folgendes Aussehen (Zahlen in Mrd. GE):

Aktiva		Zentralbankbilanz	Passiva
Gold und Devisen	90	Banknotenumlauf	75
Wertpapiere	20	Sichteinlagen der Kreditinstitute	60
Forderungen	15	Sonstige Passiva	20
Sonstige Aktiva	30		
	155		155

Aufgabe:

Erstellen Sie die Zwischenbilanz (den Zentralbankausweis) unter Berücksichtigung der folgenden Transaktionen („Geschäftsfälle"):

2.1 Die Zentralbank verkauft Devisen im Wert von 8 Mrd. GE gegen eigene Banknoten (bar).

2.2 Die Zentralbank gewährt Kredite in Höhe von 2 Mrd. GE (bar).

2.3 Die Kreditinstitute rufen Notenbankgeld in Höhe von 3 Mrd. GE ab.

2.4 Die Kreditinstitute legen überschüssige Mittel bei der Zentralbank bar ein (1 Mrd. GE).

2.5 Die Zentralbank kauft Gold im Wert von 4 Mrd. GE (bar).

2.6 Die Kreditinstitute rufen Notenbankgeld in Höhe von 5 Mrd. GE bar ab.

2.7 Die Zentralbank erwirbt von den Kreditinstituten Wertpapiere im Wert von 6 Mrd. GE und schreibt diesen den Gegenwert gut.

3. Erläutern Sie, welche Ursachen folgende Veränderungen in der Zentralbankbilanz haben können!

3.1 Goldbestand nimmt zu,

3.2 Devisenbestand nimmt ab,

3.3 Notenumlauf nimmt zu,

3.4 Notenumlauf nimmt ab,

3.5 Forderungen an Kreditinstitute nehmen zu,

3.6 Forderungen an Kreditinstitute nehmen ab,

3.7 Bestand an Wertpapieren nimmt ab.

4. Folgende Positionen einer Zentralbank in Mrd. GE sind gegeben:

	Jahr 1	Jahr 2
Gold	14,2	12,0
Devisen	16,0	42,2
Banknotenumlauf	34,6	35,8
Wertpapiere	17,0	12,0
Beleihung von Wertpapieren (Lombardkredite)	2,4	1,4
Einlagen inländischer Kreditinstitute	16,9	25,9
Einlagenfazilitäten	4,0	4,0
Sonstige Aktiva	30,0	28,9
Sonstige Passiva	24,1	30,8

Aufgaben:

4.1 Ermitteln Sie, um welchen Betrag die für internationale Zahlungsvorgänge verwendbaren Mittel (Währungsreserven) steigen!

4.2 Erläutern Sie, welche Gefahr Sie in der Zunahme der Währungsreserven sehen! Begründen Sie Ihre Aussage!

4.3 Untersuchen Sie anhand der vorgegebenen Zahlen, welche Maßnahmen die Zentralbank dem Anwachsen der Währungsreserven entgegengesetzt haben könnte!

4.4 Erklären Sie, welche grundsätzlichen Geldschöpfungsmöglichkeiten eine Zentralbank hat und welche Bilanzpositionen dadurch berührt werden!

2.3.5 Binnenwert des Geldes[1]

2.3.5.1 Handelsvolumen

In jeder Volkswirtschaft werden Güter erzeugt, deren Preise in einer sozialen Marktwirtschaft teils vom Markt her, teils durch den Staat bestimmt werden. Zur Vereinfachung unserer Überlegungen unterstellen wir, dass alle hergestellten Güter auch umgesetzt, d. h. verkauft werden. Außerdem nehmen wir an, dass sich die Importe und Exporte von Gütern wertmäßig die Waage halten.

In einer Geldwirtschaft gibt es ebenso viele Preise wie es Güter gibt. Will man nun den **Wert** aller in einer Periode (z. B. in einem Jahr) hergestellten und umgesetzten (verkauften) Güter feststellen, muss man jedes umgesetzte Gut mit seinem jeweiligen Preis vervielfachen. Möchte man feststellen, ob die umgesetzte (angebotene und verkaufte) Gütermenge im Folgejahr gleich geblieben, gestiegen oder gesunken ist, muss man mit den alten **Preisen („konstanten Preisen“)** rechnen, denn bei Preisveränderungen ergäbe sich sonst ein falsches Bild. (Die Gütermenge an sich kann nicht festgestellt werden, denn die verschiedenartigen Güter sind nicht addierbar.) Das Jahr, dessen Güterpreise man wählt, bezeichnet man als **Basisjahr.**[2]

Die **Summe** aller während einer Periode **umgesetzten Güter,** bewertet zu **konstanten Preisen,** bezeichnet man als **Handelsvolumen (H).**

Aus praktischen Gründen wird das Handelsvolumen meistens mit dem **realen Bruttoinlandsprodukt** gleichgesetzt.

1 Wert des Geldes **innerhalb** einer Volkswirtschaft.

2 **Basis:** Grundlage; hier: Ausgangszeitpunkt.

Beispiel:

Angenommen, in einer Volkswirtschaft werden nur fünf Güterarten erzeugt und umgesetzt, und zwar Kohle, Stahl, Getreide, Kleidung und Bauleistungen. Sie werden zu den Preisen eines Ausgangsjahrs (Basisjahr) bewertet. Nur so lässt sich feststellen, wie sich die Gütermenge von Jahr zu Jahr entwickelte.

In der Volkswirtschaft erzeugte und umgesetzte Güter	Jahr 00 (Basisjahr)			Jahr 01			Jahr 02		
	Umgesetzte Gütermengen (in Mio. Einheiten)	Preise je Einheit in GE	Wert der umgesetzten Güter (in Mio. GE)	Umgesetzte Gütermengen (in Mio. Einheiten)	Konstante Preise (Basisjahr) in GE	Wert der umgesetzten Güter zu konstanten Preisen (in Mio. GE)	Umgesetzte Gütermengen (in Mio. Einheiten)	Konstante Preise (Basisjahr) in GE	Wert der umgesetzten Güter zu konstanten Preisen (in Mio. GE)
Kohle	10 t	400	4 000	10 t	400	4 000	11 t	400	4400
Stahl	20 t	750	15 000	20 t	750	15 000	22 t	750	16 500
Getreide	50 t	500	25 000	50 t	500	25 000	60 t	500	30 000
Kleidung	200 Stück	100	20 000	200 Stück	100	20 000	250 Stück	100	25 000
Bauten	60 m^3	600	36 000	60 m^3	600	36 000	73,5 m^3	600	44 100
	Handelsvolumen →		100 000	Handelsvolumen →		100 000	Handelsvolumen →		120 000

Das Beispiel zeigt, dass die Gütermenge (das Handelsvolumen) im Jahr 01 gegenüber dem Jahr 00 konstant (gleich geblieben) ist, während sie im Jahr 02 gegenüber dem Vorjahr um 20 % zunahm.

2.3.5.2 Nachfragewirksame Geldmenge

Auch hier müssen wir vereinfachen, um zu einem eindeutigen Ergebnis zu gelangen. Wenn im obigen Beispiel im Jahre 02 das Handelsvolumen 120 000 GE betrug, wurde zum Kauf dieser Güter auch die **Geldmenge** in Höhe von 120 000 GE benötigt, falls wir unterstellen, dass das gesamte Handelsvolumen in einem Zuge nachgefragt und gekauft wurde. Diese sogenannte **nachfragewirksame Geldmenge** ist in der Regel nicht mit der **Gesamtgeldmenge der Wirtschaft** gleichzusetzen, weil die Wirtschaftssubjekte einen Teil ihrer Einnahmen nicht wieder ausgeben, sondern **sparen.** Von der Gesamtgeldmenge ist also die Ersparnis (die dem Geldkreislauf entzogene Sparsumme) abzusetzen, um die nachfragewirksame Geldmenge zu ermitteln.

Es entspricht aber nicht der Wirklichkeit, dass die gesamte Gütermenge, die in einem Jahr erzeugt wird, auf **einmal** umgesetzt wird. Vielmehr **verteilen** sich die Umsätze über das ganze Jahr hinweg.

Beispiele:

Lassen wir einmal die Umsätze zwischen den Unternehmen außer Acht. Vergessen wir auch, dass es einen Staatshaushalt gibt und dass die Haushalte sparen. Nehmen wir unter diesen Bedingungen an, dass die privaten Haushalte im Jahr 120 000 GE verdienen und dass ihnen dieses Geld nur ein Mal im Jahr ausbezahlt wird, wird tatsächlich eine Geldmenge (Buch- und Giralgeld) in Höhe von 120 000 GE benötigt: Den privaten Haushalten fließen ein Mal im Jahr 120 000 GE zu, die sie im gleichen Jahr zum Kauf von Gütern bei den Unternehmen verwenden. Die **Umlaufgeschwindigkeit** des Geldes ist 1.

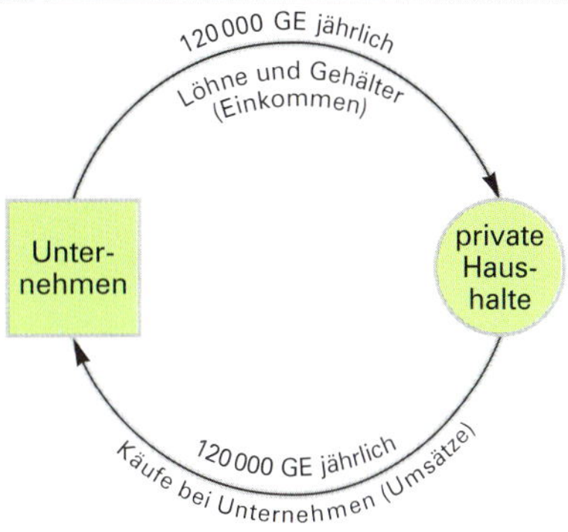

Mit einer Geldmenge von 120 000 GE wird im Jahr ein Umsatz von 120 000 GE bewirkt. Die Umlaufgeschwindigkeit des Geldes ist 1.

Wenn wir unterstellen, dass die Löhne und Gehälter im Jahr zwei Mal ausbezahlt werden, kommt die Wirtschaft mit 60 000 GE aus. Der Grund: Mit der ersten Gehaltszahlung kaufen die privaten Haushalte Güter im Werte von ebenfalls 60 000 GE. Der gleiche Vorgang wiederholt sich danach im zweiten Halbjahr, weil die privaten Haushalte die zweite Lohnzahlung wiederum zum Kauf von Gütern im Werte von 60 000 GE verwenden. Mit einer Geldmenge von 60 000 GE wird somit ein jährlicher Umsatz von 120 000 GE getätigt. Die **Umlaufgeschwindigkeit** des Geldes ist also 2.

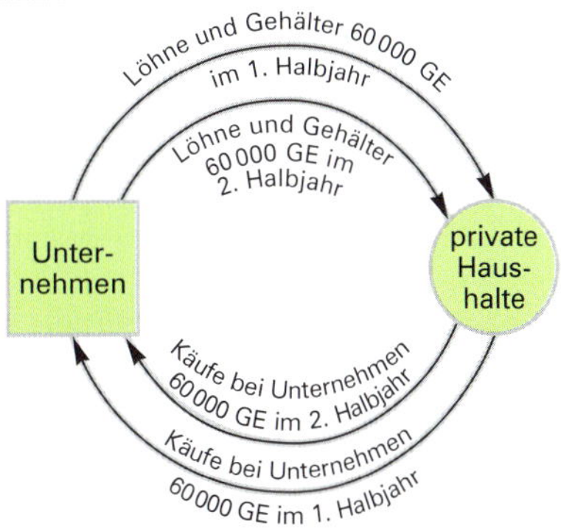

Mit einer Geldmenge von 60 000 GE werden im Jahr Umsätze von 120 000 GE bewirkt. Die Umlaufgeschwindigkeit des Geldes ist 2.

Würden die Gehälter und Löhne z. B. 12-mal im Jahr ausbezahlt **und** wieder ausgegeben, könnte man mit einer Geldmenge von 10 000 GE einen jährlichen Umsatz von 120 000 GE bewirken. Die Umlaufgeschwindigkeit des Geldes beträgt dann 12.

Die nachfragewirksame Geldmenge setzt sich somit aus dem für Kaufzwecke bereitgestellten Bar- und Giralgeld, multipliziert mit seiner Umlaufgeschwindigkeit, zusammen.

Nachfragewirksame Geldmenge = Geldmenge (M)[1] · Umlaufgeschwindigkeit (U)

1 Die international übliche Abkürzung M kommt von money (engl.): Geld.

Wie eine im Vergleich zur Gütermenge stärker ansteigende Geldmenge wirkt, verdeutlicht nachfolgender Artikel.

Es begann im vierten Jahrhundert von Dionysios, dem Tyrannen von Syrakus. Er ließ, als er klamm war, sämtliche Münzen einsammeln und neu prägen. Aus einer Drachme wurde zwei, die Hälfte gab Dionysios zurück, mit der anderen beglich er seine Schulden.

Nach der Einführung von Papiergeld ließ sich der Geldwert später noch einfacher manipulieren. Nun genügte eine Druckerpresse, um die Geldmenge aufzublähen und die Währung abzuwerten. Auf diese Weise entging das Deutsche Reich, nach 1918 von Kriegsschulden und Reparationsleistungen erdrückt, dem Staatsbankrott – freilich um den Preis einer galoppierenden Inflation.

Diese historische Grenzerfahrung war für den amerikanischen Ökonomen Friedman später der beste Beweis dafür, dass es einen Zusammenhang zwischen der Geldmenge und Geldentwertung gebe: Wird das Volumen ausgeweitet, während das Güterangebot gleich bleibt, führe dies zwangsläufig zu Inflation, lautet die zentrale Botschaft der sogenannten Monetaristen. „Inflation", so Friedman, sei „immer und überall ein monetäres Phänomen".

Quelle: Der Spiegel Nr. 41 vom 08.10.2012.

2.3.5.3 Preisniveau

Beispiel:

Angenommen, im Jahr 01 sei die nachfragewirksame Geldmenge von 100 000 GE auf 120 000 GE gestiegen, während die zu konstanten Preisen gemessene Gütermenge unverändert blieb. Man sagt, dass sich das **reale** (wirkliche) Handelsvolumen nicht verändert hat. Ein möglicher Grund hierfür ist, dass die Wirtschaft vollbeschäftigt ist, sodass aufgrund der gestiegenen Nachfrage nicht mehr angeboten werden kann.

Die Folge der gestiegenen Nachfrage (Geldmenge) bei Vollbeschäftigung ist, dass die Unternehmen ihre Preise so lange anheben, bis auf den Märkten wieder Gleichgewicht herrscht.[1]

Der Faktor, um den sich die Preise aller Güter im Durchschnitt verändern müssen, lässt sich leicht errechnen, indem man die nachfragewirksame Geldmenge durch das zu konstanten Preisen gemessene Handelsvolumen teilt:

Beispiel (Fortsetzung):

$$\text{Veränderungsfaktor des Preisniveaus (P)} = \frac{120\,000}{100\,000} = \underline{\underline{1{,}2}}$$

Allgemein:

$$P = \frac{M \cdot U}{H}$$

Beispiel (Fortsetzung):

Die Zahl für P = 1,2 bedeutet, dass sich gegenüber dem Vorjahr das **Preisniveau** um das 1,2-Fache oder um 20 % **erhöht** hat. Wäre die nachfragewirksame Geldmenge (M · U) z. B. um 50 % auf 150 000 GE gestiegen, ergäbe sich eine Preissteigerungsrate von 50 %, sofern das Handelsvolumen konstant geblieben ist.

1 Dies ist natürlich nur in einer freien Wirtschaft möglich. Werden vom Staat Höchstpreise vorgeschrieben, können die Preise nicht im erforderlichen Umfang steigen. Es entsteht Übernachfrage, sodass der Staat rationieren muss.

Steigt im Jahr 02 die Geldmenge z.B. auf 150 000 GE und das Handelsvolumen (zu konstanten Preisen) auf 120 000 GE, ergibt sich:

$$P = \frac{150\,000}{120\,000} = \underline{\underline{1{,}25}}$$

Dies sagt aus, dass sich im Jahr 02 das Preisniveau gegenüber dem Jahr 00 (Basisjahr) um das 1,25-Fache oder um 25 % erhöht hat.

- Die **Entwicklung des Preisniveaus** (die Höhe der Güterpreise) hängt weitgehend von der Entwicklung der **nachfragewirksamen Geldmenge** ab.
- Steigt die nachfragewirksame Geldmenge **schneller** als das Handelsvolumen (die Menge der zu konstanten Preisen bewerteten Güter), **steigt** in einer freien Wirtschaft **das Preisniveau,** sofern diese vollbeschäftigt ist.
- Steigt die nachfragewirksame Geldmenge in **gleichem Maße** wie das Handelsvolumen, wird das **Preisniveau gleich bleiben.**

Eine **Umkehrung** der letzten beiden Sätze ist jedoch nicht möglich. Eine Verringerung der nachfragewirksamen Geldmenge wird in der heutigen Wirtschaft nur selten und dann nur auf Teilmärkten zu **Preissenkungen** führen. Hierfür gibt es viele Gründe.

Zum einen **steigen** bei zurückgehender Produktion die Stückkosten der Betriebe, sodass die Betriebe, falls sie marktstark genug sind, sogar die Preise erhöhen können. Zum anderen gibt es viele Kosten, die trotz schwindender Nachfrage nicht sinken. Hierzu gehören einige Steuern (z.B. Grundsteuer, Kfz-Steuer), die tariflich festgelegten Mindestlöhne der Arbeitskräfte oder die Importpreise der Rohstoffe **(institutionelle Starrheiten). Sinkt** also die **nachfragewirksame Geldmenge,** wird nicht das Preisniveau fallen, sondern das **Güterangebot abnehmen.** Somit entsteht **Unterbeschäftigung** (Arbeitslosigkeit).

2.3.5.4 Kaufkraft

(1) Fishersche Verkehrsgleichung des Geldes (Quantitätsgleichung)

Mit steigendem Preisniveau **sinkt** die Kaufkraft, denn mit einer Geldeinheit kann man jetzt **weniger** Güter kaufen als zuvor.

Beispiel:

Angenommen, vom Jahr 00 bis zum Jahr 02 steigt die nachfragewirksame Geldmenge von 100 000 GE auf 150 000 GE, während das Handelsvolumen von bisher 100 000 GE konstant bleibt. Die Veränderung des Preisniveaus beträgt 50 %:

$$P = \frac{M \cdot U}{H} = \frac{150\,000}{100\,000} = \underline{\underline{1{,}5}}$$

Die **Kaufkraft (K)** hat sich gegenüber dem Vorjahr wie folgt verändert:

$$K = \frac{H}{M \cdot U} = \frac{100\,000}{150\,000} = \underline{\underline{\frac{2}{3}}}$$

Dies besagt, dass man sich im Jahr 01 mit einer Geldeinheit nur noch $^2/_3$ der Gütermenge des Jahres 00 kaufen konnte. Die **Kaufkraft** des Geldes ist also um $^1/_3$ (= $33^1/_3$ %) **gesunken.**

Der **Veränderungsfaktor der Kaufkraft** ist der **reziproke (umgekehrte)** Wert des **Veränderungsfaktors des Preisniveaus.**

Aus der Formel zur Berechnung des Veränderungsfaktors des Preisniveaus lässt sich die **Fishersche Verkehrsgleichung des Geldes** (auch **Quantitätsgleichung**[1] genannt) ableiten, indem man die ganze Gleichung mit H (Handelsvolumen) multipliziert:

$$P \cdot H = M \cdot U$$

In der Geldpolitik wird H mit dem **realen Bruttoinlandsprodukt** und P · H mit dem **nominellen Bruttoinlandsprodukt** gleichgesetzt.

(2) Komponenten der volkswirtschaftlichen Gesamtnachfrage

Die Quantitätsgleichung (Verkehrsgleichung) des Geldes vermag nicht zu erklären, woher die Veränderungen der nachfragewirksamen Geldmenge (Geldmenge und/oder Umlaufgeschwindigkeit des Geldes) rühren. Folgende Komponenten (Bestimmungsgründe) der volkswirtschaftlichen Gesamtnachfrage beeinflussen den Geldumlauf:

- Die Unternehmen erwarten steigende (sinkende) Gewinne. Sie fragen daher mehr (weniger) Investitionsgüter (Anlagen und Vorräte) nach. Die steigende (fallende) Investitionsgüternachfrage drückt sich in steigender (fallender) Nachfrage nach Geldmitteln aus, weil die Investitionen finanziert werden müssen.
- Der Staat plant zusätzliche Ausgaben bzw. eine Verringerung der Ausgaben für Investitions- und Konsumgüter. Erhöhte (verringerte) Staatsausgaben führen zu einer Erhöhung (Verminderung) des Geldumlaufs, sofern er Kredite bei der Zentralbank aufnimmt bzw. tilgt.
- Die privaten Haushalte erwarten höhere Einkommen bzw. steigende Preise. Sie erhöhen ihre Nachfrage mithilfe von Krediten bzw. durch Auflösung ihrer Ersparnisse.
- Der Export ins Devisenausland steigt schneller als der Import aus dem Devisenausland. Die Devisenüberschüsse werden bei der Zentralbank in Binnenwährung umgetauscht, sodass der Geldumlauf steigt, während das entsprechende Güterangebot nicht mehr im eigenen, sondern im fremden Währungsgebiet auf den Markt kommt. In umgekehrter Richtung wirken Importüberschüsse gegenüber dem Devisenausland: Die Importeure kaufen Devisen und Binnenwährung wird dem Umlauf entzogen.

Bestimmungsgrößen der Gesamtnachfrage

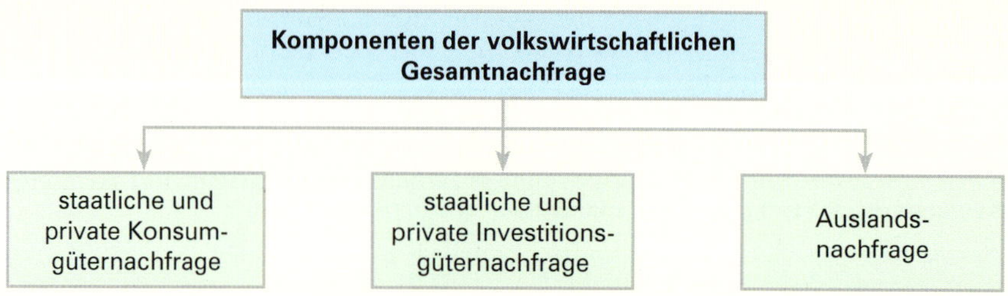

1 **Quantität**: Menge; die Quantitätsgleichung ist die formelmäßige Darstellung der Quantitätstheorie, die besagt, dass die Entwicklung der Geldmenge weitgehend Richtung und Umfang der wirtschaftlichen Entwicklung (des Handelsvolumens und dessen Preise) bestimmt. Die Verkehrsgleichung stammt von Irving Fisher: „The purchasing power of money" (1911).

2.3.5.5 Preisindizes

(1) Verbraucherpreisindex

Den einzelnen Verbraucher interessiert es weniger, wie sich das allgemeine Preisniveau verändert. Selbst die Preissteigerungen bei bestimmten Luxusgütern kümmern den durchschnittlichen Verbraucher nicht: Ihm ist es gleichgültig, ob irgendein Luxusauto nunmehr statt 90 000,00 EUR stolze 100 000,00 EUR kostet. Selbst bei den Gütern des täglichen Bedarfs wirken sich Preissteigerungsraten bei den einzelnen Gütern unterschiedlich auf das Budget (das „Haushaltsgeld") eines privaten Haushalts aus. Steigen z. B. die Preise für eine Streichholzschachtel von 0,50 EUR auf 1,00 EUR, also um 100 %, ist dies für den Einzelnen wenig bedeutsam. Steigen indessen die Preise für Heizmaterialien um 100 %, trifft dies die einzelnen Bürger recht empfindlich.

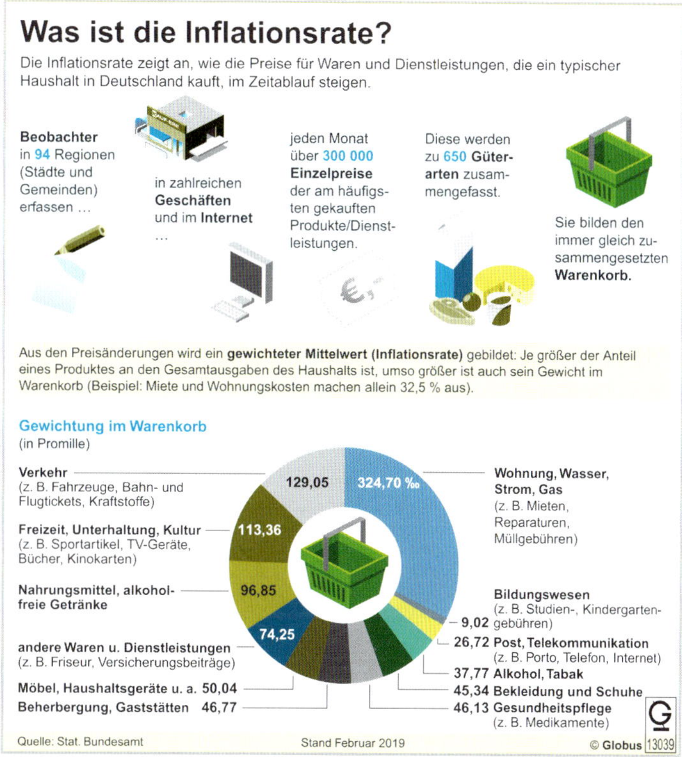

Um ermitteln zu können, wie sich die Preisveränderungen der Konsumgüter auf die privaten Haushalte auswirken, hat das Statistische Bundesamt in Wiesbaden neben vielen anderen Indizes[1] den **Verbraucherpreisindex** entwickelt. Dieser Preisindex erfasst die Preisänderungen bei ca. 600 Sachgütern und Leistungen **(„Warenkorb")**, die vom privaten Haushalt gekauft werden. Da nicht alle Güter das gleiche Gewicht im Warenkorb besitzen, musste das Statistische Bundesamt ein **„Wägungsschema"** erstellen.

Das Wägungsschema wird entwickelt, indem man für ein Basisjahr die durchschnittlichen Ausgaben eines durchschnittlichen Haushalts für verschiedene Güter und Leistungen in Prozenten seiner Gesamtausgaben ermittelt.

1 **Indizes:** Mz. von Index; ein Index ist wörtlich ein „Anzeiger". Der Preisindex zeigt also Preisveränderungen an. Wichtige Preisindizes sind z. B.: Index der Einkaufspreise landwirtschaftlicher Betriebsmittel, Index der Grundstoffpreise, Index der Großhandelsverkaufspreise und der Index der Einzelhandelspreise.

Beispiel:

Um den Vorgang der Preisindexberechnung deutlich zu machen, sei ein sehr vereinfachtes Wägungsschema zugrunde gelegt (5 statt 700 Positionen):

Warenkorb	Wägungsschema Jahr 00		Preise		
			01	02	03
1. Wohnung	615,00 GE	41 %	615,00 GE	615,00 GE	615,00 GE
2. Nahrungsmittel	600,00 GE	40 %	600,00 GE	660,00 GE	660,00 GE
3. Kleidung	150,00 GE	10 %	200,00 GE	200,00 GE	200,00 GE
4. Medikamente	60,00 GE	4 %	60,00 GE	60,00 GE	180,00 GE
5. Dienstleistungen	75,00 GE	5 %	75,00 GE	75,00 GE	75,00 GE
Gesamtausgaben	1 500,00 GE	100 %	1 550,00 GE	1 610,00 GE	1 730,00 GE

Die Indexzahlen werden wie folgt ermittelt:

Das Basisjahr 00 wird mit 100 Punkten angesetzt. Die angenommene Verteuerung der Kleidungsausgaben um 50,00 GE im Jahr 01 (= $33^1/_3$ %) bewirkt bei Konstanz aller anderen Preise eine Erhöhung der Lebenshaltungskosten um 3,3 Punkte auf 103,3.[1]

Steigen im Jahr 02 z. B. die Preise für Nahrungsmittel um 10 %, erhöhen sich die Lebenshaltungskosten um 4 Punkte auf 107,3 Punkte.[2]

Die angenommene Steigerung der Kosten für Medikamente um 200 % im Jahr 03 bewirkt allein eine Steigerung der Lebenshaltungskosten auf 115,3 Punkte.

Insgesamt gilt also, dass Preissteigerungen bei bestimmten Waren und Diensten sich auf den Verbraucherpreisindex umso stärker auswirken, je größer ihr prozentualer Anteil (ihr „Gewicht“) an den Gesamtausgaben eines durchschnittlichen Haushalts ist.

Das Wägungsschema muss von Zeit zu Zeit den neuen Verbrauchsstrukturen angepasst werden.[3] Die Waren nämlich, die von einem durchschnittlichen Haushalt heute gekauft werden, sind nicht mehr die gleichen wie die im Jahr 1985 oder im Jahr 1995.

Beispiel:

Man braucht hier nur an Konsumgüter wie z. B. Streamingdienste, das Telefonieren mit Handys, Laptops, Digitalkameras, DVD-Player, MP3-Player, Kaffeevollautomaten oder die Internetnutzung zu denken.

Außerdem verschiebt sich der prozentuale Anteil bestimmter Ausgaben zugunsten anderer.

Beispiel:

So gab z. B. der durchschnittliche private Haushalt 1970 noch 33,3 % seines Einkommens für Nahrungs- und Genussmittel aus. Im Jahr 2005 betrug dieser Anteil nur noch rund 14 %; 2019 ist er sogar auf 9,7 % gesunken.

1 Berechnung: 1 500,00 GE (00) ≙ 100 Punkte
1 550,00 GE (01) ≙ x Punkte

$$x = \frac{100 \cdot 1550}{1500} = \underline{\underline{103{,}3 \text{ Punkte}}}$$

2 Berechnung: 1 500,00 GE (00) ≙ 100 Punkte
1 610,00 GE (02) ≙ x Punkte

$$x = \frac{100 \cdot 1610}{1500} = \underline{\underline{107{,}3 \text{ Punkte}}}$$

3 Die letzte Umstellung des Wägungsschemas auf neuere Verbrauchsverhältnisse erfolgte 2019. Neues Basisjahr ist das Jahr 2015.

Der Verbraucherpreisindex für die Bundesrepublik Deutschland entwickelte sich wie folgt:

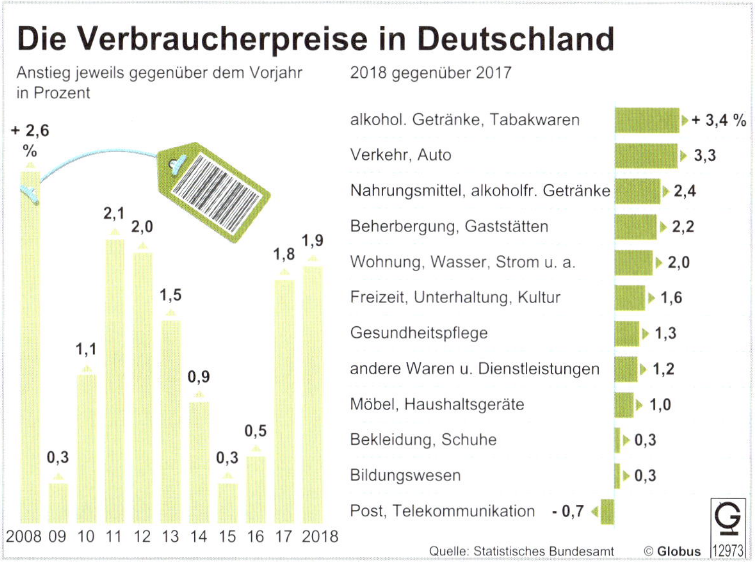

Mithilfe des Verbraucherpreisindex lässt sich das reale Bruttoinlandsprodukt berechnen:

$$BIP_r = \frac{BIP_n \cdot 100}{Preisindex}$$

Die Europäische Zentralbank bezeichnet die Preisindizes als Deflatoren,[1] weil sie den „Abschlag" wiedergeben, um den das nominelle Bruttoinlandsprodukt bereinigt werden muss, um das reale Bruttoinlandsprodukt zu erhalten.

Beispiel:

Jahr	Nominelles Bruttoinlandsprodukt	Preisänderung gegenüber Vorjahr (Jahr 00 ≙ 100 %)	Deflatoren	Reales Bruttoinlandsprodukt
01	2 109,44 GE	2,4 %	102,40	2 060,00 GE
02	2 204,20 GE	2,5 %	104,96	2 100,00 GE
03	2 269,68 GE	2,0 %	107,06	2 120,00 GE
04	2 397,78 GE	1,8 %	108,99	2 200,00 GE

(2) Harmonisierter Verbraucherpreisindex (HVPI)

Vom Statistischen Bundesamt wird zusätzlich zum VPI der **Harmonisierte Verbraucherpreisindex (HVPI)** erstellt. Wichtigste Aufgabe des HVPI ist der Vergleich der Preisveränderungsraten zwischen den Mitgliedsländern der Europäischen Union (EU). Die Europäische Union hat verbindliche Regeln für die Berechnung des HVPI aufgestellt, deren Einhaltung vom Statistischen Amt der Europäischen Union (Eurostat) überwacht wird. Aufgrund der nationalen Harmonisierten Verbraucherpreisindizes berechnet Eurostat die Harmonisierten Verbraucherpreisindizes für die Europäische Union, die Europäische Währungsunion (WWU) und den Europäischen Wirtschaftsraum (EWR).[2]

1 **Deflator** (lat.): Abschlag, Zusammenziehung, Minderung.

2 Dem Europäischen Wirtschaftsraum gehören neben den EU-Ländern noch Island, Liechtenstein und Norwegen an.

2.3.5.6 Reallohn

Die Entwicklung eines Preisindex lässt im Allgemeinen keine Aussage darüber zu, ob sich der Lebensstandard der Arbeitnehmer (und Arbeitgeber) verbessert oder verschlechtert hat. Neben der Qualitätsverbesserung der angebotenen Güter muss vor allem die Entwicklung des Nettolohns berücksichtigt werden.

Steigende Reallöhne (Kaufkraftzuwachs)

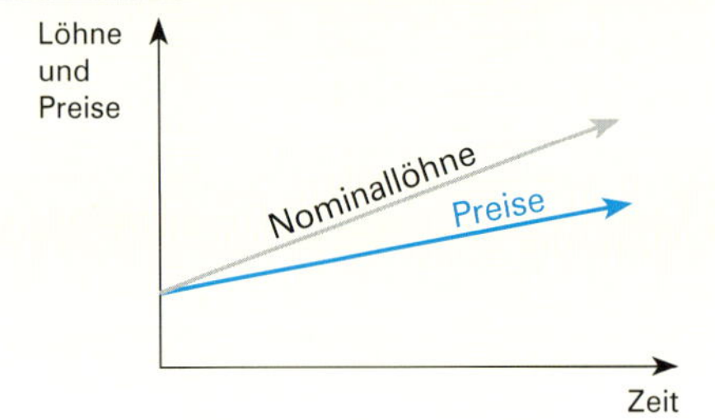

Sinkende Reallöhne (Kaufkraftverlust)

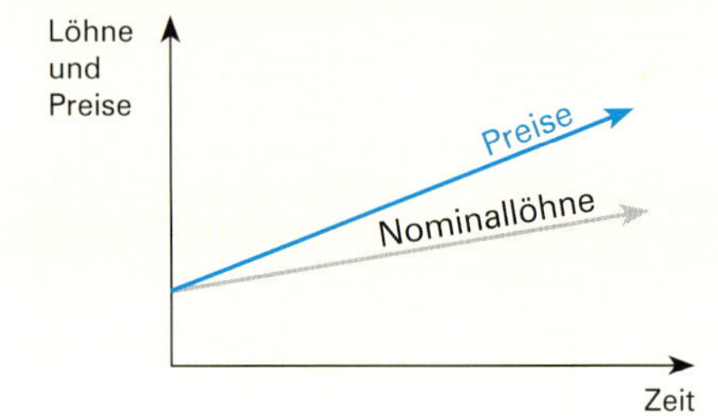

Was der Arbeitnehmer am Monatsende ausbezahlt erhält, nennt man **Nettolohn.** Dieser Nettolohn entspricht längst nicht dem, was der Arbeitgeber für die Arbeitskraft aufzuwenden hat. Zu berücksichtigen ist nämlich, dass der Arbeitgeber i.d.R. die Hälfte der Sozialversicherungsbeiträge zu tragen hat. Zieht man von dem Betrag, den der Arbeitgeber insgesamt für den Arbeitnehmer aufzuwenden hat, den Arbeitgeberanteil ab, erhält man den **Bruttolohn**. Dieser erscheint auf der Lohnabrechnung des Arbeitnehmers. Vom Bruttolohn werden die Sozialversicherungsbeiträge (der sog. Arbeitnehmeranteil) und die Lohn- und Kirchensteuer abgezogen.

Beispiel:[1]

	Vom Arbeitgeber aufzubringender Betrag (tatsächliche Lohnkosten)	3000,00 EUR
–	Arbeitgeberanteil an der Sozialversicherung ca.	350,00 EUR
–	sonstige Personalnebenkosten (z.B. 13. Monatsgehalt, Urlaubsgeld, Entgeltfortzahlung im Krankheitsfall)	750,00 EUR
=	**Bruttolohn**	1900,00 EUR
–	Arbeitnehmeranteil an der Sozialversicherung ca.	350,00 EUR
–	Lohnsteuer, Solidaritätszuschlag und ggf. Kirchensteuer	325,00 EUR
=	**Nettolohn**	**1225,00 EUR**

Der in der Lohn- bzw. Gehaltsabrechnung „genannte" Lohn ist der **Nominallohn.**[2] Aus der Sicht des Arbeitnehmers ist dies sein **Nettolohn.**

Der Nominallohn sagt nichts darüber aus, wie viel sich ein Arbeitnehmer dafür kaufen kann.

- Steigt der Nominallohn schneller als das Preisniveau, nimmt der Lebensstandard trotzdem zu. Mit anderen Worten: Der **Reallohn** (real: wirklich) ist gestiegen.

1 Die Zahlen sind gerundet und beziehen sich auf einen ledigen Arbeitnehmer unter 50 Jahren.

2 „Nominal" kommt von „nominell", d.h. dem Namen nach, dem Nennwert nach.

- Steigen Preise und Nettolohn in gleichem Maße, hat sich der Reallohn nicht verändert. Steigen indessen die Nominallöhne schwächer als die Preise, nimmt der Reallohn (die Kaufkraft) ab.

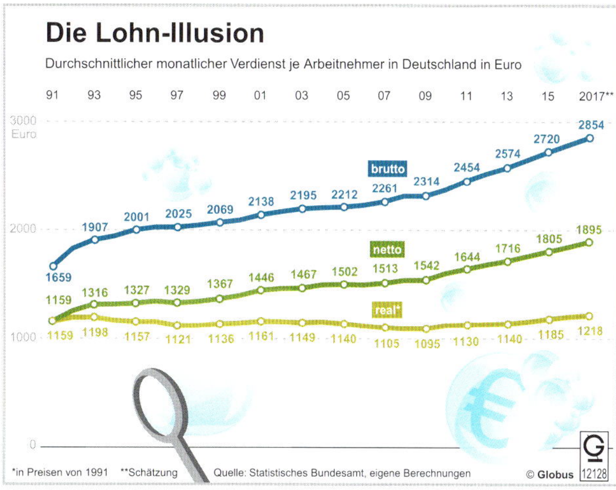

Auf den ersten Blick kann sich die Einkommensentwicklung der letzten Jahre in Deutschland sehen lassen. Die durchschnittlichen Bruttomonatsverdienste je Arbeitnehmer erhöhten sich von 1659,00 EUR im Jahr 1991 auf schätzungsweise 2854,00 EUR im Jahr 2017; das ist ein Plus von 72 %. Und auch netto – also nach Abzug von Steuern und Sozialversicherungsbeiträgen – gab es über die Jahre einen ordentlichen Zuwachs: Plus 64 % (von 1159,00 auf 1895,00 EUR) lautet das Ergebnis im Vergleich zu 1991. Berücksichtigt man jedoch die Geldentwertung durch den Anstieg der Verbraucherpreise, dann schrumpft dieser Zuwachs erheblich – und zwar auf 5,1 %. Denn die Verbraucherpreise in Deutschland sind seit dem Jahr 1991 um über 50 % gestiegen. Berücksichtigt man diese Entwicklung, dann ist die Kaufkraft der Nettomonatsverdienste im Jahr 2017 nur um 59,00 EUR höher als im Jahr 1991. Mit anderen Worten: Die Realeinkommen der Arbeitnehmer haben sich von 1991 bis 2017 nur im Schneckentempo erhöht – der Arbeitnehmer von heute kann sich gerade einmal für rund 60,00 EUR (in Kaufkraft des Jahres 1991) mehr leisten als vor 26 Jahren.

2.3.5.7 Inflation und Deflation

2.3.5.7.1 Inflation

(1) Begriff Inflation

In manchen Geschichtsbüchern findet sich folgender Satz: „Als die große Inflation, die 1923 ihren Höhepunkt fand, hereinbrach …“. Dieser Satz ist falsch, denn Inflationen sind keine Naturereignisse, sondern sie werden von Menschen gemacht, und zwar am allerwenigsten „von den Leuten“, sondern vor allem von den für Wirtschaft und Politik Verantwortlichen.

Unter **Inflation** versteht man ein anhaltendes Steigen des Preisniveaus.

Steigen hin und wieder die Preise einzelner Güter bzw. Gütergruppen, so liegt noch keine Inflation vor. Im Winter steigen beispielsweise die Preise für landwirtschaftliche Produkte, weil – bei gleichbleibender Nachfrage – das Angebot abnimmt.

(2) Arten der Inflation

Die Erscheinungsformen (Arten) der Inflation kann man nach ihrer äußerlichen Erkennbarkeit und nach der Schnelligkeit der Geldentwertung unterscheiden.

Gliederung der Inflation nach der Erkennbarkeit

Inflationsarten	Erläuterungen	Beispiele
Offene Inflation	Hier steigt das Preisniveau „offen" gemäß den Marktbedingungen. Der Staat schreibt weder Fest- noch Höchstpreise vor bzw. passt diese laufend an die Marktgegebenheiten an.	Die große deutsche Inflation von 1914 bis 1923 war eine offene Inflation. Sie war auf eine unmäßige Geldmengenvermehrung durch die damalige Regierung zurückzuführen. Folgende Zahlen geben einen Eindruck: Der Wechselkurs[1] zum US-Dollar betrug Ende April 1923 29 800,00 Mark, Ende Mai 70 000,00 Mark, Ende Juli 1 100 000,00 Mark, acht Tage später 4 869 000,00 Mark; am 9. Oktober wurde die Milliardengrenze überschritten. Am 20. November belief sich der Dollarkurs auf rund 4,2 Billionen Mark.
Verdeckte Inflation	In diesem Falle schreibt der Staat Höchst- und/oder Festpreise vor, ohne diese an die tatsächlichen Marktverhältnisse anzupassen. Das Preisniveau wird verhältnismäßig stabil gehalten. Die Leute können aber mit ihrem „Geld" wenig anfangen, weil das Güterangebot zu gering ist. Der Staat muss rationieren[2] (z. B. Lebensmittelmarken ausgeben).	Eine verdeckte (gestoppte) Inflation herrschte in Deutschland von 1939 bis 1948. Preise und Löhne waren vom Staat vorgeschrieben (Preis- und Lohnstopp). Verdeckte Inflationen sind daran erkennbar, dass „schwarze Märkte" entstehen, auf denen die knappen Waren gesetzeswidrig zu Wucherpreisen gehandelt werden.

Gliederung der Inflation nach der Schnelligkeit der Geldentwertung

Inflationsarten	Erläuterungen	Beispiele
Schleichende Inflation	Diese Art der Inflation ist durch verhältnismäßig niedrige, aber lang anhaltende Preissteigerungen gekennzeichnet. Von schleichender Inflation kann man sprechen, wenn die Preissteigerungsrate nicht höher ist als der Zinssatz für langfristige Geldanlagen.	Die Wirtschaft der Europäischen Wirtschafts- und Währungsunion (WWU) ist durch eine schleichende Inflation gekennzeichnet.
Galoppierende Inflation	Liegt die Preissteigerungsrate im Durchschnitt über dem Zins für langfristige Geldanlagen (etwa über 6 bis 8 %), liegt eine galoppierende Inflation vor. Bei jährlichen Preissteigerungsraten von mehr als 50 % spricht man von **Hyperinflation.**	Die deutsche Inflation von 1923 war eine Hyperinflation. – In Venezuela stiegen die Preise im Jahr 2018 gegenüber dem Vorjahr um 1,37 Mio. %.

1 Der Wechselkurs drückt das Wertverhältnis zwischen zwei Währungen aus.

2 **Rationieren**: in „Rationen" einteilen, d.h. Mengenzuteilungen vornehmen.

Gliederung der Inflation nach Wahrnehmung durch die Verbraucher

Inflationsarten	Erläuterungen
Offizielle Inflation	Hierunter versteht man die Inflationsarten, die von den statistischen Ämtern (z. B. dem Statistischen Bundesamt oder von Eurostat) ermittelt und veröffentlicht werden.
Gefühlte Inflation	Mit diesem Begriff wird zum Ausdruck gebracht, dass die Verbraucher in bestimmten Situationen die Preissteigerungen als viel stärker empfinden als sie die amtlichen Statistiken ausweisen. Dies liegt vor allen Dingen daran, dass zahlreiche Waren und Dienstleistungen, die im täglichen Leben gekauft werden (müssen), in den offiziellen „Warenkörben" nur eine geringe Bedeutung (Gewichtung) haben.

(3) Ursachen der Inflation

Falls die Notenbank eines Landes der Wirtschaft jede gewünschte Geldmenge zur Verfügung stellt, kann man folgende wichtige Inflationsursachen nennen:

Anspruchsinflation

Hier steigen die Ansprüche der Wirtschaftssubjekte schneller als das Handelsvolumen wächst.

Nachfrageinflation	Die privaten Haushalte, die Unternehmen und vor allem der Staat sparen zu wenig und/oder nehmen Kredite auf, um ihre Ansprüche zu finanzieren.
Kosteninflation	Die Gewerkschaften setzen überhöhte Lohnforderungen durch, der Staat erhöht die Steuern oder ausländische Rohstofflieferer erhöhen ihre Rohstoffpreise. Die Unternehmen erhöhen die Preise, um die gestiegenen Kosten zu decken.
Gewinninflation	Die Unternehmen besitzen eine starke Marktstellung (Oligopole und Monopole), sodass sie ihre Absatzpreise auf Kosten der Verbraucher erhöhen können, um ihre Gewinne zu steigern.

Außennachfrageinflation

Laufende Exportüberschüsse gegenüber Fremdwährungsgebieten führen zu Deviseneinnahmen, die nicht wieder für Importzwecke benötigt werden. Die Exporteure tauschen die Devisen bei den Banken in Binnenwährung um, sodass die Geldmenge steigt. Die dieser Geldmenge gegenüberstehenden „Gütermengen" wurden indessen in Fremdwährungsgebiete exportiert, sodass also letztlich das Preisniveau im eigenen Währungsgebiet steigen muss. Da Exportüberschüsse gegenüber Fremdwährungsgebieten in der Regel vor allem dann entstehen, wenn dort die Inflationsraten *höher* als im eigenen Währungsgebiet sind (die Exportwaren werden für die gebietsfremden Importeure relativ billiger), spricht man von **importierter Inflation.** (Die Inflation wird sozusagen vom Fremdwährungsgebiet ins eigene Währungsgebiet „hereingetragen".[1])

1 Als Gegenstück zur importierten Inflation wird in den Zeitungen häufig die „hausgemachte" Inflation genannt. Hausgemachte Inflationen liegen z. B. vor, wenn der Staat die Steuern erhöht, die Staatsausgaben über den Staatseinnahmen liegen, die Löhne schneller als das Handelsvolumen steigen oder die Unternehmen ihre Marktmacht ausnutzen.

Angebots- bzw. Nachfrageinflation

Die Inflationen kann man auch danach einteilen, ob sie **„angebotsinduziert“**,[1] wie die Kosten- und die Gewinninflation oder **„nachfrageinduziert“**, wie die Binnennachfrageinflation oder die importierte Inflation[2] sind.

Angebotsinflation

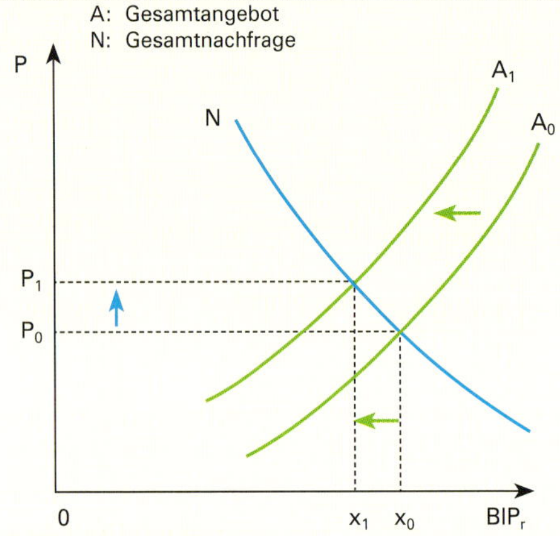

- Bei unveränderter normaler Gesamtnachfrage nimmt die umgesetzte Gütermenge bei steigenden Preisen ab (zunehmende Arbeitslosigkeit bei steigenden Preisen).
- Ist die Nachfrage vollkommen unelastisch (oder nimmt sie entsprechend der Angebotsverschiebung zu), steigen die Preise bei unverändertem mengenmäßigem Umsatz (Stagflation).

Nachfrageinflation

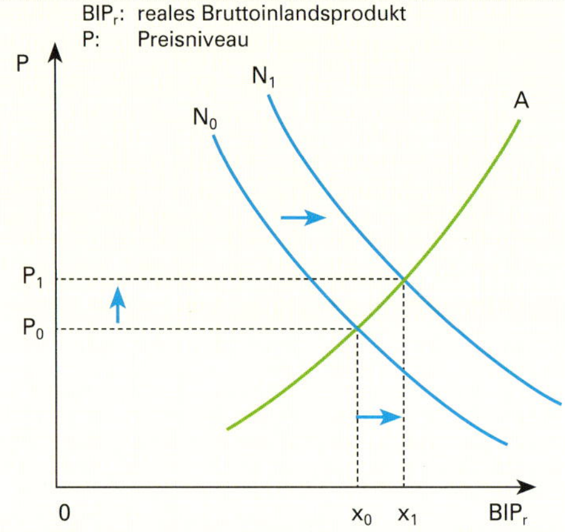

- Bei unverändertem normalem Gesamtangebot nimmt die umgesetzte Gütermenge bei steigenden Preisen zu, sofern die Wirtschaft nicht vollbeschäftigt ist (abnehmende Arbeitslosigkeit bei steigenden Preisen).
- Ist die Wirtschaft vollbeschäftigt, steigen die Preise bei unverändertem mengenmäßigem Umsatz (Vollbeschäftigung mit Inflation).

(4) Wirkungen der Inflation

Die **Wirkungen der Inflation** sind im Wesentlichen als negativ zu beurteilen. Die wohl schlimmste Folge ist die **Stagflation,** d.h. Stagnation mit Inflation. Sie entsteht z.B. dadurch, dass in einer Wirtschaft mit Außenhandel die Unternehmen die gestiegenen Kosten aus Konkurrenzgründen nicht mehr voll auf die Preise überwälzen können, sodass ihre Gewinne sinken bzw. ihre Verluste größer werden. Dies führt dazu, dass die zusätzlichen Investitionen (Nettoinvestitionen) sinken: Die Güterproduktion stagniert und es entsteht Arbeitslosigkeit bei steigenden Preisen.

1 **Induzieren**: beeinflussen, auslösen.

2 Die importierte Inflation ist deshalb eine nachfrageinduzierte Inflation, weil sie auf überhöhter Nachfrage des Auslands nach inländischen Gütern beruht.

Weitere **Wirkungen der Inflation** sind:

- **Schuldner werden begünstigt,** weil der reale Wert der Kreditaufnahme im Laufe der Zeit sinkt. Dies gilt insbesondere dann, wenn die Inflationsraten (jährliche Preissteigerung in Prozent) höher als der Kreditzinssatz sind. Umgekehrt werden die Gläubiger (Sparer) geschädigt.
- **Besitzer von Sachvermögen** (u. U. auch Besitzer von Grundstücken, Unternehmen usw.) können im Gegensatz zu den Geldbesitzern (Kontensparern) ihr Vermögen erhalten. Geht man davon aus, dass die Arbeitnehmer i. d. R. ihre Ersparnisse auf Sparbüchern oder in festverzinslichen Wertpapieren[1] anlegen, während die Selbstständigen und die Unternehmen ihr Vermögen in Sachwerten investiert haben, verschiebt sich die Vermögensverteilung zugunsten der Selbstständigen und der Unternehmen. Die soziale Ungleichheit wird also durch die Inflation vergrößert.
- Inflation löst **„Flucht in die Sachwerte"** aus. Die Angst vor weiterer Geldentwertung führt in der Anfangsphase der Inflation zu steigender Nachfrage, was wiederum die Inflation anheizt („Inflationsmentalität").
- Soziale Gruppen, die nicht von starken Interessenverbänden vertreten werden, hinken mit ihren Einkommen hinter der allgemeinen Preis- und Lohnentwicklung her.
- Die Angst vor Arbeitslosigkeit lässt die **Sparquote ansteigen,** sodass auch die Konsumgüternachfrage stagniert oder gar zurückgeht.
- In der Anfangsphase der Inflation steigen die Steuereinnahmen der öffentlichen Körperschaften (des „Staates"). Dies verführt die Parlamente dazu, staatlichen Ausgabensteigerungen zuzustimmen. Die gesetzlich fixierten Ausgaben können kaum mehr zurückgenommen werden, sodass im Laufe der Zeit immer größere **Haushaltsdefizite**[2] entstehen, die dann durch **Steuererhöhungen** ausgeglichen werden müssen.

2.3.5.7.2 Deflation[3]

(1) Begriff Deflation

Die Deflation im traditionellen (althergebrachten) Sinne ist das **„Gegenteil"** der Inflation: Die Preise sinken (die Kaufkraft steigt). Man könnte nun glauben, dass dies gerade für die Verbraucher ideal sei. Wie zu zeigen sein wird, ist das Gegenteil der Fall.

Sinkendes Preisniveau bewirkt, dass Unternehmen und private Haushalte mit ihren Käufen eine abwartende Haltung einnehmen, ganz einfach deshalb, weil sie weiter sinkende Preise erwarten: sie **sparen.** Arbeitsplätze gehen verloren, die Einkommen sinken.

Unter **Deflation** im traditionellen Sinne versteht man ein anhaltendes Sinken des Preisniveaus, verbunden mit zunehmender Arbeitslosigkeit.

1 Zu den festverzinslichen Wertpapieren rechnen z. B. Industrieobligationen, Pfandbriefe, Anleihen des Bundes, der Länder und der Gemeinden.

2 **Defizit:** Fehlbetrag. Ein Haushaltsdefizit entsteht, wenn der Staat mehr ausgibt als er einnimmt.

3 **Deflation** (lat.): Zusammenziehung.

7 Speth u.a. - ISBN 978-3-8120-0593-7

Beispiel:

Die deutsche Deflation von 1930 bis 1932 brachte dem Deutschen Reich rund 6 Millionen Arbeitslose. Sie wurde im Wesentlichen dadurch erzeugt, dass der damalige Reichskanzler Brüning den Staatshaushalt an das durch Exportrückgänge geschrumpfte Handelsvolumen laufend anpasste, indem er die Staatsausgaben drastisch senkte.

(2) Ursachen der Deflation

Ursachen der Deflation sind vor allem:

- **Kürzungen der Staatsausgaben** (z. B. um die in den Vorjahren vorgenommenen Haushaltsdefizite auszugleichen).
- **Pessimistische Zukunftserwartungen** der Wirtschaftssubjekte, die z. B. durch Sparmaßnahmen des Staates oder politische Instabilität ausgelöst werden können. Die Folgen sind:
  - Kaufzurückhaltung (überhöhtes Sparen),
  - fehlende Investitionsneigung der Unternehmen und
  - sinkende Umlaufgeschwindigkeit des Geldes.

Beispiel:

Der „Schwarze Freitag"

Nach kräftigen Aktienspekulationen kam es im Oktober 1929 an der New Yorker Wall Street zu einem Börsenkrach, der als „Schwarzer Freitag" in die Geschichte einging. Innerhalb kurzer Zeit weitete sich der Crash, bei dem die Aktienkurse bis März 1933 um 80 % fielen, zu einer Weltwirtschaftskrise aus. In Deutschland zum Beispiel sanken die Preise zwischen 1929 und 1932 um insgesamt 22 %, das reale Bruttoinlandsprodukt schrumpfte um 16 %, die Zahl der Arbeitslosen verdoppelte sich von rund 3 auf 6 Millionen.

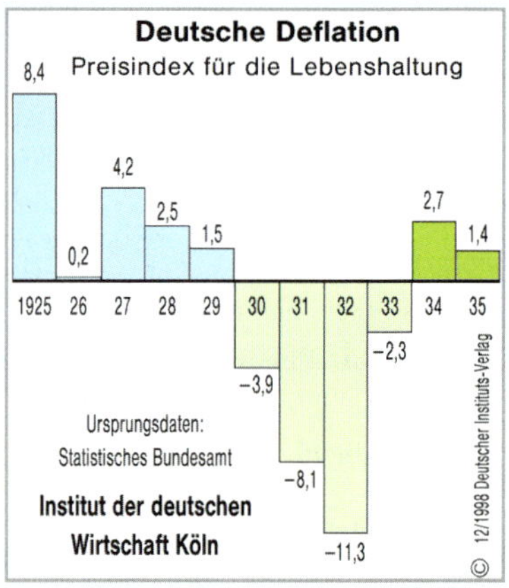

Dass sich die Depression in Deutschland ausbreiten konnte, hatte mehrere Gründe. Zum einen lief die Konjunktur schon seit Jahren schlecht. Seit Mitte der zwanziger Jahre stagnierte der Konsum, die Investitionen gingen zurück und die Arbeitslosigkeit stieg – ein idealer Nährboden für Deflation. Zum anderen hatten die Amerikaner wegen des Börsenkrachs massive Liquiditätsprobleme und zogen deshalb in großem Stil Kapital aus Deutschland ab.

Schließlich reagierte auch noch die deutsche Wirtschaftspolitik falsch: Um die wachsenden Haushaltslöcher zu stopfen und vermeintliche Inflationsgefahren einzudämmen, kürzte die Regierung Brüning die Staatsausgaben und erhöhte Steuern und Zinsen. Ein Paket, das die bestehende Krise vollends verschärfte.

Quelle: iwd vom 19. März 1998, S. 4.

(3) Bedeutung der Deflation

Deflationen im traditionellen Sinne sind heute unwahrscheinlich, weil die Regierungen erkannt haben, dass Maßnahmen, wie sie einst Brüning ergriff, wirtschaftspolitisch falsch waren. Außerdem ist ein drastisches Senken des Preisniveaus in sozialen Marktwirtschaften aufgrund der bestehenden Mindestlöhne und -preise nicht zu erwarten. Aus diesem Grunde spricht man heute bereits dann von „Deflation", wenn das Handelsvolumen schrumpft.

Zusammenfassung

- Das **Handelsvolumen** (H) ist die Summe aller während einer Periode umgesetzten Güter, bewertet zu konstanten Preisen.
- Die **nachfragewirksame Geldmenge** (M · U) ist das von Wirtschaftssubjekten für Nachfragezwecke bereitgestellte Bar- und Giralgeld, multipliziert mit seiner Umlaufgeschwindigkeit.
- Unter **Preisniveau** versteht man den gewogenen Durchschnitt aller Güterpreise.
- Die **Kaufkraft** drückt aus, wie viel Gütereinheiten man für eine Geldeinheit kaufen kann.
- Die Kaufkraft ist der **reziproke Wert** der Veränderung des Preisniveaus:
  - Steigt das Preisniveau, nimmt die Kaufkraft einer Geldeinheit ab.
  - Sinkt das Preisniveau, nimmt die Kaufkraft einer Geldeinheit zu.
- Die **Verkehrsgleichung** des Geldes lautet:

$$\mathbf{P \cdot H = M \cdot U}$$

- Die Verkehrsgleichung darf nicht mechanistisch angewendet werden, um die Ursachen von Geldwertschwankungen zu erklären. Sie definiert lediglich, dass der **Wert des Handelsvolumens zu tatsächlichen Preisen** der **nachfragewirksamen Geldmenge** gleich ist.
- Bei der Berechnung eines **Preisindex** wird das Preisniveau des Basisjahrs mit 100 Prozent („Punkten") angesetzt. Steigt das Preisniveau gegenüber dem Basisjahr, liegt der Preisindex über 100 Prozent („Punkten"); sinkt das Preisniveau gegenüber dem Basisjahr, liegt der Preisindex unter 100 Prozent („Punkten").
- Die **Preissteigerungsrate** (Inflationsrate) sagt aus, um wie viel Prozent die Preise gegenüber dem Vorjahr gestiegen sind.
- Der **Nominallohn** ist der Lohn, den ein Arbeitnehmer tatsächlich ausbezahlt bekommt (Nettolohn).
- Der **Reallohn** drückt aus, welche Gütermenge ein Arbeitnehmer für seinen Nettolohn tatsächlich kaufen kann.
- Wichtige Daten, deren **Veränderungen den Geldwert** beeinflussen, sind:
  - staatlicher und privater Konsum,
  - staatliche und private Investitionen sowie
  - der Außenbeitrag.
- Unter **Inflation** versteht man ein anhaltendes Steigen des Preisniveaus.
- Eine **Deflation** liegt vor, wenn das Preisniveau anhaltend sinkt.

Übungsaufgabe

15 1. Erklären Sie folgende Begriffe:
   1.1 Handelsvolumen,
   1.2 nachfragewirksame Geldmenge und
   1.3 Preisniveau!

2. Erläutern Sie, inwiefern die Entwicklung des Preisniveaus von der Entwicklung der nachfragewirksamen Geldmenge einerseits und der Entwicklung des Handelsvolumens andererseits abhängen kann! Zeigen Sie die Zusammenhänge anhand selbst gewählter Zahlenbeispiele!

3. Berechnen Sie die fehlenden Größen:

Veränderungsrate des Preisniveaus (Preissteigerungs- bzw. -senkungsrate	+4 %		+7 %	–1 %	
Kaufkraftzu- bzw. -abnahme		–5 %			+2 %

4. Erläutern Sie drei Gründe dafür, dass in der heutigen Wirtschaft das Preisniveau nicht sinkt, wohl aber ständig steigt!

5. In dem kleinen Land „Nirwo" versorgen sich die Menschen selbst; das einzige dort gehandelte Gut ist Reis. Im Jahr 00 wurden 600 000 dt Reis angeboten und verkauft. Die Umlaufgeschwindigkeit des Geldes in diesem Land ist konstant 2, weil die Menschen nur zum Zeitpunkt der Frühjahrs- und zum Zeitpunkt der Herbsternte auf Vorrat kaufen. Als Geld dienen Kupfermünzen mit dem Nennwert 1. Das Kupfer wird in den nahe liegenden Bergen gefördert und unmittelbar darauf zu Münzen verarbeitet, sodass die Geldmenge je nach Umfang der Funde ständig zunimmt. Für eine gewisse Geldwertstabilität sorgt allerdings der Brauch, dass man den Toten einen Teil ihres Barvermögens ins Grab legt und dieses Vermögen nie wieder zutage fördert. Im Jahre 00 waren 450 000 Münzen im Umlauf. Die nachfragewirksame Geldmenge betrug also 900 000 Geldeinheiten, weil die 450 000 Münzen zweimal zum Kauf von je 300 000 dt Reis ausgegeben wurden.

   Im Jahr 01 wurden wiederum 600 000 dt Reis gehandelt. Es wurden aber zusätzlich 50 000 Münzen geprägt, von denen allerdings 5 000 Münzen den zwischenzeitlich Verstorbenen als Grabbeigabe dienten.

   Aufgaben:

   5.1 Berechnen Sie mittels der Fisherschen Verkehrsgleichung das Preisniveau für eine dt Reis im Jahr 00 sowie im Jahr 01!

   5.2 Ermitteln Sie die Inflationsrate des Landes „Nirwo" im Jahr 01 gegenüber dem Jahr 00!

6. Beurteilen Sie den Aussagewert der Quantitätsgleichung (Verkehrsgleichung) des Geldes!

7. Nach einer Meldung der „Neuen Zürcher Zeitung" vom 12. Januar 20.. nahm in der Schweiz die Umlaufgeschwindigkeit des Geldes im Vorjahr stark ab. Zahlreiche Eigentümer von Frankenguthaben legten diese auf die „hohe Kante" und entzogen sie dadurch dem Geldkreislauf.

   Aufgaben:

   7.1 Entscheiden und begründen Sie, wie sich die Zunahme der Ersparnis als Verringerung der Geldumlaufgeschwindigkeit auswirkt!

   7.2 Entscheiden Sie, wie sich die Verringerung der Geldumlaufgeschwindigkeit auf die Entwicklung des Preisniveaus in der Schweiz hätte auswirken müssen! Begründen Sie Ihre Antwort!

8. Berechnen Sie in nachstehender Tabelle die fehlenden Werte!

Jahr	Handels-volumen (in Preisen des Jahres 00)	Nachfrage-wirksame Geld-menge (M · U)	Veränderungs-faktor des Preisniveaus gegenüber dem Jahr 00	Handels-volumen zu tatsächlichen Preisen	Preis-index	Preis-steige-rungsrate
00	100000,00 GE	100000,00 GE	–	100000,00 GE	100	–
01	120000,00 GE	120000,00 GE				
02	140000,00 GE	154000,00 GE				
03	140000,00 GE	168000,00 GE				
04	130000,00 GE	162500,00 GE				
05	150000,00 GE	200000,00 GE				

9. Berechnen Sie mithilfe der in Aufgabe 8 angegebenen Zahlen
   9.1 den jährlichen Kaufkraftverlust gegenüber dem Jahr 00 und
   9.2 den jährlichen Kaufkraftverlust gegenüber dem jeweiligen Vorjahr!

10. Geben Sie die Bedingungen an, unter denen die Reallöhne steigen, gleich bleiben oder sinken!

11. Beurteilen Sie, warum es falsch ist, den Bruttolohn zur Berechnung der Reallohnentwicklung heranzuziehen!

12. Nennen Sie vier Inflationsursachen!

13. Vor noch nicht allzu langer Zeit hat man die Inflation als „Preis für Vollbeschäftigung" bezeichnet.

    Die Argumentation war (und ist) folgende: Steigende Preise begünstigen die Kreditnehmer, weil sie künftig real weniger tilgen müssen. Steigende Preise regen somit Investitionen und Konsum an, sodass die Beschäftigung gesichert ist.

    Aufgabe:

    Nehmen Sie hierzu kritisch Stellung!

14. „Es gibt Leute, Gruppen und Institutionen, die aus der Inflation Nutzen ziehen".

    Aufgabe:

    Nehmen Sie zu dieser Aussage Stellung!

15. Führen Sie an, welche gesamtwirtschaftlichen Nachteile die Inflation hat! Begründen Sie Ihre Feststellungen!

16. Erläutern Sie, welche sozialen und politischen Auswirkungen extreme Inflationen mit sich bringen können!

17. Definieren Sie den Begriff Deflation!

18. Beschreiben Sie, welche Folgen eine Deflation hat!

19. Begründen Sie, warum eine Deflation im traditionellen Sinne heute nicht mehr zu erwarten ist!

20. Versetzen Sie sich in die Zeit des „Wilden Westens" zurück. Stellen Sie sich einen Indianerstamm vor, bei dem es anstelle von Geld nur Tauschmittel gab. Folgende Tauschrelationen seien unterstellt:

2 Pfeile = 1 Messer
2 Pfeile + 1 Messer = 1 Tomahawk
2 Pfeile + 1 Messer + 1 Tomahawk = 1 Bogen
2 Pfeile + 1 Messer + 1 Tomahawk + 1 Bogen = 1 Tipi
2 Pfeile + 1 Messer + 1 Tomahawk + 1 Bogen + 1 Tipi = 1 Pferd

Der Indianer „Großer Büffel" besitzt 3 Pferde, 2 Tipis und 5 Bogen; der Indianer „Brauner Bär" hingegen nennt 2 Pferde, 3 Tipis und 8 Bogen sein Eigen.

Aufgabe:

Ermitteln Sie, welcher der beiden Indianer „reicher" ist!

21.

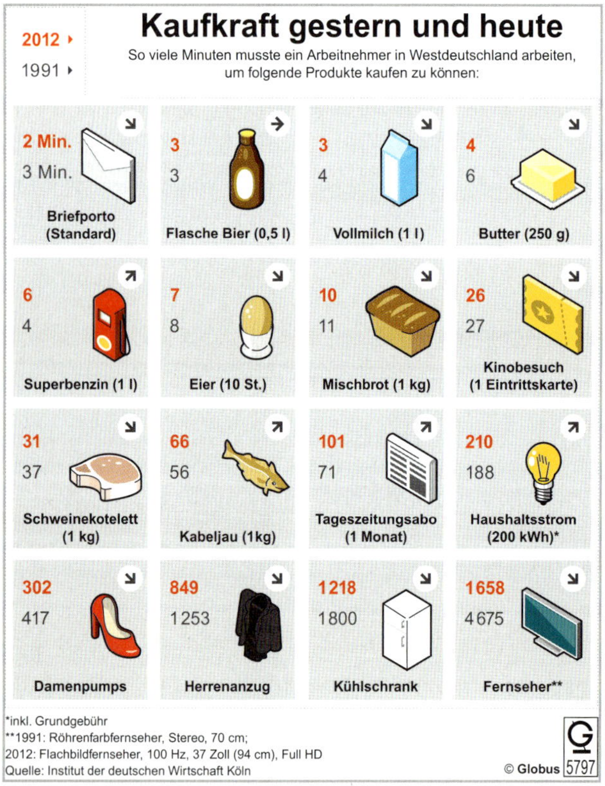

Betrachten Sie zunächst oben stehende Abbildung!

In den Medien wird in regelmäßigen Abständen über eine „neue Armut" und eine Verschlechterung der Lebensbedingungen für viele Haushalte in der Bundesrepublik Deutschland berichtet und diskutiert.

Beim Anblick der Abbildung kann der Betrachter jedoch einen entgegengesetzten Eindruck gewinnen.

Diskutieren Sie vor dem Hintergrund dieser Abbildung über die Wohlstandsentwicklung hierzulande. Gehen Sie dabei insbesondere auf den Widerspruch zwischen der Entwicklung der Kaufkraft des Lohnes einerseits und den aktuellen Veröffentlichungen zur Armutsentwicklung andererseits ein!

22. Der Verbraucherpreisindex eines Landes entwickelte sich wie folgt:

Jahr:	00	01	02	03	04
Preisindex:	100	105,1	110,8	117,9	125,7

Aufgaben:

22.1 Analysieren Sie diese Daten und beschreiben Sie, wie sie gewonnen werden!

22.2 Erläutern Sie, warum man aus dem Preisindex allein keine Aussage über die Entwicklung des Lebensstandards machen kann!

22.3 Führen Sie an, auf welche Ursachen sich diese Preisentwicklung zurückführen lässt!

22.4 Beschreiben Sie, welche gesamtwirtschaftlichen Entwicklungen und welches Verhalten der Wirtschaftssubjekte häufig Begleiterscheinungen eines sinkenden Geldwerts sind!

22.5 Erläutern Sie, in welcher Form Inflationen auftreten können!

22.6 Führen Sie an, welche Folgen eine offene Inflation stärkeren Ausmaßes für die Menschen eines Landes haben kann!

22.7 Erläutern Sie, durch welche Maßnahmen man ein völlig zerrüttetes Geldwesen heilen kann und wovon der Erfolg abhängt!

23. Die Quantitätstheorie macht bestimmte Aussagen über Änderungen des Geldwerts in Abhängigkeit von Geldmengenänderungen.

Aufgabe:

Erklären Sie mithilfe der Fisherschen Verkehrsgleichung, wie es sich auf das Preisniveau auswirken kann, wenn das Vertrauen der Wirtschaftssubjekte in die Währung sinkt!

2.3.6 Geldwesen in der Europäischen Wirtschafts- und Währungsunion

2.3.6.1 Geschichtliche Entwicklung

Die **Schaffung der WWU** wurde 1991 von den Staats- und Regierungschefs der damaligen EU-Länder[1] in **Maastricht** beschlossen. Der Maastricht-Vertrag trat 1992 in Kraft.

Die Teilnehmer hätten nach dem Maastricht-Vertrag folgenden Kriterien (auch **„Maastricht-Kriterien"** oder **„Konvergenzkriterien"**[2] genannt) genügen sollen:

- **Preisanstieg** höchstens **1,5 Prozentpunkte** über dem Preisanstieg der drei stabilsten Länderwährungen.
- **Haushaltsdefizit** höchstens **3 %** der Wirtschaftsleistung.
- **Staatsverschuldung** nicht höher als **60 %** der Wirtschaftsleistung.
- **Langfristiger Zinssatz** höchstens **2 Prozentpunkte** über dem durchschnittlichen Zinssatz der drei preisstabilsten Länder.

1 Die Mitgliedsländer der Europäischen Union (EU) waren 1991: Belgien, Dänemark, Deutschland, Frankreich, Griechenland, Großbritannien, Irland, Italien, Luxemburg, Niederlande, Portugal und Spanien.

2 **Konvergenz**: Annäherung.

Obwohl die „Maastricht-Kriterien“ von vielen EU-Ländern nicht vollständig erfüllt wurden, hatte die Europäische Kommission Anfang des Jahres 1998 elf Länder zur Teilnahme an der WWU empfohlen. Das Gebiet der EU-Länder, die den Euro als Währung eingeführt haben, bezeichnet man als **Eurozone.**[1] Diese Länder waren Belgien, Deutschland, Finnland, Frankreich, Irland, Italien, Luxemburg, Niederlande, Österreich, Portugal und Spanien. Die Aufnahme Griechenlands in die Eurozone erfolgte zum 1. Januar 2001, die von Slowenien zum 1. Januar 2007, die von Malta und Zypern zum 1. Januar 2008, die von der Slowakei zum 1. Januar 2009, die von Estland zum 1. Januar 2011, die von Lettland zum 1. Januar 2014 und die von Litauen zum 1. Januar 2015.

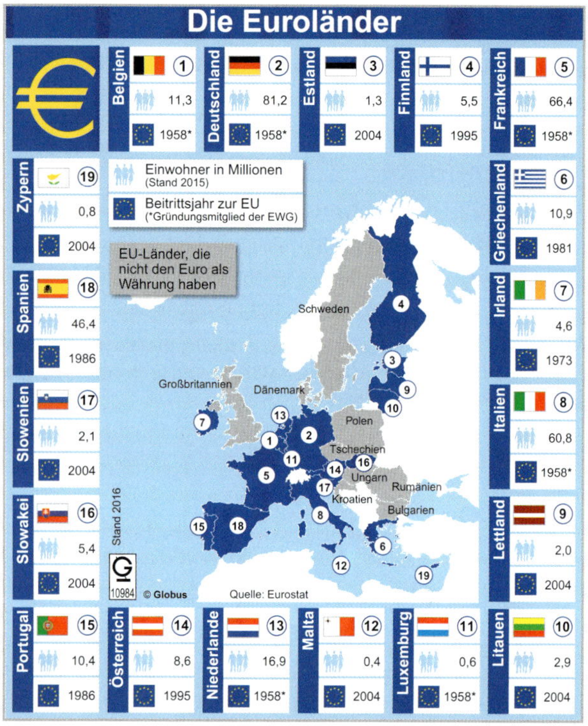

Dänemark, Großbritannien und Schweden wollten und wollen der Eurozone (noch) nicht beitreten. Wann die übrigen EU-Länder[2] an der Eurozone teilnehmen werden, ist ebenfalls noch ungewiss. Die nicht teilnehmenden EU-Länder werden als „Outs“[3] bezeichnet.

Am 1. Januar 2002 wurden die **Banknoten und Münzen der Eurowährung** eingeführt. Damit verloren die nationalen Noten und Münzen in den Eurozone-Ländern ihre Gültigkeit.

Die Aufnahme in die dritte Stufe der Europäischen Wirtschafts- und Währungsunion und damit in den Euro-Währungsclub war mehr oder weniger an die **Maastricht-Kriterien** gebunden. Es bedurfte aber noch der Klarstellung, wie die Stabilität der gemeinsamen Währung auf Dauer gesichert werden kann. Dazu hat der Europäische Rat auf seiner Tagung in Dublin am 13./14. Dezember 1996 die Grundzüge eines Stabilitäts- und Wachstumspakts beschlossen.

Die Mitgliedstaaten verpflichten sich darin u. a.,

- das mittelfristige Haushaltsziel eines nahezu **ausgeglichenen** oder einen Überschuss aufweisenden **Haushalts** einzuhalten,
- die zur Erreichung der Ziele ihrer Stabilitäts- oder Konvergenzprogramme erforderlichen **haushaltspolitischen Korrekturmaßnahmen** zu ergreifen,
- **unverzüglich** die von ihnen für erforderlich erachteten haushaltspolitischen Korrekturmaßnahmen zu ergreifen, **sobald es Anzeichen für das Risiko eines übermäßigen Defizits** gibt,

1 Die Eurozone umfasst darüber hinaus drei Staaten mit sogenannten **Währungsvereinbarungen** mit den EU-Mitgliedern. Hierzu zählen: Monaco, San Marino und der Vatikan.
Zusätzlich wird der Euro in folgenden Ländern als gültiges Zahlungsmittel akzeptiert, obwohl dort formal eine andere Währung gilt: Andorra, Kosovo und Montenegro.

2 Die übrigen EU-Länder sind: Polen, Tschechien, Ungarn, Bulgarien, Rumänien und Kroatien.

3 **Outs** (engl.): draußen Gebliebene. Die „Outs“ werden mitunter auch „pre-ins“ genannt (Länder, die vor dem Eintritt stehen).

- **übermäßige Defizite** nach ihrem Auftreten **so rasch wie möglich beseitigen,**
- bei einem innerhalb eines Jahres eingetretenen **Rückgang des realen BIP** um weniger als 2 % **ein Defizit nur dann** als außergewöhnlich geltend zu machen, **wenn** sie sich in einer **schweren Rezession** befinden.

Der Stabilitätspakt in seiner ursprünglichen Form hätte verhindern sollen, dass die EU-Länder über ihre Verhältnisse leben und die gemeinsame Währung gefährden. Manchen Staaten erschienen die Vorgaben in Krisenzeiten jedoch als zu starr. Deshalb wurde im Jahr 2005 der Stabilitätspakt aufgeweicht.

Die sogenannte „Stabilitätspakt-Reform" sah nunmehr bei Verstößen gegen das Defizit-Kriterium zahlreiche mildernde Umstände vor. Die „mildernden (straffrei bleibenden) Umstände" zur Überschreitung des Defizitkriteriums sind vor allem (1) ein länger anhaltendes **schwaches Wirtschaftswachstum** und (2) **länderspezifische** (auf die Lage der einzelnen Länder bezogene) **Rechtfertigungsgründe.** Deutschland macht z. B. die Vereinigungskosten und die hohen Zahlungen an die EU geltend, Frankreich das Militär und die Entwicklungshilfe. Absetzbar ist zudem eine üppige Forschungsförderung.[1]

2.3.6.2 Europäische Zentralbank (EZB)

(1) Organe

Verantwortlich für die Geldpolitik (Steuerung der Geldmenge und der Zinssätze) in den Mitgliedstaaten der Europäischen **W**irtschafts- und **W**ährungs**u**nion (WWU) ist die **E**uropäische **Z**entral**b**ank (EZB). Die Organe der EZB sind das Direktorium, der EZB-Rat und der Erweiterte EZB-Rat.

Quelle: www.ecb.europa.eu (Stand: November 2018).

Das **Direktorium** (siehe nebenstehenes Bild)[2] besteht aus dem Präsidenten, dem Vizepräsidenten und vier weiteren Mitgliedern. Dem Direktorium obliegt die Geschäftsführung, d. h.,

- es führt die vom EZB-Rat beschlossene Geldpolitik aus,
- verwaltet die Währungsreserven der Mitgliedstaaten,
- führt Devisengeschäfte (Geschäfte in Fremdwährung) durch und
- sorgt für funktionierende Zahlungssysteme.

Der **Europäische Zentralbankrat (EZB-Rat)** setzt sich aus dem **Direktorium** und den **Präsidenten der nationalen Notenbanken** der WWU-Mitgliedstaaten zusammen.

Der EZB-Rat trifft mit einfacher Stimmenmehrheit die geldpolitischen Entscheidungen und erlässt Weisungen und Leitlinien für die Zentralbanken der Teilnehmer.

1 Zur Eurokrise vgl. ausführlich Lehrbuch für den Jahrgang 12 (Merkurbuch 0592) im Anhang.

2 Von links nach rechts: Yves Mersch, Sabine Lautenschläger, Benoît Coeuré, Mario Draghi (Präsident der EZB), Peter Praet und Luis de Guindos (Vizepräsident der EZB).

Dem **Erweiterten EZB-Rat** gehören der **EZB-Rat** und die **Zentralbank-Präsidenten der Staaten der Europäischen Union (EU)** an, die (noch) nicht Mitglieder der WWU sind.

(2) Autonomie der EZB

Damit die EZB ihre Aufgaben erfüllen kann, ist sie mit einer dreifach gesicherten Unabhängigkeit (Autonomie) ausgestattet:

- Sie ist **institutionell unabhängig.** Nach Art. 129 AEUV[1] darf weder die EZB noch eine nationale Zentralbank noch ein Mitglied ihrer Beschlussorgane Weisungen von EU-Organen oder von den Regierungen der Mitgliedstaaten einholen oder entgegennehmen.
- Sie ist **personell unabhängig.** Der Präsident und die übrigen geschäftsführenden Direktoren der EZB werden von den Regierungen, vertreten durch die Staats- bzw. Regierungschefs der Mitgliedstaaten, für i.d.R. acht Jahre gewählt. Eine Amtsenthebung kann nur durch den Europäischen Gerichtshof erfolgen. Die im EZB-Rat vertretenen Präsidenten der nationalen Zentralbanken werden für eine Amtszeit von mindestens fünf Jahren berufen.
- **Sie ist operativ unabhängig.** Die EZB entscheidet autonom über ihre geldpolitischen Maßnahmen.

2.3.6.3 Eurosystem und Europäisches System der Zentralbanken

(1) Begriffe Eurosystem und Europäisches System der Zentralbanken

Die **Europäische Zentralbank (EZB)** und die **nationalen Zentralbanken (NZBen)** der Mitgliedstaaten, deren **Währung der Euro ist,** bilden das Zentralbankensystem des Euro-Währungsgebietes: **das Eurosystem.**

Das **Europäische System der Zentralbanken (ESZB)** setzt sich aus der EZB und den **NZBen aller EU-Mitgliedstaaten** zusammen (seit 1. Juli 2013 sind es 28 Mitgliedstaaten), d.h., es sind auch die NZBen der Mitgliedstaaten darin vertreten, die den Euro noch **nicht** eingeführt haben. Die Unterscheidung zwischen Eurosystem und ESZB ist also notwendig, solange der Euro nicht in allen Mitgliedstaaten eingeführt ist.

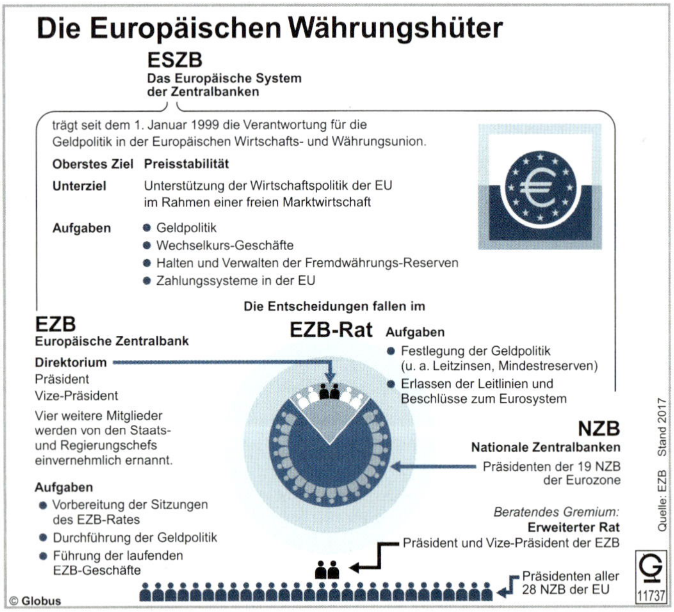

1 **AEUV:** Vertrag über die Arbeitsweise der Europäischen Union.

(2) Stabilitätsziel

Vorrangiges Ziel des Eurosystems ist die Preisniveaustabilität [Art. 127 AEUV]. Ebenso wie die EZB im Einzelnen, ist das Eurosystem im Ganzen von Weisungen politischer Instanzen unabhängig.

Öffentliche Haushalte dürfen vom Eurosystem nicht finanziert werden. Das Eurosystem unterstützt die allgemeine Wirtschaftspolitik der Mitgliedsländer, aber nur, soweit dies ohne Beeinträchtigung der Preisniveaustabilität möglich ist.

Nach der Definition der EZB liegt Preisniveaustabilität (kurz: Preisstabilität) vor, wenn der **Anstieg** des **h**armonisierten **V**erbraucher**p**reis**i**ndex[1] **(HVPI)** der WWU-Länder auf **mittlere Sicht nahe** oder **knapp unter 2 %** gegenüber dem Vorjahr beträgt. Zur Preisstabilität gehört aber auch die Vermeidung einer Deflation.[2] Deswegen wird von der EZB eine Inflationsrate (Preissteigerungsrate) von jährlich weniger als 1 % als problematisch angesehen.

(3) Zwei-Säulen-Strategie[3]

Um mögliche Gefahren für die Preisstabilität rechtzeitig feststellen und die notwendigen Maßnahmen zur Abwehr ergreifen zu können, untersucht der EZB-Rat regelmäßig die wirtschaftliche Lage von zwei Seiten her. An erster Stelle steht eine breit angelegte **wirtschaftliche Analyse** zur Ermittlung der kurz- und mittelfristigen Risiken für die Preisstabilität. Die sich daraus ergebenden Inflationsanzeichen werden in einem **zweiten Schritt** anhand der **monetären Analyse** aus mittel- und langfristiger Perspektive (Sicht) ermittelt. Ein wichtiger Bestandteil dieser Analyse ist die Bewertung der Geldmengenentwicklung. Richtschnur zur längerfristigen Beurteilung des Geldmengenwachstums ist der sogenannte Referenzwert,[5] der in längeren Zeitabständen von der EZB überprüft wird. Der Referenzwert wird in Prozent der Geldmenge M3 ausgedrückt.[6]

Beispiel:

Erwartet die EZB ein jährliches reales Wirtschaftswachstum von 3 % und eine jährliche Preissteigerungsrate (Inflationsrate) von 1,5 %, legt der EZB-Rat einen Referenzwert von 4,5 % für das jährliche Wachstum der Geldmenge M3 fest.[4]

1 **Index** (lat.): Anzeiger. Indices: Mehrzahl von Index. „Harmonisierter" Preisindex deswegen, weil die statistischen Methoden zur Ermittlung der Preisveränderungsraten u. a. in den Mitgliedsländern der WWU aufeinander abgestimmt sind.

2 **Deflation** (lat.): Zusammenziehung. Hier: Lang anhaltendes Sinken des Preisniveaus.

3 **Strategie** (gr.-lat.): genauer Plan des eigenen Vorgehens, um ein militärisches, politisches, wirtschaftliches oder ein anderes Ziel zu erreichen, indem man diejenigen Faktoren, die in die eigene Aktion hineinspielen könnten, von vornherein einzukalkulieren versucht. Wenn von strategischen Zielen die Rede ist, sind meistens langfristig zu erreichende Ziele gemeint.

4 Der Vollständigkeit halber sei erwähnt, dass die EZB bei der Festlegung des Referenzwertes auch die langsame Abnahme der Umlaufgeschwindigkeit des Geldes mit einem Zuschlag berücksichtigt.

5 **Referenz** (frz. référence, engl. reference): Empfehlung, Referenzwert: empfohlener Wert.

6 Die **Geldmenge M3** setzt sich wie folgt zusammen: Bargeldumlauf + täglich fällige Einlagen + kurzfristige Einlagen + marktfähige Verbindlichkeiten des Bankensektors (z. B. Schuldverschreibungen mit einer Laufzeit von weniger als zwei Jahren).

Zur geldpolitischen Strategie der EZB gehört aber auch die Transparenz (Verständlichkeit, Durchschaubarkeit), mit der sie ihre Analysen und geldpolitischen Entscheidungen darlegt und begründet. Auf diese Weise kann sie das Vertrauen in die Stetigkeit und Prinzipienfestigkeit ihrer Politik stärken.

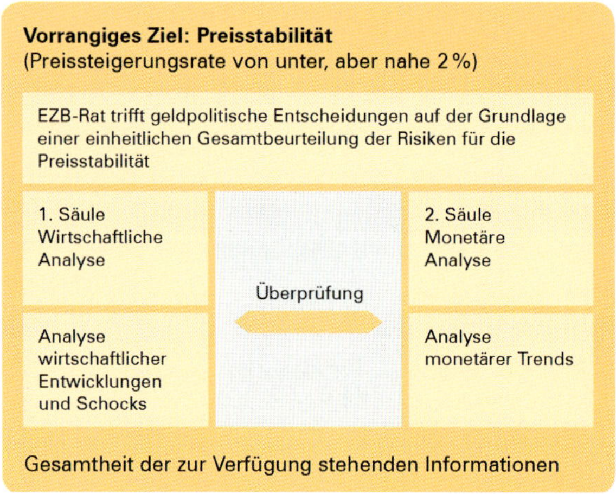

Quelle: Geld und Geldpolitik, herausgegeben von der Deutschen Bundesbank, Frankfurt am Main 2014, S. 174.

2.3.6.4 Deutsche Bundesbank

Die währungspolitischen Entscheidungen des EZB-Rats werden i.d.R. dezentral durch die nationalen Zentralbanken – in der Bundesrepublik Deutschland durch die Deutsche Bundesbank – verwirklicht. Nur wenn der EZB-Rat Ermessensspielräume zulässt, hat eine nationale Zentralbank gestalterische Möglichkeiten der Umsetzung.

Die Deutsche Bundesbank ist wie die übrigen nationalen Zentralbanken der EU integraler Bestandteil[1] des Eurosystems. Sie wirkt an der Erfüllung seiner Aufgaben mit dem vorrangigen Ziel mit, die Preisniveaustabilität zu gewährleisten. Sie verwaltet die Währungsreserven der Bundesrepublik Deutschland, sorgt für die bankmäßige Abwicklung des Zahlungsverkehrs im Inland und mit dem Ausland und trägt zur Stabilität der Zahlungs- und Verrechnungssysteme bei [§ 3 BBankG].

Zusammenfassung

- Die Konvergenzkriterien **(Maastricht-Kriterien)** für die Aufnahme in die Europäische Wirtschafts- und Währungsunion (WWU) sind Preisstabilität, gesunde Staatsfinanzen, stabile Wechselkurse und wirtschaftliche Konvergenz.
- Träger der Geldpolitik in der WWU ist das **Eurosystem.**
- Das Eurosystem besteht aus der **Europäischen Zentralbank (EZB)** und den **Nationalen Zentralbanken (NZBen)** der Mitgliedstaaten, deren **Währung der Euro ist.**
- Das **ESZB** besteht aus
  - der **Europäischen Zentralbank** (EZB) und
  - den **Nationalen Zentralbanken (NZBen)** der Europäischen Union.
- Das **Stabilitätsziel** der EZB gilt als erreicht, wenn die Preissteigerungsrate (die Inflationsrate) in der WWU auf mittlere Sicht nahe oder knapp unter 2 % liegt.

1 **Integraler Bestandteil:** vollständig eingegliederter Bestandteil.

- Um einer möglichen Deflation vorzubeugen, sollte nach Auffassung der EZB die **Preissteigerungsrate nicht unter 1 %** sinken.
- Das jährlich angestrebte Geldmengenwachstum wird von der EZB als sogenannter **Referenzwert** in Prozent der Geldmenge M3 ausgedrückt.

Übungsaufgaben

16 **Textauszug:**

Die Mitglieder des EZB-Rats, das sind der Präsident, der Vizepräsident, die Mitglieder des EZB-Direktoriums und die Präsidenten der teilnehmenden nationalen Zentralbanken, handeln unabhängig von Weisungen nationaler Regierungen und Institutionen, wie auch unabhängig von europäischen Organen oder Einrichtungen der Gemeinschaft. Dies bedeutet aber nicht, dass die EZB damit zum „Staat im Staate" wird und ohne jegliche Kontrolle, quasi willkürlich agiert. Zum einen ist die Unabhängigkeit an ihre Aufgabe „Sicherung der Preisstabilität" gebunden. Zum anderen unterliegt die EZB der Kontrolle vor allem der öffentlichen Meinung. Zudem enthält der Maastricht-Vertrag relativ genau festgelegte Berichtspflichten gegenüber dem Ministerrat und dem Europäischen Parlament.

Gemeinsames Geld verlangt eine gemeinsame Geldpolitik. Entsprechend ist das ESZB verantwortlich für den gesamten Euro-Raum und damit in der Tat eine supranationale Institution. Darüber hinaus gibt es im ESZB auch den Erweiterten Rat, der die sogenannten „Outs" einbezieht. Er soll die Mitgliedstaaten, die noch nicht an der Währungsunion teilnehmen, an den Euro-Raum heranführen. Der Erweiterte Rat der EZB hat vor allem Beratungs-, aber auch gewisse Mitwirkungspflichten etwa bei Fragen der Bankenaufsicht.

Wie wir in unserem letzten Monatsbericht eingehend dargelegt und begründet haben, hat die Orientierung an einem Geldmengenkonzept gerade beim Beginn der Währungsunion und beim Aufbau stabilitätspolitischer Glaubwürdigkeit entscheidende Vorteile. Die Geldmengenstrategie erleichtert das Abgrenzen der Verantwortungsbereiche. Sie verdeutlicht, dass die EZB nur für die monetären Rahmenbedingungen verantwortlich ist, nicht aber für fiskal- und lohnpolitische Entscheidungen, welche die Preisentwicklung kurzfristig auch erheblich beeinflussen können...

Zugleich gibt sich die EZB mit einem Referenzwert für das Geldmengenwachstum eine eigene Orientierung. Sie unterliegt dann einem eigenen Disziplinierungszwang. Abweichungen von ihrem Zielpfad bedürfen dann einer überzeugenden Rechtfertigung. Andererseits darf man natürlich nicht übersehen, dass die monetäre[1] Basis möglicherweise besondere Unsicherheiten und Unregelmäßigkeiten aufweisen kann. Neben der Geldmenge im Mittelpunkt könnten daher auch andere Indikatoren mit ins Kalkül gezogen werden. Ein unmittelbares Stabilitätsziel als ergänzender Indikator steht sicherlich nicht im Widerspruch zur Orientierung an einem Geldmengenziel.

Quelle: Tietmeyer, H.: Die Geldpolitik der Europäischen Zentralbank, in: Deutsche Bundesbank, Auszüge aus Presseartikeln vom 13. Februar 1998.

Aufgaben:

1. Erklären Sie die unterstrichenen Begriffe!
2. Erläutern Sie, inwiefern die Europäische Zentralbank einer Kontrolle unterliegt!

1 **Monetär** (lat.): geldlich, geldmäßig.

17 Textauszug:

Ende November hatte die Brüsseler Kommission bei der Auslegung des Stabilitätspakts eine schwere Niederlage erlitten. Die Mehrheit der EU-Finanzminister lehnte in einer Kampfabstimmung härtere Sparauflagen für Deutschland und Frankreich ab, obwohl beide Staaten zum dritten Mal hintereinander ein Defizit von mehr als drei Prozent der Wirtschaftsleistung vorlegen. Die Stellung der Kommission als Wächter über die nationale Haushaltspolitik der Euro-Mitglieder wurde dadurch geschwächt. Die Mehrheit der Mitgliedsstaaten glaubt, dass weitere Einsparungen die Konjunktur in Deutschland und Frankreich und damit in ganz Europa weiter verschlechtern würden. Die EU-Kommission befürchtet dagegen negative Folgen für die Glaubwürdigkeit des Euro, wenn die beiden größten Mitgliedsstaaten sich nicht an die Defizitregeln halten.

Nach Ansicht des Währungskommissars haben die Finanzminister im November europäisches Recht gebrochen, als sie den Vorschlag der Kommission für härtere Sparauflagen ablehnten . . .

Quelle: Hagelüken, A.: EU-Kommission verklagt Finanzminister, in: Süddeutsche Zeitung vom 14. Januar 2004.

Aufgaben:

1. Erläutern Sie die unterstrichenen Begriffe!
2. Informieren Sie sich über die Aufgaben der Europäischen Kommission und berichten Sie darüber!

2.3.7 Geldpolitische Instrumente

2.3.7.1 Mindestreservepolitik

Mindestreserven sind Geldbeträge, die die Kreditinstitute gegen eine geringe Verzinsung oder auch unverzinslich bei der Europäischen Zentralbank einzahlen müssen.[1]

Die Mindestreservepflicht der Kreditinstitute bemisst sich nach der Höhe ihrer Verbindlichkeiten gegenüber Nichtbanken aus täglich fälligen Einlagen (Sichteinlagen), Einlagen mit vereinbarter Laufzeit, Einlagen mit vereinbarter Kündigungsfrist, Repo-Geschäften,[2] ausgegebenen Schuldverschreibungen und ausgegebenen Geldmarktpapieren. Die Mindestreservesätze sind der prozentuale Anteil der Mindestreserven am Wert der genannten Verbindlichkeiten. Sie können je nach Art und Laufzeit der Verbindlichkeiten unterschiedlich hoch sein.

Zum Verständnis des Zusammenhangs genügt es, wenn wir die Mindestreserven für Sichteinlagen betrachten. Dabei ist es wichtig zu wissen, dass die Kreditinstitute zwar kein Bargeld (Münz- und Notengeld), wohl aber Giralgeld schaffen (schöpfen) können, weil sie mehr Geld ausleihen können als sie Einlagen besitzen. Der Grund: Es ist kaum zu erwar-

1 Mitte 2019 betrug der Mindestreservesatz für täglich fällige Einlagen mit vereinbarter Laufzeit und Kündigungsfrist von bis zu zwei Jahren, Schuldverschreibungen und Geldmarktpapiere 1 %, für Verbindlichkeiten mit vereinbarter Laufzeit und Kündigungsfrist von über zwei Jahren, Repogeschäfte und Schuldverschreibungen mit einer vereinbarten Laufzeit von länger als zwei Jahren 0 %.

2 Die Kreditinstitute können sich beim Eurosystem finanzielle Mittel beschaffen, indem sie beleihungsfähige Wertpapiere an das Eurosystem für eine bestimmte Zeit verkaufen. Diese Geschäfte bezeichnet man als Pensions- oder Repo-Geschäfte. Repo ist die Abkürzung für Repurchase (engl. Rückkauf). Das „o" am Ende hat sich wegen der Aussprache durchgesetzt. (Näheres zu den Pensionsgeschäften des Eurosystems siehe S. 114f.).

ten, dass alle Bankkunden gleichzeitig ihr Geld abheben wollen. Es genügt vielmehr, wenn die Banken eine verhältnismäßig geringe Bargeldsumme zur Auszahlung bereithalten.

Beispiel:

Angenommen, ein Bankkunde zahlt auf sein Girokonto 10 000,00 EUR ein. Der Mindestreservesatz der EZB beträgt 1 %. Ferner pflegen die Banken 20 % der Sichteinlagen als Barreserve (Kassenreserve für Auszahlungszwecke) zu halten. Die Bank – nennen wir sie Bank A – kann nunmehr 7 900,00 EUR ausleihen, falls sich ein Kreditnachfrager findet.

Erhöht die EZB den Mindestreservesatz auf beispielsweise 2 %, muss die Bank A bei einer Einlage von 10 000,00 EUR eine Barreserve von 2 000,00 EUR und eine Mindestreserve von 200,00 EUR halten, sodass sich ihre Giralgeldschöpfungsmöglichkeit auf 7 800,00 EUR vermindert.

Aus dem Beispiel folgt:

- Je **höher** die Mindestreservesätze, desto **geringer** sind die Giralgeldschöpfungsmöglichkeiten der Kreditinstitute.
- Je **niedriger** die Mindestreservesätze, desto **höher** sind die Giralgeldschöpfungsmöglichkeiten der Kreditinstitute.

Somit lässt sich Folgendes festhalten:

Mindestreservesätze	
Erhöhung – Ist die Wirtschaft vollbeschäftigt und besteht Inflationsgefahr, erhöht die EZB die Mindestreservesätze. Die Kreditinstitute können **weniger** Giralgeld anbieten. Kaufwünsche der Wirtschaftssubjekte können nur in geringerem Umfang erfüllt werden. Die Nachfrage nach Sachgütern und Dienstleistungen wird gebremst, die Inflationsgefahr verringert.	Ist die Wirtschaft unterbeschäftigt und herrscht Preisstabilität, senkt die EZB die Mindestreservesätze. Die Kreditinstitute können mehr Giralgeld anbieten. Kaufwünsche der Wirtschaftssubjekte können erfüllt werden. Die Nachfrage nach Gütern wird gefördert. Die EZB hofft, dass die Wirtschaft angekurbelt wird. – **Senkung**

Modell der Mindestreservepolitik

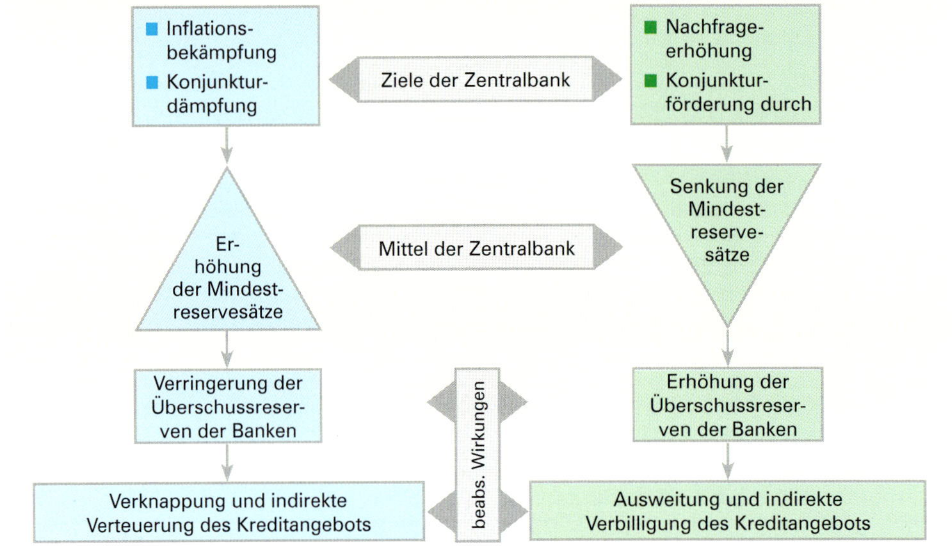

Es wird häufig gesagt, dass die Mindestreservepolitik ein Schwert mit einer stumpfen und mit einer scharfen Seite ist. Die scharfe Seite ist die Erhöhung der Mindestreservesätze: Erhalten die Wirtschaftssubjekte nur Kredite im Rahmen des von der EZB gewünschten Umfangs, können sie ihre Nachfrage nicht beliebig ausdehnen: Wo kein Geld ist, ist keine Nachfrage. Senkt indessen die EZB die Mindestreservesätze, zeigt sich die stumpfe Seite der Waffe. Die Kreditinstitute haben zwar mehr Geld. Wenn aber niemand dieses Geld in Form von Krediten haben möchte, steigt auch die Nachfrage nicht.

Bei der Beurteilung der geldpolitischen Instrumente der Europäischen Zentralbank sollte ferner beachtet werden, dass die **Hauptaufgabe der EZB** die Erhaltung der **Preisstabilität** ist. Die **Beschäftigungspolitik** ist hingegen **Aufgabe der Regierungen**. Die EZB **kann** (und soll) die **Regierungen** bei der Verfolgung ihrer **wirtschaftspolitischen Ziele unterstützen,** insoweit das Stabilitätsziel nicht gefährdet ist.

2.3.7.2 Offenmarktpolitik[1]

Die Offenmarktpolitik spielt eine wichtige Rolle in der Geldpolitik der Europäischen Zentralbank. Offenmarktgeschäfte werden eingesetzt, um **Zinssätze** und **Liquidität** (die Geldmenge) am Markt zu steuern und um Signale zu setzen.

2.3.7.2.1 Instrumente der Offenmarktpolitik

Es stehen z. B. folgende Arten von Instrumenten zur Durchführung von Offenmarktgeschäften zur Verfügung:

- definitive[2] Käufe bzw. Verkäufe von Wertpapieren,
- befristete Transaktionen und
- Emissionen von Schuldverschreibungen.

(1) Definitive Käufe und Verkäufe von Wertpapieren

Der definitive Kauf oder Verkauf von Wertpapieren ist ein mögliches Instrument einer Zentralbank zur Beeinflussung der Geldmenge und des Zinsniveaus. Die definitiven Käufe von Wertpapieren rechnet die EZB zu den sogenannten **„strukturellen Operationen"**. Sie finden unregelmäßig, d. h. bei Bedarf statt.

Durch den Kauf bzw. Verkauf von Wertpapieren beeinflusst die Zentralbank die Zinssätze. Technisch geschieht das in der Weise, dass die Zentralbank vom Marktzinssatz abweichende Abgabe- und Annahmesätze (Verkaufs- und Ankaufssätze) fixiert (festlegt) und es den Kreditinstituten überlässt, wie viele Papiere sie bei der Zentralbank kaufen bzw. an sie verkaufen wollen. Ist z. B. der Kreditmarkt flüssig, kann die Zentralbank die Abgabesätze über den Marktzinssatz hinaus erhöhen. Für die Kreditinstitute ist es dann vorteilhaft, überschüssige Mittel nicht auf dem Markt anzubieten, sondern in Wertpapieren anzulegen. Der Geldmarkt „verknappt sich" und der Zinssatz steigt.

Somit lässt sich Folgendes festhalten:

Verkauf von Wertpapieren	Ist die Wirtschaft vollbeschäftigt und besteht Inflationsgefahr, verkauft die Zentralbank Wertpapiere am offenen Markt. Dem Kreditmarkt wird Liquidität entzogen. Die Überschussreserven der Kreditinstitute und damit das Kreditangebot verringern sich. Zusätzliche Nachfrage kann nicht finanziert werden. Es ist zu erwarten, dass die inflationäre Entwicklung gebremst wird.
Kauf von Wertpapieren	Ist die Wirtschaft unterbeschäftigt, kauft die Zentralbank Wertpapiere am offenen Markt. Dem Kreditmarkt wird Liquidität zugeführt. Die Überschussreserven der Kreditinstitute erhöhen sich und damit das Kreditangebot. Zusätzliche Kreditnachfrage kann also finanziert werden.

1 Der Begriff **Offenmarktpolitik** ist geschichtlich zu verstehen. Er stammt aus England, wo es den offenen Markt für Staatsanleihen gab, auf dem die englische Zentralbank im Rahmen der „open market policy" mit jedermann handelte.

2 **Definitiv** (lat.) wörtl.: bestimmt. Hier: Ein endgültiger Kauf ohne Nebenbedingungen wie z. B. Rücknahmevereinbarungen.

8 Speth u.a. - ISBN 978-3-8120-0593-7

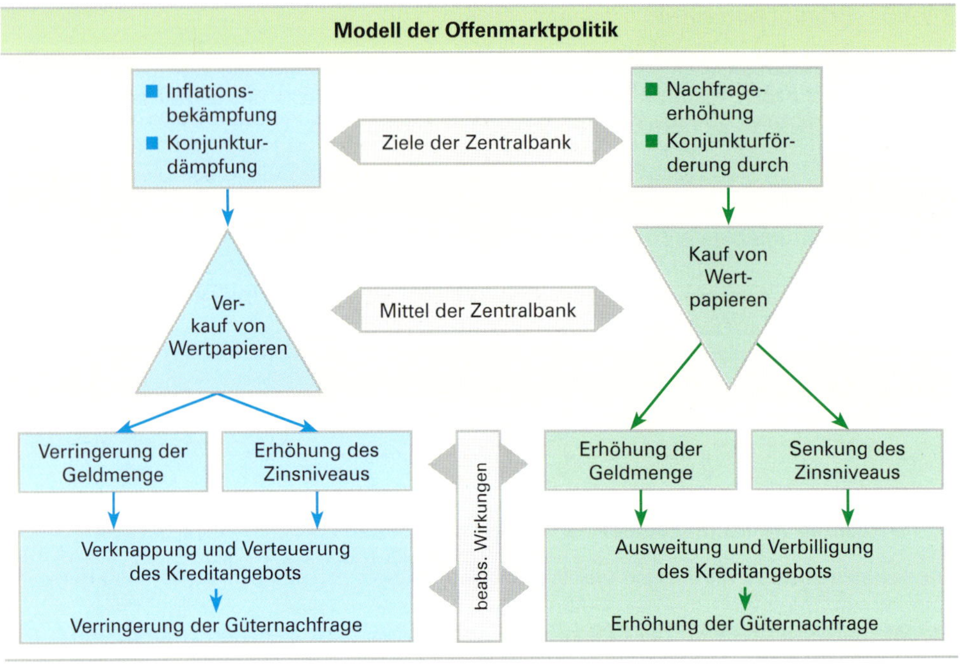

(2) Befristete Transaktionen

Befristete Transaktionen werden vom Eurosystem in Form von Pensionsgeschäften und Pfandkrediten durchgeführt.

Pensionsgeschäfte

Pensionsgeschäfte sind Offenmarktgeschäfte **auf Zeit** (daher der Begriff „befristete Transaktionen"), weil den Banken nur für eine im Voraus feststehende Zeit Zentralbankgeld (Sichtguthaben oder Bargeld) zur Verfügung gestellt wird. Von Pensionsgeschäften spricht man deshalb, weil das Eurosystem Wertpapiere mit der Maßgabe kauft, dass die Kreditinstitute die Papiere nach Ablauf einer bestimmten Zeit (z.B. nach 28 Tagen) wieder zurückkaufen. Die Papiere werden von den Kreditinstituten beim Eurosystem sozusagen „in Pension" gegeben. Die Pensionsgeschäfte unterscheiden sich also von den definitiven Käufen durch die Rücknahmevereinbarung zwischen dem Kreditnehmer und der EZB. Sie werden deswegen auch als **Repogeschäfte**[1] bezeichnet.

1 Siehe Fußnote 2 auf S. 110.

Praktisch vollzieht sich ein Pensionsgeschäft wie folgt:

Die Kreditinstitute verkaufen Wertpapiere an das Eurosystem. Da die Pensionsgeschäfte i.d.R. von den **nationalen Zentralbanken** durchgeführt werden, verkaufen z.B. die deutschen Kreditinstitute Wertpapiere an die Deutsche Bundesbank gegen Gutschrift auf dem Landeszentralbankkonto mit der Verpflichtung, diese Papiere zu einem späteren festgelegten Zeitpunkt wieder zurückzukaufen. Die Verzinsung besteht darin, dass das Eurosystem den Rückkaufbetrag höher festlegt als den Ankaufbetrag.

Beispiel für Wertpapierpensionsgeschäfte:

Das Eurosystem bietet Pensionsgeschäfte an: Laufzeit 20 Tage, Pensionssatz 3 %. Bank A verkauft Wertpapiere für 3 Mio. EUR.

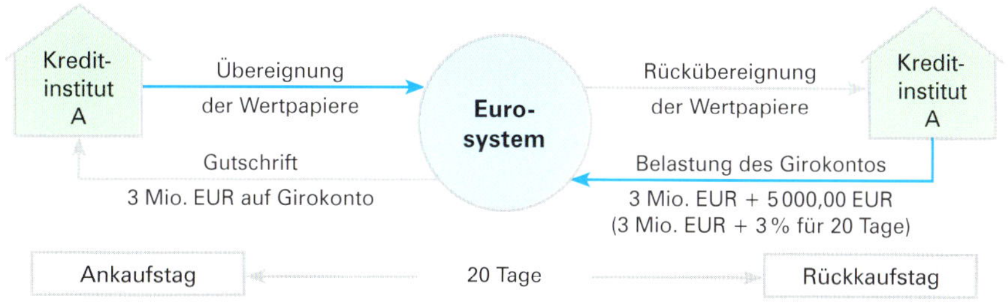

Mengentender

Beim Mengentender legt eine Zentralbank den Zinssatz fest. Die bietenden Kreditinstitute nennen in ihren Geboten die Kreditbeträge, die sie bei ihr aufnehmen wollen. Die Zentralbank setzt einen internen Höchstbetrag für das gesamte Kreditvolumen fest. Bei Überzeichnung (die Kreditinstitute wollen mehr Kredite aufnehmen als die Zentralbank zur Verfügung stellen will) wird anteilig zugeteilt (repartiert).

Beispiel:

Angenommen, das Ausschreibungsvolumen einer Zentralbank beträgt 20 Mrd. GE. Die Gebote der Kreditinstitute belaufen sich auf 25 Mrd. GE. Sie erhalten daher 80 % ihrer Gebote zugeteilt.

Durch das Herauf- bzw. Heruntersetzen des Pensionssatzes wird das gesamte Zinsniveau (gewissermaßen der gewogene Durchschnitt aller Zinssätze) beeinflusst, weil die Zinssätze interdependent, d.h. gegenseitig abhängig sind.

Beispiel:

Steigt der Zins für kurzfristige Kredite von 6 auf 8 % und verharrt der Zinssatz für langfristige Kredite noch auf beispielsweise 7 %, so werden kurzfristige Kredite durch langfristige ersetzt, d.h., langfristige Kredite werden so lange nachgefragt, bis auch auf den Kapitalmärkten die Zinssätze steigen.

Erhöhung des Pensionssatzes ↗	Setzt eine Zentralbank den Pensionssatz herauf, steigt das Zinsniveau. Die Kreditinstitute geben die gestiegenen Refinanzierungskosten an ihre Kunden (vor allem Unternehmen und private Haushalte) weiter, indem sie ihre Sollzinsen erhöhen. Die Geldnachfrage geht zurück, weil ■ gestiegene Zinssätze geplante Investitionsvorhaben der Unternehmen unrentabel („uninteressant") machen können und weil ■ für manche privaten Haushalte die Kreditaufnahme für Konsumzwecke zu teuer wird. Die Zinserhöhung verringert also die Nachfrage nach Investitions- und Konsumgütern, sodass die Konjunktur gedämpft und eine bestehende Inflationsgefahr verringert wird.
Senkung des Pensionssatzes ↙	Setzt eine Zentralbank den Pensionssatz herab, sinkt das Zinsniveau. Die Kreditinstitute geben die gesunkenen Refinanzierungskosten an ihre Kunden weiter, indem sie die Sollzinssätze senken. Die Zentralbank hofft, dass die Kreditnachfrage zunimmt, weil die gesunkenen Zinssätze ■ kreditfinanzierte Investitionsvorhaben rentabler machen und ■ den privaten Haushalten Anreize geben, mehr Konsumgüter auf Kredit zu kaufen. Die Zinssenkung – so wird erwartet – erhöht die Nachfrage nach Investitions- und Konsumgütern, sodass die Konjunktur „angekurbelt" wird. Durch das Herauf- bzw. Herabsetzen des Pensionssatzes gibt eine Zentralbank dem Bankensystem und der gesamten Wirtschaft ein **Signal** (Zeichen). Mit einer Zinserhöhung wird signalisiert, dass die Zentralbank weitere Preissteigerungen (ein Steigen der Inflationsrate) nicht hinnehmen möchte. Die Kreditinstitute werden das Signal verstehen und ihre Zinssätze erhöhen, denn sie wissen, dass andernfalls der Zentralbank weitere restriktive Maßnahmen wie z.B. eine Erhöhung der Mindestreservesätze zur Verfügung stehen. Mit einer Zinssenkung wird signalisiert, dass die Zentralbank die Geldwertstabilität als gesichert ansieht und ihren Teil zur Förderung der Konjunktur und des Wirtschaftswachstums beitragen möchte.

■ Zinstender

Der Zinstender ist dadurch gekennzeichnet, dass die Kreditinstitute neben dem Bietungsbetrag auch noch den **Zinssatz** nennen. Das zur Verfügung stehende Kreditvolumen wird von der Zentralbank festgelegt.

Beim Zinstender gibt es zwei **Zuteilungsmethoden**:

- Beim **holländischen Verfahren** (i.d.R. mit einem Mindestbietungssatz) berechnet eine Zentralbank allen bietenden Banken den Pensionssatz, der sich aus dem Gebot des Kreditinstituts ergibt, das mengenmäßig gerade noch zum Zuge kommt.

Beispiel:

Eine Zentralbank möchte 10 Mrd. GE zuteilen. Es bieten die Bankengruppen A bis E:

Kreditinstitute	Bietungsbeträge	Bietungssätze	Zuteilung
A	2,5 Mrd. GE	4,00 %	2,5 Mrd. GE
B	3,0 Mrd. GE	3,95 %	3,0 Mrd. GE
C	3,0 Mrd. GE	3,90 %	3,0 Mrd. GE
D	4,0 Mrd. GE	3,85 %	1,5 Mrd. GE
E	2,0 Mrd. GE	3,80 %	–

Der Pensionssatz wird einheitlich auf 3,85 % festgelegt.

- Beim **amerikanischen Verfahren** wird zu den individuellen Bietungssätzen der Kreditinstitute abgerechnet. Das amerikanische Verfahren wird vom **Eurosystem** angewendet.

Beispiel:

Das Eurosystem möchte 10 Mrd. EUR zuteilen. Es bieten die Bankengruppen A bis E:

Kreditinstitute	Bietungsbeträge	Bietungssätze	Zuteilung
A	2,5 Mrd. EUR	4,00 %	2,5 Mrd. EUR zu 4,00 %
B	2,0 Mrd. EUR	3,95 %	2,0 Mrd. EUR zu 3,95 %
C	3,0 Mrd. EUR	3,90 %	3,0 Mrd. EUR zu 3,90 %
D	5,0 Mrd. EUR	3,85 %	2,5 Mrd. EUR zu 3,85 %
E	3,0 Mrd. EUR	3,80 %	–

Bei beiden Verfahren gilt, dass die Gebote, die über dem niedrigsten zum Zuge kommenden Pensionssatz liegen, voll zugeteilt werden. Die Gebote zum niedrigsten Pensionssatz (in den Beispielen 3,85 %) müssen erforderlichenfalls repartiert werden.

Hinsichtlich des zeitlichen Rahmens ist zwischen Standardtender und Schnelltender zu unterscheiden.

- **Standardtender** werden innerhalb 24 Stunden von der Tenderankündigung an bis zur Bestätigung des Zuteilungsergebnisses durchgeführt (wobei zwischen dem Ablauf der Gebotsfrist und der Bekanntgabe des Zuteilungsergebnisses etwa zwei Stunden liegen).
- **Schnelltender** werden i. d. R. innerhalb einer Stunde von der Tenderankündigung bis zur Bestätigung des Zuteilungsergebnisses durchgeführt.

Verpfändung refinanzierungsfähiger Sicherheiten

In diesem Fall hinterlegen die Kreditinstitute bei einer nationalen Zentralbank Sicherheiten (Pfänder), die von dieser befristet beliehen werden können.

(3) Emission von Schuldverschreibungen

Die Emission (Ausgabe) von Schuldverschreibungen durch die EZB zählt ebenfalls zu den strukturellen Operationen. Die Schuldverschreibungen stellen eine Verbindlichkeit der EZB gegenüber dem Inhaber der Schuldverschreibung dar. Sie werden stückelos[1] begeben und bei Zentralverwahrern[2] im Euro-Währungsraum verwahrt.

Die Schuldverschreibungen werden in abgezinster Form emittiert, d. h. zu einem Kurs, der unter dem Nennwert liegt, und bei Fälligkeit zum Nennwert eingelöst.

Die geschäftliche Abwicklung erfolgt über die nationalen Zentralbanken. Ebenso wie die definitiven Verkäufe und Käufe von Wertpapieren beeinflusst die Ausgabe von Wertpapieren die Geldmenge und das Zinsniveau.

Verkauf von Schuldverschreibungen	Besteht Inflationsgefahr, emittiert die EZB über die nationalen Zentralbanken Schuldverschreibungen. Dem Geldmarkt wird Liquidität entzogen. Die Überschussreserven der Kreditinstitute verringern sich und damit das Geldangebot. Zusätzliche Nachfrage kann nicht finanziert werden. Es ist zu erwarten, dass die Inflation gebremst wird. Da das Geldangebot abnimmt, steigt das Zinsniveau.
Tilgung von Schuldverschreibungen	Durch die Tilgung von Schuldverschreibungen wird dem Geldmarkt Liquidität zugeführt. Die Überschussreserven der Kreditinstitute erhöhen sich und damit das Geldangebot. Zusätzliche Geldnachfrage kann also finanziert werden. Unter sonst gleichen Bedingungen führt das zunehmende Geldangebot zu einem sinkenden Zinsniveau.

Die liquiditätszuführende Wirkung von Tilgungsleistungen kann geldpolitisch unerwünscht sein. Die EZB kann diese Wirkung durch eine weitere oder erhöhte Ausgabe von Schuldverschreibungen kompensieren (ausgleichen) oder überkompensieren.

2.3.7.2.2 Kategorien der Offenmarktpolitik

Die Offenmarktgeschäfte können hinsichtlich ihrer Zielsetzung, der Abstände, in denen sie stattfinden, und der angewandten Verfahren in vier **Kategorien** (Gruppen) unterteilt werden.

Kategorien	Erläuterungen
1. Hauptrefinanzierungsinstrument	Die Hauptrefinanzierungsoperationen sind die wichtigsten Offenmarktgeschäfte des Eurosystems. Es sind liquiditätszuführende Transaktionen, die **regelmäßig jede Woche** durchgeführt werden. Sie haben i. d. R. eine Laufzeit von **einer Woche** und werden von den nationalen Zentralbanken durchgeführt. Der von der EZB festgelegte Zinssatz für die Hauptrefinanzierung **(Refi-Satz)** ist der entscheidende **Leitzins** in der WWU. Von Leitzins spricht man deshalb, weil sich nach ihm alle übrigen Zinssätze, wie z. B. der Zinssatz für Übernacht-Kredite bzw. Übernacht-Einlagen, richten. Die Spanne zwischen der Zinssatz-Obergrenze für Übernacht-Kredite und der Zinssatz-Untergrenze für Übernacht-Einlagen wird als **Zinsband,** als **Zinskorridor** oder als **Zinskanal** bezeichnet.

1 **Stückelos** heißt, dass keine Wertpapiere gedruckt werden.

2 Zentralverwahrer in Deutschland ist die **Deutsche Börse Clearing AG** (vormals Deutscher Kassenverein). Sie ist die zentrale Verwahrstelle für girosammelverwahrte Wertpapiere und Trägerin des Effektengirosystems.

Kategorien	Erläuterungen
2. Längerfristige Refinanzierungsgeschäfte	Bei den längerfristigen Refinanzierungsgeschäften handelt es sich um regelmäßige Refinanzierungsgeschäfte mit dreimonatiger Laufzeit. Längerfristige Refinanzierungsgeschäfte werden regelmäßig monatlich von den nationalen Zentralbanken durchgeführt.
3. Feinsteuerungsoperationen	Das Eurosystem kann Feinsteuerungsmaßnahmen in Form von befristeten Offenmarkttransaktionen durchführen, um unerwartete Liquiditätsschwankungen auszugleichen. Feinsteuerungsoperationen finden unregelmäßig statt. Ihre Laufzeit ist nicht standardisiert (einheitlich festgelegt). Sie werden i. d. R. dezentral durch die nationalen Zentralbanken vorgenommen.[1]
4. Strukturelle Operationen	Strukturelle Operationen sind liquiditätszuführende Operationen, die sowohl regelmäßig als auch unregelmäßig stattfinden können, wobei die Laufzeit nicht von vornherein standardisiert ist. Strukturelle Operationen werden dezentral von den nationalen Zentralbanken durchgeführt.

2.3.7.3 Ständige Fazilitäten[2]

Ständige Fazilitäten umfassen

- Kreditbereitstellungen des Eurosystems, die von den Kreditinstituten jederzeit bei Bedarf in Anspruch genommen werden können, und
- die Bereitschaft des Eurosystems, Einlagen der Kreditinstitute entgegenzunehmen.

Im ersten Fall spricht man von Spitzenrefinanzierungsfazilität, im zweiten von Einlagenfazilität.

Kategorien	Erläuterungen
1. Spitzenrefinanzierungsfazilität	Die Spitzenrefinanzierungsfazilität dient der Abdeckung von am Tagesende bestehenden (i. d. R. durch den Zahlungsverkehr entstandenen) Sollsalden der Kreditinstitute. Der Kredit des Eurosystems erfolgt „über Nacht" gegen refinanzierungsfähige Sicherheiten (z.B. Wertpapiere, Wechsel). Der Zinssatz wird von der EZB festgelegt und bildet die Obergrenze des Tagesgeldzinssatzes.[1] Die nationalen Zentralbanken (z. B. die Deutsche Bundesbank) können im Rahmen der Spitzenrefinanzierungsfazilität den Kreditinstituten Liquidität (Geld) in Form von **Übernacht-Pensionsgeschäften** oder als **Übernacht-Pfandkredite** zur Verfügung stellen. Beim Pfandkredit wird vom Kreditnehmer (Schuldner) dem Eurosystem (dem Gläubiger) ein Sicherungsrecht an den hinterlegten Pfändern[2] (z. B. Wertpapieren) eingeräumt, wobei der Schuldner das Eigentum an den Pfändern behält.

1 Der EZB-Rat entscheidet, ob in Ausnahmefällen bilateral befristete Transaktionen zur Feinsteuerung von der EZB durchgeführt werden können.

2 **Fazilität** (lat.): Möglichkeit. Fazilität (eigentlich „Kreditfazilität") bedeutet die Möglichkeit, einen Kredit aufnehmen zu können. Einlagenfazilität ist die Möglichkeit, Geld bei einer Zentralbank anlegen zu können.

1 Zinssatz, der für täglich fälliges Geld zu zahlen ist.

2 Die Kreditinstitute können beim Eurosystem Pfänder hinterlegen, um bei Bedarf z. B. die Übernacht-Pfandkredite in Anspruch nehmen zu können. Die hinterlegten Sicherheiten werden als **Pfanddepot** bezeichnet.

Kategorien	Erläuterungen
2. Einlagenfazilität	Die Einlagenfazilität ist gewissermaßen das Gegenteil der Spitzenrefinanzierungsfazilität, denn hier ermöglicht das Eurosystem den Kreditinstituten, Übernachtliquidität (in der Regel durch den Zahlungsverkehr entstandene Habensalden) bei den nationalen Zentralbanken anzulegen. Die Einlagen werden zu einem im Voraus festgelegten Zinssatz verzinst, der im Allgemeinen die Untergrenze des Tagesgeldzinssatzes bildet. Der Zugang zur Einlagenfazilität wird nur gemäß den Zielen und allgemeinen geldpolitischen Erwägungen der EZB gewährt. Die EZB kann die Bedingungen der Fazilität jederzeit ändern oder sie aufheben, z. B. in Zeiten konjunktureller Schwäche, in denen keine Liquiditätsabschöpfung erwünscht ist.

2.3.8 Zusammenhang zwischen Fiskal- und Geldpolitik

Die nachstehenden Abbildungen verdeutlichen den Zusammenhang zwischen Fiskalpolitik und Geldpolitik.

Maßnahmen des Staates und der Zentralbank zur Konjunkturförderung

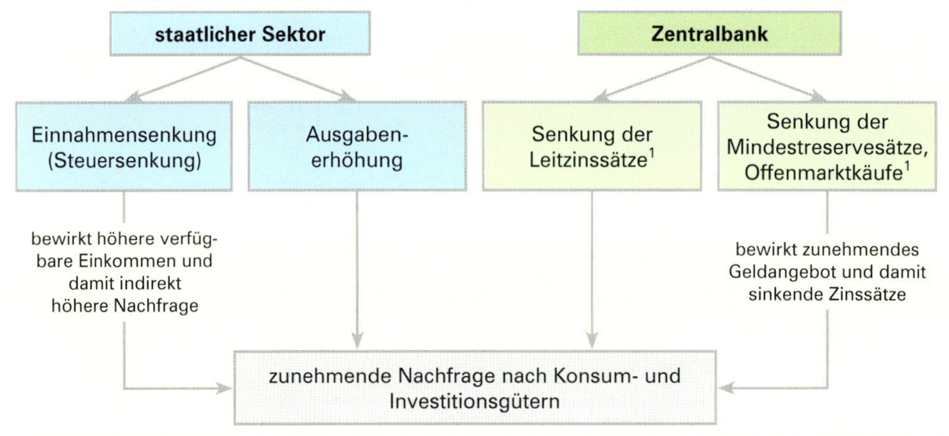

1 Soweit das Stabilitätsziel nicht gefährdet wird.

Zusammenfassung

- Die **Europäische Zentralbank** (EZB) ist die Hüterin der Geldwertstabilität in der Europäischen Wirtschafts- und Währungsunion (im Euro-Währungsgebiet).
- Die wichtigsten **geldpolitischen Instrumente** der Europäischen Zentralbank sind die Mindestreservepolitik, die Offenmarktpolitik und die Veränderung der Leitzinssätze.

Quelle: www.ecb.int (Europäische Zentralbank)

- Unter **Mindestreservepolitik** versteht man das Herauf- bzw. Herabsetzen der Mindestreservesätze durch eine Zentralbank.
- Die **Offenmarktpolitik** ist ein geldpolitisches Instrument einer Zentralbank zur Beeinflussung der Geldmenge. Die EZB kann im Rahmen der Offenmarktpolitik Wertpapiere kaufen bzw. verkaufen, Pensionsgeschäfte betreiben oder Schuldverschreibungen emittieren (herausgeben).

Übungsaufgaben

18

1. Erläutern Sie die Begriffe Mindestreservesatz und Mindestreservepolitik!
2. Beurteilen Sie die Wirkungen steigender bzw. sinkender Mindestreservesätze!
3. Entscheiden Sie, in welchen wirtschaftlichen Gesamtsituationen die EZB die Mindestreservesätze
   3.1 erhöhen und
   3.2 senken wird!
   Begründen Sie Ihre Antworten!
4. Angenommen, die EZB erhöht die Zins- und Mindestreservesätze. Die Unternehmen gehen deshalb dazu über, Anleihen zu emittieren, um sich Kredite zu beschaffen. Erläutern Sie, wie die EZB diese Maßnahmen der Wirtschaft durchkreuzen kann!

19 **Textauszug:**

Einigung gibt es inzwischen auch über das anzuwendende notenbankpolitische Instrumentarium und seine Ausgestaltung. In der operativen[1] Geldpolitik agiert die EZB hauptsächlich mit Offenmarktinstrumenten in Form von Repo-Geschäften. Sie haben sich mittlerweile bei allen nationalen Zentralbanken als marktgerechtes und effektives Instrument durchgesetzt. Auch die deutschen Kreditinstitute sind in der Form der wöchentlichen Wertpapierpensionsgeschäfte damit schon seit langem vertraut. Eine sogenannte Hauptrefinanzierungsfazilität soll wöchentlich mit einer Laufzeit von zwei Wochen abgeschlossen werden. Daneben werden von dem Eurosystem längerfristige Refinanzierungsgeschäfte angeboten. [...]

Entsprechend dem Charakter einer Basisfinanzierung ist der Kreis der teilnahmeberechtigten Kreditinstitute breit gezogen. Für die Vertenderung ist allerdings ein monatlicher Rhythmus vorgesehen.

Um unerwarteten Liquiditäts- und damit auch Zinsschwankungen angemessen begegnen zu können, kann das Eurosystem auf ein breites Spektrum von Feinsteuerungsoperationen zurückgreifen.

Als ständige Fazilitäten, deren Inanspruchnahme auf Initiative der Geschäftspartner erfolgt, gibt es eine Spitzenrefinanzierungsfazilität und eine Einlagenfazilität. Die Spitzenrefinanzierungsfazilität entspricht dabei funktionell dem deutschen Lombard. Sie ist damit also in erster Linie ein Sicherheitsventil bei kurzfristigen Liquiditätsengpässen im Bankensystem und begrenzt so auch die Ausschläge der Geldmarktsätze nach oben. Die Einlagenfazilität soll kurzfristige Liquiditätsüberschüsse abfangen, wodurch ein Boden für die Geldmarktsätze eingezogen wird. [...]

Quelle: Tietmeyer, H.: Nach einer Rede vom 8. Juli 1998, zitiert in Deutsche Bundesbank, Auszüge aus Presseartikeln vom 10. Juli 1998, S. 3f.

Aufgaben:

1. Erläutern Sie die im Text unterstrichenen Begriffe!
2. Prüfen Sie, welche Instrumente der Offenmarktpolitik im Text nicht angesprochen werden! Erläutern Sie diese Instrumente!
3. Verdeutlichen Sie am Beispiel des effektiven Kaufs bzw. Verkaufs von Wertpapieren durch eine Zentralbank die Wirkungsweise der Offenmarktpolitik!
4. Erläutern Sie, inwieweit die Offenmarktpolitik eine Doppelwirkung hat!
5. Stellen Sie dar, in welcher Situation es für die Kreditinstitute günstiger sein wird, Wertpapiere bei einer Zentralbank zu lombardieren als sie an die Zentralbank effektiv zu verkaufen!
6. Im Text wird gesagt, dass die Spitzenrefinanzierungsfazilität auch dazu dient, Ausschläge der Geldmarktsätze (Geldmarktzinssätze) nach oben zu begrenzen. Begründen Sie diese Aussage!

1 **Operation** (lat.): Eingriff. Operative Maßnahmen der EZB sind Eingriffe in den Geldmarkt. Der Begriff „operativ" wird häufig im Sinne von „kurzfristig" gebraucht.

7. Erläutern Sie, wie die Inanspruchnahme der Einlagenfazilität durch die Kreditinstitute auf die Geldmarktzinssätze wirkt!

20

1. Der Text zu Übungsaufgabe 19 spricht von „Vertenderung". Damit ist die Anwendung eines Tenders bei der Vergabe von Krediten durch eine Zentralbank gemeint.
   1.1 Erläutern Sie, was unter Mengentender zu verstehen ist!
   1.2 Erklären Sie die beiden Zuteilungsmethoden beim Zinstender!
2. Angenommen, eine Zentralbank möchte 12 Mrd. GE zuteilen. Es bieten die Bankengruppen A 4,5 Mrd. GE, B 4,2 Mrd. GE, C 5,1 Mrd. GE, D 2,7 Mrd. GE und E 1,5 Mrd. GE.

   Es wird ein Tenderverfahren angewandt.
   2.1 Angenommen, es wird der Mengentender eingesetzt. Ermitteln Sie, wie viel Kredit jede Bankengruppe erhält!
   2.2 Angenommen, es wird das holländische Tenderverfahren eingesetzt. Die Bankengruppen bieten folgende Zinssätze: Bankengruppe A 3,80 %, Bankengruppe B 3,75 %, Bankengruppe C 3,70 %, Bankengruppe D 3,65 % und Bankengruppe E 3,60 %.

   Prüfen Sie, welche Bankengruppen zum Zuge kommen und wie hoch der jeweilige Zuteilungsbetrag ist!
   2.3 Erläutern Sie, worin sich das holländische Tenderverfahren vom amerikanischen unterscheidet!
   2.4 Bestimmen Sie, wie der Oberbegriff über die in den Aufgaben 2.2 und 2.3 genannten Tenderverfahren lautet!
3. Entscheiden Sie, welche Maßnahmen die EZB in folgenden Fällen ergreifen sollte! Begründen Sie Ihre Antworten und gehen Sie auf mögliche Zielkonflikte ein!
   3.1 Die Wirtschaft befindet sich im Zustand der Unterbeschäftigung (Arbeitslosigkeit). Die Inflationsrate ist gering.
   3.2 Die Wirtschaft befindet sich im Zustand der Überbeschäftigung mit hohen Preissteigerungsraten.
   3.3 Die Importe übersteigen die Exporte. Die Inflationsrate ist hoch. Die Wirtschaft ist unterbeschäftigt.
   3.4 In den USA sind die Zinssätze niedrig, in der WWU im Verhältnis dazu hoch. Die Inflationsrate in der WWU ist nach Ansicht der EZB zu hoch.

2.4 Sozialpolitik

2.4.1 Sozialpolitische Aktivitäten des Staates im Überblick

Dem Ordnungsentwurf der sozialen Marktwirtschaft entspricht eine Synthese[1] von wettbewerbspolitisch zu sichernden wirtschaftlichen Freiheitsrechten einerseits und sozialer Bindung der wirtschaftlich tätigen Menschen und ihrer Organisationen (den „Wirtschaftssubjekten") andererseits. Um diesen zweiten Aspekt realisieren zu können, bedarf es gestaltender Maßnahmen des Staates, die als **Sozialpolitik** bezeichnet werden.

Das Ergebnis aller sozialpolitischen Entscheidungen und Maßnahmen bezeichnet man als **Sozialordnung**.

Für die Bundesrepublik Deutschland stellt Art. 20 I GG fest: *„Die Bundesrepublik Deutschland ist ein demokratischer und sozialer Bundesstaat."* Verwirklicht wird dieses „Sozialstaatspostulat"[2] des Grundgesetzes durch ein **Netz sozialer Sicherungsmaßnahmen.**

---

1 **Synthese** (gr., lat.): Zusammenfügung einzelner Teile.

2 **Postulat** (lat.): Forderung. Sozialstaatspostulat: Forderung, einen Sozialstaat zu errichten bzw. zu erhalten.

Sozialpolitische Aktivitäten des Staates im Rahmen der sozialen Marktwirtschaft

Beschäftigungspolitik	Verteilungspolitik	Arbeitsschutzpolitik	Politik zur Absicherung von Arbeitsrisiken (Sozialversicherung)	sonstige sozialpolitische Maßnahmen
■ Maßnahmen zur Erreichung eines möglichst hohen Beschäftigungsstands ■ Erhaltung und Schaffung von Arbeitsplätzen ■ Berufsberatung Arbeitsmarktberatung ■ Ausbildungs- und Arbeitsvermittlung ■ Förderung der beruflichen Bildung und Weiterbildung	Einkommens- und Vermögensumverteilung durch ■ Steuerpolitik ■ Vermögenspolitik ■ Familienpolitik (z. B. Kindergeld) ■ sonstige Sozialleistungen (Transferzahlungen wie z. B. Wohngeld, Arbeitslosengeld II, BAföG, Altershilfe für Landwirte) ■ Preispolitik	■ Schutz der materiellen Rechte durch Arbeitsvertrags-, Berufsbildungs-, Tarifvertrags- und Mitbestimmungsrecht (Arbeitsrecht i. e. S.) ■ sozialer Arbeitsschutz (z. B. Arbeitszeitgesetz, Mutterschutzgesetz, Jugendarbeitsschutzgesetz, Kündigungsschutzgesetz) ■ Schutz des Lebens und der Gesundheit durch menschengerechte Gestaltung der Arbeit, technischen Arbeitsschutz und Unfallversicherung	■ gesetzliche Krankenversicherung ■ soziale Pflegeversicherung ■ gesetzliche Rentenversicherung ■ gesetzliche Arbeitsförderung (Arbeitslosenversicherung) ■ gesetzliche Unfallversicherung	■ Umweltschutzpolitik ■ Gesundheitspolitik ■ Strukturpolitik ■ Bevölkerungspolitik ■ Bildungspolitik

Im Rahmen dieses Kapitels wird auf die **Verteilungspolitik** (Kapitel 2.4.2) und die **Sozialversicherung** (Kapitel 2.4.3) eingegangen.

2.4.2 Verteilungspolitik (Einkommensverteilung)

2.4.2.1 Primärpolitik

Rein wirtschaftlich gesehen ist der Lohn als wichtigste Einkommensart zwar der „Preis für menschliche Arbeit" (für den Produktionsfaktor Arbeit). Dennoch ist er mehr: Er versetzt den Einzelnen nämlich in die Lage, menschenwürdig zu leben, sofern die Lohnhöhe ausreichend ist. Daher verwundert es nicht, dass immer wieder nach dem „gerechten" Lohn (nach gerechter Einkommensverteilung) gefragt wird.

Enthält sich der Staat jeder Einflussnahme auf die Verteilung der Einkommen oder erhebt er allenfalls indirekte Steuern, ergibt sich die **Primärverteilung**[1] des Volkseinkommens.

Bei der Verteilung des Volkseinkommens unterscheidet man die **funktionelle** und die **personelle** Einkommensverteilung.

1 **Primär:** zuerst, erstrangig; „Primärverteilung" deshalb, weil sich diese Verteilung vor staatlicher Einflussnahme ergibt.

2.4.2.1.1 Funktionelle Einkommensverteilung

Wird danach gefragt, welchen Produktionsfaktoren die Einkommensanteile zugeflossen sind, spricht man von **funktioneller Einkommensverteilung.**[1]

(1) Arbeitseinkommen (Arbeitnehmerentgelt)

Sie sind die Einkommen der Unselbstständigen (Arbeiter, Angestellte, Beamte, Richter, Soldaten) aus ihrer Arbeitstätigkeit.

(2) Bodeneinkommen

Wie jedes knappe Gut hat der Boden seinen Preis, und zwar in Form eines Pachtzinses, eines Kaufpreises oder eines Nutzungsgewinns wie z. B. in der Landwirtschaft. Das Bodeneinkommen wird in der Volkswirtschaftslehre als **Bodenrente** oder **Grundrente** bezeichnet.

Die Berechtigung der Bodenrente als Einkommensquelle ist seit langem umstritten, vor allem auch deshalb, weil der Boden prinzipiell nicht vermehrbar ist. Radikale[2] **Bodenreformer,** vor allem die Sozialisten, forderten und fordern die Aufhebung des Privateigentums am Grundeigentum. Gemäßigtere Bodenreformer verlangen zwar nicht die Aufhebung des privaten Grundeigentums, wohl aber eine Steuergesetzgebung, die die Abschöpfung der Grundrente (mit Ausnahme der Intensitätsrente) zum Ziel hat.

(3) Kapitaleinkommen

Das Entgelt für die Überlassung von Kapital ist der **Zins.**

- Der **ursprüngliche (originäre) Zins** ist das Einkommen, das einem Kapitaleigentümer zufällt, wenn er sein Geldkapital im eigenen Unternehmen zu produktiven Zwecken einsetzt, also investiert. Der originäre Zins ist demnach der Zins für Kapital im volkswirtschaftlichen Sinne **(„Kapitalzins", „realer Zins").**
- Der **Leihzins** ist der Zins, der sich auf den Kreditmärkten (Geld- und Kapitalmärkten) aufgrund von Angebot und Nachfrage bildet. Man spricht deshalb auch vom **„Kreditzins"** oder **„Geldzins".**

Der durchschnittliche **ursprüngliche Zins** und der **durchschnittliche Leihzins** sind **selten gleich hoch.** Dennoch sind ihre Durchschnittshöhen interdependent (d. h. voneinander abhängig). So wird ein Unternehmer beispielsweise nur so lange investieren, wie seine Rendite (Verzinsung aus der Investition) mindestens so hoch ist wie der Geldzinssatz. Steigende Absatzpreise erhöhen somit – unter sonst gleichen Bedingungen – die Rentabilität des Sachkapitals (das Kapitaleinkommen) und umgekehrt.

(4) Unternehmenseinkommen

Das Unternehmenseinkommen enthält mehrere Einkommensbestandteile, nämlich den Unternehmerlohn, die **Kapitalverzinsung,** die **Risikoprämie** und den **Unternehmergewinn** für Eigentümerunternehmer.

---

1 „Funktionelle" Einkommensverteilung deshalb, weil das Volkseinkommen entsprechend den Aufgaben (Funktionen) der einzelnen Produktionsfaktoren verteilt wird.

2 **Radikal:** (wörtl.) „von der Wurzel her".

Unternehmerlohn	Der Unternehmerlohn ist die kalkulierte Vergütung für die Arbeitsleistung des Unternehmers in seinem Betrieb.
Kapitalverzinsung	Die Kapitalverzinsung ist das Entgelt für das investierte Kapital.
Risikoprämie	Die Risikoprämie stellt das Entgelt für das Wagnis dar, das der Unternehmer mit der Gründung seines Betriebs und dem Einsatz seiner finanziellen Mittel eingegangen ist.

Ein eventuell noch verbleibender Rest ist der **eigentliche Unternehmergewinn.** Für ihn gilt folgende Definitionsgleichung:

Unternehmergewinn = Ertrag – Aufwand – Kapitalverzinsung – Risikoprämie – Unternehmerlohn

Man könnte nun der Auffassung sein, dass eine Einkommensverteilung dann „gerecht" ist, wenn das Volkseinkommen den **einzelnen Produktionsfaktoren** entsprechend ihrer **Beiträge zur gesamtwirtschaftlichen Leistung** zufließt. Indessen ist es in einer arbeitsteiligen Gesellschaft unmöglich, den einzelnen Produktionsfaktoren ihren Beitrag zum Volkseinkommen zuzurechnen, ganz abgesehen davon, dass eine funktionelle Einkommensverteilung die Leistungsschwachen und -unfähigen unberücksichtigt lassen würde (z. B. Kinder, in der Ausbildung Stehende, Kranke, Alte). Das Problem der **„gerechten" Einkommensverteilung** muss daher **politisch** gelöst werden.[1]

2.4.2.1.2 Personelle Einkommensverteilung

Untersucht man die primäre Einkommensverteilung auf verschiedene soziale Gruppen (Personengruppen), spricht man von **personeller Einkommensverteilung.**

Unter personellen Gesichtspunkten kann man die Einkommensverteilung z. B. bei folgenden Personengruppen (sozialen Gruppen) untersuchen: Arbeiter, Angestellte, Beamte, Soldaten, Selbstständige und Rentner.

Die personelle Einkommensverteilung lässt sich gut mithilfe der **Lorenz-Kurve** – Lorenz war ein amerikanischer Statistiker – veranschaulichen.

Beispiel:

Angenommen, in einer Gesellschaft mit 360 000 Haushalten ergeben sich folgende Einkommensschichten:

Anzahl der Haushalte	Haushalte in Prozent	kumuliert in Prozent	Einkommen bis ... GE*	Gesamteinkommen in Mio. GE	Einkommen in Prozent	kumuliert in Prozent
80 000	22,2	22,2	1 500	120	12,5	12,5
70 000	19,4	41,6	2 000	140	14,6	27,1
60 000	16,7	58,3	2 500	150	15,6	42,7
50 000	13,9	72,2	3 000	150	15,6	58,3
40 000	11,1	83,3	3 500	140	14,6	72,9
30 000	8,3	91,6	4 000	120	12,5	85,4

1 Siehe Kapitel 2.4.2.2, S. 130 ff.

Anzahl der Haushalte	Haushalte in Prozent	kumuliert in Prozent	Einkommen bis ... GE*	Gesamteinkommen in Mio. GE	Einkommen in Prozent	kumuliert in Prozent
20 000	5,6	97,2	4 500	90	9,4	94,8
10 000	2,8	100,0	5 000	50	5,2	100,0
360 000	100,0	–	–	960	100,0	–

* GE: Geldeinheiten (z. B. EUR, US-$, £)

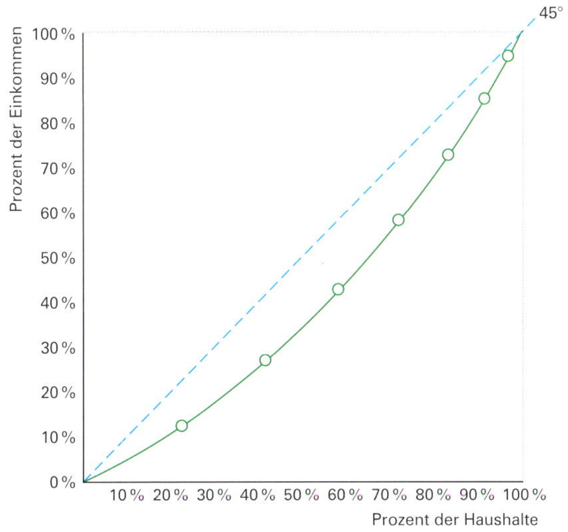

Ergibt sich bei dieser Berechnung eine „45°-Linie", so bedeutet das, dass die Einkommen völlig gleich verteilt sind. In diesem Beispiel ist die personelle Einkommensverteilung ungleich (z. B. verdienen 2,8 % der Haushalte 5,2 % des Volkseinkommens; oder 8,3 % der Haushalte beziehen 12,5 % des Volkseinkommens).

Das Statistische Bundesamt geht bei der Ermittlung der Einkommensverteilung in der Bundesrepublik Deutschland einen Mittelweg zwischen funktioneller und personeller Betrachtungsweise. Es unterscheidet zwischen dem **Arbeitnehmerentgelt** (dem Einkommen der Unselbstständigen) und dem **Unternehmens- und Vermögenseinkommen** (Boden- und Kapitaleinkommen sowie Unternehmensgewinne). Damit reduziert sich die Frage nach der Verteilung des Volkseinkommens auf das Verteilungsproblem zwischen den Produktionsfaktoren **„Arbeit"** einerseits und **„Kapital"** andererseits (vgl. nachstehende Tabelle).

Primärverteilung des Volkseinkommens in Westdeutschland (ab 1992 in Gesamtdeutschland)
(Zahlen in jeweiligen Werten und in Mrd. EUR)

Jahr:	**1960**	**1976**	**1984**	**1992**	**2000**	**2007**	**2011**	**2018**
Arbeitnehmerentgelt (brutto):	74,1	322,8	487,5	890,3	1 089,2	1 179,8	1 319,9	1 746,5
Unternehmens- und Vermögenseinkommen (brutto):	48,7	128,3	203,6	321,6	416,6	645,1	644,4	785,6
Volkseinkommen	122,8	451,1	691,1	1 211,9	1 505,8	1 824,9	1 964,3	2 532,1

Quelle: Statistisches Jahrbuch, mehrere Jahrgänge, sowie Monatsberichte der Deutschen Bundesbank, mehrere Jahrgänge.

2.4.2.1.3 Ursachen unterschiedlicher Einkommensverteilung

Gleichgültig, ob man die Einkommensverteilung unter funktionalen oder personellen Gesichtspunkten betrachtet: Sie ist im marktwirtschaftlichen System abhängig

- von der **Leistungsfähigkeit** der wirtschaftenden Personen,
- von den sozialen Gruppen, die **Eigentümer von Grund und Boden** bzw. des **Kapitals** (der Produktionsmittel) sind (den Eigentümern fließt – falls der Staat nicht eingreift – das Besitzeinkommen zu),
- vom Umfang der **Marktmacht** der einzelnen sozialen Gruppen, und zwar auf zweierlei Weise.
  - Wird die Wirtschaft im Wesentlichen von starken Oligopolen und Monopolen beherrscht, können diese ihre Preise höher ansetzen als dies bei polypolistischer Konkurrenz möglich wäre. Infolgedessen steigen die Gewinne (die Unternehmenseinkommen) zulasten des Arbeitnehmerentgelts.[1]
  - Zum Zweiten ist die Höhe des Arbeitnehmerentgelts abhängig von der Marktstellung der Arbeitnehmer einerseits und der Arbeitgeber andererseits auf dem Arbeitsmarkt. Sind die Arbeitnehmer nicht organisiert, werden regelmäßig die Arbeitsentgelte niedriger sein als in Wirtschaftsordnungen, in denen den Arbeitgeberverbänden mächtige Gewerkschaften gegenüberstehen.

Besteht das wirtschafts- und sozialpolitische Ziel, die Einkommen bisher einkommensschwacher Gruppen zu erhöhen, müssen auch die Eigentumsverhältnisse geändert werden. Nach sozialistischem Standpunkt hat dies durch Verstaatlichung der Produktionsmittel (einschließlich des Grund und Bodens) zu geschehen. Nach gemäßigten Reformvorstellungen können Besteuerung[2] und Beteiligung der Arbeitnehmer am Produktivvermögen (z. B. durch Belegschaftsaktien, Volksaktien) langfristig zu einer Umschichtung der Eigentumsverhältnisse und damit der Einkommensverteilung führen.

Zusammenfassung

- Die Einkommensverteilung, wie sie sich vor der Umverteilung durch den Staat ergibt, heißt **primäre Einkommensverteilung.**
- Die **funktionale (funktionelle) Einkommensverteilung** gibt darüber Auskunft, welchen Produktionsfaktoren die Einkommensteile zugeflossen sind.
- Die **Einkommensarten** nach funktionalen Gesichtspunkten sind:
  - Arbeitnehmerentgelte (Lohn im volkswirtschaftlichen Sinne),
  - Kapitaleinkommen (Zins),
  - Bodenrente (Bodeneinkommen) und
  - Unternehmenseinkommen.
- Eine politisch gesteuerte Einkommensverteilung nach funktionalen Gesichtspunkten ist praktisch nicht durchführbar, weil die Beträge der Produktionsfaktoren zur gesamten Wirtschaftsleistung nicht errechenbar sind **(Zurechnungsproblem).** Sie kann auch nicht gerecht sein, weil unverschuldete Leistungsunterschiede nicht berücksichtigt werden.
- Die **personelle Einkommensverteilung** gibt darüber Auskunft, welchen sozialen Gruppen die Anteile am Volkseinkommen zugeflossen sind.

---

1 Betrachtet man das Volkseinkommen als „Kuchen", der zwischen Arbeitnehmern und Unternehmen aufgeteilt wird, nimmt der Anteil der einen Gruppe ab, wenn es der anderen Gruppe gelingt, ein größeres Stück als zuvor aus dem Kuchen herauszuschneiden.

2 Siehe Kapitel 2.4.2.2, S. 130.

- Da sich in marktwirtschaftlichen Wirtschaftssystemen grundsätzlich die Produktionsmittel (das „Kapital") im Eigentum privater und staatlicher Unternehmen befinden, wird das Verteilungsproblem meist unter dem Gegensatz zwischen **„Kapital"** und **„Arbeit"** gesehen.
- Die personelle Einkommensverteilung wird mitbestimmt durch
  - die **Leistungsfähigkeit** der Wirtschaftssubjekte,
  - die **Eigentumsverhältnisse** an den Produktionsmitteln und
  - die **Marktmacht** der Wirtschaftssubjekte.

Übungsaufgabe

21
1. Erklären Sie den Begriff primäre Einkommensverteilung!
2. Definieren Sie den Begriff funktionale (funktionelle) Einkommensverteilung und erklären Sie die einzelnen Einkommensarten nach funktionalen Gesichtspunkten!
3. Erklären Sie mit eigenen Worten, was unter personeller Einkommensverteilung zu verstehen ist!
4. Das Verteilungsproblem wird heute meist auf den Gegensatz zwischen Arbeit und Kapital zurückgeführt. Erläutern Sie, warum dies so unterteilt wird!
5. Nennen Sie wesentliche Ursachen ungleicher personeller Einkommensverteilung!
6. Nachfolgende Grafik veranschaulicht die Einkommensteuerstruktur eines Landes.

   Beantworten Sie zu dieser Grafik folgende Einzelfragen:

   6.1 Erläutern Sie, um welches grafische Darstellungsverfahren es sich handelt und welcher Beziehungszusammenhang hier veranschaulicht wird!

   6.2 Prüfen Sie, welche Aussagen die Grafik hinsichtlich der Einkommensverteilung in dem angesprochenen Land erlaubt!

   6.3 Beurteilen Sie, wie die Verteilungskurve verlaufen würde, wenn eine extrem soziale Unausgewogenheit vorläge! Fertigen Sie eine Skizze an!

   6.4 Entscheiden Sie, wie die Verteilungskurve verlaufen würde, wenn die Einkommen vollständig nivelliert wären!

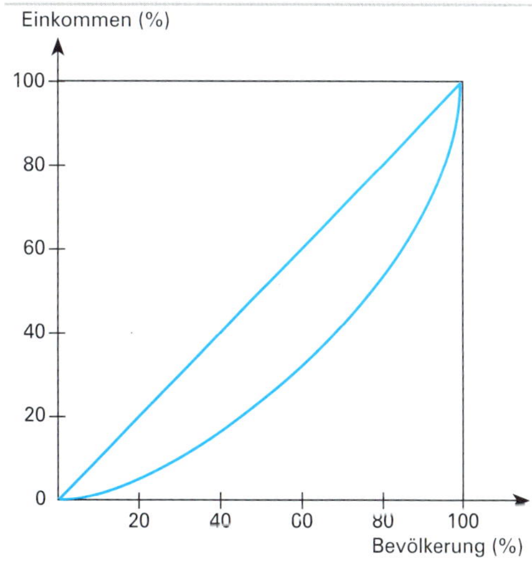

7. Interpretieren Sie diese Aussage:

   „Geschichtlich gesehen hat die Arbeitsteilung das Problem der richtigen („gerechten") Verteilung des Volkseinkommens verstärkt. Da die Produktion das Ergebnis eines Kombinationsprozesses ist, und weil dieses Ergebnis den einzelnen Produktionsfaktoren nicht zurechenbar ist ..., muss die Frage nach der ‚gerechten Verteilung' politisch gelöst werden. Wie aber die politische Entscheidung aussieht, hängt wiederum von der realisierten Gesellschaftsordnung ab."

9 Speth u.a. - ISBN 978-3-8120-0593-7

2.4.2.2 Umverteilung des Einkommens

2.4.2.2.1 Verteilungsprinzipien

Sobald Verbände und Staat in den Verteilungsprozess eingreifen,[1] müssen sie bestimmte **Verteilungsprinzipien** verfolgen, sich also eine Vorstellung darüber machen, wie es um das endgültige Verteilungsergebnis bestellt sein soll. Es ist einleuchtend, dass die Anschauungen darüber, wie eine „gerechte" Einkommensverteilung aussehen soll, sehr unterschiedlich sind. Sie hängen von der Interessenlage der jeweiligen Regierung bzw. der Verbände sowie von der vorherrschenden Weltanschauung (z. B. Individualismus, Personalismus, christliche Soziallehre oder Kollektivismus) ab.

Im Wesentlichen lassen sich **drei** Verteilungsprinzipien unterscheiden:

(1) Prinzip der Einkommensnivellierung[2]

Dieses Prinzip **(„Jedem das Gleiche!")** wird damit begründet, dass alle Menschen gleich seien. Deshalb hätten sie auch Anspruch auf den gleichen Anteil am Volkseinkommen.

Vorteil	Das Prinzip der Einkommensnivellierung hat den Vorteil, dass Unzufriedenheit, Neid und Missgunst abgebaut werden.
Nachteil	Der Nachteil ist, dass für den Einzelnen kein Leistungsanreiz besteht, sodass das Volkseinkommen niedriger ist, als es bei Anstrengung aller Kräfte sein könnte.

In der Bundesrepublik Deutschland wird das Gleichheitsprinzip zwar nicht in seiner extremen Ausbildung verfochten; wohl aber ist es ein wirtschafts- und gesellschaftspolitisches Ziel der Regierung und der Gewerkschaften, eine **sozialverträgliche (gleichmäßigere) Einkommensverteilung** herbeizuführen.

(2) Bedarfsprinzip

Das Bedarfsprinzip verlangt, die Einkommen nach einem von bestimmten Institutionen (z. B. Regierung, Parlament, Behörden) festzustellenden Maßstab zu verteilen **(„Jedem nach seinen Bedürfnissen!")**. Eine bedarfsgerechte Verteilung liegt z. B. vor, wenn die Einkommen nach Familienstand, Berufstätigkeit (Schwerarbeit, Bürotätigkeit) oder Kinderzahl differenziert (abgestuft) werden. So ist in der Bundesrepublik Deutschland z. B. die Staffelung der Löhne nach Altersgruppen, Betriebszugehörigkeit und/oder Familienstand ein Element des Bedarfsprinzips. In Zentralverwaltungswirtschaften war es u. a. üblich, Schwerarbeitern einen höheren Lohn und/oder doppelte Lebensmittelrationen zuzuteilen, weil sie einen höheren Kalorienbedarf haben.

Vorteil	Der Vorteil des Bedarfsprinzips ist, dass auch soziale Gesichtspunkte bei der Einkommensverteilung berücksichtigt werden können.
Nachteil	Der Nachteil ist, dass niemand – auch keine Behörde – in der Lage ist, den tatsächlichen Bedarf der Mitglieder einer Gesellschaft festzustellen. Der Bedarf ist vielmehr eine subjektive Größe.

1 Siehe S. 131 ff.

2 **Nivellieren:** gleichmachen, einebnen.

(3) Leistungsprinzip

Nach dem Leistungsprinzip soll jeder nach seinem Beitrag zum Inlandsprodukt entlohnt werden **(„Jedem nach seiner Leistung!“).** Das Leistungsprinzip verlangt, dass für gleiche Leistung auch der gleiche Lohn bezahlt wird. Es setzt voraus, dass für alle die gleichen Startbedingungen gegeben sind („Chancengleichheit“). Ein Mindereinkommen ist nach dieser Auffassung auf mangelnde Leistung zurückzuführen.

Vorteil	Der Vorteil des Leistungsprinzips ist, dass ein Anreiz zur Mehrarbeit und zum persönlichen Einsatz besteht.
Nachteil	Der Nachteil ist (neben der Unmöglichkeit, den Beitrag des Einzelnen zum Volkseinkommen objektiv zu ermitteln), dass das Leistungsprinzip unsozial sein kann, selbst wenn die Chancengleichheit gegeben wäre. Es berücksichtigt z. B. nicht, dass Minderleistung auch unverschuldet sein kann (z. B. Arbeitsunfall, Krankheit), zum anderen Mehrleistung auch auf Rücksichtslosigkeit, Betrug und Bestechung zurückgeführt werden kann. Außerdem berücksichtigt das Leistungsprinzip die Personen nicht, die nicht oder noch nicht (Alte und Jugendliche) im Produktionsprozess stehen.

Die Frage nach der **gerechten Einkommensverteilung ist nicht objektiv beantwortbar.** Die Antwort hängt vielmehr von der **Einstellung des Einzelnen** oder der jeweiligen **Interessengruppen** (Gewerkschaften, Regierungen, Parteien, Arbeitgebern usw.) ab.

2.4.2.2.2 Veränderung der Primärverteilung durch gewerkschaftliche Lohnpolitik

Die Auseinandersetzung der Gewerkschaften als Vertreter der Arbeitnehmer einerseits und der Arbeitgeberverbände als Vertreter der Arbeitgeber andererseits um den jeweiligen Anteil am Volkseinkommen bezeichnet man als „Arbeitskampf“. Betrachtet man das Volkseinkommen als einen „Kuchen“, den Arbeitnehmer bzw. Arbeitgeber „aufessen“, d. h. verbrauchen können, wird Folgendes deutlich:

- **Steigen** unter sonst gleichen Bedingungen die **Löhne, sinken** die **Gewinne.** Der Anteil des Unternehmereinkommens am Volkseinkommen ist geringer.
- **Steigen** unter sonst gleichen Bedingungen die **Gewinne,** wird der Anteil der Arbeitnehmereinkommen (Löhne) am Volkseinkommen **geringer.**

(1) Lohnquote und Pro-Kopf-Lohnquote

Die **Lohnquote** ist der prozentuale Anteil der Arbeitnehmereinkommen am Volkseinkommen.

Eine Erhöhung der Lohnquote vergrößert jedoch nur dann den Anteil des einzelnen Arbeitnehmers am Volkseinkommen, wenn sich die Arbeitnehmerquote nicht oder nicht in gleichem Maße wie die Lohnquote vergrößert hat. Unter **Arbeitnehmerquote** ist der prozentuale Anteil der Arbeitnehmer (unselbstständig beschäftigten Personen) an der Gesamtzahl der Beschäftigten zu verstehen. Die Zahl der Beschäftigten setzt sich aus den Arbeitnehmern (den Unselbstständigen) und den Selbstständigen zusammen.

Beispiel:

Beträgt das Volkseinkommen z.B. 1000 Mrd. GE und belaufen sich die Bruttolöhne (Arbeitnehmerentgelte einschließlich der Arbeitgeberanteile zur Sozialversicherung) auf 700 Mrd. GE, so ist die Lohnquote 70 %.

Ob sich der Anteil des einzelnen Arbeitnehmers am Volkseinkommen geändert hat oder nicht, lässt sich mithilfe der **Pro-Kopf-Lohnquote** ausdrücken.

$$\textbf{Pro-Kopf-Lohnquote} = \frac{\text{Lohnquote} \cdot 100}{\text{Arbeitnehmerquote}}$$

Beispiel:

Nachstehende Tabelle zeigt den Zusammenhang zwischen Erwerbsquote, Lohnquote und Pro-Kopf-Lohnquote.

Jahr	Zahl der Erwerbstätigen			Einkommen in GE			Lohnquote	Arbeitnehmerquote	Pro-Kopf-Lohnquote (PKL)	Bemerkungen
	Arbeitnehmer (Unselbstständige	Arbeitgeber (Selbstständige)	Insgesamt	Arbeitnehmerentgelt	Unternehmens- und Vermögenseinkommen	Insgesamt (Volkseinkommen)				
01	500	500	1000	5000	5000	10000	50 %	50 %	100 %	
02	800	200	1000	8000	2000	10000	80 %	80 %	100 %	konstante PKL
03	800	200	1000	8400	1600	10000	84 %	80 %	105 %	gestiegene PKL
04	800	200	1000	7600	2400	10000	76 %	80 %	95 %	gesunkene PKL

Eine Pro-Kopf-Lohnquote von 100 % drückt aus, dass die Unternehmereinkommen (Gewinne) und Arbeitnehmereinkommen (Löhne) im Durchschnitt gleich hoch sind. Steigt also z.B. die Lohnquote von 50 % auf 80 % und steigt der Anteil der Arbeitnehmer an der Gesamtbeschäftigtenzahl von ebenfalls 50 % auf 80 %, hat sich unter sonst gleichen Bedingungen für den Arbeitnehmer nichts geändert. Eine **Erhöhung der Pro-Kopf-Lohnquote** findet nur statt, wenn die **Lohnquote schneller** als die **Arbeitnehmerquote steigt.**

Weiterhin lässt sich festhalten: Ist die Pro-Kopf-Lohnquote höher als 100 %, sind die durchschnittlichen Löhne höher als die durchschnittlichen Gewinne. Ist die Pro-Kopf-Lohnquote niedriger als 100 %, sind die durchschnittlichen Löhne niedriger als die durchschnittlichen Gewinne.

Entwicklung der Lohnquote in der Bundesrepublik Deutschland (ab 1994 Gesamtdeutschland)												
Jahr:	**1962**	**1970**	**1974**	**1978**	**1986**	**1990**	**1994**	**1998**	**2002**	**2007**	**2011**	**2018**
Lohnquote (in %)	64,0	66,7	72,6	71,1	68,2	66,7	73,6	70,9	71,9	64,7	67,2	69,0
Arbeitnehmerquote (in %)	78,8	83,4	84,5	85,6	87,2	89,5	89,2	88,9	89,4	88,8	83,8	91,1
Pro-Kopf-Lohnquote (in %)	81,2	80,0	85,9	83,1	78,2	74,5	82,5	79,8	80,4	72,9	80,2	75,7

Quelle: Statistisches Jahrbuch, mehrere Jahrgänge, sowie Monatsberichte der Deutschen Bundesbank, mehrere Jahrgänge.

Aus der Tabelle ist zu entnehmen, dass sich der Anteil des einzelnen Arbeitnehmers am Volkseinkommen (die Pro-Kopf-Lohnquote) von 1962 bis 2018 trotz aller „Verteilungskämpfe" nicht erhöht hat.

(2) Aussagewert der Lohnquote und Pro-Kopf-Lohnquote

Die Lohnquote drückt nur aus, welcher Anteil des Volkseinkommens **allen** Arbeitnehmern zugeflossen ist. Etwas mehr sagt die Pro-Kopf-Lohnquote: Sie zeigt, welchen Anteil des Volkseinkommens der einzelne Arbeitnehmer im Durchschnitt erhielt. Die gewerkschaftliche Politik zielt unter anderem deswegen darauf ab, die Pro-Kopf-Lohnquote der Arbeitnehmer zu erhöhen.

Zu beachten ist aber, dass die Pro-Kopf-Lohnquote nichts darüber aussagt, wie gut (oder wie schlecht) es den Arbeitnehmern in einer bestimmten Volkswirtschaft geht. Denn mit einem bestimmten Einkommensanteil kann man sich nur dann etwas kaufen, wenn die Volkswirtschaft genügend Güter bereitstellt. Konkret: In einer Volkswirtschaft, in der die Lohnquote hoch, die Güterversorgung aber gering ist, ist der Lebensstandard der Arbeitnehmer u. U. niedriger als in einer Wirtschaft, in der zwar die Lohnquote verhältnismäßig gering, die Güterversorgung aber sehr hoch ist.

Außerdem ist zu berücksichtigen, dass in der Lohnquote bzw. in der Pro-Kopf-Lohnquote nur Durchschnittswerte zum Ausdruck kommen. Dahinter können sich aber große Einkommensunterschiede verbergen.

(3) Gesamtwirtschaftliche Wirkungen gewerkschaftlicher Lohnpolitik

Die gewerkschaftliche Lohnpolitik bleibt nicht ohne Wirkung auf die gesamtwirtschaftliche Entwicklung. Vor allem bestehen zwischen dem Ziel der gleichmäßigeren Einkommensverteilung und dem Ziel der Preisniveaustabilität Zielkonflikte. Ein vereinfachendes Beispiel verdeutlicht den Zusammenhang.

Beispiel:

Angenommen, eine Volkswirtschaft produziert mit einem Kapitalstock von 5000 Mrd. GE und mit 25 Mio. unselbstständigen Arbeitskräften Güter im Wert von 500 Mrd. GE. Die Ersparnis und die Nettoinvestition sei null. Wenn wir eine Lohnquote von 50 % voraussetzen, entfallen vom Volkseinkommen in Höhe von 500 Mrd. GE je 250 Mrd. GE auf die Arbeitnehmer und die Unternehmen bzw. die Unternehmerhaushalte.

Steigt aufgrund von Verbesserungsinvestitionen das reale Volkseinkommen auf 550 Mrd. GE, so bedeutet dies bei gleichem Einsatz von Arbeitskräften eine Produktivitätssteigerung von 10 %. (Vor der Produktivitätserhöhung betrug die Produktivität 500 Mrd. GE : 25 Mio., nunmehr 550 Mrd. : 25 Mio.).

Um die bisherige Lohnquote in Höhe von 50 % zu halten, müssen die Löhne ebenfalls um

10 % angehoben werden, d. h. auf 275 Mrd. GE. Dies ist allein schon zur Erhaltung der Vollbeschäftigung notwendig, falls die Unternehmen bzw. die Unternehmerhaushalte nicht die Mehrproduktion allein aufkaufen, was unwahrscheinlich ist. Andernfalls bleiben die Unternehmen auf ihrer Mehrproduktion „sitzen" und sehen sich zu Produktionseinschränkungen oder Preissenkungen gezwungen.

Sind indessen die Preise aus irgendwelchen Gründen bei gleicher Ausbringung um 10 % gestiegen, oder mit anderen Worten: ist das nominelle Volkseinkommen bei Konstanz des realen Volkseinkommens gestiegen, so bleibt zwar der **Nominallohn** erhalten (250 Mrd. GE), die **Reallöhne** aber sinken: Die Arbeitnehmer nämlich können nunmehr statt bisher 50 % nur noch 45,5 % der gesamtwirtschaftlichen Leistung kaufen. Soll also die Lohnquote und damit der Reallohn erhalten bleiben, müssen die Löhne um ebenfalls 10 % auf 275 Mrd. GE erhöht werden.

!

- Lohnerhöhungen sind **nicht** Ursache von Preissteigerungen, wenn sie sich im Rahmen der wirtschaftlichen **Produktivitätssteigerung** halten oder die **Unternehmen** in der Lage und willens sind, eine **Umverteilung** (in Form abnehmender Gewinne) zu **akzeptieren.**
- Bei **defensiver** Lohnpolitik der Gewerkschaften sind Lohnerhöhungen nicht die Ursache, sondern die Folge von Preissteigerungen (Preis-Lohn-Spirale).

Aus diesen Gründen wird gelegentlich gefordert, die Lohnerhöhungen an die Preis- und Produktivitätsentwicklung zu binden, die von einem hierzu geschaffenen Institut bzw. Gremium festgestellt werden müsste. Die Gewerkschaften in der Bundesrepublik Deutschland lehnen eine derartige **gleitende Lohnskala** ab, weil sie sich das Recht nicht nehmen lassen wollen, auf eine Veränderung der **Einkommensverteilung,** d. h. auf eine **Erhöhung der Lohnquote** hinzuwirken. Sieht man sich jedoch die Statistik an, erkennt man, dass die Pro-Kopf-Lohnquote trotz aller gewerkschaftlicher Aktivität langfristig nicht gestiegen ist. Die **offensive Lohnpolitik** hat bisher aus der Sicht der Gewerkschaften nicht zum Ziel geführt.

Betreiben die Gewerkschaften eine **offensive (dynamische) Lohnpolitik,** müssen die Lohnforderungen zwangsläufig über die Produktivitäts- und Preisentwicklung hinausgehen. Haben die Gewerkschaften Erfolg, so muss unterschieden werden, ob die Wirtschaft vollbeschäftigt ist oder nicht. Ist die Wirtschaft vollbeschäftigt und steigen die Löhne über den Produktivitätszuwachs hinaus, wird auch die Nachfrage nach Gütern und Diensten schneller als das Angebot zunehmen. Folge ist, dass die Preise steigen.

Beispiel (Fortsetzung):

Das lässt sich mithilfe des vorigen Zahlenbeispiels verdeutlichen. Beträgt das Volkseinkommen im Ausgangszeitpunkt 500 Mrd. GE und ist die Lohnquote 50 %, steigt bei einer 20 %igen Lohnerhöhung das Arbeitnehmereinkommen kurzfristig auf 300 Mrd. GE an. Beläuft sich der Produktionszuwachs jedoch nur auf 10 % und geben die Arbeitnehmer ihr gesamtes Zusatzeinkommen – was vereinfachend unterstellt sein soll – wieder aus, werden die Unternehmer ihre Preise um 10 % erhöhen. Das Volkseinkommen ist um real 50 Mrd. GE, nominell aber um 100 Mrd. GE gestiegen. Nach Ablauf einer bestimmten Zeit ist die alte Einkommensverteilung wieder hergestellt.

!

Lohnerhöhungen **über** den **Produktivitätszuwachs** hinaus führen bei **Vollbeschäftigung** zu **Preissteigerungen,** sofern die Unternehmen in der Lage und willens sind, ihre Gewinnquote zu halten (Lohn-Preis-Spirale).

Nicht ganz so leicht fallen Preiserhöhungen, wenn entweder das zusätzliche Arbeitnehmereinkommen teilweise gespart wird, oder aber wenn billigere Auslandswaren importiert werden. Dann nämlich würden die Preissteigerungen nicht mit der Lohnentwicklung Schritt halten und die Einkommensverteilung würde sich zugunsten der Arbeitnehmer verschieben. In diesem Fall entsteht jedoch ein neues Problem: Die höheren Lohnkosten führen zu stagnierenden oder gar zu abnehmenden Gewinnen. Dies aber bewirkt, dass die Unternehmen ihre Investitionspläne überprüfen und Investitionsvorhaben streichen. Unter Umständen führt das dazu, dass das Volkseinkommen real nicht mehr wächst, während Löhne und Preise weiter steigen (Stagnation bei Inflation oder kurz **„Stagflation"** genannt). Falls die Nettoinvestitionen zurückgehen, ist sogar mit einem negativen Multiplikatorprozess zu rechnen und es entsteht Arbeitslosigkeit.

2.4.2.2.3 Sekundärverteilung durch den Staat

Bereits an anderer Stelle haben wir gesagt, dass das Marktergebnis nicht „gerecht" sein kann. Die Marktpreise der Produktionsfaktoren, also die auf sie entfallenden Einkommen, sind das Ergebnis von Angebot und Nachfrage. Setzt sich nun der Staat, wie dies in einer sozialen Marktwirtschaft der Fall ist, zum Ziel, die Einkommen gleichmäßiger zu verteilen, muss er die Einkommen der gut Verdienenden beschneiden und diese Mittel den sozial Schwachen zuführen.

Die **Umverteilung** durch den Staat (Redistribution) geschieht in erster Linie mithilfe der **direkten Steuern.** Mit ihrer Hilfe werden die Einkommen **unmittelbar** besteuert. Die wichtigsten direkten Steuern sind die Körperschaftsteuer, die Einkommensteuer und die Lohnsteuer. Steuerähnlichen Charakter haben die Sozialversicherungsabgaben der Versicherungspflichtigen (Beiträge zur Kranken-, Renten- und Arbeitslosenversicherung). Auch diese Beiträge werden umverteilt, weil die zurzeit Verdienenden für die nicht oder nicht mehr im Arbeitsleben Stehenden (Arbeitslose, Rentner und Pensionäre) aufkommen müssen.

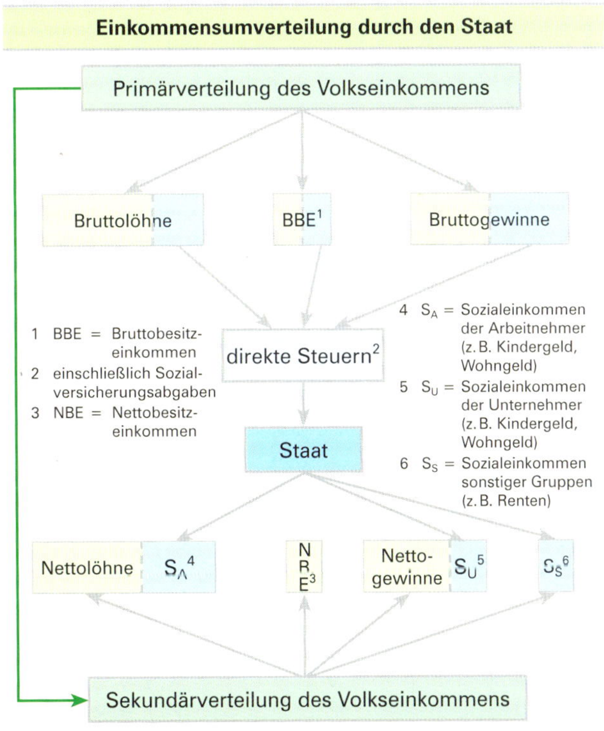

Die aus der Sekundärverteilung stammenden Einkommen bezeichnet man als **abgeleitete Einkommen** oder auch als **Sozialeinkommen.** In der Bundesrepublik Deutschland stammt jeder vierte Euro der privaten Einkommen aus öffentlichen Kassen.

Zu den Sozialeinkommen zählen nicht nur Arbeitslosengeld, Renten und Pensionen, sondern z. B. auch Arbeitslosengeld II, Sozialhilfe für Bedürftige, Kindergeld, Wohngeld, Ausbildungsförderung oder Kriegsopferversorgung.

925 Milliarden Euro wurden im Jahr 2017 in Deutschland für soziale Leistungen ausgegeben. Die größten Ausgabeposten entfallen mit rund 324 und 297 Milliarden Euro auf Krankheitskosten und Alterssicherung. Allein diese beiden Ausgabenblöcke beanspruchen zwei Drittel des sogenannten Sozialbudgets. Mit gut 100 Milliarden Euro unterstützen die öffentlichen Hände Kinder und Jugendliche, 78 Milliarden Euro dienen der Linderung von Invaliditätsfolgen. Seit 1991 haben sich die Ausgaben insgesamt mehr als verdoppelt: Damals erreichten sie eine Höhe von 381 Milliarden Euro. Finanziert werden die Sozialleistungen im Wesentlichen aus drei Quellen: den Sozialbeiträgen der Arbeitgeber, den Sozialbeiträgen der Versicherten (überwiegend also der Arbeitnehmer) sowie den Zuschüssen des Staates aus Steuermitteln.

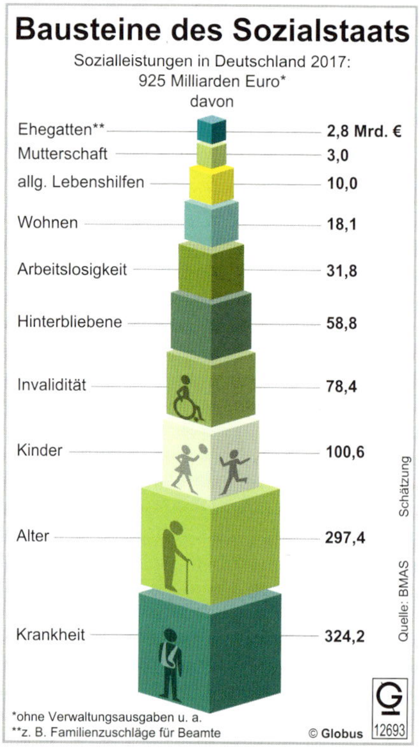

Zusammenfassung

- Im Wesentlichen lassen sich **drei Verteilungsprinzipien** unterscheiden: das Prinzip der **Einkommensnivellierung,** das **Bedarfsprinzip** und das **Leistungsprinzip.**
- Den **prozentualen** Anteil der Arbeitnehmereinkommen am Volkseinkommen bezeichnet man als **Lohnquote.**
- Finden **Lohnerhöhungen** im Rahmen des **Produktivitätsfortschritts** statt, sind sie **nicht** Ursache von Preissteigerungen.
- Die **Umverteilung** durch den Staat findet in erster Linie mithilfe von **direkten Steuern** statt.

Übungsaufgabe

22

1. Erklären Sie die Ihnen bekannten Verteilungsprinzipien!
2. Erläutern Sie, welche Vor- und Nachteile jedes Verteilungsprinzip aufweist!
3. Nachstehende Zitate enthalten drei Meinungen zur Frage der „gerechten Verteilung" des Volkseinkommens:

   (1) „Jeder soll das Gleiche verdienen. Schließlich sind die Menschen von Natur aus gleich. Überhaupt ist jede Arbeit für die Gesellschaft gleich wertvoll."

   (2) „Die Einkommen müssen sich am Beitrag des Einzelnen zum Sozialprodukt orientieren. Nur diese Entlohnung ist gerecht. Wer mehr und besser arbeitet, soll auch mehr verdienen."

(3) „Die Menschen der Industrieländer leben zu gut. Der Staat soll dafür sorgen, dass (um den Entwicklungsländern nachhaltig helfen zu können) für jeden Bürger ein bestimmter Wohnraum festgelegt wird. Der heutige Wohnungsluxus ist übertrieben. Außerdem soll der Staat für jeden Arbeitnehmer und seine Familie die Lebensmittelrationen festsetzen, wobei die Schwerarbeiter eine Sonderration beanspruchen können. Der private Autoverkehr soll zugunsten des öffentlichen Verkehrs abgeschafft werden."

Aufgabe:

Erläutern Sie, welche Verteilungsprinzipien angesprochen werden! Erläutern Sie das Für und Wider der einzelnen Prinzipien!

4. Stellen Sie dar, warum und mit welchen Mitteln die Gewerkschaften eine Erhöhung der Lohnquote anstreben!

5. Unterscheiden Sie die Begriffe Lohnquote und Pro-Kopf-Lohnquote!

6. Das Statistische Amt eines Landes ermittelt folgende Zahlen:

Jahr	Volkseinkommen in jeweiligen Preisen und in Mrd. GE	davon Arbeitnehmerentgelt (brutto) in Mrd. GE	Erwerbspersonen insgesamt in Mio.	davon Arbeitnehmer in Mio.
01	327,3	212,1	26,7	21,5
02	419,9	271,9	26,0	21,2
03	645,5	448,8	26,7	22,4
04	876,7	626,4	25,1	21,3
05	1 155,4	830,0	25,8	22,3
06	1 346,3	952,7	25,4	22,1
07	1 751,1	1 176,1	27,7	24,7
08	2 430,3	1 787,6	37,2	33,5
09	2 705,3	1 964,6	36,1	32,3

Aufgaben:

6.1 Kennzeichnen Sie die Entwicklung der Lohnquote und der Pro-Kopf-Lohnquote vom Jahr 01 bis zum Jahr 09!

6.2 Entscheiden und begründen Sie, welche Zahl mehr über gewerkschaftliche Erfolge im Verteilungskampf aussagt!

6.3 Erläutern Sie, ob gewerkschaftliche Erfolge allein an der Entwicklung der Löhne zu messen sind!

7. Erklären Sie den Begriff Sekundärverteilung!

8. Beschreiben Sie, auf welche Weise der Staat die Sekundärverteilung vornimmt!

2.4.3 Politik zur Absicherung von Arbeitsrisiken (Sozialversicherung)

2.4.3.1 Notwendigkeit sozialer Absicherung

Die **soziale Sicherung** ist eine wesentliche Lebensgrundlage der Menschen.

Die bedeutsamste Absicherung erfolgt in der Bundesrepublik Deutschland durch die gesetzliche **Sozialversicherung.**

- Kennzeichen der gesetzlichen Sozialversicherung ist das Solidaritätsprinzip: „Einer für alle, alle für einen." Im Gegensatz zur privaten Versicherung,[1] die grundsätzlich eine freiwillige Versicherung ist, stellt die Sozialversicherung eine gesetzliche Versicherung dar, der die Mehrheit der Bevölkerung kraft Gesetzes angehören muss (Pflichtversicherung).
- Neben dem Solidaritätsprinzip und der Pflichtmitgliedschaft zeichnet sich die Sozialversicherung durch die gesetzliche Festlegung der meisten Leistungen und die Beitragsbemessung nach der Höhe des Einkommens aus. Versicherte mit hohen Einkommen sollen so zur Finanzierung von Leistungen für Versicherte mit niedrigen Einkommen beitragen.

2.4.3.2 Träger der Sozialversicherung

Die Sozialversicherung umfasst die **gesetzliche Krankenversicherung,** die **soziale Pflegeversicherung,** die **gesetzliche Rentenversicherung,** die **gesetzliche Arbeitsförderung** und die **gesetzliche Unfallversicherung.**

Die Träger der gesetzlichen Sozialversicherung können aus der Abbildung auf S. 139 entnommen werden. Unter „Trägern" versteht man die **Sozialversicherungsbetriebe,** die die Versicherungsgeschäfte betreiben. Die Sozialversicherungsträger sind rechtsfähige **Körperschaften des öffentlichen Rechts** (rechtsfähige staatliche Einrichtungen) mit **Selbstverwaltungsrecht.** Die Mitglieder haben das Recht, die Vertreterversammlungen bzw. die Verwaltungsräte (bei den Krankenkassen), die sich grundsätzlich zur Hälfte aus Arbeitnehmern und Arbeitgebern zusammensetzen, zu wählen. Die Vertreterversammlungen bzw. Verwaltungsräte wählen die Vorstände.

In Deutschland entstand das Sozialversicherungssystem bereits unter Bismarck, und zwar

- 1883 die gesetzliche Krankenversicherung,
- 1884 die gesetzliche Unfallversicherung,
- 1889 die Invaliden- und Altersversicherung und
- 1911 die Angestelltenversicherung.

Erst 1927 entstand die Arbeitslosenversicherung. 1953 wurde die Sozialgerichtsbarkeit, 1970 die Lohnfortzahlung im Krankheitsfall, 1995 die soziale Pflegeversicherung und 2001 die staatlich geförderte private Altersvorsorge eingeführt.

---

1 Private Versicherungen sind solche, die nach Belieben abgeschlossen werden können (z. B. Lebensversicherungen, Hausratversicherungen). Eine Ausnahme ist z. B. die Kraftfahrt-Haftpflichtversicherung, die für Kraftfahrzeughalter gesetzlich vorgeschrieben ist (private, gesetzlich vorgeschriebene Pflichtversicherung).

2.4.3.3 Zweige der Sozialversicherung

2.4.3.3.1 Überblick

Die fünf Zweige der gesetzlichen Sozialversicherung				
Gesetzliche Krankenversicherung Träger z. B.: ■ Allgemeine Ortskrankenkassen ■ Betriebskrankenkassen ■ Innungskrankenkassen ■ Ersatzkassen (z. B. Barmer, DAK, KKH)	**Soziale Pflegeversicherung** Träger: ■ Pflegekassen (verwaltet von den Krankenkassen)	**Gesetzliche Rentenversicherung** Träger z. B.: ■ Bundesträger (Deutsche Rentenversicherung Bund) ■ Regionalträger (Deutsche Rentenversicherung mit Zusatz für jeweilige regionale Zuständigkeiten)	**Gesetzliche Arbeitsförderung** Träger: ■ Bundesagentur für Arbeit in Nürnberg mit den Regionaldirektionen (mittlere Verwaltungsebene) und den Agenturen für Arbeit (örtliche Verwaltungsebene)	**Gesetzliche Unfallversicherung** Träger z. B.: ■ Gewerbliche und landwirtschaftliche Berufsgenossenschaften ■ Gemeindeunfallversicherungsverbände
Gesetzliche Krankenkassen	**Pflegekassen***	**Deutsche Rentenversicherung**	**Bundesagentur für Arbeit**	**Berufsgenossenschaften und Unfallversicherungsträger der öffentlichen Hand**
Träger der Sozialversicherung				

* Die soziale Pflegeversicherung ist eine eigenständige Säule im System der gesetzlichen Sozialversicherung, auch wenn die gesetzlichen Pflegekassen organisatorisch in die Träger der gesetzlichen Krankenversicherung eingebunden sind.

Die **Sozialversicherung** erfolgt somit durch (sich unabhängig voneinander entwickelte) **verschiedene Sozialversicherungszweige.** Damit dieses Sozialversicherungssystem optimal funktioniert (z. B. Doppelleistungen vermieden und Verwaltungskosten gespart werden) und den Versicherten in seiner Gesamtheit zugute kommt, sind die verschiedenen Sozialversicherungsträger zur Zusammenarbeit verpflichtet.

2.4.3.3.2 Gesetzliche Krankenversicherung

(1) Anmeldung und Versicherungspflicht

Die **Anmeldung** der Versicherungspflichtigen bei der gesetzlichen Krankenkasse hat durch den Arbeitgeber spätestens sechs Wochen nach Arbeitsantritt zu erfolgen.[1] Versäumt der Arbeitgeber die Anmeldung, sind die Arbeitskräfte (auch die Auszubildenden) automatisch vom Tag des Arbeitsantritts bei der AOK versichert. Grundsätzlich können die Versicherungspflichtigen jedoch zwischen den verschiedenen Krankenkassen wählen.

1 Geringfügig entlohnte Beschäftigte, z. B. Arbeitnehmer, deren monatliches Arbeitsentgelt nicht höher als 450,00 EUR ist, müssen bereits innerhalb einer Woche nach Beginn der Beschäftigung bei der Krankenkasse (z. B. der AOK, BKK oder IKK) angemeldet werden. In einigen Berufen (z. B. Bauhandwerk) muss die Anmeldung am Tag des Arbeitsantritts erfolgen (Sofortmeldung).

Pflichtversichert sind u.a. Arbeiter und Angestellte, Studenten, alle Auszubildenden, die Bezieher von Renten aus der Rentenversicherung, Empfänger von Arbeitslosengeld und eine Reihe von Selbstständigen. Bestimmte Beschäftigungsgruppen, wie z.B. Beamte und Beamtenanwärter, sind nicht versicherungspflichtig. Sie können sich bei einer privaten Krankenkasse versichern lassen. Arbeiter und Angestellte können von der Pflichtversicherung in eine private Kranken- und Pflegeversicherung wechseln, wenn ihr **Jahresarbeitsentgelt** die Jahresarbeitsentgeltgrenze (die jeweils jährlich neu festgelegte **Versicherungspflichtgrenze**) im vorangegangenen und (voraussichtlich) im laufenden Jahr übersteigt.

Grundsätzlich gilt: **Alle Bürger** müssen einer (gesetzlichen oder privaten) **Krankenversicherung** angehören und dadurch einen Krankenversicherungsschutz erhalten.

(2) Leistungen

Die Leistungen der gesetzlichen Krankenkassen sind gesetzlich vorgeschrieben (Regelleistungen). Über diese Mindestleistungen hinaus können die Krankenkassen in ihren Satzungen **Mehrleistungen** festlegen. Die nachfolgende Tabelle gibt einen Überblick über die wichtigsten Leistungen der gesetzlichen Krankenversicherung:

Folgende Leistungen werden erbracht:	Beispiele aus dem Leistungskatalog
Vorbeugung gegen Krankheiten	Aufklärung und Beratung über Gesundheitsgefährdungen und Vorbeugungsmaßnahmen gegen Krankheit, z.B. Verhütung von Zahnerkrankungen, Vorsorgekuren. Für das gesundheitsbewusste Verhalten der Versicherten (z.B. Teilnahme an Vorsorge- und Früherkennungsuntersuchungen, Präventionsprogrammen oder betrieblicher Gesundheitsförderung) können die Krankenkassen einen Bonus einräumen.
Früherkennung von Krankheiten	■ Krebsvorsorge für Frauen (ab dem 20. Lebensjahr) und Männer (ab dem 45. Lebensjahr) jährlich einmal. ■ Vorsorgeuntersuchungen für Kinder. ■ Gesundheits-Check-up ab dem 35. Lebensjahr zur Erkennung von Herz-, Kreislauf- und Nierenerkrankungen alle zwei Jahre. (Weitere Beispiele erfragen Sie bitte bei Ihrer Krankenkasse.)
Krankenbehandlung	■ Ärztliche Behandlung. ■ Zahnärztliche Behandlung. ■ Versorgung mit Arznei-, Verband-, Heil- und Hilfsmitteln. ■ Krankenhausbehandlung. ■ Häusliche Krankenpflege und Haushaltshilfe. ■ Maßnahmen zur Rehabilitation.
Krankengeld	Versicherte, die durch eine Krankheit arbeitsunfähig sind oder stationär in einem Krankenhaus oder einer Rehabilitationseinrichtung behandelt werden, haben Anspruch auf Krankengeld, das 70% des regelmäßig erzielten Arbeitsentgelts beträgt und 90% des Nettoarbeitsentgelts nicht übersteigen darf.

Folgende Leistungen werden erbracht:	Beispiele aus dem Leistungskatalog
Bei Schwangerschaft und Mutterschaft	Sie umfassen z. B. die ärztliche Betreuung, Versorgung mit Arznei-, Verband- und Hilfsmitteln, Hebammenhilfe, die stationäre Entbindung, häusliche Pflege, Haushaltshilfe, Zahlung von Mutterschaftsgeld[1] sowie Zahlung von Elterngeld.[2] Die Bezieher von Mutterschaftsgeld sind beitragsfrei sozialversichert, sofern sie schon vorher dort versichert waren und keine anderen beitragspflichtigen Einnahmen haben.
Sonstige Hilfen	Hierzu gehören z. B. alle Leistungen, die im Zusammenhang mit der Empfängnisverhütung, Sterilisation, dem Schwangerschaftsabbruch und der künstlichen Befruchtung stehen.

(3) Zuzahlungen für Leistungen

Bei bestimmten Leistungen haben die Versicherten **Zuzahlungen** zu leisten, wobei die jährliche Eigenbeteiligung der Versicherten **2 % der Bruttoeinkünfte** (bei chronisch Kranken 1 %) nicht überschreiten darf. Kinder und Jugendliche sind bis zum vollendeten **18. Lebensjahr** von **Zuzahlungen befreit.** Die wichtigsten Zuzahlungen können der nachfolgenden Tabelle entnommen werden:

Arznei- und Verbandmittel	Zuzahlung von 10 % des Preises, mindestens 5,00 EUR (jedoch nicht mehr als die Kosten des Arznei- oder Verbandmittels), höchstens 10,00 EUR je Mittel; nicht verschreibungspflichtige Mittel müssen selbst bezahlt werden.
Heilmittel (z. B. Massagen, Ergotherapie)	10 % der Kosten und 10,00 EUR je Verordnung.
Häusliche Krankenpflege	10 % der Kosten und 10,00 EUR je Verordnung, max. 28 Tage pro Jahr.
Hilfsmittel (z. B. Hörgerät, Einlagen)	10 % der Kosten, mindestens 5,00 EUR, höchstens 10,00 EUR.
Krankenhaus, stationäre Vorsorge und **Rehabilitation**	10,00 EUR pro Tag, max. 28 Tage pro Jahr.
Brillen (Kinder und Jugendliche sowie schwer Sehbehinderte ausgenommen) **Fahrkosten** zur ambulanten Behandlung	Müssen selbst bezahlt werden.

1 Das **Mutterschaftsgeld** wird von der Krankenkasse bezahlt und beträgt zurzeit höchstens 13,00 EUR täglich. Beträgt nach den gesetzlichen Abzügen vom Einkommen das tägliche Arbeitsentgelt mehr als 13,00 EUR, bezahlt der Arbeitgeber diesen Unterschied als Zuschuss zum Mutterschaftsgeld.

Während die Frau Mutterschaftsgeld bezieht, bleibt sie beitragsfrei sozialversichert (renten-, pflege-, kranken- und arbeitslosenversichert), sofern sie schon vorher dort versichert war und keine anderen beitragspflichtigen Einnahmen hat.

2 Vgl. hierzu S. 157.

2.4.3.3.3 Soziale Pflegeversicherung

(1) Notwendigkeit der Pflegeversicherung

Seit 1995 gibt es eine soziale Pflegeversicherung unter dem Dach der gesetzlichen Krankenversicherung für die häusliche Pflege, seit 1. Juli 1996 auch für die stationäre Pflege in Pflegeheimen.

Notwendig ist die Pflegeversicherung aus mehreren Gründen: Der Anteil der älteren Menschen an der Bevölkerung wächst, die Zahl der Pflegebedürftigen nimmt zu. Gleichzeitig sind die Kosten für Pflegeleistungen, zum Beispiel im Pflegeheim, in den vergangenen Jahren erheblich gestiegen. Wer nur eine kleine Rente hatte, war bisher auf finanzielle Hilfe von Verwandten oder auf Sozialgeld (der Kommunen) angewiesen.

(2) Begriff Pflegebedürftigkeit

!

- Als **pflegebedürftig** gelten
  - Personen, die gesundheitlich bedingte **Beeinträchtigungen von Selbstständigkeit oder von Fähigkeiten** aufweisen und deshalb der Hilfe durch andere bedürfen.
  - Personen, die **körperliche, kognitive**[1] **oder psychische Beeinträchtigungen** oder **gesundheitliche Belastungen** nicht selbstständig bewältigen können.
- Die Pflegebedürftigkeit muss **dauerhaft** sein, **mindestens** aber für **6 Monate** bestehen.

(3) Pflegegrad

Pflegebedürftige erhalten je nach Schwere der Beeinträchtigung einen Pflegegrad, der in einem pflegewissenschaftlichen Begutachtungsverfahren, dem **Neuen Begutachtungsassessment (NBA),** abgeklärt wird. Dazu werden die Beeinträchtigungen in sechs pflegerelevanten Lebensbereichen mit Punkten bewertet. Aus einer gewichteten Gesamtpunktzahl ergibt sich das Maß der Pflegebedürftigkeit, unterschieden nach **fünf Pflegegraden:**

- Pflegegrad 1: geringe Beeinträchtigung der Selbstständigkeit
- Pflegegrad 2: erhebliche Beeinträchtigung der Selbstständigkeit
- Pflegegrad 3: schwere Beeinträchtigung der Selbstständigkeit
- Pflegegrad 4: schwerste Beeinträchtigung der Selbstständigkeit
- Pflegegrad 5: schwerste Beeinträchtigung der Selbstständigkeit mit besonderen Anforderungen an die pflegerische Versorgung

(4) Versicherungspflicht

Die Versicherungspflicht in der **sozialen Pflegeversicherung** besteht für alle Mitglieder der Krankenversicherung (auch freiwillige), ihre nicht berufstätigen Ehepartner und Kinder. Privatversicherte wie z. B. Beamte müssen eine **private Pflegeversicherung** abschließen.

1 **Kognitiv:** die Erkenntnis betreffend.

(5) Leistungen

Art der Leistungen	Erläuterungen
Bei häuslicher Pflege:	
■ Pflegehilfe	Pflegebedürftige haben bei häuslicher Pflege Anspruch auf körperbezogene Pflegemaßnahmen und pflegerische Betreuungsmaßnahmen sowie auf Hilfen bei der Haushaltsführung als **Sachleistung.** Häusliche Pflege wird durch geeignete Pflegekräfte erbracht. Die Höhe der Pflegehilfe hängt von der Pflegebedürftigkeit ab.
■ Pflegegeld	Pflegebedürftige, welche ihre Pflege selbst sicherstellen, können anstelle der häuslichen Pflegehilfe ein nach dem Pflegegrad gestaffeltes monatliches Pflegegeld erhalten. Nimmt der Pflegebedürftige die Sachleistungen nur teilweise in Anspruch, erhält er daneben ein anteiliges Pflegegeld.
Teilstationäre Pflege und Kurzzeitpflege: ■ Tages- und Nachtpflege ■ Kurzzeitpflege	Pflegebedürftige haben Anspruch auf teilstationäre Pflege, wenn häusliche Pflege nicht in ausreichendem Umfang möglich ist. Die Höhe der Aufwendungen für Pflege, Betreuung und medizinische Behandlung richtet sich nach dem jeweiligen Pflegegrad. Kann häusliche Pflege zeitweise nicht, noch nicht oder nicht im erforderlichen Umfang erbracht werden und reicht teilstationäre Pflege nicht aus, kann für eine Übergangszeit von maximal 8 Wochen im Jahr vollstationäre Pflege in Anspruch genommen werden.
Vollstationäre Pflege	Ist häusliche oder teilstationäre Pflege nicht möglich, haben Pflegebedürftige Anspruch auf vollstationäre Pflege. Die Pflegekasse trägt die Aufwendungen für Pflege, Betreuung und medizinische Behandlung bis zu einem monatlichen Höchstbetrag.

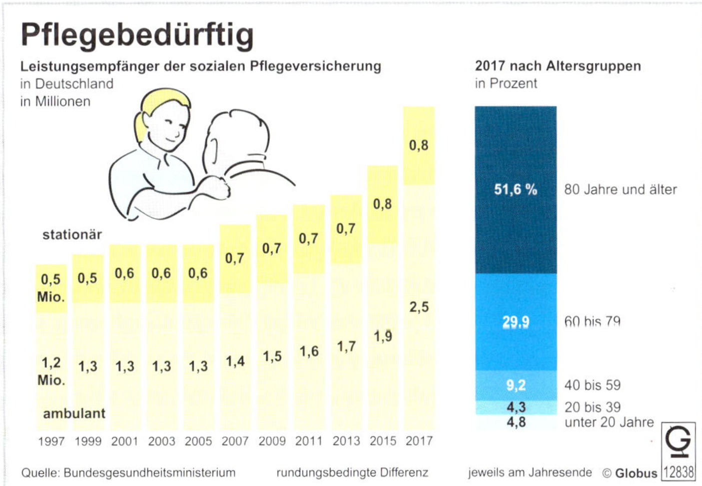

Die Zahl der Pflegebedürftigen in der sozialen Pflegeversicherung in Deutschland ist in den vergangenen 20 Jahren deutlich gestiegen. Waren es im Jahr 1997 noch 1,7 Millionen, lag ihre Zahl im Jahr 2017 bei 3,3 Millionen. Die meisten von ihnen (2,5 Millionen) wurden 2017 ambulant, also zu Hause durch Angehörige und/oder durch Pflegedienste betreut. Rund 780 000 wurden stationär in Heimen versorgt. Mehr als die Hälfte der Pflegebedürftigen (51,6 %) war 80 Jahre und älter, aber auch jüngere Menschen befanden sich unter ihnen, wenn auch mit einem wesentlich geringeren Anteil. So waren Ende 2017 beispielsweise rund 160 000 Menschen unter 20 Jahren auf Pflegeleistungen der sozialen Pflegeversicherung angewiesen. Das waren 4,8 % aller Pflegebedürftigen.

2.4.3.3.4 Gesetzliche Rentenversicherung

(1) Anmeldung und Versicherungspflicht

Die **Anmeldung** beim Rentenversicherungsträger erfolgt durch den Arbeitgeber binnen 14 Tagen vom Arbeitsantritt an über die Krankenkasse.

Die **Versicherungspflicht** umfasst vor allem alle Auszubildenden, Arbeiter und Angestellten ohne **Rücksicht auf die Höhe ihres Einkommens.** Pflichtversichert sind u.a. auch bestimmte selbstständig Tätige. Wer aus einem Arbeitsverhältnis ausscheidet (z.B. Frauen, die sich ihrer Familie widmen möchten), kann sich freiwillig weiterversichern lassen. Versicherungsfreiheit besteht z.B. für Beamte, Richter auf Lebenszeit und Berufssoldaten.

(2) Leistungen

Die Leistungen der Rentenversicherung sind vielfältig. Sie reichen von der Gesundheitsaufklärung, Information und Beratung, Forschung (z. B. Bereitstellung finanzieller Mittel zur Krebsforschung) und vom Bau von Heimen (z. B. Altenheimen) über die Zahlung von Kuraufenthalten (Maßnahmen zur Wiederherstellung der Arbeits- oder Berufsfähigkeit: Rehabilitation) bis hin zur Zahlung verschiedener Renten.

Die **wichtigste Leistung** der Rentenversicherung ist die **Auszahlung** der verschiedenen Rentenarten.

Rentenarten	Erläuterungen
Regelaltersrente	Versicherte haben Anspruch auf Altersrente, wenn sie ihre individuelle Altersgrenze zwischen dem 65. und dem 67. Lebensjahr erreicht und eine Versicherungszeit von fünf Jahren (allgemeine Wartezeit genannt) erfüllt haben. Damit die gesetzliche Rentenversicherung ihre Aufgabe – Sicherung eines angemessenen Lebensunterhalts im Alter – angesichts der sinkenden Geburtenzahlen und steigender Lebenserwartung weiterhin erfüllen kann, wird zwischen 2012 und 2029 das Rentenalter schrittweise angehoben. Für die Geburtenjahrgänge 1947 bis 1964 steigt die Altersgrenze für die Regelaltersrente stufenweise von 65 auf 67 Jahre. 2030 ist dieser Übergang zur **„Rente mit 67"** abgeschlossen. Um jeweils 2 Jahre steigen auch die Altersgrenzen für langjährig Versicherte (von 65 auf 67 Jahre) und für Schwerbehinderte (von 63 auf 65 Jahre).
Altersrente für langjährig Versicherte	Voraussetzungen sind, dass die Versicherten ihre Altersgrenze erreicht und eine Wartezeit von 35 Jahren erfüllt haben. Seit 1. Juli 2014 können **langjährig Rentenversicherte,** die **45 Beitragsjahre** in die Rentenversicherung eingezahlt haben, schon mit 63 Jahren ohne Abschläge in Rente gehen. Dieses abschlagsfreie Renteneintrittsalter steigt jedoch ab dem Geburtsjahr 1953 bis zum Geburtsjahr 1964 um 2 Monate pro Jahr auf maximal 65 Jahre an. Neben Pflichtbeitragszeiten aus Beschäftigung werden für diese langjährig Rentenversicherten auch Zeiten der Arbeitslosigkeit angerechnet, in denen Lohnersatzleistungen bezogen wurden. Das sind zum Beispiel Arbeitslosengeld I, Schlechtwettergeld oder Kurzarbeitergeld. Um einen Missbrauch von Zeiten der Arbeitslosigkeit zu verhindern, wird ein sogenannter **„rollierender Stichtag"** eingeführt. Wenn man bis zu zwei Jahre vor dem möglichen Renteneintritt mit 63 (später 65) arbeitslos wird, werden diese Zeiten nicht mehr eingerechnet. Einzige Ausnahme: der Betrieb geht in die Insolvenz oder das Geschäft wird aufgegeben.

Rentenarten	Erläuterungen
Rente wegen teilweiser Erwerbs-minderung	Bis zur Vollendung des 65. Lebensjahrs haben Versicherte einen Anspruch auf eine **Rente wegen teilweiser Erwerbsminderung,** wenn sie teilweise erwerbsgemindert sind, in den letzten fünf Jahren vor Eintritt der Erwerbsminderung drei Jahre Pflichtbeiträge für eine versicherte Beschäftigung oder Tätigkeit bezahlt haben und vor dem Eintritt der Erwerbsminderung die allgemeine Wartezeit von fünf Jahren erfüllt haben. Eine teilweise Erwerbsminderung liegt vor, wenn die Versicherten wegen ihrer Krankheit oder Behinderung auf nicht absehbare Zeit außer Stande sind, unter den üblichen Bedingungen des allgemeinen Arbeitsmarktes mindestens sechs Stunden täglich erwerbstätig zu sein.
Rente wegen voller Erwerbs-minderung[1]	Einen Anspruch auf eine **Rente wegen voller Erwerbsminderung** haben Versicherte bis zur Vollendung ihrer Altersgrenze, wenn sie voll erwerbsgemindert sind, in den letzten fünf Jahren vor Eintritt der Erwerbsminderung drei Jahre Pflichtbeiträge für eine versicherte Beschäftigung oder Tätigkeit bezahlt haben und vor dem Eintritt der Erwerbsminderung die allgemeine Wartezeit von fünf Jahren erfüllt haben. Versicherte sind grundsätzlich voll erwerbsgemindert, wenn diese wegen ihrer Krankheit oder Behinderung auf nicht absehbare Zeit außer Stande sind, unter den üblichen Bedingungen des allgemeinen Arbeitsmarkts mindestens drei Stunden täglich erwerbstätig zu sein.
Renten wegen Todes	Renten an Hinterbliebene werden als große oder kleine **Witwen- bzw. Witwerrenten,** als **Erziehungsrente** (bei Tod des geschiedenen Ehegatten, wenn ein eigenes oder ein Kind des geschiedenen Ehegatten erzogen wird) und als **Waisenrente** bezahlt. Die allgemeine Wartezeit beträgt fünf Jahre.

Für alle Renten muss eine bestimmte **Wartezeit** erfüllt sein.[2] Die **Höhe der Rente** ist vor allem von der **Höhe** der während des Versicherungslebens durch Beiträge versicherten **Arbeitsentgelte (Arbeitseinkommen)** und von den **rentenrechtlichen Zeiten** abhängig.

(3) Dynamisierung[3] der Renten

Die Rentenhöhe ist nicht für alle Zeiten absolut festgelegt. Erhöht sich der durchschnittliche Nettoarbeitsverdienst aller Arbeitnehmer, so erhöhen sich grundsätzlich die Renten entsprechend. Die in gewissen Zeitabständen durch **Rentenanpassungsgesetze** erfolgte Anpassung der Renten an die allgemeine Lohnentwicklung bezeichnet man als **Rentendynamisierung.** Die zunehmende Zahl der Rentner, die steigende Lebenserwartung der Versicherten und die abnehmende Zahl der Versicherungspflichtigen (Geburtenrückgänge, Arbeitslosigkeit) bringt den Trägern der Rentenversicherung in den nächsten Jahrzehnten Finanzierungsprobleme. Um die zunehmenden Finanzierungslücken zu decken, können z.B. folgende Maßnahmen ergriffen werden: Erhöhung der Rentenversicherungsbeiträge, vermehrte Zuschüsse des Staates, Kürzung der Leistungen der Rentenversicherungsträger, Zuschüsse des Staates zur privaten Vorsorge (Rentenversicherung) z.B. durch Steuervergünstigungen. Dem gleichen Zweck dienen (trotz gestiegener Nettolöhne) nicht erfolgte Rentenerhöhungen und der die Rentensteigerung begrenzende sogenannte **Nachhaltigkeitsfaktor.**

1 Renten wegen Erwerbsminderung werden auf Zeit (befristet) geleistet.

2 Die Wartezeit ist eine Art „Mindestversicherungszeit", die (neben anderen Voraussetzungen) für einen Rentenanspruch erfüllt sein muss und vor allem aus den Beitragszeiten, Anrechnungszeiten, einer Zurechnungszeit, Ersatzzeiten und Berücksichtigungszeiten bestehen kann (sogenannte rentenrechtliche Zeiten).
Ersatzzeiten sind z.B. die Zeiten eines militärischen oder militärähnlichen Dienstes und einer Kriegsgefangenschaft.
Anrechnungszeiten sind z.B. die Zeiten einer Krankheit mit Arbeitsunfähigkeit, die Zeiten einer Schwangerschaft oder Mutterschaft während der Schutzfristen nach dem Mutterschutzgesetz (wenn während dieser Zeit keine versicherte Beschäftigung ausgeübt wurde), die Zeiten einer Arbeitslosigkeit sowie Zeiten von berufsvorbereitenden Bildungsmaßnahmen.
Die **Zurechnungszeit** ist die Zeit, die bei einer Rente wegen Erwerbsminderung oder einer Rente wegen Todes hinzugerechnet wird, wenn der Versicherte das 60. Lebensjahr noch nicht vollendet hat.
Berücksichtigungszeiten können z.B. Kindererziehungszeiten für die Erziehung eines Kindes bis zu dessen vollendeten zehnten Lebensjahr und die Zeiten einer nicht erwerbsmäßigen häuslichen Pflege eines Pflegebedürftigen sein.

3 **Dynamisch:** beweglich, sich entwickelnd.

10 Speth u.a. - ISBN 978-3-8120-0593-7

Dem deutschen Rentensystem liegt der sogenannte **Generationenvertrag** zugrunde. Dieser fiktive[1] „Vertrag" besagt, dass die jeweils arbeitende Generation die Renten der nicht mehr im Arbeitsleben stehenden Personen (in Form von Rentenversicherungsbeiträgen) und den Unterhalt für die Kinder und noch nicht berufstätigen Jugendlichen aufbringen muss.

Die anhaltend niedrige Geburtenziffer und die beständig steigende Lebenserwartung führen zu einer drastischen Veränderung des Verhältnisses zwischen jüngerer und älterer Generation. Der Anteil der unter 20-Jährigen an der Bevölkerung wird sich zwischen 1960 und 2060 von 28,4 % auf 16,4 % reduzieren. Parallel steigt der Anteil der Personen, die über 60 und älter sind, von 17,4 % auf 38,2 %. Für die Finanzierung des Sozialversicherungssystems hat dieser **demografische[2] Wandel** in zweifacher Hinsicht Auswirkungen. Durch die **Zunahme älterer Menschen steigen die Ausgaben,** während eine **Abnahme an Erwerbstätigen** gleichzeitig einen **Rückgang der Einnahmen** bedeutet.[3]

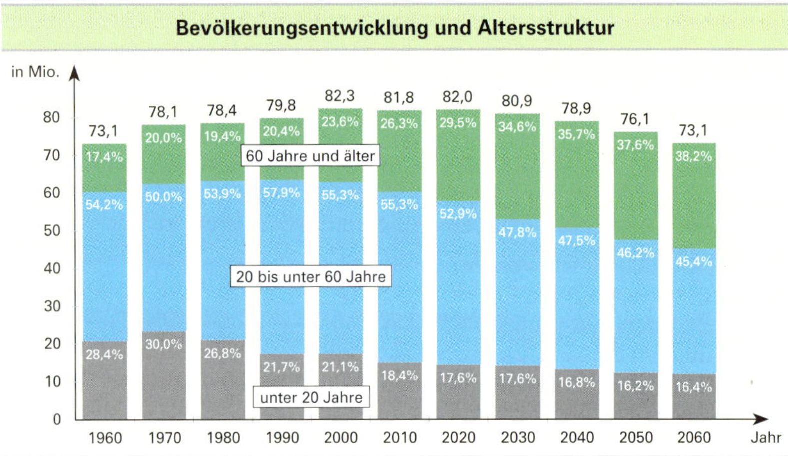

Quelle: Statistisches Bundesamt (Hrsg.): Lange Reihen: Bevölkerung nach Altersgruppen, 13. koordinierte Bevölkerungsvorausberechnung: Bevölkerung Deutschlands bis 2060. Angelehnt an: Bundeszentrale für politische Bildung [Zugriff am 06.11.2017].

(4) Staatlich geförderte private Altersvorsorge (kapitalgedecktes Altersvorsorgevermögen)

Problemstellung

Weil das derzeitige Rentenniveau in der gesetzlichen Rentenversicherung langfristig abgesenkt werden muss, steigt die Bedeutung der privaten Altersvorsorge. Der „Einstieg" in eine staatlich geförderte private Altersvorsorge (sogenannte **„Riester-Rente"**) erfolgte durch das Altersvermögensgesetz (AVmG). Nach diesem Gesetz haben Personen, soweit sie bestimmte Voraussetzungen erfüllen, einen Anspruch auf eine vom Staat geleistete Altersvorsorgezulage.[4]

Voraussetzungen für die Erlangung einer Altersvorsorgezulage

Die begünstigten (zulageberechtigten) Personen haben unter bestimmten Voraussetzungen einen Anspruch auf eine vom Staat geleistete Altersvorsorgezulage [§ 79 EStG].

- Grundvoraussetzung ist, dass die pflichtversicherten Personen Altersvorsorgebeiträge (Mindesteigenbeiträge) zugunsten eines auf ihren Namen lautenden **Altersvorsorgevertrags** leisten.

1 **Fiktiv** (lat.): angenommen, lediglich als Idee existierend.

2 **Demografie:** Beschreibung der wirtschafts- und sozialpolitischen Bevölkerungsbewegung.

3 Quelle: http://www.rente.com/altersarmut/generationenvertrag.

4 Die Berechtigten haben damit die Möglichkeit, ein **kapitalgedecktes Altersvorsorgevermögen** zu bilden.

- Im Altersvorsorgevertrag muss sich der Vertragspartner z. B. verpflichten, in der Ansparphase laufend freiwillige Aufwendungen (Altersvorsorgebeiträge) zu leisten. Die Leistungen für den Vertragspartner zur Altersversorgung dürfen auch nicht vor Vollendung des 60. Lebensjahrs erbracht werden. Die Altersvorsorgebeiträge, die erwirtschafteten Erträge und Veräußerungsgewinne müssen außerdem in bestimmte Anlagen (Produkte) wie z. B. in Rentenversicherungen, Bankguthaben mit Zinsansammlung oder in Anteilen an Investmentfonds angelegt sein.
- Die von den Anbietern[1] der Altersvorsorgeverträge gegebenen Leistungszusagen müssen **zertifizierungsfähig**[2] sein.

Grund- und Kinderzulage[3]

Abhängig von den geleisteten Altersvorsorgebeiträgen erhalten die Zulageberechtigten auf Antrag eine Zulage, die sich aus einer **Grundzulage** und einer **Kinderzulage** zusammensetzt.

Die **Grundzulage** beträgt seit 2018 175,00 EUR und die **Kinderzulage** für jedes Kind, für das dem Zulageberechtigten Kindergeld ausgezahlt wird, 185,00 EUR bzw. 300,00 EUR für ab dem 01. 01. 2008 geborene Kinder.

Um die vollen Altersvorsorgezulagen zu erhalten, muss der Zulageberechtigte einen **Mindesteigenbeitrag** leisten. Dieser beträgt zusammen mit den Zulagen mindestens 4 % der im vorhergehenden Kalenderjahr erzielten beitragspflichtigen Einnahmen zur gesetzlichen Rentenversicherung. In jedem Fall muss vom „Vorsorgesparer" ein sogenannter **Sockelbeitrag** in Höhe von 60,00 EUR geleistet werden.

2.4.3.3.5 Gesetzliche Arbeitsförderung (Arbeitslosenversicherung)

(1) Anmeldung und Versicherungspflicht

Die **Anmeldung** erfolgt durch den **Arbeitgeber.** Die **Versicherungspflicht** umfasst vor allem die Auszubildenden, Angestellten und Arbeiter ohne Rücksicht auf die Höhe ihrer Einkommen.

(2) Ziele

Die Leistungen der Arbeitsförderung sollen dazu beitragen, einen hohen Beschäftigungsstand zu erreichen und die Beschäftigungsstruktur ständig zu verbessern. Sie sollen insbesondere die Entstehung von Arbeitslosigkeit vermeiden und die Dauer der Arbeitslosigkeit verkürzen und dabei die Gleichstellung von Frauen und Männern fördern. Die Bundesregierung und die Bundesagentur für Arbeit können Vereinbarungen über die beschäftigungspolitischen Ziele der Arbeitsförderung treffen. Die Arbeitgeber und Arbeitnehmer haben bei der Vermeidung und Verkürzung der Arbeitslosigkeit eine besondere Verantwortung.

---

1 Anbieter von Altersvorsorgeverträgen sind die im § 1 II AltZertG genannten Unternehmen (vor allem Lebensversicherungsunternehmen).

2 Die Zertifizierung eines Altersvorsorgevertrags ist die Feststellung, dass die Vertragsbedingungen des Altersvorsorgevertrags des Anbieters den gesetzlichen Anforderungen entsprechen [§ 1 III AltZertG]. Zweck der Zertifizierung ist der Schutz der Vertragspartner vor unseriösen Anbietern und Versicherungsverträgen.

3 Zentrale Stelle für die Ermittlung des Zulageanspruchs und Auszahlung der Zulagen an die Anbieter zugunsten der Zulageberechtigten ist die zentrale Zulagenstelle für Altersvermögen bei der Deutschen Rentenversicherung Bund (ZfA).

(3) Leistungen der gesetzlichen Arbeitsförderung

■ Berufsberatung und Arbeitsmarktberatung [§§ 3, 29ff. SGB III]

Die Agenturen für Arbeit beraten Jugendliche und Erwachsene, die am Arbeitsleben teilnehmen oder teilnehmen wollen, zum Beispiel über die Berufswahl, die berufliche Entwicklung, über Berufswechsel, über die Lage und Entwicklung des Arbeitsmarkts und der Berufe sowie über die Leistungen der Arbeitsförderung.

Arbeitgeber können sich im Rahmen der **Arbeitsmarktberatung** z.B. über die Lage und Entwicklung des Arbeitsmarkts und der Berufe informieren.

Quelle: www.berufenet.arbeitsagentur.de.

■ Ausbildungs- und Arbeitsvermittlung [§§ 3, 35ff., 45ff. SGB III]

Die örtliche Agentur für Arbeit bietet Ausbildungsuchenden, Arbeitsuchenden und Arbeitgebern eine grundsätzlich unentgeltliche Ausbildungs- und Arbeitsvermittlung an. Zur **ortsnahen Leistungserbringung** sollen die Leistungen der Arbeitsförderung vorrangig durch die **örtlichen Agenturen für Arbeit** erbracht werden. Als einheitliche Anlaufstelle für alle einen Arbeitsplatz oder Ausbildungsplatz suchenden Personen werden von den Agenturen für Arbeit **Jobcenter** eingerichtet. Hier werden diese Personen informiert, der Beratungs- und Betreuungsbedarf geklärt und der erste Eingliederungsschritt in die Arbeit verbindlich vereinbart. Vor allem Langzeitarbeitslose und erwerbsfähige Sozialgeldempfänger sollen hierdurch wieder schneller eine Arbeit vermittelt bekommen.

Ausbildungsuchende, von Arbeitslosigkeit bedrohte Arbeitsuchende und Arbeitslose können aus dem **Vermittlungsbudget** der Agentur für Arbeit bei der Anbahnung oder Aufnahme einer versicherungspflichtigen Beschäftigung gefördert werden.

Maßnahmen zur Aktivierung und beruflichen Eingliederung der Betroffenen sind u.a.:

- Heranführung an den Ausbildungs- und Arbeitsmarkt,
- Feststellung, Verringerung oder Beseitigung von Vermittlungshemmnissen,
- Vermittlung in eine versicherungspflichtige Beschäftigung,
- Heranführung an eine selbstständige Tätigkeit oder
- Stabilisierung einer Beschäftigungsaufnahme.

Arbeitslose können von der Agentur für Arbeit die **Zuweisung in eine Maßnahme** zur Aktivierung und beruflichen Eingliederung verlangen, wenn sie sechs Monate nach Eintritt ihrer Arbeitslosigkeit noch arbeitslos sind.

Leistungen an Arbeitnehmer [§§ 3 I, 45–216b SGB III]

Leistungen an die Arbeitnehmer sind der nachfolgenden Tabelle zu entnehmen:

Leistungen	Erläuterungen
Unterstützung von Arbeitslosen	Unterstützung von Arbeitslosen und von Arbeitslosigkeit bedrohten Arbeitsuchenden sowie der eine Ausbildung Suchenden, z. B. durch die Übernahme von Bewerbungs- und Reisekosten.
Hilfen zur Eingliederung in den Arbeitsprozess	**Verbesserung der Eingliederungsaussichten** durch Trainingsmaßnahmen, indem z. B. Maßnahmekosten (Lehrgangskosten, Prüfungsgebühren, Fahrkosten) von der Agentur für Arbeit übernommen werden. **Maßnahmen der Eignungsfeststellung** und **Förderung der Aufnahme einer Beschäftigung,** z. B. durch Leistungen aus dem Vermittlungsbudget, Gründungszuschuss, Förderung der Berufsausbildung, der beruflichen Weiterbildung, berufsvorbereitende Bildungsmaßnahmen und Förderung der Teilnahme behinderter Menschen am Arbeitsleben.
Zahlung von Entgeltersatzleistungen ■ Arbeitslosengeld	Arbeitnehmer haben einen Anspruch auf Arbeitslosengeld bei **Arbeitslosigkeit** oder bei **beruflicher Weiterbildung.** Arbeitnehmer mit Erreichen des Jahres ihrer Regelaltersgrenze (65. bis 67. Lebensjahr) haben von Beginn des folgenden Monats an keinen Anspruch mehr auf Arbeitslosengeld. Anspruchsvoraussetzung beim Arbeitslosengeld wegen Arbeitslosigkeit ist, dass sich der arbeitslose Arbeitnehmer bei der Agentur für Arbeit arbeitslos gemeldet und die Anwartschaft erfüllt hat. Der Arbeitslose hat sich persönlich bei der zuständigen Agentur für Arbeit arbeitslos zu melden. Wer einen Arbeitsplatz ohne wichtigen Grund aufgibt, erhält Arbeitslosengeld grundsätzlich erst nach 12 Wochen. Überhaupt kein Arbeitslosengeld erhält, wer einen von der Agentur für Arbeit vermittelten zumutbaren Arbeitsplatz auf Dauer ablehnt.[1] Die Dauer des Anspruchs auf Arbeitslosengeld hängt von der Dauer des Versicherungsverhältnisses und dem Lebensalter der arbeitslosen Person bei der Entstehung des Anspruchs ab.[2] Das Arbeitslosengeld beträgt zurzeit 60 % und für die Arbeitslosen, die z. B. mindestens ein Kind haben, 67 % des für den Bemessungszeitraum berechneten pauschalierten Nettoentgelts.
■ Kurzarbeitergeld	Kurzarbeitergeld erhalten Arbeitnehmer, wenn ein erheblicher Arbeitsausfall mit Entgeltausfall vorliegt. Das Kurzarbeitergeld wird längstens sechs Monate für den Arbeitsausfall während der Bezugsfrist gezahlt. Unter bestimmten Voraussetzungen verlängert sich die Bezugsfrist oder es beginnt eine neue Bezugsfrist. Das Kurzarbeitergeld beträgt für Arbeitnehmer mit dem erhöhten Leistungssatz beim Arbeitslosengeld (z. B. Arbeitnehmer mit mindestens einem Kind) zurzeit 67 % und für die übrigen Arbeitnehmer zurzeit 60 % der sogenannten Nettoentgeltdifferenz im Anpruchszeitraum. Das Kurzarbeitergeld soll als teilweiser Lohnersatz dazu beitragen, den Arbeitnehmern die Arbeitsplätze und den Unternehmern die eingearbeiteten Arbeitskräfte zu erhalten.

1 Die Dauer der **Sperrzeit** wegen Arbeitsablehnung, wegen Ablehnung einer beruflichen Eingliederungsmaßnahme oder wegen Abbruchs einer beruflichen Eingliederungsmaßnahme beträgt drei oder sechs Wochen, bei unzureichenden Eigenbemühungen zur Beendigung der Arbeitslosigkeit zwei Wochen.

2 Das Arbeitslosengeld wird in der Regel 12 Monate gezahlt. Nach 30 Beitragsmonaten und Vollendung des 50. Lebensjahres wird Arbeitslosengeld für 15 Monate gewährt, nach 36 Beitragsmonaten und 55 Lebensjahren für 18 Monate und nach 48 Beitragsmonaten und 58 Lebensjahren für 24 Monate.

Leistungen	Erläuterungen
■ Insolvenzgeld	Insolvenzgeld[1] erhalten im Inland beschäftigte Arbeitnehmer, wenn sie z. B. bei der Eröffnung des Insolvenzverfahrens über das Vermögen des Arbeitgebers für die dem Insolvenzereignis vorausgehenden drei Monate des Arbeitsverhältnisses noch Ansprüche auf Arbeitsentgelt haben. Das Insolvenzgeld wird in Höhe des **Nettoarbeitsentgelts** geleistet.
Förderung bei Transfermaßnahmen	Förderung der Arbeitnehmer, die an Transfermaßnahmen[2] teilnehmen (z. B. durch Zuschüsse und Transferkurzarbeitergeld).
Existenzgründungszuschüsse	Monatliche Existenzgründungszuschüsse für Arbeitnehmer, die durch Aufnahme einer selbstständigen Tätigkeit die Arbeitslosigkeit beenden.

■ Leistungen an Arbeitgeber [§§ 3 II, 217–239 SGB III]

Hierzu gehören beispielsweise Zuschüsse zu den Arbeitsentgelten bei der Eingliederung von Arbeitnehmern mit Vermittlungshemmnissen und von Behinderten, bei Neugründungen, bei der Förderung der beruflichen Weiterbildung durch Vertretung sowie bei der Förderung der beruflichen Weiterbildung beschäftigter Arbeitnehmer. Bezuschusst werden darüber hinaus die Ausbildungsvergütung bei der Durchführung von Maßnahmen während der betrieblichen (beruflichen) Ausbildungszeit sowie weitere Maßnahmen zu einer dauerhaften beruflichen Eingliederung behinderter Menschen.

■ Weitere Aufgaben der Bundesagentur für Arbeit

Die Bundesagentur für Arbeit beobachtet, untersucht und wertet die Lage und Entwicklung der Beschäftigung und des Arbeitsmarkts im Allgemeinen, nach Berufen, Wirtschaftszweigen und Regionen aus. Hierzu erstellt sie Arbeitsmarktstatistiken (z. B. über die Beschäftigung und Arbeitslosigkeit), betreibt Arbeitsmarkt- und Berufsforschung und erstattet Bericht über die hierbei gewonnenen Ergebnisse. Weitere Aufgaben sind die Erteilung von Arbeitserlaubnissen für Ausländer sowie die Unterstützung der Zollverwaltung bei der Bekämpfung von Leistungsmissbrauch und illegaler Beschäftigung von Ausländern.

2.4.3.3.6 Gesetzliche Unfallversicherung

Der Unfallschutz der gesetzlichen Unfallversicherung umschließt Unfälle im Betrieb, auf dem Weg zum Betrieb, auf dem Heimweg, auf Heimfahrten an den Wochenenden bzw. auf den Fahrten zum Betrieb zum Wochenbeginn, auf dem Weg zur Berufsschule und auf dem Heimweg von der Berufsschule. Auch Berufskrankheiten (z. B. Staublunge bei Bergarbeitern, Strahlenschäden bei Beschäftigten in Kernkraftwerken) sind versichert. Werden Heimwege vom Betrieb und/oder Hinwege zum Betrieb zur Verrichtung privater Dinge unterbrochen, besteht grundsätzlich kein Unfallschutz.

1 Als **Insolvenz** bezeichnet man vorübergehende Zahlungsschwierigkeiten oder die dauernde Zahlungsunfähigkeit eines Schuldners.

2 Transfermaßnahmen sind alle Maßnahmen zur Eingliederung von Arbeitnehmern in den Arbeitsmarkt, an deren Finanzierung sich Arbeitgeber angemessen beteiligen.

(1) Versicherungspflicht

Versicherungspflicht besteht für alle Arbeitnehmer einschließlich Auszubildende, unabhängig von der Höhe ihres Einkommens, für die meisten Unternehmer (Arbeitgeber), Arbeitslose, Kinder während des Besuchs von Kindergärten, Schüler, Entwicklungshelfer und Personen während der Rehabilitation. Unternehmer, die nicht kraft Gesetzes oder kraft Satzung einer Berufsgenossenschaft pflichtversichert sind, können sich freiwillig versichern. Versicherungsfreiheit besteht z. B. für Personen für die beamtenrechtliche Unfallfürsorgevorschriften gelten.

(2) Leistungen

Die Leistungen der Unfallversicherung bestehen vor allem in der **Unfallverhütung** (die Berufsgenossenschaften erlassen Unfallverhütungsvorschriften) und in den finanziellen Leistungen bei **Unfallfolgen**.

Leistungen	Erläuterungen
Unfallverhütung	Die Unfallverhütungsvorschriften verpflichten den Unternehmer (Arbeitgeber), die Arbeitsplätze so einzurichten und zu erhalten, dass die Arbeitskräfte im Rahmen des Möglichen gegen Unfälle und Berufskrankheiten geschützt sind. Die Arbeitnehmer und Arbeitgeber sind verpflichtet, die Unfallverhütungsvorschriften einzuhalten. Diese sind vom Arbeitgeber den Belegschaftsmitgliedern in geeigneter Form bekannt zu geben.
Finanzielle Leistungen bei Unfallfolgen[1]	■ **Heilbehandlung.** Hierzu gehören vor allem die Kosten für ärztliche und zahnärztliche Behandlung, Arznei- und Verbandmittel, sonstige Hilfsmittel, stationäre Behandlung in Krankenhäusern oder Spezialkliniken. ■ **Leistungen zur Teilhabe am Arbeitsleben.** Diese umfassen z. B. Leistungen zur Erhaltung und Erlangung eines Arbeitsplatzes einschließlich der Leistungen zur Förderung der Arbeitsaufnahme, zur beruflichen Anpassung, Fortbildung, Ausbildung und Umschulung. ■ **Leistungen zur Teilnahme am Leben in der Gemeinschaft und ergänzende Leistungen.** Hierzu gehören z. B. die Kraftfahrzeughilfe, Wohnungshilfe, Haushaltshilfe, Reisekosten, Beratung sowie sozialpädagogische und psychosoziale Betreuung. ■ **Leistungen bei Pflegebedürftigkeit.** Wenn der Versicherte infolge eines Versicherungsfalls so hilflos ist, dass er für die gewöhnlichen und regelmäßig wiederkehrenden Verrichtungen im täglichen Leben in erheblichem Umfang einer Hilfe bedarf, wird Pflegegeld gezahlt, eine Pflegekraft gestellt oder Heimpflege gewährt. ■ **Geldleistungen während der Heilbehandlung und Leistungen zur Teilnahme am Arbeitsleben.** Hierzu gehören das Verletztengeld, das der Versicherte z. B. erhält, wenn er infolge des Versicherungsfalls arbeitsunfähig ist oder wegen einer Maßnahme der Heilbehandlung keine ganztägige Erwerbstätigkeit ausüben kann und das Übergangsgeld. ■ **Rentenzahlungen.** Renten an Versicherte bei Minderung ihrer Erwerbsfähigkeit infolge eines Versicherungsfalls um mindestens 20 vom Hundert, an Hinterbliebene als Witwen- und Witwerrente und als Waisenrente für Kinder von verstorbenen Versicherten. ■ **Sterbegeld und Erstattung von Überführungskosten,** z. B. beim Tod infolge eines Versicherungsfalls sowie **Abfindung mit einer Gesamtvergütung.**

1 Finanzielle Leistungen der Unfallversicherung sollen die Unfallfolgen mindern oder beseitigen.

2.4.3.3.7 Finanzierung der Sozialversicherung

(1) Beitragssätze

Die Beiträge zur Kranken-, Renten-, Arbeitslosen- und Pflegeversicherung müssen grundsätzlich die **Arbeitnehmer und Arbeitgeber je zur Hälfte** tragen. Die Beitragssätze für die Renten- und Arbeitslosenversicherung sowie die Beitragsbemessungsgrenzen werden grundsätzlich jährlich neu festgelegt. Zurzeit (2019) gelten folgende Beitragssätze:

- in der Krankenversicherung 14,6 % des Bruttolohns bzw. -gehalts (zuzüglich eines eventuellen **Zusatzbeitrags**, den sich Arbeitgeber und Arbeitnehmer teilen).

  Die **einheitlichen** Krankenversicherungsbeiträge werden in einen **Gesundheitsfonds** eingezahlt, aus dem die einzelnen Krankenkassen dann pro **Versicherten** eine **Pauschale** sowie **ergänzende Zu- und Abschläge** – Risikostrukturausgleich (RSA) genannt – je nach Alter, Geschlecht und Krankheit erhalten. Maßgebend ist hierbei die Morbidität, also die Häufigkeit bestimmter Krankheiten in einer Versichertengruppe.

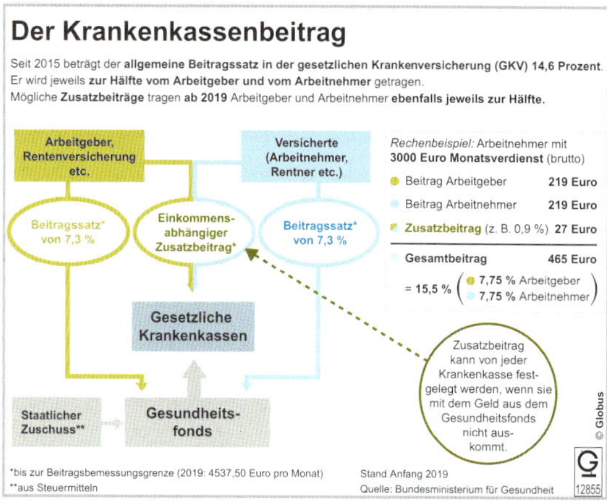

- in der Rentenversicherung 18,6 % des Bruttolohns bzw. -gehalts,[1]
- in der Arbeitslosenversicherung 2,5 % des Bruttolohns bzw. -gehalts,
- in der Pflegeversicherung 3,05 % des Bruttolohns bzw. -gehalts.

  Für alle kinderlosen Pflichtversicherten, die über 23 Jahre alt sind, erhöht sich der Beitrag zur Pflegeversicherung um 0,25 % des beitragspflichtigen Einkommens. An dieser Erhöhung ist der Arbeitgeber nicht beteiligt.
- Bei Auszubildenden trägt der Arbeitgeber die Sozialversicherungsbeiträge bis zu einem Arbeitsentgelt von monatlich 325,00 EUR allein.

(2) Beitragsbemessungsgrenzen

Höchstbeiträge sind durch die Beitragsbemessungsgrenzen festgelegt. In der Renten- und Arbeitslosenversicherung beträgt die Beitragsbemessungsgrenze im Jahr 2019 monatlich 6700,00 EUR in den alten bzw. 6150,00 EUR in den neuen Bundesländern. Die Beitragsbemessungsgrenze in der Kranken- und Pflegeversicherung beträgt in 2019 monatlich 4537,50 EUR in den alten und in den neuen Bundesländern einheitlich.

Der Arbeitgeber ist verpflichtet, die Beiträge der Arbeitnehmer zur Kranken-, Pflege-, Renten- und Arbeitslosenversicherung vom Gehalt abzuziehen und an die **Krankenkasse** abzuführen, die ihrerseits die Beiträge zur Renten- und Arbeitslosenversicherung an die zuständigen Träger weiterleitet.

1 Reichen die Einnahmen des Rentenversicherungsträgers nicht aus, so muss der Bund die nötigen Finanzmittel aus Steuergeldern aufbringen (sogenannte Bundesgarantien).

Die Beiträge zur Unfallversicherung hat in jedem Fall der Arbeitgeber allein zu tragen. Ihre Höhe richtet sich nach dem Grad der Gefährdung. Branchen mit höheren Unfallgefahren zahlen somit auch höhere Beiträge.

(3) Minijob-Regelung

Minijob	■ Eine **geringfügig entlohnte Beschäftigung** (450-EUR-Minijob) liegt vor, wenn das Arbeitsentgelt regelmäßig im Monat 450,00 EUR nicht überschreitet. ■ Arbeitnehmer in einer geringfügig entlohnten Beschäftigung sind **grundsätzlich rentenversicherungspflichtig.** Sie haben aber die Möglichkeit, gegenüber dem Arbeitgeber die Befreiung von der Versicherungspflicht in der Rentenversicherung zu beantragen und somit von der Zahlung ihres Beitragsanteils befreit zu werden. ■ Der Arbeitgeber zahlt 15 % (bei „Minijobs in einem privaten Haushalt" 5 %) pauschal für die Rentenversicherung und erforderlichenfalls (bei Krankenversicherungspflicht) 13 % (bei „Minijobs in einem privaten Haushalt" 5 %) pauschal für die Krankenversicherung. ■ Mehrere „Minijobs" werden zusammengerechnet und führen bei einer Überschreitung der 450-EUR-Grenze zu einer Sozialabgabenpflicht der Einkommensbezieher. ■ Bei **einem** monatlichen „Minijob" **bis einschließlich 450,00 EUR** (auch neben einem sozialversicherungspflichtigen „Hauptjob") sind vom Einkommensbezieher für diese 450,00 EUR **keine Steuern** zu zahlen. Der Arbeitgeber zahlt pauschal 2 % Steuern.
Midijob	■ Bei einem monatlichen Arbeitsentgelt zwischen 450,01 und 850,00 EUR **(Midijob)** und wenn die Grenze von 850,00 EUR im Monat regelmäßig nicht überschritten wird (in der sogenannten **Gleitzone**), sind von den **Einkommensbeziehern** ermäßigte und von den **Arbeitgebern** die **vollen Sozialversicherungsbeiträge** zu leisten. ■ Wenn bei der Zusammenrechnung der Arbeitsentgelte **850,00 EUR regelmäßig überschritten** werden, müssen auch die Einkommensbezieher bis zur Beitragsbemessungsgrenze ihre **vollen Sozialversicherungsbeiträge** zahlen. ■ Bei einem regelmäßigen monatlichen Einkommen von **über 450,00 EUR** sind die Einkommensbezieher **voll steuerpflichtig.**

(4) Staatszuschüsse

Reichen die Einnahmen des Rentenversicherungsträgers nicht aus, so muss der Bund die nötigen Finanzmittel aus Steuergeldern aufbringen (sogenannte Bundesgarantien). Auch zur Finanzierung der Arbeitslosenversicherung reichen die Arbeitnehmer- und Arbeitgeberbeiträge manchmal nicht aus. Bei Bedarf gewährt der Bund weitere Zuschüsse.

2.4.3.3.8 Sozialversicherungsausweis

Jede sozialversicherungspflichtige Person erhält einen Sozialversicherungsausweis. Bei Beginn der Beschäftigung muss sich der Arbeitgeber den Ausweis vorlegen lassen. Geschieht dies nicht, ist die Krankenkasse mittels einer Kontrollmeldung unverzüglich zu verständigen, wenn der Beschäftigte die unterlassene Vorlage nicht innerhalb von drei Tagen nachholt.

2.4.3.4 Grundsicherung für Arbeitsuchende

(1) Aufgabe und Ziel

Die **Grundsicherung für Arbeitsuchende** soll

- die **Eigenverantwortung** der erwerbsfähigen leistungsberechtigten Personen
- und von Personen, die mit ihnen in einer **Bedarfsgemeinschaft** leben, stärken
- und dazu beitragen, dass diese Personen ihren Lebensunterhalt – unabhängig von der Grundsicherung – aus **eigenen Mitteln und Kräften** bestreiten können.

Die Grundsicherung soll vor allem die erwerbsfähigen Leistungsberechtigten bei der Aufnahme oder Beibehaltung einer Erwerbsfähigkeit unterstützen und deren Lebensunterhalt sichern. Durch die Erhaltung, Verbesserung oder Wiederherstellung der Erwerbsfähigkeit mit anschließender Erwerbsfähigkeit soll die Hilfebedürftigkeit[1] vermieden oder beseitigt sowie die Dauer der Hilfebedürftigkeit verkürzt und der Umfang der Hilfebedürftigkeit verringert werden.

(2) Träger der Grundsicherung

Träger der zu erbringenden Leistungen zur Grundsicherung ist die Bundesagentur für Arbeit (Bundesagentur), soweit nicht die kreisfreien Städte und Kreise (kommunale Träger) zuständig sind [§§ 6, 6a SGB II].[2]

(3) Berechtigte Personen

Leistungen erhalten Personen zwischen dem 15. Lebensjahr bis zum Erreichen der Altersgrenze (65. bis 67. Lebensjahr), die erwerbsfähig und hilfebedürftig sind und ihren gewöhnlichen Aufenthalt in der Bundesrepublik Deutschland haben **(erwerbsfähige Leistungsberechtigte)**. Auch mit erwerbsfähigen Leistungsberechtigten in einer Bedarfsgemeinschaft lebende Personen (z. B. Eltern, Ehepartner, Lebenspartner) können unter bestimmten Voraussetzungen Leistungen erhalten.

Bei den in einer Bedarfsgemeinschaft lebenden Personen ist zur Feststellung der Hilfebedürftigkeit auch das Einkommen und Vermögen des Partners und bei hilfebedürftigen minderjährigen unverheirateten Kindern auch das Einkommen und Vermögen der Eltern zu berücksichtigen.

(4) Leistungen

Leistungen werden zur Eingliederung in Arbeit und zur Sicherung des Lebensunterhalts gewährt.

- **Leistungen zur Eingliederung in Arbeit**

Durch diese Leistungen soll die Eingliederung der erwerbsfähigen Leistungsberechtigten in Arbeit unterstützt werden. Hierzu soll die Agentur für Arbeit z. B. für jeden erwerbsfähigen Leistungsberechtigten einen persönlichen Ansprechpartner benennen [§ 14

1 Nach § 9 I SGB II ist **hilfebedürftig,** wer seinen Lebensunterhalt nicht oder nicht ausreichend aus dem zu berücksichtigenden Einkommen oder Vermögen sichern kann und die erforderliche Hilfe nicht von anderen, insbesondere Angehörigen oder von Trägern anderer Sozialleistungen, erhält.

2 Federführend für die Grundsicherung der länger arbeitslosen, aber arbeitsfähigen Personen ist somit die Bundesagentur für Arbeit.

SGB II] und mit diesen Personen die für ihre Eingliederung erforderlichen Leistungen vereinbaren **(Eingliederungsvereinbarungen)**. Mögliche Leistungen sind z. B. die zur Sicherung des Lebensunterhalts gewährten verschiedenen Geldleistungen, die Betreuung minderjähriger oder behinderter Kinder, die häusliche Pflege von Angehörigen, die Schuldnerberatung, psychologische Betreuung, Suchtberatung und Leistungen nach dem Altersteilzeitgesetz. Bei der Erbringung ihrer Leistungen arbeiten die Agenturen für Arbeit insbesondere mit den Gemeinden, Kreisen und Bezirken, den Trägern der freien Wohlfahrtspflege, den Vertretern der Arbeitgeber und Arbeitnehmer, den Kammern sowie den berufsständischen Organisationen zusammen [§ 18 I SGB II].[1]

Leistungen zur Sicherung des Lebensunterhalts

Zu diesen Leistungen gehören das Arbeitslosengeld II, Sozialgeld, Einstiegsgeld und die Freibeträge bei Erwerbstätigkeit.

Leistungen	Erläuterungen
Arbeitslosengeld II	Als Arbeitslosengeld II werden vom Staat Leistungen zur **Sicherung des Lebensunterhalts** einschließlich der angemessenen Kosten für Unterkunft und Heizung gewährt. Zu berücksichtigende Einkommen und Vermögen mindern die Geldleistungen der Agentur für Arbeit und kommunalen Träger (z. B. Gemeinden, Kreise) [§ 19 SGB II]. Die **monatlichen Regelleistungen** zur Sicherung des Lebensunterhalts (insbesondere für die Ernährung, Kleidung, Körperpflege, Hausrat, Bedarfe des täglichen Lebens, Beziehungen zur Umwelt und zur Teilnahme am kulturellen Leben) betragen für Personen, die alleinstehend oder alleinerziehend sind zurzeit (2019) 424,00 EUR.[2] Für erwachsene Leistungsberechtigte, die keinen eigenen und keinen gemeinsamen Haushalt mit einem Partner führen, beträgt das Arbeitslosengeld II 374,00 EUR pro Monat. Jeweils zum 1. Januar eines Jahres werden die Regelleistungen der aktuellen Preis- und Lohnentwicklung angepasst [§ 20 I, II SGB II].
Leistungen für Unterkunft und Heizung	Leistungen für Unterkunft und Heizung werden in Höhe der tatsächlichen Aufwendungen erbracht, soweit diese angemessen sind.
Sozialgeld	Sozialgeld erhalten nicht erwerbsfähige Angehörige ohne einen Anspruch auf Sozialhilfe, wenn diese mit erwerbsfähigen Leistungsberechtigten in einer Bedarfsgemeinschaft leben.
Einstiegsgeld	Ein zeitlich befristetes Einstiegsgeld (als Zuschuss zum Arbeitslosengeld II) kann arbeitslosen erwerbsfähigen Leistungsberechtigten zur Überwindung ihrer Hilfebedürftigkeit bei Aufnahme einer Erwerbstätigkeit gezahlt werden.
Freibeträge	Freibeträge bei Erwerbstätigkeit erhalten erwerbsfähige Leistungsberechtigte, die erwerbstätig sind. Von ihrem zu berücksichtigenden Einkommen aus Erwerbstätigkeit werden von der Höhe des Bruttolohns abhängige Freibeträge abgesetzt.
Bedarfe zur Bildung und Teilhabe („Bildungspaket")	Damit wird Kindern aus Familien, in denen Arbeitslosengeld II, Sozialgeld oder Sozialhilfe bezogen wird, ermöglicht, in verschiedenen Formen am kulturellen, sozialen und sportlichen Leben teilzuhaben (z. B. Teilnahme an Schulausflügen, an Mittagsverpflegung, Nachhilfeunterricht; Mitgliedsbeiträge für Sport). Für die Erbringung dieser Leistungen sind ausschließlich die Gemeinden und Städte verantwortlich.

1 Durch die örtliche Zusammenarbeit soll auch ein Leistungsmissbrauch verhindert oder aufgedeckt werden.

2 Bestimmten hilfebedürftigen Personen (z. B. schwangere Frauen, behinderte Personen) mit einem durch die Regelleistung nicht gedeckten Mehrbedarf ihres Lebensunterhalts können zusätzliche Leistungen gewährt werden.

(5) Leistungsdauer

Arbeitslosengeld II und Sozialgeld werden bei Vorliegen der Voraussetzungen **unbegrenzt** bezahlt. Zur Überprüfung der Hilfebedürftigkeit sollen die Leistungen aber jeweils nur in Abschnitten von 6 Monaten bewilligt werden.

(6) Zumutbarkeit von Beschäftigungen

Für leistungsberechtigte Personen sind grundsätzlich alle Beschäftigungen bzw. berufliche Eingliederungsmaßnahmen zumutbar, die nach der Arbeitsfähigkeit ausgeübt werden können. **Unzumutbar** ist die Ausübung einer Arbeit einem Leistungsberechtigten jedoch z. B. dann, wenn die **Erziehung eines Kindes** gefährdet würde oder damit die **Pflege von Angehörigen** nicht vereinbar wäre [§ 10 SGB III].

(7) Finanzierung

Die Aufwendungen der Grundsicherung für Arbeitsuchende werden, soweit die Leistungen von der Bundesagentur für Arbeit erbracht werden, vom Bund getragen. Der Bund erstattet der Bundesagentur für Arbeit auch hierfür die Verwaltungskosten.

(8) Anzeige- und Bescheinigungspflicht bei Arbeitsunfähigkeit

Erwerbsfähige Leistungsberechtigte, die Leistungen zur Sicherung des Lebensunterhalts beantragt haben oder beziehen, müssen der Agentur für Arbeit eine eingetretene Arbeitsunfähigkeit und deren voraussichtliche Dauer unverzüglich anzeigen und spätestens vor Ablauf des dritten Kalendertags nach dem Eintritt der Arbeitsunfähigkeit eine ärztliche Bescheinigung über die Arbeitsunfähigkeit und deren voraussichtliche Dauer vorlegen.

(9) Sanktionen bei Pflichtverletzung

Bei Pflichtverletzungen sieht das Gesetz Sanktionen in Form der Kürzung oder des Wegfalls der Leistungen für die Dauer von bis zu 3 Monaten vor. Verschärfte Sanktionen gelten für Leistungsberechtigte, die das 25. Lebensjahr noch nicht vollendet haben.

2.4.3.5 Zusätzliche Hilfe außerhalb des Sozialhilferechts (Zusatzvorsorge)

Zusatzvorsorge	Erläuterungen
Hilfen für schwangere Frauen und für Familien in Notlagen	Frauen, die sich in Zusammenhang mit ihrer Schwangerschaft in einer Notlage befinden, können über die anerkannten Beratungsstellen (allgemeine Schwangerschaftsberatungsstellen, Schwangerschaftskonfliktberatungsstellen) Hilfe aus Mitteln der Bundesstiftung „Mutter und Kind – Schutz des ungeborenen Lebens" erhalten. Voraussetzung für die Hilfe ist: Beratung und Antragstellung während der Schwangerschaft, das Vorliegen einer Notlage, Wohnsitz in der Bundesrepublik Deutschland sowie keine Möglichkeit der Hilfe durch andere Sozialleistungen. Baden-Württemberg hat eine eigene Landesstiftung, die schwangeren Frauen und Familien, die in Not geraten sind, zusätzlich hilft.

Zusatzvorsorge	Erläuterungen
Kinder- und Jugendhilfe	Jugendhilfe unterstützt die Eltern in ihrem Erziehungsauftrag. Sie steht bereit, wenn Konflikte zwischen Eltern und Jugendlichen der Lösung bedürfen – auf freiwilliger Basis. Sie hilft Familien, wenn ein Partner ausfällt oder wenn die Eltern sich trennen. Sie will Kindern und Jugendlichen, deren Eltern auf längere Zeit ihren Aufgaben nicht nachkommen, in Pflegefamilien und Heimen Entwicklungsmöglichkeiten geben.
Hilfe bei einem Rechtsstreit	Wer sich in einem rechtlichen Streitfall nicht selbst helfen und einen Rechtsbeistand nicht bezahlen kann, hat Anspruch auf Beratungshilfe. Sie ist Sozialhilfe als Hilfe in besonderen Lebenslagen im Bereich der Rechtspflege. Falls ein Gericht mit dem Rechtsstreit befasst werden muss, kann Prozesskostenhilfe in Anspruch genommen werden. Sie wird jedoch nur gewährt, wenn die Prozessführung hinreichende Aussicht auf Erfolg hat und nicht mutwillig erscheint.
Elterngeld	Elterngeld kann in der Zeit vom Tag der Geburt bis zur Vollendung des 14. Lebensmonats des Kindes bezogen werden. Für diesen Zeitraum erhalten Mütter und Väter, die für die Kinderbetreuung im Beruf aussetzen, 67 % des Nettoeinkommens. Das Elterngeld beträgt **mindestens 300,00 EUR** und **maximal 1800,00 EUR** pro Monat. - Bei einem **Voreinkommen zwischen 1 000,00 EUR** und **1 200,00 EUR** ersetzt das Elterngeld das nach der Geburt des Kindes wegfallende Einkommen zu 67%. - Für Geringverdiener mit einem **Einkommen unter 1 000,00 EUR** vor der Geburt des Kindes steigt die Ersatzrate schrittweise auf bis zu 100 %: je geringer das Einkommen, desto höher die Ersatzrate. - Für **Nettoeinkommen ab 1 200,00 EUR** und mehr vor der Geburt des Kindes beträgt die Ersatzrate des Elterngeldes zwischen 65 % und 67 %. Eine zeitliche Einschränkung gibt es: Mütter und Väter, die die vollen 14 Monate nutzen wollen, müssen sich abwechseln. Kümmert sich nur ein Elternteil um das Kind, gibt es das Elterngeld nur 12 Monate. Mütter und Väter, die nicht berufstätig sind, erhalten auch Elterngeld. Für sie gibt es einen sogenannten Sockelbetrag von 300,00 EUR monatlich. Dieser Betrag wird auch nicht auf Sozialleistungen wie das Arbeitslosengeld II angerechnet. Diesen Sockelbetrag erhalten auch Familien für die Monate 13 und 14, die die beiden „Vätermonate" nicht nutzen. Alleinerziehende erhalten das Elterngeld in jedem Fall 14 Monate lang. Elterngeld kann über zwei Jahre hinweg gezahlt werden. Seit 2015 gibt es das **ElterngeldPlus,** das sich an Eltern richtet, die früher in den Beruf zurückkehren möchten. Es **berechnet** sich **wie** das **Elterngeld,** beträgt aber maximal die **Hälfte** des Elterngeldbetrags, der Eltern ohne Teilzeiteinkommen nach der Geburt zustünde. Dafür wird für den **doppelten Zeitraum** gezahlt: ein Elterngeldmonat = zwei ElterngeldPlusMonate. Damit profitieren Eltern vom ElterngeldPlus auch über den 14. Lebensmonat des Kindes hinaus und gewinnen mehr Zeit für sich und ihr Kind.
Elternzeit	Mütter und Väter (auch anteilig oder gleichzeitig) haben bis zur Vollendung des dritten Lebensjahres eines Kindes Anspruch auf Elternzeit. Die Zeit der Mutterschutzfrist wird auf diese zeitliche Begrenzung angerechnet. Die Elternzeit muss, wenn sie unmittelbar nach der Geburt des Kindes oder nach der Mutterschutzfrist beginnen soll, spätestens sieben Wochen vor

Zusatzvorsorge	Erläuterungen
	Beginn schriftlich beim Arbeitgeber angemeldet werden [§ 16 BEEG].[1] Die Elternzeit kann auf zwei Zeitabschnitte verteilt werden. Eine Verteilung auf weitere Zeitabschnitte ist nur mit der Zustimmung des Arbeitgebers möglich. Während der Elternzeit besteht Kündigungsschutz [§ 18 BEEG]. Der Arbeitgeber kann das Arbeitsverhältnis jedoch zum Ende der Elternzeit unter Einhaltung einer Frist von mindestens drei Monaten kündigen. Die Elternzeit wird in der Rentenversicherung angerechnet.
Unterhalts-vorschuss	Ein Kind erhält für maximal 72 Monate einen Unterhaltsvorschuss, wenn es in Deutschland bei einem **alleinerziehenden Elternteil** lebt und von dem anderen Elternteil nicht mindestens Unterhalt in Höhe des maßgeblichen Regelsatzes erhält und das 12. Lebensjahr noch nicht vollendet hat. Der Unterhaltsvorschuss kann auch bezahlt werden, wenn der andere Elternteil verstorben ist. Die Unterhaltsvorschussleistung beträgt für Kinder unter 6 Jahren höchstens 133,00 EUR monatlich, für ältere Kinder unter 12 Jahren höchstens 180,00 EUR monatlich.
Hilfe in außergewöhnlichen Notlagen	Es gibt Menschen, bei denen besondere Lebensverhältnisse wie z. B. Obdachlosigkeit oder Haftentlassung zu sozialen Schwierigkeiten führen, zu deren Überwindung die Betroffenen aus eigener Kraft nicht in der Lage sind. Diese Menschen haben Anspruch auf die Angebote der „Hilfe zur Überwindung besonderer sozialer Schwierigkeiten", die die Sozialhilfe bereitstellt.

2.4.3.6 Private Vorsorge bei Erwerbs- und Berufsunfähigkeit[2]

Die finanzielle Sicherheit und Unabhängigkeit vieler Menschen (vor allem der Arbeitnehmer) hängt allein von deren Erwerbs- und Berufstätigkeit ab. Sowohl bei der Ausübung des Berufs (bei der Erwerbstätigkeit) als auch im privaten Bereich (z. B. beim Sport) besteht das ständige Risiko (die Gefahr), z. B. durch eine schwere Krankheit und/oder einen Unfall, berufs- und/oder erwerbsunfähig zu werden.

Es ist daher sinnvoll, sich gegen die Folgen einer Berufs- und Erwerbsunfähigkeit abzusichern. Vor allem Berufsanfänger benötigen eine **Berufsunfähigkeitsversicherung,** da sie gerade in der Anfangsphase ihrer Berufstätigkeit nur unzureichend finanziell versorgt sind.

Die Berufsunfähigkeitsversicherung sichert das finanzielle Risiko der Berufs- und Erwerbsunfähigkeit ab. In der Regel sind die Versicherungsverträge so abgefasst, dass der Versicherte die vereinbarte Leistung aus der Berufsunfähigkeitsversicherung (z. B. Rente) erhält, wenn er zumindest 50 % berufsunfähig ist. Generell mitversichert ist heute der Pflegefall. Die Versicherungs- und Beitragszahlungsdauer kann auf ein bestimmtes Alter – zum Beispiel 45 Jahre – beschränkt werden. In der Regel werden Leistungen aus der Berufsunfähigkeitsversicherung nicht über das 65. Lebensjahr hinaus erbracht.

Berufsunfähigkeitsversicherungen können als Zusatzversicherung zu renten- und kapitalbildenden Lebensversicherungen (Hauptversicherung) oder als selbstständige Hauptversicherung abgeschlossen werden.

Wegen der strengen Anforderungen an die gesetzlichen Renten wegen verminderter Erwerbsfähigkeit und deren relativ niedrigen Höhe wird die Bedeutung, sich auch gegen die finanziellen Risiken einer Erwerbs- und Berufsunfähigkeit privat abzusichern, weiter zunehmen.

1 Bei dringenden Gründen ist ausnahmsweise eine angemessene kürzere Frist möglich.

2 Während bei der Berufsunfähigkeit nur der erlernte Beruf nicht mehr ausgeübt werden kann, ist bei der (vollen) Erwerbsunfähigkeit überhaupt keine Erwerbstätigkeit (keine Berufstätigkeit) mehr möglich.

Zusammenfassung

- **Grundprinzipien** der Sozialversicherung sind das **Solidaritätsprinzip**, die **Pflichtmitgliedschaft**, die **Beitragsbemessung nach der Höhe des Einkommens** und die **gesetzliche Festlegung** der **meisten Leistungen**.
- Zur Sozialversicherung gehören die **gesetzliche Krankenversicherung**, die **soziale Pflegeversicherung**, die **gesetzliche Rentenversicherung**, die **gesetzliche Arbeitsförderung** und die **gesetzliche Unfallversicherung.**
- Die **Träger der Sozialversicherung** sind rechtsfähige Körperschaften des öffentlichen Rechts mit Selbstverwaltungsrecht.
- Die **Beiträge zur gesetzlichen Unfallversicherung** trägt der **Arbeitgeber allein**, die **Beiträge zu den übrigen Sozialversicherungszweigen** tragen die **Arbeitnehmer und Arbeitgeber grundsätzlich je zur Hälfte.**
- Die vielfältigen **Sozialleistungen** bezwecken vor allem eine **soziale Absicherung der Versicherten** und ihrer **mitversicherten Angehörigen** bei Krankheit, Pflegebedürftigkeit, Arbeitslosigkeit, Berufsunfällen, Berufskrankheiten und im Alter.
- Die **Grundsicherung für Arbeitsuchende** hat das Ziel, dass diese Personen ihren Lebensunterhalt – unabhängig von der Grundsicherung – aus eigenen Mitteln und Kräften bestreiten können.
- Wichtige **Hilfen der Zusatzvorsorge** sind: Hilfe für schwangere Frauen und Familien in Notlagen, Kinder- und Jugendhilfe, Hilfe bei einem Rechtsstreit, Elterngeld, Elternzeit, Unterhaltsvorschuss, Hilfe in außergewöhnlichen Notlagen.
- Die Leistungen der Grundsicherung sind: **Leistungen zur Eingliederung in Arbeit** und **Leistungen zur Sicherung des Lebensunterhalts.**
- Die Folgen einer Berufs- und Erwerbsunfähigkeit sollten durch eine **Berufsunfähigkeitsversicherung** abgesichert werden.

Übungsaufgabe

23

1. Erläutern Sie, aus welchen Zweigen das Sozialversicherungssystem der Bundesrepublik Deutschland besteht!
2. Nennen Sie wichtige Träger der Sozialversicherung!
3. Unterscheiden Sie die Begriffe Beitragsbemessungsgrenze und Versicherungspflichtgrenze!
4. Nennen Sie die wichtigsten Personengruppen, die in den einzelnen Zweigen der Sozialversicherung versicherungspflichtig sind!
5. Kalle Bloom beginnt am 1. März beim Spielwarengeschäft Johann Rupp e.Kfm. zu arbeiten. Der Arbeitgeber versäumt es, ihn bei der Krankenkasse anzumelden. Am 16. März wird Kalle ernstlich krank.

   Aufgabe:

   Entscheiden Sie, ob Kalle Bloom Anspruch auf die Leistungen der Krankenkasse hat! Begründen Sie Ihre Meinung!
6. Irmgard Klein, kaufmännische Angestellte, wird krank. Sie freut sich, denn jetzt – so meint sie – erhält sie sechs Wochen lang das volle Gehalt und das Krankengeld.

   Aufgabe:

   Erläutern Sie die Rechtslage!
7. Beschreiben Sie, welche wichtigen Leistungen die einzelnen Zweige der Sozialversicherung erbringen!

8. Emil Pfender ist nicht der Fleißigste. Als Verkäufer in der Möbelabteilung eines Kaufhauses unterhält er sich lieber mit den Kolleginnen. Die Kundschaft übersieht er geflissentlich. Als ihn sein Abteilungsleiter zurechtweist, geht Pfender wütend ins Personalbüro, kündigt fristlos und lässt sich seine Papiere geben. Am nächsten Tag beantragt er bei der Agentur für Arbeit Arbeitslosengeld.

   Aufgabe:

   Entscheiden Sie, ob Emil Pfender Arbeitslosengeld erhalten wird! Begründen Sie Ihre Entscheidung!

9. Frau Schussel, Chefsekretärin, fällt im Büro von der Leiter, als sie vom obersten Regal einen Aktenordner herunterholen will. Sie verletzt sich so schwer, dass sie stationär behandelt werden muss.

   Aufgabe:

   Erläutern Sie, wer die Kosten trägt und welcher Art diese Kosten sind!

10. Beschreiben Sie, wie die einzelnen Sozialversicherungszweige finanziert werden!

11. Erläutern Sie die Grundkonzeption des Generationenvertrags!

12. Frau Ilse Fröhlich ist Angestellte in einem Kaufhaus. Nach Geschäftsschluss geht sie in ein Kino. Auf dem Nachhauseweg fällt sie bei Glatteis hin und bricht sich ein Bein. Deshalb will sie die Leistungen der gesetzlichen Unfallversicherung in Anspruch nehmen. Diese lehnt ab. Ilse Fröhlich erhebt Widerspruch, der ebenfalls abschlägig beschieden wird. Sie möchte im Anschluss daran beim Sozialgericht klagen.

    Aufgabe:

    Entscheiden Sie, ob Ilse Fröhlich Erfolg haben wird! Begründen Sie Ihre Antwort!

13. Die Beschäftigten der Drogerie Karin Krause e. Kfr. sind alle sozialversichert.

    Aufgaben:

    13.1 Erläutern Sie, wodurch sich die gesetzliche Sozialversicherung von der Individualversicherung unterscheidet!

    13.2 Die Angestellte Karin Huber verunglückt auf dem Heimweg von ihrer Arbeitsstätte schwer, sodass sie arbeitsunfähig wird.

    13.2.1 Entscheiden Sie, welche Versicherung dafür zuständig ist!

    13.2.2 Erläutern Sie, welche Leistungen von dieser Versicherung zu erbringen sind!

14. Erfragen Sie in Gruppen bei verschiedenen gesetzlichen Krankenkassen aktuelle Probleme der Sozialversicherung.

    Aufgabe:

    Führen Sie die Argumente im Klassenverband in einem Arbeitspapier zusammen und diskutieren Sie über mögliche Lösungsansätze!

15. 15.1 Begründen Sie, warum der Staat eine kapitalgedeckte private Altersvorsorge durch finanzielle Anreize zu fördern sucht!

    15.2 Erläutern Sie, wodurch sich prinzipiell die staatlich geförderte kapitalgedeckte private Altersvorsorge von der gesetzlichen Rentenversicherung unterscheidet!

16. Die 21-jährige Angestellte Simone Künne (Lohnsteuerklasse I, ohne Kinder, kein Zusatzbeitrag in der Krankenverischerung) erhält am 31. Oktober 20.. ihre erste Gehaltsabrechnung:

Name	Bruttogehalt	Abzüge			Abzüge insgesamt	Nettogehalt (Auszahlungsbetrag)
		Lohnst./ Soli-Zuschl.	Kirchensteuer	Sozialversicherung		
Simone Künne	1 940,00	263,30	19,96	376,85	660,11	1 279,89

Der größte Posten bei den Abzügen ist der Beitrag zur Sozialversicherung.

Aufgaben:

16.1 Bestimmen Sie, welche Bereiche der Sozialversicherung in dem Betrag enthalten sind, der Simone Künne abgezogen wird!

16.2 Geben Sie Auskunft darüber, wer den Beitrag zur gesetzlichen Unfallversicherung zahlt!

16.3 Erläutern Sie, was im Zusammenhang mit der gesetzlichen Altersversorgung der Begriff „Generationenvertrag" bedeutet!

16.4 16.4.1 Erläutern Sie, welches Problem dieses Schaubild zeigt!

16.4.2 Beschreiben Sie drei Ursachen für diese Entwicklung.

16.5 Die Angestellte Simone Künne will eine wahrscheinliche Versorgungslücke mit einer privaten Altersversorgung abdecken. Entscheiden Sie, welche private Altersvorsorge Sie ihr empfehlen würden! (Mit kurzer Erläuterung!)

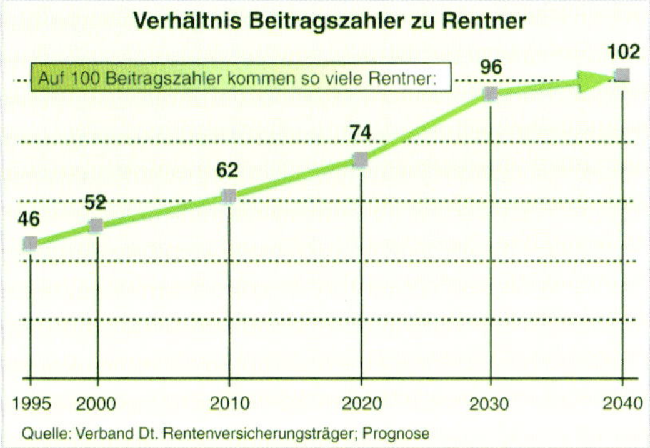

2.5 Umweltpolitik

Umweltzerstörung zeigt sich u.a. in Schäden, die aufgrund der **Luftverunreinigung, Wasserverunreinigung** und **Bodenverseuchung** entstehen.[1]

Die Umweltschäden sind schwer messbar, daher auch nicht im Inlandsprodukt bzw. Nationaleinkommen enthalten. Wohl aber gehen die Reparaturkosten – soweit Umweltschäden überhaupt reparabel sind – in Messzahlen der gesamtwirtschaftlichen Leistung ein (z.B. Arztkosten, Kosten der Wiederaufforstung, Kosten der Wasseraufbereitung, Beseitigung sogenannter Altlasten).

Zudem besteht ein **Grundwiderspruch** zwischen der heutigen Form des Wirtschaftens (der „Ökonomie") und der Erhaltung einer lebenswerten Umwelt (der „Ökologie").[2] Vor diesem Hintergrund geht es in diesem Kapitel vor allem um die Frage, ob dieser Grundwiderspruch auflösbar ist, und zwar mit politischen und damit auch wirtschaftspolitischen Mitteln.

1 Zu den Ursachen und Folgen der Umweltverschmutzung siehe Band 1, Lerngebiet 1, Kapitel 4.6.4.

2 Die **Ökologie** als Teilbereich der Biologie untersucht die Beziehungen zwischen den Lebewesen untereinander und ihre Wechselbeziehungen zu ihrer Umwelt. Der Lebensraum eines Lebewesens wird als Biotop bezeichnet. Alle Lebewesen eines Biotops bilden eine Biozönose. Biotop und Biozönose stellen zusammen ein Ökosystem dar.
Wenn der Begriff „Ökologie" im Zusammenhang mit dem Begriff „Ökonomie" verwendet wird, ist mit Ökologie in aller Regel der Umweltschutz, d.h. die Erhaltung einer lebenswerten und lebensfähigen Umwelt gemeint.

11 Speth u.a. - ISBN 978-3-8120-0593-7

2.5.1 Knappe Ressourcen versus Bevölkerungswachstum

2.5.1.1 Ressourcenverbrauch und Bevölkerungswachstum

- Unter **Ressourcen** versteht man alle **lebensbedeutenden Umweltgüter**. Ressourcen umfassen u. a. Energie (z. B. Erdöl, Erdgas, Kohle), Metalle (z. B. Aluminium, Kupfer, Blei, Uran, Gold), Agrarprodukte (z. B. Weizen, Soja, Kaffee, Baumwolle, Vieh) oder Wasser.
- In Abgrenzung zu Ressourcen versteht man unter **Rohstoffen** solche Umweltgüter, die aus ihrer natürlichen Quelle gefördert und zur weiteren Verwendung aufbereitet oder verarbeitet wurden.

Den Menschen stehen auf unserem Planeten nur noch wenige Ressourcen **unbegrenzt** zur Verfügung, wie beispielsweise Luft, Sonnenlicht, Wind, Regen- oder Meerwasser. Diese Umweltgüter bezeichnet man als **freie Güter,** da sie in dem betreffenden Gebiet in ausreichendem Maße zur Verfügung stehen und in beliebigen Mengen konsumiert werden können. Es ist keine wirtschaftliche Betätigung notwendig, um die Bedürfnisse nach diesen Gütern zu befriedigen. Allerdings ist die unbegrenzte Verfügbarkeit einzelner Ressourcen **regional unterschiedlich** und kann sich zudem **im Zeitablauf ändern.** So ist es durchaus vorstellbar, dass in bestimmten Regionen Güter wie saubere Luft oder sauberes Trinkwasser nicht mehr unbegrenzt zur Verfügung stehen und fortan bewirtschaftet werden müssen.

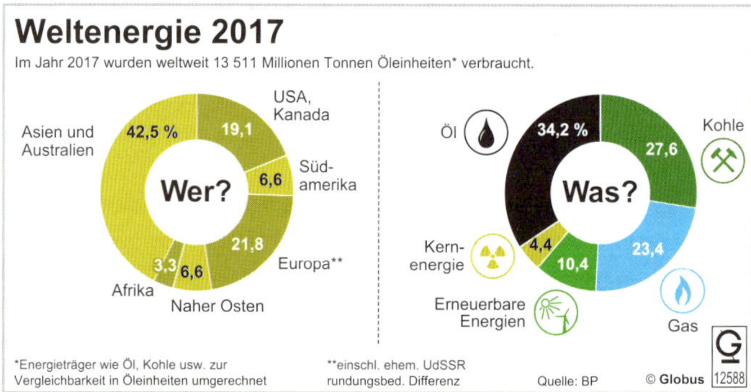

Der weltweite Energieverbrauch ist im Jahr 2017 weiter gestiegen. Wie aus der Welt-Energiestatistik des britischen Ölkonzerns BP hervorgeht, wurden 2,2 % mehr Energie verbraucht als im Vorjahr. Damit ist 2017 der Verbrauch kräftiger gestiegen als im Durchschnitt der vergangenen zehn Jahre (2006 bis 2016), in denen der Zuwachs 1,7 % pro Jahr betrug. Mit einem Anteil von 42,5 % war der Energieverbrauch in Asien und dem Pazifikraum am höchsten. Der Anteil Europas am weltweiten Energieverbrauch lag bei 21,8 %. Den größten Anteil am Energieverbrauch hat mit über einem Drittel das Öl, gefolgt von der Kohle (27,6 %) und dem Erdgas (23,4 %). Erneuerbare Energien (einschließlich Wasserkraft) kommen inzwischen auf einen Anteil von mehr als 10 %. Im Jahr 2007 waren es erst 6,9 %.

Die meisten Ressourcen auf unserem Planeten stehen den Menschen in **nicht ausreichendem** Maße zur Verfügung. Sie sind **knapp,** da die verfügbaren Mengen nicht genügen, um die Bedürfnisse nach diesen Ressourcen zu befriedigen. Die nachgefragte Menge ist größer, als die vorhandene Menge. Diese Knappheit der Ressourcen steht in einem **Spannungsverhältnis** zu der wachsenden Weltbevölkerung und der damit einhergehenden steigenden Nachfrage.

Migrationsbewegungen, Klimawandel, Zerstörung der Urwälder, Überfischung der Meere und Konflikte um Rohstoffe, Land oder Wasser sind nur einige Erscheinungen, die das zunehmende **Spannungsverhältnis zwischen Bevölkerungsentwicklung und knapper werdenden Ressourcen** verdeutlichen.

Überschritt die **Weltbevölkerung** im Jahre 1804 erstmals eine Milliarde Menschen, so wächst die Anzahl der Menschen auf diesem Planeten aktuell um jährlich ca. 80 Millionen. Mittlerweile hat die Weltbevölkerung die 7,5-Milliarden-Marke überschritten.

Neben dem Bevölkerungswachstum ist dieser **Anstieg des Ressourcenverbrauchs** darauf zurückzuführen, dass die genutzten Produkte heute in der Regel aufwendig hergestellt und während der Herstellung weitere Rohstoffe verbraucht werden. Die sinnbildliche Darstellung der Menge an Ressourcen, die bei der Herstellung, dem Gebrauch und der Entsorgung eines Produktes oder einer Dienstleistung verbraucht werden, bezeichnet man als **„ökologischen Rucksack"**.

Ökologischer Rucksack

In den meisten Produkten steckt viel mehr Material, als ihr Gewicht ahnen lässt: Beim Abbau der Rohstoffe entsteht Abraum; für den Transport und die Verarbeitung wird Energie verbraucht, für deren Erzeugung wiederum Brennstoffe verbraucht werden; bei der Herstellung entstehen Abfälle.

Alleine, um ein Kilo Stahl zu erzeugen, müssen der Erde im Durchschnitt acht Kilo Gestein und fossile Brennstoffe entnommen werden; für ein Kilo Kupfer 348 kg und für ein Kilo Aluminium 37 kg. Eine Weltjahresproduktion von 31,9 Mio. Tonnen Aluminium bedeutet also, dass insgesamt 1,18 Mrd. Tonnen Material bewegt werden müssen. Der gesamte Materialverbrauch abzüglich des Eigengewichts eines Produktes ist sein „ökologischer Rucksack".

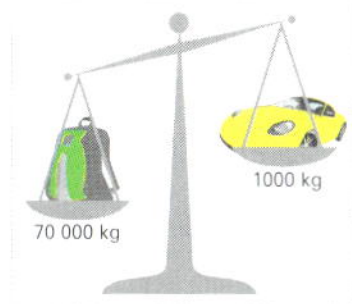

Er ist oft erstaunlich schwer: Eine Armbanduhr wiegt mit ökologischem Rucksack 12,5 kg, eine Jeans 30 kg, Laufschuhe 3,5 kg und ein Laptop mit drei Kilo Gewicht über 300 kg. In einem Kilogramm Getreide stecken 1 000 Liter Wasser. Global finden sich etwa 7 % der genutzten Ressourcen tatsächlich in Produkten wieder; 93 % werden schon vorher zu Abfall. Von diesen Produkten werden etwa 80 % nur einmal genutzt, dann werden auch sie zu Abfall.

Quelle: www.oekosystem-erde.de.

2.5.1.2 Beispiel: Energieverbrauch und Bevölkerungswachstum

Wie sich das Bevölkerungswachstum auf den Weltenergieverbrauch auswirkt und wie lange die Vorräte ausgewählter Ressourcen reichen, verdeutlicht nachfolgende Abbildung bzw. nachfolgender Artikel.

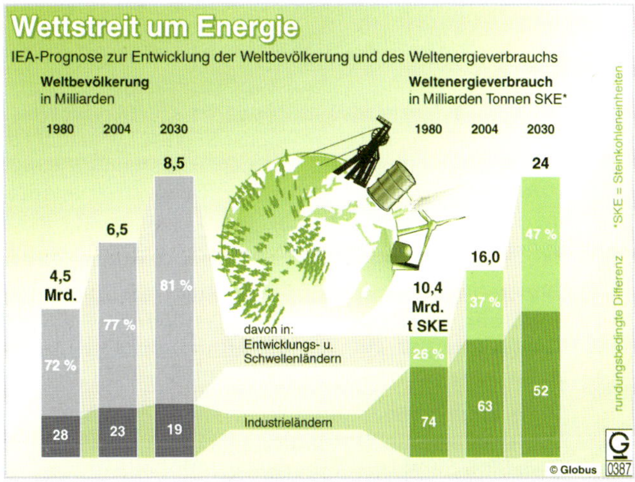

Der Energiehunger der Welt ist unstillbar. Liegt der Verbrauch heute bei 16 Mrd. Tonnen Steinkohleneinheiten, so wird er nach einer Prognose der Internationalen Energieagentur (IEA) bis 2030 um weitere 50 % auf 24 Mrd. Tonnen zunehmen. Besonders hungrig sind die Entwicklungs- und Schwellenländer. Ihr Anteil am weltweiten Energieverbrauch wird von 37 % auf 47 % wachsen. Am hungrigsten ist China. Allein das Reich der Mitte könnte 2030 12 % des Weltenergiebedarfs für sich beanspruchen. Trotz der Aufholjagd der armen Länder rechnet die IEA damit, dass auch 2030 immer noch 1,4 Mrd. Menschen, also 16 % der Weltbevölkerung, keinen Zugang zu kommerzieller Energie haben werden und damit weiter vom Wohlstand ausgeschlossen bleiben.

Bei den Steigerungsraten des Verbrauchs, welche die Internationale Agentur des OECD (International Energy Agency, IEA) berechnete, ergibt sich:

- ein Ende des Erdöls um 2035,
- von Erdgas vermutlich vor 2040,
- Kohle reicht bis maximal 2100. Dabei ist jedoch nicht berücksichtigt, dass sie die anderen Energieträger ersetzen muss und gleichzeitig zu einem gesteigerten CO_2-Ausstoß führt.
- Uran reicht bei der heutigen Förderung nur bis 2040.

Quelle: Fachzeitschrift Politische Ökologie, zitiert nach www.BUND.de.

Dass diese Voraussagen nicht zwingend zutreffen müssen, ist auf verschiedene Ursachen zurückzuführen. Einerseits verschiebt der technische Fortschritt sowohl bei der Lagerstättenerkundung als auch bei den Abbaumöglichkeiten scheinbare Grenzen. Andererseits unterliegt der weltweite Verbrauch ständigen Schwankungen. War die Nutzung der Ressourcen über viele Jahrhunderte ein lokales bzw. regionales Problem, so gehört die Sicherung der weiteren Verfügbarkeit von Ressourcen heute zu den globalen Problemen, weil damit die Lebensinteressen aller Völker und Staaten berührt werden.

Beispiele:

- Mittels transkontinentaler Pipelines gelangt Erdgas aus Westsibirien nach Mitteleuropa.
- Eisenerz und Kohle werden als Massenrohstoffe von Australien um die halbe Welt transportiert.

Die **globale Dimension** des Ressourcenverbrauchs äußert sich auf mehreren Ebenen:

- **Förderung und Verbrauch** von Ressourcen haben zugenommen. In den letzten 50 Jahren wurden so viele mineralische Rohstoffe verbraucht wie in der gesamten Menschheitsgeschichte vorher.
- Die **Einzugsbereiche für die Rohstoffversorgung** wurden räumlich auf die ganze Erde erweitert. Selbst aus weit entfernten Gebieten können heute Rohstoffe in großen Mengen und kostengünstig bezogen werden.

2.5.2 Problembereiche

2.5.2.1 Energie

Die Substitution menschlicher Arbeitskraft durch technische Energie (z. B. Wärme, mechanische Energie, chemische Energie, elektromagnetische Energie), die in großem Umfang im 19. Jahrhundert begann, brachte einen gewaltigen technischen wirtschaftlichen Aufschwung.

Die Probleme, die mit dem steigenden Energiebedarf zusammenhängen, sind weniger die Probleme der Energieknappheit, sondern vor allem die ökonomischen und ökologischen **Folgen der Energiebeschaffung** (-gewinnung) und des **Energieverbrauchs.** So war z. B. die sogenannte „Ölkrise" von 1973 nicht das Ergebnis der Erdölknappheit. Sie wurde vielmehr künstlich herbeigeführt, indem die von den arabischen Ölproduzenten angeführte OPEC – die Organisation Erdöl exportierender Länder – beschloss, die Fördermengen zu reduzieren und einzelne Länder von der Belieferung auszuschließen.

(1) Ökologische Folgen der Energiebeschaffung und -erzeugung

Ökologische Folgen durch die	Erläuterungen
Gewinnung von Mineralöl	Beim Pumpen von Erdöl wird das Erdgas „abgefackelt". Die Folgen sind Luftverschmutzung und Sauerstoffverbrauch. Die Erdölförderung in den Meeren birgt weitere Gefahren, wie das Beispiel der Explosion einer Ölplattform im April 2010 im Golf von Mexiko zeigte: Millionen von Tonnen Erdöl flossen ins Meer und verursachten eine unvorstellbare Umweltkatastrophe. Beim Transport des Erdöls ereignen sich immer wieder katastrophale Tankerunfälle. Darüber hinaus lassen viele Kapitäne die Tanks auf offener See reinigen. Meere und Strände werden auf diese Weise unabsichtlich und/oder absichtlich verschmutzt. Dies hat negative Folgen für die Tierwelt sowie für die Erholungslandschaften. Eine besonders umstrittene Methode der Förderung in nicht konventionellen Lagerstätten wie Schieferformationen, Kohleflözen oder dichtem Sandsteinlagerstätten ist das **Hydraulic Fracturing** (hydraulisches Aufbrechen, kurz **„Fracking"**). Im Rahmen dieses Verfahrens wird ein Gemisch aus Wasser, Sand und chemischen Zusätzen unter hohem Druck in Gesteinsschichten gepresst, um Gas- und Ölvorkommen zu fördern. Die Fracking-Technologie kann zu Verunreinigungen im Grundwasser führen. Besorgnisse und Unsicherheiten bestehen besonders wegen des Einsatzes von Chemikalien und der Entsorgung des anfallenden Abwassers.
Kernenergie	Bei der Erzeugung von Kernenergie besteht u.a. die Gefahr eines GAU (**g**rößtmöglicher **a**nzunehmender **U**nfall), bei dem große Mengen radioaktiven Materials freigesetzt werden. (Radioaktive Strahlung ist krebserregend.) Beispiele sind die Explosion des Kernkraftwerks Tschernobyl (Ukraine) im Jahr 1986 und die Zerstörung von vier japanischen Atomkraftwerken bei Fukushima durch Erdbeben und einen Tsunami im Jahr 2011. Auch stillgelegte Reaktoren (Atomkraftwerke) stellen ökologische Gefahrenherde dar. Darüber hinaus bestehen beim Transport und bei der Endlagerung radioaktiver Abfälle (bei der sogenannten „Entsorgung") unabsehbare Risiken.
Rohstoffgewinnung	Auch wenn immer noch neue Vorräte an Rohstoffen entdeckt werden bzw. entdeckt werden sollten: Die Rohstoffvorräte der Erde sind begrenzt. Viele davon sind – wie z.B. die mineralischen und die fossilen Rohstoffe – nicht regenerierbar (nicht erneuerbar). Bei der wirtschaftlichen „Ausbeutung" dieser Vorräte werden zudem ökologische Schäden angerichtet. Wo z.B. Erdöl, Kupfer, Blei und andere Mineralien vermutet werden, wird der Urwald vernichtet. Die Zerstörung der Regenwälder erfolgt aber auch noch aus anderen Gründen. Das „exotische" Holz wird in den Industrieländern für teure Möbel, vornehme Wand- und Deckenverkleidungen, Fensterrahmen, Türrahmen und andere Erzeugnisse der Holz verarbeitenden Industrie verwendet. Oder die Wälder fallen der „Brandrodung" zum Opfer, weil Weideland für riesige Viehherden gewonnen wird.

(2) Ökologische Folgen der industriellen, landwirtschaftlichen und privaten Energieverwendung

„Treibhauseffekt"

Die Verbrennung fossiler Brennstoffe (Torf, Kohle, Öl) setzt Schadstoffe wie Stickoxide und Schwefeldioxid frei. Die Folgen: sogenannter „Saurer Regen", der wiederum für das „Umkippen" von Gewässern sowie das Waldsterben mitverantwortlich ist. Außerdem entsteht Kohlendioxid, was den „Treibhauseffekt" verstärkt.

Unter dem sogenannten Treibhauseffekt versteht man die Erwärmung des Erdklimas aufgrund der Luftverschmutzung. Je größer die Luftverschmutzung ist, desto weniger Wärme kann die Erde in den Weltraum abstrahlen: Sie erwärmt sich wie ein Treibhaus, das mehr Sonnenwärme empfängt als es an die Umwelt abgibt.

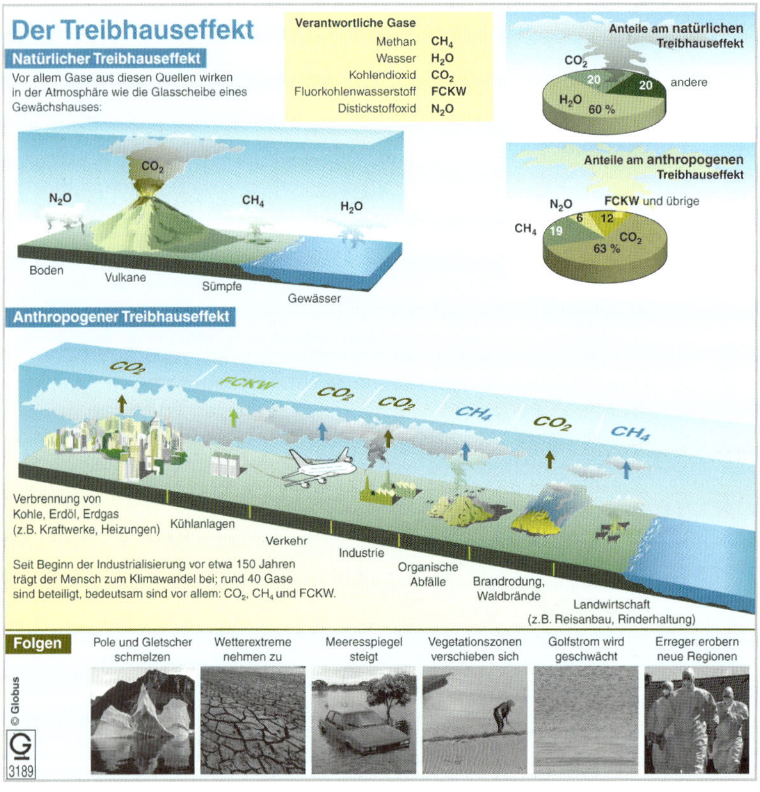

Nach dem Stand der Klimaforschung gilt es als sehr wahrscheinlich, dass der anthropogene, d.h. durch den Menschen verursachte Treibhauseffekt unsere Lebenswelt ganz erheblich schädigen wird. So muss damit gerechnet werden, dass, bedingt durch die Erderwärmung, der Meeresspiegel bis zum Jahr 2100 um 10 bis 90 cm ansteigt. Dies wird die Überflutung ganzer Inselstaaten und zahlreicher Küstenregionen zur Folge haben. Durch die Veränderung der Niederschläge und Verdunstungsverhältnisse wird es wahrscheinlich zu einer zunehmenden Austrocknung der Böden sowie zu einem spürbaren Rückgang der Nahrungsmittelproduktion kommen. Davon werden vor allem Entwicklungsländer betroffen sein, die ohnehin schon größte Schwierigkeiten bei der Nahrungsmittelversorgung haben. Nicht zuletzt werden mit der Klimaerwärmung auch Tropenkrankheiten in neue Regionen vordringen können.

„Ozonloch"

Die Verwendung von Fluorchlorkohlenwasserstoffen (FCKW) und Bromchlorkohlenwasserstoffen (Halonen) führen dazu, dass diese Stoffe im Laufe von Jahren bis in hohe Atmosphärenschichten aufsteigen und dort die Ozonschicht zerstören. Das Ozon hat die Fähigkeit, die gefährliche Ultraviolett-B-Strahlung weitgehend zu absorbieren. Je größer also das sogenannte „Ozonloch" ist, desto mehr kann die lebensfeindliche (z. B. Hautkrebs fördernde) UVB-Strahlung zur Erde gelangen.

2.5.2.2 Verkehr

Ebenso wie die Energieerzeugung und -verwendung spielt der Verkehr in der Wirtschaft eine zentrale Rolle. Mit seiner Hilfe werden neue Energie- und Rohstoffquellen erschlossen, Rohstoffe, Halb- und Fertigerzeugnisse an die Orte des Verbrauchs befördert und Menschen an ihre Arbeits-, Freizeit- und Ferienorte gebracht.

In der Bundesrepublik Deutschland verursacht der Verkehr (Straßen- und Luftverkehr) mehr als ein Viertel des Energieverbrauchs, 50 % der Stickstoffoxidbelastung, 18 % der Kohlendioxid- und 38 % der Kohlenmonoxidbelastung. Vom Lärm abgesehen verursacht der Straßenverkehr weitere Umweltschäden durch Reifenabrieb und durch Streusalz. Darüber hinaus ist der Verkehr eine Hauptursache der Naturzerstörung. Bis heute werden auf der ganzen Erde Wälder, Felder und Wiesen kreuz und quer durchschnitten, und zwar ohne Rücksicht auf natürlich gewachsene Lebensräume. (Um sich eine Vorstellung machen zu können: Rund 5 % der Gesamtfläche Deutschlands besteht bereits aus Verkehrsflächen).

Auch die Schiffbarmachung von Flüssen verursachte und verursacht nicht mehr rückgängig zu machende ökologische Schäden wie z. B. die Zerstörung von Auwäldern mit der darin lebenden Tierwelt, das Absenken des Grundwassers und die damit verbundene Versteppung des Landes beidseits der begradigten Flüsse.

Vergleicht man die verschiedenen Verkehrsmittel im Hinblick auf ihre Umweltverträglichkeit, schneidet der Straßenverkehr am schlechtesten ab, gleichgültig, ob die Umweltverschmutzung auf Personenkilometer oder Gütertonnenkilometer bezogen wird. Vergleichsweise umweltfreundlich ist hingegen der Schienenverkehr. Die Schadstoffemissionen je Personenkilometer sind z. B. im Straßenverkehr rund 9-mal höher als im Schienenverkehr. Beim Güterverkehr liegt die Bahn noch erheblich günstiger.

2.5.2.3 Agrarwirtschaft

Der Agrarwirtschaft gelang es mehrere tausend Jahre lang im Einklang mit der Natur zu wirtschaften. Sie trug nicht zur Ausrottung von Pflanzen und Tieren bei, sondern zu ihrer Erhaltung. Erst im 20. Jahrhundert entstanden aus ökonomischen Gründen (aus Rentabilitätsgründen) die maschinisierten und mechanisierten landwirtschaftlichen Großbetriebe, die sich auf die Erzeugung bestimmter Produkte spezialisierten (z. B. Getreide, Geflügel, Rinder und Schweine, Wein). Die früher übliche Fruchtwechselfolge wurde durch Düngung und chemische Pflanzenschutzmittel ersetzt. Die Entwicklung zur Monokultur wurde vielfach auch noch staatlich unterstützt.

Die **ökologischen Folgen** der heutigen Landbewirtschaftung sind im Kleinen wie im Großen verheerend. Sie reichen von örtlichen Schäden bis hin zu globalen (erdweiten) Klimaveränderungen. Beispiele sind:

Ökologische Folgen	Beispiele
Klima-veränderung	Im asiatischen Teil der ehemaligen Sowjetunion spielte sich neben der fortgesetzten Zerstörung der Regenwälder eine der größten ökologischen Katastrophen der Erde ab. Der Aralsee, früher mit rund 68 000 km² der viertgrößte Binnensee der Erde, trocknete immer mehr aus. Seit Ende der fünfziger Jahre ist der Wasserspiegel des Aralsees dramatisch gesunken, wodurch sich die Oberfläche des Sees auf ca. 8 500 km² verkleinerte. Die einst blühenden Fischerdörfer sind verlassen. Überall breiten sich Sand und Salz aus. Im Wüstensand liegen rostige Schiffswracks. Übrig geblieben sind nur noch zwei kleinere Seen. Die Ursache für das Schrumpfen des Sees sind menschliche Eingriffe in die Flüsse Amudarja und Syrdarja, die den Aralsee speisten. Seit Jahrzehnten wurden diesen beiden Strömen riesige Wassermengen abgezweigt, um die usbekischen Baumwollfelder zu berieseln. Falls nichts getan wird (z. B. die Monokulturen nicht aufgegeben werden), ist mit dem Verschwinden des Aralsees eine Klimaverschiebung in der Region zu erwarten. Die Niederschläge werden weitgehend ausbleiben, die Sommer werden heißer, die Winter kälter. Die Landwirtschaft muss aufgegeben werden. Aufgeben musste bereits die Fischereiwirtschaft. Der See ist wegen der zunehmenden Versalzung bereits tot. Damit noch nicht genug. Der Wind weht jährlich Millionen von Tonnen Salz in das Umland des Sees, sodass die Felder verkrusten. Die Ernten werden von Jahr zu Jahr schlechter, Pflanzen- und Tierarten sterben aus.
Artenverlust	Die heutige Landwirtschaft trägt in höchstem Maße zu Gefährdung und Ausrottung von Tierarten bei. Die Ursachen sind vielfältig. So führt z. B. die gleichmäßige Wiesendüngung (Gülle, Handelsdünger) zum Rückgang der artenreichen Magerwiesen. Pestizide (Unkrautvertilgungsmittel) und Herbizide (Insektenvertilgungsmittel) schädigen Fauna (Tierwelt) und Flora (Pflanzenwelt). Trockenlegungen vernichten Feuchtbiotope. Durch das häufige Mähen mit Maschinen werden die Gelege bodenbrütender Vögel (z. B. der Lerchen) zerstört. Streuobstanlagen und Hecken werden entfernt, um das Land „maschinengerecht" zu gestalten. Damit werden weitere Kleinbiotope vernichtet. Im Amazonasgebiet ist die Brandrodung in vollem Gang. Ein Zweck der Brandrodung: Schaffung großräumiger Farmwirtschaft (Rinderzucht). Die Folge: der Boden verarmt, wird weggeschwemmt und vom Wind fortgetragen **(Bodenerosion).** Das Ergebnis: weitere Brandrodungen, um neues Weideland zu gewinnen.
Gewässer-belastung	Die übermäßige Düngung mit Gülle und Handelsdünger belastet die Gewässer u. a. mit Nitrat. Die Gefahr für die Nord- und die Ostsee rührt hauptsächlich aus der landwirtschaftlichen Düngung. Darüber hinaus gefährden Pflanzenschutzmittel den Boden und damit den Menschen, die Tiere und die Pflanzen.
„Saurer Regen" und Waldsterben	Ammoniak und Stickoxide aus Viehhaltung und Überdüngung tragen in erheblichem Umfang zur Entstehung des „sauren Regens" bei. Zudem trägt die Landwirtschaft durch ihre Tier- und damit Gülleproduktion ebenfalls zum Waldsterben bei.
Boden-verdichtung	Schwere Landbearbeitungsmaschinen verdichten den Boden immer mehr. Deshalb kann bei starken Regenfällen das Wasser nicht mehr vollständig absickern. Überschwemmungen sind die Folge. Das Grundwasser wird nicht ausreichend gespeist, sodass der Grundwasserspiegel absinkt.
Überweidung	Ziegen und Schafe schädigen vor allem in den sogenannten Entwicklungsländern die Vegetation (die Pflanzenvielfalt). Die Folgen sind Bodenerosion und Entstehung neuer Wüsten und damit Verkleinerung des Lebensraums der Menschen.

Die **wirtschaftlichen Folgen** des weltweiten Raubbaus an der Umwelt führt zunächst zu einer erheblichen Knappheit an Wasser und Nahrungsmitteln, zu sinkenden Einkommen und Arbeitslosigkeit.

Zusammenfassung

- Die meisten **Ressourcen** auf der Erde stehen den Menschen in nicht ausreichendem Maße zur Verfügung. Sie sind knapp.
- Es gibt ein **Spannungsverhältnis zwischen der Bevölkerungsentwicklung** einerseits **und knapper werdenden Ressourcen** andererseits.
- **Problembereiche der Umweltpolitik** sind u. a. die
  - Energiebeschaffung, -erzeugung und -verwendung,
  - der Verkehr und
  - die Agrarwirtschaft.

Übungsaufgaben

24
1. Im vorigen Kapitel wurden einige ausgewählte Problembereiche zum Thema „Ökologie und Ökonomie" angesprochen. Die genannten Problemfelder sind nicht voneinander zu trennen, sondern hängen eng zusammen und überlappen sich vielfach.
   Aufgabe:
   Nennen Sie Beispiele von solchen Überschneidungen!
2. Die im vorigen Kapitel dargestellten Problembereiche stellen nur eine Auswahl dar! Nennen Sie weitere Problemfelder zum Thema „Ökologie und Ökonomie"!
3. „Wenn eine freie Gesellschaft den vielen, die arm sind, nicht helfen kann, kann sie auch die wenigen nicht retten, die reich sind."
   Aufgabe:
   Interpretieren Sie diesen Ausspruch von John F. Kennedy!

25 **Textauszug:**

Ernährungskrise: Eine Welt ist nicht genug

Lebensmittel sind knapp. Das liegt auch am Essverhalten: Würden sich alle wie Europäer ernähren, bräuchte man drei Planeten, um die Menschheit zu versorgen... Das Wetter folgt nicht mehr den alten Mustern. Für die Menschen in Westafrika ist das dramatisch, denn wenn der Wechsel der Jahreszeiten durcheinandergerät, müssen sie Hunger leiden. Die meisten Bauern betreiben Regenfeldbau, sie können sich keinen Ernteausfall leisten. Wenn aber im Frühjahr nach dem ersten Regen weitere Niederschläge ausbleiben, verdorrt die Saat. Und ungewöhnlich heftige Platzregen in den folgenden Monaten schwemmen dann die letzten Pflanzen aus den Ackerfurchen. Diese Situationen gibt es in Westafrika heute häufiger als früher, und anderswo auf der Welt ist es ähnlich: Dürre in Kenia, ausgetrocknete Brunnen im Norden Chinas und Wassermangel in Kalifornien sind die Folgen, wenn extreme Wetterphänomene wegen des Klimawandels zunehmen. Das bedroht weltweit die Ernährung von Milliarden Menschen.

Dass der Klimawandel Wetterphänomene und Vegetationsperioden durcheinanderwirbelt, ist nur ein Aspekt jener dramatischen Situation, die unter dem Schlagwort Ernährungskrise diskutiert wird. Die Welternährungsorganisation FAO warnt seit Jahren vor einer Verknappung des Nahrungsmittelangebots. Das Problem war seit etwa 1990 aus dem Blickfeld vieler Beobachter geraten, Hunger und Unterernährung gingen weltweit zurück. Dann stiegen die Getreidepreise bis zum Sommer 2008 von einem Rekord zum nächsten. Immer mehr Menschen konnten Reis, Mais oder andere Grundnahrungsmittel nicht mehr bezahlen. In Haiti, Bangladesch, Mexiko, Ägypten und fast 50 weiteren Ländern entlud sich ihre Wut in gewaltsamen Unruhen. Die Preise für Lebensmittel sind zwar wieder etwas gefallen. Doch die Prognosen der FAO bestärken jene, die nur von einer Ruhe vor dem Sturm sprechen. Die Zeit weltweiter Nahrungsmittelüberschüsse ist endgültig vorbei. Etwa 6,7 Milliarden Menschen leben heute auf der Erde, 923 Millionen von ihnen hungern. Bis zum Jahr 2050 wird die Weltbevölkerung auf 9,2 Milliarden Menschen wachsen, die Zahl der bitterarmen Hungernden auf drei Milliarden.

Tischlein deck dich – neu

Laut FAO müssten sich die Erträge von Weizen, Reis, Mais, Kartoffeln und anderen Grundnahrungsmitteln bis zum Jahr 2050 verdoppeln, um diese wachsende Weltbevölkerung zu ernähren. Es brauche daher eine zweite Grüne Revolution, mahnt die FAO, denn die Erntesteigerungen müssen unter stetig schlechteren Bedingungen erzielt werden. Neue Nutzpflanzen sind nötig, die Dürre oder Fluten vertragen, die zugleich genügsam sind und mehr Ertrag abwerfen.

Laut Berechnungen von Agrarexperten reichten die heutigen Produktionskapazitäten eigentlich aus, um neun Milliarden Menschen zu ernähren. Allerdings müssten dann die Tische der Welt anders gedeckt werden – mit einer sehr fleischarmen Kost. Lebte stattdessen jeder Mensch auf dem Konsumniveau eines Europäers, wären drei Planeten nötig, um den Lebensmittelbedarf aller zu decken. Vor allem die Menschen in den Industrieländern müssten also ihre Ernährungsgewohnheiten umstellen, um die Lebensmittelkrise zu mildern. Noch sieht es jedoch eher nach der umgekehrten Entwicklung aus: Mit steigendem Wohlstand in Schwellenländern wie Indien oder Brasilien steigen die Ansprüche – die Menschen passen sich westlichen Ernährungsgewohnheiten an.

In China etwa wird sich im Vergleich zu 1995 der Fleischverbrauch bis 2020 verdoppeln. Die Nachfrage nach Reis, dem wichtigsten Grundnahrungsmittel des Landes, steigt hingegen bisher kaum. Die FAO schätzt, dass sich der Fleischbedarf weltweit bis 2050 verdoppeln wird. Fleisch ist teuer und aufwendig zu erzeugen. Schon heute werden etwa 40 % der globalen Getreideernte an Vieh verfüttert. Nur verwerten Tiere das Futter ineffizient. Ein Rind braucht etwa sieben Kilogramm Getreide, um ein Kilogramm Fleisch anzusetzen. Eine Tonne Protein aus Erbsen zu gewinnen, kostet einen Landwirt 1,3 Hektar Land und 185 Kubikmeter Wasser.

Um die gleiche Menge Eiweiß aus Schweinefleisch zu gewinnen, braucht es einen wesentlich höheren Einsatz: Es müssten 125 Schweine mit etwa 50 Tonnen Pflanzen gefüttert werden, die 11 421 Kubikmeter Wasser verbrauchten und auf 12,4 Hektar Land angebaut werden müssten. Eine wachsende Weltbevölkerung benötigt nicht nur mehr Lebensmittel, sondern auch viel Platz: Städte werden sich auf Kosten landwirtschaftlich nutzbarer Flächen ausdehnen. Durch Überbeanspruchung, durch Erosion und Verbauung geht Boden verloren. Verbleibende Flächen sind durch jahrzehntelange intensive Nutzung oft ausgelaugt.

Auch mehr Dünger, mehr Pestizide können die Erträge vielerorts nicht mehr steigern. 1960 waren weltweit noch 4 300 Quadratmeter Ackerland pro Kopf verfügbar, 2005 waren es noch 2 300 und bis 2030 werden es nur noch 1 800 Quadratmeter sein. Die Energiekrise verschärft das Problem: Etwa zehn Prozent der weltweiten Maisernte werden zu Bio-Sprit statt zu Lebensmitteln verarbeitet. Zuletzt entsteht Hunger auch durch ein Verteilungsproblem. „Argentinien verbrennt seinen Getreideüberfluss, Amerika lässt in den Speichern sein Korn verfaulen, Kanada hat mehr als zwei Millionen Tonnen Getreide übrig – und in Russland sterben Millionen vor Hunger." Es war 1921, als der spätere Friedensnobelpreisträger Fridtjof Nansen so klagte. Dass sich daran bis heute kaum etwas geändert hat, macht wenig Hoffnung.

Quelle: Süddeutsche Zeitung vom 26.08.2009.

Aufgaben:

1. Beschreiben Sie, worauf die zunehmende Verknappung von Lebensmitteln und die damit einhergehende Ernährungskrise zurückzuführen ist!
2. Beurteilen Sie das Ernährungsverhalten der Europäer vor dem Hintergrund der Zunahme der Weltbevölkerung und einer nachhaltigen Entwicklung!
3. Diskutieren Sie mögliche Lösungsvorschläge zur Bekämpfung der Ernährungskrise!
4. Auf der Erde werden mehr Nahrungsmittel erzeugt als für die Ernährung aller Menschen notwendig ist. In vielen Ländern gibt es jedoch zu wenig Grundnahrungsmittel. Erstellen Sie einen Maßnahmenkatalog, um diesen Widerspruch aufzulösen!

2.5.3 Lösungsansätze zu den Problembereichen

2.5.3.1 Umweltverträgliche Energiepolitik

Große Hoffnungen werden in den **Ausbau regenerativer (erneuerbarer Energien)** wie Sonnen-, Wind-, Biomassen-, Biogas- und Erdwärmeenergie gesetzt. Der Staat kann solche Entwicklung fördern, indem er z. B. Forschungsvorhaben finanziert und/oder die Verwendung umweltschonender Energien steuerlich bevorzugt.

Im Jahr 2017 wurden in Deutschland 654,8 Milliarden Kilowattstunden Strom erzeugt. Damit stieg die Stromproduktion im Vergleich zu 1990 um 19 Prozent an. Seitdem hat sich die Zusammensetzung der Energieträger deutlich verändert. Wind, Wasser und Sonne sind die wichtigsten Energieträger bei der Stromerzeugung. 33,3 Prozent des Stroms 2017, und damit der größte Anteil, wurde aus erneuerbaren Energien erzeugt. 1990 lag ihr Anteil bei nur 3,6 Prozent. Zweitwichtigster Energieträger bleibt die Braunkohle mit einem Anteil von rund 23 Prozent. Vor 25 Jahren wurde noch 31,1 Prozent des Stroms aus Braunkohle gewonnen. Von den vier fossilen Energieträgern Braunkohle, Steinkohle, Erdgas und Mineralöl stieg lediglich der Erdgasanteil an – von 6,5 auf 13,2 Prozent. Die Kernenergie ist vom zweitgrößten Stromproduzenten im Jahr 1990 auf den fünften Platz abgerutscht. Insgesamt speisten die deutschen Kernkraftwerke 2017 rund 76,3 Milliarden Kilowattstunden Strom ins deutsche Netz. Zuletzt wurde Ende 2017 der bayerische Reaktor „Gundremmingen B" abgeschaltet. Bis zum Jahr 2022 sollen auch die übrigen sieben Reaktoren nacheinander stillgelegt werden.

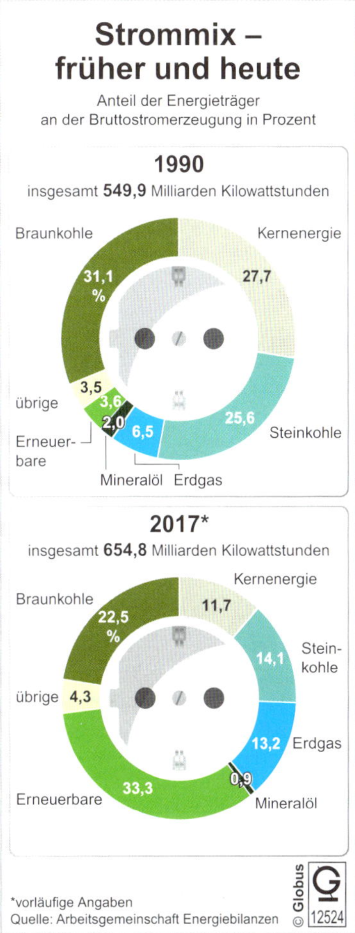

Die Energiewende – ein gutes Stück Arbeit

Drei Gesetze. Ein Ziel: Ordnung bei der Energiewende

Die Energiewende ist unser Weg in eine sichere, umweltverträgliche und wirtschaftlich erfolgreiche Zukunft. Mit den am 8. Juli 2016 beschlossenen Gesetzesvorhaben schlagen wir ein neues Kapitel der Energiewende auf. Wir haben die verschiedenen Elemente der Energiewende stimmig zusammengefügt und für die Zukunft gerüstet. Aus den vielen Puzzleteilen erneuerbare Energien, Strommarkt, Energieeffizienz, Netze und Digitalisierung haben wir einen konsistenten Gesamtrahmen für die Energiewende geschaffen. Damit haben wir die größte Reform des Strommarktes seit der Liberalisierung in den neunziger Jahren gestemmt: wir integrieren die erneuerbaren Energien weiter in den Strommarkt, schaffen einen Strommarkt 2.0, der fit ist für wachsende Anteile erneuerbarer Energien und ermöglichen die digitale Infrastruktur für eine erfolgreiche Verbindung von über 1,5 Millionen Stromerzeugern und großen Verbrauchern. Unsere Reformen sind eingebettet in den europäischen Binnenmarkt, da ein gemeinsames Vorangehen effizienter ist als nationale Alleingänge.

Die Energiewende steht auf rechtlich und ökonomisch sicherem Grund und ist erstmals auch europäisch durchdacht. Das haben wir mit der 10-Punkte-Energie-Agenda zu Beginn dieser Legislaturperiode angekündigt, das haben wir nun umgesetzt. Die nächste Phase der Energiewende kann beginnen.

Wesentliche Elemente des Gesetzespakets

- **Erneuerbare-Energien-Gesetz 2017**

Schon mit dem EEG 2014 haben wir die verpflichtende Direktvermarktung eingeführt. Wer Strom produziert, muss ihn auch vermarkten. Die Umstellung von „Einspeisen" auf „Vermarkten" hat reibungslos funktioniert.

Mit dem EEG 2017 beenden wir die Phase der Technologieförderung mit politisch festgesetzten Preisen. Wir steigen um auf wettbewerbliche Ausschreibungen. Die Höhe der erforderlichen Vergütung für Strom aus erneuerbaren Energien wird über Auktionen ermittelt. Der weitere Ausbau erfolgt damit zu wettbewerblichen Preisen. Es wird keine Überförderung mehr geben.

Bei der Umstellung auf Wettbewerb stellen wir sicher, dass die Akteursvielfalt – ein Markenzeichen der deutschen Energiewende – erhalten bleibt. Bürgerenergiegesellschaften werden erstmals im Gesetz definiert und können unter erleichterten Bedingungen an den Ausschreibungen teilnehmen. Ausgeschrieben wird die Vergütungshöhe für Windenergie an Land und auf See, Photovoltaik und Biomasse. Ausgenommen sind kleine Anlagen.

Mit den beschriebenen Maßnahmen werden wir den Anteil der erneuerbaren Energien von rund 32 Prozent im Jahr 2015 bis 2025 auf 45 Prozent steigern. [. . .]

- **Gesetz zur Weiterentwicklung des Strommarktes**

Deutschlands Stromversorgung muss kostengünstig und verlässlich bleiben, gerade und erst recht wenn zunehmend Wind- und Sonnenstrom das Marktgeschehen bestimmen. Mit dem Strommarktgesetz stellen wir die Weichen für einen Wettbewerb von flexibler Erzeugung, flexibler Nachfrage und Speichern. Wir nehmen die Stromhändler in die Pflicht: wer Strom an Kunden verkauft, muss eine identische Menge beschaffen und zeitgleich ins Netz einspeisen. Damit bleibt die Versorgung sicher. Eine freie Preisbildung am Stromgroßhandelsmarkt sorgt für Investitionen in die benötigten Kapazitäten. Es werden die Kapazitäten vorgehalten, die von Kunden nachgefragt werden - nicht mehr, aber auch nicht weniger.

Um unsere Klimaziele zu erreichen, überführen wir 13 Prozent der Braunkohlekapazitäten in Deutschland in eine „Sicherheitsbereitschaft" mit anschließender Stilllegung. [. . .]

- **Gesetz zur Digitalisierung der Energiewende**

Wir setzen das Startsignal für Smart Grid, Smart Meter und Smart Home in Deutschland und ermöglichen so die digitale Infrastruktur für eine erfolgreiche Verbindung von über 1,5 Millionen Stromerzeugern und großen Verbrauchern. Im Zentrum steht die Einführung intelligenter Messsysteme. Sie dienen als sichere Kommunikationsplattform, um das Stromversorgungssystem energiewendetauglich zu machen. [. . .]

- **Wir denken die Energiewende europäisch**

Deutschland liegt inmitten eines vernetzten europäischen Stromsystems. Es gelten die Regeln des Binnenmarktes, über dessen Einhaltung die EU-Kommission wacht. Strom ist eine Ware und darf frei über Staatsgrenzen hinweg gehandelt werden. Die Energiewende kann nur gelingen, wenn sie europäisch gedacht und EU-rechtskonform ausgestaltet wird. [. . .]

Wo stehen wir jetzt?

Wir haben inzwischen fast alle Vorhaben der 10-Punkte-Energie-Agenda wie geplant umgesetzt. Die nächste Phase der Energiewende kann beginnen.

Zusammen mit den bereits beschlossenen Maßnahmen zur Energieeffizienz und Netzen ergibt sich mit diesem Paket die Gesamtstrategie für die Energiewende. Wir sorgen dafür, dass die einzelnen Bausteine so zusammenpassen, dass die Energiewende ökonomisch und ökologisch ein Erfolg wird.

10-Punkte-Energie-Agenda des BMWi

Eine Energiewende – zehn Themen: Die 10-Punkte-Energie-Agenda bildet den Fahrplan für die Energiewende in dieser Legislaturperiode ab. [. . .]

1. Erneuerbare Energien, EEG

[. . .] Das EEG 2017 läutet einen Paradigmenwechsel ein, indem die Förderung von festen Fördersätzen auf wettbewerbliche Ausschreibungen umgestellt und der Ausbau der erneuerbaren Energien besser mit dem Netzausbau synchronisiert wird. Damit machen wir die Erneuerbaren fit für den Markt und erreichen mehr Planbarkeit, mehr Wettbewerb und mehr Kosteneffizienz.

2. Europäischer Klima- und Energierahmen 2030/ETS

Die Beschlüsse des Europäischen Rates vom Oktober 2014 zum europäischen Klima- und Energierahmen 2030 und zur Reform des europäischen Emissionshandels (ETS) haben eine wichtige strategische Bedeutung für die Ausrichtung der europäischen und nationalen Klima- und Energiepolitiken – und damit für die erfolgreiche Umsetzung der Energiewende. [...]

3. Strommarktdesign

Der Strommarkt der Zukunft muss für einen effizienten Kraftwerkseinsatz bei wachsenden Anteilen erneuerbarer Energien sorgen. Gleichzeitig muss er Versorgungssicherheit gewährleisten. Mit dem am 08. 07. 2016 verabschiedeten Strommarktgesetz machen wir den Strommarkt fit für die Energiewende. [...]

4. Regionale Kooperation in der EU/ Binnenmarkt

Das Zusammenwachsen der europäischen Strommärkte ist von grundlegender Bedeutung dafür, dass die Energiewende gelingt. Stromabnehmer profitieren von mehr Auswahl, niedrigeren Preisen und höherer Versorgungssicherheit. Wir vertiefen die europäische Zusammenarbeit, um die Integration der Märkte weiter voranzutreiben.

5. Übertragungsnetze

Damit unsere Stromversorgung sicher und bezahlbar bleibt, müssen mehrere tausend Kilometer Stromtrassen verstärkt oder neu gebaut werden. Nur so kann künftig Strom aus erneuerbaren Energien tatsächlich in jede Steckdose in Deutschland gelangen. [...]

6. Verteilernetze

Auch die Verteilernetze müssen fit für die Anforderungen der Energiewende werden. Denn über die Verteilernetze wird ein Großteil der erneuerbaren Stromerzeugung angeschlossen. [...]

7. Effizienzstrategie

In der vor uns liegenden Phase der Energiewende kommt der Steigerung der Energieeffizienz maßgebliche Bedeutung zu. Deshalb haben wir mit der Verabschiedung des Nationalen Aktionsplans Energieeffizienz (NAPE) die Energieeffizienz als wichtige Säule einer erfolgreichen Energiewende gestärkt.

8. Gebäudestrategie

Die Energieeffizienzstrategie Gebäude (ESG) wurde am 18. 11. 2015 von der Bundesregierung beschlossen. Sie ist das Strategiepapier für die Energiewende im Gebäudebereich und liefert damit einen wichtigen Beitrag zu der Frage, wie ein nahezu klimaneutraler Gebäudebestand im Jahr 2050 erreicht werden kann.

9. Gasversorgungsstrategie

Ein knappes Viertel der Primärenergieversorgung Deutschlands erfolgt durch Erdgas. Gemeinsam mit unseren internationalen Partnern und insbesondere der EU schaffen wir die Grundlagen dafür, dass die Gasversorgung auch in Zukunft sicher bleibt. [...]

10. Monitoring der Energiewende/ Energiewende-Plattformen

Um die Entwicklung der Energiewende kontinuierlich und detailliert zu beobachten und bei Zielabweichungen eingreifen zu können, hat die Bundesregierung den Monitoring-Prozess „Energie der Zukunft" ins Leben gerufen. [...]

Quelle: Bundesministerium für Wirtschaft und Energie.

Für ein Mehr an **Energieeinsparung** könnten Wirtschafts- und Finanzpolitik noch einiges tun. Beispiele:

- **Wegfall der Kraftfahrzeugsteuer,** dafür Erhöhung der Mineralölsteuer.
- **Wegfall hoher Grundgebühren** für Strom und Gas, dafür verbrauchsabhängige Tarife: Wer viel Strom verbraucht, muss mehr bezahlen.
- **Bessere Isolierung** von Gebäuden und Kühlaggregaten.
- **Steigerung der Wiederverwendungsrate** von energieintensiv produzierten Stoffen wie z. B. Aluminium, Kunststoffen, Papier usw. (Recycling).
- **Energieeffizienzsteigerung** bei von privaten Haushalten und den Unternehmen benutzten Maschinen und Verkehrsmitteln.

Alle genannten Maßnahmen – die Reihe könnte fast beliebig fortgesetzt werden – sind keine „Jobkiller", sondern erhalten bzw. schaffen Arbeitsplätze. Sie sind auch nicht „wachstumsfeindlich". Im Gegenteil: Energiesparpolitik ist ein Beitrag zum qualitativen und quantitativen Wachstum, weil sie Einkommen schafft.

Welche **Ziele die Bundesregierung** mit der **Energiewende** in Bezug auf die **Treibhausgasemissionen** und den **Anteil der erneuerbaren Energien** bis zum **Jahr 2050** ansteuern und welche **Rahmendbedingungen** dabei einzuhalten sind, verdeutlicht nachfolgende Abbildung.

Quantitative Ziele der Energiewende und Status quo (2016)

	2016	2020	2030	2040	2050
Treibhausgasemissionen					
Treibhausgasemissionen (gegenüber 1990)	–27,3 %	mindestens –40 %	mindestens –55 %	mindestens –70 %	weitgehend treibhausgasneutral –80 % bis –95 %
Erneuerbare Energien					
Anteil am Bruttoendenergieverbrauch	14,8 %	18 %	30 %	45 %	60 %
Anteil am Bruttostromverbrauch	31,6 %	mindestens 35 %	mindestens 50 % EEG 2017: 40 bis 45 % bis 2025	mindestens 65 % EEG 2017: 55 bis 60 % bis 2035	mindestens 80 %
Anteil am Wärmeverbrauch	13,2 %	14 %			

Ziele und Rahmenbedingungen der Energiewende

Versorgungssicherheit	Die Energienachfrage in Deutschland jederzeit effizient decken.
Kernenergieausstieg	Die letzten Kernkraftwerke mit dem Ablauf des Jahres 2022 abschalten.
Bezahlbarkeit Wettbewerbsfähigkeit	Bezahlbarkeit von Energie erhalten und die Wettbewerbsfähigkeit Deutschlands sichern.
Umweltverträglicheit	Die Energieversorgung umwelt-, klima- und naturverträglich gestalten.
Netzausbau	Netze bedarfsgerecht ausbauen und modernisieren.
Sektorkopplung Digitalisierung	Die Potenziale einer effizienten Sektorkopplung und der Digitalisierung für das Gelingen der Energiewende nutzen.
Forschung Innovation	Zukunktsweisende Innovationen für den Umbau der Energieversorgung vorantreiben.
Investitionen Wachstum Beschäftigung	Arbeitsplätze in Deutschland erhalten und ausbauen und Grundlagen für dauerhaften Wohlstand und Lebensqualität schaffen.

Quelle: Bundesministerium für Wirtschaft und Energie, Sechster Monotoring-Bericht zur Energiewende, Die Energie der Zukunft, 2018.

2.5.3.2 Umweltverträgliche Verkehrspolitik

Wirtschaftspolitik und Umweltpolitik hängen zusammen wie die Teile eines Mobiles. Wird ein Teil bewegt, bewegen sich alle Teile. Es gibt weder isolierte Probleme noch isolierte Problemlösungen. Wenn Wissenschaft und Praxis die Politik in Teilbereiche zerlegen, dann nur deshalb, um eine gewisse Übersichtlichkeit zu schaffen. In diesem Sinne ist z.B. Verkehrspolitik in vieler Hinsicht zugleich auch Energiepolitik, schon allein deshalb, weil der Verkehr einer der größten Energieverbraucher ist. Das ist der Grund, dass eine ökologisch orientierte Verkehrspolitik die **Umlenkung des Personen- und Güterverkehrs auf die Bahn** verlangen muss.

- Diese Verlagerung könnte im Rahmen der sozialen Marktwirtschaft – also durch **marktkonforme Mittel** – beschleunigt werden, indem z.B. der Transport mit einer so hohen Lkw-Abgabe belastet wird, dass der Gütertransport mit der Bahn wieder konkurrenzfähig wird. Arbeitsplatzverluste im Bereich des Lkw-Verkehrs würden durch Arbeitsplatzgewinne bei der Bahn wettgemacht.
- **Marktkonträre Maßnahmen** wie z.B. Vorschriften zu quantitativen Beschränkungen des Lkw-Verkehrs sind weniger wünschenswert, weil sie – je nach politischem Machtverhältnis – ständig geändert werden können. Außerdem werden durch marktkonträre Maßnahmen die Preisverhältnisse nicht korrigiert: Der Lkw-Verkehr bleibt nach wie vor der billigere.

Auch im Personenverkehr kann die Verkehrspolitik einiges tun. In Anwendung des **Verursacherprinzips** könnten Autofahrer und Flugreisende an den von ihnen angerichteten Schäden durch Steuern und Abgaben beteiligt werden (z.B. durch eine Kohlendioxidabgabe). Diese Zusatzeinnahmen könnten für Subventionen für den Personennah- und -fernverkehr verwendet werden, z.B. für subventionierte Monatskarten (häufig schon Umweltschutzkarten genannt), für den Ausbau des Nahverkehrsnetzes der Bahn bzw. der Stadt- und Untergrundbahnen.

2.5.3.3 Umweltverträgliche Agrarpolitik

Die im vorigen Kapitel genannten Beispiele für die negativen ökologischen Folgen der heutigen Agrarwirtschaft werden künftig zahlreiche wirtschafts- und umweltpolitische Maßnahmen erzwingen. Solche Maßnahmen könnten sein:

- **Förderung des biologischen Anbaus** durch Steuererleichterungen für die Anbaubetriebe und Aufklärung der Verbraucher. (Die Erzeugnisse aus biologischen Anbaubetrieben sind mitunter nicht so schön, so groß, so fehlerfrei wie die aus den durchrationalisierten Chemie-Agrarbetrieben.)
- **Besteuerung umweltschädlicher chemischer Stoffe,** die in der Landwirtschaft eingesetzt werden, und damit Verteuerung der Chemie-Agrarprodukte.
- **Umweltschutzvorschriften** mit dem Ziel, z.B. Viehdichte und Chemikalieneinsatz zu verringern.
- **Extensivierung** der Landwirtschaft, d.h. Umstellung eines landwirtschaftlichen Betriebes auf eine umweltschonende Betriebsart, wobei mögliche Einkommensverluste der Landwirte durch Zuschüsse ausgeglichen werden.
- Zahlungen aus Steuermitteln für nicht landwirtschaftliche **Naturschutzleistungen** der Landwirte, z.B. Renaturierung ehemaliger Feuchtgebiete, Wiederanpflanzung von Hecken, Erhalt des gewachsenen Landschaftsbildes, Erhaltung von Trockenwiesen usw.
- **Kombinierte Einkommenspolitik,** d.h. Förderung der Nebenerwerbsmöglichkeiten von Landwirten wie z.B. durch Vermietung von Ferienwohnungen („Ferien auf dem Bauernhof"), Verkauf eigener Erzeugnisse, Betreiben von Strauß- oder Gastwirtschaften.

Zusammenfassung

- **Umweltpolitische Lösungsansätze** sind neben strengeren Umweltschutzvorschriften z. B.:

In der Energiepolitik	In der Verkehrspolitik	In der Agrarpolitik
■ der Ausbau regenerativer (erneuerbarer) Energien, ■ die Energieeinsparung.	■ die Umlenkung des Personen- und Güterverkehrs auf die Bahn bzw. auf den öffentlichen Nahverkehr (in erster Linie durch marktkonforme Mittel), ■ die Anwendung des Verursacherprinzips (z. B. durch eine Kohlendioxidabgabe).	■ die Förderung des biologischen Anbaus, der Extensivierung, des Naturschutzes und der kombinierten Einkommenspolitik, ■ die Besteuerung umweltschädlicher chemischer Stoffe.

Übungsaufgabe

26

1. Untersuchen Sie, inwieweit bei den im vorigen Kapitel genannten Energieeinsparungsmaßnahmen möglicherweise Arbeitsplätze gefährdet, aber andererseits auch Arbeitsplätze geschaffen werden!
2. Der Umweltschutz, z. B. durch Förderung des öffentlichen Nahverkehrs, kostet Geld. Unterbreiten Sie Vorschläge, wie diese Mittel beschafft werden können!
3. Nennen Sie Gründe, warum der biologische Anbau bis heute nur eine sehr geringe Rolle spielt!
4. Nennen Sie Gründe, warum für die Entwicklungsländer der Umweltschutz ein nachrangiges Problem darstellt!

2.5.4 Prinzipien einer ökologisch-sozialen Marktwirtschaft

Alle im vorigen Kapitel beispielhaft genannten „Lösungsansätze" sind punktuelle Maßnahmen, selten aufeinander abgestimmt, meistens „halbherzig" und nur dann ergriffen, wenn es anders nicht mehr geht. Woran es bislang immer noch fehlt, ist der unbedingte politische Wille zu einer umfassenden umweltverträglichen Wirtschaftspolitik bzw. einer wirtschaftsverträglichen Umweltpolitik.[1]

2.5.4.1 Voraussetzungen

Eine der wichtigsten **Voraussetzungen** für eine umweltschonende Wirtschaftspolitik ist die **Veränderung des Bewusstseins** zumindest der Mehrheit der Bevölkerung.

Allgemein lässt sich feststellen, dass das Umweltbewusstsein der Bevölkerung und somit die **Akzeptanz für Umweltpolitik** in der jüngeren Vergangenheit **gestiegen** ist und zukünftig sicherlich auch weiter zunehmen dürfte. Denn schließlich halten immer größere Bevölkerungskreise die zunehmende Umweltverschmutzung aus heutiger Sicht für eines der gravierendsten **Zukunftsprobleme.**

1 Zum Konzept einer ökologisch-sozialen Marktwirtschaft und dem Leitgedanken der Nachhaltigkeit siehe auch Band 1, Einführungsphase, Lerngebiet 1, Kap. 4.6.4.

Nachfolgend die wichtigsten Ergebnisse der repräsentativen **Bevölkerungsumfrage zum Umweltbewusstsein in Deutschland,** veröffentlicht durch das Bundesministerium für Umwelt, Naturschutz, Bau und Reaktorsicherheit (BMUB):

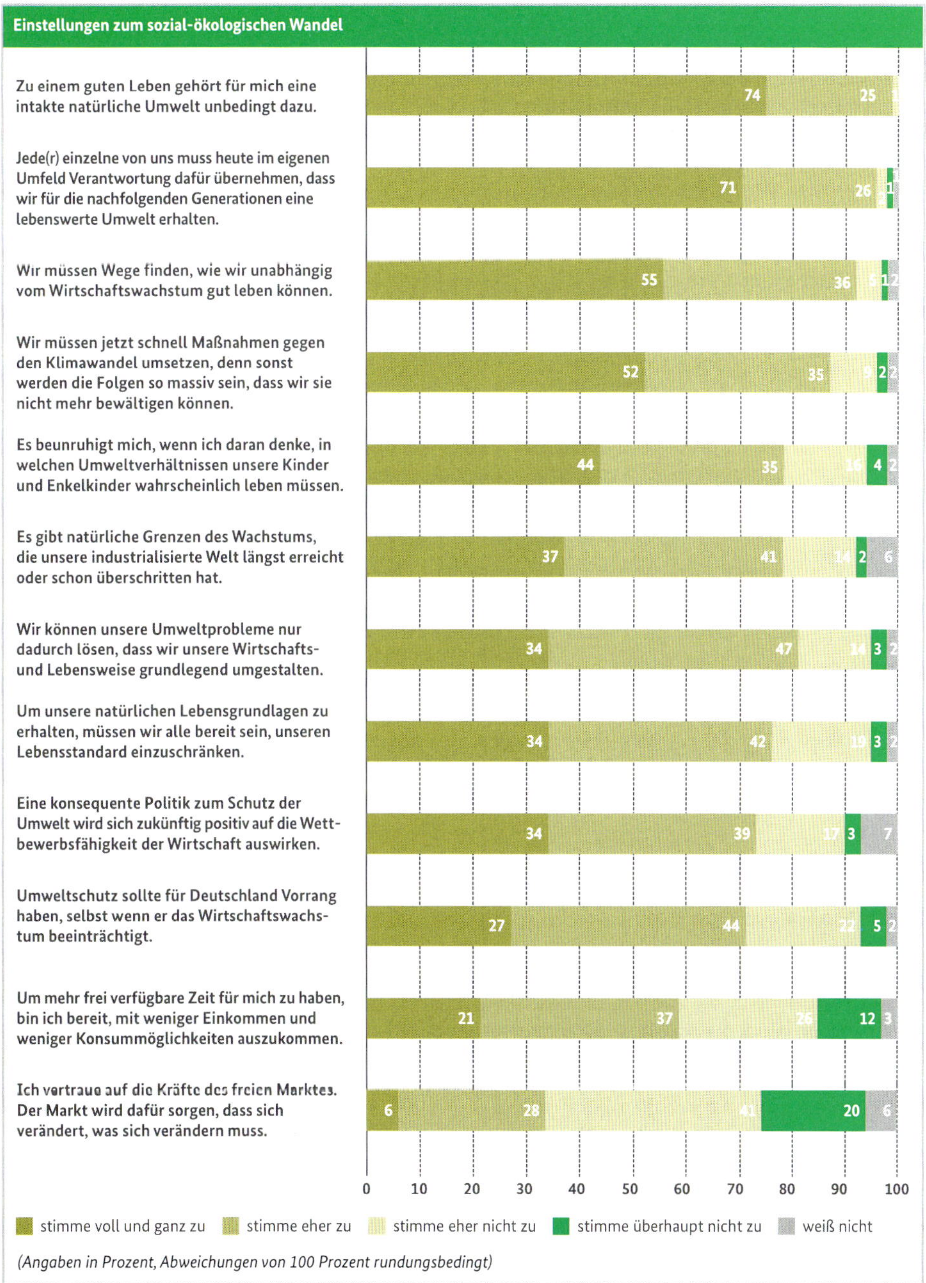

Quelle: Umweltbewusstsein in Deutschland 2016, Bundesministerium für Umwelt, Naturschutz, Bau und Reaktorsicherheit (BMUB), S. 20.

12 Speth u.a. - ISBN 978-3-8120-0593-7

Die Veränderung des Bewusstseins und des Verbraucherverhaltens genügt jedoch nicht. Es muss vielmehr ein **neues Wirtschafts- und Gesellschaftsmodell** geschaffen werden, das alle wirtschaftlichen Ziele und Handlungen dann als richtig begreift, wenn sie umweltschonend sind, und alle diejenigen als **falsch** (als schädlich) ansieht, wenn sie die Umwelt schädigen.

Ein Ansatz für eine **ökologische Neuausrichtung** bildet das **Leitbild** der **Green Economy,** welche eine international wettbewerbsfähige, umwelt- und sozialverträgliche Wirtschaft anstrebt. Die Bundesregierung nimmt zur Umsetzung dieses Leitbildes eine umfassende **ökologische** und zugleich **kosteneffiziente** Modernisierung der **gesamten Wirtschaft** und ihrer Sektoren in den Blick, um damit die **Wettbewerbsfähigkeit** des **Standorts Deutschland** zu stärken. Letztlich soll die „Green Economy" als **Wachstumsmotor** dienen. Dazu wurde in einem Agendaprozess mit den großen Wirtschaftsverbänden, Gewerkschaften, Verbraucherorganisationen und NGOs (Nichtregierungsorganisationen) die Forschungsagenda Green Economy erarbeitet.

Green Economy: Gesellschaftlicher Wandel

Das Ziel der Green Economy ist eine nachhaltige Wirtschaft, die natürliche Ressourcen schont und die Umwelt weniger belastet. [...]

Die Green Economy verbindet Ökologie und Ökonomie: Wirtschaft muss international wettbewerbsfähig sein, genauso aber auch umwelt- und sozialverträglich. Die Green Economy steigert die gesellschaftliche Wohlfahrt, bekämpft Armut und strebt soziale Gerechtigkeit an. Vor dem Hintergrund anerkannter ökologischer Grenzen soll auf Basis eines umfassenden Verständnisses der Zusammenhänge in Wirtschaft, Finanzwesen und Politik ein umweltverträgliches qualitatives und somit nachhaltiges Wachstum ermöglicht werden. Ziel ist, veränderte, nachhaltige Produktions- und Konsumweisen zu entwickeln, um weltweit und insbesondere für kommende Generationen Wohlstand und eine hohe Lebensqualität zu sichern.

Der Weg zur Green Economy führt über einen Veränderungsprozess, der die gesamte Gesellschaft betrifft. Es geht um eine umfassende ökologische Modernisierung der gesamten Wirtschaft und ihrer Sektoren. Faktoren einer umweltverträglichen Wirtschaft sind Ressourcenverbrauch, Emissionsreduktion, Steigerung von Energie- und Rohstoffproduktivität sowie nachhaltige Gestaltung von Produkten, Versorgungssystemen und Infrastrukturen. Fragen nach Lebens- und Arbeitsbedingungen, Konsummustern, Produktlebenszyklen und Finanzierungsmodellen stehen damit in direktem Zusammenhang.

Green Economy ist eine gemeinsame Aufgabe

Im Jahr 2012 war Green Economy das zentrale Thema des UN-Nachhaltigkeitsgipfels Rio+20. Im Anschluss daran hat das Bundesforschungsministerium gemeinsam mit dem Bundesministerium für Umwelt, Naturschutz, Bau und Reaktorsicherheit eine Agenda zur Green Economy gestartet [...], die auf der Green Economy Konferenz am 18. November 2014 in Berlin der Öffentlichkeit vorgestellt wurde. Die Agenda umfasst folgende Handlungsfelder:

Produktion und Ressourcen: Rohstoffe, Wasser und Land

Nachhaltigkeit und Finanzdienstleistungen

Nachhaltiger Konsum

Nachhaltige Energieversorgung und -nutzung in der Wirtschaft

Nachhaltige Mobilitätssysteme

Infrastrukturen und intelligente Versorgungssysteme für die Zukunftsstadt.

[...] Darüber hinaus ist Nachhaltiges Wirtschaften ein Teil der neuen Hightech-Strategie der Bundesregierung, die die Lebensqualität in Deutschland sichert.

Quelle: Bundesministerium für Bildung und Forschung.

2.5.4.2 Prinzipien

Arten	Erläuterungen	Beispiele
Verursacherprinzip	Das Verursacherprinzip verlangt, dass alle Kosten denjenigen Leistungen zuzurechnen sind, auf die die Kosten zurückzuführen sind. Auf die Umweltpolitik übertragen bedeutet dies, dass derjenige die Kosten zur Vermeidung, Beseitigung oder zum Ausgleich einer Umweltbelastung zu tragen hat, der für ihre Entstehung verantwortlich gemacht werden kann. Die Durchsetzung des Verursacherprinzips dient der Internalisierung von Kosten.	Die Verpackungsverordnung [VerpV] sieht eine Entsorgungspflicht für Verpackungen vor. So sind Hersteller, Großhändler und Einzelhändler verpflichtet, ihre Verpackungen entweder erneut zu verwenden oder zu entsorgen (z. B. durch das Duale System). Dadurch ist es ihnen nicht möglich, die Entsorgungskosten zu „externalisieren", d. h. von der „Außenwelt" (der Gesellschaft) tragen zu lassen. Mit der gesetzlichen Entsorgungspflicht werden die Kosten „internalisiert", d. h., die Kosten erscheinen in den Kalkulationen der Unternehmen.
Vorsorgeprinzip	Dieser Grundsatz der Umweltpolitik verlangt, dass Umweltgefahren **vorausschauend** erkannt und vorbeugend vermieden werden.	Bereits in der Planungsphase privater und öffentlicher Maßnahmen (z. B. Bauplanungen) prüfen staatliche Behörden, ob bei den zu genehmigenden Projekten schädliche Immissionen (Einwirkungen auf Pflanzen, Tiere und Menschen) zu erwarten sind (Umweltverträglichkeitsprüfung).
Kooperationsprinzip	Neben dem Verursacher- und dem Vorsorgeprinzip stellt das Kooperationsprinzip die dritte Säule der Umweltpolitik dar. Das Kooperationsprinzip verlangt das enge Zusammenwirken (Kooperieren) von Unternehmen, privaten Haushalten, staatlichen Stellen und Verbänden in Angelegenheiten des Umweltschutzes. Hinzu kommt das **„Ökosponsoring"**, d. h. die Leistung von Spenden für Wiederherstellungsmaßnahmen (z. B. Wiederaufforstung) und/oder Zahlungen an Umweltverbände (z. B. GREENPEACE, World Wildlife Fund [WWF] und der Bund für Umwelt und Naturschutz Deutschland [BUND]).	▪ Anhörung der beteiligten Kreise nach § 51 BImSchG[1] vor Erlass von Rechtsverordnungen und Verwaltungsvorschriften. ▪ Einwendungsbefugnis für jede Person in den Genehmigungsverfahren für Anlagen nach BImSchG und AtG.[2] ▪ Festlegung von Zielen durch die Bundesregierung zur Minderung von Abfallmengen innerhalb bestimmter Zeiträume, bevor im Falle eines Nichterreichens der Ziele mittels Rechtsverordnung nach § 14 AbfG[3] entsprechende Verbote und Beschränkungen zum Zweck der Abfallminderung erlassen werden, falls die Selbstbeschränkung der Abfallerzeuger gescheitert ist.

1 **BImSchG**: Bundes-Immissionsschutzgesetz; Immission: das Einwirken von Luftverunreinigungen, Schadstoffen, Lärm, Strahlen usw. auf Menschen, Tiere und Pflanzen.

2 **AtG**: Atomgesetz.

3 **AbfG**: Abfallgesetz.

Arten	Erläuterungen	Beispiele
	Diese Verbände nehmen in der Regel Spenden nur dann an, wenn umweltschädigende Produkte in großem Umfang vom Markt genommen werden. Käme es zusätzlich noch zu einer Verlagerung des Konsums hin zu den umweltverträglichsten Produkten, dann wäre der Umweltschutz in einigen Jahren **ohne** langwierige und oft lückenhafte Gesetzgebung ein großes Stück vorangekommen, ein unbestreitbarer Vorteil des Kooperationsprinzips im Rahmen der sozialen Marktwirtschaft.	■ Verbandsbeteiligung nach § 29 BNatSchG.[1] ■ In **Deutschland** gibt es z. B. eine **bundesweite Recyclingbörse der Industrie- und Handelskammern.** Das ist ein EDV-gestütztes überbetriebliches Vermittlungssystem das dazu beiträgt, die Wiederverwertung gewerblicher Produktionsrückstände in größerem Maße als bisher zu ermöglichen. Angesprochen sind in erster Linie solche Unternehmen, die ihre Produktionsrückstände nicht schon über eingeführte Handelsunternehmen einer Wiederverwertung zuführen.

Zusammenfassung

- **Voraussetzungen für eine ökologisch-soziale Marktwirtschaft** sind:

  1. Schaffung eines Umweltbewusstseins in der Bevölkerung und in der Politik
  ↓
  2. Änderung des Verbraucherverhaltens und Einleitung umweltpolitischer Maßnahmen
  ↓
  3. Ökologisch ausgerichtetes Wirtschafts- und Gesellschaftsmodell

- **Prinzipien einer ökologisch-sozialen Marktwirtschaft** sind das Verursacherprinzip, das Vorsorgeprinzip und das Kooperationsprinzip:
  - Das **Verursacherprinzip** besagt, dass derjenige die Kosten für die Vermeidung, Beseitigung oder den Ausgleich einer Umweltbelastung zu tragen hat, der ihre Entstehung zu verantworten hat.
  - Das **Vorsorgeprinzip** verlangt, dass Umweltgefahren vorausschauend erkannt und vorbeugend vermieden werden.
  - Das **Kooperationsprinzip** sieht das enge Zusammenwirken der Wirtschaftssubjekte (Unternehmen, private Haushalte, Staat, Verbände) zum Wohle der Umwelt vor.

1 **BNatSchG**: Bundesnaturschutzgesetz.

Übungsaufgabe

27 1. Angenommen, in einer Gemeinde befinden sich aufgelassene Industriegelände. Die Abrissarbeiten für ein ansiedlungswilliges Unternehmen betragen einschließlich der Grunderwerbskosten 250,00 EUR je m^2. Die Nachbargemeinde bietet Industriegrundstücke auf der „grünen Wiese" für 50,00 EUR je m^2 einschließlich Grunderwerbsteuer an.

Aufgaben:

1.1 Beurteilen Sie, wie hoch eine „Neuversiegelungssteuer" unter sonst gleichen Bedingungen mindestens sein müsste, um das Unternehmen zu veranlassen, das aufgelassene Industriegrundstück zu erwerben!

1.2 Entscheiden Sie, welcher Steuerart Sie die Neuversiegelungssteuer zurechnen! Begründen Sie Ihre Antwort!

1.3 Stufen Sie die genannte Neuversiegelungssteuer als marktkonforme oder als marktkonträre Maßnahme ein und begründen Sie Ihre Entscheidung!

2. Unterscheiden Sie zwischen marktkonformen und marktkonträren Umweltschutzmaßnahmen und nennen Sie Beispiele!

3. Nennen und erläutern Sie die drei wichtigsten Prinzipien der Umweltschutzpolitik! Nennen Sie Beispiele!

2.5.4.3 Möglichkeiten staatlicher Umweltpolitik

(1) Gebote und Verbote

Auflagen in Form von Geboten und Verboten sind **marktkonträre Maßnahmen** der staatlichen Umweltpolitik. **Verbote** enthält z. B. die Chemikalienverbotsverordnung (ChemVerbotsV, z. B. Verbot des Inverkehrbringens von DDT[1] und Zubereitungen mit DDT als Wirkstoff). Wichtige Verbote und Gebote für gefährliche Stoffe und gefährliche Zubereitungen (z. B. Verpackungs-, Einstufungs-, Kennzeichnungs-, Meldepflichten sowie Unterrichtungs- und Vorsorgepflichten der Arbeitgeber) stehen auch im Chemikaliengesetz [ChemG] und in der Gefahrstoffverordnung [GefStoffV].

Gebote sind Vorgaben für gefährliche Anlagen und für mögliche Emittenten umweltschädigender Stoffe. Leitgesetz für den Umweltpflegebereich „Immissionsschutz" (Luftreinhaltung und Lärmbekämpfung) ist z. B. das Gesetz zum Schutz vor schädlichen Umwelteinwirkungen durch Luftverunreinigungen, Geräusche, Erschütterungen und ähnliche Vorgänge (Bundes-Immissionsschutzgesetz [BImSchG]).

Gebote und Verbote (Auflagen) sind erforderlich, wo es um die unmittelbare Gefahrenabwehr geht. Der Erfolg soll durch Strafen und Bußgelder gesichert werden. Der Nachteil der Auflagen besteht darin, dass sie den umwelttechnischen Fortschritt hemmen, denn ist der Stand der Technik in einem Gesetz bzw. in einer Verordnung einmal festgeschrieben, gibt es für die Verursacher keinen Grund mehr, die vorgegebenen Grenzwerte mit einer fortgeschrittenen und möglicherweise teureren Technik zu unterschreiten.

1 **DDT**: Dichlordiphenyltrichloräthan (Mittel zur Ungezieferbekämpfung).

(2) Umweltabgaben

Umweltabgaben sind **marktkonforme Instrumente** der Umweltpolitik. Abgaben lassen sich u. a. in Steuern und Sonderabgaben einteilen.

Steuern	Sie sind dadurch gekennzeichnet, dass es sich um Geldleistungen der Bürger handelt, für die der Staat keine konkrete Gegenleistung erbringt. Sie werden zur **allgemeinen Finanzierung eines öffentlichen Haushalts** herangezogen. Das schließt nicht aus, dass Steuern der Erreichung bestimmter wirtschafts- und sozialpolitischer Ziele dienen können, z. B. verteilungspolitischen, beschäftigungspolitischen, wachstumspolitischen oder strukturpolitischen Zielen.
Umweltsteuern (Ökosteuern)	Sie haben den Zweck, umweltpolitischen Zielen zu dienen. Sie sollen die Nachfrage der Wirtschaftssubjekte in umweltfreundlichere Bahnen lenken. Sie fließen in den allgemeinen Staatshaushalt und können dazu verwendet werden, an anderer Stelle die Steuerbelastung der Bürger und der Unternehmen zu verringern (z. B. Subventionierung umweltschonender Produkte).
Umwelt-sonderabgaben	Sie dürfen nur erhoben werden, wenn eine besondere Beziehung zwischen dem Kreis der Abgabenpflichtigen und dem mit der Abgabe verfolgten Zweck besteht. Belastet man also z. B. Industriebetriebe mit einer Abwasserabgabe, müssen die eingenommenen Mittel für den Bau von Kläranlagen oder für einen ähnlichen Zweck eingesetzt werden.

Umweltsonderabgaben wirken im Übrigen wie Umweltsteuern. Ihr Vorteil ist, dass sie der Umwelt wieder zugute kommen. Nachteilig ist, dass sie die Steuerlastquote erhöhen.

Beispiele:

Abgaben auf einzelne Produkte wie z. B. auf Einwegflaschen, Batterien, Phosphatdünger, phosphathaltige Waschmittel, Farben, Lösungsmittel und tropische Hölzer.

Zudem hat die EU Ende 2014 für das Vorhaben gestimmt, den **Plastiktüten-Verbrauch** zu begrenzen. Die Staaten sollen nun entweder Gebühren oder Steuern auf die Beutel erheben oder konkrete Ziele zur Verminderung beschließen. Auch Verbote wären möglich. Europaweit soll der Jahresverbrauch leichter Plastiktüten schon bis 2019 um mehr als die Hälfte zurückgehen, von derzeit 200 auf 90 Tüten pro Kopf. Im Jahr 2025 sollen es dann nur noch 40 Stück sein. Alternativ könnten die Länder Plastiktüten verpflichtend mit einem Preis belegen. Das Ziel soll für jedes Land einzeln gelten.

Darüber hinaus hat die EU im Jahr 2019 ein Gesetz zum Verbot von Einweg-Plastik ab dem Jahr 2021 beschlossen.

Einweg-Verbot: EU verbietet ab 2021 Einweggeschirr und Strohhalme aus Plastik

Strohhalme, Trinkbecher, Grillbesteck: Um den Plastikmüll zu reduzieren, hat das EU-Parlament ein Verbot von Wegwerfprodukten auf den Weg gebracht.

Strohhalme aus Plastik sollen bald der Vergangenheit angehören: Die große Mehrheit der Abgeordneten im Europaparlament stimmte [...] für ein Verbot von Einwegprodukten aus Plastik. 560 Angeordnete stimmten dafür; 35 votierten dagegen, 28 Abgeordnete enthielten sich.

Die Richtlinie soll dazu beitragen, dass die Meere weniger vermüllt werden. Vom europäischen Markt verschwinden sollen ab 2021 zunächst nur Produkte, für die es bereits Alternativen gibt. Dazu gehören unter anderem Plastikteller und -besteck sowie Strohhalme, Luftballonstäbe und Wattestäbchen aus Kunststoff. Auch Behälter und Becher aus aufgeschäumtem Polystyrol sollen verbannt werden, ebenso Produkte aus sogenanntem oxo-abbaubarem Kunststoff, weil das Material in Mikroplastik zerfällt und Umwelt und Gesundheit belasten kann.

Die Neuregelung schreibt außerdem vor, dass bis 2029 mindestens neun von zehn Plastikflaschen getrennt gesammelt und recycelt werden müssen. Zudem wird festgelegt, dass neu verkaufte Plastikflaschen bis 2025 zu mindestens 25 % aus recyceltem Material bestehen müssen.

Zudem sollen die Hersteller verpflichtet werden, sich an den Kosten von Reinigungsaktionen, etwa an Stränden, zu beteiligen. Dies gilt insbesondere für die Tabakindustrie, da zahlreiche Zigarettenfilter in der Umwelt landen. Auch für angespülte Fischfangnetze sollen die neuen Vorschriften gelten.

Mitgliedstaaten müssen noch zustimmen

EU-Unterhändler hatten sich bereits im Dezember auf das Verbot geeinigt. Formell müssen nun noch die Mitgliedstaaten die neuen Regeln verabschieden, bevor sie in etwa zwei Jahren in Kraft treten.

Hintergrund ist die enorme Menge an Plastikmüll, die in den Meeren treibt. Nach Erhebungen der Brüsseler Kommission fallen in der EU jährlich 26 Mio. t davon an. Mit 37,4 kg pro Einwohner produziert Deutschland davon deutlich mehr als der EU-Durchschnitt (31,1 kg pro Einwohner). EU-weit wird derzeit weniger als ein Drittel des entsorgten Plastiks recycelt. Der Rest wird verbrannt oder eingelagert. Nicht ordnungsgemäß entsorgter Plastikmüll landet zum Großteil im Meer.

Einer Studie des US-Wissenschaftsmagazins Science zufolge sind das jährlich rund 8 Mio. t. Laut EU-Kommission bestehen 85 % des Mülls in den Meeren aus Plastik. Die Hälfte davon sind demnach Einwegprodukte, ein Viertel stammt von Fischern. Experten befürchten, dass es 2050 mehr Plastik als Fisch in den Weltmeeren geben könnte. Schon heute ist die Lage dramatisch: Der Müll kann für viele Tiere gefährlich werden, weil sie sich etwa darin verheddern oder es mit Nahrung verwechseln. Über den Verzehr von Meerestieren kann der Kunststoff letztlich auch in den menschlichen Körper gelangen.

Quelle: ZEIT ONLINE vom 27.03.2019 [Zugriff am 20.05.2019].

Rat beschließt Verbot von Einwegplastik

Die EU sagt dem Plastikmüll im Meer den Kampf an.

EU geht gegen Plastikmüll vor. Der Rat hat heute eine neue Richtlinie verabschiedet, mit der die Herstellung und Benutzung von Einwegartikeln aus Plastik eingeschränkt wird.

Mit der heutigen förmlichen Annahme der neuen Vorschriften durch den Rat ist das Gesetzgebungsverfahren abgeschlossen.

Die Richtlinie über sogenannte Einwegkunststoffartikel baut auf geltendem EU-Abfallrecht auf, geht allerdings einen Schritt weiter, indem sie für zehn Artikel und Verpackungen, die Europas Strände am meisten verschmutzen, strengere Vorschriften festlegt. Mit den neuen Vorschriften wird die Verwendung bestimmter Einwegprodukte aus Plastik, für die es Alternativen gibt, verboten. Darüber hinaus werden konkrete Maßnahmen eingeleitet, um den Gebrauch derjenigen zu reduzieren, die am häufigsten achtlos weggeworfen werden.

Als „Einwegkunststoffartikel" gelten Produkte, die ganz oder teilweise aus Kunststoff hergestellt werden und in der Regel nur für den einmaligen oder kurzzeitigen Gebrauch bestimmt sind. Hauptzweck der Richtlinie ist es, das Plastikmüllaufkommen zu reduzieren. Mit den neuen Vorschriften werden Plastikteller und -besteck, Strohhalme, Ballonhaltestangen und Wattestäbchen bis 2021 verboten.

Als Zielvorgaben für Plastikflaschen haben die Mitgliedstaaten vereinbart, bis 2029 eine Sammelquote von 90 % und bis 2025 einen Recyclinganteil von 25 % zu erreichen, der bis 2030 auf 30 % gesteigert werden soll.

Quelle: Europäischer Rat, Rat der Europäischen Union vom 21.05.2019 [Zugriff am 22.05.2019].

(3) Umweltzertifikate

Mithilfe von Umweltzertifikaten soll eine zu starke Beanspruchung der natürlichen Umwelt verhindert werden. Die Ausgabe der Zertifikate (Berechtigungen) erfolgt durch eine staatliche Behörde. Die Summe der Nutzungsrechte wird von Staats wegen so gewählt, dass in einer Region ein bestimmtes Immissionsvolumen[1] je Periode nicht überschritten wird. Man spricht von der **„Glocke“** oder von einer **„Deckelung“**. Die Nutzungsrechte (Zertifikate) werden börsenmäßig gehandelt. Der Preis ergibt sich aufgrund von Angebot und Nachfrage.

- Als Anbieter treten solche Betriebe auf, denen es bei dem Preis, den sie für ihre Zertifikate am Markt erzielen können, rentabler erscheint, ihre Emissionen[2] durch Einbau von emissionsmindernden Maßnahmen zu verringern (z. B. durch Einbau von Filtern, Abgasreinigungsanlagen, Katalysatoren, Bau von Kläranlagen usw.).
- Als Nachfrager erscheinen die Betriebe, deren Vermeidungskosten höher sind als die Kosten des Zertifikatkaufs. Es kann sich hierbei um Betriebe mit veralteter Technik handeln. Zusatzbedarf an Nutzungsrechten kann auch bei Betriebserweiterungen oder Neugründungen entstehen.

Die **„Glockenpolitik“** trägt dazu bei, dass Produktionskosten, die bislang der Allgemeinheit angelastet wurden (externe Kosten, Social Costs), internalisiert werden (interne Kosten).

- Fällt die unentgeltliche Nutzung und Benutzung von Produktionsfaktoren der Allgemeinheit zur Last, spricht man von externen Kosten (Social Costs). Leitet z. B. ein Betrieb ungereinigte Abwässer in einen Fluss, werden u. a. die Fischwirtschaft, die Wasserwirtschaft und die privaten Haushalte geschädigt, weil die Wasserqualität abnimmt.
- Unter internen Kosten versteht man den in Geld gemessenen und bezahlten Verbrauch von Produktionsfaktoren zum Zweck der Leistungserstellung. Externe Kosten werden dann zu internen Kosten, wenn z. B. der Staat die Betriebe durch entsprechende Auflagen zwingt, ihre umweltschädigenden Emissionen (z. B. Abwässer) zu reinigen (Internalisierung externer Kosten).

Diese „Glockenpolitik“ hat gegenüber der Festlegung von Grenzwerten den Vorteil, dass die Wirtschaft eines Staates oder die einer ganzen Staatengruppe auf marktkonforme Weise zu einem von Jahr zu Jahr sinkenden Gesamtausstoß von umweltschädlichen Stoffen gelenkt wird.

In der ersten Phase des EU-Emissionshandels[3] (2005–2007) wurden in Deutschland die Zertifikate kostenlos abgegeben. Für die zweite Handelsphase (2008–2012) wurde die erlaubte Gesamtmenge der CO_2-Emissionen auf 453 Mio. Tonnen verringert. Außerdem wurde ein Teil der Emissionszertifikate nicht mehr kostenlos abgegeben, sondern versteigert.

1 **Immissionsvolumen**: Umfang der zugelassenen Schadstoffeinleitung in die Umwelt.

2 **Emission** (lat.): Ausstoß (z. B. Rauch, Abgase, Staub, Abwässer).

3 Der Emissionshandel ist im Gesetz zur Neugestaltung des Umweltinformationsgesetzes und zur Änderung der Rechtsgrundlagen zum Emissionshandel vom 22. Dezember 2004 geregelt.

Für die Zeit nach dem Ende der zweiten Handelsphase, also ab 2013, streben die Vertragsstaaten des Kyoto-Protokolls eine Nachfolge-Vereinbarung an, die oft mit **Kyoto-II** bezeichnet wird.

Der Emissionshandel hat in den letzten Jahren in der EU nicht wirklich funktioniert. Über die Gründe wird viel gerätselt. Auf Druck der einzelnen Länder wurden wohl schon von Anfang an zu viele Zertifikate ausgegeben. Ein weiterer Grund: Für Unternehmen gibt es die Möglichkeit, mit Klimaschutzmaßnahmen in Entwicklungs- und Schwellenländern Extra-Zertifikate zu bekommen. Von dieser Regelung wird seitens der Industrie in hohem Maße Gebrauch gemacht. Dazu kommt, dass der Preis für Öl und Gas noch immer sehr niedrig ist. Fazit: Es gibt zu viele Zertifikate für zu wenig Geld.

Die EU will das System ab dem Jahr 2021 deshalb reformieren und dabei Jahr für Jahr deutlich mehr Zertifikate aus dem Markt nehmen als bisher. Diese Maßnahme würde den Druck erhöhen und auch die Suche nach klimafreundlichen Technologien vorantreiben. Wenn die Rechnung aufgeht, könnte der Preis für die Zertifikate wieder steigen und der Emissionshandel zu dem werden, was er sein könnte: ein effizientes Klimaschutzprojekt, das für die Volkswirtschaft so billig ist wie kaum ein anderes.

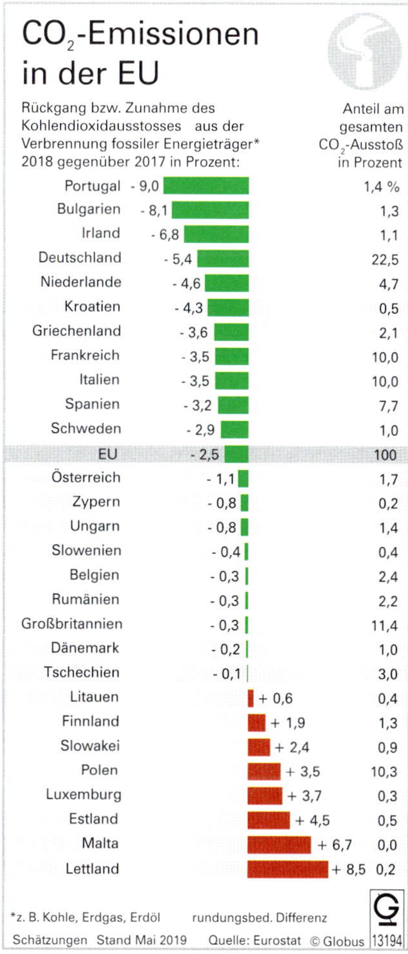

Die CO_2-Emissionen aus der Verbrennung fossiler Energieträger wie Öl oder Kohle sind nach Schätzungen der europäischen Statistikbehörde Eurostat im Jahr 2018 in der Europäischen Union um 2,5 % gegenüber dem Vorjahr gesunken. Insgesamt verringerten sich die Emissionen in 20 der 28 Mitgliedstaaten. Die besten Bilanzen hatten den Schätzungen gemäß Portugal und Bulgarien, wo der Rückgang bei 9,0 bzw. 8,1 % lag. Die höchsten Zunahmen hat es in Lettland und Malta gegeben, wo 8,5 bzw. 6,7 % mehr Kohlendioxid freigesetzt wurde als im Vorjahr. Mit einem Anteil von 22,5 % am gesamten CO_2-Ausstoß in der EU war Deutschland der Mitgliedstaat mit den höchsten Emissionen, gefolgt von Großbritannien (11,4 %) und Polen (10,3 %).

(4) Umweltverträglichkeitsprüfung

Die Umweltverträglichkeitsprüfung (UVP) ist ein Instrument der Umweltvorsorgepolitik. Sie soll sicherstellen, dass vor Entscheidungen über öffentliche und private Vorhaben deren Umweltauswirkungen frühzeitig geprüft und angemessen berücksichtigt werden.

Die Umweltverträglichkeitsprüfung muss die Folgen abschätzen, die ein Vorhaben (z. B. Bau eines Kraftwerks, einer Fernstraße, eines Flughafens) auf Menschen, Tiere und Pflanzen, Boden, Wasser, Luft, Klima und Landschaft sowie Kultur- und sonstige Sachgüter haben kann.

Die Ergebnisse der Umweltverträglichkeitsprüfung sind bei der Entscheidungsfindung über die Zulassung eines Vorhabens zu berücksichtigen.

(5) Staatliche Zuschüsse

Ebenso wie die Erhebung von Abgaben ist die Bezuschussung (Subventionierung) umweltschonender Produktionsverfahren und Produkte eine marktkonforme Maßnahme der Umweltpolitik. Umweltsubventionen sollen das Angebot verbilligen und so die Nachfrage auf umweltschonende Produkte umlenken.

Die staatliche Förderung kann aus unmittelbaren Zuschüssen **(direkten Subventionen)**, **Krediten** oder **Bürgschaften** bestehen.

Beispiel:

Förderung von Vorhaben zum Schutz der Umwelt unter besonderer Berücksichtigung der mittelständischen Wirtschaft nach § 2 I UStiftG [Gesetz zur Errichtung einer Stiftung „Deutsche Bundesstiftung Umwelt"].

Eine weitere Form staatlicher Bezuschussung ist die **indirekte Subventionierung** in Form von **Steuervergünstigungen** und **öffentlichen Entschädigungen**.

Beispiel:

Erhöhte Absetzungen für Wirtschaftsgüter, die dem Umweltschutz dienen [§ 7d EStG]. – Erstattung für bauliche Schallschutzmaßnahmen nach § 9 FluglärmG.

(6) Umwelthaftungsrecht

Das Umwelthaftungsrecht hat die Aufgabe, die Umweltgefährdung von Produktionsanlagen und Produkten zu überprüfen und durch Vorsorgemaßnahmen die finanziellen Risiken und somit die Entstehung von Ersatzansprüchen zu vermindern. Je strenger die Haftungsvorschriften sind, desto mehr wird der Staat vom Erlass immer neuer Umweltvorschriften entlastet. Umweltkosten werden internalisiert (von den Unternehmen übernommen), auch dann, wenn sie sich versichern lassen. Die Versicherungsunternehmen werden hohe Risiken mit hohen Versicherungsbeiträgen, niedrige Risiken mit niedrigen Beiträgen belasten.

Das Haftungsrecht allein kann nur dort zum Zuge kommen, wo ein unmittelbarer Zusammenhang zwischen **Verursacher** und **Wirkung** besteht.

Beispiel:

Ein Landwirt spritzt seine Obstanlage mit für Fische gefährlichen Substanzen. Daraufhin sterben alle Fische im nahe gelegenen Teich.

In allen Fällen, in denen mehrere Ursachen zu Umweltschäden führen, kann das Umwelthaftungsrecht nicht weiterführen.

Beispiel:

Nach derzeitigen Kenntnissen hat das Waldsterben mehrere Ursachen, z. B. den sauren Regen, der wiederum aus zahlreichen Quellen stammt, die Ozonbelastung bei trockenen Sonnentagen, Monokultur und Wildverbiss. Die geschädigten Waldeigentümer können deshalb keine Schadensersatzansprüche geltend machen.

Für die Bundesrepublik Deutschland gilt das **Umwelthaftungsgesetz [UmweltHG]**, das eine umfassende **Gefährdungshaftung** vorsieht. Das bedeutet, dass der Betreiber einer Anlage für Schäden an Personen und Sachen auch dann haftet, wenn ihn kein Verschulden trifft. Das Gesetz bestimmt, dass sich die Betreiber bestimmter Anlagen um eine Deckungsvorsorge kümmern müssen, damit sie ihren gesetzlichen Verpflichtungen im Fall eines Schadens nachkommen können. § 15 UmweltHG sieht allerdings eine Haftungshöchstgrenze vor, die die Unternehmen vor dem wirtschaftlichen Ruin schützen soll.

Das **Gesetz über die Haftung für fehlerhafte Produkte (Produkthaftungsgesetz)** dient in erster Linie dem Verbraucherschutz. Wird durch den Fehler eines Produkts jemand getötet, sein Körper oder seine Gesundheit verletzt oder eine Sache beschädigt, ist der **Hersteller** verpflichtet, dem Geschädigten den daraus entstehenden Schaden zu ersetzen. Im Fall der Sachbeschädigung gilt dies nur, wenn die fehlerhafte Sache für den privaten Ge- und Verbrauch bestimmt und hierzu von dem Geschädigten hauptsächlich verwendet worden ist.

(7) Umweltstrafrecht

Dem Umweltstrafrecht obliegt es, umweltschädigendes Verhalten als Straftaten oder Ordnungswidrigkeiten zu ahnden. Ordnungswidrigkeiten unterscheiden sich von den Straftaten dadurch, dass sie nicht mit einer Kriminalstrafe (Freiheitsstrafe, Geldstrafe), sondern mit einer Geldbuße belegt werden.

Straftatbestände finden sich vor allem im 29. Abschnitt des Strafgesetzbuches [StGB] „Straftaten gegen die Umwelt" [§§ 324–330 d StGB].

Beispiele:

- Wer unter Verletzung verwaltungsrechtlicher Pflichten Stoffe in den **Boden** einbringt, eindringen lässt oder freisetzt und diesen dadurch in einer Weise, die geeignet ist, die Gesundheit eines anderen, Tiere, Pflanzen oder andere Sachen von bedeutendem Wert oder ein Gewässer zu schädigen, oder in bedeutendem Umfang verunreinigt oder sonst nachteilig verändert, wird mit Freiheitsstrafe bis zu fünf Jahren oder mit Geldstrafe bestraft [§ 324 a StGB].
- Wer beim Betrieb einer Anlage, insbesondere einer Betriebsstätte oder Maschine, unter Verletzung verwaltungsrechtlicher Pflichten Veränderungen der **Luft** verursacht, die geeignet sind, außerhalb des zur Anlage gehörenden Bereichs die Gesundheit eines anderen, Tiere, Pflanzen oder andere Sachen von bedeutendem Wert zu schädigen, wird mit Freiheitsstrafe bis zu fünf Jahren oder mit Geldstrafe bestraft. Der Versuch ist strafbar [§ 325 StGB].
- Wer beim Betrieb einer Anlage, insbesondere einer Betriebsstätte oder Maschine, unter Verletzung verwaltungsrechtlicher Pflichten **Lärm** verursacht, der geeignet ist, außerhalb des zur Anlage gehörenden Bereichs die Gesundheit eines anderen zu schädigen, wird mit Freiheitsstrafe bis zu drei Jahren oder mit Geldstrafe bestraft [§ 325 a StGB].

Ordnungswidrigkeiten sind in den einzelnen Umweltgesetzen geregelt.

Beispiel:

Wer eine Anlage entgegen einer vollziehbaren Untersagung nach § 25 BImSchG betreibt, kann mit Geldbuße bis zu 50 000,00 EUR belegt werden [§ 62 I Nr. 6 BImSchG].

2.5.4.4 Auswirkungen der Umweltschutzpolitik auf Unternehmen und Verbraucher

Lange Zeit haben wir die Natur als kostenlosen Produktionsfaktor angesehen. Die Nutzung von Luft, Boden, Wasser usw. wurde nicht mit den Preisen versehen, die den tatsächlichen Knappheitsverhältnissen entsprechen. Die Kosten der Inanspruchnahme dieser Produktionsfaktoren sind somit nicht in die Kostenrechnungen (Kalkulationen) der Wirtschaftssubjekte (Unternehmen, private und öffentliche Haushalte) eingegangen, sondern wurden auf die Allgemeinheit abgewälzt (Social Costs). Außerdem wurden Investitionen zur Erhaltung der Umwelt lange Zeit vernachlässigt.

Die Einführung von Umweltschutzanforderungen zur Sicherung der Umwelt kostet Geld, schlägt sich also bei den Verursachern als Kosten nieder. Dadurch wird – falls in den übrigen wichtigen Handelsländern keine ähnlichen Umweltschutzanforderungen gestellt werden – die Konkurrenzfähigkeit der Hersteller beeinträchtigt. Arbeitsplatzverluste durch Absatzrückgang und durch Abwanderung von Betrieben in Länder mit geringeren Umweltschutzvorschriften und -abgaben können die Folge sein.

Andererseits bedeutet die Ausrichtung der Umweltpolitik am **Verursacherprinzip,** verbunden mit einer zunehmenden Durchsetzung des **Vorsorgeprinzips** eine **einzelwirtschaftliche und eine gesamtwirtschaftliche Chance,** eben weil an die technische, organisatorische und finanzielle Leistungsfähigkeit der Unternehmen hohe Anforderungen gestellt werden.

Beispiel:

So ist in der Bundesrepublik Deutschland eine bedeutende Umweltschutzindustrie entstanden, die auch einen wichtigen Beitrag zur Sicherung und Schaffung von Arbeitsplätzen leistet. Weil in Deutschland die Umweltschutzvorschriften besonders intensiv vorangetrieben wurden, besitzen die deutschen Anlagenhersteller erhebliche Wettbewerbsvorteile auf den internationalen Märkten, auf denen eine wachsende Nachfrage nach moderner Umweltschutztechnik entsteht. Insofern trägt der Umweltschutz auch wesentlich zur Modernisierung der Volkswirtschaft bei.

Aber nicht nur der Staat ist in der Lage, die Wirtschaft zu umweltschonenderem Verhalten zu zwingen, sondern auch die Verbraucher. Sie nämlich bestimmen durch ihr **Nachfrageverhalten** mit, welche Konsumgüter hergestellt, importiert und vom Handel angeboten werden. Werden vorzugsweise umweltschonende Produkte nachgefragt, werden sich die Anbieter auf die neue Marktsituation einstellen: Das Angebot an umweltschädigenden Produkten wird sich verringern, während die Angebotsvielfalt an umweltfreundlicheren Konsumgütern zunehmen wird.

Der Erfolg der Umweltpolitik und des umweltfreundlicheren Verhaltens der Verbraucher darf jedoch nicht nur in erster Linie in den wirtschaftlichen Effekten (Wirkungen) wie Nachfrage, Angebot, Beschäftigung, Wachstum und Außenhandel gesehen werden. Der eigentliche Nutzen des Umweltschutzes liegt vielmehr in der **Erhaltung der natürlichen Lebensgrundlagen** selbst und damit auch in der **langfristigen Sicherung der Produktionsgrundlagen.**

Zusammenfassung

- Die **staatliche Umweltpolitik** umfasst:

Restriktive (eingeschränkte) Maßnahmen	Förderungsmaßnahmen
z. B.: – Verbote – Gebote – Umweltsteuern und -abgaben – Umweltzertifikate („Glockenpolitik") – Umweltverträglichkeitsprüfungen – direkte und indirekte Subventionierung – Verschärfung des Umwelthaftungs- und -strafrechts	z. B.: – Barzuschüsse – verbilligte Darlehen – Steuervergünstigungen – Aufklärung (Umwelterziehung)

- Die Umsetzung umweltpolitischer Ziele sollte als **einzel- und gesamtwirtschaftliche Chance** aufgefasst werden.
- Der **Verbraucher** beeinflusst mit seinem **Nachfrageverhalten** in maßgebender Form das Angebotsverhalten der Unternehmen. Das Angebot an umweltschädigenden Produkten verringert sich in dem Maße, in dem **umweltschonende Produkte** nachgefragt werden.

Übungsaufgabe

28

1. Erläutern Sie an zwei selbst gewählten Beispielen, warum die Messung von Umweltschäden schwierig ist!
2. Erklären Sie den Zusammenhang zwischen Luft-, Wasser- und Bodenverunreinigung an einem eigenen Beispiel!
3. Begründen Sie, warum marktkonforme Eingriffe des Staates im Bereich des Umweltschutzes durch Ge- und Verbote ergänzt werden müssen!
4. Erklären Sie den Unterschied zwischen Umweltsteuern und Umweltsonderabgaben!
5. Zeigen Sie mithilfe einer normalen Angebots- und Nachfragekurve die Wirkung einer Umweltabgabe für ein Gut auf den Preis und die absetzbare Menge dieses Gutes!
6. Erläutern Sie, worin der Vorteil der „Glockenpolitik" gegenüber der staatlichen Vorgabe von Grenzwerten besteht!
7. Die Umweltverträglichkeitsprüfung ist ein Instrument der Umweltpolitik. Begründen Sie diese Aussage!
8. Zeigen Sie mithilfe normaler Angebots- und Nachfragekurven die Wirkung staatlicher Umweltsubventionen für ein Gut auf den Preis und die absetzbare Menge dieses Gutes!
9. Das Umwelthaftungsgesetz geht vom Verursacherprinzip aus und begründet eine Gefährdungshaftung. Erläutern Sie, was dies konkret bedeutet!

10. Stellen Sie in Ihrer Klasse in einer gemeinsamen Diskussion mögliche Widersprüche (Zielkonflikte) zwischen den Unternehmenszielen Gewinnmaximierung, Arbeitsplatzsicherung und Umweltschutz zusammen! Wählen Sie hierzu eine Moderatorin bzw. einen Moderator!

11. Die Notwendigkeit, mit der Umwelt behutsam umzugehen, die natürlichen Ressourcen zu schonen und umweltschädliches Verhalten zu vermeiden, wird – so allgemein ausgedrückt – wohl von den meisten Bürgern akzeptiert. Oft braucht es aber einen zusätzlichen Anstoß, damit die Einsicht in das ökologisch Notwendige auch praktisch umgesetzt wird. Dabei kommen aus umweltpolitischer Sicht verschiedene Instrumente zur Beeinflussung des Umweltverhaltens in Betracht: Ordnungsrechtliche Mittel wie Gebote und Verbote, die Förderung von Umweltschutzinvestitionen, Selbstverpflichtungen der Unternehmen, nicht zuletzt aber auch **wirtschaftlich wirksame Maßnahmen** wie die Versteuerung des Umweltverbrauchs durch sogenannte Ökosteuern. Richtig eingesetzt, kann von solchen Abgaben ein Anreiz ausgehen, jeweils die ökonomisch günstigste Möglichkeit zur Vermeidung oder Reduzierung von Umweltbelastungen zu suchen.

    Derartige Überlegungen standen auch im Hintergrund der **Ökosteuerreform,** deren erste Stufe am 01.04.1999 in Kraft trat und die in vier weiteren Stufen fortgeführt wurde. Kernstück der Reform ist die zusätzliche Besteuerung des Energieverbrauchs (Erdgas, Heizöl, Benzin- und Dieselkraftstoff sowie elektrischer Strom).

    Neben dem ökologischen Lenkungsziel verfolgt die Reform eine weitere Absicht: Der Ertrag aus der Ökosteuer wird nämlich zum größten Teil verwendet, um die Rentenversicherungsbeiträge zu subventionieren und damit sowohl die Arbeitnehmer zu entlasten als auch die Arbeitskosten der Unternehmen zu senken. Mit anderen Worten: Energie soll teurer, Arbeit billiger werden. Ein Teil des Ökosteueraufkommens fließt außerdem in die Förderung erneuerbarer Energien. Die Kritik an der Ökosteuerreform richtete sich unter anderem gegen die Vermischung von umwelt- und arbeitsmarkt- bzw. sozialpolitischen Zielen, da sie eine exakte Wirkungskontrolle erschwert. Ökologisch fragwürdig sind die zahlreichen Ausnahmeregelungen, die gerade den energieintensiven Industriezweigen eingeräumt wurden, um sie im Wettbewerb nicht zu benachteiligen.[1]

    Aufgaben:

    11.1 Erläutern Sie, welche Absichten die sogenannte ökologische Steuerreform verfolgt!

    11.2 Sammeln Sie Argumente, warum diese „ökologische Steuerreform" vielfach auf Kritik gestoßen ist!

1 Quelle: Text zum Zahlenbild 182 125.

2.5.5 Umweltökonomische Gesamtrechnung und Ökobilanz

2.5.5.1 Umweltökonomische Gesamtrechnung

Es ist heute unstrittig, dass vor allem zur Lösung umweltpolitischer („ökologischer") Aufgaben die statistischen Informationen vor allem über den Rohstoff- und Energieverbrauch, den Schadstoffausstoß, den Flächen- und Raumbedarf und die umweltpolitischen Maßnahmen verbessert werden müssen. Deswegen veröffentlicht das Statistische Bundesamt neben der volkswirtschaftlichen Gesamtrechnung auch eine umweltökonomische Gesamtrechnung (UGR).

Diese Statistik zeigt die Wechselwirkungen zwischen Wirtschaft und Umwelt. Das Berichtssystem gibt darüber Auskunft, welche Umweltbelastungen entstehen und welche Maßnahmen zum Schutz der Umwelt ergriffen werden.[1]

Umweltökonomische Gesamtrechnung (UGR)[2]

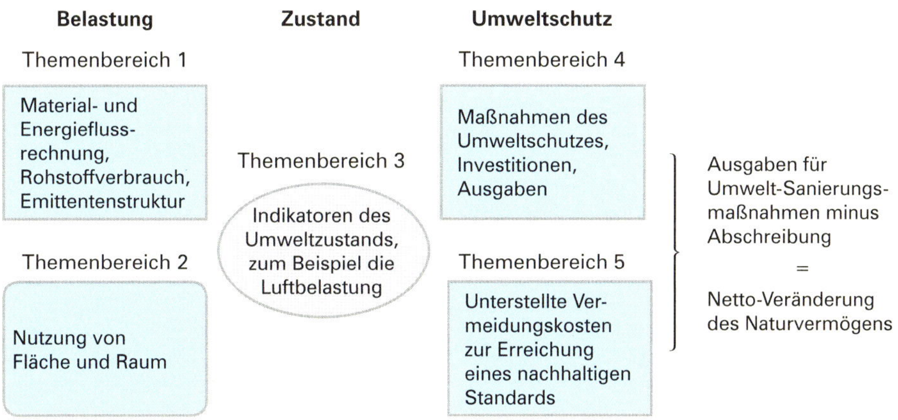

Wie die unterschiedlichen Symbole (Ellipse, Rechteck usw.) andeuten, sind die verschiedenen Themenbereiche jeweils durch eine ihnen eigene charakteristische Methode gekennzeichnet: In den Themenbereichen 1, 4 und 5 werden Wirtschaftsstatistiken und Gesamtrechnungsmethoden angewandt, um die von den Wirtschaftssektoren verursachten Stoffströme sowie die getroffenen Umweltschutzmaßnahmen zu bilanzieren. Themenbereich 2 befasst sich mit den Belastungen, die nicht stofflicher Art sind, sondern auf einer geänderten Nutzungsverteilung des Raumes, auf physikalischen Eingriffen usw. beruhen; methodische Instrumente sind Fernerkundung, etwa die Ermittlung von Bodenbelastungen per Flugzeug, und Geoinformationssysteme, zum Beispiel Bohrungen zur Suche nach Altlasten. Im Themenbereich 3 besteht die Aufgabe im Wesentlichen darin, die räumlich und inhaltlich isolierten Mess- und Beobachtungsdaten zu geeigneten Indikatoren zu verdichten; aufbauend auf Themenbereich 2 wird eine Flächenstichprobe mit dem Ziel von Ökoindikatoren/-indizes entwickelt. Der UGR-Gesamtdarstellungsbereich umfasst nicht das Setzen von allgemein einzuhaltenden Standards. Die UGR-Informationen haben jedoch das ausdrückliche Ziel, für den politischen Entscheidungsprozess zum Setzen solcher Standards – soweit verfügbar – Sachdaten über Kosten und Nutzen alternativer Standardwerte zur Verfügung zu stellen.

1 Vgl. Wirtschaftswachstum und Umwelt, in: Wirtschaft und Unterricht, hrsg. vom Institut der deutschen Wirtschaft, Nr. 3 vom 27. April 1995, S. 3.

2 Quelle: Wirtschaftswachstum und Umwelt, a. a. O., S. 3.

2.5.5.2 Merkmale einer Ökobilanz

2.5.5.2.1 Zielsetzung Umweltschutz

Umweltschutz als Thema in der Wirtschaft hat eine bemerkenswerte Wandlung durchlaufen: Vom völligen Tabu, von lästiger Notwendigkeit oder vom Sonderthema für Randgruppen ist Ökologie innerhalb weniger Jahre zu einer zentralen Profilierungschance für Unternehmen geworden. Außerdem haben verschärfte Umweltgesetze die Unternehmen veranlasst, sich mit Fragen des Umweltschutzes auseinanderzusetzen.

Derzeit werden insbesondere folgende **Ansprüche an Unternehmen** gestellt:

- **saubere Produktion** (clean technology),
- **Qualitätssicherung** (total quality management),
- **umweltverträgliche Logistik,**
- **Produkt- und Marktinnovation,**
- **Risikomanagement** sowie
- **Rücknahme** und **Entsorgung der Produkte** nach Ablauf der Nutzung.

Im Rechnungswesen hat sich der Ökologiegedanke insbesondere in der Erstellung von Ökobilanzen und Ökokennzahlen niedergeschlagen.

2.5.5.2.2 Ökobilanz

(1) Zweck

Jede wirtschaftliche Tätigkeit bedeutet einen Eingriff in die natürliche Umwelt (Natur)

- als **Quelle** (Lieferant) aller primären **Roh- und Energiestoffe** (z. B. Erdöl, Kohle, Holz, Eisenerz),
- als **Aufnahmemedium** für die bei nahezu jeder industriellen Produktion zwangsläufig entstehenden **Emissionen** (z. B. Stäube, Gase, Abwärme).

Zweck der sogenannten Ökobilanzen (Umweltbilanzen) ist es, diese vielfältigen Umweltwirkungen (Umwelteffekte) bei der Produktion von Sachgütern und Erbringung von Dienstleistungen zu erfassen und unter ökologischen Gesichtspunkten zu bewerten. Hierzu wird in einer Input-Output-Analyse der Stoff- und Energieeinsatz (Input) den hergestellten Fertigprodukten (Hauptprodukten) und messbaren Emissionen (Output) vergleichend gegenübergestellt.

(2) Bilanzierungsprobleme

Weil die Bestandteile und Umweltwirkungen der einzelnen Werk- und Energiestoffe sehr verschiedenartig sind, ist es derzeit (noch) nicht möglich, diese Inputs mit einheitlichen Kriterien (Messeinheiten) zu bewerten, wie dies z. B. bei der Handels- und Steuerbilanz der Fall ist.[1] Außerdem gibt es bisher noch kein von der Gesellschaft allgemein anerkanntes Bewertungssystem, mit dem eine ökologische Gesamtbewertung der Umweltwirkungen

1 Während z. B. bei der ökologischen Bewertung der Energiestoffe der CO_2-Ausstoß und mögliche Klimaveränderungen im Vordergrund stehen, sind bei den chemischen Einsatzstoffen (Chemikalien) vor allem deren Giftigkeit und biologische Abbaubarkeit zu bewerten. Hinzu kommt, dass viele ökologische Wirkungen bisher nur unzureichend wissenschaftlich erforscht und damit nur unzureichend nachweisbar sind.

eines Unternehmens möglich ist. Entsprechendes gilt z.B. auch für die umweltbezogene Bewertung der Herstellungsprozesse, Konsumgüternutzungen, Recyclingprozesse und Abfallentsorgung. Ökobilanzen sind deshalb (derzeit) meistens nur stoffliche Mengenbilanzen.

(3) Aufbau einer Ökobilanz

Die folgende Abbildung zeigt ein vom „Institut für ökologische Wirtschaftsforschung (IÖW)" in Berlin entwickeltes, an den Bedürfnissen der Praxis orientiertes Konzept einer Ökobilanz:

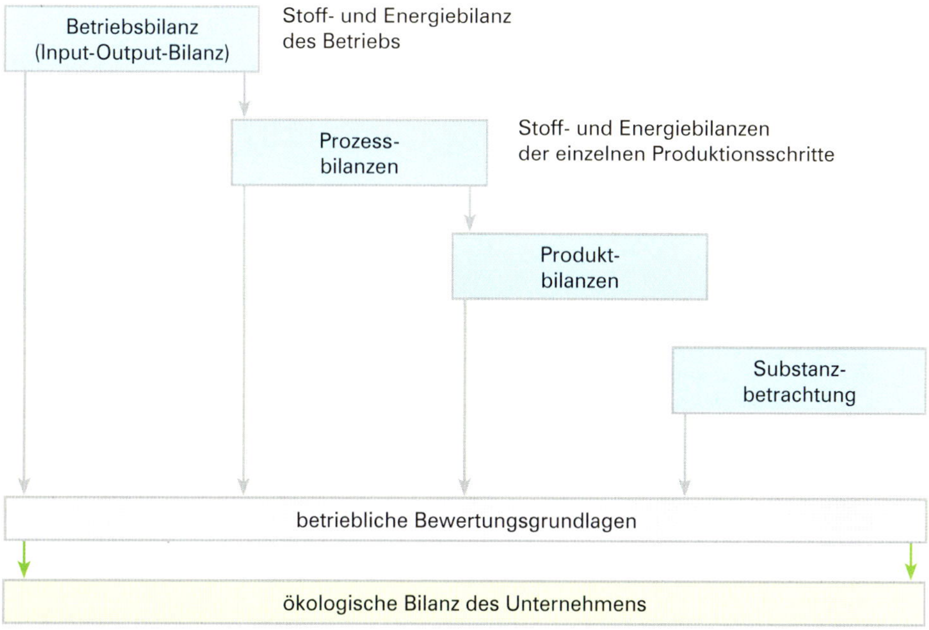

Erläuterungen:

- **Betriebsbilanz/Input-Output-Bilanz.** Die Betriebsbilanz stellt das gesamte Unternehmen als **black box** dar. Auf der Aktiv-(Input-)Seite werden die eingesetzten Stoffe, Materialien und Energien erfasst. Auf der Passiv-(Output-)Seite werden die Produkte sowie die stofflichen und energetischen Emissionen dargestellt. Es handelt sich also um eine Analyse, die nicht nur das Endprodukt, sondern auch die durch die Produktion entstehenden Nebenprodukte, Abfälle und Emissionen erfasst.
- **Prozessbilanzen.** Eine Untergliederung der Betriebsbilanz in die einzelnen verfahrenstechnischen Schritte führt zu Prozessbilanzen. Für jeden dieser Schritte soll wiederum in Form einer Input-Output-Analyse der Stoff- und Energiefluss erfasst werden. Verfahren, die auf Kreisläufen beruhen, zeichnen sich dabei durch besonders geringe Stoff- und Energieflüsse außerhalb der Systemgrenzen aus.

13 Speth u.a. - ISBN 978-3-8120-0593-7

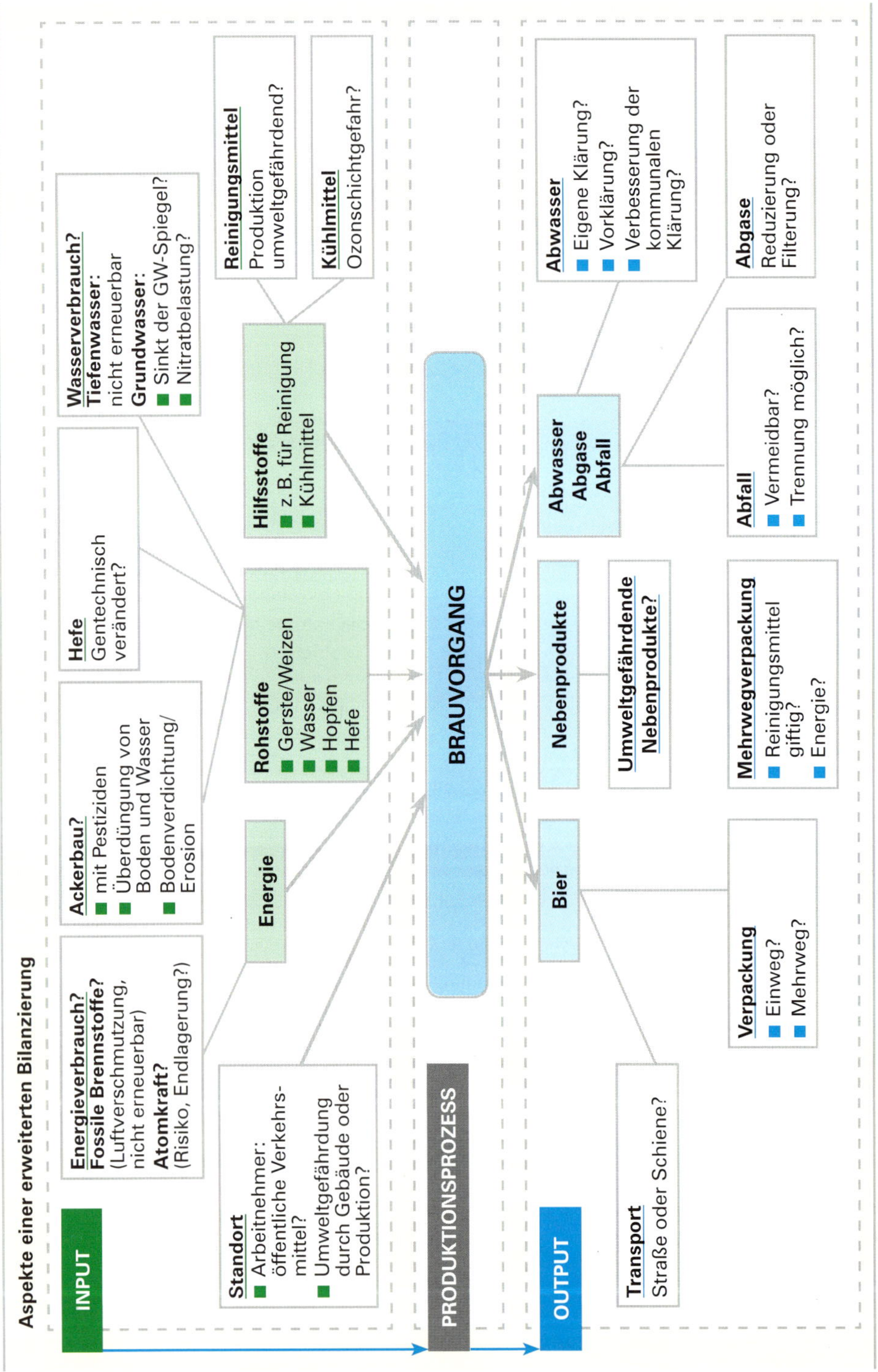

Quelle: Commerzbank (Hrsg.): Ökologisches Management, Frankfurt am Main, o.J., S. 7.

- **Produktbilanzen** dienen der Bewertung der Umweltrelevanz der erzeugten Produkte. Dies geschieht mithilfe der Betrachtung über den gesamten ökologischen Produktlebenszyklus hinweg. Dieser umfasst gemäß der IÖW-Systematik die Stufen Rohstoffgewinnung, Vorproduktion, Produktion, Distribution, Gebrauch, Entsorgung und Transport, also die vor- und nachgelagerten Lebenszyklusstufen. Für die gesamten Produktionsstufen ist ebenfalls eine quantitative Erfassung der Stoff- und Energieumsätze vorzunehmen. Bisher wurden Produktbilanzen vor allem im Bereich der Verpackungsindustrie angewendet, um die Umweltverträglichkeit verschiedener konkurrierender Produkte (z. B. Tetrapack – Mehrwegflaschen) zu vergleichen.
- Mithilfe der **Substanzbetrachtung** werden die strukturellen Eingriffe des Betriebsstandortes auf die Umwelt und daraus entstehende Risiken beurteilt. Betrachtet werden zum Beispiel die Nutzung der Bodenfläche (auch vorhandene Altlasten), Eingriffe in die Landschaftsstruktur sowie die ökologische Dimension von Anlagevermögen und Lagerbeständen und damit verbundene Unfall- und Haftungsfragen.

(4) Beispiel einer Ökobilanz[1]

Vereinfachte Ökobilanz der Brauerei AG

31. Dezember 20..

Input		Output	
1. Rohstoffe		**1. Hauptprodukte**	
Quellwasser	93 210 hl	Bier ökologisch	39 991 hl
Hopfen ökologisch	16 t	Bier konventionell	24 689 hl
Gerste ökologisch	1 663 t	Alkoholfreie Getränke	24 650 hl
Gerste konventionell	41 t	**2. Nebenprodukte**	
Weizen ökologisch	419 t	Malz ökologisch	460 t
Weizen konventionell	78 t	Hopfen sortiert	1 t
Limonadengrundstoffe	272 t	**3. Abwasser**	38 680 m^3
Kohlensäure (flüssig)	68 t	**4. Reststoffe**	
2. Hilfsstoffe		Verwertbare Abfälle	2 020 t
Kronenkorken	10 975 000 St	Sondermüll	5 t
Schraubverschlüsse	3 500 000 St	Restmüll	431 t
Neue Flaschen	653 000 St	**5. Abgase der Feuerungsanlagen**	
Etikettenleim	5 225 kg	Wasserdampf	2 464 t
Etikettensätze	14 475 000 St	Staub/Ruß	102 kg
Getränkekisten	26 595 St	CO	23 kg
Holzpaletten	500 St	CO_2	1 110 t
Kühlmittel	0 kg	SO_2	539 kg
3. Betriebsstoffe		NO_x	898 kg
Schmierstoffe	1 712 kg	**6. Abwärme**	k. A.
Filtermittel (Kieselgur)	15 t	**7. Lärm**	k. A.
Reinigungs-/Desinfektionsmittel	62 t		
4. Energie			
Strom	1 235 260 kWh		
Wärme	4 877 350 kWh		
5. Brauchwasser	60 121 m^3		

1 Aus Vereinfachungsgründen wird die Umweltbeanspruchung durch das betriebsbedingte Anlagevermögen (z. B. versiegelte Grundfläche) nicht berücksichtigt.

Ergänzende Angaben:

- Die Brauerei AG füllt die Getränke ausschließlich in Mehrwegflaschen und -fässer ab. Der durchschnittliche Verpackungsanteil am Produktgewicht liegt bei branchenüblichen 49 %.
- Die produzierten Getränke wurden durch eigene Lastzüge ausgefahren. Die Fahrzeuge legten dabei 4,3 Mio. km zurück.

Die Ökobilanzen können – wie das Beispiel auf S. 195 einer Stoff- und Energiebilanz zeigt – offenlegen, welche Güter in welchen Mengen für die Produktion einzelner Produkte und Produktionsprogramme eingesetzt werden müssen und wie diese Einsatzstoffe sowie die hergestellten Fertigerzeugnisse und Emissionen (Nebenprodukte) die Umwelt (z. B. die Gewässer, die Luft und die Böden) belasten können.

2.5.5.2.3 Ökologische Kennzahlen

(1) Begriff ökologische Kennzahl

Für Informationen, die Aufschluss über die Folgen des betrieblichen bzw. des volkswirtschaftlichen Handelns auf die Umwelt geben, sind Kennzahlen unabdingbar. Ökologische Kennzahlen können volkswirtschaftlich für einzelne Betriebe, ganze Branchen oder Regionen verwendet werden. Sie erfassen quantitative Sachverhalte in konzentrierter Form. Informationen zur Erstellung der Kennzahlen erhält das Controlling aus der Kostenrechnung und der Buchführung. Kennzahlen können absolut sein (z. B. Gesamtenergieverbrauch), sie können aber auch relativ sein in Bezug zu einer weiteren Größe (z. B. Abfallquote).

Ökologische Kennzahlen sind Orientierungshilfen für Umweltschutzmaßnahmen, die z. B. Auskunft über bestimmte Umweltwirkungen geben und die Aussagefähigkeit der betrieblichen Umweltberichterstattung erhöhen können.

(2) Ökologische Kennzahlen zum Beispiel der Input-Output-Bilanz von S. 195

$$\text{Materialausbeute} = \frac{\text{Ausbringungsmenge} \cdot 100}{\text{eingesetzte Rohstoffmenge}} = \frac{9\,394\,000 \text{ kg} \cdot 100}{11\,878\,000 \text{ kg}} = \underline{\underline{79\,\%}}$$

Hinweise:

Ausbringungsmengen:[1]

Bier, ökologisch	3 999 100 kg
Bier, konventionell	2 468 900 kg
Alkoholfreie Getränke	2 465 000 kg
Malz, ökologisch	460 000 kg
Hopfen, sortiert	1 000 kg
	9 394 000 kg

Eingesetzte Rohstoffmengen:

Quellwasser	9 321 000 kg
Hopfen, ökologisch	16 000 kg
Gerste, ökologisch	1 663 000 kg
Gerste, konventionell	41 000 kg
Weizen, ökologisch	419 000 kg
Weizen, konventionell	78 000 kg
Limonadengrundstoff	272 000 kg
Kohlensäure (flüssig)	68 000 kg
	11 878 000 kg

1 Ein Liter Bier wird mit einem Kilogramm gleichgesetzt.

$$\text{Abfallquote} = \frac{\text{Abfallgewicht} \cdot 100}{\text{Gesamtproduktgewicht}} = \frac{2\,456\,000 \text{ kg} \cdot 100}{9\,394\,000 \text{ kg}} = \underline{\underline{26\,\%}}$$

$$\text{Energiekennzahl} = \frac{\text{eingesetzte Energiemenge}}{\text{Produktionsmenge}} = \frac{6\,112\,610 \text{ kWh}}{9\,394\,000 \text{ kg}} = \underline{\underline{0{,}65 \text{ kWh/kg}}}$$

$$\text{Wasserkennzahl} = \frac{\text{Brauchwassermenge}}{\text{Produktionsmenge}} = \frac{60\,121\,000 \text{ l}}{9\,394\,000 \text{ kg}} = \underline{\underline{6{,}4 \text{ l/kg}}}$$

$$\text{Verpackungskennzahl} = \frac{\text{Verpackungsgewicht} \cdot 100}{\text{Gewicht der verpackten Produkte}} = \underline{\underline{\text{ca. } 50\,\% \text{ (Getränkeindustrie)}}}^{1}$$

$$\text{Logistikkennzahl} = \text{Transportkilometer der ausgelieferten Produkte} = \underline{\underline{4{,}3 \text{ Millionen Kilometer}}}$$

Auswertung:

Da das Aufstellen von Ökobilanzen freiwillig und nicht einheitlich erfolgt, ist ein Branchenvergleich in der Regel nicht möglich. Der Wert liegt zunächst in der regelmäßigen Erfassung aller wichtigen umweltbelastenden Faktoren. Der Zeitvergleich ermöglicht es dann, eingetretene Verbesserungen aufzuzeigen. So kann die gezielte Einführung von Recycling-Maßnahmen **innerhalb** des Betriebs zu den erwünschten Kreislaufsystemen führen, die zum einen zu einer Einsparung an Rohstoffen, zum anderen zur Entlastung der Umwelt als Ressourcenspender und Deponiemedium führen. Das ökonomische Interesse an Kostenverringerung und das ökologische Interesse an sparsamem Material- und Energieverbrauch ergänzen sich also.

So könnte beispielsweise der hohe Brauchwasserverbrauch für die Reinigung der Mehrwegflaschen durch eine Wasserrückgewinnungsanlage spürbar reduziert werden.

Ökobilanzen und Kennzahlen der Umweltbeanspruchung fördern die Erkenntnis, dass das ökonomische Interesse an Kostenverringerung und das ökologische Interesse an sparsamem Ressourcenverbrauch sich ergänzen.

Zusammenfassung

- Mit der **umweltökonomischen Gesamtrechnung (UGR)** werden die Wechselwirkungen zwischen Wirtschaft und Umwelt aufgezeigt. Das Berichtssystem informiert darüber, welche Umweltbelastungen entstehen und welche Maßnahmen zum Schutz der Umwelt ergriffen werden.
- In einer **Ökobilanz (Umweltbilanz)** werden die Umwelteffekte, die bei der Produktion von Sachgütern und der Erbringung von Dienstleistungen entstehen, erfasst und unter ökologischen Gesichtspunkten bewertet.
- **Bausteine einer Ökobilanz** sind die Betriebsbilanz (Input-Output-Bilanz), die Prozessbilanzen, die Produktbilanzen und die Substanzbetrachtung.
- **Ökologische Kennzahlen** sind Orientierungshilfen für Umweltschutzmaßnahmen.

1 Die Ökobilanz liefert wegen des Mehrwegsystems hier keine geeigneten Daten.

- **Beispiele für ökologische Kennzahlen** sind:
  - Materialausbeute
  - Abfallquote
  - Energiekennzahl
  - Wasserkennzahl
  - Verpackungskennzahl
  - Logistikkennzahl

Übungsaufgaben

29 Die Strumpf AG hat sich auf Beinbekleidungen spezialisiert. Sie sieht ein verbessertes Markenimage durch den Nachweis einer umweltschonenden Produktion und veröffentlichte deshalb folgende Ökobilanz:

Vereinfachte Ökobilanz der Strumpf AG
30. Juni 20..

Input		Output	
1. Rohstoffe		1. Produkte	
1.1 Wollgarne	480 000	1.1 Socken (kg)	469 000
1.2 Polyamid bunt (kg)	220 000	1.2 Strumpfhosen (kg)	307 600
1.3 Polyamid reinw. (kg)	109 000	2. Verpackungen	
2. Hilfsstoffe		2.1 Produktverpackung (kg)	6 300
2.1 Farbstoff (kg)	12 000	2.2 Transportverpackung (kg)	4 300
2.2 Hilfsmittel (kg)	31 700	3. Abgänge	
2.3 Öle etc. (kg)	1 200	3.1 Mehrwegbehälter (kg)	15 600
2.4 Verpackungsmat. (kg)	10 600	3.2 Wertstoff (kg)	57 600
3. Betriebsstoffe (kg)	745 000	3.3 Müll (kg)	4 900
4. Energie (kWh)	30 958 000	4. Abwasser	
5. Brauchwasser (kg)	116 154 000	4.1 Klärwerk (kg)	92 781 000
		4.2 Rückgewinnung (kg)	9 200 000
		4.3 Dampf (kg)	18 282 000
		5. Abgase	k. A.

Aufgabe:

Ermitteln Sie die Energie-, Wasser- und Verpackungskennzahl sowie die Abfallquote!

30

1. Wenn die Menschen die sich aus den Wechselwirkungen zwischen ihrer natürlichen Umwelt und künstlichen Umwelt (Zivilisation) ergebenden ökologischen Probleme erfolgreich lösen wollen, dann müssen auch das Ökosystem und der Umweltschutz Gegenstand eines Informationssystems sein. Nehmen Sie Stellung zu dieser Aussage!
2. Nehmen Sie Stellung zu der Tatsache, dass die Banken in steigendem Maße von ihren Kreditnehmern auch Umweltinformationen verlangen!
3. Nennen Sie Gründe, warum bisher keine Ökobilanzen rechtsverbindlich vorgeschrieben werden!
4. Ein großes Problem der betrieblichen umweltbezogenen Kommunikationspolitik ist die Glaubwürdigkeitsproblematik.
   4.1 Erläutern Sie diese Aussage!
   4.2 Erklären Sie, wie die Glaubwürdigkeit ökologieorientierter Kommunikationen erreicht bzw. verbessert werden kann!
5. Erläutern Sie folgende Umweltkennzahlen:
   5.1 $\text{Umweltintensität der menschlichen Arbeit} = \frac{\text{Umweltverbrauch}}{\text{Arbeitseinsatz}}$
   5.2 $\text{Umweltintensität des Realkapitaleinsatzes} = \frac{\text{Umweltverbrauch}}{\text{Kapitaleinsatz}}$

2.5.6 Standortprobleme, dargestellt am Beispiel des Umweltschutzes

Nicht ohne Einfluss auf die Standortwahl der Betriebe sind die Umweltschutzvorschriften. Es handelt sich hierbei z.B. um Rechtsvorschriften des Naturschutzes und des Schutzes gegen Emissionen[1] (z.B. Verunreinigungen von Luft, Wasser und Erdreich, Lärm, Erschütterungen, Licht und Strahlen). Aber auch Vorschriften zur Sicherung bestimmter natürlicher Gegebenheiten, der Landschaft und der Raumordnung gehören zum Umweltrecht. Würde man es den Betrieben überlassen, ihre Standorte frei zu wählen, würde den Bedürfnissen des Umweltschutzes in aller Regel nur in unzureichendem Maß Rechnung getragen werden. Deshalb muss der Staat die Standortwahl der Betriebe beeinflussen: Er betreibt **Raumordnungspolitik.**

Fallbeispiel: Ein Betrieb soll erweitert werden

Zur Situation

In einem ländlichen Dorf ist die Bebauung von alters her bunt gemischt. Reine Wohngebäude stehen neben Ställen, Läden und Handwerksbetrieben. Im Laufe der letzten Jahrzehnte hat sich die Zusammensetzung der Bebauung gewandelt. Immer mehr Landwirte haben ihren Betrieb aufgegeben und die bestehende Bausubstanz in Wohnbebauung umgewandelt.

In diesem Umfeld befindet sich ein Metall verarbeitender Betrieb, die Metallwarenfabrik Wegmann KG. Aus einer ehemaligen dörflichen Schmiede hat sich im Laufe der Jahre ein mittelständischer Betrieb mit ca. 50 Mitarbeitern entwickelt. Verschiedene Erweiterungsbauten haben trotz Zukauf das vorhandene Betriebsgelände nahezu ausgeschöpft.

Seit Jahren werden von den Anliegern Klagen über die Belästigungen, die von diesem Betrieb ausgehen, geführt. Zum einen ist der Lärm, den der Betrieb verursacht, nach Ansicht der Betroffenen unzumutbar, zum anderen seien die Abgase gesundheitsschädlich. Darüber hinaus würden die Beschäftigten in der ganzen Umgebung die Straßen zuparken und damit bei Arbeitsbeginn und -ende, neben allgemeinen Behinderungen, eine erhebliche Belästigung darstellen.

Die Gemeinde hat in den letzten Jahren durch Bebauungspläne die Entwicklung neu geordnet und Flächen für die gewerbliche Nutzung und Flächen für die Wohnbebauung ausgewiesen. Die Metallwarenfabrik Wegmann KG wurde durch diese Planung nicht betroffen.

Problemstellung

Der Betrieb der Metallwarenfabrik Wegmann KG muss erweitert werden und es wird überlegt, ob diese Erweiterung am bisherigen Standort erfolgen soll oder ob eine Verlagerung des gesamten Betriebs in das Gewerbe-/Industriegebiet richtig ist. Die Gemeinde würde die benötigte Fläche verkaufen.

1 **Emission** (emittere [lat.]) bedeutet so viel wie Aussendung, Freilassung, Ausströmen z.B. von luft- und wasserverunreinigenden Stoffen (z.B. Chemikalien, Stäube usw.). Auch die von Anlagen (z.B. Maschinen) ausgehenden Geräusche, Erschütterungen, Licht, Wärme, Strahlen und ähnliche Erscheinungen sind Emissionen (siehe § 3 III BImSchG). Die auf die Umwelt (z.B. Menschen, Tiere, Pflanzen) einwirkenden (eindringenden) oder dort bereits vorhandenen Schadstoffkonzentrationen werden **Immissionen** genannt (siehe auch § 3 II BImSchG).

Lösungsanbahnung:

1. Der Betriebsinhaber, Herr Wegmann, nimmt zur Entscheidungsfindung mit den **Gemeindebehörden Kontakt auf.** Baugenehmigungsbehörde ist das Landratsamt. Dort erfährt er:

- Es liegt kein Bebauungsplan vor. Deshalb ist § 34 Baugesetzbuch anzuwenden. Danach ist ein Vorhaben zulässig, wenn es sich nach Art und Maß der baulichen Nutzung in die umgebende Bebauung einfügt. Die Art der baulichen Nutzung der Umgebung ergibt sich aus der vorhandenen Wohnbebauung und aus kleinen Läden, einem Bürohaus, kleinen Handwerksbetrieben, einer Gaststätte und eben der Metallwarenfabrik Wegmann KG.

- Die Baunutzungsverordnung, die in Ergänzung des Bundesbaugesetzes erlassen wurde, stuft eine derartige Bebauung als Mischgebiet ein. Die vorgesehene Bebauung würde an dieser Beurteilung nichts ändern und wäre damit zulässig. Gefordert wird allerdings, dass die in einem Mischgebiet zulässigen Emissionswerte nicht überschritten werden.

  Emissionen sind die von einer Anlage (z.B. einer Maschine) ausgehenden Luftverunreinigungen, Geräusche, Erschütterungen, Licht, Wärme, Strahlen und ähnliche Erscheinungen (siehe auch § 3 III BImSchG), die von einer Stelle ausgehen.

  Immissionen sind z.B. Luftverunreinigungen, Geräusche, Erschütterungen, Licht, Wärme und Strahlen, die auf die Organismen (Menschen, Tiere, Pflanzen), die Atmosphäre (Luft), Hydrosphäre (Gewässer), die Lithosphäre (Böden) und auf Kultur- und sonstige Sachgüter einwirken oder dort bereits vorhandene Schadstoffkonzentrationen [§ 3 I, II BImSchG].

- Mehrere, auf der Rechtsgrundlage des Bundes-Immissionsschutzgesetzes [BImSchG] erlassene Rechtsverordnungen schreiben Immissionsgrenzwerte bzw. Immissionsrichtwerte vor. Entscheidend dabei ist, welche Umweltbelastungen auf die zu schützenden „Rechtsgüter" (Umweltschutzgüter) einwirken. Grundsätzlich gilt, dass alle nach dem Stand der Technik vermeidbaren Emissionen und damit auch Immissionen vermieden werden müssen. Im vorliegenden Fall wurden die Lärmwerte untersucht.

  Hinsichtlich des Lärms sind in der TA-Lärm[1] Immissionswerte für Lärm vorgegeben. Danach dürfen folgende Werte als Durchschnittswerte nicht überschritten werden:
  Als Immissionsrichtwerte sind festgesetzt für

– Gebiete, in denen nur gewerbliche oder industrielle Anlagen und Wohnungen für Inhaber und Leiter der Betriebe sowie für Aufsichts- und Bereitschaftspersonen untergebracht sind, auf	70 dB (A)[2]	
– Gebiete, in denen vorwiegend gewerbliche Anlagen untergebracht sind, auf	tagsüber nachts	65 dB (A) 50 dB (A)
– Gebiete mit gewerblichen Anlagen und Wohnungen, in denen weder vorwiegend gewerbliche Anlagen noch vorwiegend Wohnungen untergebracht sind, auf	tagsüber nachts	60 dB (A) 45 dB (A)
– Gebiete, in denen vorwiegend Wohnungen untergebracht sind, auf	tagsüber nachts	55 dB (A) 40 dB (A)

1 **TA-Lärm:** Technische Anleitung zum Schutz gegen Lärm.

2 Dezibel (dB) ist die Maßeinheit für Lärm. Da es mehrere „Lärmkurven" gibt, hat man die einzelnen Kurven mit Buchstaben bezeichnet. International wird meist die Kurve A angewendet, die mit dB (A) bezeichnet wird.
Geräusche von 0–20 dB (A) sind i.d. R. nur unter Laborbedingungen hörbar. In ruhigen Gegenden betragen die Umgebungsgeräusche 20–30 dB (A). Bei normalen Unterhaltungen schwanken die Pegelwerte zwischen 40 bis 60 dB (A). Starker Autoverkehr verursacht einen Lärm von rund 80 dB (A). Presslufthämmer, Musikanlagen erreichen bis zu 100 dB (A).

– Gebiete, in denen ausschließlich Wohnungen untergebracht sind, auf	tagsüber	50 dB (A)
	nachts	35 dB (A)
– Kurgebiete, Krankenhäuser und Pflegeanstalten auf	tagsüber	45 dB (A)
	nachts	35 dB (A)
– Wohnungen, die mit der Anlage baulich verbunden sind, auf	tagsüber	40 dB (A)
	nachts	30 dB (A)

Die Durchschnittswerte werden mit einer genau festgelegten Messmethode errechnet.

Das Gewerbeaufsichtsamt hat aufgrund der vorangegangenen Beschwerden die Lärmbelastung durch den Betrieb ermittelt. Von 06:00 Uhr bis 22:00 Uhr wurden 68 dB (A) festgestellt, da der Betrieb in zwei Schichten arbeitet. Hinzu kommt noch der Verkehrslärm der an- und abfahrenden Fahrzeuge, der dem Betrieb ebenfalls zugerechnet werden muss.

- Für die Abgase aus dem Betrieb ist die TA-Luft heranzuziehen. Auch hier ist geregelt, welche Stoffe in einer bestimmten Menge Abluft noch enthalten sein dürfen.

  Die Genehmigungsbehörde fordert deshalb für den Fall eines Bauantrags neben den allgemeinen Bauvorlagen auch ein schallschutztechnisches Gutachten eines vereidigten Sachverständigen, in dem die geplanten Schallschutzmaßnahmen und deren Auswirkungen dargestellt werden. Ebenso wird ein Gutachten über die Lüftungsanlage gefordert.
- Darüber hinaus weist die Genehmigungsbehörde darauf hin, dass nach den einschlägigen Vorschriften der Landesbauordnung ausreichend Stellplätze für Kraftfahrzeuge auf eigenem Grund angelegt werden müssen. Dies könne im vorliegenden Fall wohl nur über eine Tiefgarage erfolgen.

2. Der Betriebsleiter nimmt nach dieser Auskunft **Kontakt mit Fachleuten** auf.
   - Es zeigt sich, dass die Schallschutzanforderungen an den Betrieb nur dann erfüllt werden können, wenn sämtliche Glasflächen im Alt- und Neubau in Schallschutzverglasung ausgeführt werden. Aus arbeitsschutzrechtlichen Gründen müssen Fenster vorhanden sein, sie dürfen jedoch nicht zu öffnen sein. In die Zugänge und Zufahrten zu den Werkshallen sind Schallschutzschleusen einzubauen.
   - Die Abluft ist über spezielle Filter in einen Abluftschacht zu führen, dessen Austrittsöffnung im freien Windstrom, mindestens 5 Meter über den umgebenden Gebäuden liegt. Zuluftöffnungen und Ventilatoren sind in einer speziellen lärmgedämmten Ausführung herzustellen.
   - Das Stellplatzproblem muss durch eine Tiefgarage gelöst werden.

Ergebnis:

Bei der Überprüfung des Betriebsablaufs stellt sich heraus, dass ein Erweiterungsbau am bisherigen Standort nicht optimal in die bestehenden Betriebsgebäude eingegliedert werden kann. Durch Umstellung von Produktionsabläufen ist zwar eine Verbesserung der jetzigen Situation zu erwarten, die gleichzeitig aber wieder durch die schallschutz- und lüftungstechnischen Einrichtungen aufgehoben wird.

Völlig offen ist die Entwicklung der Anforderungen an den Betrieb aufgrund seiner Umgebung. Jede Verschärfung der Umweltschutzvorschriften kann sich hier in besonderem Maße auswirken.

Hinzu kommt, dass der Betrieb keinerlei Erweiterungsmöglichkeiten mehr hat.

Eine Kosten-Nutzen-Analyse zeigt, dass bei den gegebenen Verhältnissen eine Aussiedlung des Betriebs aus dem Dorfkern in das Gewerbe- und Industriegebiet wirtschaftlich und zukunftsorientiert richtig ist. Herr Wegmann entscheidet sich in diesem Sinne.

Lerngebiet 6: Finanzierungsprozesse planen und kontrollieren

A. Finanzierung

1 Investition und Finanzierung

1.1 Begriffe Investition und Finanzierung

(1) Investition

- **Investitionen** sind die **Verwendung von Finanzmitteln** zur Beschaffung von Sachvermögen, Finanzvermögen oder immateriellem[1] Vermögen.
- Sie gehen mit größeren **Anschaffungsauszahlungen** und **langfristiger Kapitalbildung** einher.

Beispiele:

- Kauf einer Stanzmaschine zur Produktion von Schlüsselanhängern (Investition in Sachvermögen).
- Beteiligung an anderen Unternehmen (Investition in Finanzvermögen).
- Kauf eines Patents (Investition in immaterielles Vermögen).

(2) Finanzierung

Zur Durchführung von Investitionen muss Kapital beschafft und bereitgestellt werden. Dies ist Aufgabe der Finanzierung.

- **Finanzierung** ist die **Bereitstellung von Finanzmitteln** zur Erfüllung betrieblicher Aufgaben.
- **Finanzmittel** sind Mittel, mit denen Ausgaben getätigt werden. Dazu zählen auch nicht in Anspruch genommene Kredite.

(3) Investition und Finanzierung im Unternehmenskreislauf

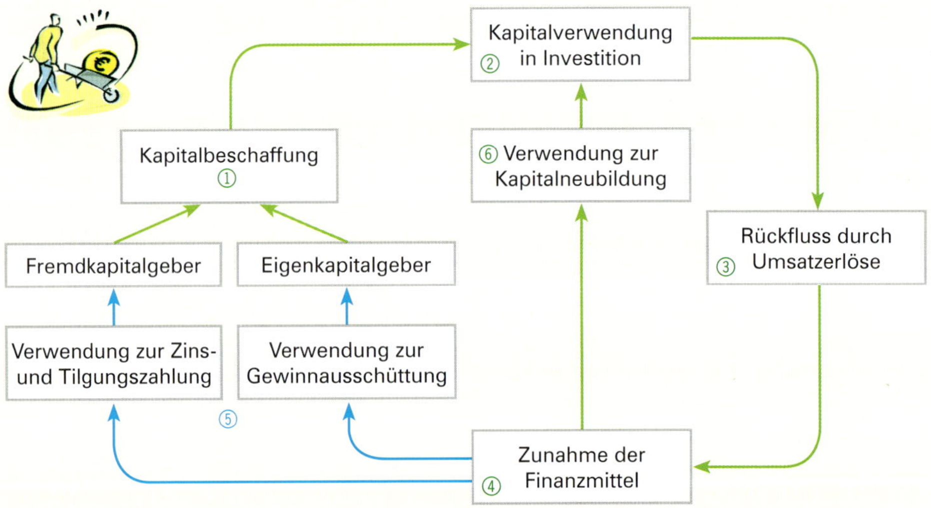

1 **Immateriell:** unstofflich, geistig.

Durch die Kapitalbeschaffung ① über Eigenkapital oder Kredite erhält das Unternehmen die Finanzmittel für Investitionen ②. Die Investition (z. B. Kauf von Maschinen) ermöglicht es, Güter zu produzieren und zu verkaufen. Über die Umsatzerlöse ③ erhält das Unternehmen Finanzmittel ④. Diese verwendet es, um Zahlungen an die Kapitalgeber zu leisten (z. B. Zahlung von Zins und Tilgung an die Gläubiger bzw. Gewinnausschüttung an die Gesellschafter ⑤). Ist der Kapitalrückfluss[1] über die Umsatzerlöse höher als die Zahlungen an die Kapitalgeber, verbleibt dieser Teil im Unternehmen und kann wieder investiert werden (z. B. in den Ersatz der abgenutzten Maschinen oder in zusätzliche Investitionen). Dies führt zu einer Kapitalneubildung ⑥.

- **Investitionen** sind durch eine **längerfristige Bindung der Finanzmittel mit nachfolgender Kapitalfreisetzung** gekennzeichnet.
- Investitionen sind **ohne Finanzierung nicht durchführbar.**[2]

1.2 Übersicht über die Finanzierungsarten

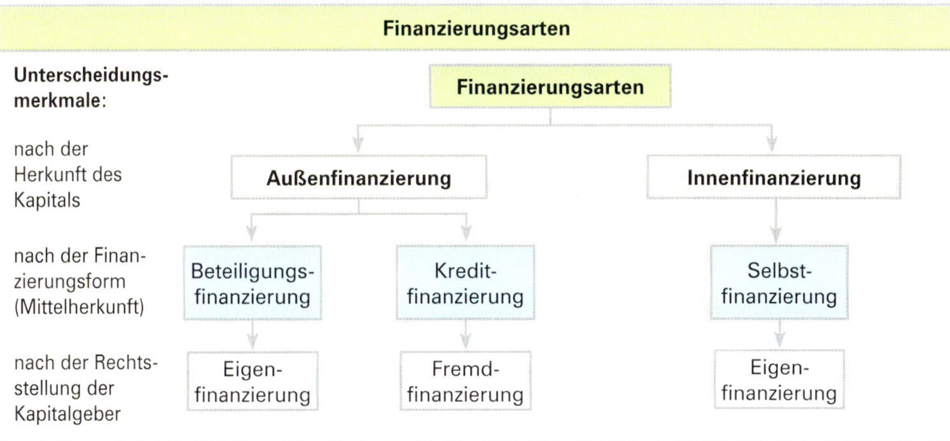

Erläuterungen:

Außenfinanzierung. Sie liegt vor, wenn dem Unternehmen Kapital von außen zufließt, also nicht aus dem betrieblichen Umsatzprozess, sondern aus **Kapitaleinlagen der Gesellschafter** und/oder **Kapitalgewährungen durch Gläubiger**.

- Wird dem Unternehmen Kapital durch den Unternehmer bzw. durch die Gesellschafter von Personengesellschaften oder durch den Ersterwerb von Anteilen an Kapitalgesellschaften zugeführt, so spricht man von **Beteiligungsfinanzierung (Eigenfinanzierung)**. Die Finanzierung führt zu **Eigenkapital**.
- Eine **Kreditfinanzierung (Fremdfinanzierung)** ist gegeben, wenn dem Unternehmen fremde Mittel (z. B. von Banken) von außen zugeführt werden. Die Finanzierung führt zu **Fremdkapital**.

1 Voraussetzung dafür, dass das investierte Kapital in Form von Einzahlungen wieder zurückfließt, ist, dass der Wertverlust der Investition in die Verkaufspreise einkalkuliert wurde und der Verkaufspreis am Markt durchgesetzt werden konnte.

2 Investition und Finanzierung sind untrennbar miteinander verknüpft. Die Investition beginnt mit einer Auszahlung, der später Einzahlungen folgen. Die Finanzierung beginnt mit einer Einzahlung, der später Auszahlungen folgen.

Innenfinanzierung. Bei der Innenfinanzierung stammen die Mittel aus dem Umsatzprozess, der auf dem Leistungsprozess des Unternehmens beruht. Das wichtigste Mittel aus dem Umsatzprozess ist der **Gewinn**. Werden die Gewinne, die den Eigenkapitalgebern zustehen, nicht ausgeschüttet, sondern für zusätzliche Investitionen herangezogen, so erhöht sich das Vermögen und das Eigenkapital. Die Finanzierung aus Gewinnen bezeichnet man auch als **Selbstfinanzierung.** Die Selbstfinanzierung führt zu **Eigenkapital**.

2 Selbstfinanzierung

2.1 Begriff Selbstfinanzierung

Verbleibt ein Teil des Gewinns in dem Unternehmen, erhöht sich das Eigenkapital. Dies ist ein von dem Unternehmen selbst erwirtschafteter Mittelzuwachs.

	ausgewiesener Gewinn	300 TEUR
–	Gewinnausschüttung	200 TEUR
=	einbehaltener Gewinn (Selbstfinanzierung)	100 TEUR

Selbstfinanzierung ist die Bereitstellung von **Finanzmitteln** aus dem **Gewinn des Unternehmens.**

Bei der **Selbstfinanzierung** wird der von der Buchführung **ausgewiesene Gewinn** ganz oder teilweise **nicht ausgeschüttet.** Da der Gewinn für einen Außenstehenden erkennbar zur Finanzierung herangezogen wird, spricht man von **offener Selbstfinanzierung.**

Reingewinn	Gewinnausschüttung an die Gesellschafter
	einbehaltener Gewinn (Selbstfinanzierung)

2.2 Selbstfinanzierung bei der KG

(1) Gesetzliche Regelungen zur Gewinnverteilung bei der KG

Nach § 168 I HGB erhält jeder Gesellschafter zunächst 4 % seines durchschnittlichen Kapitalanteils. Der danach noch verbleibende Gewinn ist im angemessenen Verhältnis der Kapitalanteile aufzuteilen [§ 168 II HGB]. Wegen dieser ungenauen Aussage des Handelsgesetzbuchs sollte zur Vermeidung von Streitigkeiten bei der KG eine konkrete vertragliche Regelung der Gewinn- und Verlustverteilung getroffen werden.

(2) Gewinnverwendung beim Kommanditisten

Die dem Kommanditisten zustehenden Gewinnanteile werden zunächst zur **Auffüllung seines Kapitalanteils** verwendet. Der danach **verbleibende Restbetrag** stellt bis zur Ausschüttung eine **Verbindlichkeit der KG** gegenüber dem Kommanditisten dar.

Ist eine **Verlustbeteiligung** des Kommanditisten vertraglich nicht ausgeschlossen, entsteht in Höhe des Verlustanteils eine **Forderung der Gesellschaft gegenüber dem Kommanditisten,** die einen Korrekturposten zur Kommanditeinlage darstellt. Erzielt die KG in späteren Jahren einen Gewinn, so wird dieser zunächst mit den früheren Verlusten verrechnet. Eine Gewinnauszahlung kann der Kommanditist erst dann verlangen, nachdem die Korrekturposten aus den früheren Verlusten vollständig verrechnet sind (vgl. § 169 I HGB). Laut HGB [§ 169 I] ist der Kommanditist **nicht zu Privatentnahmen berechtigt.**

(3) Beispiel für die Selbstfinanzierung bei der KG

Eine **Selbstfinanzierung** liegt bei der KG vor, wenn der **Gewinn** (Teile des Gewinns) der **Komplementäre** (des Komplementärs) **nicht ausgeschüttet** wird, sondern auf den **Kapitalkonten der Komplementäre** (des Komplementärs) stehen bleibt.

Beispiel:

An der Wagner KG ist Fritz Wagner als Komplementär mit 400 000,00 EUR und Elisabeth Vollmar als Kommanditist mit 100 000,00 EUR beteiligt. Von der Kommanditeinlage der Elisabeth Vollmar sind 8 000,00 EUR noch nicht eingezahlt. Im abgelaufenen Geschäftsjahr wurde ein Gewinn in Höhe von 82 000,00 EUR erzielt. Der Komplementär Fritz Wagner entnahm im Laufe des Geschäftsjahres für private Zwecke insgesamt 55 000,00 EUR.

Der Gesellschaftsvertrag enthält unter anderem folgende Regelungen:

§ 4 Vom erzielten Jahresgewinn erhält jeder Gesellschafter 6 % auf das eingezahlte Kapital. Rückständige Einlagen sind mit 6 % zu verzinsen. Ein danach verbleibender Restgewinn wird im Verhältnis 4 : 1 verteilt.

§ 5 Ein Verlust wird im Verhältnis 2 : 1 getragen.

Aufgaben:

1. Berechnen Sie für jeden Gesellschafter
   1.1 die 6 %ige Verzinsung des Kapitalanteils sowie
   1.2 den Anteil am Restgewinn!
2. Stellen Sie anhand der Berechnungen eine Gewinnverteilungstabelle auf!
3. Ermitteln Sie die Höhe der Selbstfinanzierung der Wagner KG!

Lösungen:

Zu 1.1: Berechnung der Kapitalverzinsung

Wagner:	6 % von 400 000,00 EUR für 360 Tage	=	24 000,00 EUR
Vollmar:	6 % Habenzinsen von 92 000,00 EUR für 360 Tage	=	5 520,00 EUR
	– 6 % Sollzinsen von 8 000,00 EUR für 360 Tage	=	480,00 EUR
	= Zinsanteil		5 040,00 EUR

Zu 1.2: Berechnung des Anteils am Restgewinn

Jahresgewinn		82 000,00 EUR	
– Verzinsung Komplementär Wagner	24 000,00 EUR		
– Verzinsung Kommanditistin Vollmar	5 040,00 EUR	29 040,00 EUR	
= Restgewinn		52 960,00 EUR	: 5 = 10 592,00 EUR

Anteil am Restgewinn Wagner 4 · 10 592,00 = 42 368,00 EUR
Anteil am Restgewinn Vollmar 1 · 10 592,00 = 10 592,00 EUR

Zu 2.: Vereinfachte Gewinnverteilungstabelle

Gesellschafter	Anfangskapital	6 % Vordividende	Restgewinn 4 : 1	Gesamter Gewinnanteil	Privatentnahmen	Endkapital	Auszuzahl. Gewinn
Komplem. Wagner	400 000,00	24 000,00	42 368,00	66 368,00	55 000,00	411 368,00	–
Komman. Vollmar	100 000,00 (92 000,00)	5 040,00	10 592,00	15 632,00	–	100 000,00	7 632,00
	500 000,00 (492 000,00)	29 040,00	52 960,00	82 000,00	55 000,00	511 368,00	7 632,00

Zu 3.: **Höhe der Selbstfinanzierung**

Eigenkapital am Ende des Geschäftsjahres		
Komplementär Wagner	411 368,00 EUR	
Kommanditistin Vollmar	100 000,00 EUR	511 368,00 EUR
– Eigenkapital zu Beginn des Geschäftsjahres		
Komplementär Wagner	400 000,00 EUR	
Kommanditistin Vollmar (eingezahlt)	92 000,00 EUR	492 000,00 EUR
= Höhe der Selbstfinanzierung		19 368,00 EUR

Übungsaufgaben

31 1. Nennen Sie zwei Beispiele für Finanzierungsarten, die der Eigenfinanzierung zugeordnet werden müssen!

2. Erläutern Sie den Begriff Selbstfinanzierung!

3. Bilden Sie jeweils ein Beispiel!

Aufgaben:

3.1 Eigenfinanzierung, die der Außenfinanzierung zugerechnet werden muss!

3.2 Eigenfinanzierung, die der Innenfinanzierung zugerechnet werden muss!

4. Die Kurz & Klein KG hatte folgende Entwicklung:

	Kapitalanteil in EUR zum 1. Jan. 20..	Entnahmen in EUR
Komplementär Fritz Kurz	400 000,00	32 500,00
Komplementär Paul Klein	390 000,00	35 000,00
Kommanditist Martin Enderle	330 000,00	

Der Gewinn des Geschäftsjahres beträgt 297 600,00 EUR.

Der Gesellschaftsvertrag regelt in § 8 Folgendes zur Gewinnverteilung:

- Die Komplementäre erhalten vorab eine Arbeitsvergütung von je 4 000,00 EUR monatlich.
- Das Jahresanfangskapital der Gesellschafter wird mit 6 % verzinst.
- Der Restgewinn wird nach dem Verhältnis der Kapitalkontostände zum Jahresanfang verteilt.

Aufgaben:

4.1 Stellen Sie eine Gewinnverteilungstabelle auf!

4.2 Berechnen Sie die Höhe der Selbstfinanzierung!

5. Die Moosmann KG, Hersteller von Farben und Lacken, hat im vergangenen Geschäftsjahr einen Gewinn von 325 000,00 EUR. An der Moosmann KG sind beteiligt: Ilse Moosmann als Komplementärin mit 390 000,00 EUR, Rainer Kölle als Komplementär mit 260 000,00 EUR und Michael Rasch mit 130 000,00 EUR als Kommanditist.

Die Komplementäre erhalten eine monatliche Vergütung von 7 800,00 EUR für ihre Tätigkeit als Geschäftsführer. Die Restgewinnverteilung erfolgt im Verhältnis 2 : 2 : 1.

Aufgaben:

5.1 Analysieren Sie die nachfolgende Tabelle und begründen Sie anschließend, welchen Betrag die einzelnen Gesellschafter zur Selbstfinanzierung beigetragen haben.

Gesell-schafter	Kapital zu Beginn des Geschäfts-jahres (EUR)	Tätigkeits-vergütung (EUR)	Verzinsung 5 % (EUR)	Restgewinn-verteilung (EUR)	Gewinnanteil insgesamt (EUR)	Endkapital (EUR)
Moosmann	390 000,00	93 600,00	19 500,00	39 520,00	152 620,00	542 620,00
Kölle	260 000,00	93 600,00	13 000,00	39 520,00	146 120,00	406 120,00
Rasch	130 000,00	–	6 500,00	19 760,00	26 260,00	130 000,00
	780 000,00	187 200,00	39 000,00	98 800,00	325 000,00	1 078 740,00

5.2 Beschreiben Sie zwei Voraussetzungen, die für eine Selbstfinanzierung erfüllt sein müssen!

5.3 Nennen Sie zwei Gründe, die für eine Selbstfinanzierung sprechen!

32 Die Rolf Fein OHG errichtet eine weitere Produktionsstätte in Kassel. Am 1. Januar 20.. wird die bisherige OHG in eine Kommanditgesellschaft umgewandelt.

Komplementäre sind:
- Rolf Fein mit einer Kapitaleinlage von 510 000,00 EUR
- Hans Gruber mit einer Kapitaleinlage von 280 000,00 EUR

Kommanditisten sind:
- Karl Fein mit 400 000,00 EUR
- Anton Lang, Inhaber eines führenden Feinkostgeschäftes in Stuttgart, mit einer Bareinlage von 100 000,00 EUR, wobei er nur 75 % einzahlt.

Laut § 8 des Gesellschaftsvertrags wird ein Reingewinn wie folgt verteilt:

- Jeder Vollhafter erhält vorab eine Tätigkeitsvergütung von monatlich 3 000,00 EUR.
- Alle Gesellschafter erhalten eine Verzinsung von 5 % ihrer eingezahlten Kapitalien, die um einen etwaigen Verlust zu vermindern sind.
- Ein Restgewinn wird auf die Gesellschafter Rolf Fein, Hans Gruber, Karl Fein und Anton Lang im Verhältnis 3 : 3 : 1 : 1 verteilt.

Privatentnahmen im Geschäftsjahr 20..: Rolf Fein 11 000,00 EUR
Hans Gruber 11 300,00 EUR

Anton Lang zahlt am 6. August 20.. auf seine Pflichteinlage 10 000,00 EUR ein.

Aus dem Vorjahr hat Anton Lang noch einen Verlust von 5 000,00 EUR zu tragen. Karl Fein hat aus dem Vorjahr noch einen Verlust von 10 000,00 EUR auszugleichen.

Der Reingewinn des Geschäftsjahres beträgt 142 947,00 EUR.

Aufgaben:

1. Stellen Sie eine Gewinnverteilungstabelle auf!
2. Berechnen Sie die Höhe der Selbstfinanzierung!

2.3 Selbstfinanzierung bei der AG

2.3.1 Bilanzierung des Eigenkapitals von Kapitalgesellschaften nach HGB

Für Kapitalgesellschaften ist der Ausweis des Eigenkapitals in § 266 II HGB ergänzt durch § 272 HGB geregelt. Danach müssen große und mittelgroße Kapitalgesellschaften die nachfolgend dargestellten Posten als Untergliederung des Eigenkapitals in die Bilanz aufnehmen.

(1) Gezeichnetes Kapital

Der Begriff **gezeichnetes Kapital** wird bei allen Kapitalgesellschaften zum Ausweis des in der **Satzung festgelegten Kapitals** verwendet (z. B. des Grundkapitals bei der AG). Das gezeichnete Kapital ist stets zum Nennwert auszuweisen **(Nominalkapital).** Das gezeichnete Kapital bleibt so lange unverändert, bis z. B. die Hauptversammlung bei einer AG eine Kapitalerhöhung oder eine Kapitalherabsetzung beschließt.

Das Grundkapital einer AG ist die Summe der Nennwerte der ausgegebenen (emittierten) Aktien. Der Mindestnennbetrag des Grundkapitals ist 50 000,00 EUR. Der Mindestnennbetrag einer Aktie beträgt 1,00 EUR.

(2) Rücklagen

Rücklagen stellen das **variable Eigenkapital der Aktiengesellschaft** dar. Sie dienen insbesondere zwei Zwecken:

- Die Eigenkapitalbasis der AG wird erhöht und
- die Höhe der Haftungsmasse der AG gegenüber ihren Gläubigern gestärkt.

Die in der Bilanz ausgewiesenen Rücklagen gliedern sich in Kapital- und Gewinnrücklagen.

Kapitalrücklage

In die Kapitalrücklage werden **Zuzahlungen der Kapitalgeber** eingestellt (z. B. Agio bei der Ausgabe von Aktien, Zuzahlungen für Vorzugsrechte). Es handelt sich um eine Form der Beteiligungsfinanzierung.[1]

Beispiel:

Kapitalerhöhung: 10 Mio. EUR, Nennwert junge Aktie 1,00 EUR, Ausgabekurs: 1,50 EUR
Kapitalrücklage: 10 Mio. EUR · 0,50 = 5 Mio. EUR

Gewinnrücklagen

Als Gewinnrücklagen dürfen nur Beträge ausgewiesen werden, die im Geschäftsjahr oder in einem früheren Geschäftsjahr aus dem Ergebnis gebildet worden sind [§ 272 III HGB]. Bei den Gewinnrücklagen handelt es sich somit um Mittel, die im Unternehmen durch die **Einbehaltung eines Teils des Jahresergebnisses** gebildet werden. Die Gewinnrücklagen werden in **gesetzliche Rücklage** und **andere Gewinnrücklagen** untergliedert.

- **Gesetzliche Rücklage.** Aktiengesellschaften sind nach § 150 I AktG zur Bildung einer gesetzlichen Rücklage verpflichtet **(gesetzlich erzwungene Selbstfinanzierung).** Der zwanzigste Teil (das sind 5 %) vom Jahresüberschuss (vermindert um einen Verlustvortrag aus dem Vorjahr) ist so lange in die gesetzliche Rücklage einzustellen, bis diese zusammen mit der Kapitalrücklage nach § 272 II HGB den zehnten (oder den in der Satzung bestimmten höheren) Teil des Grundkapitals erreicht hat [§ 150 II AktG].

	Jahresüberschuss
–	Verlustvortrag
=	bereinigter Jahresüberschuss
–	5 % gesetzliche Rücklage*
=	Zwischensumme

* **Höchstgrenze:** gesetzliche Rücklage + Kapitalrücklage betragen 10 % des Grundkapitals.

1 Siehe S. 212 f.

- **Andere Gewinnrücklagen.** Die Einstellung von Teilen des Jahresüberschusses in die anderen Gewinnrücklagen ist im § 58 AktG festgelegt.

Stellen **Vorstand und Aufsichtsrat** den Jahresabschluss fest (Normalfall), dann können sie bis zur Hälfte des um den Verlustvortrag und um die Einstellung in die gesetzliche Rücklage verminderten Teils des Jahresüberschusses in die anderen Gewinnrücklagen einstellen [§ 58 II, S. 1, 4 AktG]. Ein Gewinnvortrag aus dem Vorjahr bleibt unberücksichtigt. Eine Einstellung in die anderen Gewinnrücklagen ist unabhängig von der bereits erreichten Höhe der anderen Gewinnrücklagen. Die Hauptversammlung kann im Beschluss über die Verwendung des Bilanzgewinnes weitere Beträge in andere Gewinnrücklagen einstellen [§ 58 III AktG].

	Zwischensumme
–	höchstens 50 % andere Gewinnrücklagen
=	restlicher Jahresüberschuss[1]

Die Einstellung in die **anderen Gewinnrücklagen** ist eine freiwillige Rücklagenbildung **(freiwillig vorgenommene Selbstfinanzierung).**

- Die **Bildung von Kapitalrücklagen** ist eine **Form der Beteiligungsfinanzierung.**
- Die **Bildung von Gewinnrücklagen** ist eine **Form der Selbstfinanzierung.**

2.3.2 Rechnerischer Ablauf der Gewinnverwendung bei der AG

Für die Verwendung des Jahresüberschusses bestimmt das Gesetz [§ 158 AktG] nachstehende Reihenfolge:

	Jahresüberschuss
–	Verlustvortrag aus dem Vorjahr
	bereinigter Jahresüberschuss
–	Einstellung in die gesetzliche Rücklage
	Zwischensumme
–	Einstellung in andere Gewinnrücklagen
	restlicher Jahresüberschuss
+	Gewinnvortrag aus dem Vorjahr
+	Entnahmen aus Gewinnrücklagen oder aus der Kapitalrücklage
	Bilanzgewinn (bzw. Bilanzverlust)
–	evtl. Einstellung in andere Gewinnrücklagen durch die Hauptversammlung
–	Dividendenausschüttung
=	Gewinnvortrag des laufenden Geschäftsjahres

Beispiel:

Die Baustoffe Neuse AG in Alfeld hat ein Grundkapital in Höhe von 6 000 000,00 EUR. Der Jahresüberschuss des laufenden Geschäftsjahres beträgt 2 500 000,00 EUR. Aus dem Vorjahr wurde ein Verlust in Höhe von 100 000,00 EUR vorgetragen. Am Ende des laufenden Geschäftsjahres ergaben sich folgende Rücklagen:

Kapitalrücklage	100 000,00 EUR
Gesetzliche Rücklage	400 000,00 EUR
Andere Gewinnrücklagen	2 400 000,00 EUR

1 Liegt aus dem Vorjahr kein Gewinnvortrag vor, so stellt der restliche Jahresüberschuss den Bilanzgewinn dar.

14 Speth u.a. - ISBN 978-3-8120-0593-7

Die Baustoffe Neuse AG hat 120 000 Stückaktien ausgegeben.

Die Hauptversammlung beschließt, dass eine Dividende in Höhe von 18 % ausgeschüttet werden soll und der Restbetrag als Gewinnvortrag verbleibt.

Aufgaben:

1. Berechnen Sie den Betrag, der in die gesetzliche Rücklage einzustellen ist!
2. Berechnen Sie den Betrag, der in die anderen Gewinnrücklagen eingestellt werden kann, wenn der Vorstand und der Aufsichtsrat den Jahresabschluss nach § 58 II AktG feststellen!
3. Berechnen Sie den EUR-Betrag der Dividendenausschüttung und den Gewinnvortrag!

Lösungen:

Zu 1.: Berechnung der gesetzlichen Rücklage

Erforderliche Rücklagenbildung:

10 % von 6 000 000,00 EUR =	600 000,00 EUR
bisher gebildet	500 000,00 EUR
noch zu bilden	100 000,00 EUR

Rücklagenbildung im laufenden Geschäftsjahr:

Jahresüberschuss	2 500 000,00 EUR
– Verlustvortrag	100 000,00 EUR
= Bereinigter Jahresüberschuss	2 400 000,00 EUR : 20 = 120 000,00 EUR

Ergebnis: Es sind 100 000,00 EUR in die gesetzliche Rücklage einzustellen.

Zu 2.: Berechnung der anderen Gewinnrücklagen

Jahresüberschuss	2 500 000,00 EUR
– Verlustvortrag aus dem Vorjahr	100 000,00 EUR
Bereinigter Jahresüberschuss	2 400 000,00 EUR
– Einstellung in gesetzliche Rücklage	100 000,00 EUR
= Zwischensumme	2 300 000,00 EUR

Einstellung in die anderen Gewinnrücklagen 50 % = 1 150 000,00 EUR

Zu 3.: Berechnung der Dividende und des Gewinnvortrags

6 000 000,00 EUR Grundkapital : 120 000 Aktien = 50,00 EUR Grundkapital/Aktie

18 % von 50,00 EUR = 9,00 EUR Dividende/Aktie

120 000 Aktien · 9,00 EUR = 1 080 000,00 EUR Gesamtdividende

Bilanzgewinn	1 150 000,00 EUR
– Dividendenausschüttung	1 080 000,00 EUR
= Gewinnvortrag aus dem Berichtsjahr	70 000,00 EUR

2.3.3 Beurteilung der Selbstfinanzierung

Wichtige Vor- und Nachteile der Selbstfinanzierung sind in der nachfolgenden Tabelle einander gegenübergestellt.

Vorteile	Nachteile
■ Die Mittel stehen dem Unternehmen ohne zeitliche Begrenzung zur Verfügung, da es sich um Eigenkapitalbestandteile handelt. ■ Kein Zinsaufwand, weil kurzfristig auf eine Verzinsung des Eigenkapitals verzichtet werden kann. ■ Keine Tilgung und somit keine Belastung der Liquidität. ■ Unabhängigkeit (kein Einfluss von Gläubigern auf das Unternehmen). ■ Erhöhung der Kreditwürdigkeit. ■ Keine Kapitalbeschaffungskosten.	■ Es ist ein Beschluss der Hauptversammlung über die Verwendung des Bilanzgewinns nötig. ■ Das erhöhte Eigenkapital kann den Vorstand dazu verleiten, zu risikoreiche Investitionen vorzunehmen. ■ Bei einer geringen Dividendenzahlung kommt es zu einer negativen Stimmung bei den Aktionären (insbesondere bei den Kleinaktionären). ■ Die Aktie ist wegen der geringen Dividendenzahlung wenig attraktiv (geringe Kurssteigerungen). ■ Unerwünschte Einkommensumverteilung zugunsten der Unternehmen, wenn die Selbstfinanzierung über ungerechtfertigt hohe Preise vorgenommen wird.

Übungsaufgaben

33

1. Nennen Sie die Bilanzposten, die zum Eigenkapital einer Aktiengesellschaft gehören!
2. Nennen Sie die Bilanzposten einer Aktiengesellschaft, die die offene Selbstfinanzierung zeigen!
3. Stellen Sie ein allgemein gültiges Berechnungsschema für die Ermittlung der gesetzlichen Gewinnrücklagen (ohne satzungsmäßige Änderungen) auf!
4. Stellen Sie unter der Annahme, dass ein Verlustvortrag vorliegt, ein allgemein gültiges Berechnungsschema für die Ermittlung des Bilanzgewinnes auf!
5. Nennen Sie den Zweck der Rücklagenbildung!
6. Am Ende des Geschäftsjahres hat die Nienburger Uhren AG ein Anlagevermögen in Höhe von 75 400 000,00 EUR und ein Umlaufvermögen in Höhe von 45 500 000,00 EUR. Das gezeichnete Kapital beträgt 50 000 000,00 EUR. Die Verbindlichkeiten betragen 44 700 000,00 EUR. Vor dem Beschluss über die Verwendung des Jahresüberschusses in Höhe von 10 300 000,00 EUR wurden folgende Rücklagen ausgewiesen:

Kapitalrücklage	550 000,00 EUR,
Gewinnrücklagen:	
1. Gesetzliche Rücklage	3 200 000,00 EUR,
2. Andere Gewinnrücklagen	11 650 000,00 EUR.

   Es liegt ein Gewinnvortrag aus dem Vorjahr in Höhe von 500 000,00 EUR vor.

   Aufgabe:

   Berechnen Sie den Bilanzgewinn aufgrund folgender Angaben:

   Nach Einstellung des erforderlichen Betrags in die gesetzliche Rücklage sollen 3 000 000,00 EUR in andere Gewinnrücklagen eingestellt werden.

34 Bei den nachfolgenden Übungsaufgaben 1. und 2. ist jeweils die Einstellung in die gesetzliche Rücklage und in die anderen Gewinnrücklagen zu ermitteln.

1.

Grundkapital	18,75 Mio. EUR	Gewinnvortrag	8,145 Mio. EUR
Kapitalrücklage	0,375 Mio. EUR	Andere Gewinnrücklagen	0,105 Mio. EUR
Gesetzliche Rücklage	1,305 Mio. EUR	Jahresüberschuss	2,25 Mio. EUR

Einstellung in die gesetzliche Rücklage nach § 150 AktG, in die anderen Gewinnrücklagen nach § 58 II AktG.

2.

Grundkapital	12,0 Mio. EUR	Gewinnvortrag	0,5 Mio. EUR
Gesetzliche Rücklage	0,4 Mio. EUR	Jahresüberschuss	1,8 Mio. EUR
Kapitalrücklage	0,72 Mio. EUR		

Einstellung in die gesetzliche Rücklage nach § 150 AktG, in die anderen Gewinnrücklagen 50 % des Jahresüberschusses nach Einstellung in die gesetzliche Rücklage. Die Einstellung erfolgt durch Vorstand und Aufsichtsrat.

3.

Grundkapital	80,0 Mio. EUR	Verlustvortrag	0,5 Mio. EUR
Gesetzliche Rücklage	4,5 Mio. EUR	Jahresüberschuss	6,5 Mio. EUR
Kapitalrücklage	1,2 Mio. EUR		
Andere Gewinnrücklagen	38,2 Mio. EUR		

Einstellung in die gesetzliche Rücklage nach § 150 AktG. Einstellung in die anderen Gewinnrücklagen: Höchstbetrag nach § 58 II AktG.

Ausgegebene Stückaktien: 1 600 000

Aufgaben:

3.1 Ermitteln Sie die gesetzliche Rücklage und die anderen Gewinnrücklagen!

3.2 Berechnen Sie die höchstmögliche Dividendenzahlung (auf 5 Cent gerundet)!

3.3 Stellen Sie den rechnerischen Ablauf der Gewinnverwendung in einer Übersicht dar!

3 Beteiligungsfinanzierung

3.1 Begriff Beteiligungsfinanzierung

Die **Beteiligungsfinanzierung** ist durch folgende **Merkmale** gekennzeichnet:

- Die Gesellschafter erwerben in Höhe ihrer Einlage **Anteilsrechte am Eigenkapital** des Unternehmens.
- Die Gesellschafter erhalten eine **gewinnabhängige Vergütung.**
- Die Gesellschafter erwerben **Mitwirkungsrechte** (z. B. Geschäftsführungs- und Vertretungsrechte).

Die aus der Beteiligungsfinanzierung stammenden Mittel stellen **Eigenkapital** dar. Unter dem **Gesichtspunkt der Kapitalherkunft** zählt die Beteiligungsfinanzierung zur **Außenfinanzierung,** weil dem Unternehmen Finanzmittel von außen zugeführt werden.

Handelt es sich um eine **Aktiengesellschaft,** die an der Börse gelistet ist, so wird die Beteiligungsfinanzierung auch als **Kapitalerhöhung** bezeichnet (vgl. hierzu Kapitel 3.3, S. 213 ff.).

3.2 Beteiligungsfinanzierung am Beispiel der Kommanditgesellschaft (KG)

Bei der KG erfolgt die Beteiligungsfinanzierung dadurch, dass der aufzunehmende Komplementär bzw. Kommanditist Einlagen in die KG einbringt. Die Einlagen können aus **Geldkapital (Geldmittelfinanzierung)** oder aus **Sachkapital (Sacheinlagenfinanzierung)** bestehen. Die Aufnahme von Kommanditisten ist relativ problemlos, da sie nur in Höhe ihrer Einlage haften und auch gesetzlich nicht zur Geschäftsführung und Vertretung verpflichtet und berechtigt sind.

Werden neue Gesellschafter aufgenommen, ist der **Gesellschaftsvertrag** zu ändern, eine **Sonderbilanz zu erstellen** und die **Änderung beim Registergericht** anzumelden.

Beispiel:

An der Huber KG sind Heinz Huber als Komplementär mit 600 000,00 EUR und Fritz Hansen als Kommanditist mit 200 000,00 EUR beteiligt.

Die KG plant eine Erweiterungsinvestition, die durch Aufnahme eines weiteren Kommanditisten finanziert werden soll. Alex Teich ist bereit, sich mit 300 000,00 EUR als Kommanditist zu beteiligen. Durch die Aufnahme von Alex Teich erhöht sich das Eigenkapital der Huber KG auf 1 100 000,00 EUR. Die Aufnahme des Kommanditisten Alex Teich stellt eine Beteiligungsfinanzierung (Eigenfinanzierung) dar.

3.3 Beteiligungsfinanzierung bei einer Aktiengesellschaft (AG) – ordentliche Kapitalerhöhung (Kapitalerhöhung gegen Einlagen)

Benötigt eine Aktiengesellschaft frisches Kapital, hat sie die Möglichkeit, sich dieses durch die **Emission** (Ausgabe) junger Aktien zu beschaffen. Die ausgebende Aktiengesellschaft bezeichet man als **Emittent.**

Das Aktiengesetz sieht für die Beteiligungsfinanzierung der Aktiengesellschaft folgende Formen der Kapitalerhöhung (Kapitalbeschaffung) vor:

- **ordentliche Kapitalerhöhung** (Kapitalerhöhung gegen Einlagen),
- **genehmigte Kapitalerhöhung** und
- **bedingte Kapitalerhöhung.**

Die Kapitalerhöhung bedarf einer Satzungsänderung, wozu ein **Beschluss der Hauptversammlung mit qualifizierter Mehrheit** (drei Viertel des bei der Beschlussfassung vertretenen Grundkapitals) notwendig ist.[1]

1 Im Folgenden beschränken wir uns aufgrund der Rahmenrichtlinien auf die Darstellung der ordentlichen Kapitalerhöhung (Kapitalerhöhung gegen Einlagen) [§§ 182–191 AktG].

3.3.1 Grundbegriffe und Ablauf der ordentlichen Kapitalerhöhung

Bei der ordentlichen Kapitalerhöhung [§§ 182 bis 191 AktG] erfolgt die Beschaffung der liquiden Mittel gegen Ausgabe junger (neuer) Aktien.

- Der **Emissionskurs** (Ausgabekurs, Bezugskurs) **der jungen Aktien** darf bei Nennwertaktien nicht unter dem Nennwert (unter pari) liegen.[1]
- Bei **Stückaktien** darf der Emissionskurs **nicht unter dem Beteiligungswert einer Aktie** (dem „fiktiven Nennwert") liegen.[2]

Eine Überpari-Emission ist zulässig. Sie hat zur Folge, dass der Nennwert der Kapitalerhöhung wesentlich geringer sein kann als der erforderliche Kapitalbedarf der AG.

Bei einer Kapitalerhöhung gegen Geldeinlagen fließen der Aktiengesellschaft entsprechende Geldmittel, bei einer Kapitalerhöhung gegen Sachmittel (z.B. Einbringung von Grundstücken) entsprechende Sachmittel zu (siehe § 183 AktG). In **Höhe des Nennbetrags der gezeichneten Aktien** erhöht sich das **gezeichnete Kapital (Grundkapital)** der Gesellschaft. Bei einer AG mit Stückaktien muss sich die Zahl der Aktien in demselben Verhältnis wie das Grundkapital erhöhen [§ 182 I, S. 5 AktG]. Der über den Nennbetrag hinausgehende Mittelzufluss, das sogenannte **Agio,** wird als **Kapitalrücklage ausgewiesen** [§ 272 II, Nr. 1 HGB]. In Höhe des gesamten Mittelzuflusses erhöht sich das **bilanzierte Eigenkapital** der AG.

Beispiel:

Bisheriges Grundkapital der Poggo AG 6 Mio. EUR, Aufteilung in 1,2 Mio. Aktien mit einem Nennwert von je 5,00 EUR. Kapitalerhöhung um 2 Mio. EUR mit einem Ausgabekurs von 8,00 EUR, Emissionskosten 163 200,00 EUR.

Aufgaben:

1. Berechnen Sie den Mittelzufluss!
2. Ermitteln Sie das neue Eigenkapital!

Lösungen:

Zu 1.:	Kapitalerhöhung 0,4 Mio. Aktien · 8,00 EUR =	3 200 000,00 EUR
	– Emissionskosten	163 200,00 EUR
	= Mittelzufluss	3 036 800,00 EUR
Zu 2.:	Bisheriges Grundkapital	6 000 000,00 EUR
	+ Erhöhung des Grundkapitals 0,4 Mio. Aktien · 5,00 EUR =	2 000 000,00 EUR
	+ Erhöhung der Kapitalrücklage 0,4 Mio. Aktien · 3,00 EUR =	1 200 000,00 EUR
	= Neues Eigenkapital	3 200 000,00 EUR

3.3.2 Berechnung des Bezugsverhältnisses

(1) Begriff Bezugsrecht

Damit die bisherigen Aktionäre bei der Ausgabe junger (neuer) Aktien nicht benachteiligt werden, muss nach § 186 I AktG jedem Altaktionär auf sein Verlangen ein seinem Anteil an dem bisherigen Grundkapital entsprechender Teil der jungen Aktien zugeteilt werden.

1 Der **Nennwert** ist auf den **Nennbetragsaktien** aufgedruckt. Der **Mindestnennbetrag** einer Aktie beträgt **1,00 EUR.**

2 **Stückaktien** lauten auf einen **Anteil am Grundkapital,** z.B. 1 Aktie der X-AG. Der auf eine Aktie entfallende Betrag des Grundkapitals, darf 1,00 EUR nicht unterschreiten.

Bezugsrecht ist das dem Aktionär zustehende Recht, bei einer Kapitalerhöhung einen seinem Anteil am bisherigen Grundkapital entsprechenden Teil der jungen Aktien zu beziehen.

(2) Bezugsverhältnis

Das Bezugsverhältnis drückt das Verhältnis zwischen dem Nennwert des bisherigen Grundkapitals und dem Nennwert der Kapitalerhöhung aus.

Beispiel:

Die Poggo AG mit einem Grundkapital in Höhe von 6000000,00 EUR beschließt eine Kapitalerhöhung auf 8000000,00 EUR. Sie gibt hierzu Aktien im Nennwert von 2000000,00 EUR aus (siehe S. 214).

Aufgabe:

Berechnen Sie das Bezugsverhältnis!

Lösung:

$$\text{Bezugsverhältnis} = \frac{6\,000\,000 \text{ EUR}}{2\,000\,000 \text{ EUR}} = \frac{3}{1}$$

Ergebnis: Das Bezugsverhältnis beträgt 3 : 1 und besagt, dass drei Altaktien (Bezugsrechte) erforderlich sind, um eine junge Aktie erwerben zu können.

$$\text{Bezugsverhältnis} = \frac{\text{Nennwert des bisherigen Grundkapitals}}{\text{Nennwert der Kapitalerhöhung}}$$

3.3.3 Bedeutung des Bezugsrechts

Das **Bezugsrecht** hat für die Altaktionäre zwei wichtige Bedeutungen:

- Aufrechterhaltung der bisherigen Stimmrechtsanteile der Altaktionäre.
- Ausgleich von Vermögensnachteilen infolge der Kurssenkung.

(1) Aufrechterhaltung der bisherigen Stimmrechtsanteile der Altaktionäre

Beispiel:

Die Göttinger Chemie AG mit einem Grundkapital in Höhe von 4000000,00 EUR beschließt eine ordentliche Kapitalerhöhung auf 6000000,00 EUR. Sie gibt hierzu Aktien im Nennwert von 2000000,00 EUR aus. Der Altaktionär Franz Wohlhaben besitzt ein Aktienpaket im Nennwert von 1000000,00 EUR an dieser AG. Der Mindestnennwert der Aktie beträgt 5,00 EUR.

Aufgaben:

1. Berechnen Sie das Bezugsverhältnis!
2. Ermitteln Sie, mit wie viel Prozent Franz Wohlhaben am Grundkapital vor der Grundkapitalerhöhung beteiligt ist!
3. Ermitteln Sie, auf wie viel Prozent der Anteil von Franz Wohlhaben am Grundkapital absinken könnte, wenn kein Bezugsrecht besteht!
4. Bestimmen Sie, wie viel junge Aktien Franz Wohlhaben erwerben muss, um nach der Grundkapitalerhöhung den gleichen Anteil am erhöhten Grundkapital der Göttinger Chemie AG zu haben wie vor der Grundkapitalerhöhung!

Lösungen:

Zu 1.: Bezugsverhältnis $= \frac{4\,000\,000 \text{ EUR}}{2\,000\,000 \text{ EUR}} = \frac{2}{\underline{\underline{1}}}$

Zu 2.: Franz Wohlhaben ist mit $^1/_4$ (1 Mio. EUR : 4 Mio. EUR), das sind 25 %, an der AG beteiligt.

Zu 3.: Ohne die Einräumung eines Bezugsrechts sinkt der Anteil von Franz Wohlhaben am Grundkapital der AG auf $^1/_6$ (1 Mio. EUR : 6 Mio. EUR), das sind $16^2/_3$ %, ab.

Zu 4.: Das Aktienpaket von Franz Wohlhaben muss nach der Kapitalerhöhung $^1/_4$ des neuen Grundkapitals (6 Mio. EUR : 4), also 1,5 Mio. EUR betragen, d.h., er müsste 100000 junge Aktien erwerben.

Probe: Franz Wohlhaben besitzt 200000 Aktien (Bezugsrechte) und kann damit 100000 junge Aktien (100000 Aktien · 5,00 EUR = 500000,00 EUR Nennwert) kaufen.

(2) Ausgleich von Vermögensnachteilen infolge der Kurssenkung

Die Ausgabe junger Aktien[1] findet nur dann das Interesse von Kapitalanlegern, wenn der Ausgabekurs unter dem bisherigen Börsenkurs der Aktien der betreffenden Gesellschaft liegt. Niedrige Emissionskurse erleichtern zwar die Emission, haben für das Unternehmen jedoch den Nachteil, dass ihr weniger Mittel zufließen. Ein hoher Emissionskurs erschwert zwar die Emission, hat aber den Vorteil für das Unternehmen, dass ihm mehr Mittel zufließen. Die richtige Wahl des **Emissionskurses** der jungen Aktien ist somit ein wesentlicher Faktor für das Gelingen einer Kapitalerhöhung.

Nach der Emission der jungen Aktien sinkt der Börsenkurs meist auf den „Mittelkurs". Rechnerisch ist das der gewogene Durchschnitt des alten Börsenkurses und des Emissionskurses der jungen Aktien. Dem dabei entstehenden Wertverlust einer Altaktie entspricht rein rechnerisch der Wert des Bezugsrechts.

Für die Ermittlung des Mittelkurses (gewogener Durchschnitt) sind der Kurswert der alten Aktien (Anzahl alter Aktien · Kurs alte Aktien), der Kurswert der jungen Aktien (Anzahl junger Aktien · Emissionskurs), die Anzahl der alten Aktien und die Anzahl der jungen Aktien maßgebend. Der Mittelkurs ergibt sich aufgrund folgender Berechnungsformel:

$$\text{Mittelkurs} = \frac{\text{Anzahl alter Aktien} \cdot \text{Kurs alte Aktien} + \text{Anzahl junger Aktien} \cdot \text{Emissionskurs}}{\text{Anzahl alter Aktien} + \text{Anzahl junger Aktien}}$$

Beispiel (Ergänzung zum Beispiel auf S. 215):

Der Börsenkurs der Aktien der Göttinger Chemie AG mit einem Grundkapital von 4000000,00 EUR (800000 Aktien zu je 5,00 EUR) beträgt vor der Kapitalerhöhung 25,00 EUR je Stück.

Der Emissionskurs von 400000 Stück jungen Aktien im Nennwert von 5,00 EUR je Stück wird auf 22,00 EUR je Stück festgesetzt.

Aufgaben:

1. Ermitteln Sie den Mittelkurs!
2. Berechnen Sie den Vermögensverlust der Altaktionäre je Aktie!
3. Ermitteln Sie den rechnerischen Wert des Bezugsrechts!
4. Weisen Sie nach, dass Franz Wohlhaben, der ein Aktienpaket im Nennwert von 1000000,00 EUR an der Göttinger Chemie AG hält, durch die Kapitalerhöhung rechnerisch keinen Vermögensnachteil erlitten hat!

1 **Junge Aktien** sind Aktien, die bei einer Grundkapitalerhöhung [§§ 182ff. AktG] den Aktionären zum Kauf angeboten werden. Die alten Aktionäre können ihr Bezugsrecht verkaufen, sodass auch Dritte die jungen Aktien erwerben können.

Lösungen:

Zu 1.: Mittelkurs $= \frac{800\,000 \cdot 25 + 400\,000 \cdot 22}{800\,000 + 400000} = \underline{\underline{24{,}00 \text{ EUR}}}$

Verkürzt über das Bezugsverhältnis: $\frac{2 \cdot 25 + 1 \cdot 22}{3} = \underline{\underline{24{,}00 \text{ EUR}}}$

Ergebnis: Der Mittelkurs beträgt 24,00 EUR.

Zu 2.: Der Vermögensverlust der Altaktionäre beträgt damit 1,00 EUR je Aktie (bisheriger Börsenkurs 25,00 EUR – Mittelkurs 24,00 EUR). Da das Bezugsrecht einen marktfähigen Wert für sich darstellt, muss diesem Vermögensverlust der rechnerische Wert des Bezugsrechts entsprechen.

Zu 3.: Allgemein lässt sich der Wert des Bezugsrechts mithilfe folgender Berechnungsformel ermitteln:[1]

$$\text{Wert des Bezugsrechts} = \frac{\text{Kurs der alten Aktien} - \text{Kurs der jungen Aktien}}{\frac{\text{Anzahl}^2 \text{ der alten Aktien}}{\text{Anzahl}^2 \text{ der jungen Aktien}} + 1}$$

Auf die Daten unseres Beispiels angewandt, ergibt das folgenden Wert:

$$\text{Wert des Bezugsrechts} = \frac{25 - 22}{\frac{800\,000}{400\,000} + 1} = \frac{3}{3} = \underline{\underline{1{,}00 \text{ (EUR/Stück)}}}$$

Der rechnerisch ermittelte Wert des Bezugsrechts entspricht damit dem Wert des Vermögensverlusts, den der Altaktionär durch die Ausgabe neuer Aktien zu einem unter dem Börsenkurs liegenden Emissionskurs erleidet. Falls der Altaktionär von seinem Bezugsrecht keinen Gebrauch macht, muss der neue Aktionär den Wert des Bezugsrechts mitbezahlen.

Zu 4.:

Wert des Aktienpakets **vor** der Kapitalerhöhung	Wert des Aktienpakets **nach** der Kapitalerhöhung
200 000 Aktien · 25,00 EUR = 5 000 000,00 EUR	200 000 Aktien · 24,00 EUR = 4 800 000,00 EUR + Wert des Bezugsrechts 200 000 Aktien zu je 1,00 EUR = 200 000,00 EUR 5 000 000,00 EUR

Da an der Börse die Nachfrage- und Angebotsverhältnisse den Wert des Bezugsrechts bestimmen, weicht der tatsächliche Wert meist etwas vom rechnerischen Wert ab.

1 Bei dieser „Berechnungsmethode“ wird unterstellt, dass weder „Dividendenvorteile“ noch „Dividendennachteile“ vorliegen. Ist dies der Fall, müssen diese bei der Ermittlung des rechnerischen Werts des Bezugsrechts berücksichtigt werden. Ein Dividendenvorteil liegt z. B. vor, wenn die neuen Aktien einen Bonus erhalten. Ein Dividendennachteil ist z. B. gegeben, wenn die neuen Aktien zunächst keine oder eine geringere Dividende erhalten.

2 Hierbei handelt es sich um das Bezugsverhältnis, d. h., der Bruch kann auch durch das Bezugsverhältnis ersetzt werden. Die Formel lautet dann:

$$\text{Wert des Bezugsrechts} = \frac{\text{Kurs der alten Aktien} - \text{Kurs der jungen Aktien}}{\text{Bezugsverhältnis} + 1}$$

- **Junge Aktien** können nur zusammen mit einer bestimmten **Anzahl von Bezugsrechten** erworben werden. Die Altaktionäre erhalten diese Bezugsrechte, die in der Bezugsfrist getrennt von den Aktien an der Börse gehandelt werden.
- Bei der Emission von jungen Aktien ist das **Agio in die Kapitalrücklage** einzustellen.
- Durch die Wahrnehmung des Bezugsrechts bleibt der **Anteil des Altaktionärs am Grundkapital** der AG **erhalten.**
- Nach der Emission bildet sich ein **Mittelkurs,** der rechnerisch dem gewogenen Durchschnitt von bisherigem Kurs und Bezugskurs der jungen Aktien entspricht.
- Der **Altaktionär erleidet keinen Vermögensnachteil,** und zwar gleichgültig, ob er sein **Bezugsrecht ausübt** und junge Aktien erwirbt oder ob er darauf verzichtet und sein **Bezugsrecht verkauft.**
  - Im ersten Fall wird der **Kursverlust der alten Aktien** rechnerisch durch den **Erwerb der jungen Aktien** ausgeglichen.
  - Im zweiten Fall wird der **Kursverlust der alten Aktien** rechnerisch durch den **Erlös aus dem Verkauf der Bezugsrechte** ausgeglichen.

3.3.4 Beispiel für eine ordentliche Kapitalerhöhung

Die ordentliche Hauptversammlung der Maschinenfabrik Hempel AG hat am 15. Mai 20.. beschlossen, das Grundkapital von 90 Mio. EUR auf 150 Mio. EUR durch Ausgabe von 60 Mio. EUR junger Aktien zu erhöhen. Der Emissionskurs der jungen Aktien beträgt 26,00 EUR je 5-EUR-Aktie. Der Börsenkurs der alten Aktien beträgt 32,00 EUR je 5-EUR-Aktie. Die Emissionskosten betragen 1,42 Mio. EUR.

Aufgaben:

1. Berechnen Sie den Vermögenszuwachs der Maschinenfabrik Hempel AG! Ermitteln Sie die Höhe des Agios!
2. Ermitteln Sie das Bezugsverhältnis!
3. Berechnen Sie den Mittelkurs und den rechnerischen Wert des Bezugsrechts!
4. Ermitteln Sie den Betrag, den der Aktionär Sigi, der 150 Aktien besitzt, aufzubringen hat, wenn er an der Kapitalerhöhung teilnimmt!
5. Prüfen Sie, ob der Aktionär Sigi einen Vermögensverlust erleidet, wenn er an der Kapitalerhöhung nicht teilnimmt![1]

Lösungen:

Zu 1.:

	Kapitalzufluss 60 Mio. EUR : 5,00 EUR = 12 000 000 Aktien · 26,00 EUR =	312,00 Mio. EUR
–	Emissionskosten:	1,42 Mio. EUR
=	Vermögenszuwachs	310,58 Mio. EUR
	Agio: 12 000 000 Aktien · (26,00 EUR – 5,00 EUR) =	252,00 Mio. EUR

Zu 2.: Bezugsverhältnis $= \frac{90}{60} = \frac{3}{2}$

1 Kauf- und Verkaufsspesen bleiben unberücksichtigt.

Zu 3.: Mittelkurs $= \frac{18\,000\,000 \cdot 32 + 12\,000\,000 \cdot 26}{18\,000\,000 + 12\,000\,000} = \underline{\underline{29{,}60 \text{ EUR}}}$

Wert des Bezugsrechts $= \frac{32 - 26}{\frac{3}{2} + 1} = \underline{\underline{2{,}40 \text{ EUR}}}$

Zu 4.: Der Aktionär Sigi besitzt 150 Bezugsrechte, d. h., er kann 100 junge Aktien beziehen. Er muss hierzu 100 · 26,00 EUR = 2600,00 EUR aufwenden.

Zu 5.: Vermögensverlust des Aktionärs Sigi: 150 · (32,00 EUR – 29,60 EUR) = 360,00 EUR

Erlös aus dem Verkauf von Bezugsrechten: 150 · 2,40 EUR = 360,00 EUR

Der Vermögensverlust wird durch den Erlös aus dem Verkauf der Bezugsrechte ausgeglichen.

3.4 Beurteilung der Beteiligungsfinanzierung

Vorteile	Nachteile
▪ Die Mittel stehen dem Unternehmen ohne zeitliche Begrenzung zur Verfügung. ▪ Keine Tilgung und somit keine Belastung der Liquidität. ▪ Kein Zinsaufwand, weil kurzfristig auf eine Verzinsung des Eigenkapitals verzichtet werden kann. ▪ Unabhängigkeit (kein Einfluss von Gläubigern auf das Unternehmen). ▪ Erhöhung der Kreditwürdigkeit. ▪ Keine Kapitalbeschaffungskosten bei Einzelunternehmen und Personengesellschaften. (Bei Aktiengesellschaften entstehen jedoch z. B. Verwaltungs- und Emissionskosten anlässlich der Emission von Aktien.)	▪ Bei Einzelunternehmen und Personengesellschaften ist die Finanzkraft des Inhabers bzw. der Gesellschafter i. d. R. begrenzt. ▪ Bei Personengesellschaften kann die Aufnahme weiterer Gesellschafter zu Schwierigkeiten führen, wenn diesen ebenfalls Geschäftsführungs- und Vertretungsrechte eingeräumt werden müssen. ▪ Bei Aktiengesellschaften entsteht dieses Problem nicht. Dennoch liegt eine gewisse Begrenzung der Beteiligungsfinanzierung bei Aktiengesellschaften dann vor, wenn durch eine Kapitalerhöhung bisherige gewünschte Mehrheitsverhältnisse gefährdet werden.

Übungsaufgaben

35 Die Wunstorfer Baustoffe AG gibt 500000 Stück junge Aktien im Nennwert von 5,00 EUR je Stück zum Kurs von 180,00 EUR/Stück heraus. An Emissionskosten fallen 9000000,00 EUR an.

Aufgaben:

1. Berechnen Sie die Erhöhung des Grundkapitals der Wunstorfer Baustoffe AG!
2. Ermitteln Sie die Höhe des Finanzmittelzuflusses bei der Wunstorfer Baustoffe AG!
3. Bestimmen Sie den Betrag, um den sich das Eigenkapital der Wunstorfer Baustoffe AG erhöht!

36 1. Die Hauptversammlung der Kolbinger Mineral AG beschließt mit qualifizierter Mehrheit eine ordentliche Kapitalerhöhung um 36 Mio. EUR auf 96 Mio. EUR. Der Börsenkurs der Altaktien wird mit 200,00 EUR notiert. Der Emissionskurs beträgt 150,00 EUR je 10-EUR-Aktie.

Aufgaben:

1.1 Ermitteln Sie das Bezugsverhältnis und den rechnerischen Wert des Bezugsrechts!

1.2 Bestimmen Sie den Mittelzufluss der Kolbinger Mineral AG! Ermitteln Sie die Höhe des Agios und geben Sie an, in welchem Bilanzposten das Agio ausgewiesen wird!

1.3 Prüfen Sie, ob die Kolbinger Mineral AG auch einen höheren Emissionskurs für die jungen Aktien hätte festlegen können!

2. Die Wagner Tiefbau AG plant eine Investition über 27 Mio. EUR. Der erzielbare Emissionskurs je 5-EUR-Aktie liegt bei 70,00 EUR.

Aufgabe:

Ermittel Sie, wie hoch die Kapitalerhöhung mindestens sein muss, damit das Investitionsvorhaben durchgeführt werden kann (Emissionskosten 1 Mio. EUR)!

37 Die FEM AG, Feinmechanik Aktiengesellschaft, gehört zu den Marktführern auf dem Gebiet der Medizintechnik. Sie erwägt die Durchführung umfangreicher Investitionen zur Erweiterung der Produktion elektromedizinischer und elektronischer Geräte. Das gezeichnete Kapital der FEM AG beträgt zurzeit 64 Mio. EUR. Sie weist zudem Kapitalrücklagen in Höhe von 15 Mio. EUR auf. Zur Investition werden 24 Mio. EUR benötigt. Die Hauptversammlung hat beschlossen, diese Mittel durch eine Kapitalerhöhung gegen Einlagen in Höhe von 8 Mio. EUR zu beschaffen. Die Aktien der FEM AG notieren gegenwärtig mit 22,20 EUR je 5,00 EUR Nennwert.

Aufgaben:

1. Berechnen Sie
   1.1 das Bezugsverhältnis,
   1.2 den Emissionskurs der neuen Aktien,
   1.3 den rechnerischen Wert des Bezugsrechts!
2. Geben Sie zwei Gründe an, die den Gesetzgeber veranlasst haben, ein Bezugsrecht auf neue Aktien einzuführen!
3. Berechnen Sie das neue Eigenkapital der FEM AG!
4. Ermitteln Sie, wie viele junge Aktien ein Aktionär beziehen kann, der Aktien im Nennwert von 250,00 EUR besitzt, wenn er höchstens 100,00 EUR anlegen möchte und der rechnerische Wert des Bezugsrechts zugrunde gelegt wird! Spesen bleiben unberücksichtigt.

38 Der Vorstand einer AG schlägt der Hauptversammlung zur Finanzierung von Erweiterungsinvestitionen eine Erhöhung des Grundkapitals um 50 Mio. EUR auf 550 Mio. EUR vor. Der Börsenkurs der alten Stückaktien mit einem Grundkapitalanteil von 5,00 EUR je Aktie beträgt 26,00 EUR. Die jungen Aktien sollen in Stücken mit je 5,00 EUR Grundkapitalanteil zum Emissionskurs von 18,00 EUR ausgegeben werden.

Aufgaben:

1. Berechnen Sie den Betrag, der der AG zufließt und ermitteln Sie die Höhe des Agios (ohne Berücksichtigung von Emissionskosten)!
2. Ermitteln Sie den rechnerischen Wert des Bezugsrechts!
3. Berechnen Sie, wie hoch der Emissionskurs für die emittierten jungen Aktien sein müsste, damit bei einem Bezugsverhältnis von 5 : 1 und dem bisherigen (alten) Grundkapital nicht 50 Mio. EUR, sondern 250 Mio. EUR beschafft werden können!
4. Im Zusammenhang mit der Kapitalerhöhung will ein Aktionär, der 40 alte Aktien besitzt, Auskunft darüber haben, wie viel Bezugsrechte er zum Erwerb von 9 jungen Aktien noch kaufen muss. Geben Sie Auskunft!
5. Stellen Sie fest, wie viel junge Aktien ein anderer Aktionär, der 70 alte Aktien zu je 5,00 EUR Nennwert besitzt, kaufen kann, wenn er noch insgesamt 960,00 EUR anlegen will (Kosten bleiben unberücksichtigt)!

39 Die Hans Mathes AG hat im Geschäftsjahr 2020 ihre führende Stellung im Bereich automatische Verpackungsmaschinen weiter ausgebaut. Das Wachstum war mit einer erheblichen Steigerung des Betriebsergebnisses und des Jahresüberschusses verbunden.

Auszug aus den Daten des Jahresabschlusses

Informationen zum **Jahresüberschuss** und zur **Einstellung in die Gewinnrücklagen** der Hans Mathes AG.

	31. 12. 2020	31. 12. 2019
Jahresüberschuss	99 551 400 EUR	73 886 800 EUR
Einstellung in andere Gewinnrücklagen	13 296 400 EUR	13 296 400 EUR

Das Grundkapital und die Anzahl der Aktien haben sich wie folgt entwickelt:

Arten der Aktien	Stammaktien		Vorzugsaktien	
Ende des Jahres	2019	2020	2019	2020
Grundkapital in EUR	141 454 300	185 591 900	20 134 400	20 134 400
Anzahl Stückaktien	55 343 600	72 497 100	7 865 000	7 865 000

Die **Vorzugsaktien** haben kein Stimmrecht. Den Vorzugsaktionären steht gemäß der Satzung ein **Vorzugsgewinnanteil von 0,10 EUR je Vorzugsaktie** zu.

Aufgaben:

In Punkt 1 der Tagesordnung für die ordentliche Hauptversammlung legen Vorstand und Aufsichtsrat den festgestellten Jahresabschluss sowie den Lagebericht vor und schlagen der Hauptversammlung vor, den im Jahresabschluss ausgewiesenen Bilanzgewinn für das Jahr 2020 wie folgt zu verwenden:

Die Dividendenausschüttung für 2020 soll um 0,10 EUR gegenüber 2019 erhöht werden, und zwar auf 1,00 EUR Dividende je dividendenberechtigte Stammaktie und den entsprechenden Vorzugsgewinnanteil je dividendenberechtigte Vorzugsaktie.

1. Erläutern Sie den Unterschied zwischen den Begriffen Jahresüberschuss und Bilanzgewinn!
2. Erstellen Sie in übersichtlicher Form die vollständige Gewinnverwendung der Hans Mathes AG für die Jahre 2019 und 2020!

   Aus dem Jahr 2018 ist weder ein Gewinnvortrag noch ein Verlustvortrag zu berücksichtigen.
3. In der Hauptversammlung verlangt ein Aktionär Auskunft über die Höhe der offenen Selbstfinanzierung für das Jahr 2020!

   3.1 Erläutern Sie den Begriff Selbstfinanzierung!

   3.2 Berechnen Sie die Höhe der Selbstfinanzierung für das Jahr 2020!

   3.3 Erläutern Sie, inwieweit der Vorstand zur Bildung von offenen Rücklagen grundsätzlich verpflichtet sein kann!

   3.4 Durch Einstellungen von Teilen des Jahresüberschusses in die Gewinnrücklagen entsteht ein Interessenkonflikt zwischen den Gläubigern und den Teilhabern der Kapitalgesellschaft.

   Erläutern Sie diesen Interessenkonflikt an einem Beispiel!

4 Kreditfinanzierung

4.1 Begriff Kreditfinanzierung (Fremdfinanzierung)

Reichen die eigenen Finanzmittel des Unternehmens zur Finanzierung nicht aus, ist das Unternehmen darauf angewiesen, Geld von Fremden **(Kredit)**[1] aufzunehmen. Diese Fremdmittel stellen u.a. Banken, Versicherungen, Privatpersonen, evtl. sogar der Staat, meistens gegen Zinszahlung zur Verfügung.

Kreditfinanzierung kann außer mit Geldmitteln auch mit Sachmitteln erfolgen. Kreditgeber für Geldmittel sind insbesondere die Banken (z.B. Kontokorrentkredit, Darlehen) und die Lieferer (Liefererkredite). Eine wichtige Möglichkeit der Kreditfinanzierung mit Sachmitteln ist das Leasing.[2]

- Ein **Kredit** ist die zeitweilige Überlassung von Geld oder Sachgütern im Vertrauen darauf, dass der Kreditnehmer den Kredit fristgerecht zurückbezahlt.
- **Kreditfinanzierung (Fremdfinanzierung)** ist die Beschaffung fremder Finanzmittel für eine bestimmte Zeit. Es handelt sich um eine **Außenfinanzierung mit Fremdkapital.** Sie führt zur Bildung bzw. Erhöhung von **Fremdkapital.**

4.2 Langfristige Kreditfinanzierung

Im Folgenden werden beispielhaft drei Formen der langfristigen Kreditfinanzierung von Investitionen vorgestellt:

- die Aufnahme eines **Bankdarlehens,**
- die Ausgabe einer **Industrieobligation** und
- das **Leasing.**

4.2.1 Bankdarlehen

(1) Begriff

- **Bankdarlehen** sind Kredite, die in einer Summe bereitgestellt und dem Finanzbedarf entsprechend ausbezahlt werden, und dann entweder am Fälligkeitstag in einer Summe oder während einer vorbestimmten Laufzeit in Raten (Teilbeträgen) getilgt werden müssen.
- Dem Kredit in Form eines Darlehens liegt ein **Darlehensvertrag** zugrunde. Darlehen sind in aller Regel mittel- oder langfristige Kredite. Rechtsgrundlagen des Darlehens sind die §§ 488ff. BGB.

1 Der Begriff **Kredit** kommt vom lateinischen Wort credere: glauben, vertrauen.

2 **Leasing** wird hier im Rahmen der langfristigen Fremdfinanzierung dargestellt. Allerdings kann Leasing auch als eine mittel- oder kurzfristige Form der Kreditfinanzierung herangezogen werden. Vgl. hierzu S. 232ff.

(2) Zustandekommen eines Darlehensvertrags

Jeder Darleheneinräumung gehen im Allgemeinen Vorverhandlungen zwischen Darlehensnehmer und Darlehensgeber voraus, in denen die Darlehensart und die Darlehensvertragsinhalte festgelegt werden. Das Ergebnis der Vorverhandlungen wird in der Regel in einem Darlehensvertragsformular festgehalten. Im rechtlichen Sinne handelt es sich um einen Antrag des Darlehensnehmers. Der Darlehensvertrag kommt mit der rechtzeitigen Annahme des Darlehensantrags durch die Bank zustande.

Der **Darlehensvertrag** kommt dadurch zustande, dass der **Darlehensantrag** des **Darlehensnehmers** und die **Darlehenszusage** des **Darlehensgebers** inhaltlich **übereinstimmen** und die Darlehenszusage dem Darlehensnehmer rechtzeitig zugegangen ist [§§ 145 ff. BGB].

(3) Inhalte eines Darlehensvertrags

Darlehenshöhe und Rückzahlungsmodus

Der Darlehensnehmer muss sich festlegen auf die Darlehenssumme, auf die Höhe und die Zeit der Tilgung. Außerdem muss der Darlehensnehmer erklären, dass er über getilgte Beträge nicht erneut verfügt.

Darlehenskosten

Zins	Der Darlehensnehmer kann wählen zwischen einem Festzins und einem variablen Zins. Beim Festzins bleibt der Zins für eine vereinbarte Laufzeit gleich, beim variablen Zins kann der Zinssatz durch Anpassungsklauseln geändert werden.
Bereitstellungszinsen	Wenn der Darlehensbetrag zum vereinbarten Auszahlungstermin vom Darlehensnehmer nicht in Anspruch genommen wird, kann die Bank vom vereinbarten bis zum tatsächlichen Auszahlungstermin einen Zinsausgleich (z. B. 1 % p. a.) beanspruchen.
Damnum (Disagio)[1]	Das Damnum stellt eine Kürzung des auszuzahlenden Darlehensbetrags dar und ermöglicht einen niedrigeren Nominalzins.

Sicherheiten

Langfristige Darlehen werden häufig für einen Hausbau, für den Bau neuer Fabrikanlagen oder für den Kauf eines Grundstücks verwendet. Diese Art der Darlehensgewährung wird in der Regel durch Grundpfandrechte[2] abgesichert.

Daneben werden von Banken noch kurz- oder mittelfristige Darlehen zur Finanzierung von Konsumgütern bzw. Produktionsanlagen angeboten. Diese Darlehen werden entweder aufgrund der persönlichen Kreditwürdigkeit des Darlehensnehmers oder gegen die Verpfändung beweglicher Sachen gewährt.

1 **Damnum**: Nachteil, Abzug.
Disagio: Abschlag, Abgeld.

2 Ein **Grundpfandrecht** ist ein **Pfandrecht** an einem **Grundstück**. Durch ein Grundpfandrecht wird ein Grundstück in der Weise belastet, dass eine **bestimmte Geldsumme aus dem Grundstück zu zahlen ist** (dingliches Recht), d. h., das Grundstück kann verwertet werden, wenn der Kredit **(Grundkredit)** nicht zurückgezahlt werden kann.

(4) Berechnung des effektiven Jahreszinssatzes

Das Bankdarlehen stellt die Grundform des langfristigen Kredits dar. Die verschiedenen Kreditarten unterscheiden sich vor allem in ihren Auszahlungs- und Rückzahlungsmodalitäten. Der Auszahlungsbetrag liegt in der Regel bei 90–98 % der Darlehenssumme. Die Differenz zu 100 % wird als **Disagio (Abgeld)** bezeichnet. Das Disagio stellt eine **laufzeitabhängige Zinsvorauszahlung** dar. Zur Berechnung des effektiven Jahreszinssatzes ist das Disagio anteilsmäßig auf die Laufzeit des Darlehens zu verteilen. Der **effektive Jahreszinssatz** ist daher **höher als der Nominalzinssatz.**

Beispiel:

Ein Bankdarlehen über 100 000,00 EUR mit einer Auszahlung von 97 % und einer Laufzeit von 10 Jahren soll jährlich mit 2,5 % verzinst werden. Die Tilgung erfolgt in voller Höhe am Ende der Laufzeit.

Aufgabe:

Berechnen Sie den effektiven Jahreszinssatz!

Lösung:

Bei der Berechnung des effektiven Jahreszinssatzes muss das Disagio in Höhe von 3 000,00 EUR auf die Laufzeit von 10 Jahren verteilt werden. Ferner muss berücksichtigt werden, dass der verfügbare Darlehensbetrag nur 97 000,00 EUR beträgt.

$$\text{effektiver Jahreszinssatz} = \frac{(\text{Nominalzinsen} + \text{Disagio/Laufzeit}) \cdot 100}{\text{Auszahlungsbetrag}}$$

$$\text{effektiver Jahreszinssatz} = \frac{(2\,500{,}00\text{ EUR} + 3\,000{,}00\text{ EUR}/10) \cdot 100}{97\,000{,}00\text{ EUR}} = \underline{\underline{2{,}89\,\%}}$$

(5) Arten von Darlehen

Nach der **Art der Rückzahlung** unterscheidet man:

Fälligkeitsdarlehen (Festdarlehen)	**Abzahlungsdarlehen (Ratendarlehen)**	**Annuitätendarlehen**
Für die Rückzahlung der gesamten Darlehenssumme ist ein bestimmter Termin vereinbart (z. B. „rückzahlbar am 31. Dezember 20..“). Während der Laufzeit des Darlehens sind in vertraglich vereinbarten Zeitabständen lediglich die Zinsen zu zahlen (z. B. vierteljährlich, halbjährlich, jährlich).	Die Tilgung erfolgt in stets gleichbleibenden Raten zu den vereinbarten Tilgungsterminen (z. B. vierteljährlich). Die Zinsen werden jeweils von der **Restschuld** errechnet und ermäßigen sich daher von Rate[1] zu Rate. Damit sinkt die Gesamtbelastung durch Zins- und Tilgungszahlungen.	Es wird eine feste Annuität (Zins + Tilgung), d. h. Gesamtbelastung vereinbart. Die Summe aus Zins und Tilgung bleibt – außer bei der letzten Restzahlung – bei jeder Zahlung gleich. Die **Zinsbelastung** nimmt im Laufe der Zeit **ab** und die **Tilgungsbeträge steigen an.**[1]

1 Die Zinsen werden immer aus der Schuldsumme (Restschuld) berechnet.

(6) Darlehensformen im Vergleich der Liquiditäts- und Aufwandsbelastungen

Beispiel:

Der Unternehmer Sebastian Wetzel benötigt für den Kauf einer Maschine ein Darlehen über 120 000,00 EUR für die Dauer von 6 Jahren. Seine Hausbank bietet ihm folgende Konditionen an: Nominalzins 4 %, Auszahlung 100 %, Tilgung nach Wunsch.[1]

Aufgaben:

1. Berechnen Sie für Sebastian Wetzel die Aufwandsbelastung und den Geldmittelabfluss beim
   1.1 Fälligkeitsdarlehen,
   1.2 Abzahlungsdarlehen und
   1.3 Annuitätendarlehen!
2. Beurteilen Sie den Geldmittelabfluss und die Aufwandsbelastung der verschiedenen Darlehensarten!

Lösungen:

Zu 1.1: Fälligkeitsdarlehen (Festdarlehen)

Jahr	Darlehen Jahresanfang	Darlehen Jahresende	Tilgung	Zinsen	Geldmittel-abfluss
1	120 000,00	120 000,00	0,00	4 800,00	4 800,00
2	120 000,00	120 000,00	0,00	4 800,00	4 800,00
3	120 000,00	120 000,00	0,00	4 800,00	4 800,00
4	120 000,00	120 000,00	0,00	4 800,00	4 800,00
5	120 000,00	120 000,00	0,00	4 800,00	4 800,00
6	120 000,00	0,00	120 000,00	4 800,00	124 800,00
Summe			120 000,00	28 800,00	148 800,00

Zu 1.2: Abzahlungsdarlehen (Ratendarlehen)

Jahr	Darlehen Jahresanfang	Darlehen Jahresende	Tilgung	Zinsen	Geldmittel-abfluss
1	120 000,00	100 000,00	20 000,00	4 800,00	24 800,00
2	100 000,00	80 000,00	20 000,00	4 000,00	24 000,00
3	80 000,00	60 000,00	20 000,00	3 200,00	23 200,00
4	60 000,00	40 000,00	20 000,00	2 400,00	22 400,00
5	40 000,00	20 000,00	20 000,00	1 600,00	21 600,00
6	20 000,00	0,00	20 000,00	800,00	20 800,00
Summe			120 000,00	16 800,00	136 800,00

1 Zur Vereinfachung erfolgt die gewählte Tilgung jeweils am Ende des Kalenderjahres.

15 Speth u.a. - ISBN 978-3-8120-0593-7

Zu 1.3: Annuitätendarlehen

Jahr	Darlehen Jahresanfang	Darlehen Jahresende	Tilgung	Zinsen	Geldmittelabfluss
1	120000,00	101908,56	18091,44	4800,00	22891,44
2	101908,56	83093,46	18815,10	4076,34	22891,44
3	83093,46	63525,76	19567,70	3323,74	22891,44
4	63525,76	43175,35	20350,41	2541,03	22891,44
5	43175,35	22010,92	21164,43	1727,01	22891,44
6	22010,92	0,00	22010,92	880,44	22891,36
Summe			120000,00	17348,56	137348,56

Zu 2.: Beurteilung der Aufwandsbelastung und des Geldmittelabflusses

- Beim **Fälligkeitsdarlehen** steht die Darlehenssumme während der gesamten Laufzeit in unveränderter Höhe zur Verfügung. Die Zinsbelastung errechnet sich stets aus der ursprünglichen Darlehenshöhe und bleibt daher konstant. Die Tilgung der Darlehenssumme ist fällig in Form einer Einmalzahlung zum Ende der Laufzeit. Folglich ergibt sich im 6. Jahr aufgrund der Bündelung aus Tilgung und letztmaliger Zinszahlung ein besonders hoher Geldmittelabfluss.
- Beim **Abzahlungsdarlehen** sind die jährlichen Tilgungsraten gleich hoch, während die Zinsen aufgrund der abnehmenden Restschuld sinken. Die Gesamtbelastung durch Zins- und Tilgungsanteil sinkt während der Darlehenslaufzeit. Der Geldmittelabfluss sinkt somit von Tilgungsjahr zu Tilgungsjahr.
- Beim **Annuitätendarlehen** entspricht der Geldmittelabfluss der Annuität, d.h. der gleichbleibenden Summe aus Zinsen und Tilgung. Die Annuität wird mithilfe von Annuitätenfaktoren, die in der Praxis einer Tabelle entnommen werden, durch Multiplikation mit der Darlehenssumme errechnet. Der Faktor ist abhängig vom Zinssatz und der Laufzeit des Annuitätendarlehens und beträgt in unserem Fall 0,216315. Den Tilgungsbetrag erhält man durch Subtraktion der jeweiligen Zinsen von der Annuität.

Zusammenfassung

- Bei der **Fremdfinanzierung** werden die von den Unternehmen für Investitionszwecke benötigten Finanzmittel durch verschiedene **Gläubiger** (private Sparer, Versicherungsgesellschaften, Banken) zur Verfügung gestellt.
- Unter **Kredit** verstehen wir die zeitweilige Überlassung von Geld oder Gütern im Vertrauen darauf, dass der Kreditnehmer den Kredit termingerecht zurückzahlt und verzinst.
- Das **Bankdarlehen** ist ein langfristiger Kredit. Zweck des Darlehens ist es, einen in der Höhe bestimmten Fremdkapitalbedarf abzudecken. Die Rückzahlung erfolgt entweder in einer Summe (Fälligkeitsdarlehen) oder nach einem vereinbarten Tilgungsplan (entweder als Abzahlungs- oder Annuitätendarlehen).
- Wichtige **Inhalte des Darlehensvertrags** sind: (1) Kredithöhe und Rückzahlungsmodus, (2) Kreditkosten (Zinsvereinbarung, Bereitstellungszinsen, Damnum [Disagio]), (3) Sicherheiten.

Übungsaufgaben

40 Ein Darlehen in Höhe von 100 000,00 EUR soll wie folgt zurückgezahlt werden: Tilgung vierteljährlich 2 500,00 EUR bei einem Zinssatz von 4 %.

Aufgaben:

1. Begründen Sie, welche Darlehensart vorliegt!
2. Erstellen Sie rechnerisch den Zins- und Tilgungsplan für die ersten 3 Jahre!
3. Ordnen Sie den drei Abbildungen die drei Darlehensarten Fälligkeitsdarlehen, Abzahlungsdarlehen und Annuitätendarlehen zu!

Abb. 1:

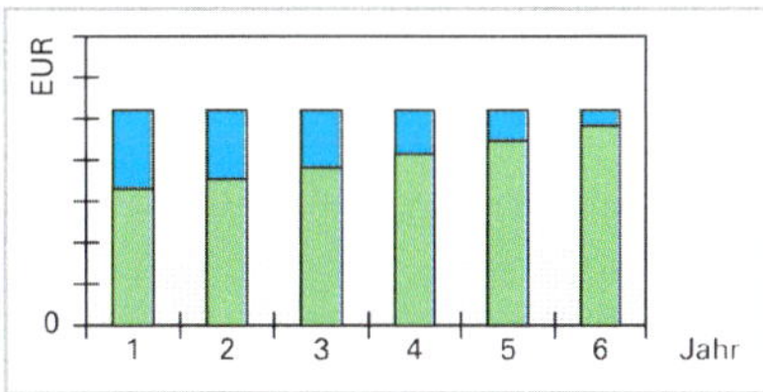

Abb. 2:

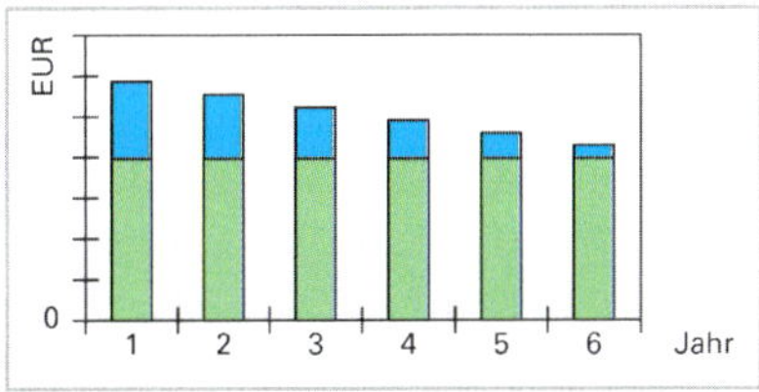

Abb. 3:

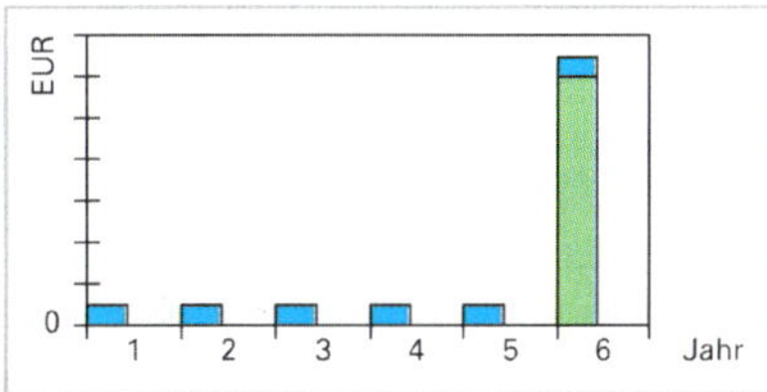

4. Nennen Sie je einen Vor- und Nachteil des Abzahlungs- und Annuitätendarlehens für den Kreditnehmer!
5. Formulieren Sie Kriterien, die für Sie eine Entscheidungshilfe darstellen bei der Frage, ob eine Investition eigen- oder fremdfinanziert werden soll!

41 1. Die Commerzbank Celle gewährt der Kramer GmbH zum Bau einer Reparaturhalle für den eigenen Fuhrpark ein Darlehen über 120 000,00 EUR. Der Kredit ist bei einer Auszahlung von 92 % mit 6 % nachschüssig zu verzinsen. Vereinbart wird eine jährliche Tilgung von 10 %, erstmals am Ende des ersten Darlehensjahres.

Aufgaben:

1.1 Berechnen Sie den effektiven Jahreszinssatz im 1. Jahr!

1.2 Stellen Sie tabellarisch den Darlehensverlauf dar und ermitteln Sie die jährliche Aufwandsbelastung!

2. Die Deutsche Bank Hannover bietet Stefan Osann e. Kfm. für die Erweiterung des Lagers folgendes Darlehen an: Kreditsumme: 80 000,00 EUR, Laufzeit 5 Jahre, Disagio 1 %, Zinssatz 8 %.

Aufgaben:

2.1 Berechnen Sie den effektiven Jahreszinssatz für das 1. Jahr!

2.2 Stefan Osann möchte einen gleichbleibenden Geldmittelabfluss.

2.2.1 Berechnen Sie die jährlichen Annuitätenzahlungen, wenn der Annuitätenfaktor 0,25046 beträgt (Tabellenwert)!

2.2.2 Ermitteln Sie die gesamte Aufwandsbelastung für diesen Kredit!

42

Darlehen mit anfänglichem Festzins	Sparkasse Schaumburg Konto-Nr.: 600 344 856 Datum 29. Juli 2019

Beauty Moments Emmy Reisacher e.Kfr., Hauptstraße 10, 31675 Bückeburg

– nachstehend der Darlehensnehmer genannt – erhält/erhalten von der Sparkasse zu folgenden Bedingungen ein Darlehen im Nennwert von

180 500,00 EUR

Gutschriftskonto: 346 489 *Belastungskonto:* 346 489

1 Darlehenskosten, Rückzahlung

1.1 Verzinsung: Das Darlehen ist mit jährlich 4,40 v. H. zu verzinsen. Dieser Zinssatz ist bis zum 30. 07. 2024 unveränderlich. Frühestens sechs Wochen, spätestens bis zwei Wochen vor Ablauf der Zinsbindungsfrist kann jede Partei verlangen, dass über die Bedingungen für die Darlehensgewährung (Zinssatz, Disagio u.ä.) neu verhandelt wird. Werden bis zum Ablauf der Zinsbindungsfrist keine neuen Darlehensbedingungen vereinbart, so läuft das Darlehen zu veränderlichen Konditionen weiter. Es gilt der von der Sparkasse für Darlehen dieser Art festgesetzte Zinssatz. Bei Änderungen der Marktlage ist sie berechtigt, die Zinsen mit sofortiger Wirkung durch Erklärung gegenüber dem Darlehensnehmer zu senken oder zu erhöhen.

1.2 Die Sparkasse erhebt ein **Disagio** von – – – – und eine einmalige **Bearbeitungsprovision** von . Beide Beträge werden bei der ersten Auszahlung von der Sparkasse verrechnet. Die Bearbeitungsgebühr wird bei vorzeitiger Rückzahlung des Darlehens nicht – auch nicht teilweise – erstattet. Der **Nettokreditbetrag** beträgt 180 500,00 EUR .

1.3 Preisrechtliche Angaben

Der anfängliche effektive Jahreszins beträgt 4,51 v. H. . Es wurden verrechnet:

⋮ ⋮ ⋮ ⋮

1.7 Rückzahlung und Zahlungstermine: Alle fälligen Beträge werden jeweils dem oben bezeichneten Belastungskonto belastet. **Zinsen** sind erstmals an dem auf die erste Auszahlung folgenden Zahlungstermin zu zahlen.

Das Darlehen ist in einer Summe zum Ablauftermin am 30. Juli 2024 zurückzuzahlen.
Die Zinsen sind in Teilbeträgen jeweils am Quartalsende zu zahlen.

⋮ ⋮ ⋮ ⋮

8 Offenlegungs- und Auskunftspflicht

Der Darlehensnehmer hat der Sparkasse, einem von dieser beauftragten Treuhänder oder ihrer zuständigen Prüfungsstelle jederzeit Einblick in seine wirtschaftlichen Verhältnisse zu gewähren, insbesondere seine Bücher, Bilanzen, Abschlüsse und Geschäftspapiere vorzulegen oder die Einsicht und Prüfung dieser Vorgänge zu gestatten, jede gewünschte Auskunft zu erteilen und die Besichtigung seines Betriebes zu ermöglichen. Die Sparkasse ist auch aufgrund gesetzlicher Vorgaben verpflichtet, sich die wirtschaftlichen Verhältnisse des Darlehensnehmers offenlegen zu lassen.

Die Sparkasse kann die dafür erforderlichen Unterlagen direkt bei den Beratern des Darlehensnehmers in Buchführungs- und Steuerangelegenheiten nach Rücksprache mit dem Darlehensnehmer anfordern. Soweit die genannten Unterlagen auf Datenträger gespeichert sind, ist der Darlehensnehmer verpflichtet, diese in angemessener Frist lesbar zu machen.

Die Sparkasse ist berechtigt, jederzeit die öffentlichen Register sowie das Grundbuch und die Grundakten einzusehen und auf Rechnung des Darlehensnehmers einfache oder beglaubigte Abschriften und Auszüge zu beantragen, ebenso Auskünfte bei Versicherungen, Behörden und sonstigen Stellen, insbesondere Kreditinstituten, einzuholen, die sie zur Beurteilung des Darlehensverhältnisses für erforderlich halten darf.

9 Kündigung/sofortige Fälligkeit

9.1 Das Darlehen kann beiderseits mit einer Frist von einem Monat zum Ablauf der ersten oder einer folgenden Festzinsvereinbarung gem. Nr. 1.1 ganz oder teilweise gekündigt werden. Wird das Darlehen nach Ablauf der ersten oder einer folgenden Festzinsvereinbarung mit veränderlichem Zinssatz fortgeführt, so kann es jederzeit mit einer Frist von drei Monaten gegenüber dem Vertragspartner ganz oder teilweise gekündigt werden.

Die Kündigung soll schriftlich erfolgen. Eine Kündigung des Darlehensnehmers gilt als nicht erfolgt, wenn er den geschuldeten Betrag nicht binnen zweier Wochen nach Wirksamwerden der Kündigung zurückzahlt.

9.2 Unbeschadet ihres Rechts zur fristlosen Kündigung aus sonstigen wichtigen Gründen (Nr. 26 AGB) kann die Sparkasse das Kapital für sofort fällig und zahlbar erklären,

- wenn der Darlehensnehmer gegen die ihm in Nr. 8 auferlegten Pflichten verstößt;
- wenn der Darlehensnehmer mit fälligen Leistungen länger als 14 Tage in Verzug gerät und auch nach einer weiteren Nachfristsetzung durch die Sparkasse von mindestens weiteren 14 Tagen nicht zahlt.

Aufgabe:

Analysieren Sie den vorgegebenen Darlehensvertrag hinsichtlich der Kosten, der Zins- und Rückzahlung, der Offenlegung- und Auskunftspflicht und der Kündigung!

4.2.2 Industrieobligation

4.2.2.1 Begriff und Arten des Kapitalmarktes

Während sich kleine und mittelgroße Unternehmen zur Deckung ihres langfristigen Fremdkapitalbedarfs in der Regel direkt an eine Bank oder sonstige Geldgeber wenden, um mit ihnen einen Darlehensvertrag abzuschließen, können sich größere Unternehmen, die hohe Kreditsummen benötigen, direkt an die Kapitalsammelstellen (z. B. Versicherungen, Bausparkassen) wenden, um z. B. ein Schuldscheindarlehen[1] zu erhalten. Übersteigt der Kreditbedarf die Möglichkeiten einer einzigen Kapitalsammelstelle, muss das Darlehen gestückelt und über den Verkauf von Obligationen[2] auf dem **Kapitalmarkt** finanziert werden.

Der **Kapitalmarkt** ist der Markt für langfristige Anleihen, Anlagen und Beteiligungen.

Es wird zwischen organisiertem und nicht organisiertem Kapitalmarkt unterschieden:

- Der **organisierte Kapitalmarkt** ist der Markt der Banken und Wertpapierbörsen.[3] Die Wertpapierbörsen haben einen Aktien- und einen Rentenmarkt. Der Rentenmarkt, und nur er ist hier von Interesse, ist der Markt für festverzinsliche längerfristige Anleihen.
- Der **nicht organisierte Kapitalmarkt** umfasst z. B. die Direktanleihen der Versicherungsgesellschaften und die Nachfrage und das Angebot von langfristigen Finanzierungsmöglichkeiten beispielsweise über Anzeigen in Zeitungen, durch private Finanzmakler und private Geldverleiher.

Gegenüber dem nicht organisierten Kapitalmarkt unterscheidet sich der organisierte Kapitalmarkt vor allem durch die Publizität, die Standardisierung (z. B. der Wertpapierprodukte und Handelsbedingungen), die große Marktgängigkeit der gehandelten Wertpapiere und durch den hohen Regulierungsgrad (Umfang der Organisation).

4.2.2.2 Industrieobligation als Beispiel für einen Kapitalmarktkredit

(1) Begriff Industrieobligation

- **Industrieobligationen** (Industrieanleihen, Industrieschuldverschreibungen) sind i. d. R. festverzinsliche Gläubigerpapiere.[4] Sie verbriefen ein **langfristiges Darlehen,** das ein Großunternehmen über die Börse aufnimmt.
- Zu diesem Zweck erfolgt eine Stückelung der Gesamtsumme in **Teilschuldverschreibungen.** Der Nennwert beträgt i. d. R. 100,00 EUR. Die kleine Stückelung ermöglicht es, die Industrieobligationen auch bei weniger kapitalstarken Anlegern unterzubringen.

1 **Schuldscheine** sind im Gegensatz zu den Obligationen keine vertretbaren Kapitalwertpapiere (Effekten), sondern sogenannte **Beweisurkunden.** Sie können deshalb auch nicht an den Wertpapierbörsen gehandelt werden.

2 **Obligation** heißt Verpflichtung, Schuld, Verbindlichkeit. Gewöhnlich werden die Begriffe Obligation, Schuldverschreibung, Teilschuldverschreibung und Anleihe synonym (gleichbedeutend) verwendet.

3 Häufig wird unter dem organisierten Kapitalmarkt lediglich die Wertpapierbörse verstanden.

4 Zu den Obligationen (Gläubigerpapieren) gehören auch die Obligationen (Anleihen) mit variablen Zinssätzen, die sogenannten „Floating Rates Notes" (kurz „Floater" genannt).

Die Sicherheit der Industrieschuldverschreibung liegt meist in erstrangigen **Grundpfandrechten**[1] am gesamten Grundbesitz einschließlich der Gebäude und fest installierten Betriebsanlagen.

(2) Bestandteile der Industrieobligationen

Die Industrieobligation besteht aus dem **Mantel,** dem **Zinsscheinbogen** und dem **Erneuerungsschein (Talon).** Der Mantel enthält u. a. den aufgedruckten Nennwert und die Angabe des Jahreszinssatzes. Gegen den abgetrennten Zinsschein erhält der Inhaber i.d.R. jährlich Zinsen. Ist der Zinsscheinbogen aufgebraucht, erhält der Obligationär (Inhaber der Obligation) gegen Einsendung des Erneuerungsscheins einen neuen Zinsscheinbogen mit Talon.

(3) Kurs

Bei den Gläubigerpapieren weicht der Kurs in der Regel vom Nominalwert ab. Die Höhe des aufgedruckten Zinssatzes **(Nominalzinssatzes)** ist nicht gleichzusetzen mit der Verzinsung des angelegten Kapitals. Der Zinssatz, den der Aussteller des Gläubigerpapiers festlegt, richtet sich an dem gerade herrschenden Zinssatz auf dem Kapitalmarkt aus.

Die effektive Verzinsung eines Gläubigerpapiers errechnet sich wie folgt:

Beispiel:

Nennwert: 100,00 EUR; Nominalzinssatz 2 %; Kauf zu einem Kurs von 85 %.

Aufgabe:

Berechnen Sie die effektive Verzinsung!

Lösung:

Für 85,00 EUR Kapitaleinsatz erhalten wir 2,00 EUR Zinsen.
Für 100,00 EUR Kapitaleinsatz erhalten wir x EUR Zinsen.

$$x = \frac{2 \cdot 100}{85} = \underline{\underline{2{,}35\,\%}}$$

$$\text{effektive Verzinsung} = \frac{\text{Nominalzins} \cdot 100}{\text{Kaufpreis}}$$

Ergebnis: Die effektive Verzinsung beträgt 2,35 %.

Bei den festverzinslichen Wertpapieren besteht vor dem Fälligkeitstermin der Rückzahlung ein Kursrisiko. Die Rückzahlung erfolgt am Fälligkeitstermin zum Nennwert.

(4) Vor- und Nachteile der Finanzierung mit Industrieobligationen

Vorteile	Nachteile
■ Der Emittent kann aufgrund der Anleihestückelung große Kreditsummen beschaffen. ■ Die Kreditgeber haben keine Mitwirkungsrechte (z. B. Stimmrecht in der Hauptversammlung).	■ Hohe Emissionskosten (z. B. Prospektkosten, Bankvergütungen). ■ Es muss häufig ein hoher Zins angeboten werden, da die Bonität der Obligation in erster Linie auf der Qualität des Unternehmens beruht.

1 Siehe Fußnote 2, S. 223.

Zusammenfassung

- Langfristige Kredite können auf dem organisierten Kapitalmarkt (an der Wertpapierbörse) durch Ausgabe von Obligationen (Schuldverschreibungen) beschafft werden **(Kapitalmarktkredite)**.
- **Kapitalmarkt** ist der Markt für langfristige Anleihen, Anlagen und Beteiligungen.
  - Der **organisierte Kapitalmarkt** umfasst den **Aktienmarkt** und den **Rentenmarkt**.
  - Der **nicht organisierte Kapitalmarkt** umfasst z. B. die Direktanleihen der Versicherungsgesellschaften und Industrieunternehmen sowie die Kredite der privaten Geldvermittler und Geldverleiher.
- **Industrieobligationen** sind Schuldverschreibungen, die von großen Industrieunternehmen ausgegeben werden, um ihren langfristigen Fremdkapitalbedarf zu decken.

Übungsaufgabe

43 Die Geschäftsleitung einer AG rechnet mit einem zusätzlichen Kapitalbedarf zur Finanzierung des neuen Geschäftsbereichs Umwelttechnologie von 100 Mio. EUR beim Umlaufvermögen.

Der Vorstand erwägt die Ausgabe einer Industrieobligation von nominal 100 Mio. EUR.

Ausstattungsmerkmale: Nominalzins 2,5 %, Ausgabekurs 97 %, Rückzahlungskurs 101 %, Laufzeit 8 Jahre, Rückzahlung in einem Betrag, jährliche nachträgliche Zinszahlung.

Aufgaben:

1. 1.1 Erläutern Sie zwei Gesichtspunkte, welche die AG bei der Ausgestaltung der Obligation beachten muss!

   1.2 Berechnen Sie, welchen Mittelzufluss die AG erwarten kann, wenn diese Obligation voll platziert werden kann (ohne Emissionskosten)!

   1.3 Berechnen Sie den effektiven Zinsfuß für die AG, wenn zusätzlich einmalige Kosten von 2,5 Mio. EUR und jährlich 0,8 Mio. EUR wiederkehrende Kosten entstehen!

2. Am 1. Juli 20.. wird von der AG eine 3 %ige Industrieschuldverschreibung von 60 Mio. EUR zu 98 % und einer Laufzeit von längstens 10 Jahren emittiert. Rückzahlung zu 101 % bei vier tilgungsfreien Jahren in sechs gleichen Jahresraten gemäß Auslosung. Die Emissionskosten betragen 750 000,00 EUR.

   2.1 Ermitteln Sie rechnerisch den Finanzierungsbetrag (Mittelzufluss netto), der der AG aus dieser Emission zur Verfügung steht!

   2.2 Berechnen Sie die Zinsen, welche die AG für die Industrieschuldverschreibung während der gesamten Laufzeit aufzubringen hat!

4.2.3 Leasing[1]

4.2.3.1 Begriff Leasing

Die Idee, Anlagegüter zu mieten oder zu pachten, statt zu kaufen, gelangte in Deutschland erst nach dem Zweiten Weltkrieg zu größerer Verbreitung. Die Verbreitung der Leasingidee beruht insbesondere darauf, dass die Unternehmen mit diesem Finanzierungsinstrument die Möglichkeit erhalten, technische Neuerungen in der Produktion zu nutzen. Die Anlagen können auf diese Weise auf dem neuesten technischen Stand gehalten werden, weil die Unternehmen die Möglichkeit haben, den Leasinggegenstand nach Ablauf der Miet- bzw. Pachtzeit wieder zurückzugeben und die Anlage mit dem neuesten technischen Stand zu leasen.

Als Leasingobjekte können sowohl unbewegliche Anlagegüter (z.B. Gebäude, Produktionsanlagen) als auch bewegliche Anlagegüter (z.B. Pkw, Lkw, Büromaschinen, Computer) dienen. Nach Beendigung der Vertragszeit hat der Leasingnehmer das Gut zurückzugeben, wenn er nicht von der Möglichkeit Gebrauch machen will, einen Verlängerungsvertrag abzuschließen oder das Leasinggut käuflich zu erwerben.

Leasing ist das Mieten bzw. Pachten von Anlagegütern gegen Zahlung eines Miet- oder Pachtzinses (Leasingrate).

Leasing ist insofern eine Art der **Fremdfinanzierung,** als die Finanzierung der Anschaffungskosten eines Objekts nicht vom Leasingnehmer, sondern von einem anderen Unternehmen, dem Leasinggeber, getragen wird. Das Leasing ist ein **Sachkredit.** Die Leasingfinanzierung wird daher auch als **Sachmittelfremdfinanzierung** bezeichnet.

4.2.3.2 Möglichkeiten der Vertragsgestaltung

Leasingverträge lassen sich unter sehr unterschiedlichen Merkmalen gestalten. Einige Gestaltungsmöglichkeiten werden im Folgenden angeführt.

(1) Unter dem Gesichtspunkt des geleasten Gegenstands

Ausrüstungsvermietung (Equipment-Leasing)	Hier werden Gegenstände, die der „Ausrüstung" eines Unternehmens dienen, vermietet bzw. verpachtet (z.B. Maschinen, Bagger, Transporteinrichtungen, Datenverarbeitungsanlagen).
Industrieanlagen-vermietung (Industrieleasing)	In diesem Fall werden ganze Industrieanlagen vermietet bzw. verpachtet (z.B. Fabrikgebäude einschließlich der Ausrüstung).
Konsumgüterleasing	Leasingnehmer (Mieter) sind die privaten Haushalte, Leasinggüter sind z.B. Autos, Fernsehgeräte, Waschmaschinen, Gefriertruhen.

1 **To lease** (engl.): mieten. Da die „geleasten" Wirtschaftsgüter nicht nur genutzt, sondern auch zur Gewinnerzielung („Fruchtziehung") eingesetzt werden, enthält der Leasingvertrag Elemente des Miet- wie auch des Pachtvertrags.

(2) Unter dem Gesichtspunkt des Inhalts der Leasingverträge

Leasingverträge ohne Kauf- oder Mietverlängerungsoption	Bei diesen Verträgen hat der Leasingnehmer kein Recht auf Verlängerung der Leasingzeit bzw. keinen Anspruch darauf, das Leasinggut nach Ablauf der Grundmiet- bzw. -pachtzeit kaufen zu können.
Leasingverträge mit Kauf- oder Mietverlängerungsoption	Bei diesen Leasingverträgen wird dem Leasingnehmer das Recht eingeräumt, nach Ablauf der Grundmiet- bzw. -pachtzeit das Leasinggut weiter zu leasen oder kaufen zu können.

(3) Unter dem Gesichtspunkt der Dauer der Leasingzeit

Operate-Leasing

Das Operate-Leasing ist **kurzfristig.** Unter Einhaltung einer vereinbarten Frist können **beide Seiten jederzeit kündigen.** Eine Bindung an eine feste Grundmietzeit besteht nicht. Der **Zweck** besteht bei dieser Leasingart in der **vorübergehenden Nutzung von Investitionsgütern,** um Engpässe in der Produktion oder im Vertrieb zu überbrücken. Als Leasingobjekte kommen insbesondere Telefonanlagen, Autos, Container und Baumaschinen vor, weil diese von mehreren Unternehmen nacheinander genutzt werden können und somit für das kurzfristige Operate-Leasing geeignet sind. Der **Bilanzierung** des Leasingobjekts erfolgt beim **Leasinggeber.** Der **Leasingnehmer** kann die Leasingraten als **Betriebsausgaben** absetzen.

Der **Leasinggeber bleibt Eigentümer** und **trägt das volle wirtschaftliche Risiko** (z.B. Gefahr der technischen Veralterung oder der Zerstörung). Die **Finanzierungskosten des Leasinggebers** werden in **einer Vertragsperiode nicht gedeckt.** Eine vollständige **Amortisation der Finanzierungskosten** lässt sich erst dadurch erzielen, dass das Leasingobjekt **mehrfach verleast** und schließlich **verkauft wird.**

Finance-Leasing

Das Finance-Leasing ist überwiegend **langfristig** angelegt. Innerhalb der **Grundmietzeit,** die meistens bei **40 % bis 90 % der betriebsgewöhnlichen Nutzungsdauer** des Leasinggutes liegt, ist der Vertrag nicht kündbar. Bei dieser Vertragsgestaltung trägt der **Leasingnehmer** das Investitionsrisiko sowie die **laufenden Betriebskosten.** Auch das Risiko eines Totalschadens trägt grundsätzlich der Leasingnehmer.

Nach Ablauf der Grundmietzeit hat der **Leasinggeber die Pflicht,** das **Leasingobjekt zurückzunehmen.** Allerdings enthalten Finance-Leasing-Verträge üblicherweise ein **Optionsrecht**[1] **des Leasingnehmers,** das nach Ablauf der Grundmietzeit wahrgenommen werden kann. Es kann sich beziehen auf eine **Kaufoption** (Recht zum Kauf des Leasingobjekts zu einem vorher vereinbarten Restwert) oder eine **Miet- bzw. Pachtverlängerungsoption** (Recht auf Verlängerung der Mietzeit bzw. Pachtzeit mit geringeren Leasingraten).

Da der **Leasingnehmer das volle Investitionsrisiko** übernimmt, eignet sich das Finance-Leasing nicht nur für marktgängige Wirtschaftsgüter, sondern auch für Verträge über Güter, die nach den besonderen Anweisungen eines Leasingnehmers gestaltet werden, wobei gegebenenfalls der Leasingnehmer unmittelbar mit dem Hersteller in Verhandlungen tritt **(Spezial-Leasing).**

---

1 **Option:** Wahlrecht.

Finance-Leasing-Verträge können bezüglich der Höhe der Leasingrate (bzw. bezüglich der Dauer der Grundmietzeit) unterschiedlich ausgestaltet sein. Zu unterscheiden sind:

Vertragsarten	Erläuterungen	Beispiele
Vollamortisationsverträge[1] **(Full-pay-out-Verträge)**	Verträge, die dem Leasinggeber innerhalb der Grundmietzeit (Grundpachtzeit) die **Erstattung der vollen Objektkosten** (Anschaffungs- und Herstellungskosten sowie sämtliche Nebenkosten wie Vertrieb, Verwaltung, Finanzierung) zuzüglich eines angemessenen Gewinnes ermöglichen.	Hierbei handelt es sich um ■ Immobilien, ■ hochwertige Maschinen, ■ Anlagegüter, die speziell nach den Anweisungen des Leasingnehmers erstellt werden.
Teilamortisationsverträge (Non-pay-out-Verträge)	Verträge, bei denen dem Leasinggeber innerhalb der Grundmietzeit nur ein **Teil der Objektkosten ersetzt werden.** Für diesen Fall hat der Leasingnehmer nach Ablauf der Grundmietzeit (Grundpachtzeit) das Verwertungsrisiko zu übernehmen (z. B. Verlängerung der Mietdauer, Kauf des Objekts, Weiterverkauf des Objekts an einen Dritten).	Dieses sind ■ Kfz-Leasing, ■ Leasing von Computeranlagen, ■ Leasing von Telefonanlagen.

(4) Sale-and-lease-back

Verträge, bei denen der Leasingnehmer ein ihm gehörendes Wirtschaftsgut an die Leasinggesellschaft verkauft, die es anschließend an den Leasingnehmer verleast **(Sale-and-lease-back)**. Eine solche Vorgehensweise hat in der Regel einen steuerrechtlichen Hintergrund. Angewendet wird dieses Verfahren oftmals bei Immobilien.

4.2.3.3 Rechnerischer Vergleich von Finance-Leasing und Kreditfinanzierung

Der Vergleich zwischen Leasing und Kreditkauf konzentriert sich im rechnerischen Vergleich auf die Liquiditäts- und Aufwandswirkung der beiden Finanzierungsarten.

Beispiel:

Die Backfein GmbH beabsichtigt, ihren Maschinenpark um einen Backautomaten zu erweitern. Nach den Angaben des Herstellers betragen die Anschaffungskosten 480 000,00 EUR. Die betriebsgewöhnliche Nutzungsdauer wird mit 6 Jahren angegeben. Es wird linear abgeschrieben, d. h. in jährlich gleichbleibenden Beträgen.

Da die Backfein GmbH gerade erst die Produktionshalle erweitert hat, ist eine Finanzierung mit eigenen Finanzmitteln nicht möglich. Das Unternehmen hat drei Finanzierungsalternativen:

1. Angebot: Leasingangebot des Herstellers

Bei einer Grundmietzeit von 4 Jahren betragen die Leasingraten 115 000,00 EUR pro Jahr, fällig jeweils am 31. Dezember eines Jahres. Im Falle einer Vertragsverlängerung sinkt die Rate auf 54 000,00 EUR.

1 **Amortisation:** Deckung der für ein Investmentgut aufgewendeten Anschaffungskosten aus dem mit dem Investitionsgut erwirtschafteten Ertrag.

2. Angebot: **Kreditangebot der Hausbank**
Ratentilgungsdarlehen mit 5 Jahren Laufzeit über 500 000,00 EUR, Auszahlung 96 %, Nominalzinssatz 4 %, Fälligeit der Tilgungsrate in Höhe von 100 000,00 EUR jeweils am 31. Dezember.

3. Angebot: **Kreditangebot der Hausbank**
Fälligkeitsdarlehen zu sonst gleichen Konditionen.

Aufgaben:

1. Vergleichen Sie das Leasingangebot mit dem Ratentilgungsdarlehen unter den Gesichtspunkten der Aufwandsbelastung und des Geldmittelabflusses (Liquiditätsbelastung[1])!
2. Vergleichen Sie das Leasingangebot mit dem Fälligkeitsdarlehen unter den Gesichtspunkten der Aufwandsbelastung und des Geldmittelabflusses!

Lösungen:

Zu 1.: Vergleich von Leasing und Ratentilgungsdarlehen

1. Angebot: Aufwandsbelastung und Geldmittelabfluss bei Leasing

Jahr	Mittelabflüsse (Leasingraten)[2]	Aufwendungen
1	115 000,00 EUR	115 000,00 EUR
2	115 000,00 EUR	115 000,00 EUR
3	115 000,00 EUR	115 000,00 EUR
4	115 000,00 EUR	115 000,00 EUR
5	54 000,00 EUR	54 000,00 EUR
6	54 000,00 EUR	54 000,00 EUR
Summe	568 000,00 EUR	568 000,00 EUR

2. Angebot: Aufwandsbelastung und Geldmittelabfluss beim Ratentilgungsdarlehen

Jahr	Restdarlehen EUR	Tilgung EUR	Zinsen EUR	Abschreibung[3] Backautomat EUR	Abschreibung Disagio EUR	Mittelabflüsse EUR	Aufwendungen EUR
1	500 000,00	100 000,00	20 000,00	80 000,00	4 000,00	120 000,00	104 000,00
2	400 000,00	100 000,00	16 000,00	80 000,00	4 000,00	116 000,00	100 000,00
3	300 000,00	100 000,00	12 000,00	80 000,00	4 000,00	112 000,00	96 000,00
4	200 000,00	100 000,00	8 000,00	80 000,00	4 000,00	108 000,00	92 000,00
5	100 000,00	100 000,00	4 000,00	80 000,00	4 000,00	104 000,00	88 000,00
6	0,00	0,00	0,00	80 000,00	0,00	0,00	80 000,00
Σ						560 000,00	560 000,00

Ergebnis: Die Finanzierung durch ein Ratentilgungsdarlehen ist rechnerisch sowohl hinsichtlich der Aufwandsbelastung als auch hinsichtlich des Geldmittelabflusses günstiger.

1 **Liquidität:** Ist die Fähigkeit eines Unternehmens, jederzeit die Zahlungsverpflichtungen fristgerecht erfüllen zu können.

2 Die **Leasingrate („Mietpreis")** enthält folgende Finanzierungskosten:
1. den **Abschreibungsbetrag** (die Ausgaben bzw. Aufwendungen des Leasinggebers für die Beschaffung oder Herstellung des Leasinggutes werden auf die Dauer der Grundleasingzeit verteilt);
2. die **Verzinsung** (das vom Leasinggeber investierte Kapital muss sich verzinsen);
3. eine **Risikoprämie** (z. B. für schnelles Veralten);
4. die **sonstigen Verwaltungs- und Vertriebskosten** (einschließlich der laufenden Servicekosten);
5. den **Gewinnzuschlag**.

3 **Abschreibungen** erfassen die **Wertminderung der abnutzbaren Anlagegüter.** Durch die Abschreibung werden die **Anschaffungskosten** eines abnutzbaren Anlagegutes auf die **Jahre der Nutzung als Aufwand** verteilt.

Zu 2.: Vergleich von Leasing und Fälligkeitsdarlehen

1. Angebot: Aufwandsbelastung und Geldmittelabfluss beim Leasing (siehe S. 235)

3. Angebot: Aufwandsbelastung und Geldmittelabfluss beim Fälligkeitsdarlehen

Jahr	Rest-darlehen EUR	Tilgung EUR	Zinsen EUR	Abschreibung Backautomat EUR	Abschreibung Disagio EUR	Mittel-abflüsse EUR	Aufwen-dungen EUR
1	500 000,00	0,00	20 000,00	80 000,00	4 000,00	20 000,00	104 000,00
2	500 000,00	0,00	20 000,00	80 000,00	4 000,00	20 000,00	104 000,00
3	500 000,00	00,00	20 000,00	80 000,00	4 000,00	20 000,00	104 000,00
4	500 000,00	0,00	20 000,00	80 000,00	4 000,00	20 000,00	104 000,00
5	500 000,00	500 000,00	20 000,00	80 000,00	4 000,00	520 000,00	104 000,00
6	0,00	0,00	0,00	80 000,00	0,00	0,00	80 000,00
Σ						600 000,00	600 000,00

Ergebnis: Die Finanzierung über ein Fälligkeitsdarlehen ist rechnerisch sowohl hinsichtlich des Geldmittelabflusses als auch hinsichtlich der Aufwandsbelastung jeweils um 32 000,00 EUR (600 000,00 EUR – 568 000,00 EUR) ungünstiger als das Leasingangebot.

4.2.3.4 Beurteilung des Leasings

Mit dem Leasing sind für den Leasingnehmer folgende Vorteile bzw. Nachteile verbunden:

Vorteile	Nachteile
■ Aufbau, Erweiterung bzw. Rationalisierung eines Betriebs können ohne großen Geldkapitalbedarf durchgeführt werden. ■ Das eingesparte Geldkapital kann anderweitig rentabler eingesetzt werden. ■ Da mit der Nutzung Erträge anfallen, können die Kosten aus dem laufenden Ertrag bezahlt werden. ■ Rasche Anpassung an den technischen Fortschritt ist beim kurzfristigen Leasing möglich. ■ Leasing schafft klare Kalkulationsgrundlagen. ■ Nutzungskonforme Finanzierungsdauer, d. h., die Laufzeit des Leasingvertrags richtet sich in der Regel an der betriebsgewöhnlichen Nutzungsdauer des Leasingobjekts aus. ■ Für das Leasing sind keine Kreditsicherheiten erforderlich.	■ Die Leasingkosten sind hoch, denn die Gesamtkosten des Leasinggebers müssen in relativ kurzer Zeit aufgebracht werden. ■ Die Kosten fallen regelmäßig an, sodass es unter Umständen zu Liquiditätsschwierigkeiten kommen kann, wenn die Zahlungen aus Verkäufen nicht rechtzeitig eingehen. ■ Eigentum an dem Investitionsgut wird nicht erworben. Deshalb darf der Leasinggegenstand vom Leasingnehmer ohne Zustimmung des Leasinggebers auch nicht verändert werden. ■ Das Fehlen von Anlagevermögen mindert die Möglichkeit einer eventuell später notwendig werdenden Kreditsicherung. ■ Ausschluss der Kündigung des Leasingnehmers während der Grundmietzeit.

Zusammenfassung

- **Leasingverträge** sind miet- oder pachtähnliche Verträge, die die Nutzung eines Leasingobjekts ermöglichen, ohne die Anschaffungskosten finanzieren zu müssen. Als Gegenleistung zahlt der Leasingnehmer die vereinbarten Leasingraten.

- Möglichkeiten der **Vertragsgestaltung.** Man unterscheidet:

nach der Art des geleasten Gegenstands	- Equipment-Leasing - Industrieleasing - Konsumgüterleasing
nach dem Inhalt der Leasingverträge	- Leasingverträge ohne Kauf- und Mietverlängerungsoption - Leasingverträge mit Kauf- und Mietverlängerungsoption

nach der Dauer der Leasingzeit	- Operate-Leasing
	- Finance-Leasing
	  - Full-pay-out-Verträge
	  - Non-pay-out-Verträge

Sale-and-lease-back	

- Das Leasing hat den **Vorteil,** dass der Leasingnehmer keine finanziellen Mittel für den Kauf der Leasinggüter aufbringen muss. Beim Operate-Leasing ist von besonderem Vorteil, dass bei Anlagen, die einer schnellen technischen Entwicklung unterliegen, der Leasingvertrag gekündigt werden und eine neue Anlage „gemietet" bzw. gepachtet werden kann.

- Der **Nachteil** des Leasings besteht darin, dass die Kosten sehr hoch sind. Besonders beim Finance-Leasing kann dies ein empfindlicher Nachteil sein, weil der Leasingnehmer während der Grundleasingzeit nicht kündigen kann (z. B. bei Auftragsrückgängen). Liquiditätsschwierigkeiten können die Folge sein. Geleaste Güter stehen auch nicht als Kreditsicherheiten zur Verfügung.

Übungsaufgaben

44

1. 1.1 Eine Möglichkeit, die Anschaffung eines Geschäftswagens zu finanzieren, bietet das Leasing.

   Aufgaben:

   1.1.1 Beschreiben Sie den Grundgedanken des Leasings!

   1.1.2 Definieren Sie den Begriff Leasing!

   1.1.3 Erklären Sie den Satz: Stecken Sie Ihr Kapital ins Geschäft und nicht in den Geschäftswagen!

   1.2 „Leasing hilft Kosten sparen" – so lautet häufig die Werbung der Leasinggesellschaften. Prüfen Sie diese Aussage!

   1.3 „Leasing schont Ihre Liquidität" – ein anderer Werbespruch. Nehmen Sie Stellung!

   1.4 Nennen Sie die zwei wichtigsten Vorteile und Nachteile der Leasingfinanzierung aus der Sicht des Leasingnehmers und begründen Sie Ihre Wahl!

2. Bei der Lars Biller KG ist letzte Woche eine alte Maschine endgültig ausgefallen. Eine moderne Ersatzmaschine kostet 96 000,00 EUR und hat eine Nutzungsdauer von 8 Jahren. Die Maschine soll in jährlich gleichbleibenden Raten abgeschrieben werden.

Das Unternehmen hat infolge hoher sonstiger Investitionen mit Liquiditätsengpässen zu kämpfen. Für Lars Biller kommt daher nur die Finanzierungsalternative mit der geringeren Liquiditätsbelastung infrage.

Es gibt folgende Finanzierungsalternativen:

- Bankkredit: Laufzeit 8 Jahre; Auszahlung 100 %, Zinssatz 4,5 %, Tilgung in gleichen Raten am Jahresende.
- Leasing: Grundmietzeit 5 Jahre, Leasingrate 20000,00 EUR/Jahr, Anschlussleasing mit einer jährlichen Leasingrate von 12000,00 EUR möglich.

Aufgaben:

2.1 Stellen Sie die beiden Finanzierungsalternativen hinsichtlich ihres Geldmittelabflusses tabellarisch gegenüber!
Zu welcher Finanzierungsart raten Sie der KG? Begründen Sie Ihre Ansicht!

2.2 Prüfen Sie, ob die Lars Biller KG eventuell mit ihrer Bank wegen eines Fälligkeitsdarlehens verhandeln sollte! Führen Sie den rechnerischen Nachweis!

45 Die Braunschweiger Holzpress AG will ihr Werk modernisieren. Geplant ist die Anschaffung einer modernen Mehrzweckmaschine. Für die Finanzierung dieser Maschine mit Anschaffungskosten in Höhe von 100000,00 EUR und einer Nutzungsdauer von 5 Jahren bestehen zwei Alternativen:

Alternative 1: Angebot der Deutschen Leasing AG

Zeitspanne	Leasingentgelt/Monat für die Grundmietzeit
01.–12. Monat	4000,00 EUR
13.–24. Monat	2800,00 EUR
25.–36. Monat	2000,00 EUR
37.–48. Monat	1600,00 EUR

Alternative 2: Die Mehrzweckmaschine wird gekauft und durch die Aufnahme eines Bankkredits finanziert. Der Zinsfuß beträgt 5 %; die Zinszahlung erfolgt jährlich nachträglich. Tilgung entsprechend der bilanzmäßigen Abschreibung. Die Abschreibung erfolgt in jährlich gleichbleibenden Beträgen.

Aufgaben:

1. Nennen und erklären Sie bei der Alternative 1 die Leasingart!
2. Erläutern Sie, wer bei dieser Leasingart das Investitionsrisiko trägt!
3. Ab dem 49. Monat fällt das Leasingentgelt auf monatlich 300,00 EUR. Begründen Sie diese starke Abnahme!
4. Vergleichen Sie die beiden Finanzierungsmöglichkeiten hinsichtlich der Aufwendungen! Verwenden Sie zur Lösung folgendes Schema! Centbeträge sind auf volle Euro zu runden.

Jahr	Fremdkapital	Zinsen für Fremdkapital	Abschreibung	Gesamtaufwendungen	
				Alternative 1 Leasing	Alternative 2 Kreditfinanzierung

5. Stellen Sie dar, wie sich Alternative 1 und 2 hinsichtlich ihrer Auswirkung auf den Geldmittelabfluss im 1. Jahr unterscheiden!
6. Die Leasinggesellschaft wirbt mit „Leasen steigert Ihre Rentabilität und schont Ihre Liquidität“. Nehmen Sie dazu Stellung, indem Sie das Leasing mit dem Kreditkauf vergleichen!

46 Die Möhrle Design AG benötigt Textilmaschinen für die Produktion von Kleidern. Die Anschaffungskosten der Maschinen betragen 1,2 Mio. EUR. Zwei Finanzierungsmöglichkeiten sind gegeben:

- Kauf der Textilmaschinen mithilfe eines Bankkredits zu 4 %. Ratentilgung in 4 Jahren am Ende des Jahres.
- Leasing zu einem Monatsbetrag von 2,5 % des Anschaffungswertes. Die Grundmietzeit beträgt 4 Jahre. Nach deren Ablauf wird die Monatsmiete auf 10 % des bisherigen Betrags gesenkt, falls der Leasingvertrag verlängert wird. Die Wartungskosten trägt der Leasingnehmer.

Die Nutzungsdauer der Textilmaschinengruppe beträgt 8 Jahre. Die Abschreibung erfolgt in jährlich gleichbleibenden Raten.

Aufgaben:

1. Nennen Sie die Art des vorliegenden Leasingvertrages!
2. Ermitteln Sie die Höhe des Zinsaufwands für den Bankkredit!
3. Berechnen Sie, wie viel Prozent der Zinsaufwand vom Kaufpreis der Textilmaschinen ausmacht!
4. Angenommen, die Möhrle Design AG kündigt den Leasingvertrag nach Ablauf der Grundmietzeit. Ermitteln Sie, wie viel Prozent vom Kaufpreis der jährliche Mietaufwand im Jahr der Kündigung beträgt!
5. Angenommen, die Möhrle Design AG mietet die Textilmaschinen für 8 Jahre. Stellen Sie fest, wie viel Prozent vom Kaufpreis der durchschnittliche Mietaufwand beträgt!
6. Angenommen, eine Kostenvergleichungsrechnung ergibt, dass die Finanzierung durch Leasing teurer als der Kauf ist. Arbeiten Sie Gründe heraus, die dennoch für die Sachmittelfremdfinanzierung sprechen könnten!
7. Beurteilen Sie, welche Gründe für den Kauf der Textilmaschinen sprechen!

4.3 Kurzfristige Kreditfinanzierung

Im Folgenden werden zwei Formen der kurzfristigen Finanzierung dargestellt:

- der **Lieferantenkredit** und
- der **Kontokorrentkredit.**

4.3.1 Lieferantenkredit (Warenkredit)

(1) Begriff

- Der **Lieferantenkredit** entsteht durch die Lieferung einer Ware, wobei Zeitpunkt der Warenlieferung und Zeitpunkt der Zahlung auseinanderfallen, weil der Lieferer (Verkäufer) seinem Kunden ein **Zahlungsziel** einräumt.
- Die Besonderheit dieser Kreditart besteht darin, dass keine Geldmittel gezahlt werden, sondern die Krediteinräumung über eine **Verzögerung der Zahlung** gewährt wird.

Der Lieferantenkredit ist für den Schuldner eine sehr angenehme und bequeme Art der **kurzfristigen Fremdfinanzierung.** Der Warenkredit wird meistens ohne besondere Formalität, ohne besondere Kreditwürdigkeitsprüfung, ohne Kreditverhandlungen, in der Regel ohne Sicherheiten – abgesehen vom Eigentumsvorbehalt – gewissermaßen „nebenbei" aufgrund eines Kreditkaufs gewährt.

(2) Kosten des Lieferantenkredits im Vergleich mit den Kosten des Kontokorrentkredits

Für den Lieferantenkredit wird direkt kein Zins bezahlt. Allerdings ist er nur in der **Zeit zwischen dem Rechnungseingang** und dem **Ablauf der Skontierungsfrist „kostenlos"**. Wird die Skontierungsfrist überschritten, ist der Lieferantenkredit der teuerste Kredit überhaupt.

Der **Zins** ist im **Skontoabzug „versteckt"**, der bei vorzeitiger Bezahlung (innerhalb der Skontierungsfrist) gewährt wird.

Beispiel:

Die Ahner Metallbau GmbH hat eine Lieferantenrechnung über 57 500,00 EUR erhalten, für die folgende Zahlungsbedingungen gelten: 3 % Skonto innerhalb von 10 Tagen oder 60 Tage netto.

Auf ihrem Kontokorrentkonto hat die Ahner Metallbau GmbH mit ihrer Bank ein Kreditlimit von 100 000,00 EUR bei 12 % Sollzinsen vereinbart, das erst zu 30 % ausgeschöpft ist.

Aufgaben:

1. Berechnen Sie, welchem Jahreszinsfuß der Skontosatz entspricht!
2. Berechnen Sie, ob sich die Ausnutzung des Kontokorrentkredits lohnt!

Lösungen:

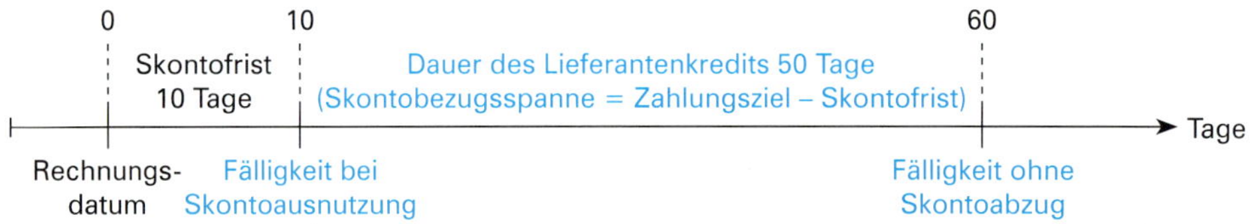

Bei der Umrechnung des Skontosatzes in einem Zinssatz gilt folgende Berechnungsformel:

$$\text{Zinssatz} = \frac{\text{Skontobetrag} \cdot 100 \cdot 360}{(\text{Rechnungsbetrag} - \text{Skontobetrag}) \cdot (\text{Zahlungsziel} - \text{Skontofrist})}$$

Zu 1.: $\text{Zinssatz} = \frac{1\,725 \cdot 100 \cdot 360}{55\,775 \cdot 50} = \underline{\underline{22{,}27\,\%}}$

Fehlt ein absoluter Betrag, dann kann folgende Formel Anwendung finden:

$$\text{Zinssatz} = \frac{\text{Skontobetrag} \cdot 100 \cdot 360}{(100 - \text{Skontosatz}) \cdot (\text{Zahlungsziel} - \text{Skontofrist})}$$

Zu 2.:		
	Rechnungsbetrag	57 500,00 EUR
–	3 % Skonto	1 725,00 EUR
=	Zahlung (benötigter Kredit)	55 775,00 EUR

Kreditzinsen: $\text{Zinsen} = \frac{55\,775 \cdot 12 \cdot 50}{100 \cdot 360} = \underline{\underline{929{,}58 \text{ EUR}}}$

Ergebnis: Die Ausnutzung des Kredits lohnt sich. Es entsteht ein Skontogewinn in Höhe von 1 725,00 EUR – 929,58 EUR = 795,42 EUR.

(3) Bedeutung des Lieferantenkredits

Für den Lieferer	Für den Kunden
■ Erhält frühzeitig den Zahlungsbetrag. ■ Kann den Zahlungsbetrag für anstehende Ausgaben einsetzen. ■ Eventuell notwendige Mahnschreiben entfallen. ■ Eventuell Hinweis auf schwierige Liquiditätslage des Kunden.	■ Warenkredit zwischen Wareneingang und Ablauf der Skontofrist kostenlos. ■ Vorteilhaft bei angespannter Zahlungsfähigkeit. ■ Finanzierungsmöglichkeit, wenn Aufnahme eines Bankkredits kurzfristig nicht möglich ist.

4.3.2 Kontokorrentkredit (Dispositionskredit)

4.3.2.1 Begriff Kontokorrentkredit

Dem Kontokorrentkredit liegt ein **Kontokorrentkreditvertrag** zugrunde. Das Prinzip des **Kontokorrents**[1] besteht darin, dass sich beide Vertragspartner ihre **gegenseitigen Forderungen** stunden und in regelmäßigen Zeitabständen (meist vierteljährlich oder halbjährlich) gegeneinander **aufrechnen.** Schuldner ist jeweils die Partei, zu deren Ungunsten der Saldo des Kontokorrentkontos steht. Der Saldo (Ergebnis der Aufrechnung) wird auf die neue Rechnungsperiode vorgetragen. Damit gehen die verschiedenen Forderungen unter, d. h., dass nur noch der Saldo eingeklagt werden kann [§ 355 HGB].

Wird mit einem Privatkunden ein Kontokorrentkredit abgeschlossen, so spricht man von einem **Dispositionskredit.**[2]

- Der **Kontokorrentkredit** ist ein Kredit in laufender Rechnung zwischen zwei Vertragspartnern, i. d. R. zwischen einer Bank und einem Bankkunden. Grundlage des Kontokorrentkredits ist ein Kontokorrentkreditvertrag.
- Ein **Kontokorrentkreditvertrag** kommt dadurch zustande, dass der **Kreditantrag** des Kreditnehmers und die **Kreditzusage** des Kreditgebers **inhaltlich übereinstimmen** und die Kreditzusage dem Kreditnehmer rechtzeitig zugegangen ist.

1 **Kontokorrent** heißt wörtlich „laufendes Konto", weil sich i. d. R. der Kontostand verändert. Rechtlich ist das Kontokorrentkonto geregelt in den §§ 355 ff. HGB.

2 **Disponieren:** verfügen, ordnen.

16 Speth u.a. - ISBN 978-3-8120-0593-7

4.3.2.2 Inhalte eines Kontokorrentkreditvertrags

(1) Merkmale des Kontokorrentkredits

Der Kontokorrentkredit bei einer Bank dient der **Abwicklung aller eingehender und ausgehender Zahlungen** (z. B. Zahlungsaufträge für Miete, für Rechnungen, für Gehaltszahlungen). Er sichert damit die Zahlungsbereitschaft. Der Kreditnehmer kann bis zur Kreditobergrenze (Kreditlimit), die im Kreditvertrag vereinbart ist, frei über das Kontokorrentkonto verfügen.

Wichtige Merkmale des Kontokorrentkredits sind:

- Der Saldo auf dem Konto ist, je nach Umfang der eingehenden und ausgehenden Zahlungen, ständigen Schwankungen unterworfen. So entsteht ein Kontokorrent, d. h. eine laufende Rechnung, die ein **wechselseitiges Schuld- und Guthabenverhältnis** darstellt.
- Weist das Konto ein **Guthaben** aus, erhält der Kunde **Habenzinsen.**[1] Wird ein **Kredit** beansprucht, müssen **Sollzinsen** an die Bank entrichtet werden. Aus der Sicht der Bank ist „Bewegung" auf dem Kontokorrentkonto erwünscht, denn Anzahl und Umfang der Bewegungen werden als Maßstab für die wirtschaftliche Aktivität des Unternehmens gewertet. Gleichbleibende Haben- oder Sollsalden widersprechen dem Sinn des Kontokorrentkredits.
- Auf dem Kontokorrentkonto werden die täglichen Ein- und Ausgänge aufgezeichnet und in einem **Kontoauszug** festgehalten. Die Ein- und Ausgänge werden gegeneinander aufgerechnet **(saldiert)** und dem bisherigen Kontostand zugerechnet. Rechtlich gesehen kann die Bank immer nur den **Sollsaldo fordern.**
- Der Kontokorrentkredit kann zeitlich begrenzt oder bis zur Kündigung in Anspruch genommen werden. Er ist formal **kurzfristig** bzw. **kurzfristig kündbar,** kann aber durch ständige Prolongation (Verlängerung) über längere Zeiträume laufen. Durch diese enge, langfristige Verflechtung von Bank und Unternehmen wird die Kredit gebende Bank zur „Hausbank".

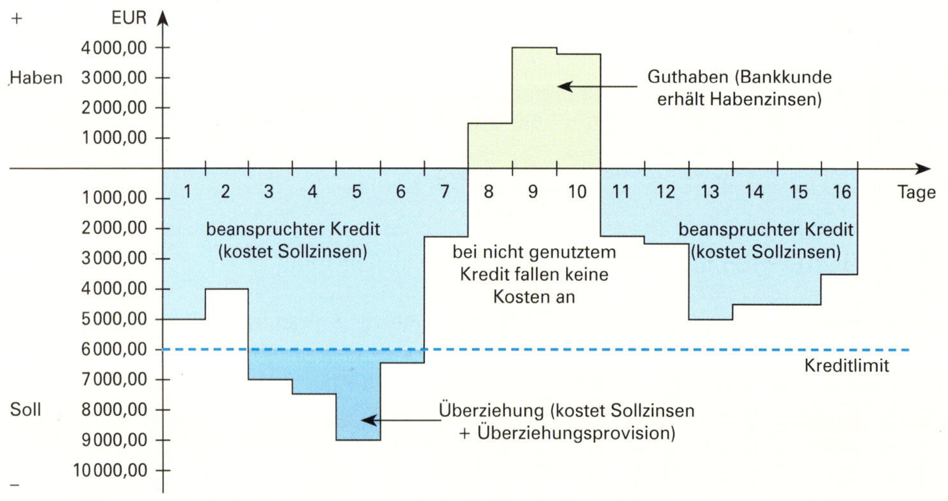

1 Bei den meisten Banken werden Habenzinsen erst dann vergütet, wenn das Guthaben vierteljährlich einen bestimmten **Durchschnittsbetrag** (z. B. von 3000,00 EUR) erreicht.

- Beim Kontokorrent stunden sich beide Vertragspartner ihre **gegenseitigen Forderungen** und rechnen sie in **regelmäßigen Zeitabständen** (meist vierteljährlich oder halbjährlich) **gegeneinander auf.** Schuldner ist jeweils die Partei, zu deren Ungunsten der Saldo des Kontokorrentkontos steht.
- Der **Saldo** (Ergebnis der Aufrechnung) wird auf **neue Rechnung vorgetragen.** In ihm gehen die verschiedenen Forderungen unter, d.h. dass nur der Saldo eingeklagt werden kann.

(2) Kreditkosten und Sicherheiten

Kreditkosten

Üblich sind folgende Vereinbarungen:

Zinsen	Sie werden jeweils **vom in Anspruch genommenen Kredit** berechnet. Die Zinsbelastung passt sich somit der täglichen Veränderung des beanspruchten Kredits an. Die Zinsen werden in der Regel monatlich dem Konto belastet bzw. gutgeschrieben. Die Kosten des Kontokorrentkredits sind hoch, da der Sollzinssatz für den Kreditsaldo erheblich höher ist als der Habenzinssatz für den Guthabensaldo.
Überziehungszinsen	Sie werden berechnet, wenn der Kunde **ohne vorherige Krediteinräumung** sein **Konto überzieht** oder seine ihm eingeräumte **Kreditgrenze überschreitet.** Der Überziehungszinssatz beträgt im Normalfall 1,5–3 % p.a. und wird neben den Sollzinsen in Rechnung gestellt.
Gebühren	Um die Kosten des Zahlungsverkehrs zu decken, werden in der Regel Gebühren (z.B. für die Kontoführung und die einzelnen Buchungen) sowie die anfallenden Postentgelte berechnet.

Sicherheiten

Für kleine Dispositionskredite genügt als Sicherheit meistens ein regelmäßiges Einkommen. Bei größeren Beträgen ist, wegen der schwankenden Beanspruchung des Kredits, insbesondere die **Grundschuld**[1] als Sicherheit geeignet.

4.3.2.3 Vorteile des Kontokorrentkredits für den Kreditnehmer

- Die Inanspruchnahme des Kredits entspricht dem jeweiligen Fremdkapitalbedarf.
- Kreditzinsen werden nur vom jeweiligen Sollsaldo berechnet. Dadurch können – im Vergleich zum Darlehen – Zinskosten eingespart werden.
- Es bestehen vielfache Verwendungsmöglichkeiten im Betrieb, z.B. Finanzierung der Produktion, Überbrückung von zeitweiligen Liquiditätsanspannungen, Ausnutzen von Skontierungsfristen.
- Der Kredit steht bei gegebener Kreditwürdigkeit durch ständige Prolongationen meist über viele Jahre zur Verfügung.

1 Ein wichtiges Grundpfandrecht ist die **Grundschuld.** Die **Grundschuld** ist ein rein **dingliches Pfandrecht** und besagt, dass an den Inhaber der Grundschuld eine bestimmte Geldsumme aus dem Grundstück zu zahlen ist. Die Grundschuld **setzt keine Forderung voraus.** Allein das Grundstück haftet.

4.4 Beurteilung der Kreditfinanzierung

Vorteile	Nachteile
■ Die Finanzierung von Betriebserweiterungen ist auch dann möglich, wenn die Finanzkraft des Unternehmens (Selbstfinanzierung) oder der Teilhaber (Beteiligungsfinanzierung) erschöpft ist. ■ Die Rentabilität des Unternehmens kann erhöht werden. (Bedingung ist, die Verzinsung der zusätzlichen Investitionen übersteigt den Fremdkapitalzinssatz.) ■ Risikoreiche Investitionen werden vermieden oder eingeschränkt, weil die Zins- und Liquiditätsbelastung des Fremdkapitals zu sorgfältiger Kalkulation und Finanzplanung zwingt. ■ Volkswirtschaftlich dann positiv, wenn die Kreditaufnahme der Unternehmen und Haushalte in etwa der Gesamtersparnis in der Volkswirtschaft entspricht.	■ Die Mittel stehen dem Unternehmen zeitlich nicht unbegrenzt zur Verfügung. ■ Die Fremdmittel müssen i. d. R. verzinst und getilgt werden. Damit werden Kalkulation und Liquidität belastet. ■ Insbesondere bei hoher Verschuldung eines Unternehmens nehmen die Gläubiger Einfluss auf die Geschäftsleitung, um die Verwendung ihrer Mittel zu kontrollieren. ■ Mit zunehmender Kreditfinanzierung sinkt die Kreditfähigkeit des Unternehmens. ■ Ein hoher Fremdkapitalanteil am Gesamtkapital verschlechtert den guten Ruf (Goodwill) eines Unternehmens. ■ Hohe Kapitalbeschaffungskosten vor allem bei Kapitalgesellschaften (z. B. anlässlich der Ausgabe von Industrieschuldverschreibungen).

Zusammenfassung

- Der **Lieferantenkredit (Warenkredit)** setzt ein Warengeschäft voraus. Er entsteht dadurch, dass der Lieferant dem Kunden ein Zahlungsziel einräumt.
  - Die Kosten des Lieferantenkredits sind im Skonto, der bei Zahlung innerhalb der Skontierungsfrist gewährt wird, „versteckt“. Diese Kreditart verursacht einen hohen Zinsaufwand, wenn die Skontofrist überschritten wird.
  - Die Skontogewährung stellt einen Anreiz zur frühzeitigen Bezahlung dar. Der Lieferantenkredit wird dann in Anspruch genommen, wenn ein Unternehmen über wenig liquide Finanzmittel verfügt.
- Der **Kontokorrentkredit** passt sich kurzfristig den jeweiligen Kreditbedürfnissen des Kunden an. Er dient dem Zahlungsverkehr. Es handelt sich um einen Kredit in laufender Rechnung, bei dem sich ein wechselseitiges Schuld- und Guthabenverhältnis bildet (Kontokorrent). Die Bank fordert nur Zinsen für die jeweils beanspruchte Kreditsumme. Der Kontokorrentkredit ist formal kurzfristig. In der Praxis wird der Kontokorrentkredit jedoch immer wieder verlängert.
- Kontokorrentkonten werden in der Regel **vierteljährlich abgerechnet.** Sollzinsen, Provisionen und Gebühren werden belastet, Habenzinsen werden dem Konto gutgeschrieben.
- Zum **Ablauf eines Kontokorrentkredits** siehe Schema S. 242.

Übungsaufgabe

47 1. 1.1 Beschreiben Sie stichwortartig den Unterschied zwischen Kontokorrentkredit und Darlehen!

1.2 Geben Sie Gründe dafür an, dass der Zinssatz für den Kontokorrentkredit höher ist als für das Darlehen! (Hinweis: Erfragen Sie die geltenden Zinssätze bei einer Bank!)

1.3 Erklären Sie die Bedeutung eines Auszahlungskurses in Höhe von 98 % bei einem Darlehen!

1.4 Beschreiben Sie, welchem Zweck die Aufnahme eines Darlehens dienen kann!

1.5 Erläutern Sie, weshalb es unwirtschaftlich wäre, für einen nur gelegentlich auftretenden finanziellen Spitzenbedarf ein Darlehen aufzunehmen!

1.6 Ein Kredit wird als Abzahlungsdarlehen (Ratendarlehen) gewährt. Erklären Sie diese Darlehensart!

2. 2.1 Begründen Sie, ob die Aussage, dass der Lieferantenkredit innerhalb der Skontierungsfrist kostenlos ist, zutreffend ist!

2.2 Erläutern Sie, worin die Verzinsung eines Lieferantenkredits besteht!

2.3 Berechnen Sie den Jahreszinssatz für einen Lieferantenkredit bei folgenden Konditionen: „Zahlbar innerhalb von 10 Tagen unter Abzug von 2,5 % Skonto oder innerhalb von 40 Tagen ohne Abzug"!

2.4 Der Druckerei Klier & Klar OHG werden von einem Lieferer für eine Rechnung über 8 125,00 EUR folgende Zahlungsbedingungen eingeräumt: „Zahlbar innerhalb 30 Tagen netto oder innerhalb 10 Tagen mit 3 % Skonto."

Aufgaben:

2.4.1 Berechnen Sie, welchem Jahreszinsfuß der Skontosatz von 3 % entspricht!

2.4.2 Berechnen Sie, welchen Betrag die Klier & Klar OHG bei Ausnutzung des Skontos spart, wenn sie für die Zahlung einen Bankkredit mit der Verzinsung von 9,5 % in Anspruch nimmt!

3. Angenommen, ein Kontokorrentkredit kostet 12 % p.a. Eine Warenlieferung über 90 000,00 EUR wird unter folgenden Zahlungsbedingungen geliefert:

3.1 „Zahlbar innerhalb von 30 Tagen netto Kasse oder 3 % Skonto bei Zahlung innerhalb von 10 Tagen."

3.2 „Zahlbar innerhalb von 14 Tagen netto Kasse oder 2 % Skonto innerhalb von 7 Tagen."

3.3 „Zahlbar innerhalb von 3 Wochen oder $1\frac{1}{4}$ % Skonto innerhalb einer Woche."

Aufgabe:

Vergleichen Sie die Kreditkosten bei Aufnahme eines Kontokorrentkredits mit denen des Warenkredits in den Fällen 3.1 bis 3.3 in Euro und in Prozent!

4. Die Schreinerei Schiebel e.K. nimmt zur Finanzierung der neuen Werkshalle einen Bankkredit auf.

Aufgaben:

4.1 Beschreiben Sie, wie der dazu erforderliche Kreditvertrag zustande kommt!

4.2 Entscheiden Sie begründet, ob die Schreinerei Schiebel e.K. ein Darlehen oder einen Kontokorrentkredit aufnehmen sollte!

4.3 Erläutern Sie dem Inhaber der Schreinerei Schiebel e.K.

4.3.1 wie der Lieferantenkredit zustande kommt!

4.3.2 unter welcher Bedingung der Lieferantenkredit einen Zinsaufwand verursacht!

B. Controlling

1 Begriff und Funktionen des Controllings

1.1 Begriffsklärungen

Der Begriff Controlling ist von dem angelsächsischen Wort „to control" abgeleitet und kann mit steuern, führen und kontrollieren übersetzt werden. Der Ausdruck Controlling darf also nicht dazu verleiten, ihn inhaltlich ausschließlich mit kontrollieren gleichzusetzen.

Controlling ist eine Methode, die den Planungs-, Entscheidungs- und Steuerungsprozess von Führungskräften durch die Bereitstellung entsprechender Informationen unterstützt.

- Controlling muss sicherstellen, dass die Unternehmensführung die **Entwicklung von Marktprozessen** frühzeitig aufnimmt und für das **eigene Unternehmen nutzbar** macht.
- Gleichzeitig muss das Controlling darauf achten, eventuelle **Gefahren aus Marktveränderungen** rechtzeitig zu erkennen und deren **negative Auswirkungen vom Unternehmen** abzuwenden.

Das Controlling übernimmt beispielsweise

- die Gestaltung von Informationssystemen,
- koordiniert die Planungen der einzelnen organisatorischen Einheiten (z. B. Abteilungen),
- lässt die Zielerreichung auf der Basis der Zahlen des Rechnungswesens messen,
- analysiert Abweichungen,
- diskutiert über Korrekturmaßnahmen und
- überwacht die Realisierung von Maßnahmen.

Dem Controlliong obliegt somit die Koordination und Integration des gesamten Unternehmensgeschehens. Die Unterstützungsfunktion des Controllings endet mit Analysen, Empfehlungen usw. Die **Entscheidung selbst** wird letztendlich von der **Unternehmensführung getroffen.**

1.2 Aufgaben des Controllings

Damit die Unternehmensführung die Zielsetzung, das Ergebnis zu optimieren, erreichen kann, müssen die Controller die Führungsinformationen so aufbereiten, dass alle Planungen, Handlungen und Entscheidungen in der Unternehmung ergebnisorientiert ausgerichtet sind. Dem Controlling kommt damit primär eine **Führungsunterstützungsfunktion** zu.

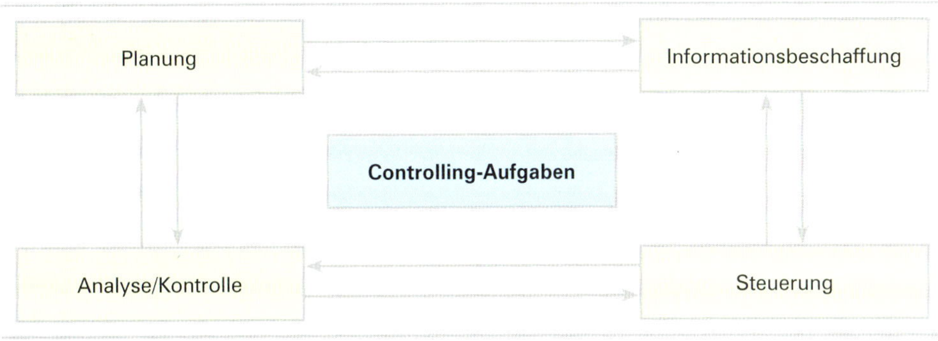

Controlling umfasst soweit **Dienstleistungs-, Beratungs-** sowie **Entscheidungsaufgaben** bezogen auf das gesamte Unternehmen, Unternehmensbereiche, Aufgabenbereiche, Produkte und Projekte, und zwar auf allen organisatorischen Ebenen.

1.3 Arten des Controllings

(1) Operatives Controlling

Das operative Controlling bezieht sich auf einen **kurz- bis mittelfristigen Zeitraum** und operiert mit **messbaren Daten,** d.h. mit Mengen- und/oder Wertgrößen. Es ist sowohl **vergangenheits-, gegenwarts- als auch zukunftsbezogen**. Durch Sicherung von Liquidität, Rentabilität und Wirtschaftlichkeit soll die Lebensfähigkeit des Unternehmens gewährleistet werden. Daten der Vergangenheit werden teilweise auch in Planvorgaben für die nahe Zukunft transformiert.

- Das **operative Controlling** dient der **kurzfristigen Steuerung** des Unternehmens.
- **Steuerungsgrößen** sind insbesondere die Sicherung der Zahlungsfähigkeit, die Rentabilität und die Wirtschaftlichkeit.

(2) Strategisches Controlling

Das strategische Controlling ist auf die **langfristige Existenzsicherung** des Unternehmens bedacht. Es ist überwiegend nach außen gerichtet und **verzichtet auf messbare Daten**. Es bezieht rechtliche, politische und wirtschaftliche Entwicklungen in die Überlegungen ein und ist in zeitlicher Hinsicht völlig offen. So werden z.B. die Entwicklungen auf dem Gebiet des Umweltschutzes verfolgt, um frühzeitig umweltfreundliche Produkte in das Produktprogramm aufnehmen zu können.

Dem strategischen Controlling fällt die **Aufgabe** zu, im Hinblick auf eine dauerhafte Existenzsicherung des Unternehmens **Chancen** und **Risiken** für das Unternehmen abzuschätzen. Die **Stärken** und **Schwächen** des Unternehmens herauszustellen, um darauf aufbauend Risiken und Chancen abzuwägen und entsprechende Maßnahmen zur Begünstigung der Stärken und zur Behebung der Schwächen einzuleiten.

Das **strategische Controlling** dient der **langfristigen Existenzsicherung** des Unternehmens.

Zusammenfassung

- **Generelle Aufgabe des Controllings** ist es, die Geschäftsleitung bei der Steuerung des Unternehmens durch Planung, Beschaffung und Aufbereitung von Informationen, durch Koordinieren, Analysieren und Kontrollieren zu unterstützen. Hierfür werden die Informationen so aufbereitet, dass eine ergebnisorientierte Führung des Unternehmens möglich wird.
- Unter dem Gesichtspunkt des **Zeithorizonts** (des Planungszeitraums) unterscheidet man:
  - **operatives Controlling** (kurzfristiger Planungszeitraum) und
  - **strategisches Controlling** (langfristige, existenzsichernde Planungsperspektive).

Übungsaufgabe

48 1. Geben Sie in einer allgemein gehaltenen Kurzfassung an, was man unter dem Begriff Controlling versteht!

2. Interpretieren Sie die nebenstehende Grafik und erläutern Sie Stellung und Aufgaben des Controllings!

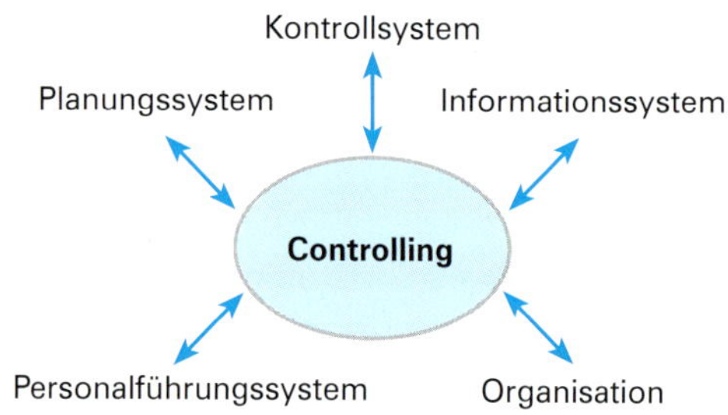

3. Unterscheiden Sie das operative Controlling vom strategischen Controlling, indem Sie die folgende Tabelle in Ihr Heft übernehmen und jeweils ankreuzen.

Merkmale	Operatives Controlling	Strategisches Controlling
Ist langfristig orientiert.		
Mittlere und untergeordnete Abteilungen übernehmen die Durchführung.		
Bezieht sich auf innerbetriebliche Vorgänge.		
Unternehmensleitung übernimmt dafür Verantwortung.		
Konkrete Mengen- und Wertgrößen werden eingesetzt.		
Unternehmensziele sollen längerfristig gesichert werden.		
Messzahlen außerhalb des Unternehmens stehen im Mittelpunkt.		
Kurz- und mittelfristige Zeiträume werden betrachtet.		

2 Ausgewählte Controllinginstrumente

Hinweis:

Auf das **Controlling mithilfe der SWOT-Analyse** wird im Folgenden nicht eingegangen. Sie wurde bereits im Band 1, Jahgangsstufe 11 ausführlich dargestellt (vgl. Lerngebiet 2, Kapitel 2.3.2.2).

2.1 Balanced Scorecard (BSC)

2.1.1 Begriff und Ziele der Balanced Scorecard

Die Balanced Scorecard[1] ist ein **ganzheitliches Führungskonzept**, das das Unternehmen aus vier Perspektiven sieht. Die Grundidee besteht darin, die Finanzkennzahlen **(Finanzperspektive)** durch eine **Kunden-**, eine **interne Prozess-** und eine **Entwicklungsperspektive** zu ergänzen und die jeweils wichtigsten **Zielvorgaben und Maßnahmen** auf einer **Scorecard** (Anzeigetafel) abzubilden.

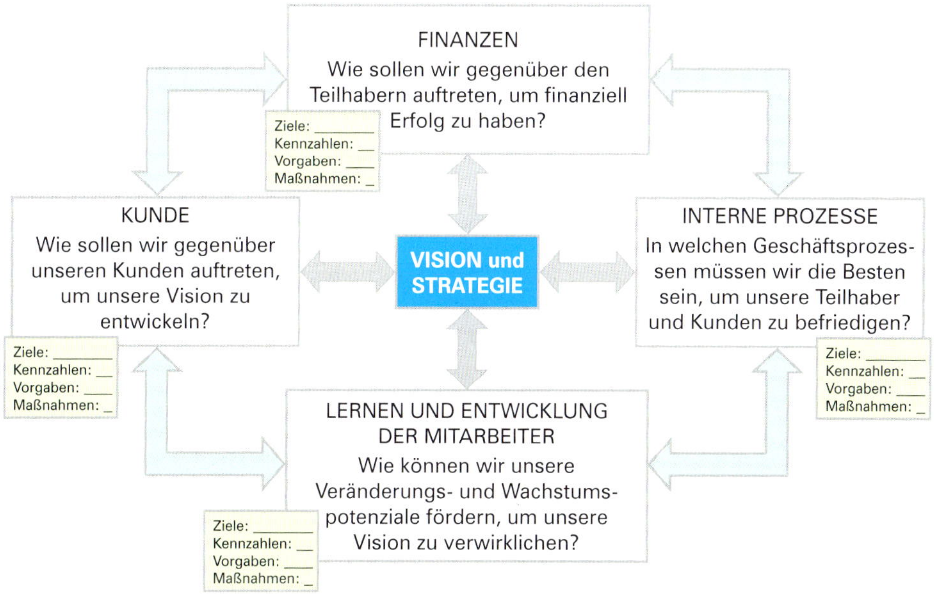

- Die **Finanzperspektive** hat das Ziel, die Ertragskraft und den Wert des Eigenkapitals (Shareholder-Value) zu steigern. Die Betrachtung bezieht sich nicht allein auf den Gewinn, sondern der Wert des Unternehmens wird mit einbezogen.

  Messgrößen sind: Rentabilität, Cashflow, Umsatzwachstum, Kostensenkung.
- Die **Kundenperspektive** untersucht, wie das Unternehmen aus Sicht der Kunden eingeschätzt wird. Mögliche Ziele sind: Marktanteile erhöhen, Produktinnovationen entwickeln, Kundenzufriedenheit verbessern.

  Messgrößen sind: Marktanteile, Kundentreue, Kundenaquisition, Kundenservice, Imagefaktor von Produkten bzw. des Unternehmens.
- Die **Prozessperspektive** analysiert die internen Kernprozesse, die für das Erreichen der gesetzten strategischen Ziele am Wichtigsten sind. Solche Kernprozesse sind insbesondere der Innovationsprozess, der Leistungserstellungsprozess und der Kundendienstprozess. Ziele der internen Prozessperspektive sind z. B. Verbesserung der Organisation, Rationalisierung der Produktionsabläufe, Optimierung des Personaleinsatzes.

  Messgrößen sind: Ausschussquote, Reklamationsquote, Störungsquote, Durchlaufzeiten, Verwaltungskostenquote.

1 Der Begriff „Balanced Scorecard" bedeutet wörtlich übersetzt „ausgewogene Anzeigetafel".

- Die **Mitarbeiterperspektive** untersucht, wie das Unternehmen seine Wettbewerbssituation verbessern kann. Ansatzpunkte hierfür sind z. B. Stärkung von Forschung und Entwicklung, Erhöhung der Leistungsfähigkeit des Informationssystems, Weiterbildung der Mitarbeiter.
  Messgrößen sind: Forschungskostenquote, Produktinnovationsquote, Fluktuationsrate, Schulung je Mitarbeiter, Produktivität je Mitarbeiter.

- Das Konzept der **Balanced Scorecard (BSC)** berücksichtigt neben der **Finanzperspektive** auch die **Kundenperspektive,** die **Prozessperspektive** sowie die **Mitarbeiterperspektive.**
- Das Konzept der Balanced Scorecard umfasst alle wichtigen Unternehmensbereiche und stellt somit ein **ganzheitliches Führungskonzept** dar.

2.1.2 Schritte zur Erstellung einer Balanced Scorecard

Die Erstellung einer Balanced Scorecard besteht im Wesentlichen aus drei Arbeitsschritten:

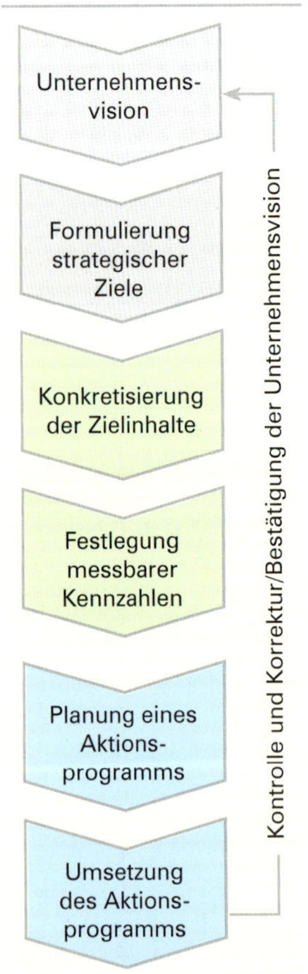

(1) Formulierung von Zielen für die vier Kernperspektiven

Ausgangspunkt der Balanced Scorecard ist die **Unternehmensvision.** Die Vision ist ein realisierbares, wenn auch nur vage formuliertes oberstes Ziel, das die gemeinsamen Grundwerte und Überzeugungen, Verhaltensregeln und Standards zum Inhalt hat. Aus der Unternehmensvision werden anschließend **strategische Ziele** für die vier Kernperspektiven abgeleitet.

(2) Festlegung von Messgrößen (Kennzahlen)[1] und Zielwerten

Nach der Formulierung der strategischen Ziele sind diese nach **Inhalt, Ausmaß** und **zeitlichem Bezug** zu konkretisieren. So gilt es beispielsweise für das Ziel Renditeerwartung festzulegen, welche Rentabilitätsgrößen gemessen werden sollen (Zielinhalt), welche Renditenhöhe (Zielausmaß) angestrebt wird und bis zu welchem Zeitpunkt (zeitlicher Bezug) dies zu erreichen ist.

(3) Entwickeln von Aktionsprogrammen

Stehen die Messgrößen und Zielwerte fest, sind **Aktionsprogramme**[2] zu entwickeln, die sicherstellen sollen, dass die angestrebten Ziele zum vorgegebenen Zeitpunkt erreicht werden.

Am Ende der einzelnen Aktionsprogramme steht jeweils das **strategische Controlling.** Sein vorrangiges Ziel ist es, die Richtigkeit des strategischen Konzepts und dessen Umsetzung zu überprüfen. Darüber hinaus leistet das strategische Controlling einen Beitrag zur Stärkung der Anpassungsfähigkeit und Flexibilität des Unternehmens.

1 Zur Berechnung der Kennzahlen siehe S. 254 ff.

2 Die Rahmenrichtlinien sehen die Behandlung der Aktionsprogramme nicht vor.

Balanced Scorecard	Strategische Ziele	Messgrößen	Zielwerte	Aktionsprogramme
Finanzielle Perspektive. Was wollen wir unseren Kapitalgebern bieten?	■ Renditeansprüche der Eigentümer erfüllen oder übertreffen ■ Schnelles Wachstum ■ Cashflow-Investment[1]	■ Gesamtkapital-rentabilität/Umsatz-rentabilität ■ Umsatzwachstum ■ Cashflow	15 % 20 % 200 Mio. EUR	■ Kauf von 3 Unternehmen in Asien ■ 1 Joint Venture in Europa
Kundenperspektive: Wie sollen uns unsere Kunden wahrnehmen?	■ Neue Kunden gewinnen ■ Fokus auf wichtige Kunden ■ Wettbewerbsfähige Preise (Leadership)	■ Umsatzanteil Neukunden ■ Umsatzanteil A/B-Kunden ■ Preisindex	20 % 90 % 0,9	■ Akquisitionsprogramm ■ Fokus-Programm ■ Preis-Monitor einführen
Prozessperspektive: Bei welchen Prozessen müssen wir Hervorragendes leisten?	■ Kurze Entwicklungszeiten ■ Wettbewerbsfähige Produktions- und Logistikprozesse ■ Kunden über kostengünstige Distributionskanäle bedienen	■ Neue Produkte ■ Kosten ■ Distributionskosten	5 – 20 Mio. EUR – 20 Mio. EUR	■ Komplexitätsreduktionsprojekt ■ Prozessoptimierung ■ Rabattsystem ändern/ Kundenzufriedenheits-Projekt
Mitarbeiterperspektive: Wie gewährleisten wir langfristig unseren Erfolg?	■ Innovative Produkte entwickeln ■ Informierte Mitarbeiter ■ Fähigkeit der Mitarbeiter stärken ■ Kontinuierliche Verbesserung	■ Umsatzanteil neuer Produkte ■ Anzahl verfügbarer strategischer Informationen ■ Mitarbeiterzufriedenheit ■ Kostensenkung, Durchlaufzeiten-Verbesserung	20 % 100 % + + 10 % pro Jahr	■ Werbefeldzug ■ Aufbau Datenbank ■ Schulungsprogramm, Jobrotations-Programm ■ Kontinuierliche Verbesserungsprozesse einführen

Quelle: Angelehnt an Nieschlag/Dichtl/Hörschgen: Marketing, 19. Aufl., Berlin 2002, S. 359.

1 Analog zum Konzept des Return on Investment wird hier statt des Gewinns in die dort genannte Formel der Cashflow eingefügt. Dadurch, dass der Cashflow in Beziehung zum eingesetzten Kapital gesetzt wird, ist eine dynamisierte Rentabilitätsbetrachtung möglich.

- Die Balanced Scorecard ist ein Instrument der Unternehmensführung, das die **strategische Vision** eines Unternehmens in **operative Maßnahmen** umsetzt.
- Die **Zielerreichung** wird mithilfe von **Messgrößen (Scores)** überprüft.

Ein Beispiel einer Balanced Scorecard finden Sie auf S. 251.

2.1.3 Ursache-Wirkungsketten

Zwischen den vier Perspektiven bestehen enge Zusammenhänge. Sie sind voneinander abhängig und sollen sich bei der Zielerreichung gegenseitig ergänzen. Es bestehen **Ursache-Wirkungsketten,** die in Wenn-dann-Aussagen ausgedrückt werden können.

Beispiel:

Wenn ein **innovatives Produkt** – das vom Markt akzeptiert worden ist – in das Produktprogramm aufgenommen wird, die Organisation einen **optimalen Prozessablauf** mit **hoher Produktqualität** liefert und dadurch die **Kundenzufriedenheit** und die **Kundenbindung** wächst, dann wird eine **Umsatzsteigerung** und bei Preisen, die über der Kostendeckung liegen, eine **Erhöhung der Ertragskraft** erzielt. Gesichert wird der Finanzerfolg dadurch, dass Kundenreaktionen an die Mitarbeiterperspektive weitergeleitet werden.

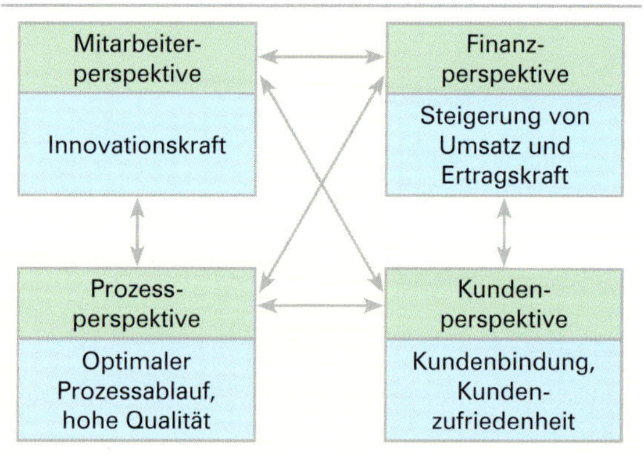

Das Beispiel zeigt: Zwischen den vier Perspektiven besteht ein enger Zusammenhang, sie beeinflussen sich gegenseitig und es entstehen Rückkopplungen. Wird z. B. keine optimale Produktqualität erstellt, nimmt die Kundenzufriedenheit ab. Das Produkt wird weniger gekauft, der Finanzerfolg sinkt.

Durch die Einbeziehung **mehrerer Perspektiven** wird die ausschließliche Betrachtung des finanziellen Aspekts vermieden. Damit trägt das Konzept der Balanced Scorecard dazu bei, das **Shareholder-Value-Denken** zu **überwinden.** Das Konzept der Balanced Scorecard zeigt auf, dass Eigenkapital-, Kunden- und Entwicklungsorientierung sich keinesfalls widersprechen, sondern sehr eng miteinander zusammenhängen.

Zwischen den **vier Perspektiven** bestehen **Ursache-Wirkungsbeziehungen,** die aufzeigen, **wie** sich die Perspektiven gegenseitig beeinflussen.

2.1.4 Balanced-Scorecard-Kennzahlensystem

2.1.4.1 Überblick über das Kennzahlensystem Balanced Scorecard und die Bedeutung von Kennzahlensystemen

(1) Überblick über das Kennzahlensystem einer Balanced Scorecard

Das Kennzahlensystem[1] Balanced Scorecard (BSC) berücksichtigt neben den sogenannten **harten Kennzahlen** aus der finanzwirtschaftlichen Sicht (z. B. Rentabilität) auch die **weichen Kennzahlen** aus anderen Perspektiven (z. B. Mitarbeiterzufriedenheit, Kundentreue). Die anzuwendenden Kennzahlen werden nicht starr vorgegeben. Dadurch ist das BSC-Kennzahlensystem **flexibel** und kann an nahezu jedes Unternehmen angepasst werden.

Welche Kennzahlen in das Steuerungssystem Eingang finden und wie stark sie gewichtet werden, ist von den unternehmensspezifischen Werttreibern abhängig. **Werttreiber** sind Faktoren und Aktivitäten, die den Wert des Unternehmens steigern.

Die nachfolgende Abbildung zeigt beispielhaft das Kennzahlensystem einer Balanced Scorecard:

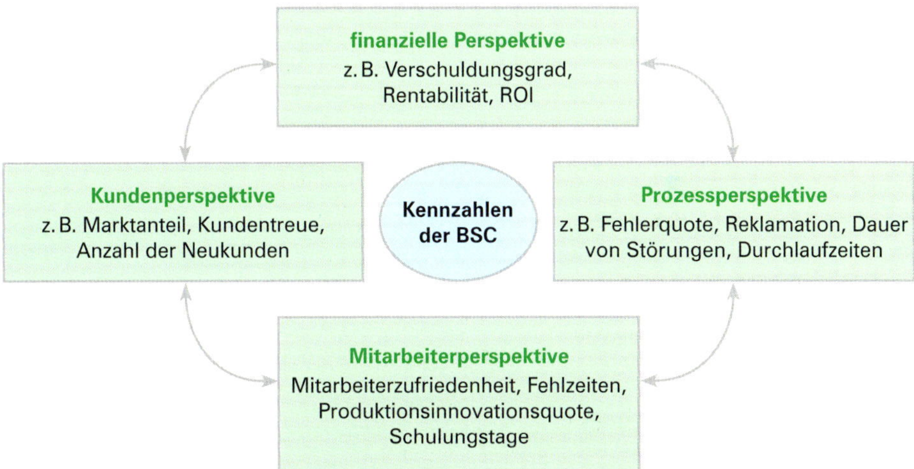

(2) Bedeutung von Kennzahlensystemen

Gemeinsames Merkmal aller Kennzahlen ist deren **Mess- und Überprüfbarkeit.** Sie übernehmen im Rahmen des operativen Controllings die Funktion von Indikatoren.

- **Spätindikatoren** wie Gewinn oder Kundenzufriedenheit geben Endergebnisse des gesamten Prozesses (oder größerer Abschnitte des Prozesses) an. Sie ermöglichen Korrekturen nur im Nachhinein.
- **Frühindikatoren** (z. B. Zahl der Neukunden; Umsatz eines Teilsortiments) sind „vorlaufende" Indikatoren, die ein frühzeitiges Eingreifen in laufende Prozesse ermöglichen.

1 Ein **Kennzahlensystem** ist eine Zusammenfassung von Kennzahlen, die in einer Beziehung zueinander stehen und so als Gesamtheit über den betrieblichen Sachverhalt umfassend informieren.

Kennzahlensysteme sind somit zum einen **Informationsinstrumente,** weil sie Informationen bereitstellen, um Sachverhalte analysieren zu können. Zum anderen werden Kennzahlensysteme zu **Steuerungsinstrumenten,** wenn sie als Ziele verwendet werden. Mit der Zielvorgabe gewinnen sie einen Vorgabecharakter, an dem Entscheidungen und Handlungen auszurichten sind.

- Kennzahlensysteme sind zum einen ein geeignetes Instrument zur **Informationsanalyse,** weil sie Zusammenhänge zwischen verschiedenen Größen aufzeigen.
- Zum anderen dienen sie als **Steuerungsinstrument,** wenn sie dazu genutzt werden, Ziele vorzugeben, an denen Entscheidungen und Handlungen auszurichten sind.

2.1.4.2 Kennzahlen der Finanzperspektive

(1) Wichtige finanzwirtschaftliche Kennzahlen

Verschuldungsgrad

Der Verschuldungsgrad drückt das **Verhältnis von Fremdkapital zu Eigenkapital** aus. Dabei kann allgemein festgestellt werden: Je höher ein Unternehmen mit Eigenkapital ausgestattet ist, desto weniger krisenanfällig ist es. Ein hoher Fremdkapitalanteil bedeutet eine Belastung der Zahlungsbereitschaft durch Zins- und Tilgungszahlungen sowie eine erhebliche Abhängigkeit von den Fremdkapitalgebern (z. B. Kreditinstitute).

$$\text{Verschuldungsgrad} = \frac{\text{Fremdkapital} \cdot 100}{\text{Eigenkapital}}$$

Beispiel:

Das Ø Eigenkapital beträgt 6 307 345,00 EUR, das Ø Fremdkapital 8 710 130,00 EUR.

Aufgabe:

Berechnen Sie den Verschuldungsgrad!

Lösung:

$$\text{Verschuldungsgrad} = \frac{8\,710\,130 \cdot 100}{6\,307\,345} = \underline{\underline{138\,\%}}$$

Erläuterung:

Eine allgemeine Regel über das Verhältnis von Eigen- und Fremdkapital gibt es nicht. Die Angaben schwanken zwischen 2 : 1 über 1 :1 bis 1:3.

Rentabilität

Bei den Kennzahlen der Rentabilität werden Größen der Gewinn- und Verlustrechnung in die Beurteilung des Unternehmens einbezogen. Die wichtigste Kennzahl dabei ist der Gewinn. Da jedes Unternehmen in Bezug auf Rechtsform, Kapitalausstattung, Wirtschaftsbranche und Größe andere Bedingungen aufweist, sagt die absolute Höhe des Gewinnes nur wenig aus. Um eine vergleichbare Aussage über den Erfolg eines Unternehmens treffen zu können, muss der Gewinn prozentual in Beziehung zu jenen Größen gebracht werden, die ihn ermöglicht haben. Solche messbaren Größen sind z. B. das **Kapital** oder der **Umsatz.**

Die **Rentabilität** ist eine Messgröße für die Ergiebigkeit eines Mitteleinsatzes.

Je nachdem, ob man als Bezugsgröße für den Mitteleinsatz das Eigenkapital, das Gesamtkapital oder den Umsatz wählt, erhält man als Kennzahl die **Eigenkapitalrentabilität (Unternehmerrentabilität)**, die **Gesamtkapitalrentabilität (Unternehmensrentabilität)** oder die **Umsatzrentabilität.**

Beispiel:

Ein Unternehmen weist unter anderem folgende Daten aus: Ø Eigenkapital 5767547,00 EUR, Ø Gesamtkapital 14635060,00 EUR, Umsatzerlöse 17050000,00 EUR, Gewinn 424325,00 EUR, Fremdkapitalzinsen 742500,00 EUR.

Aufgabe:

Berechnen Sie die Eigen-, Gesamt- und Umsatzrentabilität!

Lösung:

$$\text{Eigenkapitalrentabilität} = \frac{\text{Gewinn} \cdot 100}{\text{Ø Eigenkapital}} \qquad \frac{424\,325 \cdot 100}{5\,767\,547} = \underline{\underline{7{,}36\,\%}}$$

$$\text{Gesamtkapitalrentabilität}^{1} = \frac{\text{Bruttogewinn} \cdot 100}{\text{Ø Gesamtkapital}} \qquad \frac{1\,166\,825 \cdot 100}{14\,635\,060} = \underline{\underline{7{,}97\,\%}}$$

$$\text{Bruttogewinn}^{2} = \text{Gewinn} + \text{Zinsen} \qquad 424\,325{,}00 + 742\,500{,}00 = \underline{\underline{1\,166\,825{,}00\ \text{EUR}}}$$

$$\text{Umsatzrentabilität} = \frac{\text{Bruttogewinn} \cdot 100}{\text{Umsatzerlöse}} \qquad \frac{1\,166\,825 \cdot 100}{17\,050\,000} = \underline{\underline{6{,}84\,\%}}$$

Erläuterung:

Die Gesamtkapitalrentabilität sagt dem Unternehmer, ob sich die Investierung von Fremdkapital in seinem Unternehmen lohnt. Dies ist dann gegeben, wenn der Zinssatz für Fremdkapital unter der Gesamtkapitalrentabilität liegt. Beträgt der Zinssatz für Fremdkapital z.B. 4% und liegt die Gesamtkapitalrentabilität bei 6%, dann verdient das Unternehmen 2% am Einsatz des Fremdkapitals, d.h., die Eigenkapitalrentabilität steigt an.

Return on Investment (ROI)[3]

Die Kennziffer ROI ist das Produkt aus **Umsatzrentabilität** und **Gesamtkapitalumschlagshäufigkeit.**

$$\text{ROI} = \frac{\text{Bruttogewinn} \cdot 100}{\text{Umsatzerlöse}} \cdot \frac{\text{Umsatzerlöse}}{\text{Ø Gesamtkapital}}$$

$$\text{ROI} = \text{Umsatzrentabilität} \cdot \text{GK-Umschlagshäufigkeit}$$

1 Die **Gesamtkapitalumschlagshäufigkeit** sagt aus, wie oft das eingesetzte durchschnittliche Gesamtkapital umgeschlagen wurde.

2 Zur Definition siehe Wöhe, G.: Einführung in die Allgemeine Betriebswirtschaftslehre, 24. Auflage, München 2010, S. 915.

3 **Return on Investment** deshalb, weil der Rückfluss des investierten Kapitals über die Rendite des eingesetzten Kapitals erfolgt.

Die ROI-Kennzahl gibt **Auskunft über den Erfolg,** den das Unternehmen mit dem investierten Kapital erzielt hat. Sie zeigt, ob der erwirtschaftete Unternehmenserfolg auf einer **Änderung der Umsatzrentabilität** beruht oder auf die Erhöhung (bzw. den Rückgang) der **Umschlagshäufigkeit des Gesamtkapitals** zurückzuführen ist. Die ROI-Kennzahl ist damit geeignet, die Wechselbeziehungen zwischen Gewinn, Umsatz und Kapitaleinsatz aufzuhellen.

Beispiel:

Wir beziehen uns auf das Beispiel auf S. 255 und erweitern die dort angegebenen Daten um die entsprechenden Werte aus dem Vorjahr.

	Berichtsjahr	Vorjahr[1]
Gewinn	424325,00 EUR	343600,00 EUR
Fremdkapitalzinsen	742500,00 EUR	762103,00 EUR
Ø Gesamtkapital	14635060,00 EUR	13223420,00 EUR
Umsatzerlöse	17050000,00 EUR	12567700,00 EUR

Aufgaben:

1. Berechnen Sie den Return on Investment!
2. Erläutern Sie, worauf die Veränderung des Return on Investment zurückzuführen ist!

Lösungen:

Zu 1.: Berechnung des Return on Investment

Berichtsjahr

$$\text{ROI} = \frac{1166825 \cdot 100}{17050000} \cdot \frac{17050000}{14635060}$$

$$\text{ROI} = 6{,}84\,\% \cdot 1{,}165$$

$$\text{ROI} = \underline{\underline{7{,}97\,\%}}$$

Vorjahr

$$= \frac{1105703 \cdot 100}{12567700} \cdot \frac{12567700}{13223420}$$

$$= 8{,}80\,\% \cdot 0{,}950$$

$$= \underline{\underline{8{,}36\,\%}}$$

Zu 2.: Erläuterungen zur Veränderung des Return on Investment

- Der Rückfluss des investierten Gesamtkapitals (ROI) ist im Berichtsjahr gefallen.
- Der Rückgang beruht darauf, dass die erhöhte Umschlagshäufigkeit des Gesamtkapitals den Rückgang der Umsatzrentabilität nicht ausgleichen kann.

Die **ROI-Kennzahl** erklärt, ob der Unternehmenserfolg mehr auf die Umsatzrentabilität oder auf die Umschlagshäufigkeit des Gesamtkapitals zurückzuführen ist.

(2) Finanzwirtschaftliche Kennzahlen als Informations- und Steuerungsinstrumente

Beispiel:

Ein Unternehmen, das das BSC-Kennzahlensystem verwendet, setzt sich in der finanziellen Perspektive folgende operativen Ziele:

Verschuldungsgrad: max. 150 %; Eigenkapitalrentabilität: mind. 15 %; Gesamtkapitalrentabilität: 9,6 %; Umsatzrentabilität: 7,5 %; ROI: 10 %.

1 Es handelt sich um angenommene Zahlen.

Am Ende des Geschäftsjahres liegen folgende Werte vor:

Ø Eigenkapital	21 000 000,00 EUR	Jahresüberschuss	3 200 000,00 EUR
Ø Fremdkapital	27 000 000,00 EUR	Fremdkapitalzinsen	1 150 000,00 EUR
Umsatzerlöse	55 000 000,00 EUR		

Aufgabe:

Überprüfen Sie rechnerisch, ob die gesetzten operativen Ziele jeweils erreicht wurden!

Lösung:

Verschuldungsgrad $= \frac{27\,000\,000 \cdot 100}{21\,000\,000} = \underline{\underline{128{,}6\,\%}}$ → Ziel übererfüllt

Eigenkapitalrentabilität $= \frac{3\,200\,000 \cdot 100}{21\,000\,000} = \underline{\underline{15{,}2\,\%}}$ → Minimalziel zwar erreicht, aber steigerungsfähig

Gesamtkapitalrentabilität $= \frac{4\,350\,000 \cdot 100}{48\,000\,000} = \underline{\underline{9{,}1\,\%}}$ → Ziel knapp verfehlt

Umsatzrentabilität $= \frac{43\,350\,000 \cdot 100}{55\,000\,000} = \underline{\underline{7{,}9\,\%}}$ → Ziel knapp übererfüllt

ROI $= \frac{4\,350\,000 \cdot 100}{55\,000\,000} \cdot \frac{55\,000\,000}{48\,000\,000}$

ROI $= 7{,}91\,\% \cdot 1{,}15$

ROI $= \underline{\underline{9{,}1\,\%}}$ → Ziel knapp verfehlt

Fazit: Eine Verbesserung des ROI ist entweder durch eine Steigerung der Umsatzrentabilität oder durch eine Erhöhung der Gesamtkapitalumschlagshäufigkeit zu erreichen.

2.1.4.3 Kennzahlen der Kundenperspektive

Die Kundenzufriedenheit ist die Basis für einen langfristigen Unternehmenserfolg. Die kundenorientierten Kennzahlen liefern hierzu Informationen.

Beispiel:

Das Internetkaufhaus „Exotische Süßwaren online GmbH" setzt sich folgende kundenbezogene operative Ziele: Marktanteil 40 %; Steigerung der Kundenzahl um monatlich 1 %; Anteil der Stammkunden 65 %; Kundenbefragung soll mindestens 75 % Zustimmung signalisieren.

Zurzeit hat das Unternehmen 122 000 erfasste Kunden, wovon 968 im letzten Monat hinzukamen. 72 500 Kunden haben bereits zweimal oder öfter bei diesem Internetkaufhaus bestellt. Das Marktvolumen in diesem Marktsegment wird auf 1 200 000,00 EUR pro Monat geschätzt. Die GmbH hat im vergangenen Monat für 495 000,00 EUR Süßwaren abgesetzt.

Aufgabe:

Überprüfen Sie rechnerisch, ob die gesetzten operativen Ziele jeweils erreicht werden!

Lösung:

Marktanteil $= \frac{\text{Umsatz} \cdot 100}{\text{Marktvolumen}}$

$= \frac{495\,000 \cdot 100}{1\,200\,000} = \underline{\underline{41{,}25\,\%}}$ → Ziel erreicht

17 Speth u.a. - ISBN 978-3-8120-0593-7

$$\text{Kundentreue} = \frac{\text{Stammkunden} \cdot 100}{\text{gesamte Kundenzahl}}$$

$$= \frac{72\,500 \cdot 100}{122\,000} = \underline{\underline{59{,}4\,\%}} \quad \rightarrow \text{Ziel noch nicht erreicht}$$

$$\text{Kundenakquisition} = \frac{\text{Anzahl neuer Kunden} \cdot 100}{\text{Anzahl bisheriger Kunden}}$$

$$= \frac{968 \cdot 100}{121\,032} = \underline{\underline{0{,}8\,\%}} \quad \rightarrow \text{zu wenig Neukunden geworben}$$

Auch ohne Befragung ist erkennbar, dass die Kundenzufriedenheit gesteigert werden muss. Sowohl die Zahl der Stammkunden als auch die Zahl der Neukunden blieb unter den Zielvorgaben.

Der **Fokus**[1] **der Kundenperspektive** liegt auf der **Kundenzufriedenheit**. Nur so können bisherige Kunden gehalten und neue Kunden hinzugewonnen werden.

2.1.4.4 Kennzahlen der Prozessperspektive

Die Optimierung der internen Prozesse dient der Erfüllung der Kundenwünsche und trägt damit zur Verbesserung des Unternehmensergebnisses bei:[2]

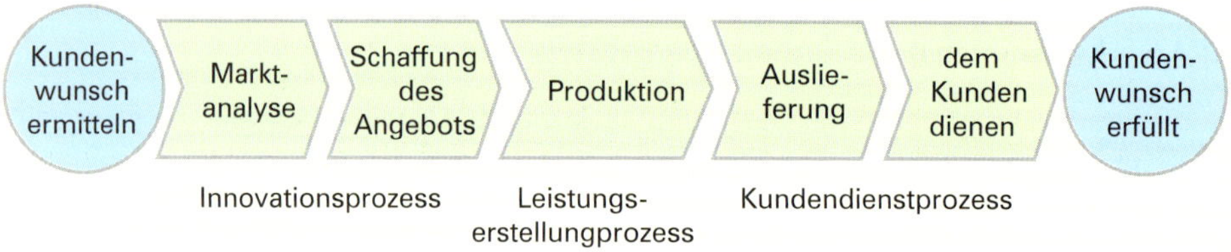

Ein Maß für die Qualität des **Innovationsprozesses** ist beispielsweise die Zahl der neu angemeldeten **Patente**. Ein reibungsloser **Leistungserstellungprozess** ist dadurch gekennzeichnet, dass **Störungen nur von kurzer Dauer** sind und lediglich eine geringe **Fehlerquote** auftritt. Ein funktionierender **Kundendienstprozess** strebt eine **schnelle Bearbeitung** der eingehenden Reklamationen an.

Beispiel:

Ein Hersteller von Solarzellen greift den Kundenwunsch nach optisch ansprechenden Lösungen auf, indem er Solarzellen in den gängigen Ziegelformen mit kabellosen Klick-Verbindungen entwickelt und zum Patent anmeldet. Bei der Produktion sollen die Ausschussquote unter 1 % und die störungsbedingten Maschinenstillstandszeiten unter 5 % liegen. Die Zahl der Reklamationen sollte unter 2 % der Kundenaufträge liegen.

Im letzten Monat wurden 2 335 400 Stück Solarziegel produziert. Die Endkontrolle hat 30 064 schadhafte Solarzellen aussortiert. Von den theoretisch möglichen 160 Laufstunden der Fertigungsstraße sind 11 Stunden wegen Störungen ausgefallen. Die einwandfreien Solarziegel wurden an 178 Kunden geliefert, wobei eine Reklamation wegen verspäteter Lieferung und zwei Mängelrügen wegen Falschlieferung eingingen.

Aufgabe:

Überprüfen Sie rechnerisch, ob die gesetzten operativen Ziele erreicht werden!

1 **Fokus**: Schwerpunkt.

2 Vgl. ad rem: Wirtschaft-Soziales-Recht, Nr. 73, S. 4.

Lösung:

$$\text{Fehlerquote} = \frac{\text{Ausschussteile} \cdot 100}{\text{produzierte Stückzahl}}$$

$$= \frac{30\,064 \cdot 100}{2\,335\,400} = \underline{\underline{1{,}3\,\%}} \quad \rightarrow \text{Ziel noch nicht erreicht}$$

$$\text{Störungsquote} = \frac{\text{Störungsdauer} \cdot 100}{\text{mögliche Laufzeit}}$$

$$= \frac{11 \cdot 100}{160} = \underline{\underline{6{,}9\,\%}} \quad \rightarrow \text{Ziel deutlich verfehlt}$$

$$\text{Reklamationsquote} = \frac{\text{Zahl der Reklamationen} \cdot 100}{\text{Zahl der Aufträge}}$$

$$= \frac{3 \cdot 100}{178} = \underline{\underline{1{,}7\,\%}} \quad \rightarrow \text{Ziel erreicht}$$

Die Kennzahlen der internen Prozesse weisen auf die Notwendigkeit von Verbesserungen hin. Im Servicebereich konnte das gesetzte Ziel erreicht werden.

Eine **Optimierung der internen Prozesse** ermöglicht neben einer Kostensenkung vor allem eine **Verbesserung der Kundenzufriedenheit.**

2.1.4.5 Kennzahlen der Mitarbeiterperspektive

Ein modernes Unternehmen versteht sich als **lernende Organisation,** die die Mitarbeiterpotenziale nach Kräften fördert. Unterstützt wird dies durch transparente Informationssysteme und einen kooperativen Führungsstil. Eine hohe **Mitarbeiterzufriedenheit** erleichtert die Erreichung der Ziele der Prozessperspektive und aller anderen Perspektiven.[1]

Die Mitarbeiterzufriedenheit schlägt sich einerseits in der **Mitarbeitertreue** und andererseits in der **Mitarbeiterproduktivität** nieder.

Beispiel:

Der Hersteller von Solarzellen (vgl. Beispiel S. 258) kennt die Bedeutung der Mitarbeiterzufriedenheit.

Der eingesetzte Arbeitskreis geht von einer guten Entwicklung aus, wenn folgende Kennzahlen erreicht werden:

Fehlzeiten der Mitarbeiter unter 3 %; Fluktuationsrate unter 5 %; mindestens 7 Schulungstage je Mitarbeiter; durchschnittlich 2 Verbesserungsvorschläge pro Mitarbeiter und Jahr. Der Leiter der Produktion für Solarmodule erwartet eine Produktivitätssteigerung um 1,5 %.

Die Statistik des Solarunternehmens weist folgende Zahlen aus: Bei 213 Mitarbeitern sind im vergangenen Jahr (220 Arbeitstage) insgesamt 1 805 krankheitsbedingte Fehltage angefallen. 9 Mitarbeiter verließen am Ende des Geschäftsjahres das Unternehmen auf eigenen Wunsch. Die Personalabteilung hat insgesamt 965 Fortbildungstage finanziert. Das Unternehmen profitierte von insgesamt 597 Verbesserungsvorschlägen seiner Mitarbeiter. Im letzten Monat haben 33 Mitarbeiter 40 400 Stück Solarmodule produziert. Im gleichen Monat des Vorjahres haben die damals 25 Mitarbeiter 30 200 Module hergestellt.

Aufgabe:

Überprüfen Sie rechnerisch, ob die angestrebten Kennzahlenwerte der Mitarbeiterperspektive erreicht werden!

1 Vgl. **ad rem:** Wirtschaft-Soziales-Recht, Nr. 73, S. 5.

Lösung:

$$\text{Fehlzeitenquote} = \frac{\text{Fehltage} \cdot 100}{\text{Gesamtzahl an Arbeitstagen}} = \frac{1805 \cdot 100}{46\,860} = \underline{\underline{3{,}9\,\%}} \quad \rightarrow \text{Ziel nicht erreicht}$$

$$\text{Fluktuationsrate} = \frac{\text{abgewanderte Mitarbeiter} \cdot 100}{\text{Beschäftigtenzahl}} = \frac{9 \cdot 100}{213} = \underline{\underline{4{,}2\,\%}} \quad \rightarrow \text{Ziel erreicht}$$

$$\text{Schulungstage je Mitarbeiter} = \frac{\text{Zahl der Schulungstage}}{\text{Mitarbeiterzahl}} = \frac{965}{213} = \underline{\underline{4{,}5\ \text{Tage}}} \quad \rightarrow \text{Ziel deutlich verfehlt}$$

$$\text{Verbesserungsvorschläge je Mitarbeiter} = \frac{\text{Zahl der Verbesserungsvorschläge}}{\text{Mitarbeiterzahl}} = \frac{597}{213} = \underline{\underline{2{,}8\ \text{Vorschläge}}} \quad \rightarrow \text{Ziel übertroffen}$$

Ermittlung der Produktivitätssteigerung:

$$\text{Produktivität je Mitarbeiter} = \frac{\text{Ausbringungsmenge}}{\text{eingesetzte Mitarbeiter}}$$

$$\text{Produktivität Vormonat} = \frac{40\,400}{33} = 1\,224{,}2\ \text{Module/Mitarbeiter}$$

$$\text{Produktivität Vorjahresmonat} = \frac{30\,200}{25} = 1\,208\ \text{Module/Mitarbeiter}$$

$$\text{Produktivitätssteigerung} = \frac{\text{zusätzliche Module je Mitarbeiter} \cdot 100}{\text{Module je Mitarbeiter Vorjahr}} = \frac{16{,}2 \cdot 100}{1\,208} = \underline{\underline{1{,}3\,\%}}$$

→ gewünschte Produktivitätssteigerung nicht erreicht.

Das Überschreiten der Fehlzeiten einerseits und das Unterschreiten der Schulungstage andererseits deutet auf eine Überlastung der Mitarbeiter hin. Das erklärt wahrscheinlich auch die geringere Produktivitätssteigerung.

Zufriedene engagierte und gut ausgebildete Mitarbeiter sind das **wichtigste Kapital** eines erfolgreichen Unternehmens.

2.1.4.6 Vorzüge des BSC-Kennzahlensystems[1]

Die **Vorzüge des mehrperspektivischen BSC-Kennzahlensystems** bestehen darin, dass es

- die Unternehmensstrategie präzisiert und in **operative Zielgrößen** übersetzt.
- unternehmensspezifische **Zusammenhänge zwischen den Messgrößen** aufdeckt.
- die Umsetzung der Unternehmensstrategie erleichtert, da diese operativen Zielgrößen als Grundlage für **Zielvereinbarungen** dienen können.
- der Geschäftsleitung einen **Überblick** über die werttreibenden Faktoren für langfristigen finanziellen Erfolg liefert.
- **Transparenz und Verbindlichkeit** von Arbeitsanweisungen fördert.
- ein **zukunftsfähiges Steuerungs- und Feedbacksystem** ist, da Management-Trends wie Dezentralisierung, offene Netzwerke, Informationszugang, Vertrauen und Mobilität sehr gut mit ihm vereinbar sind.

Zusammenfassung

- Die **Balanced Scorecard** (BSC) erlaubt eine **ganzheitliche Sichtweise,** da sie neben der **Finanzperspektive** auch die **Kundenperspektive,** die **Prozessperspektive** sowie die **Mitarbeiterperspektive** berücksichtigt.
- Aus der Unternehmensvision wird die Unternehmensstrategie entwickelt. Die Ableitung der konkreten **strategischen Ziele** für die jeweiligen Perspektiven erfolgt unter **Beteiligung der Mitarbeiter.**
- Die Balanced Scorecard ist ein **Führungsinstrument** zur **Umsetzung von Strategien in konkrete Handlungen.**
- Das mehrperspektivische BSC-Kennzahlensystem dient der **Präzisierung der strategischen Ziele** und der **Ergebniskontrolle.**
- Die verwendeten Kennzahlen müssen das Kriterium der **Mess- und Überprüfbarkeit** erfüllen.
- Die wichtigsten Kennzahlen der **Finanzperspektive** sind der Verschuldungsgrad, die Rentabilitätskennzahlen und der Return on Investment.
- Der Fokus der **Kundenperspektive** liegt auf der Kundenzufriedenheit. Wichtige Kennzahlen sind hier der Marktanteil, die Kundentreue und die Kundenakquisition.
- Eine Optimierung der **internen Prozesse** ermöglicht neben einer Kostensenkung vor allem eine Verbesserung der Kundenzufriedenheit. Von besonderer Bedeutung sind die Fehlerquote, die Zahl der Reklamationen und die Dauer von Störungen.
- In der **Mitarbeiterperspektive** wird die Bedeutung der Mitarbeiterzufriedenheit sichtbar, die sich einerseits in der Mitarbeitertreue und andererseits in der Mitarbeiterproduktivität niederschlägt.
- Hervorstechendes Merkmal des **BSC-Kennzahlensystems** ist der Einbezug von nicht monetären Messgrößen.
- Das BSC-Kennzahlensystem ist ein **zukunftsfähiges Steuerungs- und Feedbacksystem,** da Management-Trends wie Dezentralisierung, offene Netzwerke, Informationszugang, Vertrauen und Mobilität sehr gut mit ihm vereinbar sind.

1 Vgl. http://www.4managers.de/management/themen/balanced-scorecard/; 10.04.2019.

Übungsaufgaben

49

1. 1.1 Beschreiben Sie die verschiedenen Perspektiven im Konzept der Balanced Scorecard!

   1.2 Erklären Sie, warum die Finanzperspektive die Hauptperspektive ist!

   1.3 Erläutern Sie den Weg von der Vision zur Strategie an einem Beispiel!

   1.4 Geben Sie an, welche Besonderheiten des BSC-Prozesses die Entwicklung von konkreten strategischen Zielen erleichtern!

   1.5 Erläutern Sie an einem Beispiel, welche Ursache-Wirkungskette ein Fortbildungsprogramm für Mitarbeiter erwarten lässt!

2. Beurteilen Sie ein Unternehmen, dessen Verschuldungsgrad:

   2.1 unter 100 % liegt,

   2.2 100 % beträgt,

   2.3 300 % oder darüber beträgt!

3. Eine Maschinenfabrik liefert folgende Zahlenwerte:

Eigenkapital:		Sonstige Aufwendungen	105 Mio. EUR
– am Anfang	350 Mio. EUR	davon Fremdkapitalzinsen	8 Mio. EUR
– am Ende	400 Mio. EUR	Umsatzerlöse netto	850 Mio. EUR
Aufwend. für Rohstoffe	700 Mio. EUR	Jahresüberschuss	45 Mio. EUR

   Aufgaben:

   3.1 Berechnen Sie die Umsatzrentabilität und die Unternehmerrentabilität!

   3.2 Beurteilen Sie die Kennzahlen, wenn die Branchenwerte bei 4,2 % bzw. 10,2 % liegen!

4. Die Nova Caravan AG liefert folgende Quartalszahlen:

Umsatzerlöse netto	1114640,00 EUR
Aufwendungen für Roh-, Hilfs- und Betriebsstoffe	870000,00 EUR
Sonstige Aufwendungen	215000,00 EUR
Durchschnittl. Eigenkapital	380000,00 EUR
Durchschnittl. Fremdkapital	597500,00 EUR

   In den sonstigen Aufwendungen sind 16430,00 EUR Fremdkapitalzinsen enthalten.

   Aufgabe:

   Berechnen Sie die Gesamtkapitalrentabilität und beurteilen Sie diesen Wert, wenn der Branchenwert 3,2 % beträgt!

50

	Vorjahr	Berichtsjahr
Investiertes Gesamtkapital	7500000,00 EUR	6800000,00 EUR
Umsatzerlöse	20800000,00 EUR	20384000,00 EUR
Bruttogewinn	520000,00 EUR	509600,00 EUR

Aufgaben:

1. Ermitteln Sie die Umsatzrentabilität, die Gesamtkapitalumschlagshäufigkeit und den Return on Investment!
2. Erklären Sie, worauf die Änderung der Rentabilität des Gesamtkapitals beruht!

51

	Artikelgruppe I	Artikelgruppe II	Insgesamt
Investiertes Gesamtkapital	140 000,00 EUR	140 000,00 EUR	280 000,00 EUR
Umsatzerlöse	420 000,00 EUR	140 000,00 EUR	560 000,00 EUR
Bruttogewinn	42 000,00 EUR	14 000,00 EUR	56 000,00 EUR

Aufgaben:

1. Berechnen Sie die Umsatzrentabilität, die Gesamtkapitalumschlagshäufigkeit und den Return on Investment!
2. Beschreiben Sie die Auswirkungen, die hohe Investitionen ins Anlagevermögen[1] auf den Return on Investment haben!
3. Prüfen Sie, wodurch der Return on Investment verbessert werden kann!

52

1. Geben Sie an, welche der genannten Zielgrößen für das operative Controlling wichtig sind:
   - 1.1 relativer Marktanteil,[2]
   - 1.2 Verschuldungsgrad,
   - 1.3 Angebotsvergleiche im Rahmen der Beschaffung,
   - 1.4 Verzinsung des eingesetzten Kapitals,
   - 1.5 durchschnittliche Urlaubstage,
   - 1.6 Schulungstage pro Mitarbeiter,
   - 1.7 Ausschussquote.
2. Prüfen Sie, welche Aussagen über Kennzahlen richtig sind!
   - 2.1 Kennzahlen sind wichtige Instrumente der Unternehmensführung.
   - 2.2 Kennzahlen widersprechen der Grundidee der Balanced Scorecard.
   - 2.3 Kennzahlen erlauben den Vergleich mit anderen Unternehmen.
   - 2.4 Letztlich sind nur finanzwirtschaftliche Kennzahlen wichtig.
   - 2.5 Kennzahlen sollen das Beurteilen wichtiger Zusammenhänge ermöglichen.
3. 3.1 Nennen Sie zwei Kennzahlen zur Steuerung eines Auftragsbearbeitungsprozesses und geben Sie an, wie diese zu berechnen sind!
   - 3.2 Beschreiben Sie diese Kennzahlen der Prozessperspektive für die Kundenzufriedenheit!
   - 3.3 Erläutern Sie die Vorteile des BSC-Ansatzes im Vergleich zu einem klassischen Kennzahlensystem!

53 Bei der Sinzig-Hochbau AG soll als wesentliches Teilziel die Kundenorientierung verbessert werden. Als entscheidende Faktoren der Kundenperspektive werden dabei eine sehr gute Termintreue, wenige Reklamationen und schneller Service bzw. kurze Reparaturdauer gesehen. Gleichzeitig dürfen die Kosten nicht wesentlich erhöht werden.

1 Zum **Anlagevermögen** zählen alle Vermögensposten, die dazu bestimmt sind, dem Unternehmen langfristig zu dienen. Sie bilden die Grundlage für die Betriebsbereitschaft. **Beispiele:** Gebäude, Maschinen, Lizenzen, Betriebsausstattung.

2 Siehe S. 267.

Die Bestandsaufnahme ergibt etwa zu 20 % nicht eingehaltene Termine und 10 % Reklamationen wegen mangelhafter Ausführung. Im nächsten Jahr sollen dann nur noch weniger als 10 % der Termine nicht eingehalten werden, die Anzahl der Mängelrügen soll auf 7 % verringert werden.[1]

Aufgaben:

1. Zeigen Sie auf, welche Ursachen es für die schlechten Ist-Werte geben könnte!
2. Schlagen Sie Maßnahmen für die Verbesserung der Situation vor!
3. Überprüfen Sie die Wirksamkeit der vom Unternehmen umgesetzten Maßnahmen, wenn folgende Zahlen vorliegen:

   Von den 232 Bauaufträgen konnten 207 pünktlich fertiggestellt werden. Von den Bauherren kamen noch 19 Reklamationen wegen mangelhafter Ausführung.

54 Die Osterholzer Kunststoffformer GmbH verwendet das BSC-Kennzahlensystem und ist insbesondere mit den Ergebnissen der Mitarbeiterperspektive unzufrieden, da die Fehlzeiten mit zurzeit durchschnittlich 17 Tagen und die Fluktuationsrate mit 8 % sehr hoch sind.

Aufgaben:

1. Berechnen Sie die Fehlzeitenquote bei 223 Arbeitstagen im untersuchten Jahr!
2. Beschreiben Sie den Zusammenhang zwischen den genannten Kennzahlen und der Mitarbeiterzufriedenheit insgesamt!
3. Erläutern Sie, inwiefern durch die Abwanderung von Arbeitskräften Humankapital[2] verloren geht!
4. Schlagen Sie Maßnahmen für die Verbesserung der Mitarbeiterbindung an das Unternehmen vor!
5. Eine Befragung der Fachkräfte in der Fertigung hat ergeben, dass sie die Tätigkeit mit der Zeit recht langweilig finden. Unterbreiten Sie Lösungsvorschläge, durch welche Veränderungen man die Motivation und Arbeitszufriedenheit der Beschäftigten verbessern könnte!

1 Vgl. http://www.promolook.de/bsc-beispiel.htm; 10.02.07.

2 Das Humankapital eines Unternehmens ist die Summe von Wissen, Fähigkeiten und Erfahrungen seiner Mitarbeiter.

2.2 Betriebliche Kennzahlen der Leistungserstellung

2.2.1 Produktivität

(1) Begriff Produktivität

Die Produktivität ist die technische Ergiebigkeit eines Produktionsvorgangs. Sie stellt das Verhältnis von der Ausbringungsmenge zu den Einsatzmengen der Produktionsfaktoren dar.

$$\text{Produktivität} = \frac{\text{Ausbringungsmenge}}{\text{Einsatzmenge}}$$

Aus dieser allgemeinen Formulierung der Produktivität lassen sich **Teilproduktivitäten** ableiten. Die wichtigsten sind die **Arbeitsproduktivität** und die **Kapitalproduktivität.**

(2) Arten der Produktivität

Arbeitsproduktivität

Bei der Arbeitsproduktivität wird die Ausbringungsmenge auf eine Arbeitsstunde bezogen.

Beispiel:

Ein Bauunternehmen erstellte im Monat April mit seinen Beschäftigten 2000 m^3 umbauten Raum, im Mai 2400 m^3. Die geleisteten Arbeitsstunden betrugen im April 3840 und im Mai 4416 Arbeitsstunden. Der Einsatz von Werkzeugen, Maschinen, Fahrzeugen, Ausstattung und Gebäude blieb unverändert (Wert 300000,00 EUR).

Die Arbeitsproduktivität berechnet sich dann wie folgt:

$$\text{Arbeitsproduktivität} = \frac{\text{Ausbringungsmenge}}{\text{geleistete Arbeitsstunden}}$$

Mit den Zahlen des Beispiels erhält man folgende Werte:

Monat	Arbeitsproduktivität	Monat	Arbeitsproduktivität
April	$\frac{2000}{3840} = \underline{\underline{0{,}52}}$	Mai	$\frac{2400}{4416} = \underline{\underline{0{,}54}}$

Das Ergebnis zeigt, dass sich die Arbeitsproduktivität im Mai erhöht hat. Da sich die Ausstattung mit z. B. Maschinen und Werkzeugen nicht geändert hat, ist die Produktivitätssteigerung ausschließlich auf die Arbeiter zurückzuführen. Gründe können sein: besseres Wetter (die Arbeitskräfte fühlen sich wohler), die Aufsicht wurde verbessert, die Arbeitskräfte befürchten Entlassungen und strengen sich daher mehr an, das Betriebsklima ist besser geworden, die im April gewonnene Routine (Gewandtheit) nach der Winterpause führte im Mai zur Leistungssteigerung.

Kapitalproduktivität

Bezieht man die Ausbringungsmenge auf das eingesetzte Sachkapital, erhält man die Kapitalproduktivität.

$$\text{Kapitalproduktivität} = \frac{\text{Ausbringungsmenge}}{\text{Sachkapital}}$$

Mit den Zahlen des Beispiels erhält man folgende Werte:

Monat	Kapitalproduktivität	Monat	Kapitalproduktivität
April	$\frac{2\,000}{300\,000} = \underline{\underline{0{,}00\overline{6}}}$	Mai	$\frac{2\,400}{300\,000} = \underline{\underline{0{,}008}}$

Die Kapitalproduktivität ist (um 20 %) gestiegen, obwohl sich am Kapitaleinsatz nichts geändert hat.

2.2.2 Wirtschaftlichkeit

Wirtschaftlichkeit ist das Verhältnis erbrachter Erträge zu den für diese Erträge aufgewendeten Mitteln, also deren Aufwendungen je Periode (z. B. je Geschäftsjahr).

$$\text{Wirtschaftlichkeit} = \frac{\text{Erträge}}{\text{Aufwendungen}}$$

Der **Unterschied zwischen Wirtschaftlichkeit und Produktivität** besteht darin, dass die **Produktivität** ein **Mengenverhältnis** ausdrückt, während die **Wirtschaftlichkeit** ein **Wertverhältnis** darstellt. Praktisch heißt das, dass die Wirtschaftlichkeit – bewertet zu tatsächlichen Preisen – bei gleichbleibender Produktivität steigen oder fallen kann, wenn beispielsweise die Absatzpreise bei gleichbleibenden Kosten steigen bzw. fallen.

Beispiel:

Die Erträge des Monats Juni einer Seilerei betrugen 3 192 000,00 EUR. Die monatlichen Aufwendungen beliefen sich auf 3 040 000,00 EUR. Die Wirtschaftlichkeitskennzahl berechnet sich wie folgt:

$$\text{Wirtschaftlichkeit} = \frac{3\,192\,000}{3\,040\,000} = \underline{\underline{1{,}05}}$$

Die Wirtschaftlichkeitskennzahl 1,05 bedeutet, dass für jeden eingesetzten Euro ein Ertrag von 1,05 EUR erzielt werden konnte.

2.2.3 Kennzahlen zur Beurteilung der Prozessqualität

Die Kennzahlen Produktivität, Wirtschaftlichkeit und Rentabilität haben statischen Charakter, weil sie Momentaufnahmen sind, die einen Periodenabschluss voraussetzen. Sie geben aber wenig Informationen darüber, inwieweit Prozessabläufe verbessert werden konnten. Die Qualität der Prozesse im Rahmen der Leistungserstellung muss sich aber insbesondere daran messen lassen, ob z. B. Fortschritte erzielt wurden im Rahmen der Terminierung, in einer Verkürzung der Durchlaufzeit, und damit der Kapitalbindungsdauer bzw. in einer Einhaltung zugesagter Liefertermine.

Beispiele für solche prozessorientierten Kennzahlen sind

- ein Prozentsatz, der angibt, wie viel Prozent der veranlassten Fertigungsaufträge auch termingetreu beendet und ausgeliefert wurden.

$$P_z = \frac{\text{zeitgerecht ausgeführte Fertigungsaufträge} \cdot 100}{\text{veranlasste Fertigungsaufträge}}$$

- ein Prozentsatz, der angibt, wie viel Prozent der Durchlaufzeit beansprucht wird für
  - die reine Bearbeitungszeit am Werkstück

$$P_b = \frac{\text{Ist-Bearbeitungszeit/Werkstück} \cdot 100}{\text{Ist-Durchlaufzeit/Werkstück}}$$

  - die Transportzeit zwischen den einzelnen Bearbeitungsstationen bzw. für die Wartezeit vor/nach der Bearbeitung

$$P_t = \frac{\text{Ist-Transportzeit/Werkstück} \cdot 100}{\text{Ist-Durchlaufzeit/Werkstück}}$$

$$P_w = \frac{\text{Ist-Wartezeiten/Werkstück} \cdot 100}{\text{Ist-Durchlaufzeit/Werkstück}}$$

Vergleicht man die Entwicklung dieser Kennzahlen von Periode zu Periode, dann erhält man sehr klare Informationen darüber, ob es gelungen ist, die Maßnahmen zur Prozessoptimierung in der Realität umzusetzen.

2.3 Betriebliche Kennzahlen des Absatzes

Es handelt sich um Kennzahlen, die die Erfolgsfaktoren eines Unternehmens aufzeigen und kontrollieren sollen. Diese Kennzahlen sind breit gestreut. Sie erstrecken sich über alle Unternehmensbereiche und erfassen auch die für das Unternehmen bedeutsamen Marktdaten. Die Auswahl der Erfolgskennzahlen ist betriebsindividuell.

(1) Kennzahlen im Entscheidungsfeld Produktpolitik

Der Controllingbereich unterstützt hier unternehmerische Entscheidungen, indem er z.B. Auskunft gibt über Auftragseingang, Auftragsreichweite, Marktanteil, relativer Marktanteil.

Beispiele:

$$\text{Auftragseingangsquote} = \frac{\text{Auftragseingang Ist} \cdot 100}{\text{Auftragseingang Plan}}$$

$$\text{Auftragsreichweite} = \frac{\text{Auftragsbestand} \cdot 100}{\text{Jahresumsatz}}$$

$$\text{Marktanteil} = \frac{\text{Absatzvolumen} \cdot 100}{\text{Marktvolumen}}$$

$$\text{relativer Marktanteil (Wettbewerbsposition)} = \frac{\text{Marktanteil des Unternehmens} \cdot 100}{\text{Marktanteil des stärksten Konkurrentren}}$$

(2) Kennzahlen im Entscheidungsfeld Kommunikationspolitik

Problematisch in diesem Entscheidungsfeld ist, dass sich z. B. das Ergebnis einer Werbekampagne einer ausschließlich quantitativen Messung entzieht. Der Zusatzumsatz ist zwar im Betrieb messbar, nicht jedoch die Bewusstseinsänderung im Kopf des Umworbenen. Daher muss sich das Controlling in diesem Entscheidungsfeld darauf beschränken, kommunikationspolitische Entscheidungen anhand von Kennzahlen zu beurteilen.

Beispiele:

$$\text{Werbeaufwandsatz vom Umsatz} = \frac{\text{Werbeaufwand je Periode} \cdot 100}{\text{Umsatz je Periode}}$$

$$\text{Markterschließungsgrad} = \frac{\text{Umsatz} \cdot 100}{\text{potenzieller Umsatz}}$$

$$\text{Neukundenanteil} = \frac{\text{Neukunden} \cdot 100}{\text{Gesamtkunden}}$$

$$\text{Umsatz je Außendienstmitarbeiter} = \frac{\text{Umsatz}}{\text{Anzahl der Außendienstmitarbeiter}}$$

Diese **funktionsbezogenen Kennzahlen** lassen sich ergänzen durch **prozessbezogene Kennzahlen,** wie z. B.:

$$\text{Angebotsgrad} = \frac{\text{Anzahl der ausgeführten Aufträge} \cdot 100}{\text{Anzahl der abgegebenen Angebote}}$$

$$\text{Servicegrad} = \frac{\text{Anzahl der termingerecht ausgeführten Aufträge} \cdot 100}{\text{Anzahl aller zu erfüllenden Aufträge}}$$

(3) Kennzahlen im Entscheidungsfeld Distributionspolitik

Im Vordergrund der Betrachtung stehen hier Informationen darüber, wie wirtschaftlich die Vertriebswege sind. Die Datenbasis hierfür entstammt der betrieblichen Kosten- und Leistungsrechnung.

Beispiele:

$$\text{Vertriebskostenquote} = \frac{\text{Vertriebskosten} \cdot 100}{\text{Umsatz}}$$

$$\text{Aufwand Außendienst} = \frac{\text{Aufwand Außendienst} \cdot 100}{\text{Umsatz}}$$

$$\text{Umsatzmarktanteil} = \frac{\text{Umsatz des Unternehmens} \cdot 100}{\text{Branchenumsatz}}$$

$$\text{E-Commerceanteil} = \frac{\text{Umsatz E-Commerce} \cdot 100}{\text{Umsatz}}$$

Zusammenfassung

- Die **Produktivität** gibt ein rein **mengenmäßiges Verhältnis** wieder und sagt nur etwas über die technische Ergiebigkeit der Produktion aus. Ob dadurch auch ein finanzieller Erfolg erzielt wird, lässt sich aus der Produktivität nicht ersehen. Allerdings wird eine unproduktive Produktion zu Verlusten führen und kann damit langfristig die Betriebsaufgabe zur Folge haben.
- Die **Qualität des Produktionsprozesses** wird durch **Prozesskennzahlen** dokumentiert.
- **Kennzahlen des Absatz-Controllings** fassen Daten so zusammen, dass sie einen Überblick über die Leistung des gesamten Unternehmens oder einzelner Teilbereiche geben.

Übungsaufgaben

55

1. 1.1 Erklären Sie die Begriffe Produktivität und Wirtschaftlichkeit!

   1.2 Stellen Sie dar, ob sich Produktivität und Wirtschaftlichkeit gegenläufig entwickeln können! Begründen Sie Ihre Meinung an einem Beispiel!

   1.3 Nennen Sie die ökonomische Kennzahl, die wie folgt ermittelt wird!

   $$\frac{\text{mengenmäßige Ausbringung}}{\text{mengenmäßiger Einsatz}}$$

2. 2.1 Weisen Sie nach, dass Folgendes möglich ist: Das Unternehmen A arbeitet zwar produktiver als sein Konkurrent B, dennoch ist das Unternehmen A unwirtschaftlicher!

   2.2 Nennen Sie Maßnahmen zur Steigerung der Arbeitsproduktivität im personellen Bereich!

   2.3 Erklären Sie, worin prinzipiell der Unterschied zwischen der Kennzahl Wirtschaftlichkeit und der Kennzahl Termintreue besteht!

3. In der Fensterfabrik Müller KG stellen im Monat Mai vier Mitarbeiter in 720 Arbeitsstunden 100 Fenster gleicher Größe und Qualität her, die auch verkauft wurden. Der Verkaufspreis je Stück betrug 150,00 EUR. Die gesamten Aufwendungen der Fensterfabrik beliefen sich im Mai auf 11 500,00 EUR. Das Eigenkapital betrug 280 000,00 EUR.

   Aufgaben:

   3.1 Berechnen Sie die Arbeitsproduktivität!

   3.2 Berechnen Sie die Wirtschaftlichkeit!

56 Der Geschäftsleitung der Stehlin KG stehen folgende statistische Angaben zur Verfügung:

Monate	Mai	Juni	Juli
Leistung (umbauter Raum in m^3)	4000	4400	4850
Arbeitsstunden	3520	3696	3520
Investiertes Kapital	3 Mio. EUR	3 Mio. EUR	3,2 Mio. EUR

Aufgaben:

1. Berechnen Sie die Entwicklung der Arbeits- und der Kapitalproduktivität für die Monate Mai und Juni!

2. Im Monat Juli hat das investierte Kapital zugenommen, weil ein Förderband im Wert von 200 000,00 EUR angeschafft wurde.

   2.1 Berechnen Sie die Arbeits- und die Kapitalproduktivität für den Monat Juli!

   2.2 Stellen Sie dar, wie sich die Zunahme der Arbeits- und der Kapitalproduktivität erklärt!

57 Ein Unternehmen möchte eine neue Stanzmaschine kaufen. Ihm stehen zwei Angebote zur Auswahl:

Maschine I: Ausbringungsmenge pro Jahr: 41 800 Stück; erforderliche Arbeitskräfte: zwei; Arbeitsstunden pro Jahr je Arbeiter: 2 040; Stundenlohn: 22,00 EUR; Aufwendungen der Maschine je Tag laut Werksangabe: 60,00 EUR; Arbeitstage: 240 im Jahr; Verkaufspreis je Stanzteil: 3,00 EUR.

Maschine II: Ausbringungsmenge pro Jahr: 33 900 Stück; erforderliche Arbeitskräfte: einer; Arbeitsstunden pro Jahr je Arbeiter: 2 040; Stundenlohn: 22,00 EUR; Aufwendungen der Maschine je Tag laut Werksangabe: 110,00 EUR; Arbeitstage: 240 im Jahr; Verkaufspreis je Stanzteil: 3,00 EUR.

Aufgaben:

1. Berechnen Sie die Arbeitsproduktivität und die Wirtschaftlichkeit der beiden Maschinen!
2. Führen Sie Gründe auf, die für die Beschaffung der Maschine I bzw. der Maschine II sprechen!

58 1. Nennen Sie Aufgaben, die Kennzahlen im Absatz-Controlling übernehmen!

2. Stellen Sie die Zielsetzung dar, die die Kennzahlen des Absatz-Controllings verfolgen!

3. Dem Controller eines Industrieunternehmens liegen folgende Daten zur Auswertung vor:

Jahresumsatz des Unternehmens:	8 670 000,00 EUR
Potenzieller Jahresumsatz des Unternehmens:	11 560 000,00 EUR
Gesamtmarktumsatz pro Jahr:	42 500 000,00 EUR
Jahresumsatz des Produkts Werkbänke:	1 040 000,00 EUR
Auftragsbestand:	1 257 150,00 EUR
Auftragseingang Plan:	940 800,00 EUR
Auftragseingang Ist:	777 456,00 EUR
Marktanteil des Marktführers:	54,5 %

Aufgaben:

3.1 Berechnen Sie folgende Kennzahlen:

3.1.1 Marktanteil,

3.1.2 Relativer Marktanteil,

3.1.3 Auftragseingangsquote,

3.1.4 Auftragsreichweite,

3.1.5 Markterschließungsgrad!

3.2 Nennen Sie Maßnahmen, die dazu geeignet sind, den Marktanteil, den Markterschließungsgrad sowie die Auftragseingangsquote zu verbessern!

C. Kosten- und Leistungsrechnung

1 Grundlegendes zur Kosten- und Leistungsrechnung

1.1 Ziele der Kosten- und Leistungsrechnung

Ziel der **Kosten- und Leistungsrechnung** ist, alle betrieblichen Vorgänge zahlenmäßig zu planen, zu erfassen, zu verarbeiten und zu kontrollieren.

Ziele der Kosten- und Leistungsrechnung	Beispiele
Dokumentation, Kontrolle Mengen- und wertmäßige Erfassung bzw. Überwachung aller im Unternehmen auftretenden Kosten- und Leistungsströme.	■ Ermittlung der Kosten und Leistungen einer Periode. ■ Erfassung der Daten für die Investitions- und Finanzrechnung. ■ Ermittlung der Kosten und der betrieblichen Leistungen (Kalkulation). ■ ...
Disposition Bereitstellung von Unterlagen für unternehmerische Entscheidungen und Planungsüberlegungen.	Unterlagen für ■ Preis- und Produktpolitik. ■ Eigenfertigung oder Fremdbezug von Produkten. ■ Mögliche Fertigungsverfahren. ■ Informationsgewinnung, Investitionsentscheidungen. ■ ...
Wirtschaftlichkeitskontrolle Erfassung und Zeitvergleich von Bestands- und Erfolgsgrößen, um die Wirtschaftlichkeit und Rentabilität der betrieblichen Prozesse festzustellen.	■ Berechnung von Erfolgskennzahlen wie Rentabilität, Lagerkennzahlen, Kapitalumschlag. ■ Ermittlung der Kostenstruktur und der Kostenentwicklung. ■ Entwicklung der Produktivität. ■ ...
Rechenschaftslegung und Bereitstellung von Informationen Rechenschaftslegung und Bereitstellung von Informationen über die Vermögens-, Finanz- und Ertragslage des Unternehmens.	■ Veröffentlichung des Jahresabschlusses. ■ Angaben über Auftragslage. ■ Einschätzungen über die Unternehmensentwicklung. ■ Bekanntgabe von Investitionsentscheidungen. ■ ...

1.2 Begriffe Kosten und Leistungen

In der Kosten- und Leistungsrechnung werden nur die Aufwendungen und Erträge erfasst, die ursächlich im Zusammenhang mit der **Verfolgung des eigentlichen Betriebszweckes** stehen, der bei Industriebetrieben in der Herstellung, der Lagerung und dem Verkauf der Güter zu sehen ist.

(1) Kosten

Die **betrieblichen Aufwendungen** bezeichnet man als **Kosten.**

> **Kosten** sind der betriebliche und relativ regelmäßig anfallende Güter- und Leistungsverzehr innerhalb einer Abrechnungsperiode zur Erstellung betrieblicher Leistungen, gemessen in Geld.

Die Begriffsbestimmung der Kosten enthält drei Merkmale:

- Kosten können sich sowohl im **Verbrauch von Gütern** als auch in **erbrachten Diensten** niederschlagen.
- Kosten werden in **Geldeinheiten** bewertet.
- Kosten stehen in einem unmittelbaren Bezug zu den Leistungen, sie sind also **leistungsbedingt.**

(2) Leistungen

Die **betrieblichen Erträge** bezeichnet man als **Leistungen.**

> **Leistungen** sind die betrieblichen und relativ regelmäßig anfallenden Wertzugänge innerhalb einer Abrechnungsperiode gemessen in Geld.

Zu den Leistungen eines Industriebetriebs zählen:

- Umsatzerlöse aus dem **Verkauf von eigenen Erzeugnissen** und **Handelswaren,**
- **Bestandsmehrungen**[1] an fertigen und unfertigen Erzeugnissen,
- **Eigenleistungen.**[2]

1.3 Systeme der Kosten- und Leistungsrechnung

Nach der **Art der Kostenverrechnung auf die Kostenträger**[3] unterscheidet man in Vollkostenrechnung und Deckungsbeitragsrechnung (Teilkostenrechnung).

Vollkostenrechnung	Ziel der Vollkostenrechnung ist es, alle innerhalb einer Abrechnungsperiode angefallenen Kosten den Kostenträgern zuzurechnen. Es wird angestrebt, die Kosten über einen zumindest kostendeckenden Verkaufspreis wieder zu erwirtschaften (siehe **Kapitel 2** und **Kapitel 3**).
Deckungsbeitragsrechnung (Teilkostenrechnung)	Die Deckungsbeitragsrechnung geht vom erzielbaren Marktpreis aus und zieht hiervon zunächst die Kosten ab, die direkt mit der Beschaffung, der Produktion und dem Absatz zusammenhängen (variable Kosten). Ein verbleibender Ertragsüberschuss (Deckungsbeitrag) dient dann dazu, die Kosten, die unabhängig von einem einzelnen Auftrag anfallen (fixe Kosten), abzudecken (siehe **Kapitel 4**).

1 Es werden Waren produziert und auf Lager genommen, da sie in der Geschäftsperiode nicht verkauft bzw. ausgeliefert werden konnten. Vgl. hierzu S. 306ff.

2 Unter **Eigenleistungen** (innerbetrieblichen Leistungen) versteht man Leistungen (Güter), die nicht für den Absatzmarkt bestimmt sind, sondern im eigenen Betrieb zur eigenen Verwendung hergestellt und aktiviert werden (z. B. selbst hergestellte Werkzeuge, Regale, Maschinen).

3 Leistungseinheiten, für die Kosten angefallen sind, nennt man **Kostenträger,** weil sie die Kosten zu tragen haben. Zu Einzelheiten siehe S. 310 ff.

2 Vollkostenrechnung: Industrie

2.1 Teilbereiche der Vollkostenrechnung

Um den vielfältigen Aufgaben gerecht zu werden, muss die Kostenrechnung im Wesentlichen drei Grundfragen beantworten, wofür jeweils unterschiedliche Teilbereiche der Kostenrechnung zuständig sind.

Welche Kosten sind angefallen?	Diese Frage betrifft die systematische Erfassung aller Kosten, die bei der Erstellung und Verwertung betrieblicher Leistungen (Kostenträger) entstehen. Diese Frage betrifft den Teilbereich der **Kostenartenrechnung.**
An welchen Stellen im Betrieb sind die Kosten angefallen?	Die Beantwortung dieser Frage fällt in den Bereich der **Kostenstellenrechnung.**
Wer hat die Kosten zu tragen?	Bei dieser Frage geht es im Wesentlichen um das Problem der verursachungsgerechten Zurechnung der entstandenen Kosten auf die Kostenträger (Erzeugnisse). Diese Frage betrifft den Teilbereich der **Kostenträgerrechnung.**

2.2 Kostenartenrechnung

Die **Kostenartenrechnung** hat die Aufgabe, alle Kosten einer Abrechnungsperiode nach Arten eindeutig, periodengerecht und vollständig zu erfassen.

2.2.1 Gliederung der Kosten bei Änderung der Ausbringungsmenge

2.2.1.1 Kapazität und Beschäftigungsgrad

Jedes Unternehmen ist bezüglich seiner räumlichen, technischen und personellen Ausstattung auf eine bestimmte Ausbringungsmenge festgelegt. Die Ausbringungsmenge je Zeiteinheit (Tag, Monat, Jahr) nennt man **Kapazität.** Von der Kapazität ist die tatsächliche Ausbringungsmenge zu unterscheiden, die man als Prozentsatz gemessen an der Kapazität angibt. Den Prozentsatz nennt man **Beschäftigungsgrad.**

- **Kapazität** ist die Ausbringungsmenge, die bei gegebener Ausstattung erreichbar ist. Sie beträgt 100 %.
- Der **Beschäftigungsgrad** drückt das prozentuale Verhältnis der tatsächlichen Ausbringungsmenge zur Kapazität aus.

$$\text{Beschäftigungsgrad} = \frac{\text{tatsächliche Ausbringungsmenge} \cdot 100}{\text{Kapazität}}$$

18 Speth u.a. - ISBN 978-3-8120-0593-7

Beispiel:

Die Kapazität pro Monat beträgt 8000 Stück eines Erzeugnisses. Im Monat Mai betrug die Zahl der tatsächlich hergestellten Ausbringungsmenge 6000 Stück.

Aufgabe:

Berechnen Sie den Beschäftigungsgrad!

Lösung:

$$\text{Beschäftigungsgrad} = \frac{6000 \cdot 100}{8000} = 75\,\%$$

Betrachtet man die Gesamtkosten einer Geschäftsperiode, stellt man fest, dass sich ein Teil der Kosten bei einer Veränderung der Ausbringungsmenge nicht verändert, andere Kosten sich jedoch verändern. Es sind daher zwei Arten von Kosten zu unterscheiden: die **fixen Kosten** und die **variablen Kosten.**

2.2.1.2 Fixe und variable Kosten

(1) Begriffe fixe und variable Kosten

Fixe Kosten

Fixe Kosten (K_{fix}) sind Kosten, die sich bei Änderung der Ausbringungsmenge in ihrer **absoluten Höhe nicht verändern.**

Fixe Kosten fallen an, unabhängig davon, ob und wie viel ein Unternehmen produziert. Man nennt sie daher auch **Kosten der Betriebsbereitschaft.**

Beispiele:

Miete, Gehälter der Angestellten, Abschreibungen, Versicherungsbeiträge, Grundsteuern.

Variable Kosten

Variable Kosten (K_v) sind die Kosten, die sich bei Änderung der Ausbringungsmenge in ihrer **absoluten Höhe verändern.**

Beispiele:

Leistungsabhängige Löhne, Verbrauch von Werkstoffen, Treibstoffen, Büromaterial, Versicherungsbeiträge, Reparaturen.

Gesamtkosten

Die Gesamtkosten (K) eines Unternehmens setzen sich zusammen aus den gesamten Fixkosten und den gesamten variablen Kosten:

$$K = K_{fix} + K_v$$

Die variablen Gesamtkosten werden berechnet:
variable Kosten je Stück (k_v) · Stückzahl: $K_v = k_v \cdot x$

Die Formel zur Berechnung der Gesamtkosten **(Kostenfunktion)** lautet: $K = K_{fix} + k_v \cdot x$

(2) Kostenauflösung

Neben Kosten, die in vollem Umfang fix bzw. variabel sind, gibt es Kosten, die sich aus fixen **und** variablen Kosten zusammensetzen. Die **Aufgabe der Kostenauflösung** besteht darin, Kosten, die fixe und variable Kostenbestandteile enthalten **(Mischkosten)**, in ihre fixen und variablen Kostenbestandteile zu trennen. Zur Trennung genügt es – unter der **Annahme eines linearen Gesamtkostenverlaufs** –, die Gesamtkosten von mindestens zwei Ausbringungsmengen zu kennen.

Beispiel:

In einem Industriebetrieb fielen in den Monaten Oktober und November folgende Ausbringungsmengen und Gesamtkosten an:

Monat	Ausbringungsmenge	Gesamtkosten
Oktober	800 Stück	34 000,00 EUR
November	1 000 Stück	40 000,00 EUR

Die Kapazitätsgrenze liegt bei 1 200 Stück.

Aufgabe:

Berechnen Sie die variablen Stückkosten und die fixen Gesamtkosten in den beiden Monaten!

Lösung:

Die Zunahme der Kosten im Monat November um 6 000,00 EUR bei einer Erhöhung der Ausbringungsmenge um 200 Stück kann nur auf einen Anstieg des variablen Teils der Gesamtkosten zurückzuführen sein.

Unter der Annahme eines linearen Gesamtkostenverlaufs können die variablen Stückkosten wie folgt errechnet werden:

Berechnung der variablen Stückkosten (k_v):

$$\text{variable Stückkosten } (k_v) = \frac{K_2 - K_1}{x_2 - x_1} \text{ oder } \frac{\text{Kostendifferenz } (\Delta K)}{\text{Mengenänderung } (\Delta x)}$$

$$= \frac{40\,000 - 34\,000}{1\,000 - 800} = \frac{6\,000}{200} = \underline{\underline{30{,}00 \text{ EUR/Stück}}}$$

Berechnung der fixen Gesamtkosten (K_{fix}):

fixe Gesamtkosten = Gesamtkosten – (Ausbringungsmenge · variable Stückkosten)

= 34 000,00 EUR – (800 Stück · 30,00 EUR/Stück) = $\underline{\underline{10\,000{,}00 \text{ EUR}}}$

Probe:

Gesamtkosten bei 1 000 Stück:

$K = K_{fix} + k_v \cdot x$

$K = 10\,000{,}00 + 30{,}00 \cdot 1\,000 = \underline{\underline{40\,000{,}00\ EUR}}$

Ergebnis:

Die variablen Stückkosten betragen 30,00 EUR, die fixen Gesamtkosten 10 000,00 EUR.

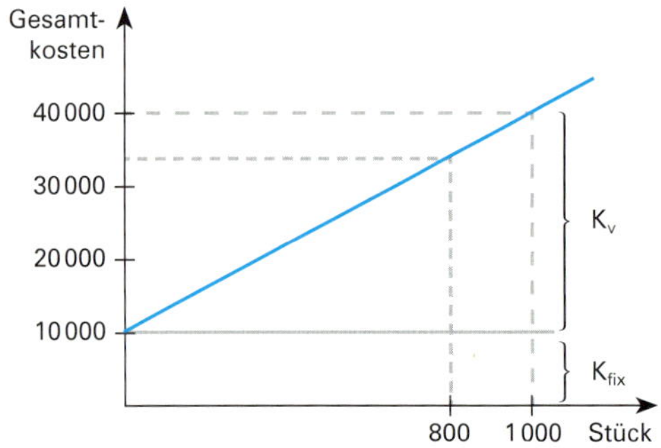

Übungsaufgabe

59 Die Wollwerke Nordhorn GmbH haben für einen Zweigbetrieb eine lineare Kostenstruktur ermittelt:

Die Fixkosten betragen 45 000,00 EUR/Monat. Die Gesamtkosten belaufen sich bei einer Ausbringungsmenge von 5 000 Einheiten auf 85 000,00 EUR.

Aufgaben:

1. Berechnen Sie die Gesamtkosten! Verwenden Sie dazu die nebenstehende Tabelle!

Kleiderstoffe (Ausbringungsmenge in m)	K_{fix}	K_v	K
1 000			
2 000			
3 000			
4 000			
5 000			

2. Nennen Sie die Kostenfunktion!
3. Ermitteln Sie die Gesamtkosten, wenn die Wollwerke Nordhorn GmbH für den kommenden Monat eine Ausbringungsmenge von 3 800 m Kleiderstoffe planen!
4. Nennen Sie die Kostenarten, die fixe Kosten sind!

   Frachtkosten beim Verkauf von Erzeugnissen, linearer Abschreibungsbetrag[1] für die Lagerausstattung, Bankzinsen für einen Kontokorrentkredit, Bezugskosten beim Einkauf von Betriebsstoffen, Miete für ein Großlager, Aufwendungen für Rohstoffe, Gehälter, Vertreterprovisionen, Verpackungs- und Transportkosten.
5. Die variablen Kosten für eine Erzeugnisgruppe betragen bei einem Absatz von 2 600 Stück 23 140,00 EUR. Die fixen Kosten der Erzeugnisgruppe betragen bis zu einem Umsatz von 2 800 Stück 8 500,00 EUR. Der Listenverkaufspreis beträgt je Stück 14,80 EUR. Der Verlauf der variablen Kosten ist proportional.

   Aufgaben:

   5.1 Berechnen Sie den Betriebsgewinn/Betriebsverlust bei einem Absatz von

   5.1.1 1 200 Stück bzw.

   5.1.2 2 500 Stück!

   5.2 Berechnen Sie die jeweiligen Stückkosten!

1 Bei der **linearen Abschreibung** wird die Wertminderung der nutzbaren Anlagegüter in gleichbleibenden Beträgen auf die Nutzungsdauer aufgeteilt.

2.2.1.3 Kostenverläufe bei fixen und variablen Kosten

(1) Kostenverläufe bei fixen Kosten

■ Absolut fixe Kosten

Gesamtbetrachtung. Fixe Kosten (K_{fix}) verändern sich von der Ausbringungsmenge 0 bis zur Kapazitätsgrenze nicht.

Beispiele:

Miete, Abschreibungen, Gehälter, Löhne für den Wachdienst, Grundsteuern.

Stückbetrachtung. Bezieht man die angefallenen Fixkosten auf ein einzelnes Stück (k_{fix}) und untersucht, wie sich deren Höhe bei unterschiedlicher Ausbringungsmenge ändert, so ergibt sich folgender Zusammenhang: Erhöht man die Ausbringungsmenge (der Beschäftigungsgrad nimmt zu), dann verteilt sich der konstant hohe Block an Fixkosten auf eine größere Ausbringungsmenge, d.h., die Fixkosten pro Stück sinken **(Fixkostendegression).** Eine sinkende Ausbringungsmenge hat die entsprechend umgekehrte Wirkung.

$$\text{Fixkosten je Leistungseinheit } (k_{fix}) = \frac{\text{Fixkosten der Periode } (K_{fix})}{\text{Ausbringungsmenge}}$$

Beispiel Fixkosten:

Erzeugte Menge in Stück	Gesamtbetrachtung in EUR	Stückbetrachtung in EUR
10000	60000,00	6,00
20000	60000,00	3,00
30000	60000,00	2,00

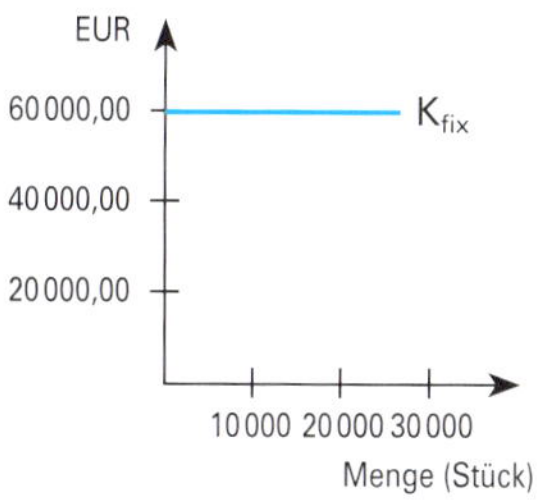

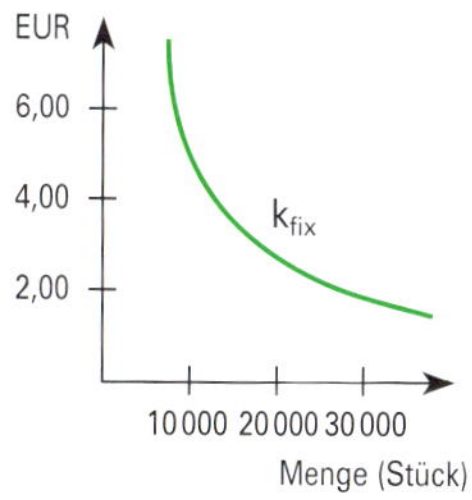

Schlussfolgerung:

- Ausbringungsmenge und Fixkosten pro Stück verlaufen zueinander in entgegengesetzter Richtung.
- Die fixen Kosten bleiben bis zur Kapazitätsgrenze trotz Änderung der Ausbringungsmenge absolut gleich.

■ Relativ fixe Kosten (sprungfixe Kosten)

Die relativ fixen Kosten (sprungfixen Kosten) bleiben nur innerhalb einer bestimmten Ausbringungsmenge konstant.

Soll die Ausbringungsmenge gesteigert werden, dann erreicht sie irgendwann einen Punkt, von dem ab sie mit der vorhandenen technischen Ausstattung bzw. den beschäftigten Mitarbeitern nicht mehr erhöht werden kann. Es müssen neue Maschinen gekauft, zusätzliche Mitarbeiter eingestellt und/oder eine neue Fabrikhalle angemietet werden. In diesem Fall erhöhen sich die fixen Kosten sprunghaft. Die zusätzlich entstehenden Kosten nennt man **sprungfixe Kosten (intervallfixe Kosten).**

Beispiel sprungfixe (intervallfixe) Kosten:

Erzeugte Menge in Stück	Gesamtbetrachtung in EUR	Stückbetrachtung in EUR
10 000	60 000,00	6,00
20 000	60 000,00	3,00
30 000	60 000,00	2,00
40 000	120 000,00	3,00
50 000	120 000,00	2,40

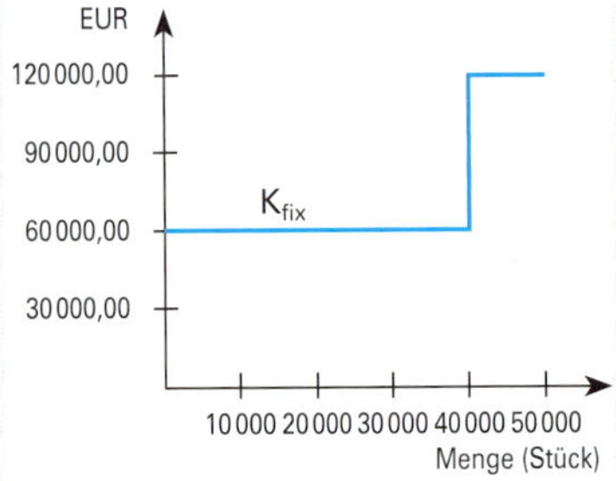

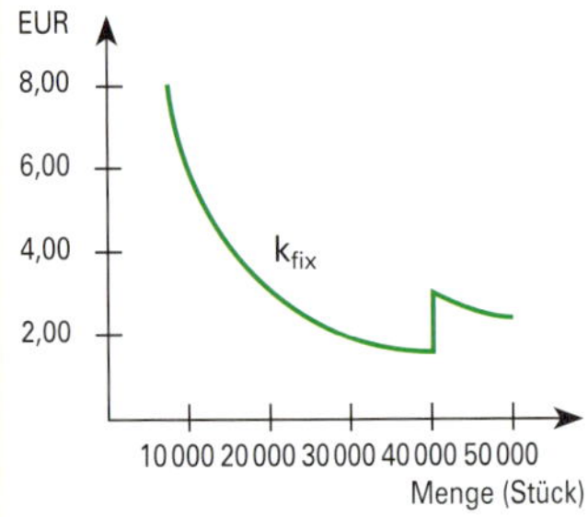

- Die fixen Kosten bleiben bis zur Kapazitätsgrenze trotz Änderung der Ausbringungsmenge absolut gleich.
- Wird die bisherige Kapazitätsgrenze überschritten, springen die absolut fixen Kosten auf ein neues Niveau.
- Die auf eine Leistungseinheit umgerechneten fixen Kosten verringern sich bei steigender Ausbringungsmenge und erhöhen sich bei rückläufiger Ausbringungsmenge.

Nutzkosten und Leerkosten

Wird aufgrund geringer Beschäftigung die Kapazität nur teilweise genutzt, gliedern sich die fixen Kosten in Nutzkosten und Leerkosten auf.

Nutzkosten	Ist der Teil der Fixkosten, der bei gegebener Kapazitätsausnutzung „in Anspruch" genommen wird, d. h. **Fixkosten der genutzten Kapazität.**
Leerkosten	Sind die **Fixkosten der nicht genutzten Kapazität.**

Beispiel:

In einem Unternehmen betragen die Fixkosten einer Maschine 45 000,00 EUR. Die Kapazität der Maschine ist zu 75 % ausgelastet.

Aufgabe:
Berechnen Sie Nutzkosten und die Leerkosten!

Lösung:

Nutzkosten: $\frac{45\,000 \text{ EUR} \cdot 75}{100} = \underline{\underline{33\,750{,}00 \text{ EUR}}}$

Leerkosten: $45\,000{,}00 \text{ EUR} - 33\,750{,}00 \text{ EUR} = \underline{\underline{11\,250{,}00 \text{ EUR}}}$

Die Leerkosten machen deutlich, welcher Anteil der Fixkosten nicht genutzt wird. Sie belasten das Betriebsergebnis unnötig.

(2) Kostenverläufe bei variablen Kosten

Hinweis:

- Die Veränderung der variablen Kosten kann im gleichen Verhältnis wie die Ausbringungsmenge **(proportionale Kosten)**, in einem geringeren Verhältnis **(unterproportionale, degressive Kosten)** oder in einem stärkeren Verhältnis **(überproportionale, progressive Kosten)** erfolgen.
- Aufgrund der Rahmenrichtlinien werden nur die **proportional variablen Kosten** betrachtet. Im Folgenden wird daher nur der Begriff **variable Kosten** verwendet.

Gesamtbetrachtung. Die variablen Kosten (K_v) verändern sich im gleichen Verhältnis wie die Ausbringungsmenge.

Stückbetrachtung. Bezieht man die Summe der variablen Kosten einer Periode auf eine Leistungseinheit (k_v), dann ist der Anteil, der auf eine Leistungseinheit entfällt, bei jeder Ausbringungsmenge gleich hoch.

Beispiele:

Leistungsabhängige Löhne, Verbrauch von Werkstoffen, Treibstoffen, Büromaterial, Versicherungsbeiträge, Reparaturen.

$$\text{variable Kosten je Leistungseinheit } (k_v) = \frac{\text{Summe der variablen Kosten } (K_v)}{\text{Ausbringungsmenge}}$$

Beispiel variable Kosten (mit proportionalem Verlauf):

Erzeugte Menge in Stück	Gesamtbetrachtung in EUR
10000	50000,00
20000	100000,00
30000	150000,00

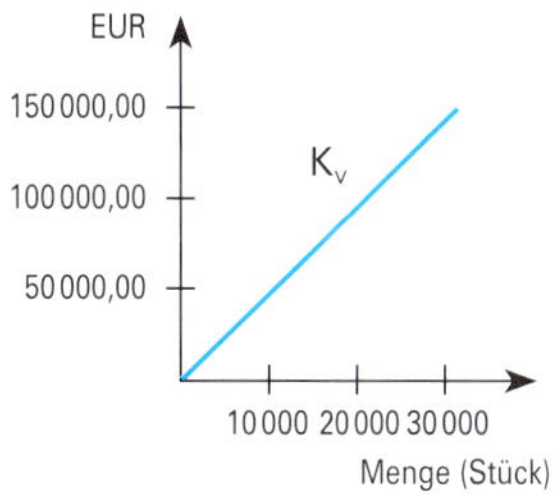

Stückbetrachtung in EUR
5,00

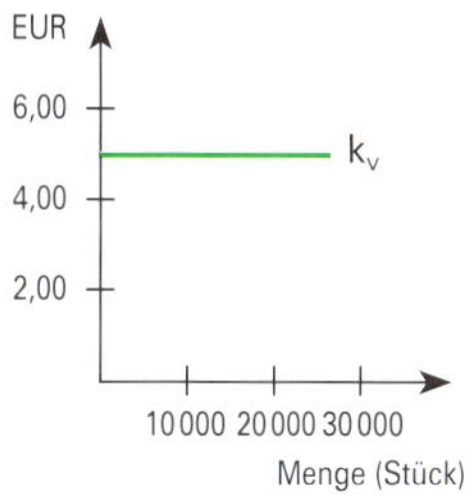

- In der Gesamtbetrachtung verändern sich die variablen Kosten im gleichen Verhältnis wie die Ausbringungsmenge.
- Auf eine Leistungseinheit (z. B. auf ein Stück) bezogen, bleiben die variablen Kosten bei jeder Ausbringungsmenge gleich hoch (konstant).

(3) Gesamtkostenverlauf

Grundlegendes

Wird ein proportionaler Verlauf der variablen Kosten angenommen, steigen die Gesamtkosten mit jeder weiteren Einheit jeweils um die konstanten variablen Stückkosten. Sie geben die Steigung der Gesamtkostenkurve an. Da der Verlauf der Steigung konstant ist, verläuft die Gesamtkostenkurve linear.

- Die mit der Änderung (Zu- oder Abnahme) um eine Einheit verbundene Kostenänderung nennt man **Grenzkosten.** Sie kennzeichnen die Steigung der Gesamtkostenkurve.
- Bei linearem Verlauf der Gesamtkosten entsprechen die Grenzkosten den **variablen Kosten je Einheit.**

Die **Gesamtkostenkurve** hat ihren **Ursprung auf der Höhe der Fixkosten** und steigt mit zunehmender Ausbringungsmenge proportional an. Die **Stückkostenkurve** fällt mit zunehmender Ausbringungsmenge. Grund: die Fixkosten verteilen sich auf eine größere Anzahl von Ausbringungseinheiten.

Grafische Darstellung der linearen Kostenfunktion

Gesamtkostenverlauf

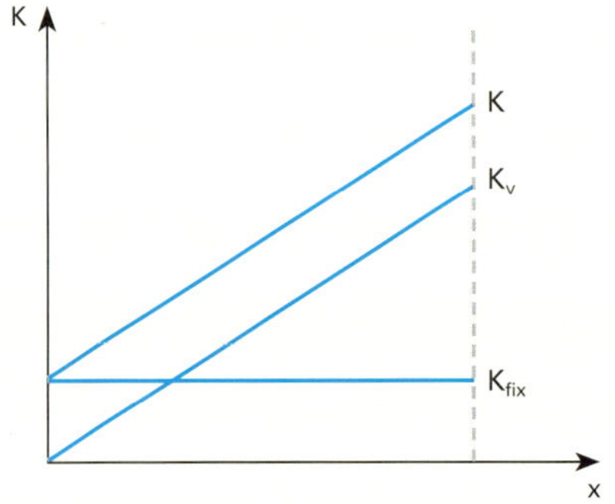

Stückkostenverlauf

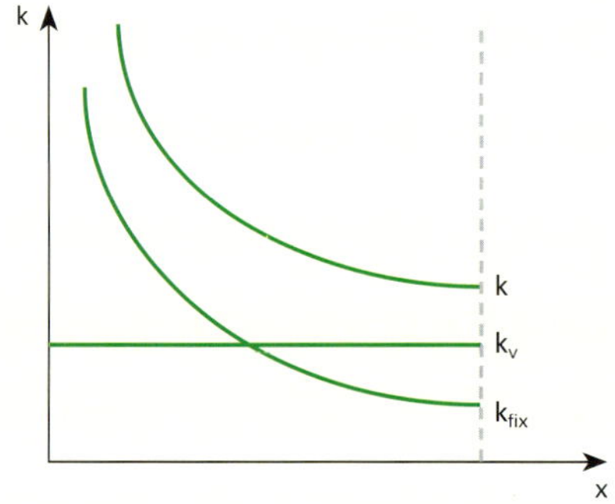

Kostenremanenz

Geht die Ausbringungsmenge in einer Unternehmung zurück, müssten theoretisch auch die Gesamtkosten entsprechend sinken. In der Praxis bleibt der Kostenabbau jedoch hinter dem Rückgang der Ausbringungsmenge zurück. Diesen Sachverhalt nennt man **Kostenremanenz.**[1]

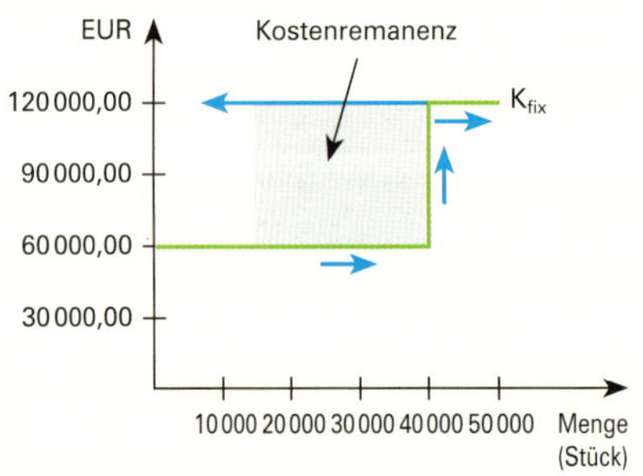

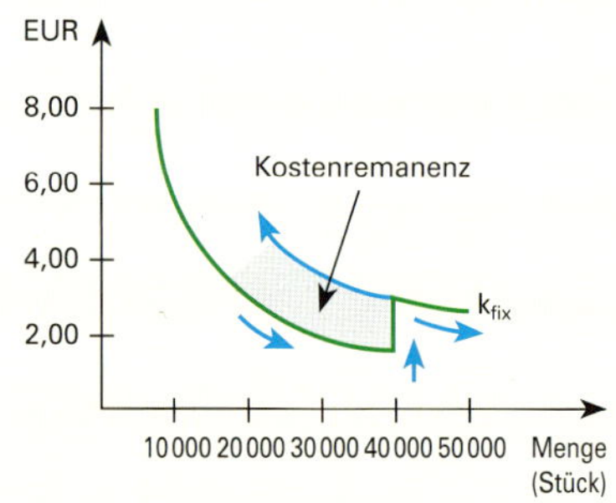

1 **Remanent** (lat.): zurückbleibend.

Bei den **fixen Kosten** sind hierfür insbesondere folgende **Gründe** verantwortlich:

- Einhalten der gesetzlichen Kündigungsbestimmungen und Tarifverträge für Arbeitnehmer, Sozialpläne, Abfindungszahlungen.
- Einhalten von Abnahmeverpflichtungen im Beschaffungsbereich.
- Verzögerungen beim Verkauf von stillgelegten Anlagen und Maschinen.
- Erhöhte Lagerkosten bei Absatzstockungen.
- Bindung an Grundmietzeit, falls Produktionsanlagen geleast werden.

Folgen der Kostenremanenz:

- Die Gesamtkostenkurve mit steigender Ausbringungsmenge hat einen anderen Kostenverlauf als bei abnehmender Ausbringungsmenge.
- Die Stückkosten steigen bei rückläufiger Ausbringungsmenge erheblich an.
- Die Unternehmung wird daran gehindert, dem sinkenden Absatz durch Preissenkungen entgegenzuwirken. Unter Umständen wird die Unternehmung zur Kostendeckung sogar dazu gezwungen, die Preise zu erhöhen.

Übungsaufgaben

60 Die Kapazität für die Produktion von Auspuffanlagen in einem Autozulieferbetrieb beträgt je Monat 15000 Stück (100 % Auslastung). Die variablen Gesamtkosten je Monat betragen 945000,00 EUR. Der Fixkostenanteil je Stück beträgt bei einer Kapazitätsauslastung von 80 % 52,00 EUR.

Aufgaben:

1. Ermitteln Sie die monatlichen Gesamtkosten sowie die monatlichen Stückkosten bei den angegebenen Beschäftigungsgraden! Verwenden Sie eine Tabelle!
2. Erläutern Sie den Verlauf der Stückkosten!
3. Stellen Sie dar, wie sich der Gewinn des Autozulieferbetriebs bei konstantem Verkaufspreis entwickelt!

61 Aus der Kosten- und Leistungsrechnung eines Industrieunternehmens sind die nebenstehenden typischen Kostenverläufe entnommen:

Verkaufte Menge	(1) Fixe Kosten		(2) Variable Kosten	
	gesamt	Stück	gesamt	Stück
0	400,00		–	
100	400,00		50,00	
200	400,00		100,00	
300	400,00		150,00	
400	400,00		200,00	
500	400,00		250,00	
600	400,00		300,00	

Aufgaben:

1. Übertragen Sie die Tabelle in Ihr Heft und berechnen Sie die Stückkosten!
2. Nennen Sie je zwei Beispiele für die aufgeführten Kostenverläufe!
3. Stellen Sie den Verlauf der beiden Kostenarten (Gesamtkosten und Stückkosten) jeweils in einem Koordinatensystem grafisch dar!

62 1. Ein Stahlwerk produziert mit zwei großen Fertigungsmaschinen täglich 195 Tonnen Stahlträger. Die Tagesleistung jeder Maschine beträgt 97,5 Tonnen. Die Investition der zweiten Maschine war erst erfolgt, nachdem die Auftragseingänge die Grenze von 97,5 Tonnen je Tag deutlich überschritten hatten. Infolge des plötzlichen Ausbleibens der Aufträge eines Großabnehmers geht die Tagesproduktion des Betriebs auf 97,5 Tonnen zurück.

Aufgaben:

1.1 Skizzieren Sie den Verlauf der fixen Maschinenkosten (Ausbringung 0–195 Tonnen je Tag) bei

1.1.1 Gesamtkostenbetrachtung,

1.1.2 Stückkostenbetrachtung!

1.2 Nennen Sie den Fachbegriff für einen derartigen Fixkostenverlauf!

2. Begründen Sie an einem Beispiel die Entstehung von Sprungkosten!

3. Bei modernen Industriebetrieben ist der Anteil der fixen Kosten an den Gesamtkosten in der Regel hoch.

Aufgaben:

3.1 Erklären Sie, worauf dieser Sachverhalt zurückzuführen ist!

3.2 Begründen Sie, warum diese Unternehmen verstärkt darauf achten müssen, dass die Anlagen stets gut ausgelastet sind!

63 Ein kleiner Industriebetrieb will eine Analyse seiner Kosten durchführen. Folgende Zahlenwerte liegen vor:

Ausbringungsmenge	K_{fix}	K_v	K	k_{fix}	k_v	k
0	2000,00	–				
100		400,00				
200		800,00				
300		1200,00				
400		1600,00				
500		2000,00				

Aufgaben:

1. Berechnen Sie die fehlenden Werte in der Tabelle!
2. Nennen Sie je drei Beispiele für absolut fixe Kosten und variable Kosten!
3. Erklären Sie die Ursache für den Verlauf von k!
4. Stellen Sie den Verlauf der Gesamtkosten (K) und der Stückkosten (k) jeweils grafisch dar!

64 Die Gesamtkosten bei der Ausbringungsmenge x_1 240 Einheiten betragen 7700,00 EUR, bei der Ausbringungsmenge x_2 260 Einheiten 8200,00 EUR. Es treten nur absolut fixe und variable Kosten auf.

Aufgaben:

1. Berechnen Sie die Fixkosten und die variablen Stückkosten!
2. Berechnen Sie die Ausbringungsmenge, die erreicht werden müsste, wenn die Stückkosten aus Wettbewerbsgründen 28,00 EUR nicht übersteigen sollen!

2.2.1.4 Gewinnschwelle und Gewinnmaximum

(1) Gesamterlöskurve

Wird ein proportionaler Verlauf der Erlöse angenommen, steigen die Gesamterlöse (E) mit jeder weiteren verkauften Einheit jeweils um den Stückerlös (e). Er gibt die Steigung der Gesamterlöskurve an. Da der Verlauf der Steigung konstant ist, verläuft die Gesamterlöskurve linear.

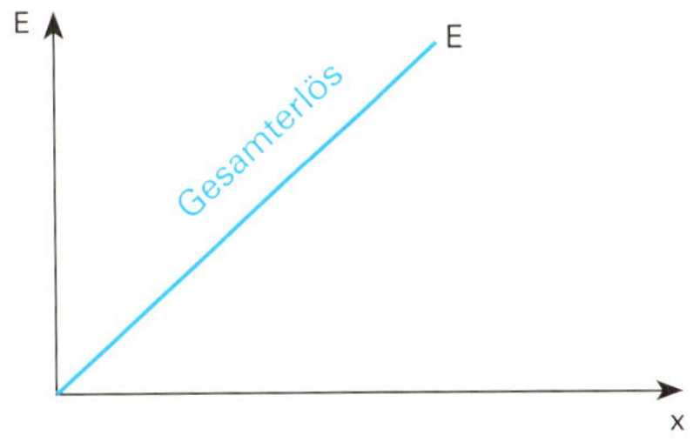

Die Gesamterlöskurve hat ihren **Ursprung im Nullpunkt** und **steigt mit zunehmender Ausbringungsmenge** proportional an. Der **Stückerlös** bleibt bei einem proportionalen Verlauf der Erlöse **konstant**.

(2) Berechnung von Gewinnschwelle und Gewinnmaximum

■ **Berechnung der Gewinnschwelle**

Die **Gewinnschwelle (Break-even-Point)** liegt bei der Ausbringungsmenge, bei der die Gesamtkosten bzw. Stückkosten gleich dem Gesamterlös bzw. Stückerlös sind.

Im Punkt der Gewinnschwelle **(Break-even-Point)** gilt folgende Gleichung:

(1) $E = K$

(2) $E = x \cdot e$

(3) $K = x \cdot k_v + K_{fix}$

(4) $x \cdot e = x \cdot k_v + K_{fix}$ | umgeformt ergibt sich

$x \cdot e - x \cdot k_v = K_{fix}$ | durch Ausklammern von x erhält man

$x\,(e - k_v) = K_{fix}$ | daraus folgt für x

$$x = \frac{K_{fix}}{e - k_v}$$

Die letzte Gleichung besagt, dass sich die Gewinnschwelle aus dem Quotienten der gesamten Fixkosten und der Differenz zwischen Stückerlös und variablen Stückkosten ergibt.

■ **Gewinnmaximum (GM)**

- Das **Gewinnmaximum** liegt bei der Ausbringungsmenge, bei der der Gesamtgewinn bzw. Stückgewinn am größten ist.
- Unterstellt man einen linearen Verlauf der variablen Gesamtkosten und der Gesamterlöse, liegt das **Gewinnmaximum** an der **Kapazitätsgrenze des Betriebs**.

Beispiel für die Berechnung und grafische Darstellung der Gewinnschwelle und des Gewinnmaximums

Beispiel:

Ein Industriebetrieb stellt Zubehörteile (Plastikbausätze) für Modelleisenbahnen her. Monatlich können maximal 1000 Packungen (Inhalt 10 Bausätze) erzeugt werden. Es wird nur auf Bestellung gearbeitet.

- An **fixen Kosten** fallen monatlich an: für Gehälter 9000,00 EUR, für Miete 1600,00 EUR, für Nebenkosten (Heizung, Licht, Reinigung) 400,00 EUR, für die Verzinsung des investierten Kapitals 3000,00 EUR und für die Abschreibung der Spritzgussmaschinen und der Werkzeuge 6000,00 EUR. Die fixen Kosten betragen also insgesamt 20000,00 EUR.
- Die **variablen Kosten** betragen 30,00 EUR je Verkaufspackung. Sie setzen sich aus den Roh- und Hilfsstoffkosten (6,00 EUR), den Akkordlöhnen (22,00 EUR) und den Energiekosten (2,00 EUR) zusammen.
- Der Absatzpreis je Verkaufspackung beträgt 55,00 EUR.

Aufgaben:

1. Berechnen Sie in Intervallen von jeweils 100 Verkaufspackungen für die Herstellung von 100 bis 1000 Verkaufspackungen die anfallenden Gesamtkosten, die Stückkosten, den Gesamtgewinn bzw. -verlust und den Stückgewinn bzw. -verlust! Erstellen Sie hierzu eine Kosten-Leistungs-Tabelle!
2. Berechnen Sie die Gewinnschwelle (Break-even-Point)!
3. Ermitteln Sie das Gewinnmaximum!
4. Stellen Sie E, K, K_v und K_{fix}, k, k_v k_{fix} und e grafisch dar!

Lösungen:

Zu 1.:

Menge der Verkaufspackungen (x)	fixe Gesamtkosten in EUR (K_{fix})	variable Gesamtkosten in EUR (K_v)	Gesamtkosten in EUR (K)	Gesamterlös (abgesetzte Menge · Preis) (E)	Gewinn (graue Zahlen) bzw. Verlust (blaue Zahlen) (G/V)	variable Stückkosten (k_v)	fixe Stückkosten (k_{fix})	Stückkosten in EUR (k)	Stückerlös in EUR (e)	Stückverlust bzw. Stückgewinn (g/v)
100	20000,00	3000,00	23000,00	5500,00	17500,00	30,00	200,00	230,00	55,00	175,00
200	20000,00	6000,00	26000,00	11000,00	15000,00	30,00	100,00	130,00	55,00	75,00
300	20000,00	9000,00	29000,00	16500,00	12500,00	30,00	66,67	96,67	55,00	41,67
400	20000,00	12000,00	32000,00	22000,00	10000,00	30,00	50,00	80,00	55,00	25,00
500	20000,00	15000,00	35000,00	27500,00	7500,00	30,00	40,00	70,00	55,00	15,00
600	20000,00	18000,00	38000,00	33000,00	5000,00	30,00	33,33	63,33	55,00	8,33
700	20000,00	21000,00	41000,00	38500,00	2500,00	30,00	28,57	58,57	55,00	3,57
800	20000,00	24000,00	44000,00	44000,00	–	30,00	25,00	55,00	55,00	–
900	20000,00	27000,00	47000,00	49500,00	2500,00	30,00	22,22	52,22	55,00	2,78
1000	20000,00	30000,00	50000,00	55000,00	5000,00	30,00	20,00	50,00	55,00	5,00

Zu 2.: $x = \frac{20000}{55 - 30}$ = 800 Stück (Gewinnschwelle)

Zu 3.: Das Gewinnmaximum liegt an der betrieblichen Kapazitätsgrenze von 1000 Stück und beträgt 5000,00 EUR.

Zu 4.:

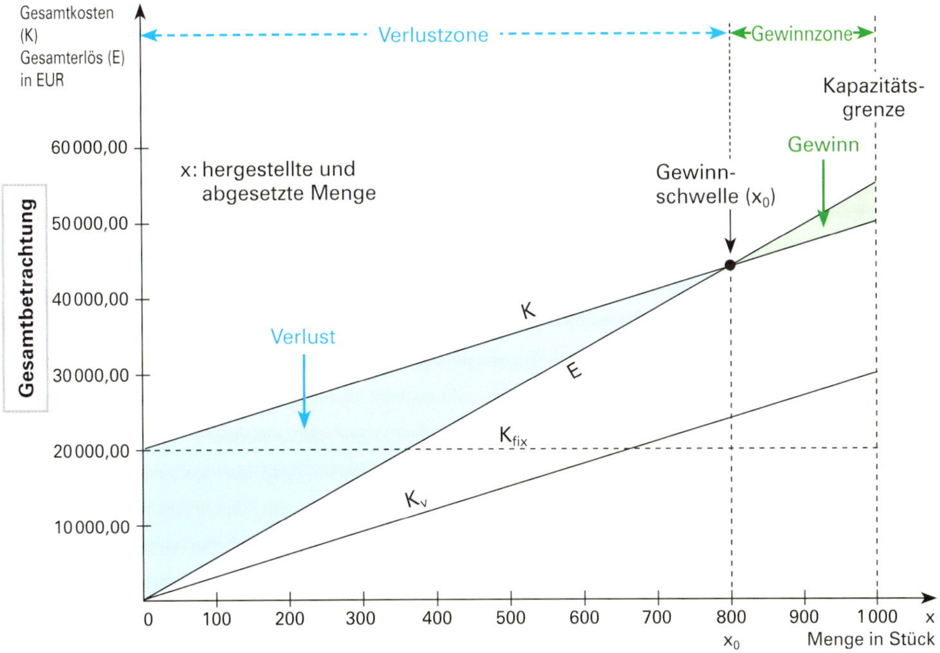
Gesamtkosten (K)
Gesamterlös (E)
in EUR
Verlustzone
Gewinnzone
Kapazitätsgrenze
Gesamtbetrachtung
60 000,00
50 000,00
40 000,00
30 000,00
20 000,00
10 000,00
x: hergestellte und abgesetzte Menge
Gewinnschwelle (x_0)
Gewinn
Verlust
K
E
K_{fix}
K_v
0
100
200
300
400
500
600
700
800
900
1 000
x
x_0
Menge in Stück

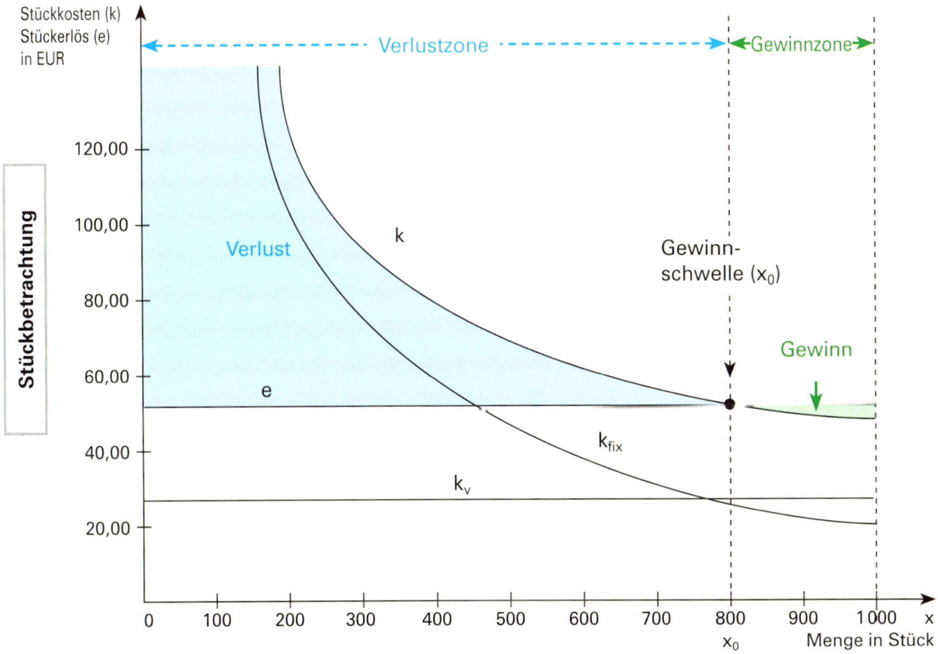
Stückkosten (k)
Stückerlös (e)
in EUR
Verlustzone
Gewinnzone
Stückbetrachtung
120,00
100,00
80,00
60,00
40,00
20,00
Verlust
k
Gewinnschwelle (x_0)
Gewinn
e
k_{fix}
k_v
0
100
200
300
400
500
600
700
800
900
1 000
x
x_0
Menge in Stück

Übungsaufgaben

65 Die Metallwerke AG Rheine stellen Bohrmaschinen für den Handel her. Der Verkaufspreis der Bohrmaschinen CD 80 beträgt 322,00 EUR. Bei voller Auslastung kann das Unternehmen monatlich 960 Bohrmaschinen herstellen. Die fixen Kosten betragen monatlich 65520,00 EUR, die variablen Kosten je Bohrmaschine belaufen sich auf 231,00 EUR.

Aufgaben:

1. Berechnen Sie die Ausbringungsmenge, bei der die Gewinnschwelle liegt!
2. Berechnen Sie den Beschäftigungsgrad!

66 Die Hartmut Hug KG stellt Spielpuppen für Kinder her. Eine Puppe wird für 80,00 EUR verkauft. Bei vollkommener Ausnutzung der Kapazität können insgesamt 500 Puppen produziert werden. Die Produktion erfolgt nur nach Bestellung. Die Kostenstruktur verläuft linear.

Die monatlichen Fixkosten betragen 10000,00 EUR. Die variablen Stückkosten betragen konstant 40,00 EUR.

Menge	Gesamtkosten			Stückkosten			Gesamterlös	Gesamt-	
x	K_{fix}	K_v	K	k_{fix}	k_v	k	E	gewinn	verlust
100	10000,00				40,00				
200									
300									
400									
500									

Aufgaben:

1. Ergänzen Sie die angegebene Tabelle!
2. Berechnen Sie die Gewinnschwelle (Break-even-Point)!
3. Ermitteln Sie das Gewinnmaximum!
4. Berechnen Sie die Ausbringungsmenge, bei der ein Gewinn von 3520,00 EUR erzielt wird!
5. Stellen Sie die Funktionen E, K, K_v und K_{fix} sowie die Funktionen k, k_v und e grafisch dar!
6. Beurteilen Sie, bei welcher Ausbringungsmenge das Gewinnmaximum
   6.1 theoretisch und
   6.2 praktisch erreicht ist!

67 Einer Möbelfabrik wird ein Regal, das sie bisher selbst produziert hat, zum Preis von 46,00 EUR angeboten. Der Verkaufspreis beträgt 50,00 EUR. Die Höhe der Eigenproduktion schwankt je nach den Bestellungen. In den Monaten April bis einschließlich August dieses Jahres wurden in der Kosten- und Leistungsrechnung folgende Zahlen ermittelt:

Monat	Stückzahl x	Gesamtkosten K	K_{fix}	K_v	k	e	E	G/V	g/v
April	70	4500,00							
Mai	125	6700,00							
Juni	210								
Juli	390								
August	185								

Aufgaben:

1. Vervollständigen Sie die Tabelle!
2. Berechnen Sie die Gewinnschwelle!
3. Erläutern Sie die betriebswirtschaftliche Bedeutung der Gewinnschwelle!
4. Berechnen Sie, ab welcher Ausbringungsmenge der Fremdbezug des Regals für den Betrieb günstiger wäre!

68 Die Kostenanalyse für eine Fertigungsanlage ergibt folgendes Bild:

April: hergestellte Menge 3400 Stück, Gesamtkosten 273000,00 EUR
Mai: hergestellte Menge 3600 Stück, Gesamtkosten 282000,00 EUR

Der Verkaufserlös beträgt je Stück 77,00 EUR.

Aufgaben:

1. Ermitteln Sie die variablen Stückkosten, die Gewinnschwelle und den damit erzielbaren Umsatz!
2. Berechnen Sie den Gewinn/Verlust bei einem Beschäftigungsgrad von 72 % bzw. 100 % (Kapazitätsgrenze), wenn die Kapazitätsauslastung im Monat Mai 80 % beträgt!
3. Berechnen Sie die Absatzmenge, bei der ein Gewinn von 11200,00 EUR erwirtschaftet wird!
4. Ein Großkunde bestellt 800 Stück zur kurzfristigen Lieferung. Der Auftrag kann nur mit der Anordnung von Überstunden über das Wochenende abgewickelt werden. Dadurch erhöhen sich die variablen Kosten um 90 %. Aus Wettbewerbsgründen kann der Auftrag nicht abgelehnt werden.

   Berechnen Sie die Stückkosten bei einer hergestellten Menge von 5300 Stück! Begründen Sie den Verlauf der Stückkosten!

69 Die Kapazitätsgrenze eines Einproduktbetriebs liegt bei einer Ausbringungsmenge von 56000 Stück.

An fixen Kosten fallen monatlich 168000,00 EUR an; die variablen Kosten betragen 10,36 EUR/Stück. Das Produkt wird für 17,08 EUR/Stück netto verkauft.

Aufgaben:

1. Ermitteln Sie die Gewinnschwelle!
2. In der Vollkostenrechnung wurde ein Stückgewinn von 1,54 EUR ermittelt.

   Berechnen Sie die Stückzahl, die im kommenden Monat hergestellt werden muss, damit dieser Stückgewinn erzielt wird!
3. 3.1 Es soll ein neues Fertigungsverfahren eingeführt werden, bei dem zwar die fixen Kosten je Monat um 35 % höher, die variablen Kosten dagegen je Stück um 30 % niedriger sein werden.

   Bestimmen Sie, ab welcher Ausbringungsmenge sich die Einführung des neuen Verfahrens lohnt!

   3.2 Berechnen Sie bei dem neuen Produktionsverfahren den Stückgewinn an der Kapazitätsgrenze!

2.2.1.5 Einfluss von Fertigungsverfahren auf die Kosten

(1) Grundsätzliches

Fertigungsverfahren mit **geringem Lohnkosten- und hohem Kapitalkostenanteil** (vor allem Zinsen und Abschreibungen) bezeichnet man als **kapitalintensive** oder **anlageintensive Fertigungsverfahren.**

Beispiel:

Das Anrichten des Betons mit der Schaufel ist ein arbeitsintensives (lohnkostenintensives) Produktionsverfahren. Der Einsatz eines Betonmischers spart bereits Arbeitskräfte.

Die **Kostenstruktur** bzw. ihre Veränderung wird weitgehend vom jeweiligen **Fertigungsverfahren** eines Industriebetriebs bestimmt.

Die **Substitution arbeitsintensiver durch anlageintensive Verfahren** (z. B. durch Automation) ist teuer. Je stärker sich ein Betrieb anlageintensiver Verfahren bedient, desto höher sind seine fixen Kosten. Andererseits nehmen die variablen Kosten ab, weil die menschliche Arbeitskraft teilweise eingespart wird.

(2) Beispiel für die Auswirkungen von Kostenverschiebungen

Fortsetzung des Beispiels von S. 284:

Es wird angenommen, dass der Industriebetrieb durch den Einsatz eines anlageintensiven Verfahrens die variablen Kosten durch Einsparung von Arbeitskräften von 30,00 EUR auf 20,00 EUR senken kann. Die fixen Kosten (Abschreibungen, Zinskosten) nehmen jedoch um 8 000,00 EUR auf 28 000,00 EUR monatlich zu. Gleichzeitig wird die monatliche Kapazität auf 1 200 Packungen erhöht.

	Verfahren A				Verfahren B			
	Kosten des arbeitsintensiven Verfahrens				Kosten des anlageintensiven Verfahrens			
Erzeugung in Stück	fixe Kosten je Monat in EUR	variable Kosten in EUR	Gesamtkosten in EUR	Stückkosten in EUR	fixe Kosten je Monat in EUR	variable Kosten in EUR	Gesamtkosten in EUR	Stückkosten in EUR
200	20 000,00	6 000,00	26 000,00	130,00	28 000,00	4 000,00	32 000,00	160,00
400	20 000,00	12 000,00	32 000,00	80,00	28 000,00	8 000,00	36 000,00	90,00
600	20 000,00	18 000,00	38 000,00	63,33	28 000,00	12 000,00	40 000,00	66,67
→ 800	20 000,00	24 000,00	44 000,00	55,00	28 000,00	16 000,00	44 000,00	55,00
1 000	20 000,00	30 000,00	50 000,00	50,00	28 000,00	28 000,00	48 000,00	48,00
1 200	← Kapazitätsausweitung durch Substitution →				28 000,00	24 000,00	52 000,00	43,33

kritische Produktmenge

Erläuterungen:

Das Beispiel zeigt, dass der Industriebetrieb nur dann auf das anlageintensivere (kapitalintensivere) Verfahren übergehen wird, wenn er künftig mit einer dauerhaften Absatzerhöhung (und damit mit einer dauerhaften Fertigung) von mehr als 800 Verkaufspackungen **(kritische Produktmenge)** rechnen kann. Der gleiche Sachverhalt wird in der Abbildung 1 auf S. 289 dargestellt.

Das Zahlenbeispiel erklärt, warum Lohnkostenerhöhungen tendenziell dazu führen, dass arbeitsintensive Produktionsverfahren durch kapitalintensive Produktionsverfahren substituiert (ersetzt) werden.

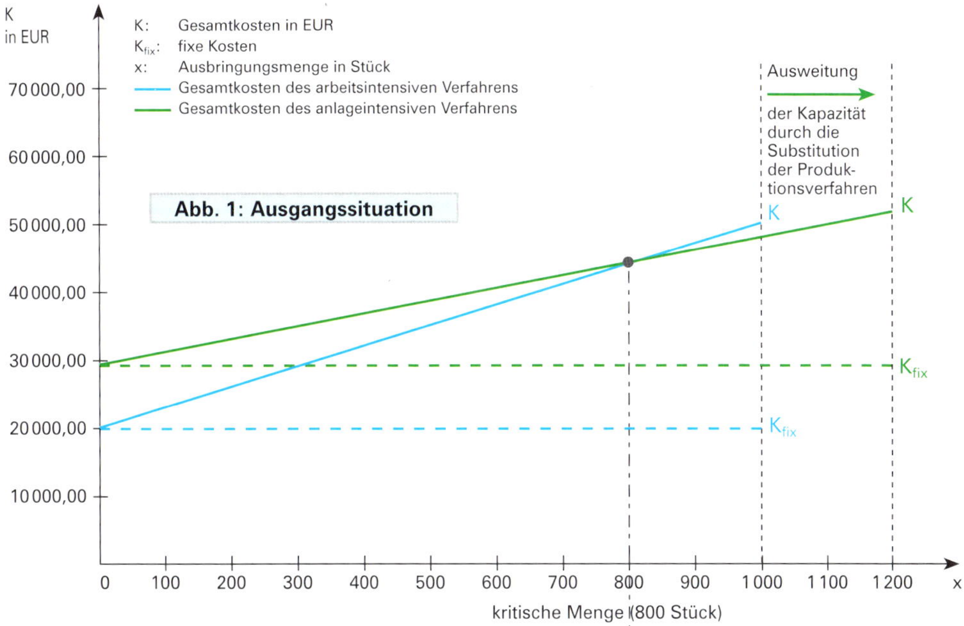

Abb. 1: Ausgangssituation

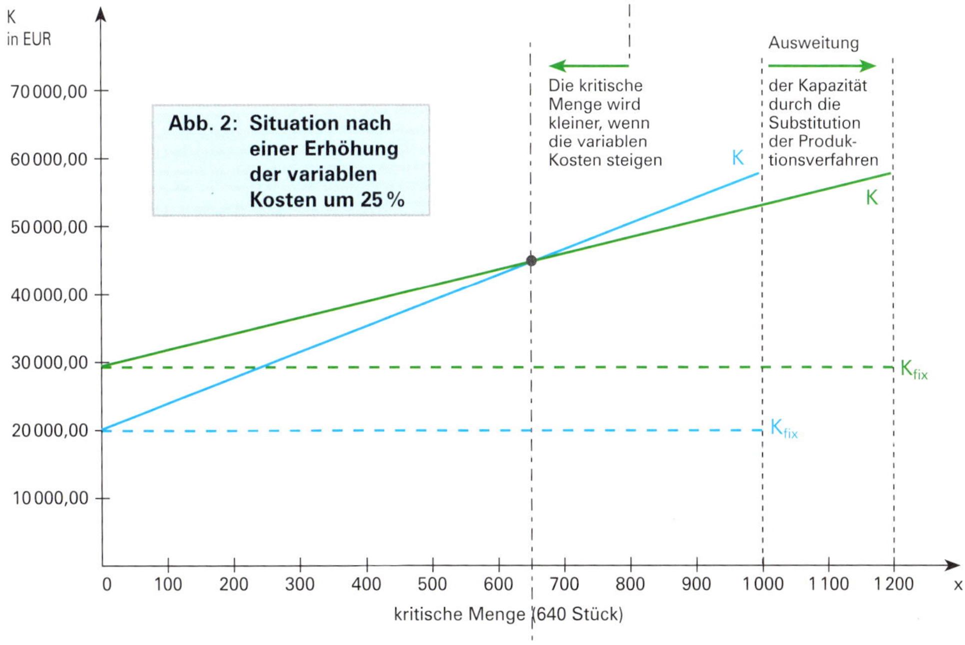

Abb. 2: Situation nach einer Erhöhung der variablen Kosten um 25 %

19 Speth u.a. - ISBN 978-3-8120-0593-7

Veränderungen des Beispiels von S. 284: Erhöhung der variablen Kosten

Die Entscheidung für oder gegen die Substitution der Produktionsverfahren ist auch von der tatsächlichen und/oder der erwarteten Faktorpreisentwicklung (vor allem der Lohnkostenentwicklung) abhängig. Würden im vorgegebenen Industriebetrieb die variablen Kosten unter sonst gleichen Bedingungen um beispielsweise 25 % steigen, nimmt die kritische Produktmenge von bisher 800 auf 640 Verkaufspackungen ab, wie aus der nachstehenden Berechnung sowie aus der Abbildung 2 auf S. 289 ersichtlich ist.

Erläuterungen:

Kritische Produktmenge vor der Erhöhung der variablen Kosten:

Bei der kritischen Produktmenge sind die Kosten des arbeitsintensiven (lohnkostenintensiven) Verfahrens und die Kosten des anlageintensiven (kapitalintensiven) Verfahrens gleich hoch:

Gesamtkosten des Verfahrens A = Gesamtkosten des Verfahrens B

$20000 + x \cdot 30 = 28000 + x \cdot 20$
$x \cdot 10 = 8000$
$x = \underline{\underline{800}}$

Kritische Produktmenge nach der Erhöhung der variablen Kosten um 25 %:

$20000 + x \cdot 37{,}5 = 28000 + x \cdot 25$
$x \cdot 12{,}5 = 8000$
$x = \underline{\underline{640}}$

Übungsaufgaben

70 **Fallstudie:** Die NORDEN GmbH in Rinteln stellt hochwertige Säfte her, die nur aus frischem Obst gepresst werden. Im vergangenen Geschäftsjahr entschied sich die Geschäftsleitung, auch Säfte aus Konzentrat zu produzieren.

Da die Kapazität des Werks Rinteln mit der Produktion der Frischsäfte (A-Säfte) voll ausgelastet war und nach den vorliegenden Marktprognosen auch ausgelastet bleiben wird, entschloss sich die Geschäftsleitung, in Hameln ein Zweigwerk zu errichten, das am 30. Juni des vergangenen Geschäftsjahres die Produktion der Konzentratsäfte (B-Säfte) aufnahm. Die Kapazität des neuen Werks beträgt 5 000 hl je Monat.

Am 1. September des vergangenen Geschäftsjahres liegen für das Werk Hameln u. a. folgende Zahlen für das dritte Quartal vor:

Monat	Produktionseinheiten	Gesamtkosten
Juli	3 000 hl	630 000,00 EUR
August	3 600 hl	684 000,00 EUR
September	3 900 hl	...

Die produzierten B-Säfte wurden sofort abgesetzt, d. h., es wurde nicht auf Lager produziert. Der Barverkaufspreis der B-Säfte wurde von der Geschäftsleitung auf 180,00 EUR je hl festgesetzt, der aus Konkurrenzgründen nicht überschritten werden kann.

Nahziel der Geschäftsleitung ist, im Werk Hameln bis Ende September den Break-even-Point (die Gewinnschwelle) zu erreichen, d. h. die Ausbringungsmenge, bei der der Erlös gerade die Gesamtkosten deckt.

Fernziel ist u. a., bei den B-Säften eine Umsatzrentabilität (prozentualer Anteil des Reingewinns am Umsatz) von 5 % zu erreichen.

Aufgaben:

1. Angenommen, Sie sind in der Controlling-Abteilung der NORDEN GmbH angestellt und erhalten von der Geschäftsleitung folgende Arbeitsaufträge:
   1.1 Berechnen Sie die voraussichtlichen Gesamtkosten des Werks Hameln im Monat September!
   1.2 Ermitteln Sie den voraussichtlichen Gewinn bzw. Verlust im September!
   1.3 Berechnen Sie die Produktionsmenge und den Beschäftigungsgrad, bei dem im Werk Hameln der Break-even-Point erreicht ist!
   1.4 Ermitteln Sie die Produktionsmenge bei der bei den B-Säften eine Umsatzrentabilität von 5 % erreicht wird!
   1.5 Liefern Sie der Geschäftsleitung eine Grafik, aus der die Fixkosten, die variablen Kosten, die Gesamtkosten, die Erlöse, der Break-even-Point, die Verlustzone und die Gewinnzone hervorgehen!

2. Aufgrund Ihres Berichts will die Geschäftsleitung der NORDEN GmbH in den Monaten September und Oktober einen „Einführungspreis" für die „B-Säfte" anbieten, um den Absatz anzukurbeln.

   Unterbreiten Sie einen begründeten Vorschlag, wie hoch der Hektoliter-Preis mindestens sein sollte!

3. Im ersten Quartal des laufenden Geschäftsjahres erreicht das Werk Hameln folgende Beschäftigungsgrade: Januar 80 %, Februar 85 % und März ebenfalls 85 %. Die Kosten und die Absatzpreise blieben konstant.

   Für April wird mit einem Beschäftigungsgrad von 90 % gerechnet.

   Ein guter Kunde ist bereit, für April einen Zusatzauftrag von 100 hl zu erteilen, will aber maximal nur 140,00 EUR je hl zahlen.

   Anfang April erhalten Sie von der Geschäftsleitung folgende Aufträge:
   3.1 Berechnen Sie die Gesamtkosten im ersten Quartal!
   3.2 Ermitteln Sie den Gesamtgewinn bzw. -verlust im ersten Quartal!
   3.3 Prüfen Sie rechnerisch, ob der Zusatzauftrag zum Preis von 140,00 EUR je hl hereingenommen werden soll! Wenn ja, ermitteln Sie, wie sich der Gesamtgewinn bzw. -verlust unter sonst gleichen Bedingungen ändern würde!
   3.4 Die Geschäftsleitung will von Ihnen wissen, wie hoch die langfristige Preisuntergrenze je hl bei Vollauslastung der Kapazität sein müsste!

71 Die Autoteile Aurich GmbH fertigt unter anderem Bremsscheiben mit Innenbelüftung. Die Fertigung erfolgt auf sechs gleichen Drehmaschinen. Eine Drehmaschine hat eine Monatskapazität von 4800 Stück. Die Kapazitätsauslastung schwankt sehr stark. Die variablen Kosten verlaufen proportional.

Bei 60 %iger Kapazitätsauslastung betragen die Stückkosten 240,00 EUR, bei 100 %iger Kapazitätsauslastung 200,00 EUR.

Aufgaben:

1. Berechnen Sie die variablen Kosten je Stück und die Fixkosten pro Monat!
2. Berechnen Sie, ab welcher Ausbringungsmenge pro Monat die Autoteile Aurich GmbH Gewinn macht, wenn der Stückerlös 220,00 EUR beträgt!

2.2.2 Gliederung der Kosten nach der Zurechenbarkeit auf Kostenträger

Die Gliederung der Kosten erfolgt danach, ob sie den einzelnen Erzeugnissen **unmittelbar** zugerechnet werden können oder nicht.

(1) Einzelkosten (direkte Kosten)

Einzelkosten sind Kosten, die **unmittelbar** einem **einzelnen Erzeugnis** zugerechnet werden können.

Beispiele:

Die wichtigsten **Einzelkosten** sind die **Aufwendungen für Rohstoffe** sowie die **Fertigungslöhne**. Daneben sind zu unterscheiden:

- **Sondereinzelkosten der Fertigung (SEKF):** Das sind Kosten für Sonderfertigungen oder zusätzliche Sonderwünsche der Besteller. Ferner zählen hierzu sonstige auftrags- oder serienweise erfassbare Kosten z. B. für Spezialwerkzeuge, Modelle, Stücklizenzgebühren usw.
- **Sondereinzelkosten des Vertriebs (SEKV):** Das sind insbesondere Vertreterprovisionen, Spezialverpackungen, besondere Transportkosten, Zölle.

(2) Gemeinkosten (indirekte Kosten)

Gemeinkosten sind Kosten, die gemeinsam für alle Erzeugnisse anfallen und daher **nicht unmittelbar** einem **einzelnen Erzeugnis** zugerechnet werden können.

Beispiele:

Gehälter, soziale Abgaben des Arbeitgebers, Mieten, betriebliche Steuern, Energiekosten, Werbe- und Reisekosten, Abschreibungen, Verbrauch von Betriebsstoffen, Verbrauchswerkzeuge, Instandhaltung.

- Die **Einzelkosten** können den Erzeugnissen **direkt** zugeordnet werden.
- **Gemeinkosten** fallen für alle Erzeugnisse gemeinsam an. Sie können den einzelnen Erzeugnissen nur **indirekt** zugerechnet werden.
- **Sondereinzelkosten** sind Kosten, die einzelnen Kostenträgern, einem Auftrag oder einer Erzeugnisgruppe zugerechnet werden können.

(3) Verhalten der Einzel- und Gemeinkosten bei Änderung der Ausbringungsmenge

Ändert sich die Ausbringungsmenge, so verändern sich auch die Einzel- und Gemeinkosten. In welcher Weise sie sich ändern, hängt vom Einzelfall ab.

- Setzen sich die **Gemeinkosten** aus einem variablen und einem fixen Anteil zusammen, so verändern sich die Gemeinkosten **unterproportional** bei einer **Erhöhung** und **überproportional** bei einem **Rückgang** der Ausbringungsmenge.

Beispiel:

Die Mietkosten für ein Auslieferungslager betragen monatlich 8000,00 EUR. Werden 16000 Einheiten einer Ware ausgeliefert, so fallen Mietkosten von 0,50 EUR je Einheit an. Werden nur 10000 Einheiten ausgeliefert, betragen die Mietkosten je Einheit 0,80 EUR.

Der Grund ist, dass sich der Fixkostenanteil der Gemeinkosten

- bei einer **höheren Ausbringungsmenge** auf mehr Produkte verteilt, d. h., der **Gemeinkostenanteil pro Produkt sinkt.**
- bei einer **geringeren Ausbringungsmenge** auf weniger Produkte verteilt, d. h., der **Gemeinkostenanteil pro Produkt steigt.**

- **Einzelkosten** sind in der Regel voll variabel.

  Sie können allerdings auch einen Fixkostenanteil enthalten. In diesem Fall ergeben sich für die Einzelkosten die gleichen Auswirkungen wie für die Gemeinkosten.

  Für dieses Schulbuch wird vorausgesetzt:

  - Die **Einzelkosten** sind variabel.
  - Die **Gemeinkosten** können sowohl **fixe** als auch **variable Anteile** enthalten.

Beispiele:

- Werden für einen Mantel 2,5 m Stoff benötigt, so sind es bei zwei Mänteln des gleichen Modells 5 m Stoff.
- Mehrfacher Import von Fertigungsmaterial, für den eine einmalige Einfuhrgenehmigung erforderlich ist.

2.2.3 Gliederung der Kosten nach dem Zeitpunkt der Kostenerfassung

(1) Istkosten

Istkosten sind die **tatsächlich angefallenen Kosten** einer abgelaufenen **Rechnungsperiode.**

Werden die Istkosten auf die in der gleichen Abrechnungsperiode hergestellten und verkauften Erzeugnisse weiterverrechnet, dann wirken sich alle Zufallsschwankungen, denen die Kosten unterliegen können (z. B. Preisschwankungen auf den Rohstoffmärkten, erhöhter Ausschuss, Großreparaturen, erhöhter Energieverbrauch, Überstunden usw.), auf die Preiskalkulation in dieser Rechnungsperiode aus.

(2) Normalkosten[1]

Normalkosten sind **Durchschnittswerte der Istkosten** mehrerer Abrechnungsperioden.

Die Durchschnittswerte gleichen die im Zeitablauf auftretenden Schwankungen der Kosten aus. Außerdem werden in die Normalkosten in der Regel auch zukünftig zu erwartende Schwankungen der Kosten (z. B. Lohnsteigerungen, Steigerung von Rohstoffpreisen) eingerechnet. Angebote werden überwiegend zu Normalkosten kalkuliert **(Vorkalkulation).** Durch den Vergleich der Normalkosten mit den Istkosten lässt sich die Kostenentwicklung in einer Rechnungsperiode kontrollieren **(Nachkalkulation).**

1 Vgl. hierzu auch die Ausführungen auf S. 312.

Übungsaufgabe

72 1. Beschreiben Sie die Aufgaben der Kostenartenrechnung!

2. Erklären Sie die Aussage des nebenstehenden Schemas!

fixe Kosten (K_{fix})	Gemeinkosten
variable Kosten (K_v)	Einzelkosten

3. 3.1 Nennen Sie das Kriterium, nach welchem die Aufgliederung der Kosten in Einzel- und Gemeinkosten erfolgt!

   3.2 Erklären Sie an zwei Beispielen den Unterschied zwischen Einzel- und Gemeinkosten!

   3.3 Erläutern Sie, warum die Unternehmen möglichst viele Kostenarten als Einzelkosten zu erfassen versuchen!

   3.4 Ordnen Sie die folgenden Kostenarten den Einzel- bzw. Gemeinkosten zu!

   Miete für den Ausstellungsraum, Aufwendungen für Rohstoffe, Kraftfahrzeugsteuer, freiwillige soziale Aufwendungen, Gehälter, Aufwendungen für Handelswaren, bilanzielle Abschreibungen, Werbeanzeigekosten für ein Sonderangebot, Zustellentgelte für die Lieferungen der Erzeugnisse an die Kunden, Provisionsaufwendungen, Aufwendungen für Betriebsstoffe, kalkulatorische Abschreibungen.

4. Für die Reparatur eines Elektromotors rechnet das Unternehmen mit folgenden Kosten: Materialkosten 140,20 EUR, Lohnkosten 77,50 EUR. Die angefallenen Gemeinkosten werden pauschal mit 80 % auf die Summe aus Material- und Lohnkosten aufgeschlagen. Für die Rücksendung des Elektromotors fallen Frachtkosten in Höhe von 19,70 EUR an. Die Reparatur wird zum Selbstkostenpreis ausgeführt.

   Aufgaben:

   4.1 Berechnen Sie den Reparaturpreis, den das Unternehmen seinem Kunden in Rechnung stellt!

   4.2 Berechnen Sie den Reparaturpreis, wenn das Unternehmen einen Gewinn von 12 % erwirtschaften möchte!

5. Erläutern Sie den Unterschied zwischen Ist- und Normalkosten!

6. Die Verwendung der Istkosten eignet sich vor allem für die Nachkalkulation, die der Normalkosten dagegen für die Vorkalkulation.

   Aufgabe:

   Verdeutlichen Sie diese Aussage!

2.3 Kostenstellenrechnung

2.3.1 Begriff und Aufgaben der Kostenstellenrechnung

Produziert ein Unternehmen mehrere Produkte, so hat die Kostenrechnung die Aufgabe, die **anfallenden Gemeinkosten** am Ort ihrer Entstehung **zu erfassen** und den einzelnen Produkten **(Kostenträgern)**[1] **verursachungsgerecht zuzurechnen**. Damit wird erreicht, dass den einzelnen Produkten und Dienstleistungen der Anteil an Gemeinkosten zugerechnet wird, den diese verursacht haben. Die Zurechnung erfolgt mithilfe von **Zuschlagssätzen**. Mit der Erfassung der Gemeinkosten verbunden ist eine **Kostenkontrolle**.

Die Erfassung, Zurechnung und Kontrolle der Gemeinkosten übernimmt die **Kostenstellenrechnung**.

1 Vgl. hierzu die Ausführungen auf S. 310.

- Die **Kostenstellenrechnung** erfasst die Gemeinkostenarten an den Stellen im Betrieb, an denen sie entstanden sind.
- Eine **Kostenstelle** ist ein Teilbereich eines Betriebs zur Erfassung der Gemeinkosten am Ort ihrer Entstehung.
- Die **Kostenstellenrechnung**
  - bereitet durch die Ermittlung von Zuschlagssätzen eine angemessene **Verrechnung der Gemeinkosten auf die Kostenträger** vor.
  - ermöglicht eine **wirksame Kontrolle** der in den einzelnen Teilbereichen des Betriebs angefallenen Gemeinkosten.

2.3.2 Kriterien für die Bildung von Kostenstellen

(1) Grundlegendes

Die Bildung von Kostenstellen kann nach **verschiedenen Kriterien** erfolgen.

- **Räumlich-geografische Gesichtspunkte**

Hier werden räumliche bzw. geografisch abgegrenzte Betriebsteile als Kostenstelle erfasst.

Beispiele:

Halle I, Halle II, Filiale Dresden, Filiale Hamburg, Werkstatt I, Werkstatt II.

- **Funktionsbereiche**

Hier werden gleichartige Arbeitsgänge zu einer Kostenstelle zusammengefasst.

Beispiele:

Material-, Fertigungs-, Verwaltungs- und Vertriebskostenstelle.

- **Verantwortungsbereiche**

Hier werden Organisationseinheiten zu Kostenstellen zusammengefasst. Damit wird ermöglicht, den Kostenstellenleiter für die angefallenen Kosten verantwortlich zu machen.

Beispiele:

Abteilung, Produktgruppe, Beschaffung, Werk, Vertrieb.

Im Folgenden wird unterstellt, dass die Kostenstellen nach Funktionsbereichen gebildet werden.

(2) Funktionsbereiche als Kriterium für die Bildung von Kostenstellen

Die Leistungserstellung eines Industriebetriebs vollzieht sich im Wesentlichen in den folgenden **vier Funktionsbereichen (Kostenbereichen)**:

- **Material**
- Fertigung
- Verwaltung
- Vertrieb

Jedem Kostenbereich können **Teilbereiche** zugeordnet werden. So zählen z. B. zum Kostenbereich

Material →
- Einkauf
- Warenabnahme und -prüfung
- Materialverwaltung und Lagerung
- Materialausgabe

2.3.3 Durchführung der Kostenstellenrechnung mithilfe des Betriebsabrechnungsbogens (BAB)

2.3.3.1 Begriff und Aufbau des Betriebsabrechnungsbogens

Technisches Mittel für die ordnungsmäßige Erfassung der angefallenen Gemeinkosten und ihre Verrechnung auf die Kostenstellen und die Kostenträger ist der **Betriebsabrechnungsbogen.**

Der **Betriebsabrechnungsbogen (BAB)** ist eine tabellarische Form der Kostenstellenrechnung.

Der **Betriebsabrechnungsbogen** hat folgende Grundstruktur:

Auf der rechten Hälfte des BABs werden horizontal die **einzelnen Kostenstellen** angeordnet. Auf der linken Seite werden vertikal die von der Kostenartenrechnung übernommenen **Gemeinkosten** aufgelistet. Bei der Verteilung der Gemeinkosten auf die Kostenstellen wird in einer Zwischenspalte ein Hinweis darauf gegeben, auf welcher Grundlage die Verteilung der jeweiligen Gemeinkostenart auf die verschiedenen Kostenstellen erfolgen soll. Man spricht daher auch von **Verteilungsgrundlage** bzw. von **Verteilungsschlüssel.**

Gemeinkostenarten	EUR	Verteilungsgrundlage	Kostenstellen			
			Material	Fertigung	Verwaltung	Vertrieb

2.3.3.2 Problem der Verrechnung der Gemeinkosten auf die Kostenstellen

(1) Direkte Verrechnung (Kostenstelleneinzelkosten[1])

Es gibt Gemeinkosten, die einen direkten Bezug zu den einzelnen Kostenstellen haben und sich daher auch direkt auf die einzelnen Kostenstellen verrechnen lassen. Man nennt sie **Kostenstelleneinzelkosten.**

Beispiele:

- Gehälter, Sozialkosten mithilfe von Gehaltslisten.
- Stromkosten mithilfe von Zählern.
- Abschreibungen einzelner Anlagegüter mittels Anlagendatei.
- Materialgemeinkosten mithilfe von Materialentnahmescheinen.
- Instandhaltung anhand von Belegen.

(2) Indirekte Verrechnung (Kostenstellengemeinkosten[1])

Bei einem großen Teil der Gemeinkosten wird eine direkte Verrechnung nicht möglich sein. Dann bleibt nur noch die Möglichkeit, die angefallenen Kosten mithilfe eines **Verteilungsschlüssels** auf die einzelnen Kostenstellen umzulegen. Dabei hängt die verursachungsgerechte Verteilung von der Wahl eines verursachungsgerechten Verteilungsschlüssels ab.

1 Man spricht auch abgekürzt von **Stelleneinzelkosten** und **Stellengemeinkosten**.

Der Verteilungsschlüssel sollte so gewählt werden, dass ein hohes Maß an Abhängigkeit zwischen dem Verteilungsschlüssel und den zu verrechnenden Kosten besteht. Im Idealfall – und der wird hier unterstellt – ist die Abhängigkeit proportional.

Beispiele:

- Miete nach m^2.
- Heizung nach m^3.
- Kfz-Kosten nach km.
- Unfallversicherung nach Anzahl der Beschäftigten je Kostenstelle.

- Der **BAB** ist ein abrechnungstechnisches Hilfsmittel für die Verteilung der **Gemeinkosten** auf die einzelnen Kostenstellen.
- Die **Verteilung der Gemeinkosten** erfolgt entweder
  - direkt aufgrund der einer Kostenstelle zurechenbaren Belege **(Kostenstelleneinzelkosten)** oder
  - indirekt über Verteilungsschlüssel **(Kostenstellengemeinkosten)**.
- Der **BAB baut auf der Kostenartenrechnung** auf.

Übungsaufgabe

73

1. Nennen Sie die wichtigsten Aufgaben der Kostenstellenrechnung!
2. Erläutern Sie die Begriffe Kostenstelle und Kostenbereich!
3. Nennen Sie Kriterien, die Sie bei der Bildung von Kostenstellen beachten sollten!
4. Begründen Sie, warum die Gemeinkosten auf die Kostenstellen verteilt werden!
5. Grenzen Sie die Kostenstelleneinzelkosten von den Kostenstellengemeinkosten ab!
6. Beschreiben Sie den Fall, der eintreten würde, wenn die Gemeinkosten nicht verursachungsgemäß auf die verschiedenen Produkte zugerechnet werden würde!
7. Beschreiben Sie die Grundstruktur eines Betriebsabrechnungsbogens!
8. Nennen Sie beispielhaft vier Gemeinkosten und geben Sie dafür die mögliche Verteilungsgrundlage an!
9. Formulieren Sie den Grundsatz, der bei der Wahl eines Verteilungsschlüssels beachtet werden muss!

2.3.3.3 Aufstellung eines Betriebsabrechnungsbogens

Beispiel:

Die Maschinenfabrik Hans Wacker GmbH produziert in einer Abteilung im Werk Bruchsal kleine Elektromotoren zum Antrieb von Bohrmaschinen.

Die Kostenartenrechnung der Hans Wacker GmbH weist für den Monat Januar folgende Gemeinkosten aus:

Betriebsstoffkosten	10 000,00 EUR	Betriebssteuern	2 500,00 EUR
Gehälter	9 000,00 EUR	Kalk. Abschreibungen	12 000,00 EUR
Sozialkosten	1 300,00 EUR	Energiekosten	3 000,00 EUR
Instandhaltung	11 500,00 EUR	Sonstige Kosten	4 800,00 EUR

Für die Erstellung des BABs ist folgender Verteilungsschlüssel zu verwenden:

Gemeinkosten	I Material	II Fertigung	III Verwaltung	IV Vertrieb
Betriebsstoffk. lt. Entnahmescheinen	2700,00	5300,00	100,00	1900,00
Gehälter lt. Gehaltsliste	400,00	1000,00	5400,00	2200,00
Sozialkosten	1	2	7	3
Instandhaltung lt. Arbeitsstunden	20	84	2	9
Betriebssteuern	–	4	1	–
Kalk. Abschreibungen	1	7	3	1
Energiekosten lt. kWh	4000	40000	10000	6000
Sonstige Kosten lt. Belegen	1	6	2	3

Aufgabe:

Stellen Sie einen BAB auf und verteilen Sie aufgrund der Vorgaben die Gemeinkosten auf die einzelnen Kostenstellen!

Lösung:

Betriebsabrechnungsbogen (BAB)

Gemeinkosten	Zahlen der KLR	Verteilungsschlüssel	Kostenstellen			
			I Material	II Fertigung	III Verwaltung	IV Vertrieb
Betriebsstoffkosten	10000,00	Entnahmescheine	2700,00	5300,00	100,00	1900,00
Gehälter	9000,00	Gehaltsliste	400,00	1000,00	5400,00	2200,00
Sozialkosten	1300,00	1 : 2 : 7 : 3	100,00	200,00	700,00	300,00
Instandhaltung	11500,00	Arbeitsstunden	2000,00	8400,00	200,00	900,00
Betriebssteuern	2500,00	0 : 4 : 1 : 0	–	2000,00	500,00	–
Kalk. Abschreibungen	12000,00	1 : 7 : 3 : 1	1000,00	7000,00	3000,00	1000,00
Energiekosten	3000,00	Kilowatt-Std.	200,00	2000,00	500,00	300,00
Sonst. Kosten	4800,00	1 : 6 : 2 : 3	400,00	2400,00	800,00	1200,00
Summe der Gemeinkosten	54100,00	aufgeschlüsselt	6800,00	28300,00	11200,00	7800,00

Erläuterungen:

Die vertikal aufgelisteten Gemeinkosten werden der Kostenartenrechnung entnommen und **direkt** aufgrund von **Belegen** (Entnahmescheine, Gehaltslisten, Stromzähler, Arbeitsstunden) oder **indirekt** aufgrund bestimmter **Umrechnungsschlüssel,** wobei der Einfachheit halber hier teilweise Verhältniszahlen angegeben wurden, auf die Kostenstellen verrechnet.

Übungsaufgabe

74 Ein kleiner Industriebetrieb arbeitet mit den vier Kostenstellen Material, Fertigung, Verwaltung und Vertrieb. Laut Kostenartenrechnung sind die im Monat Oktober entstandenen Gemeinkosten den Kostenstellen wie folgt zuzuordnen:

	Zahlen der KLR	Kostenstellen			
		I Material	II Fertigung	III Verwaltung	IV Vertrieb
Stelleneinzelkosten lt. Belegen					
Betriebsstoffe	50000,00	10000,00	35000,00	2500,00	2500,00
Gehälter	180000,00	15000,00	30000,00	100000,00	35000,00
Fremdreparaturen	100000,00	5000,00	80000,00	10000,00	5000,00
Kalk. Abschreibungen	92000,00	12000,00	49000,00	23400,00	7600,00
Stellengemeinkosten lt. Verteilungsschlüssel					
Hilfslöhne	36000,00	1	4	–	1
Stromkosten	12000,00	5000 kWh	40000 kWh	10000 kWh	5000 kWh
Betriebssteuern	49000,00	1	3	2	1
Kalk. Unternehmerlohn	10000,00	1	4	3	2

Aufgabe:

Ermitteln Sie die Summe der Gemeinkosten je Kostenstelle!

2.3.3.4 Ermittlung der Zuschlagssätze für die Gemeinkosten

(1) Wahl der Zuschlagsgrundlagen (Bezugsgrößen)

Die Festlegung der **verursachungsgerechten Zuschlagsgrundlagen** ist maßgebend für die richtige Verrechnung der angefallenen Gemeinkosten auf die Kostenträger. In der Regel greift man in der Praxis auf **Wertgrößen** zurück.

Es ist z. B. in der Praxis üblich, die im Materialbereich anfallenden Gemeinkosten **(Materialgemeinkosten)** entsprechend dem **Verbrauch an Fertigungsmaterial,** die in der Fertigung anfallenden Gemeinkosten **(Fertigungsgemeinkosten)** entsprechend den **Fertigungslohnkosten** auf die einzelnen Kostenträger zu verrechnen. Dabei werden die jeweiligen Gemeinkosten in Prozenten zu den gewählten Zuschlagsgrundlagen ausgedrückt und mit diesen Zuschlagssätzen werden die einzelnen Gemeinkostenarten bei der Kalkulation erfasst.

Während zwischen Materialgemeinkosten und Materialeinzelkosten sowie zwischen Fertigungsgemeinkosten und Fertigungseinzelkosten eine Abhängigkeit unterstellt werden kann, ist die Wahl der Zuschlagsgrundlage für die **Verwaltungs- und Vertriebsgemeinkosten** wesentlich problematischer. In Ermangelung geeigneter Bezugsgrößen wählt man für diese Gemeinkosten als gemeinsame Zuschlagsgrundlage die **Herstellkosten der Rechnungsperiode (Herstellkosten der Produktion).**

(2) Ermittlung der Gemeinkostenzuschlagssätze

Beispiel:

Die Kostenartenrechnung eines Industriebetriebs weist für den Monat Januar folgende Kosten aus:

Verbrauch von Fertigungsmaterial	85 000,00 EUR	Sozialkosten	1 300,00 EUR
Hilfsstoffkosten	6 000,00 EUR	Instandhaltung	11 500,00 EUR
Betriebsstoffkosten	4 000,00 EUR	Betriebssteuern	2 500,00 EUR
Fertigungslöhne	56 600,00 EUR	Kalk. Abschreibungen	12 000,00 EUR
Gehälter	9 000,00 EUR	Energiekosten	3 000,00 EUR
		Sonstige Kosten	4 800,00 EUR

Bezugsgrößen für die Gemeinkosten:

- Die Materialgemeinkosten sind auf den Verbrauch von Fertigungsmaterial zu beziehen.
- Die Fertigungsgemeinkosten sind auf die Fertigungslöhne zu beziehen.
- Die Verwaltungs- und Vertriebsgemeinkosten sind auf die Herstellkosten der Rechnungsperiode zu beziehen.

Für die Erstellung des BABs ist folgender Verteilungsschlüssel zu verwenden:

Gemeinkostenarten	I Material	II Fertigung	III Verwaltung	IV Vertrieb
Hilfsstoffk. lt. Entnahmescheinen	1 800,00	3 000,00	–	1 200,00
Betriebsstoffk. lt. Entnahmesch.	900,00	2 300,00	100,00	700,00
Gehälter lt. Gehaltsliste	400,00	1 000,00	5 400,00	2 200,00
Sozialkosten	1	2	7	3
Instandhaltung lt. Arbeitsstunden	20	84	2	9
Betriebssteuern	–	4	1	–
Kalk. Abschreibungen	1	7	3	1
Energiekosten lt. kWh	4 000	40 000	10 000	6 000
Sonstige Kosten lt. Belegen	1	6	2	3

Aufgaben:

1. Verteilen Sie aufgrund der angegebenen Verteilungsschlüssel die Gemeinkosten auf die einzelnen Kostenstellen!
2. Ermitteln Sie für jede Kostenstelle die Zuschlagssätze für die Gemeinkosten!
3. Ermitteln Sie die Selbstkosten der Rechnungsperiode (Monat: Januar)!

Lösungen:

Zu 1.: Verteilung der Gemeinkosten mithilfe des Betriebsabrechnungsbogens (BAB)

Gemeinkostenarten	Zahlen der KLR	Verteilungs-schlüssel	Kostenstellen I Material	II Fertigung	III Verwaltung	IV Vertrieb
Hilfsstoffkosten	6000,00	Entnahmescheine	1800,00	3000,00	–	1200,00
Betriebsstoffkosten	4000,00	Entnahmescheine	900,00	2300,00	100,00	700,00
Gehälter	9000,00	Gehaltsliste	400,00	1000,00	5400,00	2200,00
Sozialkosten	1300,00	1 : 2 : 7 : 3	100,00	200,00	700,00	300,00
Instandhaltung	11500,00	Arbeitsstunden	2000,00	8400,00	200,00	900,00
Betriebssteuern	2500,00	0 : 4 : 1 : 0	–	2000,00	500,00	–
Kalk. Abschreibungen	12000,00	1 : 7 : 3 : 1	1000,00	7000,00	3000,00	1000,00
Energiekosten	3000,00	Kilowatt-Std.	200,00	2000,00	500,00	300,00
Sonst. Kosten	4800,00	1 : 6 : 2 : 3	400,00	2400,00	800,00	1200,00
Summe der Gemeinkosten	54100,00	aufge-schlüsselt	6800,00	28300,00	11200,00	7800,00
	Zuschlagsgrundlagen:					
	Verbrauch v. Fertigungsmat.		85000,00			
	Fertigungslöhne			56600,00		
	Herstellkosten der Rechnungsperiode				176700,00	176700,00
	Zuschlagssätze[1]		8 %	50 %	6,34 %	4,41 %

Zu 2.: Ermittlung der Zuschlagssätze

- **Zuschlagssatz für die Materialgemeinkosten**

Es wird unterstellt, dass die Materialgemeinkosten (MGK) vom Verbrauch an Fertigungsmaterial abhängen. Daher werden die MGK für ihre Verrechnung auf die Kostenträger in Prozenten zum Verbrauch von Fertigungsmaterial angegeben.

Verbrauch von Fertigungsmaterial	85000,00 EUR ≙	100 %
MGK	6800,00 EUR ≙	x %

$$x = \frac{6800 \cdot 100}{85000} = \underline{\underline{8\,\%}}$$

Der MGK-Zuschlagssatz von 8 % besagt, dass immer dann, wenn für 100,00 EUR Fertigungsmaterial verbraucht wurde, parallel und gleichzeitig 8,00 EUR Gemeinkosten im Materialbereich (z. B. Einkauf, Warenabnahme ...) anfallen.

$$\text{MGK-Zuschlagssatz} = \frac{\text{Materialgemeinkosten} \cdot 100}{\text{Verbrauch von Fertigungsmaterial}}$$

- **Zuschlagssatz für die Fertigungsgemeinkosten**

Die Fertigungsgemeinkosten werden auf die aufgewendeten Fertigungslöhne bezogen. Dabei wird unterstellt, dass die anfallenden Fertigungsgemeinkosten von der Höhe der aufgewendeten Fertigungslöhne abhängen. Dies ist in der Praxis nur **bedingt der Fall,** und zwar insbesondere dann nicht, wenn der Betrieb maschinenintensiv ist.

Fertigungslöhne	56600,00 EUR ≙	100 %
FGK	28300,00 EUR ≙	x %

$$x = \frac{28300 \cdot 100}{56600} = \underline{\underline{50\,\%}}$$

1 Mit diesen Zuschlagssätzen werden im Rahmen der Kalkulation die verschiedenen Gemeinkosten anteilmäßig erfasst.

$$\text{FGK-Zuschlagssatz} = \frac{\text{Fertigungsgemeinkosten} \cdot 100}{\text{Fertigungslöhne}}$$

In maschinenintensiven Betrieben werden in der Praxis in aller Regel die maschinenabhängigen Kosten gesondert erfasst und dafür Maschinenstundensätze errechnet.[1]

Zuschlagssatz für die Verwaltungsgemeinkosten

Bei den Verwaltungs- und Vertriebsgemeinkosten wird eine Abhängigkeit von der Höhe der Herstellkosten der Rechnungsperiode unterstellt.

Berechnung der Herstellkosten der Rechnungsperiode

	Verbrauch von Fertigungsmaterial	85 000,00 EUR	
+	Materialgemeinkosten (MGK)	6 800,00 EUR	
	Materialkosten		91 800,00 EUR
	Fertigungslöhne	56 600,00 EUR	
+	Fertigungsgemeinkosten (FGK)	28 300,00 EUR	
	Fertigungskosten		84 900,00 EUR
=	Herstellkosten der Rechnungsperiode		176 700,00 EUR

Herstellkosten der Rechnungsperiode	176 700,00 EUR ≙	100 %
VerwGK	11 200,00 EUR ≙	x %

$$x = \frac{11\,200 \cdot 100}{176\,700} = 6{,}34\,\%$$

$$\text{VerwGK-Zuschlagssatz} = \frac{\text{Verwaltungsgemeinkosten} \cdot 100}{\text{Herstellkosten der Rechnungsperiode}}$$

Zuschlagssatz für die Vertriebsgemeinkosten

Herstellkosten der Rechnungsperiode	176 700,00 EUR ≙	100 %
VertrGK	7 800,00 EUR ≙	x %

$$x = \frac{7800 \cdot 100}{176\,700} = 4{,}41\,\%$$

$$\text{VertrGK-Zuschlagssatz} = \frac{\text{Vertriebsgemeinkosten} \cdot 100}{\text{Herstellkosten der Rechnungsperiode}}$$

Zu 3.: Ermittlung der Selbstkosten der Rechnungsperiode (Monat: Januar)

Aufgrund der Zahlenangaben des Beispiels ergeben sich die Selbstkosten der Rechnungsperiode durch folgende Berechnung:

	Herstellkosten der Rechnungsperiode	176 700,00 EUR
+	Verwaltungsgemeinkosten	11 200,00 EUR
+	Vertriebsgemeinkosten	7 800,00 EUR
=	Selbstkosten der Rechnungsperiode	195 700,00 EUR

Bei der Ermittlung der Zuschlagssätze wurde zugrunde gelegt, dass es sich um Zahlenwerte der vergangenen Rechnungsperiode handelt, d. h. um **Istkosten.** Die berechneten Zuschlagssätze stellen somit **Istzuschlagssätze** dar.

1 In den Rahmenrichtlinien ist die Behandlung der Kalkulation mit Maschinenstundensätzen nicht vorgesehen.

Zusammenfassung

- **Verrechnung der Kostenarten Einzelkosten und Gemeinkosten:**

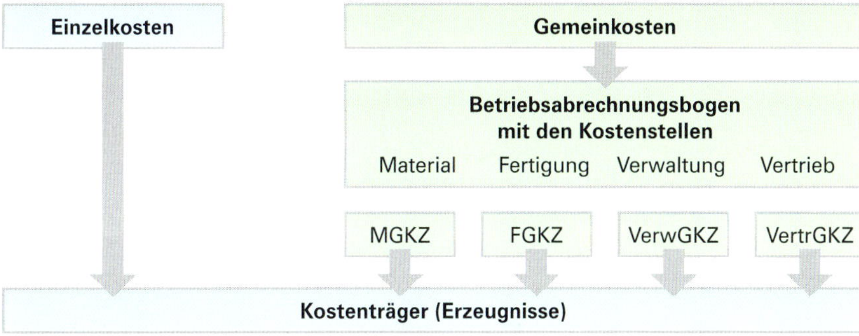

- **Berechnung der Gemeinkostenzuschlagssätze:**
  - $$\text{MGK-Zuschlagssatz} = \frac{\text{Materialgemeinkosten} \cdot 100}{\text{Verbrauch von Fertigungsmaterial}}$$
  - $$\text{FGK-Zuschlagssatz} = \frac{\text{Fertigungsgemeinkosten} \cdot 100}{\text{Fertigungslöhne}}$$
  - $$\text{VerwGK-Zuschlagssatz} = \frac{\text{Verwaltungsgemeinkosten} \cdot 100}{\text{Herstellkosten der Rechnungsperiode}}$$
  - $$\text{VertrGK-Zuschlagssatz} = \frac{\text{Vertriebsgemeinkosten} \cdot 100}{\text{Herstellkosten der Rechnungsperiode}}$$

- **Berechnung der Herstell- und Selbstkosten einer Rechnungsperiode:**

	Verbrauch von Fertigungsmaterial (Einzelkosten)
+	Materialgemeinkosten (MGK) lt. BAB
=	Materialkosten
+	Fertigungslöhne (Einzelkosten)
+	Fertigungsgemeinkosten (FGK) lt. BAB
=	Fertigungskosten
	Herstellkosten der Rechnungsperiode
+	Verwaltungsgemeinkosten (VerwGK) lt. BAB
+	Vertriebsgemeinkosten (VertrGK) lt. BAB
=	Selbstkosten der Rechnungsperiode

Übungsaufgaben

75

1. Erläutern Sie die Einordnung der Kostenstellenrechnung in den Gesamtbereich der Kosten- und Leistungsrechnung!
2. Beschreiben Sie den rechnungstechnischen Ablauf der Kostenstellenrechnung!
3. Nennen Sie die wichtigsten Kriterien bei der Einrichtung von Kostenstellen!
4. Notieren Sie die richtige(n) Aussage(n) zur Kostenstellenrechnung!

   4.1 Sie ermittelt für jede Kostenstelle das Betriebsergebnis.

4.2 Sie gliedert die Aufwendungen auf in unternehmens- und betriebsbezogene Aufwendungen.

4.3 Sie ermittelt den Verkaufspreis für ein Produkt.

4.4 Sie erfasst für die einzelnen Betriebsabteilungen die Gemeinkosten.

4.5 Sie errechnet für jede Kostenstelle die angefallenen Aufwendungen.

5. Das Verursachungsprinzip ist ein wichtiges Prinzip bei der Verteilung der Gemeinkostenarten. Prüfen Sie, welche Art der Verteilung am ehesten dem Verursachungsprinzip entspricht!

5.1 Verteilung nach Zuschlagssätzen.

5.2 Verteilung nach zuvor festgelegten Prozentsätzen.

5.3 Verteilung aufgrund von Belegen.

5.4 Gleichmäßige Verteilung aller Gemeinkosten auf die einzelnen Kostenstellen.

Aufgabe:

Übertragen Sie jeweils die richtige(n) Aussage(n) in Ihr Heft!

6. Die Kostenartenrechnung eines Industriebetriebs weist für den Monat Januar folgende Kosten aus, die wie folgt aufzuteilen sind:

	Zahlen der KLR	Material	Fertigung	Verwaltung	Vertrieb
Betriebsstoffkosten	36 000,00	12 000,00	Rest	–	–
Gehälter	90 000,00	7 500,00	7 500,00	37 500,00	Rest
Sozialkosten	30 000,00	2	2	3	3
Kalk. Abschreibungen	48 000,00	2	4	3	1
Steuern	45 000,00	1	4	4	1
Sonstige Kosten	210 000,00	1	5	6	2

Verbrauch von Fertigungsmaterial: 300 000,00 EUR
Fertigungslöhne: 180 000,00 EUR

Aufgaben:

6.1 Erstellen Sie den Betriebsabrechnungsbogen!

6.2 Berechnen Sie die Herstellkosten der Rechnungsperiode!

6.3 Ermitteln Sie den Zuschlagssatz je Kostenstelle für den Monat Januar!

76 Ein Industriebetrieb führt die vier Kostenstellen Material, Fertigung, Verwaltung und Vertrieb. Aus den Zahlen der Kosten- und Leistungsrechnung ergeben sich folgende Gemeinkostenbeträge:

	TEUR
Hilfslöhne	500
Gehälter	1 000
Gesetzlicher Sozialaufwand	500
Stromkosten	100
Raumkosten	300
Kalk. Abschreibungen auf Anlagen	500
Kalk. Zinsen auf Anlage- und Umlaufvermögen[1]	900

1 **Kalkulatorische Zinsen** sind die Kosten für die Nutzung des betrieblichen Kapitals.

Aufgaben:

1. Ermitteln Sie mithilfe eines Betriebsabrechnungsbogens die Gemeinkosten der vier Kostenstellen unter Verwendung der nachfolgend genannten Schlüssel:

	Material	Fertigung	Verwaltung	Vertrieb
Hilfslöhne	40 %	40 %	12 %	8 %
Gehälter	20 %	20 %	32 %	28 %
Gesetzlicher sozialer Aufwand nach der Zahl der Mitarbeiter	160	560	152	128
Stromverbrauch im Verhältnis	2	6	1	1
Raumkosten nach Fläche in m^2	500	1 500	600	400
Anlagevermögen TEUR	1 500	3 000	300	200
Umlaufvermögen TEUR (Material- und Erzeugnisbestände)	3 000	2 000	4 000	1 000

2. Berechnen Sie die Zuschlagssätze (auf- bzw. abgerundet auf volle Prozentsätze)!

   Zusatzangaben hierfür: Verbrauch von Fertigungsmaterial 4 850 TEUR
   Fertigungslöhne 1 000 TEUR

77 Die Kostenartenrechnung eines Industriebetriebs weist für den Monat November folgende Kosten aus, die wie folgt aufzuteilen sind:

	Zahlen der KLR	Material	Fertigung	Verwaltung	Vertrieb
Hilfsstoffkosten	145 700,00	2 050,00	129 450,00	3 500,00	10 700,00
Betriebsstoffkosten	22 400,00	1 700,00	14 400,00	4 100,00	2 200,00
Gehälter	130 500,00	4 100,00	98 900,00	18 600,00	8 900,00
Sozialkosten					
Mieten, Pachten	84 200,00	650 m^2	2 720 m^2	330 m^2	510 m^2
Büromaterial	91 100,00	3	2	11	4
Sonst. betr. Kosten	70 560,00	3	4	2	3
Kalk. Abschreibungen		2	8	4	1
Aufw. f. Schadensfälle	45 800,00	2	4	2	2

Verbrauch von Fertigungsmaterial: 1 046 553,80 EUR
Fertigungslöhne: 560 702,50 EUR

Weitere Angaben

- Die Sozialkosten betragen jeweils 80 % der Gehaltssumme.
- Kalkulatorische Abschreibungen je Jahr:
  auf das Betriebsgebäude
  2 % von den Anschaffungskosten 3 100 000,00 EUR
  auf die technischen Anlagen und Maschinen
  10 % vom Buchwert 1 690 600,00 EUR
  auf den Fuhrpark
  15 % vom Wiederbeschaffungswert 600 000,00 EUR

Aufgaben:

1. Erstellen Sie den Betriebsabrechnungsbogen!
2. Berechnen Sie den Zuschlagssatz je Kostenstelle für den Monat November!
3. Ermitteln Sie die Selbstkosten der Rechnungsperiode!

20 Speth u.a. - ISBN 978-3-8120-0593-7

2.3.4 Ermittlung der Gemeinkostenzuschlagssätze unter Berücksichtigung der Bestandsveränderungen

(1) Grundlegendes

Bisher wurde bei der Ermittlung der Zuschlagssätze für die Verwaltungs- und Vertriebsgemeinkosten jeweils von der gleichen Bezugsgrundlage, nämlich von den in der Rechnungsperiode angefallenen Herstellkosten, ausgegangen. Bezüglich der Verwaltungsgemeinkosten ist diese Bezugsgrundlage gerechtfertigt, weil man davon ausgehen kann, dass sich die **Verwaltungsgemeinkosten** in Abhängigkeit zu den **Herstellkosten der Rechnungsperiode**[1] verändern.

In Bezug auf die Vertriebsgemeinkosten ist diese Beziehung nur bedingt vorhanden. Will man die Kalkulation genauer durchführen, müssen die **Vertriebsgemeinkosten** auf die **Herstellkosten des Umsatzes (Herstellkosten der verkauften Erzeugnisse)** bezogen werden. Der Grund ist darin zu sehen, dass Vertriebskosten in der Regel nur für die verkauften Erzeugnisse anfallen. Das bedeutet die Einbeziehung der Bestandsveränderungen an fertigen und unfertigen Erzeugnissen ist erforderlich.

- **Bezugsgrundlage** für die Ermittlung des Zuschlagssatzes für die **Verwaltungsgemeinkosten** sind die **Herstellkosten der Rechnungsperiode.**
- **Bezugsgrundlage** für die Ermittlung des Zuschlagssatzes für die **Vertriebsgemeinkosten** sind die **Herstellkosten des Umsatzes (Herstellkosten der verkauften Erzeugnisse).**

(2) Berechnung der Herstellkosten des Umsatzes

Einbeziehung von Bestandsmehrungen an fertigen Erzeugnissen[2]

Eine **Bestandsmehrung** an fertigen Erzeugnissen bedeutet, dass innerhalb der Geschäftsperiode mehr Produkte hergestellt als verkauft wurden. Ein Teil der Produkte wanderte in das Lager, wodurch sich der Lagerbestand erhöht hat. Um von den Herstellkosten der Rechnungsperiode zu den Herstellkosten des Umsatzes (Herstellkosten der verkauften Erzeugnisse) zu gelangen, müssen die Bestandsmehrungen von den Herstellkosten der Rechnungsperiode abgezogen werden:

	Herstellkosten der Rechnungsperiode (Herstellkosten der produzierten Erzeugnisse)
–	Bestandsmehrungen bei fertigen Erzeugnissen
=	Herstellkosten des Umsatzes (Herstellkosten der verkauften Erzeugnisse)

1 Da nicht jeder Industriebetrieb die Verwaltungsgemeinkosten auf die Herstellkosten der Rechnungsperiode bezieht, werden in einigen Übungsaufgaben die Verwaltungsgemeinkosten auch auf die Herstellkosten des Umsatzes bezogen.

2 Da die Einbeziehung von fertigen und unfertigen Erzeugnissen in der gleichen Weise erfolgt, gehen wir, weil das leichter vorstellbar ist, von fertigen Erzeugnissen aus.

Einbeziehung von Bestandsminderungen an fertigen Erzeugnissen

Eine **Bestandsminderung** bedeutet, dass innerhalb der Geschäftsperiode mehr Güter verkauft wurden als hergestellt worden sind. Neben den in der Periode hergestellten Produkten wurden auch Lagerbestände verkauft. Dadurch vermindert sich der Lagerbestand. Um zu den Herstellkosten des Umsatzes zu gelangen, müssen die Bestandsminderungen zu den Herstellkosten der Rechnungsperiode hinzuaddiert werden.

  Herstellkosten der Rechnungsperiode (Herstellkosten der produzierten Erzeugnisse)
\+ Bestandsminderungen bei fertigen Erzeugnissen
= Herstellkosten des Umsatzes (Herstellkosten der verkauften Erzeugnisse)

Da sich die Bestandsveränderungen bei fertigen Erzeugnissen in unterschiedliche Richtungen bewegen können und die Bestandsveränderungen bei den unfertigen Erzeugnissen in der gleichen Weise einbezogen werden müssen, fassen wir die **Berechnung der Herstellkosten des Umsatzes** in folgendem Schema zusammen:

  Herstellkosten der Rechnungsperiode (Herstellkosten der produzierten Erzeugnisse)
− Bestandsmehrungen
\+ Bestandsminderungen
= Herstellkosten des Umsatzes (Herstellkosten der verkauften Erzeugnisse)

Beispiel:

Die Kostenartenrechnung eines Industriebetriebs weist für das 1. Quartal folgende Daten aus:

Verbrauch von Fertigungsmaterial	256 000,00 EUR
Materialgemeinkosten	32 000,00 EUR
Fertigungslöhne	695 825,00 EUR
Fertigungsgemeinkosten	672 300,00 EUR
Verwaltungsgemeinkosten	77 000,00 EUR
Vertriebsgemeinkosten	64 800,00 EUR

Bestandsangaben:

	Unfertige Erzeugnisse (UE)	Fertige Erzeugnisse (FE)
Anfangsbestände	175 000,00 EUR	214 000,00 EUR
Schlussbestände lt. Inventur	140 000,00 EUR	236 000,00 EUR

Aufgaben:

1. Berechnen Sie für jede Kostenstelle die Zuschlagssätze für die Gemeinkosten!
2. Ermitteln Sie die Selbstkosten des Umsatzes für das 1. Quartal!

Hinweise:

Die Materialgemeinkosten sind auf den Verbrauch von Fertigungsmaterial, die Fertigungsgemeinkosten auf die Fertigungslöhne, die Verwaltungsgemeinkosten und die Vertriebsgemeinkosten auf die Herstellkosten des Umsatzes zu beziehen.

Lösungen:

Zu 1.: Berechnung der Zuschlagssätze

Gemeinkosten insgesamt	Kostenstellen			
	Material	Fertigung	Verwaltung	Vertrieb
846 100,00	32 000,00	672 300,00	77 000,00	64 800,00
	256 000,00 (≙ 100 %)	695 825,00 (≙ 100 %)	1 656 125,00 (≙ 100 %)	1 669 125,00 (≙ 100 %)
	12,5 %	96,62 %	4,65 %	3,88 %

Zu 2.: Berechnung der Selbstkosten des Umsatzes

	Verbrauch v. Fertigungsmaterial	256 000,00 EUR
+	MGK	32 000,00 EUR
+	Fertigungslöhne	695 825,00 EUR
+	FGK	672 300,00 EUR
=	Herstellkosten der Rechnungsperiode	1 656 125,00 EUR
+	Bestandsminderung UE	35 000,00 EUR
–	Bestandsmehrung FE	22 000,00 EUR
=	Herstellkosten des Umsatzes	1 669 125,00 EUR
+	Verwaltungsgemeinkosten	77 000,00 EUR
+	Vertriebsgemeinkosten	64 800,00 EUR
=	Selbstkosten des Umsatzes	1 810 925,00 EUR

Übungsaufgaben

78 In einem Industriebetrieb werden der KLR bzw. der Buchführung folgende Zahlen entnommen: Verbrauch von Fertigungsmaterial 310 700,00 EUR, MGK 24 856,00 EUR, Fertigungslöhne 205 800,00 EUR, FGK 174 930,00 EUR, SEKF 22 900,00 EUR, VerwGK 81 310,46 EUR, VertrGK 48 047,09 EUR.

	Fertige Erzeugnisse (FE)	Unfertige Erzeugnisse (UE)
Anfangsbestand	175 600,00 EUR	25 800,00 EUR
Schlussbestand lt. Inventur	150 100,00 EUR	46 400,00 EUR

Bezugsgrundlagen: Die VerwGK sind auf die Herstellkosten der Rechnungsperiode und die VertrGK auf die Herstellkosten des Umsatzes zu beziehen.

Aufgabe:

Berechnen Sie die Zuschlagssätze für die Gemeinkosten!

79 Im BAB eines Industrieunternehmens wurden für die Kostenstellen folgende Gemeinkosten errechnet:

Material	Fertigung	Verwaltung	Vertrieb
25 625,00	671 646,00	247 202,10	156 094,67

Für den gleichen Zeitraum wurden außerdem folgende Daten ermittelt: Verbrauch von Fertigungsmaterial 205 000,00 EUR, Fertigungslöhne 471 000,00 EUR, Bestandsmehrung an fertigen Erzeugnissen 51 000,00 EUR, Bestandsminderung an unfertigen Erzeugnissen 35 000,00 EUR.

Bezugsgrundlagen: Die VerwGK sind auf die Herstellkosten der Rechnungsperiode und die VertrGK auf die Herstellkosten des Umsatzes zu beziehen!

Aufgabe:

Berechnen Sie die Zuschlagssätze für die Gemeinkosten!

80 In einem Industriebetrieb fallen folgende Gemeinkosten an, die wie folgt aufzuteilen sind:

	Zahlen der KLR	Verteilungsschlüssel			
		Material	Fertigung	Verwaltung	Vertrieb
Hilfs- u. Betriebsstoffkosten	67 200,00	3	12	1	–
Energie	78 300,00	2	5	1	1
Hilfslöhne	23 800,00	3	4	–	–
Gehälter	91 200,00	1	2	7	2
Sozialkosten	43 510,00	4	6	7	2
Fremdreparaturen	24 150,00	1	5	1	–
Steuern	63 000,00	1	4	1	1
Kalkulatorische Kosten	88 200,00	2	8	3	1

Verbrauch von Fertigungsmaterial: 683 416,66 EUR; Fertigungslöhne 196 795,08 EUR

Bestände an fertigen und unfertigen Erzeugnissen:

	FE	UE
Anfangsbestand	58 600,00 EUR	18 800,00 EUR
Schlussbestand lt. Inventur	45 100,00 EUR	24 400,00 EUR

Bezugsgrundlagen: Die VerwGK sind auf die Herstellkosten der Rechnungsperiode und die VertrGK auf die Herstellkosten des Umsatzes zu beziehen!

Aufgaben:

1. Erstellen Sie den Betriebsabrechnungsbogen!
2. Berechnen Sie den Zuschlagssatz je Kostenstelle!
3. Erstellen Sie die Gesamtkalkulation für die Selbstkosten der verkauften Erzeugnisse!

2.4 Kostenträgerrechnung

2.4.1 Allgemeines zur Kostenträgerrechnung

Die Leistungseinheiten, für die Kosten angefallen sind, nennt man **Kostenträger,** weil sie die Kosten zu tragen haben. Als Kostenträger können, je nach der Struktur des Betriebs, einzelne **Produkte** oder **Produktgruppen** dienen.

- **Kostenträger** sind Leistungseinheiten,[1] für die Kosten angefallen sind.
- Als Kostenträger können einzelne **Produkte** oder auch die Zusammenfassung gleichartiger Produkte zu einer **Produktgruppe** dienen.

Die Hauptaufgabe der Kostenträgerrechnung besteht darin, festzustellen, wie viel Kosten auf die einzelnen Kostenträger entfallen.

- Sollen die Kosten für einen **einzelnen Auftrag** (z. B. ein einzelnes Stück) berechnet werden, spricht man von **Kostenträgerstückrechnung.** Sie wird auch als **Kalkulation** bezeichnet.
- Bezieht sich die Zurechnung der Kosten auf eine **Abrechnungsperiode** (Monat, Jahr), spricht man von **Kostenträgerzeitrechnung.**[2] In ihr können sowohl das Betriebsergebnis insgesamt als auch die auf Kostenträger bezogenen Teilergebnisse ermittelt werden.

Die **Kostenträgerrechnung** verteilt die **Kosten** verursachungsgerecht auf die **Kostenträger.**

2.4.2 Kostenträgerstückrechnung (Kalkulation)

2.4.2.1 Aufbau der Zuschlagskalkulation

Werden unterschiedliche Produkte hergestellt – und davon gehen wir im Folgenden aus – ist eine **individuelle Kostenermittlung** für jedes Produkt bzw. für jede Produktgruppe erforderlich. Diese Form der Kostenträgerstückrechnung bezeichnet man als **Zuschlagskalkulation.** Da bei der Zuschlagsrechnung **alle Kosten,** die bei der Herstellung des Produktes anfallen, in die **Preisberechnung eingehen,** liegt eine **Vollkostenrechnung** vor.

Der **Verfahrensablauf einer Zuschlagskalkulation** ist folgender:

- Die **Einzelkosten** werden aus der Kostenartenrechnung **direkt** den Kostenträgern zugerechnet. Das betrifft im Wesentlichen das Fertigungsmaterial und die Fertigungslöhne.
- Die in der Kostenstellenrechnung erfassten **Gemeinkosten** werden den Kostenträgern **indirekt** über Zuschlagssätze zugeordnet.

1 Leistungseinheiten können Produkte oder Dienstleistungen sein.

2 Vgl. hierzu S. 325 ff.

Die nachfolgende Abbildung verdeutlicht die Zusammenhänge:

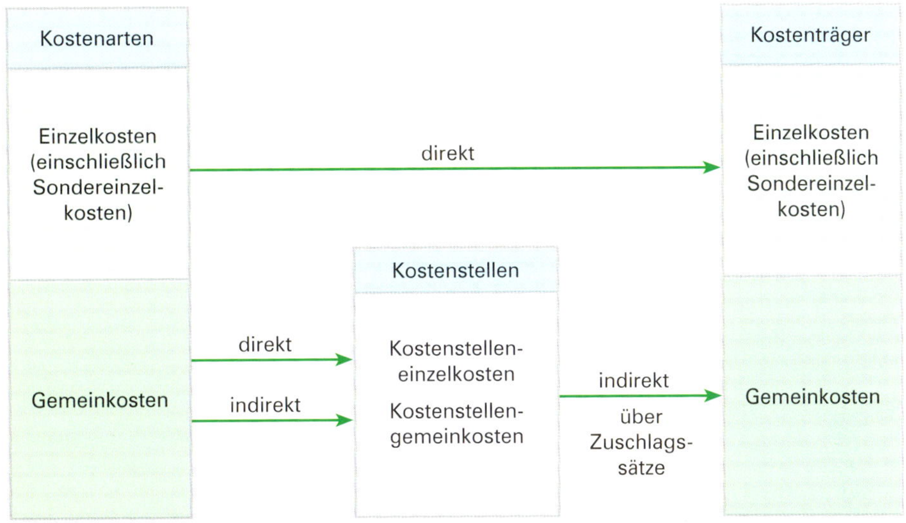

- Die **Kostenträgerstückrechnung (Kalkulation)** ermittelt die Kosten für ein **Produkt** bzw. eine **Produktgruppe.**
- **Einzelkosten** werden auf der Grundlage der Kostenartenrechnung **direkt** auf die **Kostenträger** verrechnet.
- **Gemeinkosten** werden direkt oder indirekt den Kostenstellen zugeschlagen und mithilfe der dort ermittelten **Zuschlagssätze** auf die **Kostenträger** verrechnet.

2.4.2.2 Kostenträgerstückrechnung als Angebotskalkulation (Vorkalkulation)

Je nach Bedarf wird die Angebotskalkulation als

- Vorwärtskalkulation,
- Rückwärtskalkulation oder
- als Differenzkalkulation eingesetzt.

(1) Vorwärtskalkulation

Um einen Verkauf tätigen zu können, ist es in der Praxis oft notwendig, ein Angebot mit einem verbindlichen Angebotspreis abzugeben. Das Unternehmen ist dann gezwungen, vor Beginn der Produktion eine Angebotskalkulation vorzunehmen. Die Angebotskalkulation ist in der Regel eine Vorwärtskalkulation.

In der Vorkalkulation muss mit **voraussichtlichen Kosten (Normalkosten)** gerechnet werden.

Normalkosten sind die aus den Istkosten vergangener Perioden abgeleiteten durchschnittlichen Kosten.

Beispiel für die Berechnung von Normalzuschlagssätzen:

Für das erste Halbjahr liegen folgende monatliche Ist-Fertigungsgemeinkostensätze vor:

Januar:	57,8 %	März:	58,5 %	Mai:	62,7 %
Februar:	60,1 %	April:	59,8 %	Juni:	56,9 %

Aufgabe:

Berechnen Sie aus den sechs vorliegenden Istzuschlagssätzen den Normalzuschlagssatz für die Fertigungsgemeinkosten!

Lösung:

$$\text{Normalzuschlagssatz} = \frac{57{,}8\,\% + 60{,}1\,\% + 58{,}5\,\% + 59{,}8\,\% + 62{,}7\,\% + 56{,}9\,\%}{6} = \underline{\underline{59{,}3\,\%}}$$

Ermittlung der Einzel- und Gemeinkosten bei der Vorwärtskalkulation:

Ermittlung der Einzelkosten	■ Bei einer Angebotskalkulation kann der **Verbrauch von Fertigungsmaterial** aufgrund von z. B. Konstruktionsstücklisten ermittelt werden. Die benötigten Preise ergeben sich aus vorliegenden Preisen der Vergangenheit bzw. derzeitigen Angebotspreisen, wobei die zu erwartenden Preisänderungen zu berücksichtigen sind. ■ Die **Lohnkosten** ergeben sich aufgrund der Fertigungszeiten, bei denen auf Erfahrungen der Vergangenheit bzw. auf vorhandene Zeitvorgaben zurückgegriffen werden kann. Zu erwartende Lohnänderungen sind auch hier zu berücksichtigen.
Ermittlung der Gemeinkosten	Die Gemeinkosten werden über Zuschlagssätze einkalkuliert. Diese werden innerhalb des Betriebsabrechnungsbogens ermittelt. Da man bei einer Angebotskalkulation nicht bis zum Abschluss der laufenden Geschäftsperiode warten kann, wird mit **Normalzuschlagssätzen** gearbeitet.

Beispiel:

Eine Maschinenfabrik berechnet zur Abgabe eines Angebots für eine Furnierpressmaschine den Listenverkaufspreis. Es wird mit folgenden Kosten kalkuliert:

Verbrauch von Fertigungsmaterial	17 200,00 EUR	SEKF	1 400,00 EUR
Fertigungslöhne	21 400,00 EUR	SEKV	890,00 EUR

Normalzuschlagssätze: MGK 9 %, FGK 110 %, VerwGK 18 %, VertrGK 6 %.

Bei der Angebotskalkulation der Furnierpressmaschine sollen 15 % Gewinn, 10 % Einführungsrabatt und 2 % Skonto einkalkuliert werden.

Aufgabe:

Berechnen Sie den Listenverkaufspreis![1]

1 ür den Listenverkaufspreis wird auch die Bezeichnung **Nettoverkaufspreis** verwendet, da im Listenverkaufspreis die Umsatzsteuer nicht enthalten ist.

Lösung:

Vorwärtskalkulation (+)

	100 %		Materialeinzelkosten	17 200,00 EUR	
	9 %	+	Materialgemeinkosten	1 548,00 EUR	
			Materialkosten		18 748,00 EUR
100 %	←		Fertigungslöhne	21 400,00 EUR	
110 %		+	Fertigungsgemeinkosten	23 540,00 EUR	
			Zwischensumme	44 940,00 EUR	
		+	Sondereinzelkosten der Fertigung (SEKF)	1 400,00 EUR	
			Fertigungskosten		46 340,00 EUR
	100 %		**Herstellkosten**		65 088,00 EUR
	18 %	+	Verwaltungsgemeinkosten	11 715,84 EUR	
	6 %	+	Vertriebsgemeinkosten	3 905,28 EUR	
		+	Sondereinzelkosten des Vertriebs (SEKV)	890,00 EUR	16 511,12 EUR
100 %	←		**Selbstkosten**		81 599,12 EUR
15 %		+	Gewinn		12 239,87 EUR
→	98 %		**Barverkaufspreis**		93 838,99 EUR
	2 %	+	Kundenskonto		1 915,08 EUR
90 %	100 %		**Zielverkaufspreis**		95 754,07 EUR
10 %		+	Kundenrabatt		10 639,34 EUR
100 %		=	**Listenverkaufspreis**		106 393,41 EUR

Erläuterungen zum erweiterten Kalkulationsschema:

■ Gewinnaufschlag

Der Gewinnaufschlag wird in einem Prozentsatz auf die Selbstkosten aufgeschlagen. Da in den Zuschlagssätzen für die Fertigungsgemeinkosten die Eigenkapitalverzinsung, der Unternehmerlohn und die speziellen Risiken des Unternehmers bereits einkalkuliert sind, muss **über den Gewinn** das **allgemeine Unternehmerrisiko** abgedeckt werden.

Eine allgemeine Regel für die Festsetzung der Höhe des Gewinnaufschlags (Gewinnzuschlagssatz) kann man nicht geben. Sofern es sich um Produkte handelt, für die Marktpreise vorliegen, sind dem Unternehmen durch die Konkurrenzsituation enge Grenzen gesetzt. Bei nicht marktgängigen Produkten muss sich das Unternehmen mit Fingerspitzengefühl an den Angebotspreis herantasten, den der Markt hergibt.

■ Kundenskonto

Die Kunden erwarten im Allgemeinen bei Zahlung innerhalb der Skontofrist einen Preisnachlass. Soll dieser Preisnachlass nicht zulasten des Gewinnes gehen, muss er im Angebotspreis vorher einkalkuliert werden.

Da der Kunde den Skonto vom Zielverkaufspreis berechnet, dieser also aus der Sicht des Kunden 100 % ausmacht, entspricht der Barverkaufspreis aus der Sicht des Anbieters dem verminderten Grundwert (100 % – Prozentsatz des Skontos). Der Skonto muss also durch eine „im Hundertrechnung" auf den Barverkaufspreis aufgeschlagen werden.

■ Kundenrabatt

Aus den gleichen Gründen muss auch der vom Kunden erwartete Rabatt in den Angebotspreis einkalkuliert werden. Da der Kunde den Rabatt durch eine „vom Hundertrechnung" vom Angebotspreis (Listenverkaufspreis) abzieht, muss der Anbieter ihn durch eine „im Hundertrechnung" aufschlagen. Soll z. B. der Kundenrabatt 10 % betragen, entspricht der Zielverkaufspreis bei der Angebotskalkulation 90 %.

Übungsaufgaben

81 Eine Fensterfabrik soll ein Angebot für die Lieferung eines Fensters bestimmter Größe abgeben. Bei günstigem Angebot wird die Bestellung einer größeren Menge in Aussicht gestellt.

Aufgrund der betrieblichen Unterlagen liegen folgende Kalkulationsdaten vor:

Verbrauch von Fertigungsmaterial 44,30 EUR, Fertigungslöhne 61,25 EUR, Sondereinzelkosten der Fertigung 157,66 EUR. Die Normalzuschlagssätze für die Gemeinkosten betragen: Materialgemeinkosten 6,7 %, Fertigungsgemeinkosten 157,4 %, Verwaltungsgemeinkosten 16,4 %, Vertriebsgemeinkosten 9,8 %. Außerdem sollen einkalkuliert werden: 12,5 % Gewinn, 5 % Kundenrabatt und 3 % Kundenskonto.

Aufgabe:

Berechnen Sie den Angebotspreis (Listenverkaufspreis)!

82 Zur Herstellung einer Abfüllmaschine rechnet ein Industriebetrieb mit folgenden Kosten: Verbrauch von Fertigungsmaterial 8420,00 EUR; Fertigungslöhne 3720,00 EUR. Aus der Kostenstellenrechnung werden die folgenden Zuschlagssätze (Normalzuschlagssätze) entnommen: Materialzuschlag (MGK) 10,5 %, Lohnzuschlag (FGK) 145 %, Verwaltungs- und Vertriebsgemeinkostenzuschlag 13,7 %. Die Sondereinzelkosten der Fertigung betragen 890,00 EUR.

Aufgaben:

1. Berechnen Sie die Selbstkosten!
2. Die Maschine wird unter Einrechnung von 12 % Gewinn, 15 % Kundenrabatt und 2 % Kundenskonto angeboten.

   Ermitteln Sie den Listenverkaufspreis!
3. Erklären Sie, welche Annahme der Berechnung der Gemeinkosten zugrunde liegt!
4. Neben der Abfüllmaschine produziert die Maschinenfabrik noch Verpackungsmaschinen für Molkereibetriebe. Im Vergleich zu den Abfüllmaschinen müssen für die Verpackungsmaschinen weniger Maschinenzeit und weniger Arbeitszeit eingesetzt werden. Für beide Maschinen verwendet die Maschinenfabrik den gleichen Fertigungsgemeinkostensatz. Beurteilen Sie die Handlungsweise der Geschäftsführung!

83 Der BAB einer Lederfabrik enthält für den Monat März folgende Angaben über die Gemeinkosten:

Material	Fertigung	Verwaltung	Vertrieb
42100,50 EUR	785680,00 EUR	224035,00 EUR	173118,00 EUR

An Einzelkosten fallen an:

Verbrauch von Fertigungsmaterial	647700,00 EUR
Fertigungslöhne	561200,00 EUR

Aufgaben:

1. Berechnen Sie die Zuschlagssätze!
2. Berechnen Sie den Listenverkaufspreis eines Auftrages, für den folgende Angaben vorliegen: Fertigungsmaterial 1040,00 EUR, Fertigungslöhne 35 Stunden zu je 78,50 EUR, Gewinnzuschlag 20 %, Kundenskonto 2 % und Kundenrabatt 10 %!

(2) Rückwärtskalkulation (retrograde Kalkulation)

Liegt der Listenverkaufspreis aufgrund der gegebenen Markt- bzw. Konkurrenzsituation fest, so eignet sich das Kalkulationsschema in umgekehrter Richtung **von unten nach oben** zur Errechnung der aufwendbaren Materialeinzelkosten **(retrograde Kalkulation; Rückwärtskalkulation).** Dabei werden bei vorgegebenen Kalkulationsbedingungen die Materialeinzelkosten errechnet, die höchstens gezahlt werden dürfen, um den angestrebten Gewinn zu erreichen.

Beispiel:

Aufgrund der Marktsituation muss die Maschinenfabrik Ottmar Zeh OHG eine Schleifmaschine zum Listenverkaufspreis in Höhe von 118374,29 EUR anbieten. Die Maschinenfabrik muss branchenüblich 10 % Kundenrabatt und 2 % Kundenskonto gewähren. Es soll ein Gewinn von 15 % erzielt werden.

Es wird mit folgenden Kosten kalkuliert:

Fertigungslöhne 19800,00 EUR, SEKF 900,00 EUR, SEKV 940,00 EUR

Zuschlagssätze lt. BAB dieser Abrechnungsperiode:

MGK 8,5 % FGK 108 % VerwGK 19 % VertrGK 6,8 %

Aufgabe:

Ermitteln Sie, wie teuer die Materialeinzelkosten höchstens sein dürfen!

Lösung: [1]

100 %			Materialeinzelkosten	27038,94 EUR	
8,5 %		+	Materialgemeinkosten	2298,31 EUR	
108,5 %			**Materialkosten**		29337,25 EUR
	100 %		Fertigungslöhne	19800,00 EUR	
	108 %	+	Fertigungsgemeinkosten	21384,00 EUR	
	208 %		Zwischensumme	41184,00 EUR	
		+	Sondereinzelkosten der Fertigung	900,00 EUR	
			Fertigungskosten		42084,00 EUR
100 %			**Herstellkosten**		71421,25 EUR
19 %		–	Verwaltungsgemeinkosten	13570,04 EUR	
6,8 %		–	Vertriebsgemeinkosten	4856,64 EUR	18426,68 EUR
125,8 %			Zwischensumme		89847,93 EUR
		–	Sondereinzelkosten des Vertriebs		940,00 EUR
	100 %		**Selbstkosten**		90787,93 EUR
	15 %	–	Gewinn		13618,19 EUR
98 %	115 %		**Barverkaufspreis**		104406,12 EUR
2 %		–	Kundenskonto		2130,74 EUR
100 %	90 %		**Zielverkaufspreis**		106536,86 EUR
	10 %	–	Kundenrabatt		11837,43 EUR
	100 %	=	**Listenverkaufspreis**		118374,29 EUR

Rückwärtskalkulation

Ergebnis: Die Materialeinzelkosten dürfen höchstens 27038,94 EUR betragen.

1 Die Rechenzeichen verstehen sich aus der Sicht der Rückwärtsrechnung.

Allgemeiner Rechenweg:

- Stellen Sie zuerst das Kalkulationsschema **von oben nach unten** auf und tragen Sie die in der Aufgabe vorgegebenen Prozentsätze und Beträge ein.
- Überlegen Sie bei jedem Rechenschritt, ob es sich bei der Rückwärtsrechnung um eine Rechnung **vom Hundert** (Kundenrabatt, Kundenskonto) oder **auf Hundert** (Gewinn, VerwGK, VertrGK, MGK) handelt.
- **Sonderfall: Berechnung der Fertigungskosten.** Sofern Sondereinzelkosten der Fertigung vorliegen, müssen zunächst die Fertigungskosten in einer Zwischenrechnung im Rahmen einer Vorwärtskalkulation ermittelt (Fertigungslöhne + Fertigungsgemeinkosten = Zwischensumme + Sondereinzelkosten der Fertigung) und von den in der Rückwärtsrechnung ermittelten Herstellkosten subtrahiert werden.
- **Überprüfen** Sie das Ergebnis durch eine **Vorwärtskalkulation.**

Übungsaufgaben

84 Aufgrund der starken Konkurrenz können wir eine Maschine für höchstens 53316,32 EUR verkaufen. Es liegen folgende Kalkulationsdaten vor:

Fertigungslöhne	4800,00 EUR
Sondereinzelkosten des Vertriebs	300,00 EUR
Sondereinzelkosten der Fertigung	500,00 EUR

Kundenskonto	2 %	Verwaltungsgemeinkosten	10 %
Vertriebsgemeinkosten	15 %	Fertigungsgemeinkosten	450 %
Gewinnzuschlag	12,5 %	Kundenrabatt	10 %
Materialgemeinkosten	25 %		

Aufgabe:

Berechnen Sie die aufwendbaren Kosten für das Fertigungsmaterial!

85 Eine Druckerei erhält eine Anfrage, ob ein Posten Prospekte zu einem Nettopreis von 15500,00 EUR gedruckt werden kann.

Es stellt sich die Frage, wie viel EUR die Papierkosten höchstens betragen dürfen, wenn folgende Kosten anfallen: Fertigungslöhne 2800,00 EUR, FGK 94 %, MGK 8 %, SEKF 560,00 EUR, VerwGK 18 %, VertrGK 7 %. Der Kunde erwartet einen Nachlass von 2 % Skonto.

Aufgabe:

Berechnen Sie die höchstmöglichen Papierkosten, wenn ein Gewinn von 10 % erwirtschaftet werden soll!

86 Der neue Wohnwagen „Family" soll den Händlern zum Listenverkaufspreis von 24450,00 EUR angeboten werden. Die Kalkulationssätze des Wohnwagenherstellers sind: 7 % Materialgemeinkosten, 110 % Fertigungsgemeinkosten, 10 % Verwaltungsgemeinkosten, 6 % Vertriebsgemeinkosten, 9 % Gewinn, 2 % Kundenskonto und 20 % Kundenrabatt. Die anfallenden Fertigungslöhne betragen 4360,00 EUR.

Aufgabe:

Ermitteln Sie die Kosten für das erforderliche Fertigungsmaterial!

(3) Differenzkalkulation

Häufig verhindert es die „Marktlage", dass das Unternehmen weder die Kosten des Materialeinsatzes noch den Listenverkaufspreis gestalten kann. In diesem Fall muss es das Ziel der Kalkulation sein festzustellen, ob der so erwirtschaftete Gewinn ausreichend ist.

Wird die Höhe des anfallenden Gewinnes errechnet, spricht man von **Differenzkalkulation.**[1] Da sowohl die **Kosten** als auch der **Listenverkaufspreis** festliegen, muss von **beiden** Werten aus mit dem Rechenweg begonnen werden, und zwar einmal als **Vorwärtskalkulation** (von den Materialeinzelkosten bis zu den Selbstkosten) und zum anderen als **Rückwärtskalkulation** (vom Listenverkaufspreis bis zum Barverkaufspreis).

Beispiel:

Bei der Herstellung eines Wäschetrockners fielen 280,00 EUR Materialeinzelkosten und 160,00 EUR Fertigungslöhne an. Es wird mit folgenden Zuschlagssätzen gerechnet: MGK 11 %, FGK 120 %, VerwGK 10,5 %, VertrGK 6 %, SEKV 40,00 EUR.

Aufgabe:

Berechnen Sie den Gewinn in EUR und in Prozent, wenn der Hersteller 3 % Kundenskonto und 15 % Kundenrabatt einrechnet und einen Listenverkaufspreis von 1 103,25 EUR ansetzt!

Lösung:

100 %		Materialeinzelkosten	280,00 EUR	
11 %		+ Materialgemeinkosten	30,80 EUR	
→		**Materialkosten**		310,80 EUR
	100 %	Fertigungslöhne	160,00 EUR	
	120 %	+ Fertigungsgemeinkosten	192,00 EUR	
		Fertigungskosten		352,00 EUR
100 %	←	**Herstellkosten**		662,80 EUR
10,5 %		+ Verwaltungsgemeinkosten	69,59 EUR	
6 %		+ Vertriebsgemeinkosten	39,77 EUR	109,36 EUR
		Zwischensumme		772,16 EUR
		+ Sondereinzelkosten des Vertriebs (SEKV)		40,00 EUR
→	100 %	**Selbstkosten**		812,16 EUR
	x %	− Gewinn		97,47 EUR
97 %		**Barverkaufspreis**		909,63 EUR
3 %		− Kundenskonto		28,13 EUR
100 %	85 %	**Zielverkaufspreis**		937,76 EUR
	15 %	− Kundenrabatt		165,49 EUR
	100 %	= **Listenverkaufspreis**		1 103,25 EUR

Vorwärtskalkulation +

Berechnung des Gewinnzuschlagssatzes

812,16 EUR ≙ 100 %
97,47 EUR ≙ x %

$$x = \frac{100 \cdot 97{,}47}{812{,}16} = \underline{\underline{12\,\%}}$$

Rückwärtskalkulation −

Ergebnis: Der Hersteller kann mit einem Gewinn von 12 %, das sind 97,47 EUR, rechnen.

1 Die Differenz zwischen Barverkaufspreis und Selbstkosten stellt den Gewinn/Verlust dar. Man spricht daher auch von **Gewinnkalkulation.**

Allgemeiner Rechenweg:

- Stellen Sie zuerst das Kalkulationsschema **von oben nach unten** auf und tragen Sie die in der Aufgabe vorgegebenen Prozentsätze und EUR-Beträge ein!
- Kennzeichnen Sie den Rechenweg durch Pfeile und errechnen Sie stufenweise durch **Vorwärtskalkulation** die **Selbstkosten** bzw. durch **Rückwärtskalkulation** den **Barverkaufspreis**!
- Ermitteln Sie den **Gewinn** als **Differenz zwischen dem Barverkaufspreis und den Selbstkosten**!
- Berechnen Sie anschließend den **Gewinn in Prozent zu den Selbstkosten** (Gewinnzuschlagssatz)!

Übungsaufgaben

87 1. Eine Maschinenfabrik kalkuliert eine Fräsmaschine nach folgenden Angaben:

– Verbrauch v. Fertigungsmaterial	7 350,00 EUR	– MGK	12 %
– Fertigungslohn 58 Std. zu je	52,00 EUR	– FGK	15 %
– Fremdarbeiten 48 Std. zu je	95,00 EUR	– VerwGK + VertrGK	25 %
– Konstruktionszeichnung	400,00 EUR	– Kundenskonti	3 %
		– Vertreterprovision	5 %

Die Maschinenfabrik verkauft die Fräsmaschine für 24 500,00 EUR netto.

Aufgabe:

Ermitteln Sie den Gewinn in EUR und in Prozent!

2. Eine Möbelfabrik stellt für den Ausbau von zwei Büroräumen folgende Kalkulationsgrundlagen fest:

Verbrauch von Fertigungsmaterial: 9 400,00 EUR
Fertigungslöhne: 16 200,00 EUR

Gemeinkostenzuschläge:	MGK 12,4 %		VerwGK	6 %
	FGK 104,0 %		VertrGK	8 %

Es wird mit 18 % Gewinn, 5 % Vertreterprovision vom Zielverkaufspreis und 2 % Kundenskonto gerechnet.

Aufgaben:

2.1 Berechnen Sie den Angebotspreis!

2.2 Ein Konkurrenzunternehmen hat ein Angebot von 62 084,97 EUR unterbreitet. Ermitteln Sie, wie viel Gewinn in EUR und in Prozent der Möbelfabrik verbleiben, wenn der Angebotspreis der Konkurrenz um 800,00 EUR unterboten werden soll!

88 Ein Fahrradhersteller produziert die Modelle Alpha und Beta. Die Absatzmenge für Produkt Alpha beträgt 500 Stück bei 200,00 EUR Herstellkosten je Stück. Die Absatzmenge für Produkt Beta beträgt 1 500 Stück bei 300,00 EUR Herstellkosten je Stück. Die Produktionskapazität ist damit voll ausgelastet.

An Verwaltungsgemeinkosten sind insgesamt 71 500,00 EUR angefallen.

In der Kostenstelle Vertrieb sind insgesamt 55 000,00 EUR Kosten aufgelaufen. Die Kostenstelle Vertrieb ist für beide Produkte tätig. Alle Produkte werden einzeln verkauft. Die Tätigkeiten im Rahmen der Verwaltungs- und Verkaufsprozesse sind bei beiden Produkten stets die gleichen. Die maximale Kapazität der Vertriebsabteilung beträgt 2 500 Verkaufsvorgänge.

Aufgabe:

Berechnen Sie die Selbstkosten je Stück!

Zusammenfassung

Vergleich der Kalkulationsverfahren

Art	Vorwärtskalkulation (Verkaufskalkulation)	Rückwärtskalkulation (retrograde Kalkulation)	Differenzkalkulation
Zweck	Ermittlung des Verkaufspreises (Angebotspreises)	Ermittlung der höchstmöglichen Kosten für das Fertigungsmaterial	Ermittlung von Gewinn/Gewinnzuschlag bei gegebenem Listenverkaufspreis und gegebenen Einzelkosten
Rechenweg	Fertigungsmaterial + MGK v. H. = **Materialkosten** Fertigungslöhne + FGK v. H. + Sondereinzelkosten der Fertigung = **Fertigungskosten** **Herstellkosten** + VerwGK v. H. + VertrGK v. H. + Sondereinzelkosten des Vertriebs = **Selbstkosten** + Gewinn v. H. = **Barverkaufspreis** + Kundenskonto i. H. = **Zielverkaufspreis** + Kundenrabatt i. H. = **Listenverkaufspreis**	Fertigungsmaterial – MGK a. H. = **Materialkosten** Fertigungslöhne + FGK v. H. + Sondereinzelkosten der Fertigung = **Fertigungskosten** **Herstellkosten** – VerwGK a. H. – VertrGK a. H. – Sondereinzelkosten des Vertriebs = **Selbstkosten** – Gewinn a. H. = **Barverkaufspreis** – Kundenskonto v. H. = **Zielverkaufspreis** – Kundenrabatt v. H. = **Listenverkaufspreis**	Fertigungsmaterial + MGK v. H. = **Materialkosten** Fertigungslöhne + FGK v. H. + Sondereinzelkosten der Fertigung = **Fertigungskosten** **Herstellkosten** + VerwGK v. H. + VertrGK v. H. + Sondereinzelkosten des Vertriebs = **Selbstkosten** – Gewinn v. H. = **Barverkaufspreis** – Kundenskonto v. H. = **Zielverkaufspreis** – Kundenrabatt v. H. = **Listenverkaufspreis**

2.4.3 Kostenträgerstückrechnung als Nachkalkulation[1] mit Normal- und Istkostenzuschlagssätzen

(1) Kostenüberdeckungen und Kostenunterdeckungen

In der **Vorkalkulation** kann nur mit **Normalkosten** gerechnet werden.

Nach Ablauf der festgelegten Abrechnungsperiode sind die **angefallenen Kosten (Istkosten) den vorkalkulierten Kosten (Normalkosten)** gegenüberzustellen. In der Regel weichen die Normalkosten von den Istkosten ab. Die **Abweichungen** bei den Kosten in der Vor- und in der Nachkalkulation beruhen einerseits auf **unterschiedlichen Einzelkosten** und andererseits auf **unterschiedlichen Zuschlagssätzen** in der Vor- und Nachkalkulation.

Normalkosten > Istkosten = Kostenüberdeckung
Normalkosten < Istkosten = Kostenunterdeckung

1 Prinzipiell ist es möglich, im Rahmen der Nachkalkulation die Vorwärtskalkulation, die Rückwärtskalkulation und die Differenzkalkulation einzusetzen. Allerdings kommt in der Praxis in aller Regel nur die Differenzkalkulation zum Einsatz, da der Unternehmer insbesondere daran interessiert ist, den tatsächlich erzielten Gewinn zu erfahren.

Sind die **Normalkosten höher als die Istkosten,** liegt eine **Kostenüberdeckung** vor. Sind die **Normalkosten niedriger als die Istkosten,** liegt eine **Kostenunterdeckung** vor. Liegen erhebliche Abweichungen zwischen der Vor- und Nachkalkulation vor, so sind die Gründe für die aufgetretenen Abweichungen zu ermitteln.

- Bei der **Kostenunterdeckung** liegen die **Normalkosten unter den Istkosten,** d.h., die tatsächlich angefallenen Kosten sind durch die kalkulierten Kosten nicht gedeckt.
- Bei der **Kostenüberdeckung** liegen die **Normalkosten über den Istkosten,** d.h., die kalkulierten Kosten sind höher als die tatsächlich angefallenen Kosten.

(2) Ursachen für Kostenabweichungen

Preisabweichungen

Preiserhöhungen (Preissenkungen) bei Werkstoffen bzw. Energie, Gehaltserhöhungen (Rückgang der Gehälter durch Entlassungen) oder Erhöhungen der Versicherungsbeiträge (Rückgang der Versicherungsbeiträge durch Absenken der Versicherungssummen) u.Ä. führen zu einer höheren (niedrigeren) Belastung der Kostenstellen mit Gemeinkosten und damit zu höheren (niedrigeren) Zuschlagssätzen.

Beispiel:

Bei einem Hersteller von Tiefkühlkost erhöhen sich die Strompreise um 5% gegenüber den Normalkosten. Dies führt zu erhöhten Kosten bei der Lagerhaltung der Fertigprodukte und damit zu einer Kostenunterdeckung bei den Vertriebskosten. Eine solche Kostenabweichung hat der Leiter des Vertriebs nicht zu vertreten.

Verbrauchsabweichungen

Es ist nicht immer möglich, geplante Fertigungszeiten bzw. Materialvorgaben einzuhalten. Ein Über- oder Unterschreiten der Planvorgaben führt zu steigenden oder fallenden Gemeinkosten und damit zu schwankenden Zuschlagssätzen.

Beispiel:

Bei Überlastung der Produktion fallen mehr qualitativ mangelhafte Erzeugnisse als gewöhnlich an. Damit erhöhen sich die Fertigungskosten. Es kommt zu einer Kostenunterdeckung. Diese Kostenabweichung hat der Leiter der Fertigung zu vertreten.

Änderung der Ausbringungsmenge (Beschäftigung)

Wird die Ausbringungsmenge z.B. ausgeweitet, so fallen mehr **Einzelkosten** wie Material- oder Lohnkosten an. Einzelkosten sind **variable Kosten.** Hier geht man davon aus, dass sich die Kosten **proportional zur Ausbringungsmenge** verhalten.

Bei den **Gemeinkosten** geht man davon aus, dass sie **variable und fixe Kosten enthalten.** Während die **variablen Kosten** bei einer Erhöhung der Ausbringungsmenge **proportional ansteigen,** bleibt der **Fixkostenanteil der Gemeinkosten unverändert.** Die Folge ist, die Gemeinkosten **steigen unterproportional** bei einer **Ausweitung der Ausbringungsmenge** (die fixen Kosten verteilen sich auf eine größere Menge) und **steigen überproportional** bei einem **Rückgang der Ausbringungsmenge** (die fixen Kosten verteilen sich auf eine geringere Menge).

Beispiel:

Bei einem Industriebetrieb betragen die Fertigungslöhne 45000,00 EUR bei einer Produktion von 1500 Stanzteilen. An Fertigungsgemeinkosten fallen 24000,00 EUR an (18000,00 EUR fix, 6000,00 EUR variabel).

Durch einen Großauftrag erhöht sich die Ausbringungsmenge im Folgemonat auf 2800 Stanzteile. Der Großauftrag wird mit dem bisher verwendeten Normal-FGK-Zuschlagssatz kalkuliert.

Aufgaben:

1. Berechnen Sie den bei der Produktion von 1500 Stanzteilen verwendeten Normal-FGK-Zuschlagssatz!
2. Berechnen Sie den bei der Produktion von 2800 Stanzteilen tatsächlich anfallenden FGK-Zuschlagssatz!
3. Berechnen Sie die Kostenabweichung bei Berücksichtigung der Fixkostendegression!

Zu 1.: Berechnung des Normal-FGK-Zuschlagssatzes

$$\text{Normal-FGK-Zuschlagssatz} = \frac{24\,000 \cdot 100}{45\,000} = \underline{\underline{53{,}33\,\%}}$$

Zu 2.: Berechnung des tatsächlichen FGK-Zuschlagssatzes bei 2800 Stanzteilen

FGK fix	= 18000,00 EUR
FGK variabel 2800 Stück · 4,00 EUR/Stück[1]	= 11200,00 EUR
Fertigungsgemeinkosten	= 29200,00 EUR

$$\text{FGK-Zuschlagssatz} = \frac{29\,200 \cdot 100}{84\,000} = \underline{\underline{34{,}76\,\%}}$$

Ergebnis: Mit zunehmender Ausbringungsmenge sinkt der FGK-Zuschlagssatz. Wird die erhöhte Ausbringungsmenge mit dem Normal-FGK-Zuschlagssatz kalkuliert, entsteht eine Kostenüberdeckung.

Zu 3.: Höhe der Kostenabweichung bei Berücksichtigung der Fixkostendegression

Fertigungslöhne	84000,00 EUR	
+ 53,33 % Normal-FGK	44797,20 EUR	
= Fertigungsgemeinkosten		128797,20 EUR
– Fertigungslöhne	84000,00 EUR	
+ 34,76 % Tatsächlicher FGK	29198,40 EUR	
= Fertigungsgemeinkosten		113198,40 EUR
= Kostenabweichung (Kostenüberdeckung)		15598,80 EUR

Die beispielhaft für die Fertigungsgemeinkosten dargestellte Entwicklung der Gemeinkosten bei einer Änderung der Ausbringungsmenge gilt in gleicher Weise für die übrigen Gemeinkosten.

- Ändert sich die Ausbringungsmenge, so kommt es bei der Zuschlagskalkulation zu **Abweichungen** bei den **Zuschlagssätzen für die Gemeinkosten.**
- **Ursache der Abweichungen** ist der **Fixkostenanteil in den Gemeinkosten,** da bei der Zuschlagskalkulation unterstellt wird, dass sich auch die fixen Kosten proportional zu den Einzelkosten ändern. Fixkosten bleiben jedoch konstant.

1 $\frac{\text{variable Kosten 6000,00 EUR}}{\text{1500 Stanzteile}} = \underline{\underline{\text{4,00 EUR je Stanzteil}}}$

21 Speth u.a. - ISBN 978-3-8120-0593-7

(3) Beispiel für eine Nachkalkulation

Beispiel:

Die Nachkalkulation für die erstellte Furnierpressmaschine (vgl. S. 313) ergab folgende Kosten:

Verbrauch von Fertigungsmaterial	17500,00 EUR	SEKF	900,00 EUR
Fertigungslöhne	19800,00 EUR	SEKV	940,00 EUR
Istzuschlagsssätze lt. BAB	MGK 8,5 %	VerwGK	19 %
dieser Abrechnungsperiode:	FGK 108 %	VertrGK	6,8 %

Der in der Vorkalkulation (Angebotskalkulation) auf S. 313 ermittelte Listenverkaufspreis in Höhe von 106393,41 EUR ist der verbindliche Angebotspreis.

Aufgabe:

Berechnen Sie den Gewinn und den Gewinnsatz, der an dem abgewickelten Auftrag erwirtschaftet wurde!

Lösung:

	Vorkalkulation			Nachkalkulation		
Materialeinzelkosten		17200,00 EUR			17500,00 EUR	
Materialgemeinkosten	9 %	1548,00 EUR		8,5 %	1487,50 EUR	
Materialkosten			18748,00 EUR			18987,50 EUR
Fertigungslöhne		21400,00 EUR			19800,00 EUR	
Fert.-Gemeinkosten	110 %	23540,00 EUR		108 %	21384,00 EUR	
Sondereinzelkosten der Fertigung (SEKF)		1400,00 EUR			900,00 EUR	
Fertigungskosten			46340,00 EUR			42084,00 EUR
Herstellkosten			65088,00 EUR			61071,50 EUR
Verw.-Gemeinkosten	18 %	11715,84 EUR		19 %	11603,59 EUR	
Vertr.-Gemeinkosten	6 %	3905,28 EUR		6,8 %	4152,86 EUR	
Sondereinzelkosten des Vertriebs (SEKV)		890,00 EUR	16511,12 EUR		940,00 EUR	16696,45 EUR
Selbstkosten			81599,12 EUR			77767,95 EUR
Gewinn	15 %		12239,87 EUR			16071,04 EUR
Barverkaufspreis			93838,99 EUR			93838,99 EUR
Kundenskonto	2 %		1915,08 EUR			
Zielverkaufspreis			95754,07 EUR			
Kundenrabatt	10 %		10639,34 EUR			
Listenverkaufspreis			106393,41 EUR			

Berechnung des Gewinnsatzes:

77767,95 ≙ 100 %
16071,04 ≙ x %

x = 20,67 %

Die **Abweichungen** bei den Kosten in der Vor- und in der Nachkalkulation beruhen einerseits auf **unterschiedlichen Einzelkosten** (z.B. durch Preisänderungen bei den Werkstoffen oder durch Erhöhung des Stundenlohns) und andererseits auf den **unterschiedlichen Zuschlagssätzen** in der Vor- und Nachkalkulation.

Die **Nachkalkulation** dient zum einen der **Kostenkontrolle** und zum anderen ist sie Anlass, die **Abweichungen** zwischen Vor- und Nachkalkulation zu überprüfen und die Ursachen hierfür zu analysieren.

Zusammenfassung

- Normalkosten > Istkosten → Kostenüberdeckung
- Normalkosten < Istkosten → Kostenunterdeckung
- **Gründe für Kostenabweichungen** bei den Gemeinkosten:
  - **Preisänderungen** bei Gemeinkostengütern, -löhnen und -gehältern.
  - **Verbrauchsabweichungen** von der geplanten Einsatzmenge an Gemeinkostengütern, -löhnen und -gehältern.
  - **Beschäftigungsabweichungen** durch Ausweitung oder Verringerung der Produktionsmenge. Sie werden vor allem von den fixen Gemeinkostenbestandteilen verursacht.

Übungsaufgaben

89 Erstellen Sie zur Aufgabe 81 eine Nachkalkulation!

Nach Fertigstellung des Auftrages und der Ermittlung der Istzuschlagssätze aufgrund des erstellten BABs ergaben sich folgende Werte: Verbrauch von Fertigungsmaterial 56,30 EUR, Fertigungslöhne 65,20 EUR, Sondereinzelkosten der Fertigung 162,68 EUR. Die Istzuschlagssätze für die Gemeinkosten betrugen: MGK 6,9 %, FGK 149,5 %, VerwGK 17,4 %, VertrGK 9,5 %.

Aufgabe:

Stellen Sie bei einem unveränderten Angebotspreis den tatsächlichen Gewinn in EUR und in Prozent fest!

90 1. Für die Ermittlung des Angebotspreises für einen Kühlschrank liegen bei der Frost GmbH folgende Kalkulationsunterlagen vor:

Verbrauch von Fertigungsmaterial 275,80 EUR, Fertigungslöhne 330,40 EUR, Normalzuschlagssätze für MGK 35 %, FGK 85 %, VerwGK 20 %, VertrGK 18 %. Der Gewinnaufschlag wird mit 25 % angesetzt. Außerdem sollen noch 10 % Rabatt und 2 % Skonto einkalkuliert werden.

Aufgabe:

Ermitteln Sie den Angebotspreis!

2. Erstellen Sie die Nachkalkulation!

An Istkosten fielen an: Verbrauch von Fertigungsmaterial 260,75 EUR, Fertigungslöhne 310,80 EUR. Die Istzuschlagssätze für die Gemeinkosten betrugen: MGK 32,5 %, FGK 79,5 %, VerwGK 21,5 %, VertrGK 17,2 %.

Aufgaben:

2.1 Ermitteln Sie den Gewinn in EUR und in Prozent, wenn sich der Angebotspreis nicht verändert!

2.2 Berechnen Sie, auf welchen Betrag der Listenverkaufspreis bei sonst gleichbleibenden Kalkulationsgrundlagen im Falle einer starken Preiskonkurrenz notfalls herabgesetzt werden könnte!

91 Eine Möbelfabrik stellt für die Ausstattung von zwei Büroräumen folgende Kalkulationsgrundlagen fest:

Verbrauch von Fertigungsmaterial:		9400,00 EUR		
Fertigungslöhne:		16200,00 EUR		
Normal-Gemeinkostenzuschläge:	MGK	12,4 %	VerwGK	6 %
	FGK	104 %	VertrGK	8 %

Es wird mit 18 % Gewinn und 2 % Kundenskonto gerechnet.

Aufgaben:

1. Berechnen Sie den Angebotspreis!

2. Ein Konkurrenzunternehmen hat ein Angebot von 58866,35 EUR unterbreitet.

   Bestimmen Sie, wie viel Gewinn in EUR und in Prozent verbleiben, wenn der Angebotspreis der Konkurrenz um 800,00 EUR unterboten werden soll!

3. Überprüfen Sie die kalkulierten Normalselbstkosten für die Ausstattung der Büroräume durch Nachkalkulation mit Istzuschlagssätzen, wenn der aktuelle BAB folgende Istgemeinkosten aufweist:

Istgemein-kosten	Kostenstellen			
	I Material	II Fertigung	III Verwaltung	IV Vertrieb
Summe der Gemeinkosten	83800,00	589260,00	133620,00	163730,00

Gesamter Verbrauch an Fertigungsmaterial: 647700,00 EUR
Gesamte Fertigungslöhne: 561200,00 EUR

Aufgaben:

3.1 Berechnen Sie die Istzuschlagssätze!

3.2 Ermitteln Sie die Istselbstkosten und vergleichen Sie das Ergebnis von Angebots- und Nachkalkulation!

4. 4.1 Die Geschäftsleitung stellt fest, dass die tatsächlichen Kosten höher liegen als der kalkulierte Angebotspreis. Erläutern Sie zwei Ursachen von Kostenabweichungen, für die der jeweilige Kostenstellenleiter die Verantwortung übernehmen muss!

   4.2 Die Geschäftsleitung informiert sich beim Leiter der Kostenstelle Verwaltung, warum die Ist-Verwaltungskosten über den geplanten Verwaltungsgemeinkosten liegen.

   Der Leiter der Kostenstelle Verwaltung weist darauf hin, dass der Normal- und der Ist-Gemeinkostenzuschlagssatz gleich hoch sind. Deswegen habe er die vorliegende Kostenabweichung in der Kostenstelle Verwaltung nicht zu vertreten.

   Beurteilen Sie, ob die Aussage des Kostenstellenleiters zutreffend ist!

   4.3 Die Kostenstelle Material weist ebenfalls eine Kostenunterdeckung auf. Erläutern Sie zwei Ursachen von Kostenabweichungen, für die der Leiter der Kostenstelle keine Verantwortung übernehmen muss!

5. Die Auftragslage der Möbelfabrik ist stark ansteigend. Erläutern Sie die Auswirkungen einer ansteigenden Beschäftigung auf die Zuschlagskalkulation!

2.4.4 Kostenträgerzeitrechnung

2.4.4.1 Inhalt und Aufgaben der Kostenträgerzeitrechnung

Bei der Kostenträgerzeitrechnung werden die **Selbstkosten einer Rechnungsperiode** ermittelt und den **Nettoverkaufserlösen der Rechnungsperiode** gegenübergestellt. Die **Differenz** zwischen den **Nettoverkaufserlösen der Rechnungsperiode** und den **Selbstkosten der Rechnungsperiode** ergibt das **Betriebsergebnis.** Technisches Hilfsmittel zur Berechnung des Betriebsergebnisses ist das **Kostenträgerblatt.**

- Bei der **Kostenträgerzeitrechnung** werden die ermittelten **Selbstkosten der Rechnungsperiode** den **Nettoverkaufserlösen der Rechnungsperiode** gegenübergestellt.
- Die **Differenz** zwischen den erzielten **Nettoverkaufserlösen der Rechnungsperiode** und den **Selbstkosten der Rechnungsperiode** ergibt das **Betriebsergebnis.**

Grundlage der Kalkulation **während der Rechnungsperiode** sind die **Normalkosten.** Nach **Abschluss einer Rechnungsperiode** muss festgestellt werden, ob die tatsächlich entstandenen Kosten **(Istkosten)** auch gedeckt sind.

2.4.4.2 Rechnerischer Ablauf der Kostenträgerzeitrechnung (Kostenträgerblatt) mit Ist- und Normalkosten – Kostenüberdeckung und Kostenunterdeckung

Beispiel:

Die Kosten- und Leistungsrechnung eines Industrieunternehmens weist für den Monat Oktober in der Vorkalkulation, in der die Gemeinkosten mit Normalzuschlagssätzen verrechnet werden, folgende Gesamtdaten auf:

Verbrauch von Fertigungsmaterial 480 000,00 EUR, Fertigungslöhne 210 000,00 EUR, Nettoverkaufserlöse 1 460 000,00 EUR.

Die Normalzuschlagssätze betragen: MGK 12 %, FGK 85 %, VerwGK 18 %, VertrGK 7 %.

Die Sondereinzelkosten der Fertigung betragen 8 100,00 EUR. Die Sondereinzelkosten des Vertriebs betragen 4 800,00 EUR.

Die Nachkalkulation ergibt folgende Istzuschlagssätze:

MGK 10 %	FGK 90 %	VerwGK 15 %	VertrGK 8 %

Aufgaben:

1. Ermitteln Sie die Selbstkosten der Rechnungsperiode mit Istkosten und mit Normalkosten!
2. Berechnen Sie die Kostenüber- bzw. Kostenunterdeckung!
3. Ermitteln Sie das Betriebsergebnis!

Lösungen:

Ziffer	Bezeichnungen	Istkosten	Normal-zuschlagssätze	Normalkosten	Kostenüber-/ -unterdeckungen
1	Verbrauch v. Fert.-Material	480 000,00		480 000,00	
2	+ 10 % Materialgemeinkosten	48 000,00	12 %	57 600,00	+ 9 600,00
3	= **Materialkosten** (1 + 2)	528 000,00		537 600,00	
4	Fertigungslöhne	210 000,00		210 000,00	
5	+ 90 % Fert.-Gemeinkosten	189 000,00	85 %	178 500,00	– 10 500,00
6	+ Sondereinzelkosten d. Fertigung	8 100,00		8 100,00	
7	= **Fertigungskosten** (4 + 5 + 6)	407 100,00		396 600,00	
8	= **Herstellk. d. Rech.-Periode** (3 + 7)	935 100,00		934 200,00	
9	+ 15% Verw.-Gemeinkosten	140 265,00	18 %	168 156,00	+ 27 891,00
10	+ 8% Vertr.-Gemeinkosten	74 808,00	7 %	65 394,00	– 9 414,00
11	Sondereinzelkosten des Vertriebs	4 800,00		4 800,00	
12	= **Selbstkosten d. Rechnungsperiode** (8 + 9 + 10 + 11)	1 154 973,00		1 172 550,00	+ 17 577,00
13	= Nettoverkaufserlöse	1 460 000,00		1 460 000,00	
12	– Selbstkosten des Umsatzes[1]	1 154 973,00		1 172 550,00	
14	= **Umsatzergebnis**			287 450,00	
18	+ Kostenüberdeckung			17 577,00	
16	= **Betriebsergebnis**	305 027,00		305 027,00	

Erläuterungen: Vom Umsatzergebnis zum Betriebsergebnis (Ziffer 14 bis 16)

Das Umsatzergebnis bei der Vorkalkulation ergibt sich durch folgende Rechnung:

Nettoverkaufserlöse – Selbstkosten des Umsatzes = Umsatzergebnis

Die Rechnung mit Normalzuschlagssätzen (Vorkalkulation) führt zwangsläufig zu einem anderen Ergebnis als die Nachkalkulation mit Istkosten, da die Gemeinkosten mit anderen Zuschlagssätzen berechnet werden. Das Umsatzergebnis in der Normalkostenrechnung unterscheidet sich daher vom Betriebsergebnis in der Istkostenrechnung, und zwar um die **Differenz zwischen den Normalgemeinkosten und den Istgemeinkosten** (Kostenüber- bzw. Kostenunterdeckungen).

Da bei einer **Kostenüberdeckung** die verrechneten Normalkosten **über** den angefallenen Istkosten liegen, fällt das Umsatzergebnis niedriger aus als das mit Istkosten ermittelte Betriebsergebnis. Um im Falle einer Kostenüberdeckung vom Umsatzergebnis zum Betriebsergebnis zu gelangen, muss daher zum Umsatzergebnis eine **Kostenüberdeckung hinzuaddiert** werden.

Im vorliegenden Beispiel ergibt sich per Saldo eine Kostenüberdeckung in Höhe von 17 577,00 EUR. Bei einem Umsatzergebnis in Höhe von 287 450,00 EUR (siehe Ziffer 14) führt das zu einem Betriebsergebnis in Höhe von (287 450,00 EUR + 17 577,00 EUR) 305 027,00 EUR (siehe Ziffer 16).

Bei einer **Kostenunterdeckung** sind die **Normalkosten niedriger** als die tatsächlich angefallenen **Istkosten.** Daher ist das Umsatzergebnis höher als das tatsächliche Ergebnis. Um vom Umsatzergebnis zum Betriebsergebnis zu gelangen, muss daher eine **Kostenunterdeckung vom Umsatzergebnis subtrahiert** werden.

- Umsatzergebnis + Kostenüberdeckung = Betriebsergebnis
- Umsatzergebnis – Kostenunterdeckung = Betriebsergebnis

1 Für den Begriff Selbstkosten der Rechnungsperiode kann auch der Begriff **Selbstkosten des Umsatzes** verwendet werden.

Zusammenfassung

Veränderung des Betriebsergebnisses durch Abweichungen von den Normalgemeinkosten:

- Betriebsergebnis = Umsatzergebnis + Kostenüberdeckung
- Betriebsergebnis = Umsatzergebnis – Kostenunterdeckung

Übungsaufgaben

92 Ein Industrieunternehmen entnimmt der Ergebnistabelle folgende Zahlenwerte:

Betriebsabrechnungsbogen am Ende der Rechnungsperiode

Gemeinkosten	Material	Fertigung	Verwaltung	Vertrieb
Insgesamt	85 260,60 EUR	926 670,00 EUR	309 709,27 EUR	180 663,74 EUR

Einzelkosten und Leistungen	
Verbrauch von Fertigungsmaterial	897 480,00 EUR
Fertigungslöhne	671 500,00 EUR
Nettoverkaufserlöse	3 247 200,00 EUR

Normalzuschlagssätze	
MGK	9 %
FGK	136,2 %
VerwGK	13 %
VertrGK	6,5 %

Aufgaben:

1. Ermitteln Sie die Selbstkosten der Rechnungsperiode
   1.1 mit Istkosten,
   1.2 mit Normalkosten!
2. Berechnen Sie die Kostenüber- bzw. Kostenunterdeckung sowie das Betriebsergebnis der Abrechnungsperiode!
3. Führen Sie die Berechnung der Istzuschlagssätze durch!

93 Die Kosten- und Leistungsrechnung eines Industrieunternehmens liefert für den Monat Mai folgende Kalkulationsdaten:

Einzelkosten und Leistungen	**Für Produkt A**	**Für Produkt B**
Verbrauch von Fertigungsmaterial	210 700,00 EUR	106 300,00 EUR
Fertigungslöhne	140 500,00 EUR	72 100,00 EUR
SEKF	6 500,00 EUR	2 200,00 EUR
SEKV	5 200,00 EUR	3 400,00 EUR
Nettoverkaufserlöse	792 322,00 EUR	404 700,00 EUR

	Material	Fertigung	Verwaltung	Vertrieb
Istgemeinkosten (gesamt)	22 190,00 EUR	350 790,00 EUR	118 466,40 EUR	54 676,80 EUR
Normalzuschlagssätze	8 %	166 %	11,5 %	7,2 %

Aufgaben:

1. Ermitteln Sie die Selbstkosten der Rechnungsperiode
   1.1 mit Istkosten,
   1.2 mit Normalkosten!
2. Berechnen Sie die Kostenüber- bzw. Kostenunterdeckung sowie das Betriebsergebnis der Rechnungsperiode!
3. Geben Sie mögliche Ursachen für die Kostenabweichungen an!

94 Ein Maschinenbaubetrieb ist als Zulieferer für mehrere Maschinenfabriken tätig. Die Nettoverkaufserlöse betrugen in der vergangenen Abrechnungsperiode 1 560 000,00 EUR. Im gleichen Zeitraum fielen folgende Kosten an:

Verbrauch von Fertigungsmaterial	732 800,00 EUR
Fertigungslöhne	240 000,00 EUR
Sondereinzelkosten des Vertriebs	20 000,00 EUR

In der vergangenen Abrechnungsperiode wurde mit folgenden Zuschlagssätzen gerechnet: MGK 10 %, FGK 110 %, VerwGK 8 % und VertrGK 5 %.

Die Istgemeinkosten sind im BAB wie folgt aufgeteilt:

	Zahlen der KLR	Material-bereich	Fertigungs-bereich	Verwaltung	Vertrieb
Summe der Gemeinkosten	489 624,80	69 940,00	245 740,00	95 347,52	78 597,28

Aufgaben:

1. Ermitteln Sie auf einem Kostenträgerblatt die Istzuschlagssätze (auf eine Dezimale gerundet) sowie die Über- und Unterdeckungen und das Betriebsergebnis!
2. Die Kostenanalyse zeigt, dass abgesehen von den Vertriebsgemeinkosten die Istgemeinkosten in allen anderen Kostenstellen niedriger sind als die Normalgemeinkosten.
   2.1 Begründen Sie, ob diese niedrigeren Istgemeinkosten zu einer Kostenüber- bzw. -unterdeckung führen!
   2.2 Nennen Sie zwei Ursachen, die diese Entwicklung ausgelöst haben könnten!
   2.3 Stellen Sie die Auswirkungen der festgestellten Kostenabweichung auf das Betriebsergebnis dar!
3. Die Auftragslage des Maschinenbaubetriebs ist rückläufig. Erläutern Sie die Auswirkungen einer rückläufigen Beschäftigung auf die Zuschlagskalkulation!

2.5 Zusammenfassung zur Kostenarten-, Kostenstellen- und Kostenträgerrechnung

Zahlenmaterial aus der Finanzbuchhaltung oder aus Hilfsrechnungen (Material- und Anlagenrechnung, Lohn- und Gehaltsbuchhaltung)

Abrechnungsstufen	Rechnungsgegenstand
Kostenartenrechnung Welche Kosten sind angefallen? (z. B. Personal-, Sach-, Zinskosten u. a.)	**Periodenrechnung** (Erfassungsrechnung)
Kostenstellenrechnung Wo sind die Kosten angefallen? (z. B. im Material-, Fertigungs-, Verwaltungs-, Vertriebsbereich)	**Periodenrechnung** (Verteilungsrechnung)
Kostenträgerrechnung Wofür sind die Kosten angefallen? (z. B. Produktart 1, Produktart 2)	**Periodenrechnung und Stückrechnung** ■ Vorkalkulation zu Normalkosten ■ Nachkalkulation zu Istkosten

Verrechnung der Kostenarten auf Kostenträger

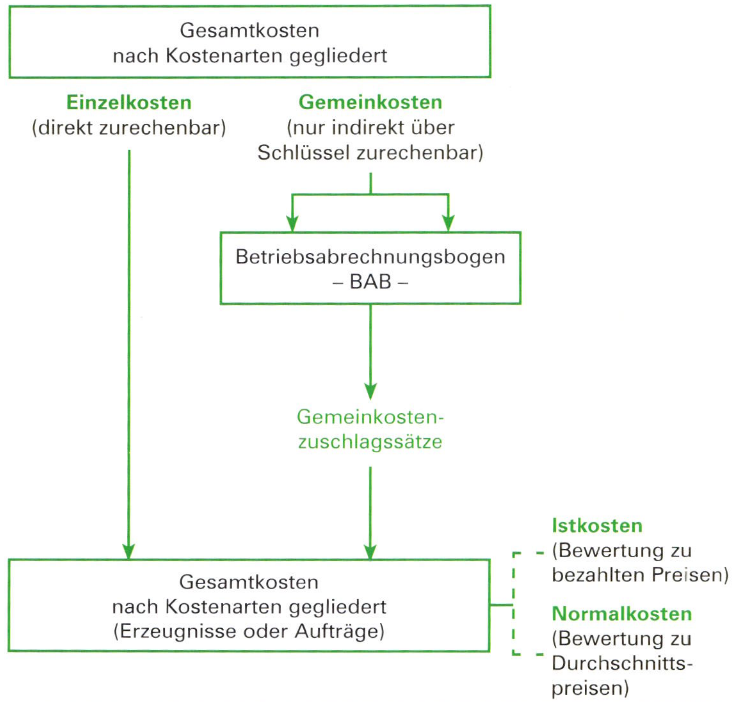

2.6 Vor- und Nachteile der Vollkostenrechnung in Form der Zuschlagskalkulation

Wird die Zuschlagskalkulation **allein** als Grundlage für die Kalkulation, Preispolitik oder Produktpolitik verwendet, ist leicht nachweisbar, dass sie zu falschen Ergebnissen und Schlussfolgerungen führt und sich daher nicht als Steuerungsinstrument eines Unternehmens eignet.

Beispiel:

Ein Unternehmen kann bei Vollauslastung innerhalb einer Rechnungsperiode 1 000 Stück eines Produktes zum Listenverkaufspreis von 50,00 EUR je Stück absetzen.

Die Stückkosten setzen sich nach der Zuschlagskalkulation zusammen aus Einzelkosten in Höhe von 16,00 EUR und einem Gemeinkostenzuschlagssatz (GKZ) von 181,25 %. Der GKZ hat einen Fixkostenanteil von 15 000,00 EUR und variable Gemeinkosten von 14,00 EUR.

Aufgabe:

Berechnen Sie den Gewinn der Rechnungsperiode nach der Zuschlagskalkulation zunächst ohne und anschließend mit Trennung der Gemeinkosten in fixe und variable Kosten bei unterschiedlichen Ausbringungsmengen!

Lösung:

Die Abrechnung der Rechnungsperiode führt zu folgendem Ergebnis:

Nettoverkaufserlöse insgesamt		50 000,00 EUR
– Kosten		
Einzelkosten (1 000 Stück · 16,00 EUR)	16 000,00 EUR	
+ 181,25 % GKZ	29 000,00 EUR	45 000,00 EUR
= Gewinn		5 000,00 EUR

Die Stückkosten betragen 45 000,00 EUR : 1 000 Stück = 45,00 EUR.

1. Kritikpunkt: Die Anwendung der einmal auf der Basis der Vollkosten errechneten Stückkosten führt bei abweichender Ausbringungsmenge zu falschen Ergebnissen.

Wird die Veränderung der Kosten aufgrund von Schwankungen der Ausbringungsmenge nicht berücksichtigt und weiterhin mit den einmal errechneten Stückkosten von 45,00 EUR je Stück kalkuliert, führt das zu falschen Ergebnissen, wie das in den folgenden Berechnungen gezeigt wird:

■ Fall 1: Die Ausbringungsmenge sinkt auf 600 Einheiten

Berechnung **ohne Aufteilung der Kosten** und unter Beibehaltung der berechneten Stückkosten in Höhe von 45,00 EUR.

Nettoverkaufserlöse	(600 Stück · 50,00 EUR)	30 000,00 EUR
– Gesamtkosten	(600 Stück · 45,00 EUR)	27 000,00 EUR
= Gewinn		3 000,00 EUR

Berechnung **mit Aufteilung der Gesamtkosten in fixe und variable Kosten** und unter Berücksichtigung der Kostenveränderung bei Änderung der Ausbringungsmenge.

	Nettoverkaufserlöse	(600 Stück · 50,00 EUR)		30 000,00 EUR
–	Kosten			
	Einzelkosten	(600 Stück · 16,00 EUR)	9 600,00 EUR	
	variable Gemeinkosten	(600 Stück · 14,00 EUR)	8 400,00 EUR	
	fixe Gemeinkosten		15 000,00 EUR	33 000,00 EUR
=	Verlust			– 3 000,00 EUR

Erläuterungen:

Berechnung der Stückkosten unter Berücksichtigung der Kostenaufteilung:

Einzelkosten	16,00 EUR
variable Gemeinkosten	14,00 EUR
fixe Gemeinkosten (15 000,00 EUR : 600 Stück)	25,00 EUR
Stückkosten insgesamt	55,00 EUR

Bei einem Nettoverkaufserlös von 50,00 EUR führt das zu einem Stückverlust von 5,00 EUR. Das ergibt bei 600 Stück einen Gesamtverlust von 3 000,00 EUR.

■ Fall 2: Die Ausbringungsmenge steigt auf 1 200 Einheiten

Berechnung **ohne Aufteilung der Kosten** und unter Beibehaltung der einmal berechneten Stückkosten in Höhe von 45,00 EUR.

	Nettoverkaufserlöse	(1 200 Stück · 50,00 EUR)	60 000,00 EUR
–	Gesamtkosten	(1 200 Stück · 45,00 EUR)	54 000,00 EUR
=	Gewinn		6 000,00 EUR

Berechnung **mit Aufteilung der Gesamtkosten in fixe und variable Kosten** unter Berücksichtigung der Kostenveränderung bei Änderung der Ausbringungsmenge.

	Nettoverkaufserlöse	(1 200 Stück · 50,00 EUR)		60 000,00 EUR
–	Kosten			
	Einzelkosten	(1 200 Stück · 16,00 EUR)	19 200,00 EUR	
	variable Gemeinkosten	(1 200 Stück · 14,00 EUR)	16 800,00 EUR	
	fixe Gemeinkosten		15 000,00 EUR	51 000,00 EUR
=	Gewinn			9 000,00 EUR

Erläuterungen:

Berechnung der Stückkosten unter Berücksichtigung der Kostenaufteilung:

Einzelkosten	16,00 EUR
variable Gemeinkosten	14,00 EUR
fixe Gemeinkosten (15 000,00 EUR : 1 200 Stück)	12,50 EUR
Stückkosten insgesamt	42,50 EUR

Bei einem Nettoverkaufserlös von 50,00 EUR beträgt der Stückgewinn 7,50 EUR. Beim Verkauf von 1 200 Stück ergibt das einen Gesamtgewinn von 9 000,00 EUR.

- Die Annahme, dass sich die Gemeinkosten **im gleichen Verhältnis** wie die Einzel- und Herstellkosten ändern ist nur richtig, wenn der Fixkostenanteil bei den Gemeinkosten null bzw. gering ist.
- Die Zurechnung der Gemeinkosten auf die Kostenträger in Form von Zuschlagssätzen ist insbesondere bei hohen Zuschlagssätzen **problematisch.**
- Wird eine Aufteilung des Kostenblocks in fixe und variable Kosten nicht berücksichtigt, führt das hinsichtlich des Stückkostensatzes zu **falschen Kalkulationsgrundlagen.**

2. Kritikpunkt: Die Vollkostenrechnung kann zu falschen Entscheidungen bei der Produktpolitik führen.

Beispiel:

Ein Unternehmen verkauft zwei Produkte (Produkt A und B).

Die Gesamtkosten betragen nach der Zuschlagskalkulation beim Produkt A 32 000,00 EUR und beim Produkt B 58 000,00 EUR. Gliedert man die jeweiligen Gesamtkosten auf in variable Kosten (Einzelkosten und variable Gemeinkosten) und Fixkosten, so ergeben sich folgende Werte: variable Kosten Produkt A 18 000,00 EUR, Produkt B 30 000,00 EUR, fixe Gemeinkosten 42 000,00 EUR. Die Nettoverkaufserlöse betragen beim Produkt A 30 000,00 EUR, beim Produkt B 90 000,00 EUR.

Die fixen Kosten sollen auf Produkt A und B im Verhältnis 1 : 2 auf die beiden Produktarten verteilt werden.

Aufgaben:

1. Berechnen Sie das Betriebsergebnis ohne und mit Aufteilung in fixe und variable Kosten!
2. Begründen Sie, ob ein Produkt, das mit Verlust verkauft wird, aus dem Produktprogramm ausscheiden sollte!

Lösungen:

Zu 1.: Berechnung des Betriebsgewinns

■ **Zuschlagskalkulation**	**Produkt A**	**Produkt B**
Nettoverkaufserlöse	30 000,00 EUR	90 000,00 EUR
– Gesamtkosten	32 000,00 EUR	58 000,00 EUR
= Verlust/Gewinn	– 2 000,00 EUR	+ 32 000,00 EUR

■ **Aufteilung der Gesamtkosten in variable und fixe Kosten**	**Produkt A**	**Produkt B**
Nettoverkaufserlöse	30 000,00 EUR	90 000,00 EUR
– variable Kosten	18 000,00 EUR	30 000,00 EUR
Zwischensumme	12 000,00 EUR	60 000,00 EUR
– fixe Kosten	14 000,00 EUR	28 000,00 EUR
Verlust/Gewinn	– 2 000,00 EUR	32 000,00 EUR
	→	– 2 000,00 EUR
= Betriebsgewinn		30 000,00 EUR

Ergebnis: Beim Produkt A entsteht ein Verlust von 2 000,00 EUR, beim Produkt B ein Gewinn von 32 000,00 EUR. Dadurch beträgt der Gesamtgewinn des Unternehmens 30 000,00 EUR.

Zu 2.: Ausscheiden aus dem Produktprogramm

- **Empfehlung nach der Zuschlagskalkulation**

Das Produkt A muss als Verlustbringer aus Sicht der Vollkostenrechnung aus dem Produktprogramm herausgenommen werden, da ansonsten der Gesamtgewinn geschmälert wird.

- **Empfehlung bei Aufteilung der Kosten in fixe und variable Anteile**

	Nettoverkaufserlöse bei Produkt B	90 000,00 EUR
–	variable Kosten	30 000,00 EUR
=	Zwischensumme	60 000,00 EUR
–	fixe Kosten (insgesamt)[1]	42 000,00 EUR
=	Betriebsgewinn	18 000,00 EUR

Ergebnis: Durch das Ausscheiden des Produktes A aus dem Produktprogramm hat sich die Gewinnsituation des Unternehmens um 12 000,00 EUR verschlechtert. Das ist genau der Betrag, um den die Nettoverkaufserlöse des Produktes A die variablen Kosten übersteigen. In dieser Höhe konnte nämlich das Produkt A an der Deckung der fixen Kosten beteiligt werden.

Eine **undifferenzierte Anwendung der Vollkostenrechnung** führt zu einer **falschen Produktpolitik.**

Übungsaufgabe

95

1. Geben Sie Gründe an, warum die Vollkostenrechnung als Instrument der Unternehmenssteuerung nicht geeignet ist!
2. Zeigen Sie auf, welche Kostenart für die Mängel der Vollkostenrechnung verantwortlich ist!
3. Begründen Sie, warum ein Artikel, bei dem sich auf der Basis der Vollkostenrechnung ein Verlust ergibt, nicht gleich aus dem Produktprogramm ausscheiden muss!

1 Durch das Ausscheiden eines Produktes verändert sich die Höhe der Fixkosten insgesamt **zunächst** nicht.

3 Vollkostenrechnung: Handel

3.1 Überblick

Im Folgenden wird die Kalkulation in einem Großhandelsbetrieb dargestellt. Jeder Großhandelsbetrieb ist bestrebt, Gewinn zu erzielen. Der Verkaufspreis muss daher alle Kosten und einen angemessenen Gewinnaufschlag enthalten. Die Berechnung des Verkaufspreises nennt man **Kalkulation. Kalkulieren heißt: Berechnung von Kosten und Preisen.**

Grundlage der Kalkulation ist die geordnete Erfassung aller Kosten, die die Waren vom Einkauf über die Lagerung einschließlich der Verwaltung bis hin zum Vertrieb verursachen. Das Sammeln der Kosten erfolgt in der Kosten- und Leistungsrechnung.

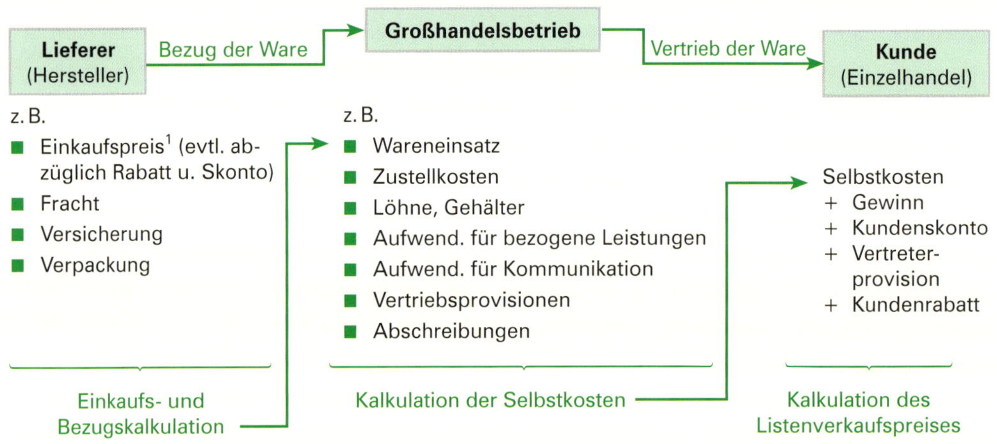

Die Kalkulation rechnet schrittweise alle Kosten ein, die die Ware vom Einkauf (Ausgangspunkt: Einkaufspreis) bis zur Endstation Kunde verursacht. Auf die Selbstkosten wird unter Berücksichtigung der Konkurrenzangebote ein angemessener Gewinn aufgeschlagen. Zur Berechnung des Verkaufspreises hat der Kaufmann ein **Kalkulationsschema** entwickelt, das wichtige Kostengruppen zusammenfasst. Es wird in den folgenden Kapiteln vorgestellt.

3.2 Einkaufs- und Bezugskalkulation

Ziel der Einkaufs- und Bezugskalkulation ist es, den Einstandspreis der eingekauften Ware zu ermitteln. Er enthält sämtliche Kosten, die dem Großhändler entstanden sind, bis die Ware im Lager eintrifft. Im Einzelnen unterscheidet man:

Warenkosten	Hierunter versteht man die Kosten der Ware selbst (Einkaufspreis).
Preisabzüge	Vom Einkaufspreis gewährt der Anbieter oft noch Preisabzüge. ■ **Rabatt:** Ist ein Preisnachlass, der unabhängig von der Zahlungsfrist gewährt wird. Zweck: z. B. Anreiz für den Kunden, mehr (größere Mengen) zu kaufen (Mengenrabatt).

1 Die Begriffe Einkaufspreis, Listeneinkaufspreis und Rechnungspreis bedeuten inhaltlich dasselbe und können daher beliebig verwendet werden.

	▪ **Skonto:** Ist ein Preisnachlass, der dann gewährt wird, wenn der Schuldner innerhalb einer bestimmten Frist bezahlt. Die Klausel lautet z. B.: „3 % Skonto innerhalb von 10 Tagen, 30 Tage netto ab Rechnungsdatum". Zweck: Anreiz für den Kunden, früher zu zahlen, d. h. in diesem Fall innerhalb von 10 Tagen statt danach. Wurden im Kaufvertrag sowohl Rabatt als auch Skonto vereinbart, wird zuerst der Rabatt und dann der Skonto abgesetzt, denn der Skonto als Abzug für vorzeitige Zahlung kann nur von dem tatsächlich geschuldeten Betrag vorgenommen werden.
Bezugskosten	Sie umfassen alle Nebenkosten, die mit der Beschaffung der eingekauften Ware zusammenhängen, wie z. B. Fracht, Versicherung, Zölle, Einkaufsverpackung, Anfuhr usw.

Werden von den Warenkosten die Preisabzüge abgezogen und eventuell anfallende Bezugskosten zu der Zwischensumme hinzugezählt, erhalten wir den **Bezugspreis** oder **Einstandspreis der Waren**.

Beispiel:

Ein Großhändler bestellt Waren zu folgenden Bedingungen: Listeneinkaufspreis 1 800,00 EUR zuzüglich 19 % USt, 20 % Wiederverkäuferrabatt, 2 % Skonto, Kosten für Verpackung, Fracht, Anfuhr und Transportversicherung pauschal 58,00 EUR zuzüglich 19 % Umsatzsteuer.

Aufgabe:

Berechnen Sie den Einstandspreis!

Lösung:

	100 %		Listeneinkaufspreis ①	1 800,00 EUR
	20 %	–	Liefererrabatt ②	360,00 EUR
100 %	←	=	Zieleinkaufspreis	1 440,00 EUR
2 %		–	Liefererskonto ③	28,80 EUR
		=	Bareinkaufspreis	1 411,20 EUR
		+	Bezugskosten ④	58,00 EUR
		=	Einstandspreis (Bezugspreis)	1 469,20 EUR

Allgemeiner Lösungsweg

① Die **Umsatzsteuer ist nicht einzukalkulieren,** da der Großhändler diese als Vorsteuer wieder erstattet erhält. Die Umsatzsteuer hat keinen Kostencharakter.

② Vom gegebenen Listeneinkaufspreis ist zunächst der **Rabatt** zu berechnen.

③ Der **Skonto** wird von dem Betrag gerechnet, der **tatsächlich zu zahlen** ist, also von dem um den Rabatt verminderten Betrag. Der Zieleinkaufspreis ist daher der Ausgangspunkt (Grundwert) und somit 100 % für die Skontoberechnung.

④ Alle Nebenkosten, die mit der Beschaffung der Waren zusammenhängen, fassen wir unter dem Begriff **Bezugskosten** zusammen. Als Kosten sind sie zum Bareinkaufspreis hinzuzurechnen. Sind die Bezugskosten in einem Prozentsatz angegeben, werden sie in einer Vom-Hundert-Rechnung vom Bareinkaufspreis berechnet.

Übungsaufgabe[1]

96 1. Eine Waschmaschine wird uns mit 960,00 EUR abzüglich 22 % Wiederverkäuferrabatt angeboten. Bei Zahlung innerhalb von 14 Tagen dürfen 3 % Skonto abgezogen werden.

   Berechnen Sie den Bareinkaufspreis!

2. Bei der Kalkulation einer Ware fallen folgende Werte an: Liefererrabatt 15 %, Liefererskonto $2^1/_2$ %, Fracht 12,20 EUR, Frachtversicherung 4,30 EUR, Hausfracht 3,50 EUR.

   Ermitteln Sie den Einstandspreis, wenn der Listeneinkaufspreis 245,80 EUR beträgt!

3. Einem Großhändler liegen zwei Angebote eines Artikels vor:

Angebot	Lieferer A	Lieferer B
Listeneinkaufspreis je Stück	5,20 EUR	126,75 EUR je 25 Stück
Rabatt	25 %	24 %
Skonto	3 %	2 %
Bezugskosten je Stück	0,09 EUR	3,50 EUR je 50 Stück

   Ermitteln Sie das billigste Angebot!

4. Ein Lieferer bietet uns eine Ware zu 78,40 EUR je Stück an. Er gewährt uns 15 % Rabatt und 2 % Skonto bei Zahlung innerhalb von 10 Tagen. An Transportkosten fallen für jeweils angefangene 20 Stück 52,80 EUR an, die der Lieferer und wir je zur Hälfte tragen.

   Berechnen Sie den Einstandspreis der Warensendung, wenn 75 Stück bestellt werden!

5. Der Listeneinkaufspreis einer Ware beträgt 99,88 EUR je Stück.

   Ermitteln Sie den Bezugspreis je Stück, wenn beim Bezug eines Pakets mit 35 Stück 63,00 EUR an Frachtkosten anfallen und der Lieferer uns 15 % Rabatt und 2 % Skonto gewährt!

6. Einem Großhändler liegen zwei Angebote vor:

   1. Angebot: Stückpreis 217,30 EUR, 20 % Liefererrabatt, frachtfrei, 3 % Skonto bei Zahlung innerhalb 14 Tagen.

   2. Angebot: Stückpreis 198,40 EUR, 15 % Rabatt, Frachtkosten 8,70 EUR je Stück, Zahlung innerhalb 30 Tagen ohne Abzug.

   Stellen Sie rechnerisch dar, welchen Betrag der Großhändler spart, wenn er das günstigere Angebot annimmt und 30 Stück bestellt!

7. Eine Großhandlung erhält für 100 Badehosen derselben Qualität zwei verschiedene Angebote:

   1. Angebot: Gesamtpreis 1570,00 EUR, 10 % Wiederverkäuferrabatt, Zahlung innerhalb 8 Tagen 2 % Skonto, Lieferung frei Haus.

   2. Angebot: Gesamtpreis 1660,00 EUR, 20 % Treuerabatt, Zahlung innerhalb 30 Tagen netto, Versandkosten 9,80 EUR.

   Berechnen Sie die Einstandspreise dieser Angebote je Badehose und ermitteln Sie das preisgünstigere Angebot!

1 Bitte beachten Sie, dass es sich bei allen Preisangaben um Nettowerte (Werte ohne Umsatzsteuer) handelt, weil die Umsatzsteuer bei der Kalkulation keine Rolle spielt.

8. Von einem Lieferer erhalten wir lt. Angebot $33^1/_3$ % Mengenrabatt und 2 % Skonto bei Zahlung innerhalb von 10 Tagen.

   Berechnen Sie den Bareinkaufspreis je Stück, wenn wir für 75 Stück einen Einkaufspreis von 5 175,00 EUR bezahlt haben!

9. Wir kaufen 20 Damenkostüme zu folgenden Bedingungen: Rechnungspreis (Einkaufspreis) 102,00 EUR je Kostüm, 5 % Mengenrabatt, 3 % Liefererskonto, Bezugskosten je Kostüm 4,00 EUR.

   Ermitteln Sie den Einstandspreis der Sendung!

3.3 Kalkulation der Selbstkosten

Ziel der Einkaufs- und Bezugskalkulation ist es, den Einstandspreis der eingekauften Ware zu ermitteln. Er enthält sämtliche Kosten, die dem Großhändler entstanden sind, bis die Ware im Lager eintrifft. Von der Lagerung bis zum Verkauf entstehen dem Kaufmann jedoch noch weitere Kosten. Man bezeichnet diese Kosten als **Handlungskosten.**

(1) Handlungskosten

Handlungskosten sind die Kosten, die aufgrund der **Betriebstätigkeit** anfallen. Hierzu zählen beispielsweise:

Lagerkosten	Gehälter und Löhne des Lagerpersonals, Lagerzinsen, Reparaturen und Abschreibungen für die Lagergebäude, Kostenanteil für Licht und Heizung.
Verkaufskosten	Ausgangsfrachten, Verpackungskosten, Werbekosten, Gehälter und Löhne des Verkaufspersonals, Kosten für Beförderungsmittel einschließlich Reparaturen und Abschreibungen.
Allgemeine Verwaltungskosten	Rechts- und Beratungskosten, Steuern, Bürokosten, Gehälter und Löhne für Angestellte und Arbeiter, Abschreibungen.

Handlungskosten sind – zusätzlich zu den Warenkosten – ein Werteverzehr für die produktive Leistung eines Handelsbetriebs **(betriebliche Aufwendungen).**

Die Handlungskosten werden mit einem Prozentsatz auf den Einstandspreis (Bezugspreis) aufgeschlagen. Der Einstandspreis ist dabei 100 %.

Einstandspreis + Handlungskosten = Selbstkosten

22 Speth u.a. - ISBN 978-3-8120-0593-7

(2) Handlungskostenzuschlagssatz

Zur Ermittlung eines angemessenen Aufschlags für die Handlungskosten bezieht man die gesamten Handlungskosten der vergangenen Geschäftsperiode auf den **Wareneinsatz**[1] dieser Periode. Der dabei ermittelte Prozentsatz der Handlungskosten stellt den Handlungskostenzuschlagssatz für die Erfassung der Handlungskosten bei der Kalkulation in der laufenden Geschäftsperiode dar.

Beispiel:

Das Großhandelshaus Stark GmbH weist für das vergangene Geschäftsjahr folgende Kosten aus:

Wareneinsatz	1125000,00 EUR
Handlungskosten	213750,00 EUR

Aufgabe:

Berechnen Sie den Handlungskostenzuschlagssatz!

Lösung:

1125000,00 EUR Wareneinsatz	≙	100 %
213750,00 EUR Handlungskosten	≙	x %

$$\text{Handlungskostenzuschlagssatz} = \frac{213750 \cdot 100}{1125000} = \underline{\underline{19\,\%}}$$

Der **Handlungskostenzuschlagssatz** ist der prozentuale Anteil der Handlungskosten am Wareneinsatz

$$\text{Handlungskostenzuschlagssatz} = \frac{\text{Handlungskosten} \cdot 100}{\text{Wareneinsatz}}$$

Aus Gründen der Übersichtlichkeit wird an dieser Stelle nochmals die bisher bekannte Warenkalkulation wiederholt und jetzt ergänzt um die Handlungskosten.

Beispiel:

Das Großhandelshaus Stark GmbH bestellt bei einem Hersteller ein Fitnessgerät zu folgenden Bedingungen: Einkaufspreis 2100,00 EUR zuzügl. 19% Umsatzsteuer, $33^1/_3$% Wiederverkäuferrabatt, 2% Skonto, Kosten für Verpackung, Fracht, Anfuhr und Transportversicherung pauschal 140,00 EUR zuzüglich 19% Umsatzsteuer. Das Großhandelshaus rechnet mit einem Handlungskostenzuschlagssatz von 19%.

Aufgabe:

Berechnen Sie die Selbstkosten!

	100 %		Listeneinkaufspreis	2100,00 EUR
	$33^1/_3$ %	–	Liefererrabatt (vom Hundert)	700,00 EUR
100 %	←	=	Zieleinkaufspreis	1400,00 EUR
2 %		–	Liefererskonto (vom Hundert)	28,00 EUR
		=	Bareinkaufspreis	1372,00 EUR
		+	Bezugskosten	140,00 EUR
	100 %	=	Einstandspreis (Bezugspreis)	1512,00 EUR
	19 %	+	Handlungskosten (vom Hundert)	287,28 EUR
		=	Selbstkosten	1799,28 EUR

1 Unter Wareneinsatz versteht man den Einstandspreis der Ware.

Die Selbstkosten decken alle Kosten ab, die mit dem Ein- und Verkauf des Fitnessgerätes zusammenhängen. In der Regel stellen die Selbstkosten die **unterste Grenze des Verkaufspreises** einer Ware im Konkurrenzkampf dar, denn nur bei diesem Preis lässt sich ein Verlust vermeiden.

Übungsaufgabe

97 1. Die Kostenrechnung eines Großhandelsgeschäfts weist für die vergangene Geschäftsperiode folgende Zahlen aus:

Wareneinsatz	250 000,00 EUR
Handlungskosten	75 000,00 EUR

1.1 Berechnen Sie den Handlungskostenzuschlagssatz!

1.2 Dem Großhändler wird eine Bohrmaschine zu einem Preis von 250,00 EUR angeboten. Bei einer Abnahme von 10 Stück erhält er einen Mengenrabatt von 15 % und bei Zahlung innerhalb von 14 Tagen 2 % Skonto. Die Bezugskosten betragen 137,50 EUR für 10 Stück.

Ermitteln Sie mit dem unter 1.1 berechneten Handlungskostenzuschlagssatz die Selbstkosten pro Stück, wenn der Großhändler 15 Bohrmaschinen abnimmt!

2. Die Kostenrechnung eines Sportartikelgroßhandels weist folgende Zahlen aus:

Wareneinsatz	320 600,00 EUR
Handlungskosten	86 562,00 EUR

2.1 Berechnen Sie den Handlungskostenzuschlagssatz!

2.2 Das Großhandelshaus bezieht 80 Tennisanzüge zum Listeneinkaufspreis von 125,00 EUR je Stück. Einkaufsbedingungen: 12 % Rabatt, bei Zahlung innerhalb 20 Tagen 3 % Skonto. Die Frachtkosten für die Sendung betragen insgesamt 48,00 EUR.

Berechnen Sie die Selbstkosten für einen Tennisanzug, indem Sie den in 2.1 errechneten Handlungskostenzuschlagssatz heranziehen!

3. Der Einstandspreis eines Artikels beträgt 35,20 EUR, die Handlungskosten 15,84 EUR.

Ermitteln Sie den Handlungskostenzuschlagssatz!

4. Das Großhandelshaus Lauf bezieht 15 Rollen Teppichboden zu 465,00 EUR je Rolle ab Werk. Die Teppichweberei gewährt 20 % Liefererrabatt und $2^1/_2$ % Liefererskonto. An Bezugskosten je Rolle fallen an: Verpackungs- und Verladekosten 12,00 EUR, Transportkosten 6,00 EUR und Ausladekosten 5,20 EUR. Das Großhandelshaus Lauf rechnet mit einem Handlungskostenzuschlagssatz von 52 %.

Berechnen Sie die Selbstkosten je Rolle!

5. Der Bezugspreis eines Artikels beträgt 198,00 EUR. Die Selbstkosten betragen 308,09 EUR.

Ermitteln Sie den Handlungskostenzuschlagssatz!

6. Aus der Kostenrechnung einer Großhandlung entnehmen wir folgende Zahlen: Wareneinsatz 410 500,00 EUR, Personalkosten 68 420,00 EUR, Raumkosten 35 200,00 EUR, Werbungskosten 8 520,00 EUR, Abschreibungen 12 700,00 EUR, Kfz-Kosten 9 400,00 EUR und Kosten für die Warenabgabe 9 435,00 EUR.

Berechnen Sie den Handlungskostenzuschlagssatz!

7. Die Kalkulation eines Artikels weist folgende Werte auf:

Einkaufspreis	19,10 EUR	Einstandspreis	16,25 EUR
Zieleinkaufspreis	15,28 EUR	Selbstkosten	22,43 EUR
Bareinkaufspreis	14,82 EUR		

Ermitteln Sie den Handlungskostenzuschlagssatz!

3.4 Verkaufskalkulation

3.4.1 Berechnung des Barverkaufspreises

Der Unternehmer kann sich nicht mit dem Erlös der Selbstkosten zufriedengeben, vielmehr ist er tätig, um einen Gewinn zu erzielen. Durch den **Gewinn** möchte der Unternehmer **drei Leistungen** erstattet haben:

die Kapitalverzinsung	für das von ihm investierte Kapital (Eigenkapital);
die Risikoprämie	als Vergütung für die Gefahr, dass das Unternehmen Verluste erleidet und dadurch das Kapital aufgezehrt wird;
den Unternehmerlohn	für seine Mitarbeit im Geschäft.

Einen absoluten Betrag für eine angemessene Gewinnhöhe kann man nicht festlegen, da die Einkaufspreise der verschiedenen Artikel unterschiedlich hoch sind. Man kann den Gewinnaufschlag nur als relative Größe, d.h. als prozentualen Aufschlag auf die Selbstkosten bestimmen. Hierbei kann der Unternehmer nicht nach Belieben entscheiden. Der Wettbewerb auf dem freien Markt führt häufig zu einem Druck auf die Preise und setzt so dem Gewinnstreben des Unternehmers Grenzen.

Der **Gewinn** wird über einen **prozentualen Aufschlag (Gewinnsatz) auf die Selbstkosten** einkalkuliert (Gewinnsatz). Die **Selbstkosten** sind dabei **100 %**.

$$\text{Gewinn} = \frac{\text{Selbstkosten} \cdot \text{Gewinnsatz}}{100}$$

$$\text{Selbstkosten} + \text{Gewinn} = \text{Barverkaufspreis}$$

Beispiel:

Wir führen die Kalkulation des Fitnessgerätes von S. 338 fort. Die Selbstkosten betragen 1 799,28 EUR. Das Großhandelshaus Stark GmbH rechnet mit 20 % Gewinn.

Aufgabe:

Berechnen Sie den Barverkaufspreis!

Lösung:

100 %	Selbstkosten	1 799,28 EUR
20 %	+ Gewinn	359,86 EUR
	= Barverkaufspreis	2 159,14 EUR

Übungsaufgabe

98 1. Der Einstandspreis einer Ware beträgt 36,40 EUR. Wir kalkulieren mit einem Handlungskostenzuschlagssatz von 55 % und mit 8,5 % Gewinn.

Ermitteln Sie den Barverkaufspreis!

2.

Wareneinsatz	480 000,00 EUR
Handlungskosten	125 500,00 EUR
Umsatzerlöse zu Barverkaufspreisen	678 160,00 EUR
Gewinn	72 660,00 EUR

Berechnen Sie den Gewinnzuschlagssatz!

3. Wir kalkulieren einen Artikel aus unserem Sortiment mit einem Handlungskostenzuschlagssatz von 35 % und mit 12 % Gewinn. Der Einstandspreis des Artikels beträgt 159,60 EUR.

Ermitteln Sie den Barverkaufspreis!

4. Der Gewinn an einer Ware beträgt 59,50 EUR, das sind 8,5 % des Selbstkostenpreises.

Berechnen Sie den Barverkaufspreis!

5. Für die Berechnung des Barverkaufspreises einer Ware liefert die Kalkulation die folgenden Daten:

Einstandspreis 12,15 EUR   Selbstkosten 16,20 EUR   Barverkaufspreis 18,80 EUR

Ermitteln Sie den Handlungskostenzuschlagssatz!

6. Aus der Kostenrechnung entnehmen wir folgende Zahlenwerte:

Wareneinsatz	560 000,00 EUR
Umsatzerlöse zu Barverkaufspreisen	870 400,00 EUR
Handlungskostenzuschlagssatz	30 %

Berechnen Sie die Höhe der Selbstkosten!

7. Aufgrund einer Anfrage erhalten wir von unserem Lieferer folgendes Angebot für Tischlampen, die in ähnlicher Ausführung bei unserer Konkurrenz als Verkaufsschlager gelten und dort zum Barverkaufspreis von 249,90 EUR verkauft werden.

Listeneinkaufspreis Modell „Star" 133,00 EUR ohne USt. Lieferungs- und Zahlungsbedingungen: Lieferung ab Fabrik, zahlbar ohne jeden Abzug sofort nach Erhalt der Ware. An Frachtkosten fallen an 6,00 EUR; an Verpackungskosten für einen Spezialbehälter 15,00 EUR, wobei uns bei Rücksendung des Behälters $^2/_3$ dieses Betrags wieder gutgeschrieben werden.

Kalkulieren Sie, ob wir diese Lampe in unser Sortiment aufnehmen können, wenn wir mit einem Handlungskostenzuschlagssatz von 45 % und $16^2/_3$ % Gewinn rechnen!

8. Die Kaffeerösterei Heinrich Albert KG bietet uns zum Preis von 15,50 EUR je kg brasilianischen Hochlandkaffee an. Die Zahlungsbedingungen lauten: Zahlbar innerhalb 30 Tagen netto oder binnen 10 Tagen mit 3 % Skonto. Wenn 500 Pakete zu je $^1/_2$ kg Kaffee abgenommen werden, betragen die Frachtkosten 630,00 EUR.

Die Kaffeegroßrösterei Konrad Berger AG bietet uns die gleiche Qualität Kaffee an. 500 Pakete Kaffee zu je $^1/_2$ kg sollen frei Haus 4 750,00 EUR kosten. Wir erhalten einen Sonderrabatt von 6 % und bei Zahlung innerhalb einer Woche 2 % Skonto. Das Zahlungsziel beträgt vier Wochen.

8.1 In beiden Fällen wird nach sechs Tagen bezahlt. Prüfen Sie, welches Angebot günstiger ist, indem Sie den Differenzbetrag berechnen!

8.2 Stellen Sie rechnerisch dar, zu welchem Preis wir dem Einzelhandel eine 500-Gramm-Dose anbieten können, wenn bei dem günstigeren Angebot ein Handlungskostenzuschlagssatz von $12^1/_2$ % und $8^1/_3$ % Gewinnaufschlag einkalkuliert werden!

3.4.2 Berechnung des Listenverkaufspreises unter Berücksichtigung von Kundenskonto, Kundenrabatt und Vertreterprovision

Wird dem Kunden Rabatt und Skonto gewährt und ist noch ein Vertreter zu bezahlen, hat der Großhändler diese Kosten zuvor in den Preis einzurechnen, ansonsten gehen die Preisnachlässe bzw. die Kosten für den Vertreter zulasten seines Gewinns.

Für die Einrechnung der Preisnachlässe an den Kunden muss man sich in **die Lage des Kunden versetzen.** Der Kunde erhält zunächst den Rabatt eingeräumt und kann dann erst (sofern er innerhalb der Skontofrist bezahlt) von dem gekürzten Betrag den angebotenen Skonto abziehen. Weil der Kunde die Nachlässe in dieser Reihenfolge abzieht, muss der Großhändler sie in umgekehrter Reihenfolge aufschlagen.

- **Skonto** und **Rabatt** sind in der gleichen Höhe einzurechnen, in der sie der Kunde abzieht. Da der Kunde den Listenverkaufspreis bzw. den Zielverkaufspreis zum Ausgangspunkt seiner Rechnung nimmt, sind diese Größen jeweils 100 %, d. h., der Großhändler hat daher **Rabatt** und **Skonto im Hundert einzurechnen.**
- Die **Vertreterprovision** wird in aller Regel vom Zielverkaufspreis gewährt. Da der Kundenskonto ebenfalls vom Zielverkaufspreis gerechnet wird, können beide Prozentsätze zusammengefasst werden.
- Die **Umsatzsteuer** ist bei der Berechnung des Verkaufspreises **kein Kostenfaktor,** sondern lediglich ein durchlaufender Posten. Sie wird daher dem Kunden getrennt in Rechnung gestellt (Bezugsgrundlage ist der Listenverkaufspreis). Die Umsatzsteuer wird deshalb bei den nachfolgenden Beispielen nicht ausgewiesen.

Beispiel:

Wir führen die Kalkulation des Fitnessgerätes fort. Der Barverkaufspreis beträgt 2 159,14 EUR. Das Großhandelshaus hat dem Kunden bei der Bestellung 20 % Rabatt und 2 % Skonto zugesagt. Die Vertreterprovision beträgt 5 % vom Zielverkaufspreis.

Aufgabe:

Berechnen Sie den Listenverkaufspreis des Fitnessgerätes!

Lösung:

	93 %		Barverkaufspreis	2 159,14 EUR
	2 %	+	Kundenskonto (im Hundert)	46,43 EUR
	5 %	+	Vertreterprovision (im Hundert)	116,08 EUR
80 %	100 %	=	Zielverkaufspreis	2 321,65 EUR
20 %		+	Kundenrabatt (im Hundert)	580,41 EUR
100 %		=	Listenverkaufspreis	2 902,06 EUR

Für die Berechnung des Kundenskontos und Vertreterprovision:

Barverkaufspreis	93 %	≙	2 159,14 EUR
Kundenskonto	2 %	≙	x EUR

$$x = \frac{2\,159{,}14 \cdot 2}{93} = \underline{\underline{46{,}43 \text{ EUR}}}$$

Barverkaufspreis	93 %	≙	2 159,14 EUR
Vertreterprovision	5 %	≙	x EUR

$$x = \frac{2\,159{,}14 \cdot 5}{93} = \underline{\underline{116{,}08 \text{ EUR}}}$$

Für die Berechnung des Kundenrabatts:

Zielverkaufspreis	80 %	≙	2 321,65 EUR
Kundenrabatt	20 %	≙	x EUR

$$x = \frac{2\,321{,}65 \cdot 20}{80} = \underline{\underline{580{,}41 \text{ EUR}}}$$

Übungsaufgabe

99 1. Die Farbengroßhandlung Grün & Gelb GmbH hat einen hohen Vorrat an Autolacken am Lager. Für die 2-kg-Dose wurden dabei Selbstkosten von 8,40 EUR errechnet. In einer Sonderaktion möchte die Farbenhandlung den Bestand abbauen. Für eine Werbeaktion rechnet die Großhandlung mit folgenden Kalkulationsdaten: 8 % Gewinn, 10 % Aktionsrabatt, 2 % Skonto und 6 % Vertreterprovision.

Stellen Sie rechnerisch dar, zu welchem Listenverkaufspreis die 2-kg-Dose bei der Sonderaktion verkauft werden kann!

2. Ein Getränkegroßmarkt verkauft Getränke auch in Kästen zu je 10 Flaschen und möchte hierauf den Kunden jeweils einen Sonderrabatt einräumen. Die bisherige Kalkulation für einen Kasten Zitronenlimonade ergab einen Barverkaufspreis von 4,20 EUR je Kasten.

Ermitteln Sie den Listenverkaufspreis, zu dem ein Kasten angeboten werden kann, wenn der Getränkegroßmarkt noch 5 % Sonderrabatt und 3 % Kundenskonto einrechnet!

3. Wir entschließen uns, den Kunden in Zukunft 20 % Rabatt und 3 % Skonto einzuräumen. Die Vertreterprovision beträgt 6,5 % vom Zielverkaufspreis.

Errechnen Sie den Listenverkaufspreis für einen Tisch! Bisheriger Barverkaufspreis: 460,00 EUR.

4. Die Kalkulation eines Artikels ergibt folgende Werte:

Einkaufspreis	38,20 EUR	Einstandspreis	32,50 EUR
Zieleinkaufspreis	30,56 EUR	Selbstkosten	44,85 EUR
Bareinkaufspreis	29,64 EUR		

Berechnen Sie den Handlungskostenzuschlagssatz!

5. Die Kalkulation liefert uns für einen Artikel folgende Daten:

Bezugspreis	85,90 EUR	Zielverkaufspreis	135,00 EUR
Selbstkosten	115,40 EUR	Listenverkaufspreis	153,90 EUR
Barverkaufspreis	130,95 EUR		

Ermitteln Sie den Kundenskonto!

6. Die Kalkulation ergibt einen Barverkaufspreis von 564,20 EUR. Den Kunden räumen wir 3 % Skonto ein.

Berechnen Sie den Zielverkaufspreis!

7. Die Kalkulation liefert uns für eine Ware folgende Daten:

Einstandspreis	749,50 EUR	Zielverkaufspreis	826,00 EUR
Selbstkosten	772,30 EUR	Listenverkaufspreis	938,64 EUR
Barverkaufspreis	791,50 EUR		

Kalkulieren Sie, wie viel Prozent wir unseren Kunden an Rabatt gewähren können!

8. Ein Baumarkt erstellt ein Angebot für Bauhandwerker. Hierbei soll auf eine Schlagbohrmaschine ein Sonderrabatt von 12 % und ein Skonto von 3 % gewährt werden. Der errechnete Barverkaufspreis beträgt für die Maschine 340,59 EUR.

Errechnen Sie den Angebotspreis für die Schleifmaschine!

9. Das Elektrohaus Hell & Dunkel GmbH muss seinen Kunden aus Wettbewerbsgründen bei Haushaltsmaschinen Rabatt und Skonto einräumen.

Berechnen Sie den Listenverkaufspreis, wenn in den Barverkaufspreis von 580,00 EUR 12 % Rabatt und 2 % Skonto einzurechnen sind!

10. Ein Artikel wird wie folgt kalkuliert:

Listeneinkaufspreis	210,00 EUR	Barverkaufspreis	309,00 EUR
Einstandspreis	183,75 EUR	Listenverkaufspreis	352,26 EUR
Selbstkosten	285,00 EUR		

Ermitteln Sie den Liefererrabatt, wenn der Lieferer frei Haus geliefert hat und Liefererskonto nicht gewährt wurde!

3.4.3 Darstellung des vollständigen Handelskalkulationsschemas

Aus Gründen der Übersicht haben wir das Handelskalkulationsschema in einzelne Teilschritte zerlegt. Im Folgenden wird nun die **Gesamtkalkulation** des Fitnessgerätes im Überblick dargestellt.

Beispiel:

Das Großhandelshaus Stark GmbH bestellt bei einem Hersteller ein Fitnessgerät zu folgenden Bedingungen: Einkaufspreis 2 100,00 EUR zuzüglich 19 % Umsatzsteuer, $33^1/_3$ % Wiederverkäuferrabatt, 2 % Skonto, Kosten für Verpackung, Fracht, Anfuhr und Transportversicherung pauschal 140,00 EUR zuzüglich 19 % Umsatzsteuer. Handlungskostenzuschlagssatz 19 %, Gewinnzuschlagssatz 20 %. Dem Kunden werden 20 % Rabatt und 2 % Skonto gewährt. Die Vertreterprovision beträgt 5 % vom Zielverkaufspreis.

Aufgabe:

Berechnen Sie den Listenverkaufspreis!

Lösung:

	100 %		Listeneinkaufspreis	2 100,00 EUR
	$33^1/_3$ %	−	Liefererrabatt (vom Hundert)	700,00 EUR
100 %	←	=	Zieleinkaufspreis	1 400,00 EUR
2 %		−	Liefererskonto (vom Hundert)	28,00 EUR
		=	Bareinkaufspreis	1 372,00 EUR
		+	Bezugskosten	140,00 EUR
	100 %	=	Einstandspreis (Bezugspreis)	1 512,00 EUR
	19 %	+	Handlungskosten (vom Hundert)	287,28 EUR
100 %	←	=	Selbstkosten	1 799,28 EUR
20 %		+	Gewinn (vom Hundert)	359,86 EUR
	93 %	=	Barverkaufspreis	2 159,14 EUR
	2 %	+	Kundenskonto (im Hundert)	46,43 EUR
	5 %	+	Vertreterprovision (im Hundert)	116,08 EUR
80 %	←	=	Zielverkaufspreis	2 321,65 EUR
20 %		+	Kundenrabatt (im Hundert)	580,41 EUR
100 %		=	Listenverkaufspreis	2 902,06 EUR

Übungsaufgabe

100 1. Ein Großhandelshaus bezieht 500 Damenjacken zu je 180,00 EUR. Der Lieferer gewährt 10 % Rabatt und 2 % Skonto. Es fallen für die gesamte Sendung 480,00 EUR Frachtkosten an. Das Großhandelshaus rechnet mit einem Handlungskostenzuschlagssatz von 25 % und will $11^1/_2$ % Gewinn erzielen. Dem Einzelhändler werden 15 % Rabatt und 3 % Skonto gewährt.

Berechnen Sie den Listenverkaufspreis für eine Jacke!

2. Ein Lebensmittelgroßhändler bezieht 165 Gläser Erdbeerkonfitüre zum Preis von 1,32 EUR je Glas. Der Lieferer gewährt 15 % Rabatt und 3 % Skonto. An Bezugskosten fallen an: 3 % Bruchversicherung (vom Einkaufspreis), für Fracht 22,70 EUR. Der Lebensmittelgroßhändler rechnet mit einem Handlungskostenzuschlagssatz von 35 % und will 15 % Gewinn erzielen. Dem Käufer werden 10 % Rabatt und 2 % Skonto angeboten. Die Vertreterprovision beläuft sich auf 8 % vom Zielverkaufspreis.

   Berechnen Sie den Listenverkaufspreis für ein Glas!

3. Ein Großhändler bezieht 10 Kühlschränke zu 398,00 EUR je Stück. Der Hersteller gewährt einen Mengenrabatt von 15 % und bei Zahlung innerhalb von 10 Tagen 2 % Skonto. Die Lieferung erfolgt frachtfrei.

   Berechnen Sie den Listenverkaufspreis für einen Kühlschrank, wenn der Großhändler mit folgenden Kalkulationsvorgaben rechnet: 18 % Handlungskostenzuschlagssatz, 20 % Gewinn, 5 % Kundenrabatt, 2 % Kundenskonto und 5 % Vertreterprovision!

4. Eine Farben- und Lackgroßhandlung erhält ein Angebot einer Lackfabrik über 35 Kanister Farbe, Inhalt 20 kg. Auf den Stückpreis von 86,50 EUR zuzüglich 19 % USt erhält die Großhandlung 22 % Rabatt und 3 % Skonto. An Frachtkosten werden 4,50 EUR je Kanister berechnet, die bei frachtfreier Rücksendung zu einem Drittel gutgeschrieben werden. Die Großhandlung rechnet mit einem Handlungskostenzuschlagssatz von 35 % und einem Gewinnzuschlag von 15 %. Die Handwerker als Abnehmer der Farbe erhalten einen Handwerkerrabatt von 10 % und 2 % Skonto.

   Ermitteln Sie den Listenverkaufspreis, zu dem ein Kanister Farbe angeboten werden kann!

5. Wir beziehen von der Möbelfabrik Fritz Holz GmbH 40 Beistelltische zu einem Listeneinkaufspreis von 74,80 EUR je Stück. Die Möbelfabrik gewährt einen Rabatt von $12^1/_2$ % und bei Barzahlung innerhalb von 10 Tagen 2 % Skonto. Insgesamt fallen an Bezugskosten 232,00 EUR an. Wir rechnen mit einem Handlungskostenzuschlagssatz von 28,5 % und einem Gewinnzuschlagssatz von 8 %. Die Beistelltische werden im Rahmen einer Sonderaktion abgesetzt, wobei den Kunden 10 % Sonderrabatt sowie 2 % Skonto gewährt werden sollen. Die Vertreterprovision beträgt 6 % vom Zielverkaufspreis.

   Berechnen Sie den Listenverkaufspreis, zu dem ein Beistelltisch ausgezeichnet wird!

6. Ein Elektrogroßhändler will ein neues Haushaltsgerät in sein Sortiment aufnehmen. Sein Lieferer macht ihm folgendes Angebot: 480,00 EUR abzüglich 5 % Einführungsrabatt und 2 % Skonto; Fracht 16,20 EUR. Der Großhändler kalkuliert mit folgenden Zuschlägen: Handlungskostenzuschlagssatz $16^2/_3$ %, Gewinn 14 %, Kundenrabatt 10 %, Kundenskonto 3 %. Aus Konkurrenzgründen kann das Gerät nicht über 750,00 EUR angeboten werden.

   Ermitteln Sie den Listenverkaufspreis für dieses Gerät! Stellen Sie dar, ob der Großhändler das Angebot annehmen kann!

7. Einem Elektrogroßhändler wird ein Staubsauger zu 273,50 EUR angeboten. Der Lieferer gewährt 20 % Rabatt und 3 % Skonto. Die Bezugskosten betragen 5,00 EUR.

   Berechnen Sie, ob der Händler das Angebot annehmen kann, wenn er den Staubsauger zu 368,00 EUR verkaufen will! Er kalkuliert mit einem Handlungskostenzuschlagssatz von $16^2/_3$ %, 12 % Gewinnzuschlag, 15 % Kundenrabatt und 2 % Kundenskonto.

3.5 Kalkulatorische Rückrechnung (retrograde Kalkulation)

Liegt der Bruttoverkaufspreis aufgrund der gegebenen Markt- bzw. Konkurrenzsituation fest, so eignet sich das Kalkulationsschema in umgekehrter Richtung von **unten nach oben** zur Errechnung des aufwendbaren Einkaufspreises **(Rückwärtskalkulation oder retrograde Kalkulation)**. Dabei wird der Einkaufspreis errechnet, der höchstens gezahlt werden darf, um den angestrebten Gewinn zu erreichen.

Beispiel:

Aufgrund der Marktsituation muss die Eisengroßhandlung Fritz Zeh e. Kfm. eine Schleifmaschine zum Listenverkaufspreis in Höhe von 251,86 EUR anbieten. Den Handwerkern muss branchenüblich ein Rabatt von 10 % und ein Skonto von 2 % gewährt werden. Die Vertreterprovision beträgt 5 %. Vom Lieferer erhält die Eisengroßhandlung lt. Angebot 20 % Rabatt und 3 % Skonto. Die Fracht- und Verpackungskosten werden von ihm pauschal mit 18,00 EUR berechnet. Der Handlungskostenzuschlagssatz beläuft sich auf 32 %. Als Gewinn sollen 12 % eingerechnet werden.

Aufgabe:

Berechnen Sie den Listeneinkaufspreis, der höchstens bezahlt werden kann!

Lösung:

	100 %		Listeneinkaufspreis	160,55 EUR
	20 %	+	Liefererrabatt (im Hundert)	32,11 EUR
100 %	80 %	=	Zieleinkaufspreis	128,44 EUR
3 %		+	Liefererskonto (im Hundert)	3,85 EUR
97 %		=	Bareinkaufspreis	124,59 EUR
		–	Bezugskosten	18,00 EUR
	100 %	=	Einstandspreis (Bezugspreis)	142,59 EUR
	32 %	–	Handlungskosten (auf Hundert)	45,63 EUR
100 %	132 %	=	Selbstkosten	188,22 EUR
12 %		–	Gewinn (auf Hundert)	22,58 EUR
112 %	93 %	=	Barverkaufspreis	210,80 EUR
	2 %	–	Kundenskonto (vom Hundert)	4,53 EUR
	5 %	–	Vertreterprovision (vom Hundert)	11,34 EUR
90 %	100 %	=	Zielverkaufspreis	226,67 EUR
10 %		–	Kundenrabatt (vom Hundert)	25,19 EUR
100 %		=	Listenverkaufspreis	251,86 EUR

↑ **Rechenweg**

Ergebnis:

Es kann für die Schleifmaschine höchstens ein Listeneinkaufspreis von netto 160,55 EUR bezahlt werden.

Allgemeiner Rechenweg:

- Stellen Sie zuerst das Kalkulationsschema **von oben nach unten** auf und tragen Sie die in der Aufgabe vorgegebenen Prozentsätze ein.
- Setzen Sie den gegebenen Listenverkaufspreis ein und gehen Sie Schritt für Schritt rückwärts.
- Überlegen Sie bei jedem Rechenschritt, ob es sich um eine Rechnung **vom Hundert** (Kundenrabatt, Kundenskonto, Vertreterprovision), **auf Hundert** (Gewinn, Handlungskosten) oder **im Hundert** (Liefererskonto, Liefererrabatt) handelt.
- Überprüfen Sie das Ergebnis durch eine Vorwärtskalkulation.

Übungsaufgabe

101 1. Ein Unternehmen kann einen Fernseher mit einem Plasma-Bildschirm aus Konkurrenzgründen höchstens für 976,75 EUR auf den Markt bringen. Seine Kalkulationssätze sind: 12,5 % Handlungskostenzuschlagssatz, $16\frac{2}{3}$ % Gewinn, 2,5 % Kundenskonto und 14 % Kundenrabatt. An Bezugskosten entstehen 8,80 EUR, wovon $\frac{1}{4}$ bei Rücksendung der Verpackung wieder gutgeschrieben werden.

Berechnen Sie, welchen Listeneinkaufspreis das Unternehmen höchstens beim Einkauf zugrunde legen kann, wenn der Lieferer bereit wäre, uns noch 2 % Skonto und 10 % Einführungsrabatt einzuräumen!

2. Um den Marktanteil zu erhöhen, startet ein Medienunternehmen eine Werbeaktion und empfiehlt allen Großhändlern, den Listenverkaufspreis pro CD-Box auf 15,00 EUR festzusetzen.

Ermitteln Sie, welchen Listeneinkaufspreis ein Großhändler höchstens anlegen kann, wenn er mit einem Handlungskostenzuschlagssatz von 8 %, einem Gewinnzuschlag von 5 %, 2 % Kundenskonto und 12 % Kundenrabatt rechnet und vom Lieferer $33\frac{1}{3}$ % Liefererrabatt bei Barzahlung und Lieferung frei Haus erhält!

3. Eine Möbelfabrik hat bei einer Handelsware Selbstkosten von 115,30 EUR errechnet. Der Handlungskostenzuschlagssatz beträgt 42 % und an Bezugskosten fallen 11,12 EUR an. Der Lieferer gewährt uns 15 % Rabatt und 3 % Skonto.

Berechnen Sie den Listeneinkaufspreis für diese Handelsware!

4. Ein Elektrogroßhändler kann einen Kühlschrank der Marke „Frost“ aus Konkurrenzgründen zum Listenverkaufspreis von 480,00 EUR verkaufen. Er muss dem Kunden jedoch noch 15 % Rabatt und 2 % Skonto gewähren.

Stellen Sie rechnerisch dar, zu welchem Listeneinkaufspreis der Elektrogroßhändler den Kühlschrank höchstens einkaufen kann, wenn er von seinem Lieferer 30 % Rabatt und 3 % Skonto erhält! Er kalkuliert mit 11,00 EUR Bezugskosten, 22 % Handlungskostenzuschlagssatz und 14 % Gewinnzuschlag.

3.6 Differenzkalkulation

Unverbindliche Preisempfehlungen, aber häufig auch die „Marktlage“, verhindern, dass der Großhändler seinen Listenverkaufspreis selbst bestimmen kann. Der Preis kann auch deshalb feststehen, weil z. B. der Hersteller diesen vorgibt. In diesen Fällen muss es das Ziel der Kalkulation sein, festzustellen, ob der so verbleibende Gewinn ausreichend ist.

Wird der Gewinn aus der Differenz zwischen Selbstkosten und Barverkaufspreis berechnet, spricht man von **Differenzkalkulation.** Da sowohl der **Listeneinkaufspreis** als auch der **Listenverkaufspreis festliegen,** muss von **beiden** Werten aus mit dem Rechenweg begonnen werden, und zwar einmal als **Vorwärtskalkulation** (vom Listeneinkaufspreis bis zu den Selbstkosten) und zum anderen als **Rückwärtskalkulation** (vom Listenverkaufspreis bis zum Barverkaufspreis).

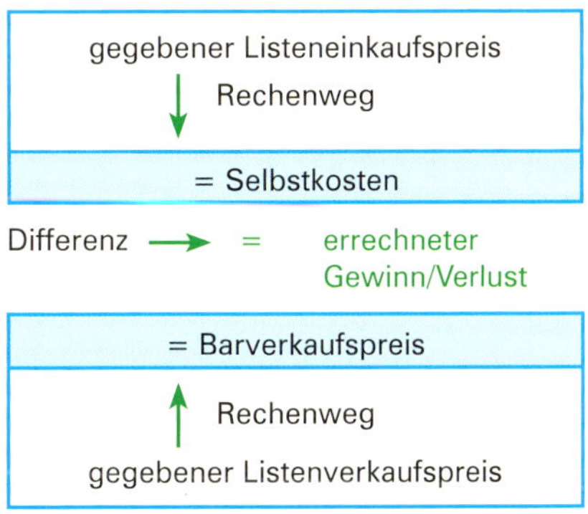

Beispiel:

Das Elektrogroßhandelshaus Xaver Finke e. Kfm. prüft folgendes Angebot eines Markenartikelherstellers:

Der Hersteller empfiehlt für eine Geschirrspülmaschine einen Listenverkaufspreis von 710,14 EUR. Seine Lieferungs- und Zahlungsbedingungen lauten: 20 % Wiederverkäuferrabatt, 2 % Skonto, Frachtanteil pauschal 30,00 EUR. Der Listeneinkaufspreis beträgt 525,00 EUR.

Das Elektrogroßhandelshaus rechnet mit einem Handlungskostenzuschlagssatz von 18 % und hat aufgrund der Konkurrenzsituation dem Kunden 2 % Skonto und 10 % Rabatt einzuräumen. Die Vertreterprovision vom Zielverkaufspreis ist mit 6 % einzurechnen.

Aufgabe:

Berechnen Sie den Gewinn in EUR und in Prozent, der dem Großhändler bleibt!

Lösung:

	100 %		Listeneinkaufspreis	525,00 EUR	↓ Vorwärtskalkulation
	20 %	–	Liefererrabatt v. H.	105,00 EUR	
100 %	←	=	Zieleinkaufspreis	420,00 EUR	
2 %		–	Liefererskonto v. H.	8,40 EUR	
		=	Bareinkaufspreis	411,60 EUR	
		+	Bezugskosten	30,00 EUR	
	100 %	=	Einstandspreis (Bezugspr.)	441,60 EUR	
	18 %	+	Handlungskosten v. H.	79,49 EUR	
100 %	←	=	Selbstkosten	521,09 EUR	
12,84 %		–	Gewinn v. H.	66,91 EUR	
	92 %	=	Barverkaufspreis	588,00 EUR	↑ Rückwärtskalkulation
	2 %	–	Kundenskonto v. H.	12,78 EUR	
	6 %	–	Vertreterprovision v. H.	38,35 EUR	
90 %	100 %	=	Zielverkaufspreis	639,13 EUR	
10 %		–	Kundenrabatt v. H.	71,01 EUR	
100 %		=	Listenverkaufspreis	710,14 EUR	

Berechnung des Gewinnzuschlagssatzes:

521,09 EUR ≙ 100 %
66,91 EUR ≙ x %

$$x = \frac{66{,}91 \cdot 100}{521{,}09} = 12{,}84\,\%$$

Ergebnis:

Dem Großhändler bleibt ein Gewinn in Höhe von 66,91 EUR. Das entspricht einem Prozentsatz von 12,84 %.

Allgemeiner Rechenweg:

- Stellen Sie zuerst das Kalkulationsschema **von oben nach unten** auf und tragen Sie die in der Aufgabe vorgegebenen Prozentsätze ein.
- Setzen Sie den gegebenen Listenverkaufspreis bzw. Listeneinkaufspreis ein.
- Kennzeichnen Sie den Rechenweg durch Pfeile und errechnen Sie stufenweise durch **Vorwärtskalkulation** die **Selbstkosten** bzw. durch **Rückwärtskalkulation** den **Barverkaufspreis.**
- Ermitteln Sie den **Gewinn** als **Differenz zwischen Barverkaufspreis und Selbstkosten.**
- Berechnen Sie anschließend den Gewinn in Prozent zu den Selbstkosten (Gewinnzuschlagssatz).

Übungsaufgabe

102 1. Eine Mediengroßhandlung kann aus Konkurrenzgründen die Digitalkamera EX-Z_4 zu einem Listenverkaufspreis von höchstens 479,66 EUR anbieten. Der japanische Lieferer gewährt auf den Listeneinkaufspreis von 300,00 EUR $33^1/_3$ % Liefererrabatt und 3 % Liefererskonto. Die Bezugskosten für die Digitalkamera EX-Z_4 betragen 8,10 EUR. Die Mediengroßhandlung kalkuliert mit einem Handlungskostensatz von 42 %. Sie gewährt ihren Kunden 2 % Skonto und 20 % Kundenrabatt. Die Vertreterprovision beträgt 8 %.

Ermitteln Sie, welchen Gewinn in EUR und in Prozent die Mediengroßhandlung für die Digitalkamera EX-Z_4 erzielt!

2. Eine Fahrradgroßhandlung verkauft ein Markenfahrrad zum empfohlenen Richtpreis von 420,00 EUR. Der Hersteller bietet auf den empfohlenen Richtpreis 25 % Liefererrabatt und 3 % Skonto.

   2.1 Berechnen Sie, wie viel Gewinn in EUR und in Prozent der Fahrradgroßhandlung bleibt, wenn sie mit 15,20 EUR Bezugskosten, 18 % Handlungskostenzuschlagssatz und 5 % Kundenrabatt kalkuliert!

   2.2 Berechnen Sie , wie viel Prozent der Liefererrabatt betragen muss, wenn die Fahrradgroßhandlung einen Gewinn von 10 % erzielen möchte!

3. Die Handlungskosten für einen Artikel betragen 62,40 EUR. Das sind 30 %. Der Artikel wird einschließlich 16 % Rabatt mit 341,90 EUR ausgezeichnet.

   Ermitteln Sie den Gewinnzuschlagssatz!

4. Die Kalkulation liefert uns für eine Ware folgende Daten:

Einstandspreis	150,40 EUR	Zielverkaufspreis	224,00 EUR
Selbstkosten	175,70 EUR	Listenverkaufspreis	239,68 EUR
Barverkaufspreis	190,40 EUR		

   Stellen Sie dar, welchen Betrag wir unseren Kunden an Rabatt gewähren!

5. Ein Baumarkt erstellt ein Angebot für Bauhandwerker. Hierbei soll auf eine Schleifmaschine ein Sonderrabatt von 8 % und Skonto von 2 % gewährt werden. Der errechnete Barverkaufspreis beträgt für die Maschine 284,00 EUR.

   Errechnen Sie den Angebotspreis für die Schleifmaschine!

6. Die Armbanduhr Axim X 30 wird zum empfohlenen Richtpreis von 250,00 EUR angeboten. Der Lieferer setzte diesen Preis fest. Der Großhändler Dieter Kleinert kalkuliert mit einem Handlungskostenzuschlagssatz von 20 % und 5 % Sonderrabatt.

   Anmerkung: Beim empfohlenen Richtpreis entspricht der Listeneinkaufspreis dem Listenverkaufspreis.

   Berechnen Sie den Gewinn in EUR und in Prozent, wenn der Lieferer $33^1/_3$ % Rabatt und 2 % Skonto gewährt! Die Bezugskosten betragen 5,70 EUR.

7. Der Einstandspreis einer Ware beträgt 14,20 EUR. Der Handlungskostenzuschlagssatz beträgt 56 %. Aus Konkurrenzgründen können wir das Produkt zu einem Listenverkaufspreis von 28,30 EUR verkaufen. Den Kunden wird ein Rabatt von 10 % eingeräumt.

   Ermitteln Sie, welcher Betrag dem Großhändler an Gewinn verbleibt!

3.7 Vereinfachung der Kalkulation: Kalkulationszuschlag, Kalkulationsfaktor, Handelsspanne

(1) Kalkulationszuschlag

Ausgehend vom Einstandspreis werden viele Preisberechnungen immer wieder mit den gleichen Prozentzuschlägen vorgenommen. So könnte es beispielsweise sein, dass einzelne Warengruppen wie Spielwaren, Lederwaren, Elektroartikel, Lebensmittel usw. in einem Großhandelsbetrieb gleichartig kalkuliert werden. Um den Arbeitsaufwand bei der Preisauszeichnung zu reduzieren, fasst man in der Praxis mehrere Prozentzuschläge zu **einem Zuschlagssatz** zusammen.

Im Großhandel werden z. B. die **Handlungskosten,** der **Gewinnzuschlag** und eventuelle **Verkaufsaufschläge** (Kundenrabatte, Kundenskonti, Vertreterprovision) in einem Prozentsatz, zum **Kalkulationszuschlag,**[1] zusammengefasst.

Beispiel:

Wir greifen auf das Beispiel von S. 344 zurück.

Aufgabe:

Berechnen Sie den Kalkulationszuschlag, der der Kalkulation des Fitnessgerätes zugrunde liegt!

Lösung:

Gesamtkalkulation

	Einstandspreis	1 512,00 EUR
+	19 % Handlungskosten	287,28 EUR
=	Selbstkosten	1 799,28 EUR
+	20 % Gewinn	359,86 EUR
=	Barverkaufspreis	2 159,14 EUR
+	2 % Kundenskonto	46,43 EUR
+	5 % Vertreterprovision	116,08 EUR
=	Zielverkaufspreis	2 321,65 EUR
+	20 % Kundenrabatt	580,41 EUR
=	Listenverkaufspreis	2 902,06 EUR

Berechnung des Kalkulationszuschlags in EUR:

	Listenverkaufspreis	2 902,06 EUR
−	Einstandspreis	1 512,00 EUR
=	Kalkulationszuschlag	1 390,06 EUR

Berechnung des Kalkulationszuschlags in Prozent:

Einstandspreis	1 512,00 EUR ≙	100 %
Kalkulationszuschlag	1 390,06 EUR ≙	x %

$$x = \frac{1\,390{,}06 \cdot 100}{1\,512{,}00} = \underline{\underline{91{,}94\,\%}}$$

Erläuterungen zur Aufgabe:

- Zur Berechnung des Kalkulationszuschlags ist der **Unterschied** zwischen dem **Einstandspreis** und dem **Listenverkaufspreis** heranzuziehen.
  In unserem Beispiel: 2 902,06 EUR − 1 512,00 EUR = 1 390,06 EUR.
- Der Unterschiedsbetrag in Höhe von 1 390,06 EUR ist auf den Einstandspreis (≙ 100 %) zu beziehen.

Der **Kalkulationszuschlag** ist ein prozentualer **Aufschlag** auf den Einstandspreis zur Ermittlung des Listenverkaufspreises.

$$\text{Kalkulationszuschlag} = \frac{(\text{Listenverkaufspreis} - \text{Einstandspreis}) \cdot 100}{\text{Einstandspreis}}$$

1 Der Begriff „Kalkulationszuschlag" kann sich sowohl auf den Euro-Betrag als auch auf den Prozentsatz beziehen. Im Allgemeinen wird darunter der Prozentsatz verstanden. Hierfür wird auch der Begriff **Kalkulationszuschlagssatz** verwendet.

(2) Kalkulationsfaktor

Wird der Aufschlag nicht in einem Prozentsatz, sondern als Faktor ausgedrückt, spricht man vom **Kalkulationsfaktor.** Der Kalkulationsfaktor dient ebenfalls dazu, ausgehend vom Einstandspreis den Listenverkaufspreis zu berechnen.

Beispiel:

Wir greifen auf das Beispiel von S. 344 zurück.

Aufgabe:

Berechnen Sie den Kalkulationsfaktor, der der Kalkulation des Fitnessgerätes zugrunde liegt!

Lösung:

$$\text{Kalkulationsfaktor} = \frac{2\,902{,}06}{1\,512{,}00} = 1{,}919351$$

Probe: Zur Berechnung des Listenverkaufspreises ist der Einstandspreis der Ware mit dem Kalkulationsfaktor zu multiplizieren.

Einstandspreis der Ware	·	Kalkulationsfaktor	=	Listenverkaufspreis
1512,00 EUR	·	1,919351	=	2902,06 EUR

Der **Kalkulationsfaktor** ist die Zahl, mit der man den Einstandspreis multipliziert, um den Listenverkaufspreis zu erhalten.

$$\text{Kalkulationsfaktor} = \frac{\text{Listenverkaufspreis}}{\text{Einstandspreis}}$$

(3) Handelsspanne

In der Praxis ist es außerdem üblich, die Differenz zwischen Listenverkaufspreis und Einstandspreis der Ware auf den **Listenverkaufspreis** zu beziehen. Wir sprechen dann von **Handelsspanne.** In diesem Fall möchte der Großhändler wissen, wie viel Prozent er vom Listenverkaufspreis abziehen muss, um den Einstandspreis zu erhalten.

Beispiel:

Wir greifen auf das Beispiel von S. 344 zurück.

Aufgabe:

Berechnen Sie die Handelsspanne, die der Kalkulation des Fitnessgerätes zugrunde liegt!

Lösung:

Listenverkaufspreis	2902,06 EUR ≙	100 %
Differenz zwischen Listenverkaufspreis und Einstandspreis	1390,06 EUR ≙	x %

$$x = \frac{1\,390{,}06 \cdot 100}{2\,902{,}06} = 47{,}90\,\%$$

Die **Handelsspanne** ist ein prozentualer **Abschlag** vom Listenverkaufspreis zur direkten Ermittlung des Einstandspreises.

$$\text{Handelsspanne} = \frac{(\text{Listenverkaufspreis} - \text{Einstandspreis}) \cdot 100}{\text{Listenverkaufspreis}}$$

Übungsaufgabe

103 1. Berechnen Sie den Kalkulationszuschlag, den Kalkulationsfaktor und die Handelsspanne bei den folgenden Waren!

	Ware A	Ware B	Ware C
Einstandspreis	205,20 EUR	86,64 EUR	14,25 EUR
Listenverkaufspreis	285,90 EUR	132,80 EUR	25,90 EUR

2. Berechnen Sie den Kalkulationszuschlag, den Kalkulationsfaktor und die Handelsspanne bei folgenden Kalkulationsdaten!

	Ware A	Ware B	Ware C
Handlungskostenzuschlagssatz	28 %	30 %	41 %
Gewinnzuschlag	20 %	15 %	19 %
Kundenskonto	2 %	–	3 %
Kundenrabatt	12 %	5 %	15 %
Vertreterprovision	14 %	7 %	14 %

3. Wir beziehen 200 Kinderbuggys zum Listeneinkaufspreis von 85,00 EUR je Stück. Wir haben mit dem Lieferer folgende Einkaufsbedingungen vereinbart: 10 % Mengenrabatt; bei Zahlung innerhalb 10 Tagen $2^1/_2$ % Skonto oder innerhalb 30 Tagen netto, Frachtkosten 48,25 EUR.

   3.1 Ermitteln Sie den Einstandspreis für einen Buggy, wenn wir mit Skontoabzug bezahlen!

   3.2 Berechnen Sie, zu welchem Preis er einen Buggy anbieten kann, wenn folgendermaßen kalkuliert wird: $16^2/_3$ % Handlungskostenzuschlagssatz, 20 % Gewinn, 15 % Rabatt, 2 % Skonto und 7 % Vertreterprovision vom Zielverkaufspreis!

   3.3 Berechnen Sie Kalkulationszuschlag, Kalkulationsfaktor und Handelsspanne!

4. Berechnen Sie die Listenverkaufspreise bei den folgenden Waren!

Ware	Einstandspreis	Kalkulationszuschlag
Kaffeekanne	14,60 EUR	45,8 %
Waschpulver	9,30 EUR	$33^1/_3$ %
Bratpfanne	34,80 EUR	28 %
Kopfsalat	0,45 EUR	30 %

5. Ermitteln Sie die Einstandspreise für folgende Markenwaren, die höchstens akzeptiert werden können, wenn das Kaufhaus Zentrum jeweils die nachfolgenden Handelsspannen zugrunde legt!

Artikel	unverbindlich empfohlener Richtpreis	Handelsspanne
Stehlampe	194,80 EUR	34 %
Herrenschuhe	48,20 EUR	28,5 %
Gardinenstoff je m	20,50 EUR	32,8 %
Goldarmbanduhr	699,00 EUR	45,6 %

4 Deckungsbeitragsrechnung

4.1 Abgrenzung der Deckungsbeitragsrechnung von der Vollkostenrechnung

Die Ausführungen unter Kapitel 2.6, S. 330ff. haben deutlich gemacht, dass die **Mängel, die der Vollkostenrechnung anhaften,** in den **Fixkosten begründet** liegen. Soll die Kostenrechnung in erster Linie als **Instrument der Unternehmenssteuerung** betrachtet werden, liegt es nahe, zunächst auf eine **Verrechnung der Fixkosten zu verzichten** und diese erst bei der Ergebnisermittlung wieder einzubeziehen. Eine solche Rechnung, die zunächst auf einen Teil bei der Weiterverrechnung der Kosten verzichtet, nennt man im Gegensatz zur Vollkostenrechnung eine **Teilkostenrechnung.**

Die **Deckungsbeitragsrechnung**[1] geht von einer Aufgliederung der Kosten in **fixe Kosten** und **variable Kosten** aus.

4.2 Aufbau der Deckungsbeitragsrechnung

Bei der Deckungsbeitragsrechnung werden **Deckungsbeiträge** ermittelt. Diese ergeben sich, indem man von den **Nettoverkaufserlösen** der Produkte die **variablen Kosten** abzieht. In Höhe der Deckungsbeiträge sind die Produkte an der Deckung der noch nicht verrechneten Fixkosten beteiligt.

Das **Grundschema der Deckungsbeitragsrechnung** lautet:

	Nettoverkaufserlöse
–	variable Kosten
=	Deckungsbeitrag

- **Nettoverkaufserlöse** sind die Erlöse, die dem Unternehmen nach Abzug der Umsatzsteuer und etwaiger Erlösschmälerungen (z.B. Kundenrabatt, Kundenskonto, Vertreterprovision) tatsächlich verbleiben.[2]
- Der **Deckungsbeitrag** ist der Überschuss der Nettoverkaufserlöse über die variablen Kosten.
- Der **Deckungsbeitrag** gibt an, welchen Beitrag ein Kostenträger zur **Deckung** der **fixen Kosten** leistet.

Übungsaufgabe

104 1. Erläutern Sie den Begriff Deckungsbeitrag!

2. Erklären Sie, bei welchen wichtigen Unternehmensaufgaben die Deckungsbeitragsrechnung sinnvolle Hilfestellung leisten kann!

Annahme wichtiger Aufträge

1 Für den Begriff „Deckungsbeitragsrechnung" wird in der betriebswirtschaftlichen Literatur auch der Begriff **„Direct Costing"** verwandt.

2 Der Nettoverkaufserlös entspricht dem Barverkaufspreis im Kalkulationsschema.

23 Speth u.a. - ISBN 978-3-8120-0593-7

3. Begründen Sie, worin Sie den entscheidenden Unterschied zwischen der Vollkostenrechnung und der Deckungsbeitragsrechnung sehen!

4. Notieren Sie außerhalb des Buches, welche Aussage über den Deckungsbeitrag richtig ist!
   4.1 Er deckt höchstens die fixen Kosten ab.
   4.2 Er steigt, wenn bei konstanten Stückerlösen die variablen Stückkosten steigen.
   4.3 Er sinkt, wenn bei konstanten Stückerlösen die variablen Stückkosten steigen.
   4.4 Er errechnet sich als Differenz zwischen den variablen Kosten und den Selbstkosten.
   4.5 Verrechnete Gemeinkosten minus Istgemeinkosten ergeben den Deckungsbeitrag.

4.3 Deckungsbeitragsrechnung als Stückrechnung

Beispiel:

Aus Wettbewerbsgründen ist ein Hersteller gezwungen, den Listenverkaufspreis für ein Trimmgerät auf 816,32 EUR festzusetzen. Den Sportartikelgroßhändlern werden 25 % Rabatt und 2 % Skonto eingeräumt. Die variablen Kosten betragen 400,00 EUR.

Aufgaben:

1. Berechnen Sie den Deckungsbeitrag je Stück!
2. Stellen Sie den Deckungsbeitrag je Stück grafisch dar!

Lösungen:

Zu 1.: Berechnung des Deckungsbeitrags

	Listenverkaufspreis	816,32 EUR
–	25 % Rabatt	204,08 EUR
=	Zielverkaufspreis	612,24 EUR
–	2 % Skonto	12,24 EUR
=	Nettoverkaufserlös (Barverkaufspreis)	600,00 EUR
–	variable Kosten	400,00 EUR
=	Deckungsbeitrag	200,00 EUR

Zu 2.: Grafische Darstellung

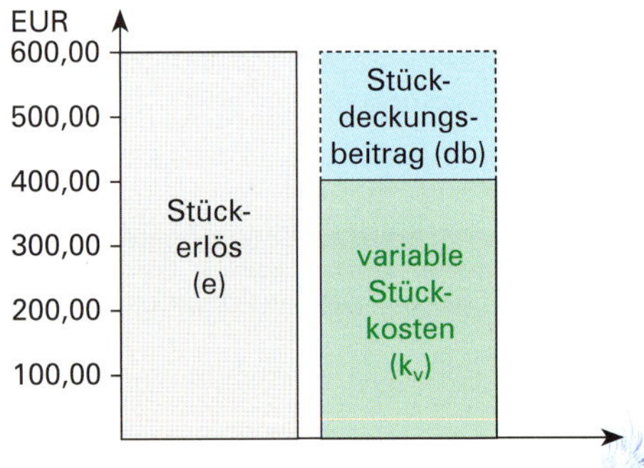

Nettoverkaufserlös je Stück
(Barverkaufspreis je Stück)
– variable Kosten je Stück

= Deckungsbeitrag je Stück

Erläuterung:

Der Deckungsbeitrag besagt, dass je Trimmgerät 200,00 EUR zur Deckung der Fixkosten zur Verfügung stehen. Ob der Deckungsbeitrag ausreicht, um neben der Deckung der fixen Kosten auch einen **Stückgewinn** zu erzielen, bleibt offen. Sicher ist aber, dass jeder Preis, der **über** den **variablen Kosten** liegt, zur Deckung der fixen Kosten beiträgt. Insofern dient der **Stückdeckungsbeitrag** als **Entscheidungshilfe** für die **Annahme oder Ablehnung von Aufträgen**.

- Jeder Deckungsbeitrag trägt zur Verbesserung des Betriebsergebnisses bei.
- Ob ein Stückgewinn erzielt wird und gegebenenfalls in welcher Höhe, kann nicht bestimmt werden.

Übungsaufgabe

105 Aus Wettbewerbsgründen ist ein Betonwerk gezwungen, den Listenverkaufspreis für ein Bauelement auf 2448,96 EUR festzusetzen. Den Bauunternehmen werden 25 % Rabatt und 2 % Skonto eingeräumt. Die variablen Kosten betragen 1200,00 EUR.

Aufgaben:

1. Berechnen Sie den Deckungsbeitrag sowie den Stückdeckungsbeitragssatz!
2. Stellen Sie den Deckungsbeitrag je Stück grafisch dar!
3. Beschreiben Sie die Rolle des Stückdeckungsbeitrags bei der Entscheidung über die Annahme oder Ablehnung eines Auftrages!
4. Arbeiten Sie das Hauptproblem bei der Anwendung der Deckungsbeitragsrechnung heraus!
5. Die Kosten- und Leistungsrechnung eines Industriebetriebs liefert uns folgende Zahlen:

   Der Listenverkaufspreis je Stück beträgt 1297,84 EUR. Dem Großhandel werden folgende Bedingungen gewährt: Kundenrabatt ?, Kundenskonto $2^1/_2$ %. Die variablen Kosten betragen 260,00 EUR je Stück. Es wird ein Deckungsbeitrag von 625,78 EUR erzielt.

   Aufgaben:

   5.1 Berechnen Sie den Kundenrabatt in EUR und in Prozent, der bei dem vorgegebenen Listenverkaufspreis höchstens gewährt werden kann!

   5.2 Um den Marktanteil zu erhöhen, begnügt sich der Industriebetrieb für eine Werbeaktion mit der Deckung der variablen Kosten. Es wird mit den Bedingungen aus der Aufgabe 5.1 kalkuliert. Ermitteln Sie den Listenverkaufspreis für das Sonderangebot!

6. Die Teilkostenrechnung eines Unternehmens weist für ein bestimmtes Produkt folgende Ergebnisse aus:

   Aufgaben:

   6.1 Nettoverkaufserlös > variable Stückkosten.

   6.2 Nettoverkaufserlös < variable Stückkosten.

   6.3 Nettoverkaufserlös = variable Stückkosten.

   6.4 Stückdeckungsbeitrag = 0,00 EUR.

   Notieren Sie außerhalb des Buches, bei welchem Ergebnis das Produkt nicht mehr verkauft werden sollte!

7. Die Selbstkosten für eine Küchenmaschine betragen 540,00 EUR. Die Deckungsbeitragsrechnung ermittelt variable Kosten in Höhe von 290,00 EUR.

   Aufgabe:

   Begründen Sie, unter welcher Voraussetzung es langfristig sinnvoll ist, die Küchenmaschine in das Produktprogramm aufzunehmen!

4.4 Deckungsbeitragsrechnung als Periodenrechnung

Bei der Deckungsbeitragsrechnung als Periodenrechnung werden zur Ermittlung des Betriebsergebnisses die fixen Kosten in einem Block von der Summe der Deckungsbeiträge abgezogen.

Ihr liegt folgendes Berechnungsschema zugrunde:

Erzeugnis A		**Erzeugnis B**		**usw.**
Nettoverkaufserlöse – variable Kosten	+	Nettoverkaufserlöse – variable Kosten		
= Deckungsbeitrag von Erzeugnis A		= Deckungsbeitrag von Erzeugnis B	⟶	Summe der Deckungsbeiträge – fixe Kosten[1]
				= Betriebsergebnis (Betriebsgewinn/Betriebsverlust)

Beispiel:

Die KLR eines Industrieunternehmens liefert uns für den Monat Juni für die Erzeugnisse A und B folgende Zahlen:

	Erzeugnis A	Erzeugnis B
Produktions- und Absatzmenge	300 Stück	400 Stück
Nettoverkaufserlös je Stück	500,00 EUR	750,00 EUR
variable Kosten je Stück	160,00 EUR	505,00 EUR
fixe Kosten des Unternehmens für den Monat Juni	150 000,00 EUR	

Aufgaben:

1. Berechnen Sie den Deckungsbeitrag je Erzeugnis und die Deckungsbeiträge insgesamt!
2. Ermitteln Sie das Betriebsergebnis für den Monat Juni!
3. Berechnen Sie den Stückdeckungsbeitragssatz für das Erzeugnis A sowie den Gesamtdeckungsbeitragssatz!

Lösungen:

Zu 1. und 2.: Berechnung der Deckungsbeiträge und des Betriebsergebnisses

	Erzeugnis A	Erzeugnis B	Gesamtbeträge
Nettoverkaufserlöse (E)	150 000,00 EUR	300 000,00 EUR	450 000,00 EUR
– variable Kosten (K_v)	48 000,00 EUR	202 000,00 EUR	250 000,00 EUR
= Deckungsbeiträge (DB)	102 000,00 EUR	98 000,00 EUR	200 000,00 EUR
– fixe Kosten (K_{fix})			150 000,00 EUR
= Betriebsergebnis (Gewinn)			50 000,00 EUR

1 Die fixen Kosten lassen sich bei einem Mehrproduktunternehmen nicht verursachungsgerecht auf die einzelnen Produkte aufteilen.

Zu 3.: Berechnung der Stück- und Gesamtdeckungsbeitragssätze

Der Deckungsbeitragssatz[1] gibt an, welcher Teil der Nettoverkaufserlöse in Prozent zur Deckung der fixen Kosten bereitsteht. Der Deckungsbeitragssatz kann als **Stückdeckungsbeitragssatz (db-Satz)** oder als **Gesamtdeckungsbeitragssatz (DB-Satz)** definiert werden.

$$\text{db-Satz} = \frac{\text{db} \cdot 100}{\text{Nettoverkaufserlöse/Stück}} \qquad \text{DB-Satz} = \frac{\text{DB} \cdot 100}{\text{Nettoverkaufserlöse/Zeitraum}}$$

$$\text{db-Satz für das Erzeugnis A} = \frac{340 \cdot 100}{500} = 68\,\% \qquad \text{DB-Satz} = \frac{200\,000 \cdot 100}{450\,000} = 44{,}44\,\%$$

Die Gewinnermittlung bei der Deckungsbeitragsrechnung lässt sich schematisch wie folgt darstellen:[2]

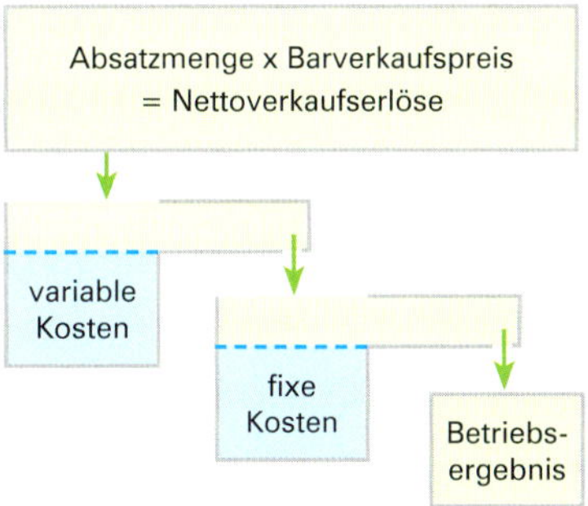

Nettoverkaufserlöse (Gesamterlöse)
− variable Kosten

= Deckungsbeiträge (Gesamtdeckungsbeitrag)
− fixe Kosten

= Betriebsergebnis

Übungsaufgaben

106 Ein Motorenwerk stellt von einem Motor drei verschiedene Modelle her. Die KLR liefert uns für den Monat Mai folgende Zahlen:

	Modell 1	Modell 2	Modell 3
Verbr. v. Fertigungsmaterial/Stück	900,00 EUR	780,00 EUR	410,00 EUR
Fertigungslöhne/Stück	420,00 EUR	525,00 EUR	190,00 EUR
variable Gemeinkosten/Stück	360,00 EUR	305,00 EUR	280,00 EUR
Summe d. variablen Kosten/Stück	1680,00 EUR	1610,00 EUR	880,00 EUR
produzierte u. verkaufte Anzahl	300 Stück	400 Stück	700 Stück
Nettoverkaufserlöse je Stück	2910,00 EUR	2200,00 EUR	1510,00 EUR

Die Fixkosten im Monat Mai betragen 820000,00 EUR.

Aufgaben:

1. Ermitteln Sie das Betriebsergebnis für den Monat Mai!
2. Berechnen Sie den Stückdeckungsbeitragssatz für das Modell 1!
3. Bestimmen Sie den Gesamtdeckungsbeitragssatz!

1 Der Deckungsbeitragssatz kann auch als **Deckungsbeitragsfaktor** formuliert werden:

$$\text{db-Faktor} = \frac{\text{db}}{\text{Nettoverkaufserlöse/Stück}} \qquad \text{DB-Faktor} = \frac{\text{DB}}{\text{Nettoverkaufserlöse/Zeitraum}}$$

2 Vgl. Zdrowomyslaw, Norbert/Götze, Wolfgang: Kosten-, Leistungs- und Erlösrechnung, München/Wien 1995, S. 461.

107 Die Hohmann AG stellt drei verschiedene Typen von Gartenstühlen her. Für den Monat Oktober legt die Kosten- und Leistungsrechnung folgende Zahlen vor:

	Typ A	Typ B	Typ C
Nettoverkaufserlöse je Stück	120,00 EUR	85,00 EUR	76,00 EUR
variable Stückkosten	85,00 EUR	69,00 EUR	65,00 EUR
Verkaufsmengen in Stück	1500	3500	5200

Die fixen Kosten der Rechnungsperiode werden mit 95000,00 EUR veranschlagt.

Aufgaben:

1. Berechnen Sie für jeden Typ den Deckungsbeitrag je Stück!
2. Ermitteln Sie für jeden Typ die Deckungsbeiträge der Rechnungsperiode!
3. Stellen Sie unter dem Gesichtspunkt der erzielten Stückdeckungsbeiträge eine Rangfolge der Erzeugnisarten auf!
4. Führen Sie die Betriebsergebnisrechnung der Periode durch!
5. Stellen Sie den Stückdeckungsbeitrag für den Kostenträger A grafisch dar!
6. Der Produktionsleiter weist auf Rationalisierungsmöglichkeiten in der Produktion hin und empfiehlt der Geschäftsleitung, die Produktion auf zwei Modelle zu begrenzen. Begründen Sie rechnerisch, ob die Geschäftsleitung diesem Vorschlag folgen soll!

108 Die Bauschreinerei Rolf Becker & Co. KG führt in ihrem Sortiment Fenster, Türen und Garagentore. Die Kostenrechnungsabteilung hat für den Monat Dezember folgendes Zahlenmaterial zusammengestellt:

Werke	Produkte	Stück	Nettoverkaufserlöse in EUR	Variable Kosten in EUR
I	Fenster	250	300000,00	126000,00
II	Türen	100	240000,00	162000,00
III	Garagentore	30	108000,00	28500,00

Aufgaben:

1. Bestimmen Sie für das Produkt Türen rechnerisch den Deckungsbeitrag insgesamt und je Stück!
2. Im November brachte die Türenproduktion einen Gesamtdeckungsbeitrag von 50700,00 EUR. Berechnen Sie, um wie viel Prozent der Absatz im Monat Dezember gestiegen ist!
3. Stellen Sie in einem Koordinatensystem (x-Achse: 2 Stück ≙ 1 cm; y-Achse: 10000,00 EUR ≙ 1 cm) die Entwicklung der Kosten und der Verkaufserlöse für das Produkt Garagentore dar! Kennzeichnen Sie die Zonen für den Gewinn, den Verlust und die variablen Kosten! Die fixen Kosten des Werks III betragen 66000,00 EUR.
4. Markieren Sie für das Produkt Garagentore zeichnerisch den Deckungsbeitrag sowie die Gewinnschwelle!
   4.1 bei einer Absatzmenge von 14 Stück,
   4.2 bei einer Absatzmenge von 30 Stück.

109 Die Metallwaren Meppen AG stellt als Zulieferer für die Möbelindustrie verschiedene Kleinteile (Beschläge, Schlösser usw.) her. In der letzten Abrechnungsperiode ergaben sich neben den Fixkosten in Höhe von 157570,00 EUR folgende Eurowerte:

Erzeugnis	Absatz in Stück	Listenverkaufspreis/ Stück	Variable Kosten/ Stück	Deckungsbeitrag/ Stück	Nettoverkaufserlöse gesamt	Variable Kosten gesamt
A	7000	9,20	5,00	4,20	64400,00	35000,00
B	10300	6,00	4,20	1,80	61800,00	43260,00
C	12500	8,30	3,80	4,50	103750,00	47500,00
D	9200	10,10	5,30	4,80	92920,00	48760,00
E	6200	8,20	4,30	3,90	50840,00	26660,00
F	4200	12,30	7,10	5,20	51660,00	29820,00

Aufgaben:

1. Berechnen Sie den gesamten Deckungsbeitrag in Euro und in Prozent!
2. Stellen Sie fest, bei welchem Umsatzrückgang das Unternehmen bei sonst gleichen Bedingungen keinen Gewinn mehr erzielt, d.h. der Gesamtumsatzerlös die Gewinnschwelle erreicht!

4.5 Deckungsbeitragsrechnung als Instrument zur Bestimmung von Preisuntergrenzen

4.5.1 Bestimmung der kurzfristigen und langfristigen Preisuntergrenze

Die Tatsache, dass ein positiver Deckungsbeitrag zur Deckung der Fixkosten beiträgt, kann das Unternehmen dazu nutzen, die Deckungsbeitragsrechnung als Instrument der Preispolitik einzusetzen. Kurzfristig kann das Unternehmen nämlich den Preis so absenken, dass lediglich die variablen Kosten abgedeckt sind.[1] Für eine kurze Zeit kann es die fixen Kosten außer Acht lassen, denn diese fallen an, ob ein Verkauf getätigt wird oder nicht. Die **Summe der variablen Kosten** ist damit die **kurzfristige Preisuntergrenze (absolute Preisuntergrenze).** Liegt der erzielte Stückpreis unter den variablen Kosten, sollte die Produktion des Erzeugnisses eingestellt bzw. ein Auftrag abgelehnt werden.

Langfristig kann ein Unternehmen nicht mit Verlusten produzieren, es muss zumindest kostendeckend arbeiten. Die **langfristige Preisuntergrenze** wird daher durch die **Stückkosten** bestimmt.

1 Neben der kostenorientierten Preisuntergrenze unterscheidet man auch eine **liquiditätsorientierte Preisuntergrenze.** Die liquiditätsorientierte Preisuntergrenze geht von der Prämisse aus, die ständige Zahlungsbereitschaft des Unternehmens zu sichern. Führen also große Teile der fixen Kosten zu ständigen Ausgaben (z.B. Gehälter, Miete für Werkshallen, Versicherungsbeiträge), so sind diese – unter Liquiditätsgesichtspunkten – in den Mindestpreis einzukalkulieren. Auf den Ersatz des Teils der fixen Kosten, der kurzfristig nicht zu Ausgaben führt (z.B. Abschreibungen), kann dagegen vorübergehend verzichtet werden.

- Die **kurzfristige (absolute) Preisuntergrenze** liegt bei dem Preis, bei dem der Stückerlös die **variablen Kosten je Einheit** abdeckt. Der Deckungsbeitrag ist in diesem Fall gleich null.

$$e = k_v$$

- Die **langfristige Preisuntergrenze** liegt bei dem Preis, bei dem der Stückerlös die entstandenen **Stückkosten je Einheit** abdeckt.

$$e = \frac{K_{fix}}{\text{erzeugte Menge}} + k_v$$

Aus den Formeln ist zu erkennen, dass die **langfristige Preisuntergrenze** mit **zunehmender Ausbringungsmenge absinkt (Degressionseffekt der Fixkosten),** während die **kurzfristige Preisuntergrenze** von der **jeweiligen Ausbringungsmenge unabhängig** ist.

Beispiel:

Ein Industrieunternehmen stellt nur ein Erzeugnis her. Für den Monat Februar weist die KLR folgende Daten aus: variable Stückkosten 60,00 EUR, Fixkosten 115000,00 EUR, Produktionsmenge 7000 Stück.

Aufgaben:

1. Ermitteln Sie die kurzfristige Preisuntergrenze!
2. Berechnen Sie die langfristige Preisuntergrenze!

Lösungen:

Zu 1.: Kurzfristige Preisuntergrenze: 60,00 EUR

Zu 2.: Langfristige Preisuntergrenze:

$$\frac{115\,000{,}00\ \text{EUR}}{7\,000\ \text{Stück}} + 60{,}00\ \text{EUR} = 76{,}43\ \text{EUR/Stück}$$

Wird die Ausbringungsmenge erhöht, muss die **Fixkostenproblematik beachtet** werden, d.h., steigt die Ausbringungsmenge, nimmt der Fixkostenanteil je Einheit ab. Die Stückkosten sinken. Bei einer Verringerung der Ausbringungsmenge tritt der umgekehrte Effekt ein.[1]

4.5.2 Vorteile und Gefahren der Bestimmung von Preisuntergrenzen

(1) Vorteile

- Eine Preissenkung bei einzelnen Erzeugnissen bzw. Erzeugnisgruppen kann das Unternehmen dazu nutzen, auf sein **Produktprogramm aufmerksam zu machen.** Es hofft darauf, dass die niedrig kalkulierten Erzeugnisse Auslöser dafür sind, dass die Kunden auch die übrigen Erzeugnisse des Produktprogramms bestellen. Auf diese Weise erreicht das Unternehmen eine Umsatz- und Gewinnsteigerung.
- Durch die Vorgabe von Preisuntergrenzen bzw. festgelegten Deckungsbeiträgen wird die **Absatzpolitik des Unternehmens flexibler** (beweglicher). So muss z.B. der Reisende für sein Produktprogramm lediglich sein vorgegebenes Deckungssoll erreichen.

1 Wiederholen Sie hierzu die Ausführungen auf S. 320f.

Er ist also in der Lage, auf das Marktgeschehen einzugehen und in schlechten oder umkämpften Absatzgebieten geringere Preise in Kauf zu nehmen, sofern es ihm gelingt, in guten Absatzgebieten Preise zu erzielen, die über dem vorgegebenen Deckungsbeitrag liegen. Bei richtiger Anwendung können so Marktchancen besser wahrgenommen werden.

- Preisgrenzen ermöglichen es z.B. bei mangelnder Kapazitätsauslastung, Entscheidungen zu treffen, ob **Zusatzaufträge** angenommen werden können.

(2) Gefahren

- Die große **Gefahr der Deckungsbeitragsrechnung als Stückrechnung** liegt darin, dass das Unternehmen insgesamt ein **zu niedriges Preisniveau akzeptiert.** Die Deckungsbeitragsrechnung verführt dazu, dass sich der Verkauf lediglich an einem positiven Deckungsbeitrag orientiert, ohne dabei genau zu wissen, ob die fixen Kosten insgesamt gedeckt sind bzw. ob ein Gewinn erwirtschaftet wird.
- Es besteht die Gefahr, den Blick auf **„einen Teil der Kosten bzw. auf den Gewinn zu vernachlässigen".** Erst die Deckungsbeitragsrechnung als Zeitrechnung offenbart dann, ob ein Betriebsgewinn oder ein Betriebsverlust erwirtschaftet wurde.

- Durch die **Vorgabe von Preisuntergrenzen** bzw. festgelegten Deckungsbeiträgen wird die **Absatzpolitik des Unternehmens flexibler** (beweglicher).
- Bei der Deckungsbeitragsrechnung besteht die **Gefahr,** eine zu **nachgiebige Preispolitik** zu betreiben und eine vollständige Kostendeckung zu vernachlässigen.

Übungsaufgaben

110 1. Stellen Sie dar, wie die Begriffe „kurzfristige Preisuntergrenze" und „langfristige Preisuntergrenze" bestimmt sind!

2. Entscheiden Sie begründet, ob ein Industriebetrieb langfristig überleben kann, wenn er die Preise für seine Erzeugnisse an der langfristigen Preisuntergrenze ausrichtet!

3. Die Kostenrechnung eines Industriebetriebs liefert uns für den Monat Januar folgende Zahlen:

	Erzeugnis A	Erzeugnis B
Produktions- und Absatzmenge	700 Stück	1300 Stück
Listenverkaufspreis je Stück	580,00 EUR	410,00 EUR
Kundenrabatt	10 %	12 %
Kundenskonto	3 %	2 %
variable Kosten je Stück	280,00 EUR	302,00 EUR
fixe Kosten	98500,00 EUR	

Aufgaben:

3.1 Bestimmen Sie den Deckungsbeitrag für die Erzeugnisse A und B!

3.2 Errechnen Sie das Betriebsergebnis!

3.3 Nennen Sie die absolute Preisuntergrenze für die Erzeugnisse A und B!

3.4 Erläutern Sie, warum die Ausbringungsmenge keinen Einfluss auf die kurzfristige Preisuntergrenze hat!

111 Eine Maschinenfabrik stellt Abfüllmaschinen her. Vom Typ A werden im Monat Januar 10 Maschinen hergestellt. Hierfür sind folgende Kosten (linearer Kostenverlauf) in den einzelnen Kostenstellen angefallen:

Gesamtkosten / Kostenstellen	Einzelkosten	Gemeinkosten	
		fixe Kosten	variable Kosten
Material	170 000,00 EUR	10 000,00 EUR	18 000,00 EUR
Fertigung	80 000,00 EUR	35 000,00 EUR	24 000,00 EUR
Verwaltung/Vertrieb		15 000,00 EUR	

Die Maschine des Typs A erzielt einen Nettoverkaufspreis von 36 000,00 EUR. Von der Maschine A können maximal 10 Stück je Monat hergestellt werden.

Aufgaben:

1. Ermitteln Sie die kurzfristige Preisuntergrenze je Maschine des Typs A!
2. Berechnen Sie die langfristige Preisuntergrenze!
3. Die Maschinenfabrik plant eine Erweiterungsinvestition zur Herstellung des Maschinentyps A. Die Kapazität erhöht sich dadurch um 20 %.

   Die Kostenstruktur ändert sich wie folgt: Die fixen Kosten steigen um 40 %, die variablen Kosten sinken um 25 %.

   3.1 Berechnen Sie die neuen Stückkosten je Maschine!

   3.2 Bestimmen Sie den Gewinn, der sich dadurch je Maschine ergibt!

   3.3 Ermitteln Sie die Gewinnschwelle für den Fall, dass der Nettoverkaufserlös für die Maschine A um 15 % sinkt!
4. Die Preispolitik ist abhängig von der Entwicklung der Beschäftigung. Erläutern und begründen Sie die Preispolitik, die Sie umsetzen würden, wenn

   4.1 die Beschäftigung sinkt,

   4.2 die Beschäftigung steigt!

112 **Sachverhalt**

Die Geschäftsleitung der Kleiderfabrik Pforzheim GmbH vermutet, dass die Produktion der Hosen mit Verlust verbunden ist. Sie möchte deshalb herausfinden, ob sie nicht besser die Produktion der Hosen einstellen sollte.

Entscheidungshilfe hierzu erwartet sie von den Ergebnissen der Kosten- und Leistungsrechnung.

Am Ende eines Rechnungsabschnitts stehen folgende Zahlen zur Verfügung:

Einzelkosten	Hosen	Jacken
Verbrauch von Fertigungsmaterial	25 000,00 EUR	45 000,00 EUR
Fertigungslöhne	35 000,00 EUR	70 000,00 EUR
Sondereinzelkosten des Vertriebs	5 000,00 EUR	–

Gemeinkosten	fix	variabel
Materialstelle	2000,00 EUR	1500,00 EUR
Fertigungsstelle Hosen	18000,00 EUR	14000,00 EUR
Fertigungsstelle Jacken	53000,00 EUR	35000,00 EUR
Verw.- und Vertriebsstelle	25000,00 EUR	–

Hergestellt wurden 2100 Hosen, die zu 55,00 EUR/Stück und 3500 Jacken, die zu 85,00 EUR/Stück verkauft wurden. Auf beide Produkte wurden 15 % Rabatt gewährt.

Aufgaben:

1. Überprüfen Sie mithilfe der Vollkostenrechnung, ob die Vermutung der Geschäftsleitung bezüglich der Hosen zutrifft!

   Kalkulieren Sie mit einem Material-Gemeinkostenzuschlagssatz von 5 % und einem Verwaltungs- und Vertriebs-Gemeinkostenzuschlagssatz von 8 %!
2. Stellen Sie eine Deckungsbeitragsrechnung für beide Produkte auf!

   Beurteilen Sie das Ergebnis dahingehend, ob die Hosen aus der Produktion genommen werden sollten!

   Verteilen Sie die variablen Materialgemeinkosten auf die Produkte Hosen und Jacken im Verhältnis 1 : 2!
3. Ermitteln Sie die kurzfristige Preisuntergrenze für die Hosen!
4. Erläutern Sie, welche Aufgaben nur die Vollkostenrechnung und welche nur die Deckungsbeitragsrechnung erfüllen kann!

4.6 Deckungsbeitragsrechnung als Instrument zur Entscheidungsfindung über die Annahme eines Zusatzauftrages

Zusatzaufträge sind solche Aufträge, die **unterhalb der derzeitigen Verkaufspreise** angenommen werden. Bei **nicht ausgelasteten Produktionskapazitäten** kann unter bestimmten Bedingungen das Betriebsergebnis verbessert werden.

Ein Zusatzauftrag führt dann zu einer Verbesserung des Betriebsergebnisses, wenn die Nettoverkaufserlöse höher liegen als die variablen Kosten des Auftrages. Die fixen Kosten können außer Betracht bleiben, da sie ja unabhängig davon anfallen, ob der Zusatzauftrag angenommen wird oder nicht. Der erzielbare Deckungsbeitrag ist das Kriterium für die Annahme oder Ablehnung des Zusatzauftrages.

- Für die Annahme bzw. die Ablehnung eines Zusatzauftrages gilt:
  - Deckungsbeitrag > 0 ⟶ Annahme des Zusatzauftrages
  - Deckungsbeitrag < 0 ⟶ Ablehnung des Zusatzauftrages
- Zusatzaufträge tragen zur besseren Produktionsauslastung und zur Arbeitsplatzerhaltung bei.

Beispiel:

Im laufenden Monat ist folgende Produktions- und Absatzsituation gegeben:

	Erzeugnis I	Erzeugnis II
Nettoverkaufserlös	198,00 EUR	270,00 EUR
variable Stückkosten	112,00 EUR	120,00 EUR
fixe Kosten insgesamt	150 000,00 EUR	
Absatzmenge	700 Stück	950 Stück
Kapazität	900 Stück	1 200 Stück

Das Unternehmen hat die Möglichkeit, von Erzeugnis II 210 Stück zum Festpreis von 180,00 EUR als Sondermodell zu verkaufen.

Aufgabe:

Prüfen Sie, ob sich die Hereinnahme des Zusatzauftrages lohnt!

Lösung:

	Erzeugnis I	Erzeugnis II	Zusatzauftrag
Nettoverkaufserlöse	138 600,00 EUR	256 500,00 EUR	37 800,00 EUR
– variable Kosten	78 400,00 EUR	114 000,00 EUR	25 200,00 EUR
= Deckungsbeitrag	60 200,00 EUR	142 500,00 EUR	12 600,00 EUR
– fixe Kosten	150 000,00 EUR		
= Betriebsgewinn ohne Zusatzauftrag	52 700,00 EUR		
+ Deckungsbeitrag Zusatzauftrag	12 600,00 EUR		
= Betriebsgewinn mit Zusatzauftrag	65 300,00 EUR		

Ergebnis: Die Hereinnahme des Zusatzauftrages lohnt sich, da dadurch der Betriebsgewinn um 12 600,00 EUR gesteigert werden kann.

Hinweis:

Sofern ein positiver Deckungsbeitrag erzielt werden kann, lohnt sich die Hereinnahme des Zusatzauftrages auch im Fall eines Betriebsverlusts. Ein positiver Deckungsbeitrag trägt dann dazu bei, den Betriebsverlust zu verringern.

Übungsaufgaben

113 Ein Industrieunternehmen produziert drei verschiedene Erzeugnisse. Die KLR gibt uns hierfür folgende Daten an:

	Erzeugnis I	Erzeugnis II	Erzeugnis III
Nettoverkaufserlöse	1 420,00 EUR	3 390,00 EUR	7 710,00 EUR
variable Stückkosten	1 600,00 EUR	2 910,00 EUR	5 850,00 EUR
Absatzmenge	20 Stück	30 Stück	15 Stück
Kapazität	25 Stück	50 Stück	30 Stück
fixe Kosten insgesamt		45 100,00 EUR	

Das Unternehmen erhält einen Zusatzauftrag über 12 Stück des Erzeugnisses III zum Festpreis von 6 200,00 EUR. Das Industrieunternehmen nimmt den Zusatzauftrag aus arbeitsmarktpolitischen Gründen an.

Aufgaben:

1. Berechnen Sie das Betriebsergebnis ohne und mit Zusatzauftrag!
2. Unterbreiten Sie einen Vorschlag zur Produktionsprogrammplanung!
3. Stellen Sie dar, unter welchen Voraussetzungen es sinnvoll ist, Zusatzaufträge anzunehmen, wenn dafür eine Kapazitätserweiterung erforderlich ist!

114 Ein Industrieunternehmen produziert drei verschiedene Typen einer Kaffeemaschine. Die KLR ermittelt für den Monat Juli folgende Zahlen:

	Typ A	Typ B	Typ C
produziert und verkauft	6 500 Stück	9 750 Stück	10 400 Stück
Nettoverkaufserlös je Stück	58,50 EUR	88,40 EUR	104,00 EUR
variable Stückkosten	49,40 EUR	73,45 EUR	89,70 EUR

Aufgaben:

1. Berechnen Sie für jeden Typ den Deckungsbeitrag je Stück und den Deckungsbeitrag insgesamt!
2. Ermitteln Sie das Betriebsergebnis für den Monat Juli, wenn die Fixkosten insgesamt 241 150,00 EUR betragen!
3. Begründen Sie rechnerisch, ob es unter wirtschaftlichen Gesichtspunkten empfehlenswert ist, einen Zusatzauftrag von 3 900 Stück von Typ B anzunehmen, wenn entsprechend von Typ C dann 3 900 Stück weniger produziert werden können!
4. Kostensteigerungen beim Typ C führen zu einer Erhöhung der variablen Stückkosten um 2,30 EUR. Von einem Exporteur kommt gleichzeitig ein Zusatzauftrag über 5 000 Kaffeemaschinen des Typs C. Der Exporteur verlangt einen Preisabschlag von 12 % auf den Nettoverkaufspreis.

   Berechnen Sie den zusätzlichen Betriebsgewinn/-verlust und begründen Sie, ob das Industrieunternehmen den Auftrag annehmen soll!

115 Die Geschäftsleitung der Kunststoffwerke Erler GmbH beschließt, die Deckungsbeitragsrechnung einzuführen. Das Unternehmen erwartet für das kommende Quartal folgende Daten:

	Produkt A	Produkt B
Absatzmenge	350 Stück	800 Stück
Nettoverkaufserlös je Stück	450,00 EUR	325,00 EUR
variable Kosten je Stück	300,00 EUR	200,00 EUR
fixe Kosten	74 000,00 EUR	

Aufgaben:

1. Ermitteln Sie das voraussichtliche Betriebsergebnis mithilfe der Deckungsbeitragsrechnung!

2. Mit der Absatzmenge des Produktes A ist die Kapazität des Produktbereichs A nicht ausgelastet. Daher kann noch ein Zusatzauftrag über 40 Einheiten A angenommen werden.

   Bestimmen Sie die Preisuntergrenze für diesen Zusatzauftrag, wenn aus diesem Auftrag noch ein zusätzlicher Gewinn von 2000,00 EUR erwirtschaftet werden soll!

3. Die Deckungsbeitragsrechnung ermöglicht eine marktorientierte Mengenplanung und Preispolitik. Begründen Sie diese Aussage!

116 Im Zweigwerk der Möbelfabrik Sitzer GmbH werden ausschließlich Regale hergestellt. Die Kapazitätsgrenze liegt bei 1750 Stück pro Monat. Der durchschnittliche Verkaufspreis je Regal beträgt 161,00 EUR. Für das erste Quartal liegen folgende Kostendaten vor:

Monat	Produzierte und verkaufte Menge (Stück)	Gesamtkosten
Oktober	780	100100,00 EUR
November	1170	127400,00 EUR
Dezember	1365	

Kosten und Erlöse verlaufen linear.

Aufgaben:

1. Berechnen Sie, bei welcher Stückzahl das Zweigwerk der Sitzer GmbH die Gewinnschwelle erreicht!
2. Ermitteln Sie die langfristige (durchschnittliche) Preisuntergrenze eines Regals. Gehen Sie davon aus, dass die Kapazität voll augelastet ist.
3. Berechnen Sie das Betriebsergebnis des Zweigwerks für das erste Quartal. Legen Sie die Daten von 1. zugrunde!
4. Im Monat Januar erhält die Sitzer GmbH das Angebot einer Möbelhauskette 120 Regale mit einem Nachlass von 25 % gegenüber dem üblichen Verkaufspreis abzunehmen. Die Möbelhauskette war bisher nicht Kunde der Sitzer GmbH.

   Da die Kapazität voll ausgelastet ist, kann der Zusatzauftrag nur mit Überstunden der Belegschaft bewältigt werden. Der Überstundenzuschlag beträgt 20 %, der Lohnanteil an den variablen Kosten 26,00 EUR.

   Berechnen Sie, wie sich die Annahme des Auftrags auf das Betriebsergebnis auswirkt!
5. Erklären Sie, worauf es zurückzuführen ist, dass das Betriebsergebnis bei einem Anstieg der produzierten und verkauften Regale überproportional wächst!
6. Führen Sie jeweils ein weiteres Argument an, welches für bzw. gegen die Annahme des Auftrags der Möbelhauskette spricht!

4.7 Entscheidung über Eigenfertigung oder Fremdbezug (Make or Buy)

4.7.1 Entscheidung bei noch freien Produktionskapazitäten

Im Fall noch freier Produktionskapazitäten muss ein Unternehmen prüfen, ob es nicht kostengünstiger wäre, bisher fremdbezogene Vorprodukte/Erzeugnisse künftig zur Auslastung der Kapazitäten selbst herzustellen. In den Vergleich dürfen nur die variablen Herstellkosten einbezogen werden, da die anteiligen Fixkosten auch bei Fremdbezug weiterhin entstehen.

Beispiel:

Ein Industriebetrieb hat noch freie Kapazität. Die Geschäftsleitung überlegt daher, ob sie das Getriebe für die neue Maschine selbst herstellen oder von einem Zulieferer beziehen soll. Folgende Daten liegen vor:

Fremdbezug: Bareinkaufspreis 148,00 EUR je Stück, Frachtkosten pauschal 1 % des Bareinkaufspreises.

Eigenfertigung: Verbrauch von Fertigungsmaterial 30,00 EUR, variable MGK 8 %, Fertigungslöhne 45,00 EUR, variable FGK 62 %.

Aufgabe:

Begründen Sie rechnerisch, ob sich die Eigenfertigung lohnt!

Lösung:

Kosten bei Fremdbezug

	Bareinkaufspreis	148,00 EUR
+	1 % Frachtkosten pauschal	1,48 EUR
=	Einstandspreis je Getriebe	149,48 EUR

Kosten bei Eigenfertigung[1]

	Materialeinzelkosten	30,00 EUR
+	8% variable MGK	2,40 EUR
	Fertigungslöhne	45,00 EUR
+	62 % variable FGK	27,90 EUR
=	variable Herstellkosten je Getriebe	105,30 EUR

Eigenfertigung oder Fremdbezug?

	Einstandspreis je Getriebe bei Fremdbezug	149,48 EUR
–	variable Herstellkosten je Getriebe bei Eigenfertigung	105,30 EUR
=	Kostenvorteil bei Eigenfertigung	44,18 EUR

Ergebnis: Bei der Eigenfertigung entsteht gegenüber dem Fremdbezug ein Kostenvorteil in Höhe von 44,18 EUR. Die Eigenfertigung ist daher vorteilhafter.

Bei **freier Kapazität** ist die Eigenfertigung dem Fremdbezug dann vorzuziehen, wenn die variablen Herstellkosten unter dem Einstandspreis bei Fremdbezug liegen.

4.7.2 Entscheidung bei notwendigen Kapazitätserweiterungen

Bei **ausgelasteter Kapazität** müssen neben den variablen Kosten auch die **zusätzlich entstehenden fixen Kosten** der Kapazitätserweiterung einbezogen werden.[2]

Die Frage, ob die Eigenfertigung Kostenvorteile bringt, hängt im Wesentlichen von der Ausbringungsmenge ab. Es gilt daher, die Ausbringungsmenge zu ermitteln, bei der die Kosten der Eigenfertigung und die Kosten des Fremdbezugs gleich hoch sind.

1 Die fixen Kosten sind durch die bisherige Beschäftigung bereits in voller Höhe abgedeckt. Relevante Kosten sind daher ausschließlich die variablen Kosten.

2 Laut Rahmenrichtlinie nicht zu behandeln ist die Eigenfertigung zulasten eines anderen Produkts, wodurch Opportunitätskosten (Verzichtskosten) entstehen würden.

Diese Ausbringungsmenge bezeichnet man als **kritische Menge.** Sie wird wie folgt berechnet:

$$\text{Kosten bei Fremdbezug} = \text{Kosten bei Eigenfertigung}$$
$$k \cdot x = k_v \cdot x + K_{fix}$$

Vor der kritischen Menge ist der Fremdbezug, danach die Eigenfertigung günstiger.

Beispiel:

Wir greifen auf das Beispiel von S. 367 zurück. Da die Kapazität ausgelastet ist, muss im Fall der Eigenfertigung die Kapazität für die Getriebefertigung erweitert werden. Es ist mit Anschaffungskosten in Höhe von 720 000,00 EUR zu rechnen. Die Nutzungsdauer für die neue Anlage liegt bei acht Jahren. Ferner entstehen zusätzliche Fixkosten für Instandhaltung, Versicherung usw. in Höhe von 4 500,00 EUR.

Aufgaben:

1. Entscheiden Sie, ob sich die Eigenfertigung bei einer Fertigungsmenge von 2 000 Getrieben pro Jahr lohnt!
2. Bestimmen Sie rechnerisch und grafisch die kritische Menge, ab der sich die Eigenfertigung lohnt!

Lösungen:

Zu 1.: Kosten bei Fremdbezug

Einstandspreis je Getriebe	149,48 EUR
Einstandspreis von 2 000 Getrieben	298 960,00 EUR

Kosten bei Eigenfertigung

variable Herstellkosten je Getriebe	105,30 EUR
variable Herstellkosten von 2 000 Getrieben	210 600,00 EUR
+ kalkulatorische Abschreibung	90 000,00 EUR
+ zusätzliche Fixkosten	4 500,00 EUR
	305 100,00 EUR

Ergebnis: Bei der Eigenfertigung entsteht bei einer Fertigungsmenge von 2 000 Getrieben gegenüber dem Fremdbezug ein Kostennachteil in Höhe von 6 140,00 EUR. Die Eigenfertigung lohnt sich nicht.

Zu 2.: Berechnung der kritischen Menge

$$K_{FB} = K_{EF}$$
$$149{,}48\,x = 105{,}30\,x + 94\,500$$
$$44{,}18\,x = 94\,500$$
$$x = \underline{\underline{2\,138{,}98}}$$

Ergebnis: Die Eigenfertigung ist erst ab einer Fertigungsmenge von 2 139 Getrieben lohnend.

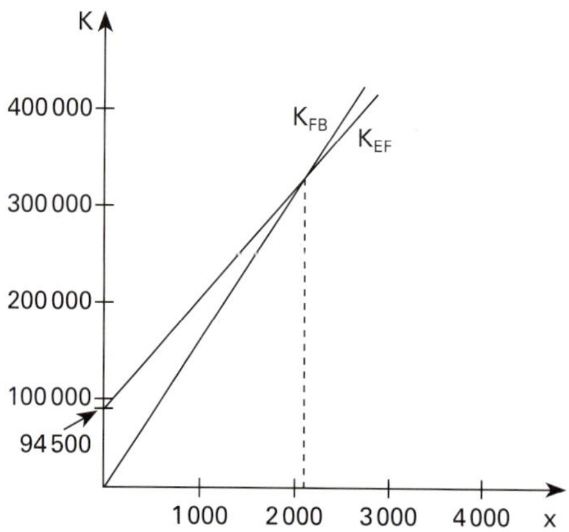

Bei einer **erforderlichen Kapazitätserweiterung** ist die Eigenfertigung dem Fremdbezug dann vorzuziehen, wenn die variablen und die zusätzlich entstehenden fixen Kosten unter den Kosten des Fremdbezugs liegen.

Neben den rein kostenrechnerischen Entscheidungskriterien sind z. B. noch folgende **weitere Entscheidungskriterien** hinsichtlich Eigenfertigung oder Fremdbezug zu beachten:

- Qualität und Zuverlässigkeit des Lieferanten,
- Abhängigkeit von Lieferanten,
- Verlust von Know-how bei vollständigem Outsourcing,[1]
- Beschäftigung der eigenen Mitarbeiter,
- mittelfristige Entwicklung der eigenen Kapazitätsauslastung.

Übungsaufgaben

117 Ein Baumaschinenhersteller plant aufgrund noch freier Kapazität ein bisher fremdbezogenes Motorengehäuse selbst herzustellen. Die Produktion des Motorengehäuses verursacht folgende Kosten: Materialkosten 195,00 EUR, variable MGK 7,5 %, Fertigungslohn je Stunde 43,80 EUR, variable FGK 101 %, Sondereinzelkosten der Fertigung 132,50 EUR, Produktionszeit je Motorengehäuse 50 Minuten. Der Einstandspreis des Zulieferers für das Motorengehäuse beträgt 564,95 EUR. Der Nettoverkaufserlös des Motorengehäuses beläuft sich auf 634,95 EUR.

Aufgaben:

1. Berechnen Sie die Gesamtkosten der Eigenproduktion für das Motorengehäuse!
2. Beurteilen Sie, ob sich die Eigenfertigung der Motorengehäuse lohnt!
3. Nennen Sie drei Entscheidungskriterien, die trotz eines Kostenvorteils gegen einen Fremdbezug sprechen!

118 Ein Industrieunternehmen hat folgende Kostenstruktur ermittelt:

Nettoverkaufserlöse insgesamt	1 503 000,00 EUR
Fixkosten insgesamt	551 986,00 EUR
maximale Kapazität	14 400 Stück
Beschäftigungsgrad	85 %
variable Selbstkosten je Stück	64,79 EUR
variable Herstellkosten je Stück	52,20 EUR

Aufgaben:

1. Ermitteln Sie den Break-even-Point (Gewinnschwelle)!
2. Berechnen Sie den gegenwärtigen Stückgewinn und das Betriebsergebnis mittels einer Deckungsbeitragsrechnung!
3. Ein Zulieferer bietet weitere benötigte Stücke zu einem Preis von 56,40 EUR je Stück an, wobei noch 1,15 EUR Bezugskosten hinzukommen. Entscheiden Sie mit Begründung zwischen Eigenfertigung und Fremdbezug!

1 **Outsourcing**: Fremdvergabe.

24 Speth u.a. - ISBN 978-3-8120-0593-7

4. Eine Maschinenfabrik bietet für unsere inzwischen abgenutzte eine moderne Anlage an. Die variablen Herstellkosten je Stück belaufen sich dann bei Vollauslastung auf 40,50 EUR. Die Fixkosten der Produktion pro Monat würden allerdings auf 674 836,00 EUR steigen.

   Als Alternative käme eine Maschine infrage, die die gleiche Kostenstruktur aufweist wie die alte Anlage. Die Verwaltungs- und Vertriebsgemeinkosten sind in beiden Fällen gleich. Bestimmen Sie, ab welcher Planmenge die modernere Anlage kostengünstiger ist!

119 Im Zweigwerk des Autozulieferers Gustav Heine KG werden verschiedene Typen von Radkappen gefertigt.

Produkt	Radkappe A	Radkappe B	Radkappe C
Deckungsbeitrag pro Stück	26,00 EUR	10,00 EUR	30,00 EUR
Produktions- und Absatzmenge in Stück	3 900	2 500	8 100
Anteil an den Fixkosten	25 %	14 %	61 %

Die gesamten Fixkosten betragen 280 000,00 EUR pro Jahr. Der Preis von Radkappe A beläuft sich auf 40,00 EUR.

Aufgaben:

1. Ermitteln Sie die Deckungsbeiträge, das Betriebsergebnis je Produkt und das Betriebsergebnis insgesamt!
2. Die Gustav Heine KG überlegt, die Produktion des Verlustproduktes einzustellen. Dadurch könnten der Anteil der fixen Kosten für die Radkappe B um 80 % abgebaut werden.

   Berechnen Sie, wie sich das Betriebsergebnis durch diese Maßnahme verändern würde!
3. Die Produktion der Radkappe B wird nicht eingestellt. Die Radkappe B wird ausschließlich an die Autosport GmbH verkauft. Die Autosport GmbH würde langfristig von Radkappe B zwischen 7 000 und 8 000 Stück pro Jahr beziehen, wenn der bisherige Stückpreis (40,00 EUR) um 10 % gesenkt würde.

   Da die bisherige Kapazität für die Produktion der Radkappe B nicht ausreicht, fallen durch die Annahme des Zusatzauftrages zusätzliche Fixkosten in Höhe von 5 800,00 EUR/Jahr an. Die variablen Stückkosten würden sich dadurch nicht ändern.

   Bestimmen Sie die Mindestabnahmemenge, die von der Autosport GmbH zugesagt werden müsste, damit die Radkappe B keinen negativen Beitrag zum Betriebsergebnis leistet!
4. Die Kapazitätserweiterung wird nicht durchgeführt. Eine Alternative wäre der komplette Fremdbezug der Radkappe B. Es liegt ein Angebot zum Preis von 50,00 EUR pro Stück vor. Die bisherigen Fixkosten für die Radkappe B könnten in diesem Falle nur um 45 % abgebaut werden.

   Berechnen Sie, bis zu welcher Menge der Fremdbezug vorteilhaft ist!

120 Der Unternehmer Gscheidle hat ein besonders leistungsfähiges Gerät zum Empfang von Satelliten-Sendern entwickelt. Er will es in seiner Fabrik, der Gscheidle AG, bauen. Die maximale Jahresproduktion beträgt 3 500 Stück. Bei einem Beschäftigungsgrad von 50 % entstehen Gesamtkosten von 900 000,00 EUR, bei der erwarteten Auslastung von 90 % 1 020 000,00 EUR. Verkauft werden die Empfangsgeräte für 490,00 EUR/Stück.

Aufgaben:

1. Berechnen Sie den Break-even-Point und den maximalen Gesamtgewinn!
2. Da sich das Produkt gut verkauft, entschließt sich die Gscheidle AG, die Produktionskapazität um 50 % zu erhöhen. Dadurch steigen die Fixkosten um 40 %.
   2.1 Erklären Sie diesen unterproportionalen Anstieg an zwei Beispielen!
   2.2 Berechnen Sie den neuen Break-even-Point!
   2.3 Das Risiko hat sich durch diese Investition verändert. Weisen Sie das anhand der vorliegenden Zahlen nach!
3. Die ursprünglich sehr positive Entwicklung setzt sich nicht weiter fort, da viele Konkurrenten „die Preise verderben".

   Bestimmen Sie den Preis, bis zu welchem die Gscheidle AG bei der gegebenen Kostenstruktur mithalten kann, wenn sie auf Dauer mit einer 70 %igen Auslastung der erhöhten Kapazität rechnet!

4.8 Optimierung des Produktionsprogramms

Dem Unternehmer stellt sich immer die Frage,

- welche Produkte er in sein Produktionsprogramm aufnehmen soll,
- welchen Produkten im Falle von Produktionsengpässen der Vorrang einzuräumen ist und
- welche Produkte eliminiert werden müssen.

Generell gilt, dass die Entscheidung zugunsten der Produkte zu fällen ist, die den höchsten Deckungsbeitrag liefern. Allerdings ist hierbei zu entscheiden, ob das Unternehmen noch freie Produktionskapazität besitzt oder ob die Kapazitätsgrenze bereits erreicht ist.

4.8.1 Optimierung des Produktionsprogramms bei freien Kapazitäten

Geht man davon aus, dass bei **nicht voll ausgelasteter Kapazität** noch weitere Produkte abgesetzt werden können, dann stellt sich die Frage, welche Produkte vorrangig produziert werden sollen. Mit anderen Worten, es muss eine Rangfolge der Produktion festgelegt werden.

Bei nicht voll ausgelasteter Kapazität ist den Produkten der Vorrang einzuräumen, mit denen je Stück der höchste Deckungsbeitrag erwirtschaftet wird. Die Produktionsabfolge orientiert sich an der Höhe des **absoluten Deckungsbeitrags** (Deckungsbeitrag je Stück).

Beispiel:

Die Maschinenfabrik Sauter KG stellt vier verschiedene Motorentypen (A, B, C und D) zu folgenden Bedingungen her:

Motorentyp	Nettoverkaufserlös je Stück	variable Stückkosten	(absoluter) Stückdeckungsbeitrag
A	7120,00 EUR	2790,00 EUR	4330,00 EUR
B	13510,00 EUR	8220,00 EUR	5290,00 EUR
C	5090,00 EUR	2910,00 EUR	2180,00 EUR
D	18870,00 EUR	14330,00 EUR	4540,00 EUR

Aufgabe:

Ermitteln Sie, in welcher Rangfolge die Produktion der einzelnen Motoren erfolgt!

Lösung:

Rangfolge	Höhe des Deckungsbeitrags je Stück	Motorentyp
I	5290,00 EUR	B
II	4540,00 EUR	D
III	4330,00 EUR	A
IV	2180,00 EUR	C

Ergebnis: Die Rangfolge, in der die einzelnen Motorentypen produziert werden, lautet: B, D, A, C.

Übungsaufgabe

121 Ein Industriebetrieb verfügt über freie Kapazität. Er fertigt die Produkte A, B und C. Das Produkt C ist bei den Kunden besonders gefragt. Eine Erhöhung von Produktion und Absatz lässt die Marktsituation zu. Eine Kapazitätserweiterung ist derzeit finanziell nicht zu stemmen. Die Geschäftsleitung fragt daher bei der Abteilung Kostenrechnung an, ob es kostenrechnerisch sinnvoll ist, die Produktion des Produkts A einzustellen und die freie Kapazität zur Produktion des Produkts C zu nutzen.

Die Kosten- und Leistungsrechnung liefert folgende Daten:

	Produkt A	Produkt B	Produkt C
Nettoverkaufserlöse	33,60 EUR	58,80 EUR	95,20 EUR
variable Stückkosten	25,20 EUR	39,20 EUR	60,20 EUR
Absatzmenge	1400 Stück	3000 Stück	2100 Stück
Kapazität	1500 Stück	6000 Stück	2700 Stück

Die fixen Kosten des Industriebetriebs betragen insgesamt 82000,00 EUR.

Aufgaben:

1. Begründen Sie, warum die Geschäftsleitung das Produkt A zugunsten des Produkts C eliminieren möchte!
2. Prüfen Sie die Anfrage der Geschäftsleitung aus Sicht der Kostenrechnung und unterbreiten Sie der Geschäftsleitung einen Vorschlag!

4.8.2 Optimierung des Produktionsprogramms bei Vorliegen eines Engpasses

(1) Überblick

Ist in einem Teilbereich des Betriebs, den alle Produkte durchlaufen müssen, die Kapazitätsgrenze erreicht, entsteht ein Engpass. Die Produktionsmenge kann dann nicht in der Weise gesteigert werden, wie es von der Absatzseite her möglich wäre **(Engpass in der Produktion).** In diesem Fall gilt:

Bei **voll ausgelasteter Kapazität** müssen die Deckungsbeiträge auf **eine Einheit der Engpasskapazität** umgerechnet werden.

Damit wird eine neue Rangfolge der Produkte aufgestellt.

Die neuen Fragestellungen lauten:

- Wie lange wird die **Engpassabteilung** von den einzelnen Produkten während des Produktionsprozesses in **Anspruch genommen?**
- Welcher Deckungsbeitrag wird je beanspruchte Zeiteinheit von den einzelnen Produkten erzielt **(relativer Deckungsbeitrag)?**

Eine weitere Ursache für eine Engpasssituation kann darin bestehen, dass ein für die Produktion benötigter Rohstoff nicht rechtzeitig in dem benötigten Umfang beschafft werden kann **(Engpass bei der Beschaffung).** Allerdings ändert sich in diesem Fall die Problemsituation nicht grundlegend, da sich auch in diesem Fall das Produktionsprogramm am relativen Deckungsbeitrag ausrichtet.

(2) Engpass in der Produktion

Beispiel:

Bei der Maschinenfabrik Gottfried Sauter KG durchlaufen alle Motorentypen die Abteilung Qualitätsprüfung. Diese Abteilung bildet mit 2400 Stunden pro Monat den betrieblichen Engpass. Für die Qualitätsprüfung werden folgende Prüfzeiten aufgewendet:

	Motorentypen			
	A	B	C	D
Prüfzeiten in Minuten	30	40	15	20

Es sind die absoluten Stückdeckungsbeiträge von dem Beispiel auf S. 372 zugrunde zu legen.

Aufgaben:

1. Berechnen Sie den relativen Deckungsbeitrag und ermitteln Sie die Rangfolge der Motorentypen bei der Produktionsentscheidung!
2. Bestimmen Sie das optimale Produktionsprogramm, wenn im Monat Juni folgende absetzbare Mengen möglich sind:

	Motorentypen			
	A	B	C	D
absetzbare Menge (Stück)	1260	1500	2280	2460

3. Berechnen Sie den im Monat Juni erzielten Betriebsgewinn, wenn Fixkosten in Höhe von 23071800,00 EUR anfallen!

Lösungen:

Zu 1.: Berechnung der relativen Deckungsbeiträge und die Rangfolge der Motorentypen bei der Produktionsentscheidung

Zunächst muss der absolute Stückdeckungsbeitrag auf eine Einheit der Engpasskapazität (hier: 1 Stunde) umgerechnet werden. Das Ergebnis ist der **relative Deckungsbeitrag** pro Stunde.

$$\text{Relativer Deckungsbeitrag} = \frac{\text{absoluter Stückdeckungsbeitrag}}{\text{verbrauchte Engpasseinheit (z. B. Stunde, Stück)}}$$

Motorentyp	Prüfzeit je Motor	verbrauchte Engpasseinheit je Stück	(absoluter) Stückdeckungsbeitrag	relativer Deckungsbeitrag je Stunde	Rangfolge
A	30 Min.	30/60[1]	4 330,00 EUR	8 660,00 EUR	III
B	40 Min.	40/60	5 290,00 EUR	7 935,00 EUR	IV
C	15 Min.	15/60	2 180,00 EUR	8 720,00 EUR	II
D	20 Min.	20/60	4 540,00 EUR	13 620,00 EUR	I

Ergebnis: Die Rangfolge, in der die einzelnen Motorentypen produziert werden, lautet: D, C, A, B.

Zu 2.: Bestimmung des optimalen Produktionsprogramms

Rang	Motorentyp	absetzbare Menge		geprüfte Stücke je Stunde		Prüfzeit insgesamt in Stunden		Produktionsmenge in Stück (optimales Produktionsprogramm)
I	D	2 460	:	3	=	820		2 460
II	C	2 280	:	4	=	570		2 280
III	A	1 260	:	2	=	630		1 260
						2 020		
IV	B	1 500		1,5	x	380	=	570
						2 400		

Erläuterungen:

Die Motorentypen D, C und A können in der absetzbaren Menge produziert werden. Dafür werden in der Engpassabteilung Qualitätsprüfung 2 020 Stunden benötigt. Für den mit dem niedrigsten relativen Deckungsbeitrag ausgestatteten Motorentyp B, der bei der absetzbaren Menge von 1 500 Stück 1 000 Prüfstunden benötigen würde (1 500 Stück : 1,5 Stück/Std.), verbleibt nur noch eine Prüfzeit von 380 Stunden. In dieser Zeit können lediglich 570 Motoren (1,5 Stück/Std. · 380 Std. restliche Prüfzeit) dieses Motorentyps geprüft werden. Damit können auch nur 570 Stück dieses Motorentyps produziert werden.

1 Pro Stunde können 2 Motoren geprüft werden.

Zu 3.: Berechnung des Betriebsgewinns

Motorentyp	produzierte Motoren	absoluter Stückdeckungsbeitrag	Deckungsbeitrag insgesamt
A	1 260 Stück	4 330,00 EUR	5 455 800,00 EUR
B	570 Stück	5 290,00 EUR	3 015 300,00 EUR
C	2 280 Stück	2 180,00 EUR	4 970 400,00 EUR
D	2 460 Stück	4 540,00 EUR	11 168 400,00 EUR

Summe aller Deckungsbeiträge	24 609 900,00 EUR
– Fixkosten	23 071 800,00 EUR
= Betriebsgewinn	1 538 100,00 EUR

- Liegt in einem Teilbereich der Produktion ein Engpass vor, so sind die Deckungsbeiträge je verbrauchter Engpasseinheit (relative Deckungsbeiträge) zu ermitteln.
- Die Entscheidung, in welcher Menge eine Erzeugniseinheit produziert wird, richtet sich nach der Höhe des relativen Deckungsbeitrags.

Zusammenfassung

Optimierung des **Produktionsprogramms**

bei **freien Kapazitäten**
Rangfolge der Produkte nach der Höhe des **absoluten** Deckungsbeitrags

bei **Vorliegen eines Engpasses**
Rangfolge der Produkte nach der Höhe des **relativen** Deckungsbeitrags

Übungsaufgaben

122 In einer Möbelfabrik werden vier verschiedene Formen von Wohnzimmertischen (A, B, C, D) hergestellt. Für den Monat November liefert die KLR folgende Zahlen:

	Wohnzimmertische			
	A	B	C	D
Nettoverkaufserlöse je Stück	1 080,00 EUR	940,00 EUR	510,00 EUR	280,00 EUR
variable Stückkosten	720,00 EUR	690,00 EUR	370,00 EUR	115,00 EUR
absetzbare Stückzahlen	700 Stück	220 Stück	320 Stück	200 Stück
Zeitbedarf je Stück in der Engpassstufe	30 Minuten	12 Minuten	15 Minuten	20 Minuten
Fertigungsstd. insgesamt in der Engpassstufe	360 Stunden			
fixe Gesamtkosten	279 900,00 EUR			

Aufgaben:

1. Berechnen Sie die relativen Deckungsbeiträge!
2. Bestimmen Sie das optimale Produktionsprogramm!
3. Ermitteln Sie den Betriebsgewinn im Monat November, wenn die gesamten Fixkosten 279 900,00 EUR ausmachen!
4. Stellen Sie die wichtigsten Merkmale der Deckungsbeitragsrechnung und der Vollkostenrechnung einander gegenüber!

123 Ein Industrieunternehmen stellt drei Produkte (A, B und C) her. Der Produktionsplan für die 24. Woche enthält folgende Daten:

Produktart	geplante Stückzahl	Stückzeit in Minuten	variable Stückkosten	Nettoverkaufserlös je Stück
A	240	30	40,00 EUR	56,00 EUR
B	120	40	64,00 EUR	90,00 EUR
C	50	48	84,00 EUR	120,00 EUR

Die Fixkosten betragen insgesamt 6 100,00 EUR. In der Montageabteilung, die die Engpassstufe darstellt, stehen pro Woche 240 Arbeitsstunden zur Verfügung.

Aufgaben:

1. Ermitteln Sie den absoluten Deckungsbeitrag je Stück sowie insgesamt für jede Produktart und berechnen Sie den Betriebsgewinn!
2. Für die 25. Woche ist folgendes Produktionsprogramm vorgesehen: A 120 Stück, B 30 Stück, C 200 Stück.

   Vor Beginn der Produktion fragt ein Kunde an, ob 200 Stück von dem Sondermodell D zum Stückpreis von 60,00 EUR kurzfristig geliefert werden können. Der Auftrag kann nur ganz oder gar nicht angenommen werden. Die variablen Stückkosten betragen hierfür 46,00 EUR und die Stückzeit beträgt 24 Minuten. Die Produktion des Sondermodells muss in der 25. Woche durchgeführt werden.

   2.1 Ermitteln Sie, ob das Industrieunternehmen diesen Auftrag annehmen soll (rechnerischer Nachweis)!

   2.2 Erstellen Sie, sofern der Auftrag angenommen wird, das neue Produktionsprogramm für die 25. Woche!

124 In einem Betrieb weist die kurzfristige Erfolgsrechnung des Vormonats folgende Daten aus:

	Gesamt	Produkt A	Produkt B	Produkt C
Nettoverkaufserlöse	2 362 000,00	780 000,00	936 000,00	646 000,00
variable Kosten	1 197 200,00	468 000,00	312 000,00	417 200,00
Deckungsbeitrag	1 164 800,00	312 000,00	624 000,00	228 800,00
fixe Kosten	910 000,00			
Betriebsgewinn	254 800,00			
hergestellte Stückzahl		1 560	2 080	1 040
Fertigungszeit pro Stück		25 Min.	30 Min.	15 Min.
verfügbare Kapazität:	2 600 Stunden			

Aufgaben:

1. Berechnen Sie, wie viel Prozent die freie Kapazität im Vormonat betrug!
2. Ermitteln Sie den Deckungsbeitrag je Erzeugnis und Produktionsstunde und geben Sie die Reihenfolge der Förderungswürdigkeit der Produkte an:
   2.1 bei freier Kapazität und
   2.2 bei einer Engpasssituation!
3. Bestimmen Sie das Betriebsergebnis bei einer Kapazitätsausnutzung von 1170 Stunden und einer entsprechenden Programmbereinigung, wenn die bisherigen Stückzahlen nicht erhöht werden können!
4. Angenommen, die Kapazität beträgt 1690 Stunden.
   4.1 Ermitteln Sie das Betriebsergebnis!
   4.2 Geben Sie an, wie viel Stück von den einzelnen Produkten hergestellt werden!
5. Berechnen Sie das Betriebsergebnis bei einer Kapazitätsauslastung von 90 %, wenn das Produkt mit dem höchsten relativen Deckungsbeitrag zusätzlich hergestellt würde!
   Berücksichtigen Sie zur Lösung das Ergebnis von 1.

125 Die Herzog GmbH hat ihre Produktpalette um das Steckspiel mit dem Markennamen „Stick" erweitert. Das Produkt „Stick" wird als Standardkasten vertrieben. Im vergangenen Geschäftsjahr verkaufte die Herzog GmbH ausschließlich im Inland über den Fachhandel 56000 Kästen mit einem durchschnittlichen Nettoverkaufserlös von 25,00 EUR je Stück.

In einer Sitzung der Geschäftsleitung behauptet der Leiter des Rechnungswesens, dass „Stick" ein „Flop" sei; die anderen Produkte müssten „Stick" mitfinanzieren. Zum Beweis seiner Aussage legt er folgende Kostenanalyse aus dem vergangenen Geschäftsjahr vor:

gesamte proportional-variable Kosten für „Stick"	812000,00 EUR
Fixe Kosten der Produktions- und Verpackungsmaschinen, die ausschließlich dem Produkt „Stick" zuzuordnen sind:	388000,00 EUR
Von den Fixkosten des Unternehmens wurden im Rahmen der Vollkostenrechnung auf das Produkt „Stick" verteilt:	700000,00 EUR

Aufgaben:

1. Begründen Sie, ob es falsch war, „Stick" in das Produktionsprogramm aufzunehmen!
   Belegen Sie Ihre Auffassung rechnerisch!
2. Erörtern Sie, welche Argumente unabhängig von Kostengesichtspunkten dagegen sprechen könnten, das Produkt „Stick" aus dem Produktionsprogramm zu nehmen!
3. Im Exportbereich ließe sich ein zusätzlicher Absatz von 22000 Kästen „Stick" pro Jahr bei einem Nettoverkaufserlös von 18,50 EUR pro Stück erzielen.
   Prüfen Sie, ob die Herzog GmbH unter dem Gesichtspunkt der Gewinnmaximierung diese Strategie der Preisdifferenzierung realisieren sollte!

4.9 Systemvergleich zwischen Vollkostenrechnung und Deckungsbeitragsrechnung

Mit der Vollkostenrechnung und der Deckungsbeitragsrechnung wurden zwei verschiedene Abrechnungssysteme der Kosten- und Leistungsrechnung vorgestellt. In der nachfolgenden Übersicht sind die wichtigsten Unterschiede der beiden Kostenrechnungssysteme zusammengestellt.

Vollkostenrechnung	Deckungsbeitragsrechnung
■ Es werden alle **angefallenen Kostenarten** auf die Kostenträger verrechnet. ■ Ziel der Vollkostenrechnung ist es, die Herstell- und Selbstkosten für die einzelnen Kostenträger zu ermitteln. Um alle Kostenarten auf die einzelnen Kostenträger aufteilen zu können, gliedert sie die Kostenarten nach der Zurechenbarkeit der Kostenarten auf die Kostenträger in **Einzelkosten** und **Gemeinkosten** auf. ■ Für die **langfristige Produktions- und Absatzentscheidung** ist von Bedeutung, dass die Selbstkosten erwirtschaftet werden. Daher werden jeweils alle Kosten in die Kostenträger eingerechnet. ■ Die Vollkostenrechnung ist geeignet für die **Preisbildung von Auftragsfertigungen** (öffentliche und private Auftraggeber), für **Preiskontrollen** (Erlöse – Selbstkosten – Vergleiche), für die **Ermittlung von Inventurwerten für die Handels- und Steuerbilanz** und für die **Ergebnisermittlung.** ■ Die Vollkostenrechnung geht von der innerbetrieblichen Kostenstruktur aus und ermittelt für die einzelnen Leistungseinheiten einen Preis. Das Unternehmen versucht dann, diesen **Preis am Markt durchzusetzen.** Der **Preis wird als Funktion der Kosten gesehen.** ■ In der Vollkostenrechnung lautet die **Fragestellung: Wie viel muss der Betrieb für jede Produktionseinheit mindestens erhalten, um die mit der Produktion direkt und indirekt verbundenen Kosten (Gesamtkosten) zu erwirtschaften?** ■ Die Vollkostenrechnung liefert mit zeitlicher Verzögerung Informationsmaterial über die Vergangenheit. Sie kann damit **keine kurzfristigen Entscheidungshilfen** bereitstellen.	■ Es wird nur **ein Teil der angefallenen Kosten** auf die Kostenträger verrechnet. ■ Die Gesamtkosten werden aufgespalten, und zwar in einen Teil, der durch die Produktion entstanden ist **(variable Kosten)** und in einen Teil, den die Aufrechterhaltung der Betriebsbereitschaft verursacht hat **(fixe Kosten).** ■ Da für die **kurzfristige Produktions- und Absatzentscheidung** nur die variablen Kosten von Bedeutung sind, wird nur dieser Kostenbestandteil auf die Kostenträger verrechnet. ■ Die Deckungsbeitragsrechnung ist geeignet, **Preisuntergrenzen** zu bestimmen, das **Produktionsprogramm zu optimieren** und die **Anpassung des Betriebs an Beschäftigungsschwankungen** zu erleichtern. ■ Die variablen Kosten werden von den erzielten Umsatzerlösen subtrahiert. Die Deckungsbeitragsrechnung sieht die Umsatzerlöse als Bezugsgröße an. Sie geht von den erzielten Umsatzerlösen aus und subtrahiert hiervon die Kosten. Damit wird die **Marktorientierung** dokumentiert und ein retrograder Rechenweg ausgelöst. ■ In der Deckungsbeitragsrechnung lautet die **Fragestellung: Wie viel muss der Betrieb bei gegebener Betriebsbereitschaft mindestens erhalten, um die variablen Stückkosten für diese Produktionseinheit ersetzt zu bekommen?** ■ Durch die Orientierung der Deckungsbeitragsrechnung an den Umsatzerlösen kann sie **kurzfristige Entscheidungshilfen** anbieten. ■ Die Deckungsbeitragsrechnung ist **ein brauchbares Verfahren** im Rahmen der Preispolitik und Produktpolitik.

Erkenntnis:

Die Kostenrechnung kann die vielfältigen Aufgaben der modernen Wirtschaftspraxis (Entscheidungsvorbereitung, Kostenkontrolle, Preisbildung und Preiskontrolle, Inventurbewertung, Ergebnisermittlung und Bereitstellung von Informationsdaten) nur in der Form einer **Kombination** von Voll- und Deckungsbeitragsrechnung bewältigen.

Übungsaufgaben zur Vollkosten- und Deckungsbeitragsrechnung

126 Die Sportgerätefabrik Spogefa GmbH hat sich auf die Fabrikation von Tennisschlägern spezialisiert. Gefertigt werden die Modelle Miniwing, Woodwing und Graphitwing.

In der letzten Rechnungsperiode wurden 1000 Miniwing, 2000 Woodwing und 1500 Graphitwing hergestellt und verkauft. Dies entsprach einer Auslastung von ca. 70 % der Fertigungskapazität.

Die Einzelkosten und Verkaufspreise betrugen:

	Fertigungsmaterial EUR/Stück	Fertigungslöhne EUR/Stück	Nettoverkaufserlöse EUR/Stück
Miniwing	20,00	30,00	80,00
Woodwing	25,00	40,00	120,00
Graphitwing	40,00	60,00	210,00

Das Unternehmen ist in die drei Kostenbereiche Material, Fertigung und Verwaltung/Vertrieb unterteilt.

Die Gemeinkosten verteilen sich in der letzten Rechnungsperiode gemäß Betriebsabrechnungsbogen auf diese Kostenbereiche wie folgt:

Materialbereich	13000,00 EUR (davon fix 100 %)
Fertigungsbereich	160000,00 EUR (davon fix 80 %)
Verwaltungs-/Vertriebsbereich	100600,00 EUR (davon fix 50 %)

Aufgaben:

1. Ermitteln Sie die Gemeinkostenzuschlagssätze für den Material-, Fertigungs- und Verwaltungs-/Vertriebsbereich!
2. Berechnen Sie das Betriebsergebnis der letzten Abrechnungsperiode insgesamt und je Kostenträger! Wählen Sie dazu eine geeignete tabellarische Form!
3. Herr Abele, der Verkaufsleiter der Spogefa GmbH, schlägt vor, den Verlustartikel Miniwing einzustellen.
   3.1 Weisen Sie Herrn Abele rechnerisch nach, um welchen Betrag sich das Betriebsergebnis des Unternehmens in der Abrechnungsperiode verändert, wenn die Unternehmensleitung seinem Vorschlag folgt!
   3.2 Erläutern Sie die Ursache der von Ihnen gefundenen Ergebnisveränderung!
   3.3 Führen Sie zwei Argumente an, weshalb die Sportgerätefabrik den Tennisschläger Miniwing im Produktprogramm belässt, unabhängig vom Ergebnis Ihrer Rechnung!
4. Ein Auslandskunde ist bereit, 500 Woodwing zum Nettoverkaufserlös von 110,00 EUR/Stück abzunehmen. Herr Abele lehnt ab, da der Nettoverkaufserlös nicht die Selbstkosten decken würde.

   Prüfen Sie rechnerisch, ob der Auftrag angenommen werden sollte, um das Betriebsergebnis insgesamt zu verbessern!
5. Die Unternehmensleitung der Spogefa GmbH erwägt, den Kostenbereich Verwaltung/Vertrieb in zwei getrennte Kostenbereiche mit eigenen Zuschlagssätzen aufzuteilen. Der Versand erfolgt mittels Bahn frei Haus einschließlich Verpackung.

   Nennen Sie jeweils drei typische Kostenstellen des Verwaltungs- und Vertriebsbereiches!
6. Nennen Sie zwei Hauptmängel der Vollkostenrechnung und erläutern Sie diese mithilfe von Beispielen!

127 Ein Industriebetrieb produzierte in einem Zweigwerk im Abrechnungsmonat Juli nur Sportschuhe. Die KLR dieses Monats weist folgende Zahlen aus:

Verbr. v. Fert.-Mat.	180 000,00 EUR	Sondereinzelkosten der Fertigung	15 000,00 EUR
Fertigungslöhne	90 000,00 EUR	Sondereinzelkosten des Vertriebs	13 635,00 EUR
Nettoverkaufserlöse	868 400,00 EUR		

In der Vorkalkulation wurde mit folgenden **Normalzuschlagssätzen** kalkuliert:

MGK	FGK	VerwGK	VertrGK
42 %	158 %	11 %	6 %

Der **BAB des Monats Juli** weist folgende Daten auf:

Material	Fertigung	Verwaltung	Vertrieb
90 000,00	135 000,00	82 800,00	41 400,00

Aufgabe:

Ermitteln Sie in einem Kostenträgerblatt das Betriebsergebnis sowie die Kostenüber- und Kostenunterdeckungen!

128 1. Die VELO AG fertigt im Werk Hamburg ein hochwertiges Rennrad. Bisher fallen monatliche Fixkosten in Höhe von 141 250,00 EUR an. Dabei ergibt sich eine Gewinnschwellenmenge von 625 Stück.

Aufgaben:

1.1 Ermitteln Sie den Stückdeckungsbeitrag für das Rennrad!

1.2 Durch den Zukauf einer weiteren Fertigungsanlage fallen zusätzliche Fixkosten in Höhe von 38 750,00 EUR an.

1.2.1 Berechnen Sie, in welcher Höhe die variablen Stückkosten mindestens gesenkt werden müssen, damit bei unverändertem Verkaufspreis die Gewinnschwellenmenge um höchstens 20 % zunimmt!

1.2.2 Stellen Sie den Verlauf des Gesamtdeckungsbeitrags (DB) sowie des Gesamtgewinns (G) für die neue Produktionssituation in einer maßstabsgetreuen Zeichnung von 0 bis 1 200 Stück dar!
(Maßstab: 100 Stück ≙ 1 cm, 60 000,00 EUR ≙ 1 cm).

2. Im Zweigwerk Aue stellt die VELO AG unterschiedliche Fahrradreifen (A, B, C, D) her. Die vier Produkte müssen zwei Maschinengruppen durchlaufen. Im Monat Mai beträgt die Fertigungskapazität der Maschinengruppe I (M I) 4 500 Stunden und der Maschinengruppe II (M II) 2 000 Stunden. Damit besteht bei M II ein Produktionsengpass. Für die vier Produkte liegen im Monat Mai folgende Zahlen vor:

	A	B	C	D
Fertigungszeit auf M I (in Min.)	12	10	7	16,5
Fertigungszeit auf M II (in Min.)	8	3	4,8	8
variable Stückkosten (in EUR)	19,90	17,00	18,50	23,30
Stückerlöse (in EUR)	21,50	18,05	19,70	24,10
Lieferverpflichtungen (in Stück)	2 500	4 000	5 000	1 900
Höchstabsatzmenge (in Stück)	3 750	9 000	10 000	2 000

Aufgabe:

Bestimmen Sie das gewinnmaximale Produktionsprogramm!

3. Die VELO AG fertigt im Zweigwerk Friedrichshafen Fahrradtachos. Der Nettoverkaufserlös pro Stück liegt bei 28,00 EUR.

   Bei der Fertigung entstehen der VELO AG variable Stückkosten in Höhe von 12,00 EUR sowie Erzeugnisfixkosten in Höhe von 11600,00 EUR monatlich.

   Die VELO AG könnte ein gleichwertiges Produkt bei einem Fremdlieferanten zu einem Stückpreis von 17,00 EUR beziehen. Dabei könnten die Erzeugnisfixkosten zu 40% abgebaut werden.

   Aufgaben:

   3.1 Berechnen Sie die Menge, bei der Eigenfertigung und Fremdbezug Kosten in gleicher Höhe verursachen!

   3.2 Der VELO AG liegen regelmäßige Aufträge in Höhe von 4000 Stück vor. Allerdings reichen die Produktionskapazitäten nur zur Fertigung von 2600 Stück; der Rest muss bei Fremdlieferanten zugekauft werden. Die VELO AG erwägt nun, die Produktion der Tachos ganz einzustellen und die benötigte Menge in voller Höhe fremdzubeziehen.

   Ermitteln Sie den Preis, den der Fremdlieferant anbieten müsste, damit durch die Einstellung keine Verschlechterung des Betriebsergebnisses eintritt!

D. Qualitätsmanagement (Qualitätssicherung)

1 Entwicklung des Qualitätsgedankens und die Notwendigkeit eines Qualitätsmanagements

(1) Entwicklung des Qualitätsgedankens[1]

Bis in die Mitte der 60er-Jahre erfolgte die Sicherstellung der Produktqualität dadurch, dass am Ende des Produktionsprozesses von Spezialisten Prüfungen und Kontrollen vorgenommen wurden **(Qualitätskontrolle)**. Fehlerhafte Produkte mussten nachgearbeitet oder gar ausgesondert werden. Dies verlangte erheblichen Aufwand, wenn z.B. ein fehlerhaftes Teil im Motorraum eines Autos eingebaut und im weiteren Produktionsfortschritt zusätzliche, fehlerfreie Komponenten hinzumontiert wurden, sodass der Zugang zum fehlerhaften Teil nur schwer möglich war. Qualitätsfortschritte wurden dadurch sichergestellt, dass die Prüfungsanforderungen strenger wurden.

Der Übergang von der Qualitätskontrolle zur **Qualitätssicherung** bestand darin, dass es nunmehr Ziel war, Fehler in ihrer Entstehung von vornherein zu vermeiden. Ein wichtiger Beitrag hierfür wurde bereits in der Phase der Produktentwicklung geleistet, indem dort auf eine fertigungs- bzw. montagegerechte Konstruktion geachtet wurde.

Mitte der 90er-Jahre wurde das Qualitätsdenken auf alle Prozesse des Unternehmens angewendet. Alle Mitarbeiter und auch das Management wurden in das Qualitätsmanagement einbezogen. Im Rahmen eines ganzheitlichen Ansatzes **(TQM: Total Quality Management)**[2] wurde nicht nur die Qualität der Produkte, sondern auch die der Prozesse, der Mitarbeiter und Produktionsanlagen verbessert. Somit deckt der ursprünglich aus dem technischen Bereich der Produktion stammende Anspruch an Qualität nunmehr auch den Verwaltungsbereich ab. Grafisch lässt sich diese Entwicklung im nachfolgenden Schaubild darstellen.

Qualitätskontrolle	Qualitätssicherung	Total Quality Management (TQM)
■ Qualität ist die Aufgabe von Spezialisten ■ Kontrolle am Ende des Produktionsprozesses ■ Qualitätsverbesserung durch strengere Prüfanforderungen ■ Fokus auf fehlerfreiem Erzeugnis	■ Qualität ist die Aufgabe von Spezialisten ■ Kontrolle bereits in der Phase des Entwicklungsprozesses ■ Qualitätsverbesserung durch Vorbeugung ■ Beginn des prozessorientierten Denkens ■ Fokus auf technischen Bereich	■ Einbeziehung des Managements, aller Mitarbeiter und aller Prozesse über den gesamten Lebenszyklus des Produkts ■ Fokus auf Zufriedenheit des Kunden

1 Vgl. Arno Gramatke, Informatik im Maschinenbau II, Quelle: www-ziw-ima.vwth-aachen.de/lehre/vorlesungen uebungen/informatik 2/download/referat_qssoftware.pdf, Seite 4.

2 Siehe hierzu die Ausführungen auf S. 387 f.

Nach heutigem Verständnis des Qualitätsmanagements liegt die Verantwortung für die Produkt- und Dienstleistungsqualität nicht mehr bei einer speziellen Abteilung, sondern bei jedem Mitarbeiter selbst.

(2) Notwendigkeit eines Qualitätsmanagements

Als Gründe für den hohen Stellenwert des Qualitätsmanagements sind u.a. folgende Argumente zu nennen:

- Aufgrund der Globalisierung der wirtschaftlichen Verflechtungen verfügen die Kunden über ein **höheres Maß an Transparenz** in Bezug auf die **weltweit verfügbare Qualität.** Damit steigt deren Qualitätsanspruch.
- Durch die zunehmende Verflechtung unternehmensübergreifender Prozesse wird häufig auf die **Eingangskontrolle verzichtet** und diese auf den **Vorlieferanten übertragen.**
- Die immer größer werdende Komplexität der Erzeugnisse kann nur beherrscht werden, wenn alle **Komponenten fehlerfrei** sind.
- Ohne **Qualitätszertifizierung** erhalten Unternehmen heute als Zulieferer kaum mehr Aufträge. Der nachvollziehbare Beweis für die Existenz eines Qualitätsmanagementsystems wird zum Überlebenskriterium und damit zu einem strategischen Wettbewerbsfaktor.
- Schlechte Qualität führt zu **Garantieansprüchen** und **Kulanzerwartungen,** u.U. zu Schadensersatzforderungen und Imageverlusten.

2 Begriffe Qualität und Qualitätsmanagement

Qualität ist kein feststehender Begriff, sondern hängt ab vom Verwendungszweck. Ob die geforderte Qualität erfüllt ist, wird über sogenannte Qualitätsmerkmale beurteilt.

Beispiele:

- Ein Fahrrad, das für ein Zeitfahren verwendet wird, muss ganz andere Qualitätsmerkmale erfüllen als ein Mountainbike.
- Ein Speiseapfel wird nach den Qualitätsmerkmalen Geschmack, Festigkeit, Frische beurteilt. Wird er jedoch für eine Wilhelm-Tell-Aufführung benötigt, so stehen die Merkmale Größe und Farbe im Vordergrund.

- Der Begriff **Qualität**[1] kann aus Sicht der **Qualitätskontrolle (Funktionstüchtigkeit)** oder aus Sicht der **Kunden** verstanden werden.
- Aus **Sicht der Qualitätskontrolle** (Funktionstüchtigkeit) gibt die Qualität an, in welchem Maße die **Eigenschaft einer Leistung** (eines Produktes, einer Dienstleistung) die festgelegten, vorausgesetzten oder verpflichtenden **Anforderungen erfüllt.**
- Aus **Sicht der Kunden** ist Qualität dann gegeben, wenn eine **Leistung** (ein Produkt, eine Dienstleistung) alle vom **Kunden gewünschten Eigenschaften besitzt.**

1 Der **Codex Hammurabi** – das Gesetzbuch König Hammurabis von Babylon (*1728 v. Chr., † 1686 v. Chr.) – ist eine der ältesten Gesetzessammlungen der Welt und legt folgende drastische Konsequenzen fest, falls der Baumeister ein Haus in schlechter Qualität erstellt:
„Wenn ein Baumeister ein Haus baut für einen Mann und macht seine Konstruktion nicht stark, sodass es einstürzt und verursacht den Tod des Bauherrn, dieser Baumeister soll getötet werden.
Wenn der Einsturz den Tod eines Sohnes des Bauherrn verursacht, so sollen sie einen Sohn des Baumeisters töten.
Wird beim Einsturz Eigentum zerstört, so stelle der Baumeister wieder her, was immer zerstört wurde; weil er das Haus nicht fest genug baute, baue er es auf eigene Kosten wieder auf."

Die Festlegung, **welche qualitativen Ansprüche** an ein Produkt zu stellen sind, ist nur der erste und deutlich leichtere Schritt. Wichtiger und schwieriger ist es, dieses Qualitätsziel zu **erreichen** und zu **sichern**. Letzteres ist Aufgabe des Qualitätsmanagements.

- Das **Qualitätsmanagement** hat zum einen das Ziel, **Fehler zu vermeiden,** und zum anderen soll im Rahmen eines kontinuierlichen Verbesserungsprozesses ein beständig **höheres Qualitätsniveau** erreicht werden.
- Das **Qualitätsmanagement** bestimmt:[1]
  - Festlegung der Qualitätsziele,
  - Qualitätsplanung,
  - Qualitätslenkung,
  - Qualitätssicherung und
  - Qualitätsverbesserung.

3 Kostenoptimale Strategie der Qualitätssicherung

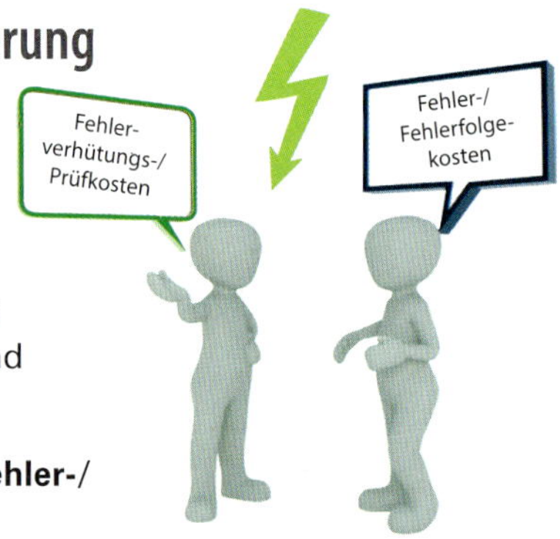

Die gleichzeitige Verfolgung der Unternehmensziele **hohe Produktqualität** und **minimale Kosten** ist nicht durchführbar, da hierbei ein **Zielkonflikt** besteht.

Kosten, die mit steigenden Qualitätsansprüchen anfallen, bezeichnet man als **Qualitätskosten.** Man unterscheidet zwei Arten von Qualitätskosten: **Fehlerverhütungs-/Prüfkosten** und **Fehler-/Fehlerfolgekosten.**

Zwischen den **Fehlerverhütungs- und Prüfkosten** und den **Fehler-/Fehlerfolgekosten** besteht ein **Zielkonflikt.**

- Wird viel für Fehlerverhütung und Prüfung aufgewendet, nehmen die Kosten für die Fehler-/Fehlerfolgekosten ab.
- Verringert man im Gegenzug die Kosten für die Fehlerverhütung und Prüfung, dann muss man steigende Kosten für Fehler und Fehlerfolgen in Kauf nehmen.
- Die kostenoptimale Kontrollstrategie liegt dort, wo die Summe aus Fehlerverhütungs-/Prüfkosten und den Fehler-/Fehlerfolgekosten ihr Minimum erreicht.

1 Die Rahmenrichtlinien sehen die Behandlung dieser Themengebiete nicht vor.

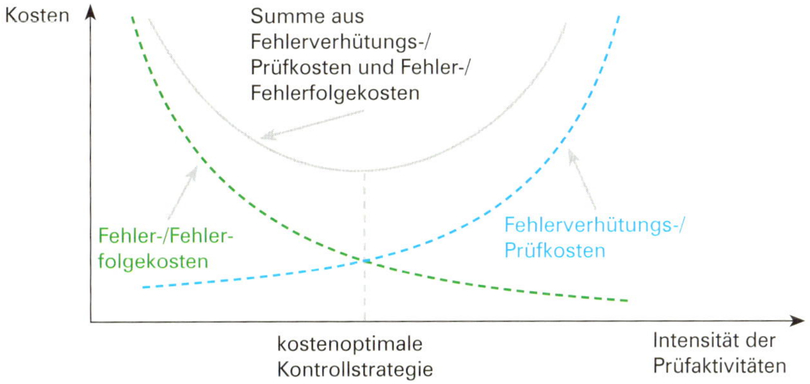

4 Maßnahmen zur Qualitätssicherung

4.1 Qualitätsmanagementsystem nach DIN EN ISO 9001:2015

(1) Überblick

Eine wichtige Hilfestellung hierbei leisten **Qualitätsmanagementmodelle**. Zu diesen gehört das Normensystem des DIN EN ISO 9001:2015. Qualitätsmanagementmodelle stellen einen Leitfaden für Unternehmen dar, um die selbst gesteckten Qualitätsziele systematisch und sicher zu erreichen.

Aus der Schreibweise der Norm ist zu erkennen, für welchen regionalen Geltungsbereich die Norm anerkannt ist und angewendet wird:

DIN Deutsches Institut für Normung (bundesweite Anerkennung)
EN Europäische Norm (europaweite Anerkennung)
ISO International Organization for Standardization (weltweite Anerkennung)

Qualitätsmanagementsysteme werden aktuell in der Fassung DIN EN ISO 9001:2015 zertifiziert.[1] Diese Normenreihe stellt die **Prozessorientierung** in den Vordergrund und beinhaltet als neuen Baustein den Bereich des **Risikomanagements**. Das Normensystem schafft dem Unternehmen die Gestaltungsfreiheit, sich an den eigenen Unternehmens- und Qualitätszielen, den unternehmensindividuellen Prozessen sowie an den Bedürfnissen und Erwartungen der internen und externen Kunden zu orientieren.

(2) Rahmen für stetige Verbesserung

Ein im Qualitätsmanagementsystem integrierter Regelkreis sorgt für die ständige Weiterentwicklung im Sinne eines kontinuierlichen Verbesserungsprozesses.

1 Zur Zertifizierung siehe S. 387.

25 Speth u.a. - ISBN 978-3-8120-0593-7

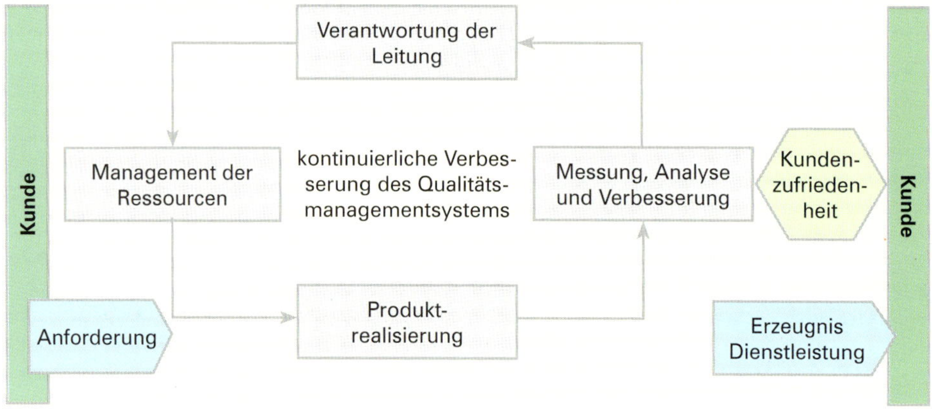

(3) Kennzeichen der Qualitätsmanagementsysteme nach DIN EN ISO 9001:2015

Kundenzufriedenheit	DIN EN ISO 9001:2015 misst der Erreichung der Kundenzufriedenheit **herausragende Bedeutung** bei. Die Wünsche und Erwartungen der Kunden lassen sich ermitteln, indem ■ die **betriebsinternen Informationen** des Vertriebs genutzt werden, ■ durch **Kundenbefragung,** ■ Forderungen nach **Garantieleistungen,** ■ **Händlerberichte,** ■ Auswertung von **Marktdaten** oder ■ Vergleich mit dem **Wettbewerb.** Zusätzlich sind produktbezogene Verpflichtungen aufgrund gesetzlicher Vorgaben, Normen zu berücksichtigen. Auf der Basis dieser beiden Informationskreise lassen sich die Anforderungen an die eigenen Produkte formulieren hinsichtlich Zuverlässigkeit, Preis, Sicherheit usw.
Verantwortung der Leitung	DIN EN ISO 9001:2015 nimmt das Unternehmensmanagement in die Pflicht und verhindert so, dass die Verantwortung für das Qualitätsmanagement an Beauftragte delegiert wird. Die Unternehmensleitung soll selbst über Qualitätspolitik und Qualitätsziele des Unternehmens entscheiden. Außerdem ist es Aufgabe der Unternehmensleitung, das QM-System in Bezug auf Eignung, Angemessenheit, Effizienz und Änderungsbedarf zu bewerten und gegebenenfalls fortzuentwickeln.
Management von Ressourcen	Kundenzufriedenheit und Unternehmenserfolg kann nur erreicht werden, wenn qualifiziertes, motiviertes Personal und eine entsprechende Infrastruktur an Gebäuden, Einrichtungen und Betriebsmitteln zur Verfügung steht. Zu Letzterem gehört insbesondere auch ein effizientes Informationssystem, das den Mitarbeitern zielgruppengerecht Auskunft gibt über den Stand der innerbetrieblichen Vorgänge.
Produktrealisierung	Kein Unternehmen kann es sich mehr leisten, Zusagen in Bezug auf Termin, Stückzahl, Produktanforderungen und -qualität nicht einzuhalten. Daher sind die Unternehmensabläufe so zu gestalten, dass die Kunden optimal betreut und ihre Anforderungen sichergestellt werden.

Messung, Analyse und Verbesserung	Im Unternehmen müssen sowohl die Produkte und Dienstleistungen, die Wirksamkeit und Effizienz der Prozesse als auch das Qualitätsmanagement und die Organisation ständig optimiert werden. Um Verbesserungspotenziale, Schwachstellen und Fehler zu erkennen, müssen Informationen systematisch gesammelt und aufbereitet werden.

(4) Zertifizierung nach DIN EN ISO 9001:2015

Wer in einem Unternehmen ein Qualitätsmanagementsystem nach den modellhaften Anforderungen der DIN EN ISO 9001:2015 eingeführt hat, kann in einem nächsten Schritt die Überprüfung (auch **Audit** genannt) durch eine Zertifizierungsstelle beantragen.

- **Zertifizierung** ist ein Überprüfungs- und Bestätigungsverfahren durch eine unparteiische Instanz.
- Die Zertifizierung zeigt, dass sich ein entsprechend bezeichnetes Erzeugnis, Verfahren oder eine Dienstleistung in **Übereinstimmung mit einer bestimmten Norm** befindet.

Zertifizierungsstellen (auch **Auditoren** genannt) für Qualitätsmanagementsysteme sind in Deutschland beispielsweise die TÜV Zertifizierungsgemeinschaft e. V. (TÜV Cert) in Bonn, die Deutsche Gesellschaft zur Zertifizierung von Qualitätsmanagementsystemen mbH (DQS) in Berlin, der DEKRA AG Zertifizierungsdienst in Stuttgart u. a. m.

TÜV NORD

Zwar ist die Zertifizierung keine Pflicht, jedoch ist es z. B. in der Branche der Automobilindustrie eine Eingangsvoraussetzung für die Zulieferer. Der Nachweis einer Zertifizierung nach DIN EN ISO 9001:2015 signalisiert einem Kunden, dass die unternehmensinternen Abläufe, Prozesse und Strukturen definiert sind, dass sie funktionieren und der Betrieb sich um eine kontinuierliche Qualitätssteigerung bemüht. Halten sich alle Mitarbeiter an diese definierten Abläufe, dann ist eine qualitativ einwandfreie Leistung zu erwarten.

4.2 Konzept des Total Quality Managements (TQM)

(1) Begriff und Ziel des TQM

Zerlegt man den Begriff **Total Quality Management** in seine Bestandteile, dann steht

- **Total** dafür, dass alle Mitarbeiter auf allen Ebenen, insbesondere auch die Kunden und Lieferanten in ein ganzheitliches Denken einbezogen werden.
- **Quality** dafür, dass die fast selbstverständliche Qualität der Produkte und Dienstleistungen eine Folge der Qualität der Arbeit und der Prozesse ist.
- **Management** dafür, dass es primär der Führungsaufgabe und der Führungsqualität des Managements bedarf, um dieses Konzept im gesamten Unternehmen lebendig sein zu lassen.

(2) Beziehungen zwischen TQM und DIN EN ISO 9001:2015

Einfach ausgedrückt beginnt Total Quality Management dort, wo DIN EN ISO 9001:2015 endet, es ist die Kür nach der Pflicht. Hinter DIN EN ISO 9001:2015 verbirgt sich ein **System von Normen, eine Technik des Vorgehens.** Total Quality Management ist hingegen eine **Philosophie.** Man könnte es auch mathematisch ausdrücken:

Qualität (im TQM) = Technik + Geisteshaltung

TQM setzt ein Qualitätsmanagementsystem nach DIN EN ISO 9001:2015 **nicht** voraus, ist jedoch häufig in ein solches System eingebettet; so kann z.B. der durch das ISO-System definierte Fluss von Dokumenten und Informationen für das TQM genutzt und weiter verbessert werden.

Die beiden Konzepte nach DIN EN ISO 9001:2015 und Total Quality Management lassen sich schlaglichtartig einander gegenüberstellen:

Kriterien	DIN EN ISO 9001:2015	Total Quality Management
Grundgedanke	Definition, Verbesserung und Normierung der **Prozesse.**	Einrichtung **überragender Praktiken** („Business Excellence") innerhalb der Organisation, um damit anschließend überragende Ergebnisse („Best in Class") zu erzielen. Die Beherrschung von Prozessen gehört dazu, ist aber nicht alles.
Tragweite	Ziel ist die **Erlangung eines Zertifikats,** einer Bestätigung dafür, dass bestimmte Qualitätsanforderungen erfüllt sind.	Ziel ist die **Einrichtung eines kontinuierlichen Verbesserungsprozesses,** der seine Dynamik aus den Vergleichen zum Branchenführer („Best in Class") oder aus branchenübergreifenden Vergleichen („Benchmarks") gewinnt.
Fokus auf ...	... Erfüllung der Erwartungen der beteiligten Gruppen (z.B. Kunden, Lieferer, Mitarbeiter, Geschäftspartner, Gesellschaft) in der **Gegenwart.**	... Erfüllung der Erwartungen der beteiligten Gruppen (z.B. Kunden, Lieferer, Mitarbeiter, Geschäftspartner, Gesellschaft) in der **Zukunft.**
Verantwortung des Einzelnen	Der Verantwortungs- und Aufgabenbereich des Mitarbeiters ist durch den **jeweiligen Geschäftsprozess festgelegt.** Die Einrichtung eines Prozessverantwortlichen, Nachschulungen und Audits sichern die Stabilität der Prozesse und damit die der Qualität.	TQM ist ein langfristiges Unternehmenskonzept, das den pro-aktiven Mitarbeiter als wichtigsten Garant zur Erreichung des Qualitätsziels begreift. Pro-aktiv heißt z.B., dass nicht erst eine Beschwerde des Kunden notwendig ist, um eine Verbesserung einzuleiten, sondern dass der **Mitarbeiter vorausschauend nach neuen Verbesserungsmöglichkeiten sucht.** Die Verantwortung für Qualität liegt bei allen Mitarbeitern und ist unabhängig von Status und Hierarchie.

4.3 Kontinuierlicher Verbesserungsprozess (KVP)

(1) Begriff

- Der **kontinuierliche Verbesserungsprozess** (KVP) ist ein Bündel von Maßnahmen mit dem Ziel, **Erzeugnisse** und **betriebliche Prozesse** weiterzuentwickeln und zu verbessern.
- Die Weiterentwicklung erfolgt nicht in einem Schritt oder wenigen großen Schritten, sondern in einer Vielzahl von **beständigen (kontinuierlichen) kleinen Verbesserungsschritten,** die erst in ihrer Gesamtheit zum erwünschten Erfolg führen.[1]

(2) Bedeutung

In westlichen Industrienationen dominiert das Denken in Innovationssprüngen, während in der asiatischen Denkweise die kleinen alltäglichen Verbesserungen im Vordergrund stehen.

Die nachfolgende Tabelle zeigt eine Gegenüberstellung des KVP-Konzepts[2] zum Konzept der Innovation mit seinen sprunghaften Veränderungen durch neue Technologien, neue Produktionstechniken, Organisationsmodelle und Managementkonzepte (westliche Denkweise).

	KVP-Konzept	Innovation
Zeitlicher Rahmen	stetig und ununterbrochen	kurzfristig und sprunghaft
Ziel	Streben nach detaillierter Verbesserung von Produkt und Prozess	Streben nach großen Fortschritten in kurzer Zeit
Basis	auf bestehenden Systemen und Technologien aufbauend	ständige Suche nach Entwicklung von neuen Technologien
Personaleinsatz	jeder Mitarbeiter und jede Führungskraft	Konstrukteure
Erforderliche Eigenschaften	■ Anpassungsfähigkeit ■ Kollektivgeist ■ Leistungsbereitschaft	■ Kreativität ■ Individualität ■ individuelle Leistung
Devise (Leitlinie)	Erhaltung und Verbesserung	Abbruch und Neuaufbau
Investitionsmittel	geringer Kapitalbedarf	hoher Kapitalbedarf
Erfolgschance	gleichbleibend hoch	abrupt und unbeständig
Bewertungskriterien	Produktivitäts- und Qualitätskennzahlen	ergebnisorientierte Kennzahlen (z. B. Umsatz, Kosten, Deckungsbeitrag)
Tendenzieller Einsatz	in langsam wachsenden Branchen	in schnell wachsenden Branchen

1 Diese Vorgehensweise geht auf die insbesondere aus Japan stammende Kaizen-Philosophie (Verbesserung in kleinen Schritten **[Kaizen]**) zurück.

2 Vgl. „Lean Production", Institut für angewandte Arbeitswissenschaft, Köln 1992.

(3) PDCA-Kreislauf (Deming-Kreislauf)

Für den Prozess der kontinuierlichen Verbesserung und damit für ein wirksames Qualitätsmanagement-System im Sinne eines „Immer-besser-Modells" ist die Einführung eines Plan-Do-Check-Act-Regelkreises nach W. Edwards Deming von besonderer Bedeutung. Schematisch lässt sich dieser Regelkreis wie folgt darstellen:

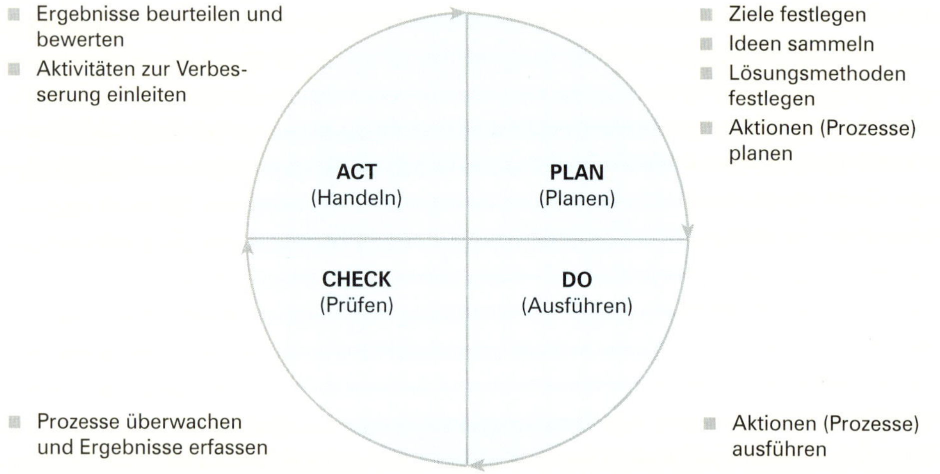

Mit jedem Durchlauf des Zyklus verbessert sich das Qualitätsniveau der Organisation und setzt damit das Ziel der kontinuierlichen Verbesserung in die Realität um.

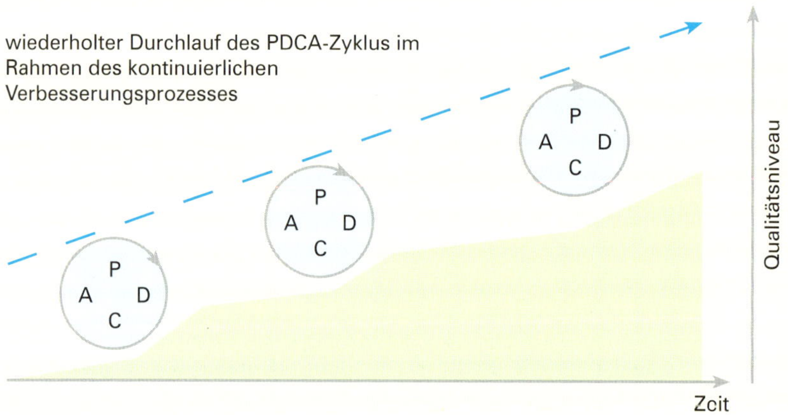

Im Rahmen des kontinuierlichen Verbesserungsprozesses werden die bestehenden Strukturen, Prozesse und Regelungen ständig dahingehend hinterfragt, ob sie nicht qualitativ verbessert werden könnten. Ziel ist also nicht die Umwälzung, die völlige Neuordnung, sondern die beständige Analyse, Bewertung und Verbesserung des eigenen Handelns.

4.4 Betriebliches Vorschlagswesen

(1) Grundgedanke des betrieblichen Vorschlagswesens

Das betriebliche Vorschlagswesen ist ein zentraler Baustein des kontinuierlichen Verbesserungsprozesses (Kaizen) und damit des Total Quality Managements. Es unterstützt wirksam die ständige Verbesserung in allen Bereichen, also nicht nur die Verbesserung der Produkte, sondern auch aller Abläufe und Prozesse, beginnend von der Entwicklung über die Herstellung bis zum Vertrieb der Produkte. Entwickelt wurde dieses System in Japan von Toyota.

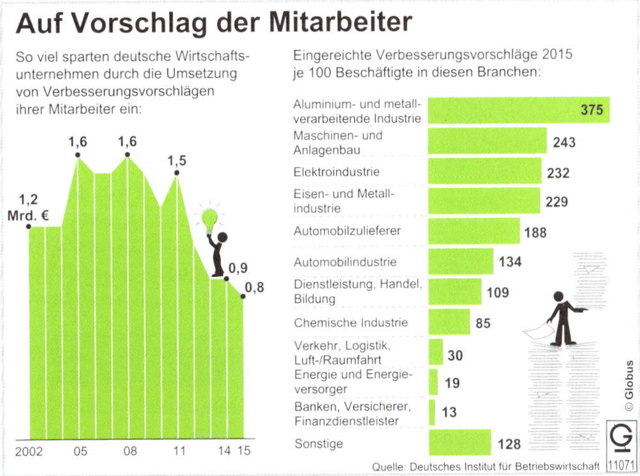

Der Erfolg des kontinuierlichen Verbesserungsprozesses liegt begründet im hohen Engagement aller Mitarbeiter, die darauf vertrauen können, mit der ständigen Rationalisierung nicht ihren eigenen Arbeitsplatz zu gefährden.

Das **betriebliche Vorschlagswesen,** das weitestgehend mit Geld motiviert, beruht auf folgenden **Grundgedanken**:

- In der Mitarbeiterschaft steckt eine enorme Kreativitätsreserve („Keiner ist so klug wie alle").
- Diese Kreativität stellen die Mitarbeiter dem Unternehmen nicht freiwillig zur Verfügung.
- Folglich muss für materielle und/oder immaterielle Anreize gesorgt werden, damit Mitarbeiter Verbesserungsvorschläge machen.
- Eine Institution muss diese Vorschläge beurteilen und je nach Wirkungsgrad belohnen.

Das **betriebliche Vorschlagswesen** ist eine **freiwillige Zusatzleistung** der Mitarbeiter, die **zusätzlich** honoriert wird.

(2) Kritik an dem herkömmlichen betrieblichen Vorschlagswesen

Inzwischen gerät diese Denkweise in die Kritik, vor allem dann, wenn das betriebliche Vorschlagswesen eine isolierte Stellung im Betrieb hat und nicht eingebettet ist in ein Konzept der kontinuierlichen Verbesserung und damit in ein Total Quality Management. Die Gründe hierfür sind nachvollziehbar:

- Die Denkweise beruht auf **Misstrauen gegenüber dem Mitarbeiter** und unterstellt ihm mangelnde Motivation am qualitativen Fortschritt des gesamten Unternehmens.
- Das Engagement des Mitarbeiters verschiebt sich vom Interesse an der Sache zum **Interesse an der Belohnung**.

- Beziehen sich die Verbesserungsvorschläge auf den Kollegen und/oder auf den Vorgesetzten, dann können sie zu **sozialen Spannungen** führen oder unterbleiben völlig.
- Das System lässt sich „melken". Die **Mitarbeiter sprechen sich ab** und reichen jeweils den Verbesserungsvorschlag für den Arbeitsplatz des Kollegen ein.
- Wenn Verbesserungsvorschläge unterbleiben, nur weil sie nicht mehr mit Prämien belohnt werden, werden die eigentlichen **Schwächen des Betriebes** in Bezug auf den Führungsstil, das Verhältnis zwischen Vorgesetzten und Mitarbeitern sowie deren Loyalität, Engagement und Identifikation zum Unternehmen offensichtlich.

Um aus dieser vordergründigen, prämienfixierten Haltung herauszufinden, gilt es, den Nutzen des Total Quality Managements für die einzelnen Mitarbeiter durchschaubar zu machen. Damit werden aus Betroffenen Beteiligte. In derartigen Rahmenbedingungen sind dann Verbesserungsvorschläge nicht die Ausnahme, sondern die Regel. Außerdem bemühen sich nicht Einzelne, sondern alle um Verbesserungen.

Zusammenfassung

- Die **Notwendigkeit des Qualitätsmanagements** ergibt sich aus
  - gesetzlichen Vorgaben (z. B. Produkthaftungsgesetz, Produktsicherheitsgesetz),
  - steigenden Ansprüchen der Kunden,
  - verschärftem Wettbewerb und
  - der eigenen Unternehmensphilosophie.
- Maßnahmen eines Qualitätsmanagements sind die Zugrundelegung des **Normsystems DIN EN ISO 9001:2015**, das **Konzept des Total Quality Managements (TQM)**, die Verwendung des **KVP-Konzepts (Kaizen)** sowie das **betriebliche Vorschlagswesen**.
  - Das **TQM** ist eine auf der Mitwirkung aller Mitarbeiter beruhende Führungsmethode, die die Qualität in den Mittelpunkt stellt, um durch die Zufriedenheit der Kunden einen langfristigen Geschäftserfolg sowie einen Nutzen für die Mitarbeiter und die Gesellschaft zu erzielen.
  - Beim **kontinuierlichen Verbesserungsprozess (KVP)** erfolgt die Weiterentwicklung der Erzeugnisse und der betrieblichen Prozesse in einer Vielzahl von kleinen Verbesserungsschritten. Diese Schritte werden im Rahmen eines PDCA-Regelkreises verwirklicht.
  - Wird das **betriebliche Vorschlagswesen** in das Konzept eines Total Quality Managements eingebettet, dann verliert es seine negativen Aspekte. Aus Betroffenen werden Beteiligte. Verbesserungsvorschläge werden die Regel und liegen im ständigen Bemühen aller Mitarbeiter.
- Die **Ziele des Qualitätsmanagements** bestehen insbesondere darin,
  - die Produktqualität zu sichern und zu verbessern,
  - die Qualität der betrieblichen Prozesse zu steigern und damit
  - die Kundenzufriedenheit zu stärken.

Übungsaufgaben

129 1. Gegen die traditionelle Qualitätskontrolle am Ende der Fertigung wird argumentiert, dass durch dieses Verfahren keine Fehler vermieden und die Fehlerursachen nicht beseitigt werden. Nehmen Sie hierzu und zu weiteren Schwachstellen der sogenannten Endkontrolle Stellung!

2. Nennen Sie mindestens drei umgangssprachliche Qualitätsmerkmale für ein technisches Gebrauchsgut (z. B. LCD-Fernseher, Bohrmaschine, Waschmaschine), das in einem Privathaushalt verwendet werden soll!

3. Nennen Sie Vorteile, die mit der Einführung eines Qualitätsmanagements, insbesondere mit dessen Zertifizierung, verbunden sind!

4. **Textauszug:**

„Wir sind der Partner unserer Kunden in der Dichtungs- und Schwingungstechnologie; die Vorstellungen, Ideen und Ansprüche unserer Kunden prägen unsere Aktivitäten. Ihre Zufriedenheit sichern wir mit einem umfassenden Produktangebot und beispielhaften Serviceleistungen – dabei beziehen wir, wenn sinnvoll, auch Kooperationspartner ein.

Kundenzufriedenheit ist damit die Basis für die erfolgreiche Zukunft der Freudenberg Dichtungs- und Schwingungstechnik.

Wir sind gewohnt, auf höchster Qualitätsstufe zu fertigen und streben das Ziel der Nullfehlerqualität an.

Dadurch tragen wir zu höchster Kundenzufriedenheit bei. Im In- und Ausland arbeiten wir nach einem einheitlichen, hohen Ansprüchen genügenden Qualitätsmanagementsystem, aufbauend auf der DIN EN ISO 9001:2015. Alle unsere Standorte sind heute nach DIN EN ISO 9001:2015 zertifiziert.

Reaktionsschnelligkeit und engster Kontakt zum Kunden sowie kostengünstige, flexible Fertigung sichern die Versorgung unserer Kunden. Lieferungen von höchster Qualität, Standardgarantien von 20 Jahren nach Erstlieferung sichern unseren Kunden die Ersatzteilversorgung. Das Erreichen höchster Produktivität und hoher Zuverlässigkeit der Produktion für unsere Kunden ist das Maß, das laufend zu verbessern ist."

Quelle: Auszüge aus einem Prospekt der Freudenberg GmbH Dichtungs- und Schwingungstechnik, Weinheim.

Aufgaben:

4.1 Nennen Sie die Textstellen, die auf TQM hinweisen!

4.2 Erläutern Sie den Begriff TQM!

4.3 Der Text nennt „DIN EN ISO 9001:2015". Erläutern Sie, was hierunter zu verstehen ist!

130 Die Trendsport GmbH stellt qualitativ hochwertige Kite-Boards her, die sie an den Fachhandel liefert. Im Zusammenhang mit der Qualitätsüberwachung fallen **Prüfkosten** für die stichprobenartige Kontrolle der angelieferten Materialien, die Überwachung des Produktionsprozesses und die Endkontrolle an. Trotz dieser Prüfmaßnahmen kommt es immer wieder vor, dass einzelne Kite-Boards Fehler aufweisen. Dabei können verschiedene Arten von **Fehlerkosten** entstehen. Im letzten Monat betrug die Reklamationsquote der Fachhändler 5 %.

Der Geschäftsführer der Trendsport GmbH beruft aus diesem Grund eine Konferenz ein, in der er den anwesenden Führungskräften folgende Übersicht der im letzten Monat angefallenen **Qualitätskosten** vorlegt:

Übersicht der Qualitätskosten bei einer Produktionsmenge von 650 Kite-Boards im Monat September 20..	Gesamtkosten EUR	Prüfkosten EUR	Fehlerkosten EUR
Kosten für die mit der Qualitätsprüfung beschäftigten Personen	8000		
Kosten aus der Bearbeitung von Mängelrügen der Kunden	12000		

Übersicht der Qualitätskosten bei einer Produktionsmenge von 650 Kite-Boards im Monat September 20..	Gesamtkosten EUR	Prüfkosten EUR	Fehlerkosten EUR
Kosten für das bei der Qualitätsprüfung zerstörte oder verbrauchte Material, z. B. Materialproben	4000		
Kosten für die bei der Qualitätsprüfung verwendeten Hilfsmittel (Geräte, Apparate, Werkzeuge), insbesondere Abschreibungskosten	3000		
Kosten für die Erbringung von Ersatzleistungen aufgrund von berechtigten Mängelrügen der Kunden	11000		
Kosten für die Nachbesserung (z. B. Reparatur) von Erzeugnissen, die mit Mängeln behaftet waren	9000		
Kosten für die zur Durchführung der Qualitätsprüfung benötigten Räumlichkeiten	2000		
Kosten für die Beseitigung des Ausschusses	4000		
Kosten für die bei der Qualitätsprüfung verbrauchte Energie	3000		
Kosten eines Probedurchlaufs bei Neukonstruktionen	1800		
Kosten für die Wareneingangskontrolle	5000		
Summe der Gesamtkosten, der Prüfkosten und der Fehlerkosten	62800		

Aufgaben:

1. Ordnen Sie die aufgeführten Qualitätskosten den beiden Kostenkategorien Prüfkosten und Fehlerkosten zu, indem Sie sie in die entsprechende Spalte übertragen und die jeweiligen Summen bilden!
2. Nehmen Sie Stellung zu dem Ergebnis!

131 **Textauszug:**

FRANKFURT (dpa). Bei einem großen Automobilhersteller stehen die „Zeichen auf Sturm“. Meldungen über Qualitätsmängel, zurückgehende Marktanteile und Personalabbau sorgten seit Monaten für Frust und Verunsicherung in der Belegschaft, kritisierte der Betriebsrat gestern die Unternehmensleitung. Die Arbeitnehmervertreter forderten den Vorstand zwei Tage vor der Bilanz-Pressekonferenz auf, klare Aussagen zum Erhalt von Arbeitsplätzen über die kommenden zwei Jahre hinaus zu machen. Die Pläne der Geschäftsleitung, in den nächsten Jahren unternehmensweit 5 000 Arbeitsplätze abzubauen, seien der Belegschaft bekannt. Neu seien nun Presseberichte über einen geplanten Personalabbau von weiteren 10 000 Stellen ...

Aufgabe:

Beurteilen Sie mithilfe des Textauszugs die betrieblichen und volkswirtschaftlichen Folgen eines unzureichenden Qualitätsmanagements!

132 Das Qualitätsmanagement der Trendsport GmbH sieht einen Nachbesserungsbedarf bei der umweltfreundlichen Gestaltung der Verpackungen.

Aufgabe:

Stellen Sie den Verbesserungsprozess als PDCA-Kreislauf dar!

Stichwortverzeichnis

H

I

J

K

S

T

U

V

W

Z